先人的湖湘

善化贺氏

罗宏 著

海天出版社 岳麓書社
·深圳·

图书在版编目（CIP）数据

先人的湖湘：善化贺氏 / 罗宏著. — 深圳：海天出版社，2022.4

ISBN 978-7-5507-3354-1

Ⅰ．①先⋯ Ⅱ．①罗⋯ Ⅲ．①家族－史料－湖南－近代 Ⅳ．①K820.9

中国版本图书馆CIP数据核字(2021)第256270号

先人的湖湘：善化贺氏

XIANREN DE HUXIANG:SHANHUA HESHI

出 品 人　聂雄前
责任编辑　雷　阳　徐娅敏
责任校对　万妮霞
责任技编　郑　欢
装帧设计　麦克茜
书名集字　钱　松

出版发行　海天出版社
地　　址　深圳市彩田南路海天综合大厦（518033）
网　　址　www.htph.com.cn
订购电话　0755-83460239（邮购、团购）
印　　刷　中华商务联合印刷（广东）有限公司
开　　本　787mm×1092mm　1/16
印　　张　35
字　　数　607千
版　　次　2022年4月第1版
印　　次　2022年4月第1次
定　　价　88.00元

本书献给长沙善化贺氏的父老乡亲

作者简介

罗宏，南京大学文学硕士，现任广州大学教授、广东省文化学会副会长，广东知名评论家、作家。获"广州市优秀专家"称号。发表、出版论文专著百万余字，影视作品四百余集，文学作品百万余字，作为主创参与的作品获得广东省鲁迅文艺奖、中共广东省委宣传部"五个一工程"奖、中国新闻奖社教类二等奖、中宣部"五个一工程"奖（提名）、全国美展优秀作品奖（连环画）等二十个奖项。代表作品有史学论著《湖南人底精神：湖湘精英与近代中国》《湖湘世家：鼓磉洲罗氏》，长篇小说《骡子和金子》（后本人参与将其改编为电视剧）等。

序

百岁老人郭德瑜

端午前夕，外甥罗宏来探访我，谈了他近年来写家族史的情况，其中的艰辛与执着，令人感慨。这些年，他放弃了得心应手的文学理论专业，以及可以使他经济收益颇丰的商业创作机会，走入了一个相对比较陌生的史学领域，不仅自费，而且投入全部心力，搜集史料，寻访亲友和知情人，请教方家，足迹踏遍大江南北，进行家族史的整理。听他如数家珍地述说我们这些老人都并不了然的家族故事，的确感动。想起我的老朋友钱理群教授说过，现在许多读书人都成了"精致的利己主义者"。好像罗宏这个读书人不太一样，我为家族中有这样的后人而欣慰。

说一个例子。我是湖南世家湘阴郭氏的后人，先祖中最为世人所知的就是郭嵩焘、郭昆焘、郭仑焘三兄弟，人称"湘阴三株树"，尤其是郭嵩焘，作为中国第一位驻外使节，睁眼看世界的先驱者之一，更为知名。我对家族的了解也大致如此，当然还确切地知道我是郭仑焘的玄孙女。可是听罗宏一说，从郭嵩焘的曾祖父郭雄开始，郭家就与罗家的先祖罗典是世交，郭雄的儿子缄世和侄子世偁，还有侄孙家暄均是罗典门生，都中了举人。也就是说，郭嵩焘的祖辈与父辈都师从罗典，而郭嵩焘、郭昆焘两兄弟又是岳麓书院欧阳厚均的门生，亦即罗典的二传弟子。到了郭嵩焘这一辈，又与罗家结了亲家，罗汝怀的女儿嫁给了郭昆焘的儿子，再到后来，郭嵩焘又成为罗家后人罗正钧、罗宇弥的老师。整整有六代世交维持或姻亲或师承关系。到了我这一辈，我嫁给了罗宏的母系家族，也是湖湘显族善化贺氏的后人贺益洪，即罗宏的堂舅，于是我就成了罗宏的舅妈。想一想，这么复杂的家族关系，不下功夫去梳理，一般的学者只怕也未必搞得清楚。这就不能不佩服罗宏的钻研精神。

I

　　再说世家显族现象。从文化的角度而言，世家显族是中华传统社会结构中的一道风景，大多有丰厚的文化积淀，往往代表着一个社会的主流文化取向。因此，研究世家，很重要的意义就是研究传统社会的结构形态，以及主流文化形成的种种奥秘。罗宏告诉我，他正是从这个意义去研究家族史的。他说，研究家族史并不在意光宗耀祖，只想弄明白家族的先人是怎么存在的，他们的生活方式、他们创造的历史业绩给后人怎样的启迪，哪些是我们今天要发扬光大的，哪些是我们今天要舍弃的。所以我也很赞同他的研究。当然，他研究的水平怎么样，是否达到了预期的效果，这是要专家和读者来评价的，他诚心诚意地去努力，我作为长辈，应该给他支持与鼓励。

　　我把自己的想法与罗宏作了交流。没想到，他竟然要求我给他的著作写个序。我说："写序可是大事，要请名人、高人赐笔才行，我自认为还不够格。再说我这辈子一直在教书，也做过文学编辑，不敢说桃李满天下，桃李满园还是敢说的。我看学生的文章，看稿了，都要一个字一个字琢磨的，这是我的职业习惯，现在我年事已高，很难通读你的书稿，贸然下笔，对你的劳动不够尊重，对我自己也不负责。"罗宏听罢对我说："舅妈，我也曾想请名家、大家赐序以重我书，但总觉得少了一点亲切感，还觉得自己有攀附之嫌。你现在是我们家族里健在的长辈中年纪最大的，可谓百岁老人了。你又鼓励我写作，那就从家族长辈、百岁老人的角度写几句鞭策的话，我就图个吉祥亲切，图个老人的祝福，行不？"看着罗宏恳切的表情，我心动了。于是，就写下了以上文字，算是对晚辈的鞭策与祝福吧，我希望罗宏的努力能够让读者有所受益，得到广大读者的认可。

目 录

贺知章后裔的湖湘开篇

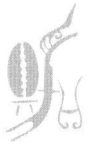

善化贺氏族史是从清雍正六年（1728）掀开的。

这一年，44岁的绍兴师爷贺宏声选授湖南按察使司司狱，携妻子董氏和13岁的儿子士英，风尘仆仆地由浙江来湖南走马上任。他在湘江边小西门码头登岸，沿坡子街入城，杜甫笔下"茅斋定王城郭门，药物楚老渔商市"的繁华景象映入眼帘，目不暇接。无法确知，这位延续着贺知章血脉的绍兴师爷是否立即被这座南楚名城深深吸引，从而立志在此地开拓一脉家业，还是想把这座南楚都市作为一个人生驿站，像其先祖那样"少小离家老大回"，最终还是要叶落归根，安眠于秀美的江南故园？其实，偶然或必然，主观或客观的追问既无确论也十分无聊，反正历史给定的结局是：其子子孙孙确在此城生息繁衍开来，敬业兴家，勤奋攻读，五代之后，终于崛起为湖湘世家中的显赫望族。此后，湖湘社会的风风雨雨中都若隐若现善化贺氏族人的文化身影，历史风云跌宕也不时要追问到善化贺氏族人的行状心路。

于是，作为史学书写便有了充足的理由。

不能事后诸葛亮地声称，贺宏声进入湖湘是野心勃勃地直奔发家显族的愿景而来，无论个人或家族的显赫，既要有奋斗的坚韧还要有命运的扶持。

贺宏声的命运似乎并不值得显摆。

他进入湖湘30年后依然从司狱的岗位上退休，表明其湖湘岁月并非春风得意。其所任职的司狱是一个主管监狱的职官，八品衔，相当于今日的监狱长，不过是科级干部。其家族史的意义仅仅表明，善化贺氏是一个勉强达标的官宦家族。不过这一点也很重要，在那个乡村开始遭受歧视，历史趋势开始走向城市化的年代，湖湘社会中这样的家族并不普遍，也就决定了贺家子弟潜意识里拥有城里人和官家人的虚荣，社交中那些来自乡间的土豪少爷也会对贺家子弟礼敬三分。

贺宏声是通过科举选拔还是通过捐纳得官不得而知，但很可能是后者，以正统观念看也不值得炫耀甚至还有点惭愧。值得注意的是，他选授司狱应与他绍兴师爷的出身有关。家乘记载，贺宏声祖籍会稽，即绍兴，这是个出师爷的地方，清代尤盛。贺宏声修习的是刑名之学，授官前应有幕府师爷履历，故而选授了对口的司狱。后来的故事表明，刑名之学可谓善化贺氏的家学，族人中师爷谋士云集，是湖湘世家中独具一格的家族风貌。这种家族风貌的微妙处就在于，贺家后裔在官场和科场以及商场和民间多种社会生存领域都能保持进退自如的姿态。不过在贺宏声幺子，一生为师爷的贺士琛看来这也是无奈的选择。贺氏家乘坦然地说，贺宏声退休后是因"贫未能归"，遂"占籍善化"。诸此种种均表明，善化贺氏后来的显望多少出乎意料，贺宏声不可能自信其后裔会显要三湘，乃至享有"湖湘士人领袖"的荣耀。总之，他作为善化贺氏之始祖乏善可陈。

要说贺宏声全无显摆的谈资也不对，比如其族脉渊源就值得一说。

贺宏声（1684—1761），字上振，行三。罗汝怀在《皇清故兵部尚书云贵总督善化贺公家传》（后简称《贺公家传》）中写道，贺宏声一脉"系出唐秘书监知章，秘监居山阴会稽间，子孙多隶浙之宁波府定海县。康熙二十六年，分定海为镇海、定海两县，公之先隶籍镇海。自秘监二十五传有讳宏声者，是为公高祖，以雍正六年任湖南按察使司司狱，子孙遂占籍善化"。《善化贺氏族谱》更细致地追溯了其家族源流："按《吴志·贺齐传》，贺氏本姓庆，汉安帝避本生父，改为贺。盖先儒贺普之裔自沛迁越，由来久矣，世远无征，浙西族谱断自季真公始，讳知章，唐咸亨四年二月二十四日生，越州永兴人，官秘书监。天宝初请归，为道士，求周官湖数顷为放生池，诏赐镜湖剡川一曲湖，在今山阴会稽间，子孙为浙人，十六世传至元季，讳道明、道亨、道真（德）昆弟三人，分为明、亨、德三支，今繁衍已数千家，籍隶镇海县。真公为德支，十一传至上振公，是为迁居湖南之始祖。"

族谱记载与罗汝怀撰写的《贺公家传》都将善化贺氏族脉追溯到唐代贺知章，再远溯，就是难以确考的传说故事了。

大致有两种源流说，一为炎黄族裔，一为鲜卑族裔，如今大多数贺姓后人都归郡望为会稽。又有两说，一说源于黄帝之姬姓。三国时史学大家谢承在《会稽先贤传》中记载："贺本庆氏，后稷之裔。太伯始居吴。至王僚，遇公子光之祸，王子庆忌挺身奔卫，妻子迸渡浙水，隐居会稽上。越人哀之，予湖泽之田，俾擅其利。表其族曰庆氏，名其田曰庆湖。今为镜湖，传伪也，安帝时，避帝本生讳，改贺氏，水亦号贺家湖。"按谢承的说法，我们就会走进一段暗杀四伏的春秋岁月。大约公元前515年，吴王僚被堂兄弟公子光也就是后来的吴王阖闾派专诸刺杀。公子光篡位后，又继续追杀吴王僚逃亡的儿子庆忌，因顾忌庆忌有盖世武功，便派要离使苦肉计诈降庆忌，寻机谋刺。后来要离果然得手，庆忌在临死前拔出洞穿胸膛的长矛，却要部下放过了要离，说天下英雄不能同时死两个。此后，庆忌后人就隐匿在吴国仇敌越人的领地会稽。至汉安帝，为避其父刘庆之名讳，庆忌族人改姓贺——因"庆"与"贺"同义。算起来，庆忌该是贺姓之祖。关于会稽贺氏还有一种族源说，即源于炎帝之姜姓。说是齐桓公姜白有位支孙庆封，以父名命氏称为庆氏，史称庆父，其后迁徙至今安徽合肥一带，至汉安帝，有后裔庆纯官拜侍中，为避汉安帝之父刘庆之讳，改名贺纯，再后来，又迁至会稽，繁衍出会稽贺氏。善化贺氏后人都取此说。

总之，会稽贺氏是中华贺氏中最有图腾意义的族脉，公认的始祖是唐代武则天一朝的状元，大诗人、大书家，号称"四明狂客"的贺知章。他和张若虚、张旭、包融并称为"吴中四士"，又和陈子昂、宋之问、李白、孟浩然、王维等人并称为"仙宗十友"，还和张旭、怀素并称为"唐草三杰"，作为中华民族文化品牌级的大师享誉中华文坛千余年，可谓妇孺皆知，世界闻名。北宋时，后裔中又出现了大词人贺铸，更加光耀了会稽贺氏的文学声名。至当代，许多贺姓后人寻根问祖都把贺知章作为始祖，如哲学家贺麟、诗人贺敬之、画家贺友直等追溯祖先时都归结到贺知章。他们是否有确考不得而知，但善化贺氏的族源追溯还是较有根据的。家乘显示，善化贺氏族谱修撰时，曾与浙江贺氏逸老堂宗谱对接，在逸老堂宗谱中还发现了贺宏声迁湘记载，善化贺氏名人后裔贺熙龄还赴祖居地寻根，其兄云贵总督贺长龄还曾为逸老堂宗谱再修撰写了谱序：

> 吾族世居浙省之镇海县。至高祖宏声公以雍正初年宦湖湘，遂家焉。始犹得故乡音问，后遂间隔，至长龄通籍来京，乃又稍稍相闻。顾以职守所羁，未获一展先墓。至嘉庆十九年，熙龄弟成进士，乃得乞假归寻乡梓，盖远违故乡者八十载矣。时适有修谱之举，族之长者乃邮书委长龄为序。

窈惟古者重土著，虽至乱离，民无轻去其乡，迄乎后世，辄多荡析，即余族之在镇海者，亦散居各邑，而其徙他省者，亦必同此惓惓，而余祖宗之惓惓我后人者，其精神亦无地不相流通。即长龄兄弟之忝窃科名，何莫非庇荫之所及也。乃通籍十余载，犹未得拜谒祖墓，其获咎先人者不既多哉？然而宗子之法，祠堂之规，义田、义学之制，族之长者已相与讲明而修举之，则又长龄所深辛而亟欲睹其成者也。是为序。

百年悠悠，善化贺氏与江浙先祖一直藕断丝连，祖居地宗亲对善化贺氏一脉后裔高度认同。不过善化贺氏对先祖的追溯与《贺公家传》小有出入，按罗汝怀的《贺公家传》中言，贺宏声是贺知章的 25 代裔孙，而家谱中的追溯是 27 代裔孙，从时间估算，第 27 代裔孙应该更为确切。

爬梳史料还发现，不仅善化贺氏族人很在意贺知章后裔的族脉身份，与贺氏联姻友善的亲族显贵们似乎更在意贺家的这种族脉身份，文字往来和记载间总是不忘措辞恭敬地提及秘书监后裔这个名分，可见在传统积淀下来的世道人心里，人们对杰出的先祖总是天然地存有敬畏之心，自然也给善化贺氏加了不少分。然而，先祖的荣耀毕竟只能说明过去，儿孙们的出息还要靠他们自己开拓。雍正六年，贺宏声携妻儿进入湖湘，从此占籍善化（今长沙），历经五代八十余年，终于显望于湖湘。不仅于湖湘，乃至于中国近代史都留下不可磨灭的足迹，其中的玄妙启悟何在？这也构成本书叙事的真正理由。

尽管资料极其稀少，还是要从贺宏声出发。

雍正六年（1728），在湖湘社会是个有重大事件发生的年份。这一年，在湖南湘西土苗民地区推行的改土归流改革，是有雄才大略的雍正皇帝推行吏治改革的一大举措。将游离于王法之外的边地少数民族纳入官方统治之下，湘西土司王彭肇槐投靠了官家，在湘西地区设立了官府衙门进行治理，使原来不受官府管制的"生苗"之民也纷纷归化为有户口登记在册之民，随之而来的则是偏远闭塞落后的湘西地区的开化。这也意味着，清王朝进一步巩固了自身的统治，湖湘社会的政治安定、经济发展、文化进步都有了长足推进气象。贺宏声的湖湘履职是在日益升平的社会背景下展开的。

不过，清王朝的统治要说完全高枕无忧也不尽然。也就是雍正六年，湖南发生了旨在颠覆大清江山、震惊朝野的曾静大案。如果说改土归流和贺宏声的生活关联还有些疏远，那么曾静大案则和贺宏声的人生场景十分贴近。资料显示，处理曾静大案正在贺宏声的职权管辖范围之内。

曾静是湖南的一位教书先生，性迂阔，喜谈道学。一次应试科举，他本想找些范文作参考。在考生中流传的范文中，他读到了清初大学者吕留良的时评。文中有"夷夏之防"的反清言论，他顿时兴奋异常，比中举还激动，马上派弟子张熙专程去浙江吕家求访更多的吕文，此时吕留良已经去世，其子吕毅中便将父亲遗文全数交张熙带回湖南。曾静通读后，更加走火入魔，异想天开，索性派张熙去游说川陕总督岳钟琪，称岳钟琪乃岳飞之后，当秉承先祖之志，起兵颠覆异族执政的大清。岳钟琪当然不会被一位癫狂的湖南书生蛊惑，便当机立断拿下张熙，还将此事报奏了朝廷。于是拔出萝卜带出了曾静，曾静作为朝廷要犯，在湖南就擒，被关进了大狱，严加审讯。也没费什么威逼周折，缺心眼的曾静便和盘托出来龙去脉，牵连出吕氏后人及弟子，还有皇弟胤禩及其党羽等一大帮人。原来这个曾静也不是什么深思熟虑的叛逆，就是鬼迷心窍想惊天动地而已。

这事果然惊天动地，曾静师徒又被解京由雍正亲审，结果吕留良遭掘坟戮尸，后人、弟子及印刻吕文的书商或遭抄斩，或被流放。令人意外的是，雍正居然宽恕了曾静和其徒张熙。原来审讯中雍正也发现，这个曾静并无头脑也无背景，不过是个精神偏执狂而已，和这样的"疯癫之人"较真反而玷污了自己身份，便命曾静具结悔过，全国现身说法，宣讲轻信邪说、流言妄议国事之罪，颂扬皇恩浩荡，皇上胸怀如海。雍正甚至还以迷途知返之由，给了曾静一个闲官身份，并诏告天下，后世执政者决不许报复曾静师徒。与此同时，雍正还将启悟曾静的过程写成了一本书，即《大义觉迷录》，并将其刊布天下，宣示自己的宽仁心与合法性，这实在是很高明的政治智慧。但九年后，乾隆执政，还是秋后算账，要了曾静师徒的脑袋，且封存了父皇的《大义觉迷录》。

我们在寻访中听贺家后人转述先人传流下的故事，就有宏声公参与过曾静大案之说。从时间上看，曾静案发拘押大牢正是贺宏声走马上任司狱之时，他至少参与了看押——这是其职责所在，可算其司狱生涯中办的第一件大事。

可是家乘中却没有任何文字记载，更吊诡的是，贺宏声在任司狱30年，肯定与诸多湖湘大案发生交集，这都是其重要的人生业绩和史料留存，家乘却一概缺失记载。其中缘故大约有二：一是贺氏大显在嘉道年间，初修谱在同治乙丑（1865），距贺宏声故世逾百年，家族记忆模糊；二是后世修纂者有意回避那些沾染血腥的故事。这很自然地使人联想到儒学的教化。《春秋

穀梁传》云："为尊者讳耻，为贤者讳过，为亲者讳疾。"孔子亦主张"父为子隐，子为父隐，直在其中矣"。于是，贺宏声司狱生涯中最具史学价值的一面便空白了。这也涉及家谱撰写一个很重要的特点——扬善避讳，包括对于族人参与的敏感政治事件落笔也极为小心。例如善化贺氏名宦贺熙龄故世后，族人要编辑其生前诗文出版，许多涉及朝政人事的私人信札便没有收录。不涉及人事纠纷，不招惹政治麻烦，这是谱牒纂修的重要原则，所以很多有故事的人物在族谱叙事中都显得干巴巴的，完全不像实际生活中那么丰满。叙述历史人物除了依据存留的史料，还要根据其他线索分析推测当事者可能的行迹，史学的视野才能阔大起来，收获也更丰富。

家乘中也并非全无贺宏声司狱生涯的记载，只是突出他的菩萨心肠。如族谱中就有这样的文字：

> 先高祖讳宏声，字上振，浙江宁波府镇海县人。雍正六年选授湖南按察使司司狱。粮领之于官，多杂糠秕，不可食，上振府君雇人舂熟以食诸囚。而簸舂后升合不敷原领之数，复捐俸置田若干亩，以其租入补之。盖其仁心爱民，不以有罪而忽如此。既以病乞休，侨寓长沙，后遂占籍为善化县人。是为迁居湖南之始祖。先高祖母董孺人，性慈仁好行善事，监犯冬月例给衣袴。所装棉向为缝工克减，或以旧絮挽入。董孺人因每岁先期购棉花亲制，至期按名给发。领银归欵。囚以不寒。

此外，罗汝怀在《贺公家传》中亦云："司狱仁厚惠囚，于衣粮厚于常格，囚感盛，为位以祀于狱。"还有史料说，由于贺宏声的仁慈，监狱囚犯给他立牌位膜拜，一直延续了几代。这样书写显然失之片面。监狱不是善堂，司狱和囚犯之间定有剑拔弩张的对峙，家乘中却通通消融，将贺宏声树立为儒学人格楷模，维护着儒学体制的长治久安。这样未免难以令人信服，但族谱就这样记载，我们也无可奈何。话又说回来，贺宏声对囚犯的仁慈，也不能简单地归结为儒学教化之功或对儒学道统的诠释，更细致地辨析，你会发现法家的职业伦理投影。

从哲学角度看，法家坚信"性恶论"，坚信人是趋利避害的功利动物，坚信权力的震慑性。这是从"道"的层面看待法家。亦有学者认为法家理论是巩固国家统治的权术之学，非常严酷且充满强权阴谋。我们不想学术化地讨论法家，仅就国家治理的层面看，法家崇尚以法规来治国，其实与儒家有着共同诉求——维护社会和政权的稳定，区别主要是手段差异。儒家对人性的崇高向善充满信心，更迷信道德教化的作用，主张对"礼"的心理认同和用行动遵循来安定天下；法家则强调人的趋利避害本性，迷信用赏罚分明的利弊把控来规范人的行为举止，主张以严明乃至严酷的法规治理天下。汉代以来，中国统治者的治国谋略中，历来是儒法并举，只是挂着儒学的仁慈大招牌而已。贺宏声修习法家刑名之学又执掌刑法之权，自有职业的操守，那就是要明辨是非因果，权衡利弊得失，谨慎用权，依法办事，决不能随心臆断，任性而为，制造冤狱，伤及无辜。对于服法之人，亦要按规矩对待，不可任性欺凌，否则是要遭天谴报应的。

家乘说，贺宏声一生都在潜心研修刑名之学，不敢丝毫懈怠，就是怕作孽贻害无辜，累及子孙不昌。他对囚徒仁慈，更多应该理解为对职业的敬畏，对法规的遵循，也是为子孙积德，再联想开来，则是一种家风的标榜和建构。理解这一点很重要，贺宏声子孙五代显望后，虽有贺长龄、贺熙龄、贺桂龄三兄弟高中进士，入朝为官，学问上也被世人尊为硕儒，贺氏子弟也被人视为儒学传家，其实文化底蕴中，法家思维依然深潜于贺氏子孙的胸襟行状之中，包括贺氏族人中幕僚师爷云集，都要追溯到对始祖贺宏声的文化血脉传承。

不知何故，贺宏声子脉并不壮茂。

他有三子，士英、士瑾、士琛。次子士瑾早殇。长子士英 20 岁便病故，留下独子国华传代，享年 30 岁。贺宏声的小儿子士琛，字雅庵，活到 47 岁，亦不算长寿。然而，就是这个幼子贺士琛成为支撑贺家的顶梁柱。其父宏声公去世时，他 33 岁，带领侄儿国华，游走官衙为幕，执掌刑名事务，实际成为善化贺家第二代掌门人。没有他的存在，善化贺氏能否赓续都有悬念，更难说显赫。贺家第五代最杰出的人物贺长龄写道："曾大父梅九公讳士英，大父用宾公讳国华，皆早世……上振公之谢官也，治刑家言，叔曾大父雅庵公以其业显。先大夫从之学，甫逾冠，辄为州郡上客，以此衣食其家者三十年。"此段话表明，雅庵公士琛继承了父亲上振公的刑名之学，颇有业望，不仅教诲侄儿国华习幕为师爷，还教诲侄孙启曾[1]修习法家言，祖孙三

1　族谱中作启增。

代均为州郡幕僚，衣食其家。从谋生的职业论，再追溯其父贺宏声也是师爷出身，可谓祖孙四代皆为幕，从而确立了贺氏幕僚世家的传统。

说起中国古代读书人，主要有三种职业前途：一为官、二为师、三为幕。这三种职业都要有相当的文化学养积淀，但细区别，为幕者的学养更为博杂，可谓儒、法、道、术兼备，在实践中更要讲究因事制宜，灵活运用，尤其是人情世故，要拿捏得炉火纯青。所以，为幕者最忌迂腐，最讲圆通，也因此成就了读书人中最不拘一格的群体。

在先秦的春秋战国时代，读书人游走列国，游说四方君主，待其成就霸业，待价而沽，忝为策士。为了实现这一理想，可谓八仙过海，各显神通。那是为幕谋生的读书人最为雀跃的黄金时代。随着秦始皇一统天下，权力和思想都高度集中，读书人不再能自由地选择自己的主公；儒学成为国家主导思想，读书人也不能自以为是地满口跑舌头。在儒学教化的熏染下，太过策士化的灵变人生做派也为社会舆论难容，于是就出现了儒学对为幕师爷的归化——既要有智慧的灵变，也要有道德底线。贺士琛就在自己数十年的师爷生涯中启悟到这个道理，家乘中收有《二世祖雅庵公寄训四世建亭公书》可资佐证：

> 作幕本非好事。汝读书不就，家用艰难，不得不做此没本生意。然此事亦非易事也！我出门二十年，亲身经历并目见耳闻有宜留心，讲究者数条，特书以寄汝：
>
> 一要忍耐。初次出门学幕，有如小学生。一般东家既非专请之，人礼数未免不周，即长随小厮虽不敢得罪，亦未必个个周到，总须十分忍耐，或有开罪之处当平心静气，自譬自解，不可形诸声色。但得学问有成，自然有人奉承，若意气用事，动辄与人烦恼，则宾主同事必不合，适将来即使汝幕道学成，亦说汝气性不好，终身之累矣！长沙颇有此种人，汝岂不闻知乎？
>
> 二要谦和。学问之道无穷，即使汝笔如涌泉也算不得什么绝技，若以能做几句烂时文，几首打油诗便人前夸耀，将同事们看不上眼，必为有识者所笑。况果有此好学问就该中举中进士，为何也来学幕？此所谓自讨轻薄也，谦之一字乃处事第一要紧事，当刻刻留心。
>
> 三要谨言。谨言乃圣贤学问，衙门中更宜讲究。东家之性情

不定，同事之人品不齐，偶一失言便招尤悔。至我专办之公事，如有应言者不得不言，然亦须和平婉转，不可激烈躁妄。至他友所办之事，万万不可挽越，若逞自己聪明妄谈别人公事，老成人必然鄙薄，混账人即妒忌而生排挤之心，切宜儆戒。

四要慎应酬。方今世路险峭，稍失检点便生祸患。署中除同事之外切不可轻与外人来往，倘有请托夤缘，汝即秉公持正，难免他人指撞。陈后俊翁正气侠肠而不免于祸，王胥翁平日小心谨慎而为滇案牵挂，皆应酬之累也，戒之。

五要细心。作幕一事，虽非读书作文可比，却一点粗心不得，无论刑名钱谷固要律例精细，款项分明，即挂号必须分门别类，详细登记，一目了然，书禀亦须端楷清朗，不可潦草错落，例案须勤勤抄录，切勿畏难苟安自己，见识不到笔底不达之处当虚心请教同事，切勿怕羞畏丑，总之，天下事肯用一分心，自有一分受用，天道亦有报应。我初出门，偶遇疑难之事，数夜不寐极为寻常。周介翁此时尚手不停披，至老不倦，良可法也。若一味粗心，倘有错误，大则关系东家功名，小则自己声望顿失。至刑名案件更为人命所关，可不慎欤？

六要节用。作幕虽无本钱，也系心血换来。诸事总须节省，无论嫖赌，断不可犯。即衣裳固不宜褴褛，但得光鲜干净即足矣，切勿看见别人穿好的，便要学他也做一件。世上貂皮狐裘穿不尽的，岂能件件做到？且初出门人，武艺未曾学一件，先学排场徒为有识所鄙。汝四季衣服较我出门时体面十分，万万不可再要齐整，当念自己少孤失怙，将来幕成所得束脩，苦苦节省可以养寡母，抚妻子，掌门户，不负我一番教诫之心，即我之厚幸也。北南二省许多作幕人成家立业者看有几个？此皆不节用之故，世道炎凉求人如登天之难，可不畏哉？

以上数条皆切中时病，少年人初出门不可不留心者，汝资尚好，但恐畏习俗所移，寄此以当座右铭，宜时刻猛省望之。乾隆壬辰五月二十一日啸峰武昌臬署书。

这封家书是贺士琛给19岁的侄孙贺启曾的师训及家训。此时贺士琛在湖北按察使的府署任刑名师爷，这是一个可以参与省级政法裁判的职位，非有相当学识资历不可胜任。启曾也初入幕途，贺士琛积自己 20 余年的为幕经验对侄孙耳提面命，没有道德高调，只陈利弊得失，六条训诫都是技术性的人情世故把控。这是典型的师爷思维，现实而理智，但是背后却暗合着儒学的道德价值观。这很值得玩味。贺士琛懂得在儒学教化遮天蔽日的国度里该怎样生存。

事实上，贺士琛也身体力行地践行着这样的人生原则，家乘中有《二世祖雅庵公传略》，其中有如是记载：

> （雅庵公）及长，因家境艰难，无以为尸饔计，乃习刑家言，得精其业，初出佐治，遇疑难事辄夜不寐，必求此心所安而已。平时治己既严，结交尤慎，案情无论巨细，一秉至公，从不受人请托。馆谷所入，悉以赡家而自奉，不嫌俭约，虽布衣粗粝，泊如也。游幕廿年，屡为郡县上客。乾隆三十七年，应武昌某廉访之聘，邮书寄雅庵公之侄孙也，以建亭公曾从之学故。书中分列六条，极言幕道之利病，一要忍耐，二要谦和，三要谨言，四要慎应酬，五要细心，六要节用。勤勤恳恳数百言，而于持身涉世之道盖无往不减矣。乃复谓人之一举一动有关身心性命者，尤当奉为炯鉴，同时如陈后俊翁、王胥翁，一则正气侠肠而不免于祸，一则小心谨慎而为滇案牵挂，皆由稍失检点，遂至因人受累。人其可不慎欤？此又防虑至深且远者也。若周介翁之律例，精细犹手不停披，至老不倦，此则良可为法。由今观之，其与人为善之心，一往情深，不啻昭然其若揭焉？

值得注意的是，家传中再次提及上述家书。可以说，该家书是贺氏家风建设的宪法性文献。贺长龄在此书后亦写下这样的批语：

> 于乎！此我叔曾大父雅庵公寄训先大夫建亭公书也！先大夫端重方严，笑嘶不苟。好读书，尝于灯下诵欧阳公《书锦堂记》，顿挫淋漓，声殷墙壁。其时长龄尚幼，听之亦为神往，生平懿行甚夥，儿时不知记载。由今追忆，如旅次拒奔妓，在馆不用官价取市物，盖得诸先太夫人之敬述，此其卓卓大者，余亦可以概见。而书中训诫犹切切然，唯恐其失足。则雅庵公之为后人计者，诚意恳到，防虑周详。而先大夫深得无恤袖简之意，为能

不负所教，诒穀方来今者，手泽犹新，深情若揭。凡我子孙能将六条训词身体而力行之，可以保家，可以寡过，持身涉世攸往咸宜，何独堪膺幕选哉！所可俱江河日下月异而岁不同，今之时又非先大夫之时可比矣，子孙即雅能修，饬犹恐不免为俗所移，况置彝训于罔闻乎？夫祖宗无不爱其子孙，雅庵公此书非只为先大夫训也，子孙能体此心，虽百世之远犹如提命之亲承也。又何畏习俗之变乎？是则重有望于贤子孙矣！此书真迹存叔父省吾公处，传至蔗农六弟，弟殁而诸孤敬出其书互相传观，于是谨录副墨而跋其后云。道光丁未九月朔侄曾孙长龄谨识。

总之，贺士琛作为善化贺氏第二代旗帜性的人物，为贺氏家风的建设做出了独特贡献。忍耐、谦和、谨言、慎交、细心、节用，这六条朴实的训诫，成为贺氏子孙铭记的行为准则。不仅如此，这六条训诫也表明贺氏家族道术一体的家风特色，从而与空悬论道的学人弊习相区别。

贺家子脉五代传承如图：

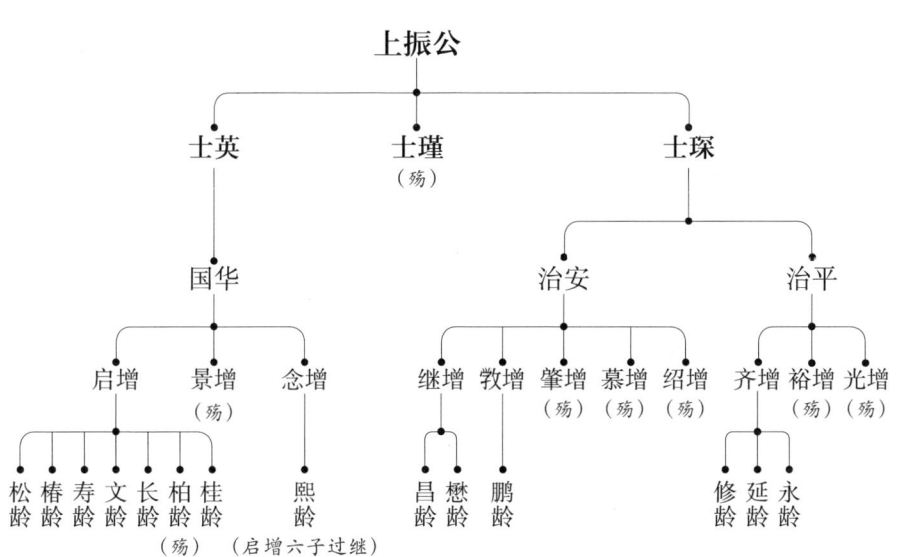

可见，贺氏子脉到第五代才始有壮茂之象，但主要是贺启曾子脉，其他子脉还是平平甚至可谓凋零。可以说，善化贺氏族史主要由贺启曾直系后裔创造。总结起来有这么几个特点：第一，贺氏家族从始祖贺宏声起，至第七代，历代子孙都是生息于都市的读书人，未有农耕者，说明其经济上还不算太窘迫，也说明他们的市民阶级身份，这和大多数湖湘世家有乡村背景不同。第二，贺家族人主要的谋生手段就是游幕官府为师爷，理诉讼，做刀笔吏，其中纳捐为官府掌文案官吏者占极大比例，善化贺氏可谓师爷世家，和权力有着密切交集，从某种意义上说，贺家也是官宦世家。第三，从婚配看，贺氏多与江浙祖籍乡人联姻，后人中还有全家迁回江浙的现象，说明贺家始终和江浙祖籍宗亲未绝联系，这就导致文化传承的特质差异。第四，族人中长寿者极少，子孙中约有半数以上早殇，存活者平均寿命在 40 岁上下，60 岁以上就算有寿福了。这就导致贺家女人在家族中的地位和作用大大上升，家族中女杰人物远远多于一般湖湘世家。第五，贺家真正显望的子脉仅有贺启曾一脉。他自己年寿也不过 52 岁，但他居然生了八个儿子，除七子早殇外均长大成人，而且三个儿子高中进士，入朝为官，同胞兄弟三进士，成为创纪录的湖湘士林佳话。其中五子贺长龄还贵为兵部尚书、云贵总督，湖湘经世派领袖人物，和其六弟贺熙龄被学者尊为"湘学二贺"。贺家一下子奇峰崛起，大显大贵起来。

这些家族特点，说起来都是当事人难以主宰的意外或者说是宿命，从而显示出不可掌控的偶然性对人生世相的影响，使我们摆脱对必然性的迷恋去述说历史的进化。贺家的崛起绝不仅仅止于家族门楣的光耀，还关系着一个湖湘时代的开启，预示着至少有五代湖南英杰群体将前仆后继地登上中国政治舞台，以前所未有的姿态演绎着湖南人辉煌的华夏勋业。诚然，我们不能妄自尊大，从理性上说，贺氏家族的湖湘文化地位并非不可替代，甚至可能有更好的替代。问题在于，现实的湖湘历史进程选择了这个家族，将该家族置于某种位置，这也是我们可以挑剔却无法改变的现实。于是，我们的观照便必然蔓延出了贺家本体，带有了对湖湘史学密码索解的意味。

嘉庆十三年

朱诚如主编的《清朝通史·大事记》分卷记载：嘉庆十三年，湖南辰沅永靖道傅鼐因平定湘西苗民起义以及治理苗区有功，入京觐见嘉庆皇帝，被破格晋升为湖南按察使。在善化贺氏家族史上，嘉庆十三年，在皇家会试中，贺家第五代传人贺长龄以湖南第一名，殿试二甲第九名的名次高中进士，时年23岁，这意味着该家族显望的起点。从后来贺家对湖湘社会的影响而言，贺家应该超过了傅鼐。

故事还得慢慢说。

善化贺氏始祖贺宏声有三个儿子，长子士英，次子士瑾（早殇），三子士琛。善化贺氏后来显望，主要是贺士英一脉。细读族谱可以发现，贺士英的香火传递是一个充满悬念的过程。再看后续的贺家历史，香火传递始终在悬念中进行。

贺士英（1717—1737），号梅九，贺宏声长子，善化贺氏第二代传人。自小体弱多病，20岁就病故，只留下独子国华。不言而喻，短命的贺士英没有什么故事，他对贺家最大的贡献就是留下独子国华。贺国华也仅活了30岁，这也是个很有悬念的寿命——要是他先生几个女儿，也会断绝香火。哪知他没生女儿却传下了三个儿子——长子启曾，次子景曾，三子念曾，最后长大成人的是启曾和念曾。启曾两兄弟赓续贺氏香火子脉，又出现了怪事：启曾传下了八个儿子，一个女儿，而念曾生了八个女儿，唯一的儿子还早殇。按照男性传香火的传统，似乎天意要贺启曾一脉兴旺贺家。后来显赫的善化贺氏都可谓贺启曾子孙，贺启曾也成为家族叙事中不可忽略的人物。

说贺启曾就要先说其父贺国华。

贺国华，字用宾。贺士英独子，善化贺氏第三代传人。幼年失怙，和叔父一起习刑名学，又一起为幕谋生，享年 30 岁。他去世时，其长子还未成人，只能托付给叔父修习刑名，继续师爷生涯。后以孙长龄诰封荣禄大夫、云贵总督，这是他死后的虚荣。

贺长龄对祖父有如下记载："性宽平仁恕，与人交无城府，以孤露且贫，故急于治生，遂习法家言。既私念刑法关系罪名生死出入，而狱情百变，或主事者审讯一不当则生死含冤，持笔者亦即罪且不逭。因专为守令司书札事。寻以先世二丧未葬，而记室修资微，不克举事，因佐桂阳县令某君，司刑各事一年，以其修入营宅兆毕，仍为人司书札，性好吟咏，令所存《嫁愁集》仅一卷，而清丽芊绵不为修饰，读之坦然以和也。"

贺长龄无从得见祖父，这些记载显然是根据家族前辈传说。想见贺国华是个性格谦谨、意趣散淡之人，还有文青情结。其诗集《嫁愁集》今不可见，但是家乘却留下《嫁愁集》序文：

> 维余系出鉴湖，幼生湘渚。性耽琴史，雅好师资。敢窥二酉之藏，漫五车之富。谁料囊空，司马买赋而求金饥迫，渊明每叩门而索米。十年浪迹，八口鞭心。聊寄歌吟略抒悲愤，情同落雁，哀声时和湘弦。岁华云迈，卷帙寝繁，谖忆昌黎失意会以送穷为文，小子效颦亦拟《嫁愁》名集，柏梁制礼，沈约为媒，茧纸鸾笺，暗传庚柬，笔床墨几，聊代香奁，曲谱催妆，词翻织锦，自此线添金缕，时压垂柳千条，莫令酒入回肠，如灌武夷九曲，敲灯击钵，谁云恨海难填？短调长吟，勿令眉峰易锁，用标骈语，共证同人。

字里行间，可见寒士穷而不失风雅情态，既有冯谖怨气，亦有颜回自得，可以想见其人生始终在自我和社会、现实与理想间挣扎，在儿女情长的咏唱弦歌中，流淌着绵绵无绝期的士子愁绪。其实这也是大多数读书人的宿命，不过他似乎更豁达一些。如果我们以这些诗歌窥探贺长龄的家世，应该说，不管如何窘迫，都是要优越于底层庶民的。下一个书香之家的断语并非离谱。

在邓显鹤的《沅湘耆旧集》中，收录贺国华十六首诗，邓的评语是"风格清老，不假修饰，读之使人意远"。兹录两首如下：

秋夜

夜永贪孤坐，新凉一味澄。水明先见月，人静渐亲灯。

叶落山窥户，花疏石露棱。壮怀霜共冷，不复梦飞腾。

辛巳九月客宁乡，闻举次男，是月雅庵叔父亦得子，喜而有作

客中那得笑嫣然，汤饼频频动绮筵。

苦忆十年驴背倦，欣看两世雁行联。

漫悬蓬矢称佳兆，早植荆花缔凤缘。

家世清芬应不愧，风流还望竹林贤。

其实，贺国华的风雅对贺家后人的影响并不重要，从贺长龄的记载看，更值得重视的是贺国华的职业精神。作为刑名师爷，他对人命关天的司法刑事格外警觉，不到万不得已总是保持距离。他当师爷，主要从事文牍工作，尽量回避讼案判决。这说明他心中有敬畏，有良知，他懂得权力的杀伤力而不敢滥用。这种敬畏心构成了贺氏家风的重要内涵，一直为子孙传承。贺长龄后来为官，最谨慎的就是动用生杀之权，其思想根源就是这种家风传承。

现在可以说说贺启曾了。

相比父亲贺国华，儿子贺启曾则显得严肃也沉重得多。这也和他有八个儿子，家庭负担更重有关，他享年52岁，一生都为稻粱谋。其子贺长龄有《先考通奉府君墓表》，可谓对贺启曾最权威的小传：

先大夫讳启曾，字辅周，建亭其号也。……甫逾冠，辄为州郡上客，以此衣食其家者三十年。治事偶暇，辄取史鉴、古文寻绎洛诵，或岁晚归家，亦手书不辍。夜阑人静，诵声恒琅琅然。见后进能力于学者，诱掖之恐不至，盖生平意向，未尝一日不在学。而少而孤贫，不能不出其身以为尸饔计，逮后食指日繁，百计屏当，仅乃克给，而以养以教，卒俾不孝等稍稍有以自见于世者，先大夫之隐志，亦太夫人有以成之也。

先大夫律己严，尤惓于家政，不孝等成人以往，绳督恒如幼冲时。自饥驱南北，不能一日安于家，而坦然无内顾忧，恃有太夫人也。太夫人尝语不孝等曰："汝父失怙时，才十余岁，吾归汝家，汝父犹未冠，而天性严厉，虽暗室无惰容。友爱汝叔父，

课责不少贷，有过未尝不挞也。汝辈若不勤志向学，汝父其汝贷乎？"长龄初补弟子员，太夫人肃衣簪，为先大夫贺，先大夫谢曰："此汝力也，胡我贺？"岁丁卯，长龄、熙龄同领乡荐，先后成进士，太夫人驰谕不孝等曰："尔父在日，每痛念两世苦节，未获显扬，不幸赍志以殁，未亡人常惧无以报汝父于地下，今庶几逭余责矣。然移孝作忠，远大之事，方自今始，尔等其益勉之，毋令余无以终尔父之托。"

今上即位之元年，长龄以特恩补郡守，太夫人虑其弗任也，谕之曰："尔父佐幕廉，家虽贫不以贱直市官物，惧累人也。"尝馆某太守所，守与学使者有旧，密询："家中有无应试者乎？"则对曰："无。"是岁，寿龄试卷已入选矣，旋以微疵黜，汝父处之夷然也。其治刑也，遇罪名出入，辄踌躇竟日，夜不能下笔，曰："吾以求吾心之所安而已。"呜呼！佐治且然，矧汝自为之邪？长龄等泣志之不敢忘，虽德薄能鲜，而历官中外二十余年，幸免陨越以贻罪戾者，不敢坠太夫人之教，上玷先大夫之素行也。

先大夫美须髯，豪于饮，意气豁如，而默坐澄思，常若有无穷之虑，人莫能窥也。……

先大夫病革时，语太夫人曰："汝享儿孙福，毋我念，恨我不及见耳！虽然，兹福固宜汝享也。"

家乘中，贺长龄对父亲还有一段记述，不妨并录于下：

先考讳启曾，字建亭，长不逾中人，而须髯若神，居恒不妄言笑，家人仆婢侍侧无敢涕唾者。至戚友宴集，则谈笑风生，怡然蔼然。故士大夫多喜从之游。习法家言，精于其业，胥吏不敢干以私，当事敬而信之，争走币帛相邀。在辰州太守陈公廷度幕尤久。时袁简斋、王梦楼诸先辈以风流相尚，跌荡礼法之外，太守与之遥相应和，亦简佚不修小节，而于府君独无敢失礼。湖南学使某按临辰州，亦重府君。酒酣谓曰："贤嗣辈得无有应小试者乎？"府君答曰："无。"时第三子静轩兄固应试，府君不可告也。其守于义命，介然不苟。如此固宜我子孙世世守之永矢勿坠者矣。晚年患噎疾，以嘉庆八年正月十三日卒于家，生于乾隆十七年九月初八日，年五十有二。葬省南门外新开铺。子八：松龄、椿龄、寿龄、文龄、长龄、柏龄、桂龄。命熙龄为胞弟省吾公后。

贺长龄对其父的种种回忆，均可归结到一个"严"字：严肃于表情，严苛于责任，严律于自我，严教于家人，严俭于奢乐，严守于规矩。也许对于其父本人，这是一种苦行僧的人生担当，但是对于后来权贵加身的子孙，则是一笔丰厚的精神财富。最大的精神启悟还是家风的进一步建构，用一句话归纳就是谨慎用权。贺家五代之前并无显宦，但是四代师爷都和权力朝夕相伴，精于策术权谋，受主官倚重。这就给弄权谋私提供了便利，也考验做人的品质。贺启曾对自己的约束达到不近人情的地步，一方面说明，他有坚定的道德底线；另一方面说明，他对弄权的报应有清醒洞察。最关键的有两点：慎重研判和杜绝谋私。这也是所有掌权者应该具备的职业素养。专制时代权力缺乏制度约束，只能靠道德觉悟来调控，遗憾的是，权力的诱惑实在太大，能做到这两点的实在不多。从家风建设而言，贺启曾无疑又是一个重要的奠基者。我们看到，从贺士琛到贺国华再到贺启曾，一代代贺家先人都反复告诫子孙，要对权力的使用充满敬畏，这种自觉意识难能可贵。特别是对贺长龄来说，这种家族戒律影响尤其明显。从积极方面说，促使他谨慎用权不任性；从消极方面说，也约束了他用权的奔放果决。在清代，他是最温和的封疆大吏之一，以至于因此遭人诟病杀气不足，不足以"岩疆"，导致削职为民，这都是后话。

嘉庆八年（1803），贺启曾因病故世，这年贺长龄18岁，已为邑廪生。作为享有官费读书的秀才，这是他16岁考童生辄冠其曹的回报，也意味着他学业优异，前途可观。贺启曾可能已经预感到贺家大显的日子就要到来，临终前对妻子说："你可以享儿子的福了，可惜我没福气了。不要挂念我，你跟我熬到今天，也该享福了。"

贺启曾死于家族显望的黎明之前，格外令人叹惋。

说起贺氏的家族显望，贺家女人也是绕不过的话题。

贺启曾一脉虽有七子传家，但总的来说，贺氏一族男丁一直不算壮茂，尤其是平均寿命不理想。这就使女人有了更多的家族承担。贺氏家乘中往

往都是夫妻合传，还有许多贺家媳妇的单传，都说明贺家女人是家族的半边天。上述贺长龄给父亲写的墓表，多次提及自己的母亲严夫人就是典型案例。这在许多湖湘世家中是较为罕见的情况。

家乘显示，始祖母董孺人不仅作为贤内助主持家务，还成全了丈夫对囚犯的仁慈："先高祖母董孺人，性慈仁好行善事，监犯冬月例给衣袴。所装棉向为缝工克减，或以旧絮换入。董孺人因每岁先期购棉花亲制，至期按名给发。领银归欵。囚以不寒。"至第二代，士英早故，儿子国华尚且年幼，妻子冯夫人守寡十余年，"上事舅姑，下抚遗孤，恩礼兼至，戚邻无间言"，直到36岁去世。国华病故后，妻子陈夫人成为寡妇，"矢志守节，殁年六十一岁，计守节三十二年"。道光年间，这两位贺家媳妇在乡贤和地方官联袂举荐下进入了朝廷表彰的《节孝录》：

> 兹有善邑贺士英之妻冯氏守节十有三年，贺国华之妻陈氏守节三十二年，守出屯邅，贞德继与二代，节兼孝养，懿行出于一门，久重乡评，允邀国典。冯氏淑慎其仪，柔嘉为则，夕馨晨洁，堂上早得亲心，夏清冬温，闺内何殊子职。方冀百年，案举何期，五载琴亡，将欲地下相从，重泉诅远，转念膝前何恃，孤子堪怜，惟抱痛于未亡，冀克完夫身后，一灯课读，十载艰辛，母更兼师，一线之流传，可恃穷而无告，半生之精力已衰，既尽瘁于厥，躬复不绵其寿，算三十六岁之韶华，中谢一十三年之苦节空存。陈氏未修夫妇之仪，已抱翁姑之痛，羹汤未奉，抚遗像以徒悲，定省何从，幸重晖之有耀，无何猝膺大故，门闾之萧索，难堪未几，又失所天，帷幕之凄凉倍苦，田虽有玉，嗟双臂之徒存，室更无粮，凭十指而自赡，以一身而肩钜，任抚二子以至成人，雪咽风餐，茹荼不苦，灯清月冷，寂寥忘辛。以故室并二难，乡里咸称有子而且门多积德。国人皆曰，能贤凡此，姑先妇后，两代继以双贞，玉洁霜寒，百年矢如一日，极一身之艰苦播百世之休嘉。勉尽乃心，当日之藐孤，视息佑启我后，再传而宗族蕃昌，迄今追念前徽遗泽，咸思夫二氏，敢乞表扬善行馨香永报以他年。

《节孝录》陈列二夫人的事迹如下：

一、节孝贺冯氏，善邑处士冯树田之女，康熙五十一年壬辰生，雍正六年戊申许聘贺士英为室，八年庚戌于归，九年辛亥生子国华，卒于乾隆十二年丁卯，存年三十六岁，计守节十三年，与例相符。

二、贺冯氏事姑尽孝，堂上有疾，亲调药饵，衣不解带，或舅姑盛怒，怡声下气，百端宽慰，亲怒辄解。

三、贺冯氏居家节俭，自夫殁后，薪米出入手，自经理未尝妄用。家居荆钗布裙不敢奢然，亲戚有急，辄竭力佽助，不敢靳惜。

四、贺冯氏抚孤成立，夫殁后未当以零丁孤苦少存溺爱，延师教读，针指所出以供膏火，故宗绪不坠而家学以延。

五、贺冯氏御下能宽，奴仆有过，未尝显责，反覆开谕，俟其自悔。故奴仆虽小事未尝少欺，主仆之间不严而肃。

一、节孝贺陈氏，善邑处士陈宝田之女，雍正十二年甲寅生，乾隆十年乙丑许聘贺国华为室，十五年庚午于归，十七年壬申生子启曾，二十六年辛巳生子念曾，卒于乾隆五十九年甲寅，存年六十一岁，计守节三十二年，与例相符。

二、贺陈氏性甘淡泊，奉从舅姑无资，俱出自两手拮据，虽析箸时家徒四壁而所分公产分毫不受，推以让族，卓然自立有丈夫风。

三、贺陈氏克勤克俭，节缩馆脯，葬从舅姑及舅姑诸椽，其余以润宗族，故其夫虽习法家言，不一二年仍习书席，盖恐以遗累子孙，亦以该氏襄理裕如，无内顾忧也。

四、贺陈氏勖两子严，以无资回原籍应试，改而习幕，数千里外谨守慈训，凡官家物丝毫不敢取以寄家，盖教训使然也。

五、贺陈氏亲见诸孙林立，与媳严氏交相黾勉，延师课读或下学问安必令复背塾中书，成诵则喜给以果饵，否则劝挞交加。虽寒暑无间。故诸孙皆能成立以起其家。

再往下说就是贺启曾的夫人严氏了。她是同邑处士严朝铭之女，16岁嫁给了贺启曾，享年77岁，算是高寿了。上文我们已经从贺长龄的叙述中看到严夫人苦心相夫教子、支撑家业的片断行迹，一个深明大义、慈严并重的母亲形象跃然字里行间。在此再做些补叙。陶澍在为严夫人七十寿诞贺序中说：

> 吾里近日扬官中外者，多有贤母。如赵笛楼制军，欧坦斋侍御，唐育庵户部，黄花耘广文，其母夫人皆以守节抚孤闻。其抚孤而林立翘起，及见其荣且寿者，则吾姻家诰封太恭人贺母严太夫人为尤异焉。
>
> 太夫人年十九，归诰赠朝议大夫建亭公，性恭俭，勤于妇事，操臼提瓮，井井有条序。用能闲其家，为建亭公养母，兼以教其子。建亭公每岁馆于外，未尝忧内。顾尝馆某太守处，太守与学使有旧，问建亭公诸子试事，公答以幼不入试。幕中率用官价贱市物寄家用，建亭公独薄弗为。盖太夫人有以成之。建亭公早殁，有子七人，太夫人茹苦支持，延师训课，一言动，必规以正。偶客至，见其子方箕踞，则重惩之。戒以异日得志，毋自肆。待师尤诚敬，供馔必手调而后进。迄今里之言待师者，率称太夫人云。太夫人教其子，既严而有法。而其子亦皆能体太夫人之教以为法，能继其父业。而藕耕[1]、柘农[2]、丹麓，相继贡太学，入翰林，尤有闻于时。太夫人之称六旬也，藕耕主考粤西，乘传衣锦衣归而上寿，里中以为荣。逮后视学山右，出守豫章，皆迎养至署，操作如家时，无一日晏起。虑事周密，待臧获辈有恩惠，生平不言人过。藕耕辈偶一放言，必切戒之。盖其知大体而勤小物如此。每读古书，如孟母之断机，侃母之截发，皆艳称千古。虽其母之贤，未必不因其子之贤有以彰之。如太夫人者，此母此子，且贵且寿，洵乎福之绁，而德之券也。（《贺母严太恭人七十序》，见《陶澍全集》）

对于母亲，贺长龄还有深情的记忆。他说，母亲"俭而勤，慈而肃，戚党见者，咸爱慕而敬惮之。善用人，能得仆妪心，无敢丝发欺"。他还提及母

---

1 又作耦耕、耦庚。

2 又作蔗农。

亲病重时的从容坚强："方太夫人病剧也，昕夕端坐，历四旬无稍倾倚，室中整洁如未尝病焉者，人皆以为难。"可以说，贺长龄对母亲极其敬重，他给父亲撰写的墓表，大多数篇幅都给了母亲，结尾更是一往情深地歌颂母亲：

> 先大夫病革时，语太夫人曰："汝享儿孙福，毋我念，恨我不及见耳！虽然，兹福固宜汝享也。"盖吾家累世积德未曜，而先大夫自信一生无过行，有培而益之，无剥而损之，天道神明，鉴观不爽，故预以一言慰太夫人数十年之苦心，而征应之缘如符斯合。嘉庆庚午，长龄典试粤西，道经里门，得一登堂起居太夫人。厥后视学山西及守南昌，两奉安舆焉。自山东移江宁，以改近陈情，上未之许也。无何，熙龄督学武昌，距长沙仅一湖隔耳。太夫人感且泣曰："上恩厚矣，吾衰年能有几，而敢远离先陇乎？"家居被服俭素，一如未贵时，曰："此汝父意也，吾祖姑、吾先姑皆未尝坐享一日之荣，吾何心侈然自奉哉？"
>
> 自先大夫之殁，太夫人所以持家教子、训诸孙曾者，益谨于初，盖无时不以先大夫之心为心，故无时不以先大夫之教为教，而谬劣如不孝等，前犹恃有太夫人晓夜提撕，以绍述先大夫之遗训。今已矣，大惧来日方长，弗克终自树立，以竟先大夫与太夫人未竟之志。故敢揭其徽言徽行卓卓大者表于阡，俾我后世子孙，无忘先世艰难，而困而能亨，卒以拔起于单寒之中者，由来有渐。庶几观感兴起，思益光而大之，于以继承勿替，是则先大夫与太夫人之所属望也夫。（《先考通奉府君墓表》，见《贺长龄集 贺熙龄集》）

由于贺长龄的显贵，其曾祖母冯氏、祖母陈氏、母亲严氏，皆封赠一品诰命夫人，这在那个年代是妇女最高的社会荣誉。贺家五世显，家族中的女人们做出了不可磨灭的贡献。在此后的家族故事中，女性始终是一道亮丽风景，这也是贺氏家族的独特风采。

嘉庆十三年（1808），这是善化贺氏崛起的标志性年份。

头一年乡试，贺启曾的五子贺长龄（1785—1848）和六子贺熙龄（1788—1846）兄弟同榜中举，长龄高中解元（第一名），熙龄为亚魁（第六名），一时间震惊湖南科场。次年，贺长龄又以湖南第一名、殿试二甲第九名的好成绩联捷中进士，随后又在嘉庆主选的庶吉士馆试中获第一名，成为庶吉士进入翰林院。此年，贺长龄才 23 岁，据说是清代最年轻的进士之一。种种迹象，均预示着贺长龄前程似锦。所以嘉庆十三年是贺氏族史上一个具有图腾意义的年份。六年后，贺熙龄也以湖南第一名高中进士，年方 26 岁。于是，"读书要学贺家郎"的民谚就在湖南生员中悄然流传开来，贺家声名鹊起。不难想见，此刻含辛茹苦的严夫人想起丈夫的临终遗言，一定百感交集，热泪盈眶……

贺长龄无疑是贺氏崛起的开山人物。

家乘中对他有如下记载：

> 府君弱不好弄，及就傅，手不释卷。虽岁时庆祝，登堂鞠跪后，即入塾读。尝见某家春联"书须零碎读，花向整齐看"二语，深有味乎。其言谓："必待闲暇始读书，则无几时矣。"先大父母治家整肃，子弟多以严见惮，而府君定省辄移时，以故先大父母尤钟爱之。年十六，应童子试，辄冠军。明年辛酉，补学官弟子，学使吴穉堂先生省兰，谓为栋梁材。癸亥正月，先大父病喑喑，府君暨诸父日夜侍侧，百方医祷，卒不起。居丧尽礼尽哀。乙丑夏服阕。明年，肄业岳麓书院。时鸿胪寺少卿罗公典主讲席，见府君，大器异之。每试辄冠侪伍。六叔父蔗农公，既就外傅，府君亲与讲求经史。岁丁卯，携往岳麓，定课程以半日读书，半日习制举业。是岁，府君以第一名捷于乡，而蔗农公亦以第六名领乡荐。府君出汤公诰房。明年戊辰成进士，出蒲城相国王文恪公鼎房。殿试二甲第九名，改翰林院庶吉士，己巳散馆，受职编修。京员岁俸廉，而府君性狷介，惟课徒自给，四方之士负笈者踵至。府君勤勤恳恳，诱掖启迪，惟恐不至。凡十年，所成就者百余辈，类能以文章政事显于时。

这段记载显示，贺长龄自小沉静内秀，好学深思，是个早熟的少年才子。取得官学弟子身份后，又进入岳麓书院拜名师罗典修习了大约两年，深受罗典器重。罗师倾所学以授，弟子长龄果然心领神会，"每试辄冠侪伍"，成为罗典的高足之一。大概是受教于罗典大有启悟，他又把本来由自己教诲的弟弟贺熙龄介绍到罗典门下，修习一年。两兄弟师从罗典的时间十分短暂，贺长龄考中进士的1808年，罗典九十高寿无疾而终于任上，于是贺氏兄弟阴差阳错地成为罗典最优秀的关门弟子。研究者公认，贺氏兄弟属最得罗典学问真传的弟子之列。这种师生缘不仅成就了岳麓书院史上被频频提及的一段教育佳话，还成就了罗贺两家近两百年的师生姻亲关系。后来罗典的族曾孙罗汝怀又成为贺长龄的连襟以及贺熙龄的高足。有趣的是，贺长龄高中进士，房师是一代名臣、大学士王鼎，而王鼎又是罗典族孙、少詹事罗修源的弟子。贺长龄非常重视这段缘分，认为自己也是罗修源的师门弟子，称"碧泉学士吾师门余出蒲城相国王文恪公之门，学士乃相国师也"。

随着贺氏兄弟科举进仕，入朝为官，贺家声望在湖湘鹊起。之后长龄、熙龄兄弟仕途和学术地位步步春风，尤其是贺长龄后来以主编《皇朝经世文编》而被推崇为清代经世派官僚的精神领袖，仕途上升，迁为封疆大吏的云贵总督。荫及贺家，可谓光彩生门户。祖父国华、父亲启曾被封享荣禄大夫、云贵总督的荣誉，曾祖母、祖母、母亲皆封一品夫人，其长兄松龄、次兄椿龄、三兄寿龄、四兄文龄，均赠奉政大夫。此外，各路名门望族都与贺家相慕纳交联姻，涉及陶澍、曾国藩、左宗棠、胡林翼、郑敦允、何凌汉、劳崇光、吴其濬、唐鉴、丁善庆、黎培敬、张百熙、徐树铭、黄自元等著名人物及家族。贺家的人脉圈里，英杰云集，群星灿烂。于是贺家奇峰崛起，成为嘉道年间湖湘最显赫的名门望族。

知名湖湘学者唐浩明感慨地写道：

> 在曾、左大显之前，湖南先后出现过四个著名的督抚。他们是陶澍、贺长龄、李星沅、劳崇光，均为湘中士人集团所尊敬的人物。这四人中，名声最大的是陶澍，影响最大的则是贺长龄，甚至可以说，贺是早期湘中士人集团的领袖。这是因为，一则贺是《皇朝经世文编》的主编，对于以经世致用为价值追求的湖湘士人来说，这部书乃他们的必读之书，且贺人品端方，为官有政绩，于是自然成了他们的精神领袖。二则贺氏家族势力强大，人脉广泛。贺的弟弟熙龄、丹麓等或为朝中御史，或为社会名士，都有相当高的时望。贺家还在长沙城里办学经商，财力雄厚。湘中士人里的头面人物如左宗棠兄弟、罗泽南师生、江忠源、刘蓉、欧阳兆熊以及湘阴郭家（郭嵩焘兄弟）、善化孙家（孙鼎臣兄

弟）、茶陵陈家（陈源兖兄弟）等都与贺家关系密切，有的还在贺家做过西席。所有这些，使得贺长龄在当时三湘士林中有着极高的声望。（见《唐浩明评点、梁启超辑曾国藩嘉言钞》）

唐浩明文中还提到贺长龄的幺弟贺桂龄，也值得介绍一下。

贺桂龄（1794—1860），字星槎、号丹麓，小长龄9岁，小熙龄6岁，也是个读书的料。道光二年（1822）考拔优贡，相当于举人的资历，为八旗官学教习，授职训导，他却心有不甘，继续考科举，于道光二十三年（1843）中举人。此时，贺长龄还在贵州巡抚任上，有着湖北学政资历的贺熙龄已经病退执掌城南书院，贺桂龄协助六哥教学，弟子簇拥，众星捧月。这也是贺家第五代显赫声望达到最高峰的时期。道光二十七年（1847），贺桂龄又中了二甲第五十五名进士，与张之万、李鸿章、沈葆桢、郭嵩焘等同榜，历任广东潮阳知县，潮州通判、同知等职，主持过粤海关事务。于是，"一门同胞三进士"的美誉又在湖湘士林传颂。不过，就在贺桂龄中进士的前一年，五哥贺长龄因云南永昌回乱再次爆发，从云贵总督的职位上被降为河南布政使，次年被朝廷褫职回乡，一年后郁闷故世，享年64岁。贺熙龄也于贺桂龄中进士的前一年故世，享年59岁，贺家暗显败落之兆。全靠贺桂龄高中，又将家族的声望接续了十余年。咸丰六年（1856），贺桂龄告病回乡，贺家的闪耀和喧嚣慢慢收敛平息。

学者普遍认为，贺家最辉煌的岁月止于第五代。应了"富贵不过三代"的历史魔咒。如贺长龄的亲家曾国藩在给儿子的书信中说："藕耕先生学问文章卓绝流辈，居官亦恺恻慈祥，而家运如此，是不可解！"学者唐浩明则为贺家打圆场说："贺长龄生前家道兴旺四十余年，死后仅十年便气象凋落，这在官场中并不少见。曾氏说：'凡天下官宦之家，多只一代享用便尽。'贺家为'一代享用便尽'又提供一个例证。"

也许，贺家大红大紫的风光确实仅止于第五代，可谓其兴也勃焉，其衰也忽焉。善化贺氏的行派诗写道："宏士国增龄，仲师家益善，谊笃同体亲，支乃百世显。"亦表达了"百世显"的强烈憧憬，历史却并不买账，这实在有些令人尴尬。但是，唯其如此，这个家族的沉浮也就更值得我们咀嚼回味。况且，细细爬梳史料会发现，称贺家一代而衰的结论只是看到了表象，大可商榷。其实，贺家六代以后的族人依然赓续着家族的文化风尚，书写了后世的独特精彩。区别仅在于，不再是前呼后拥的喧嚣，而是润物细无声的文化蔓延，从而更显示文化的深厚与坚韧，给人的启悟甚至更多。比如，贺氏七代和八代传人贺师谦、贺家栋父子，两代人镇守新疆伊犁，佐幕二十余年，这种为国戍边的襟怀，完全可以和五世祖贺长龄十年镇守云贵苦寒之地的豪气媲美。至辛亥革命，已升任伊犁知府的贺家栋，作为领袖之一发动伊犁起义，将六分之一的华夏疆土完整地留在了中华版图之内，掀开了新疆民国史的扉页，这种勋业也是前辈贺家人未有的贡献。此外，在许多重要的湖湘历史场景中，都有贺家儿女的出场，不仅提供了精彩的湖湘故事，还蕴含着绵长的生命启悟。

诸此种种都表明，对于贺家的历史，我们的史料爬梳还失之粗浅，我们的史学观照还十分近视。这也就意味着，我们将于尘封的史料中，梳理辨识那些被尘埃掩埋的历史足迹，对许多传流百年的史学讲述赋予独具新意的解读。必须意识到，贺家的意义并不在于贵为公卿的荣耀，而在于消长沉浮间的内在肌理，以及这支湖湘家族介入历史的独特方式，尤其是这个家族始终保持着一种平民化的贵气，令人咀嚼回味。如果我们对世家的感悟仅仅局限于冠盖顶戴、鸡犬升天、宝马香车、锦衣玉食，那便不仅是同质化的观照，更是舍本逐末的观照。因此，我们更关注的是这个家族存在的理由和方式，以及由此而形成的独特家族气质，为的是给后人的前行提供某种警觉和启悟。

贺门七兄弟

打虎亲兄弟，上阵父子兵。

贺氏五世显望，很大程度上印证了这句俗语。贺长龄七兄弟以及凭借姻亲形成的社会人脉网，是贺氏显望的重要条件。

贺氏兄弟依序为贺松龄、贺椿龄、贺寿龄、贺文龄、贺长龄、贺熙龄、贺柏龄（早殇）、贺桂龄。其中贺长龄的四个兄长均为郡县幕府师爷，且因贺长龄而享有奉政大夫、翰林院编修加四级的荣誉封号。贺长龄、贺熙龄、贺桂龄均为进士，各有业绩而享受相应的待遇及荣誉。家乘显示，七兄弟关系非常和睦，互相提携以光大家族势力，同时以姻亲关系交结诸多显贵家族。在当时，贺家声望和势力可谓雄冠湖湘。其中的故事颇值得关注。

贺松龄（1774—1845），字听涛，号云冈，是贺家七兄弟中的老大，在贺家兄弟中很受尊重。据家乘记载，他性情恬淡而严谨，多才多艺，尤其擅长书画，还能以左手或用筷子作书法，别具风姿，人争索之。他考过几届科举，不中，遂操持祖业，以州府幕僚养家，侍奉母亲严夫人，给兄弟们读书上进作铺路石。所以，五弟长龄、六弟熙龄、八弟桂龄高中进士，大哥松龄的奉献不可忽略。

松龄的儿子仲常写下了父亲的小传，简洁而生动：

（府君）生而颖异，经史而外多工艺事、金石、音乐、医药诸技。一见辄洞其微，虽聊试为之，如未经意，然当其冥心孤寄，时得隽解。老于其事者或谢不如也。书画仿宋元名家，得其神似。尝戏运左腕作字，或以拈箸代笔，与常时无异而生气远出反过之。人争求索，有与有不与。所与游，必一时闻人，缓急与共，不负已诺。家贫习刑家言，资馆俸以养亲，为大府所礼重者垂三十年。五十以后，家居侍祖母严太夫人，远近争迎致不应。日夜依恋如孺子。逮祖母卒服阕，始一出塞当道之请，然府君亦衰老，浸厌人事矣。

性方严，有轨度，生平未尝晏起，子弟有过失，则诮让之，多所成就。忧居时，尚书公、御史公先后归里第，诸世父相聚依依，以朝以夕。府君有所教督，惟诺惟谨，每出，伯先季后，须发宣白，照耀都肆，路人起立致敬，啧啧称羡不已也。寻患喘逆，久不愈。道光二十五年三月一日卒。

姚冯，浙江山阴人，年十九来归，慈惠恭、俭内外以和，先府君八年卒，实道光十七年九月七日也，春秋六十有五。子二，仲璠先卒，仲常。孙男四：师准、登瀛、师儒、师虎。孙女二。庶母刘，卒于咸丰元年七月十二日，年始五十。女一，适彭玉麟。是年择善化县杨梅河畔之原，丁首癸趾，卜习吉，将以冬十一月二十二日奉府君及姚冯太宜人之丧，合葬焉，而以庶母祔葬右穴。呜嚏！岁月云徂，茹哀积疚。剔莽负土，始成三邱。庶几先灵，永莫兹宅。幽隧永闭，呼踊奚从。哀哀余生，遑敢以文。托石缕言，亦惧陵阿。之不可以常固将视夫来者也。不肖孤仲常泣志。同邑后进许志淘书丹并填讳。

读小传可知，贺松龄在地方上很有人望。首先因为多才多艺以及佐幕，结交的都是"一时闻人"，此外，与贺长龄兄弟进士为官也不无关系。他大贺长龄 11 岁，贺长龄一度为嘉庆近臣，于是，"大府所礼重""远近争迎"也是不奇怪的。道光五年（1825），贺长龄任江宁布政使，松龄夫妇还有八弟贺桂龄陪着母亲严夫人一起来到南京，住了大约一年。贺长龄又要调任山东，母亲嫌山东路远亦担心水土不服，松龄夫妇和小弟桂龄又带着母亲返湘。临别前贺长龄还写诗说，真想全家一起归去，共享天伦之乐，但又解释"我岂恋此官区区？国恩方厚安有躯，未老终当竭钝驽"。

道光十年（1830），贺长龄丁母忧归湘守制，兄弟们又难得地相聚故园。于是又出现了感人的一幕：松龄"须发宣白，照耀都肆"，带着两个当朝为官的弟弟走在长沙街头，昂然为首，俨然如父，两个弟弟毕恭毕敬地跟在后面。孝悌家风，扑面而来。贺长龄描述说："路人起立致敬，啧啧称羡不已也。"数千年来，中国是家国一体的社会组织构架，家族是缩小的国家，族规家风具有家族宪法意涵。孝悌既是支撑家族的内在精神支柱，也是典范家风的外在播扬，亦在民间土壤上支撑着国家体制的大厦。在国家意识中，就表现为对政权的"忠顺"。解读贺长龄的文字，只有读出这种启悟才算到位。

贺长龄守制兼养病，长达五年，贺熙龄更是逗留家乡近十年，在湖南兴教育才，留下了许多佳话。左宗棠就在此期间拜师贺氏兄弟，后来成为湖南一代雄杰；罗典族孙罗汝怀、新化奇才邹汉勋等也在此期间成为贺门弟子。后来罗汝怀还与贺长龄成为连襟，他们都是湖湘大儒。此时的贺家，高朋满座，胜友如云，一派兴盛景象。对于贺家兄弟而言，这也是最难忘的一段亲情依依的温馨时光。这年端午节，四哥贺文龄在家摆酒，招长兄松龄，三个弟弟长龄、熙龄、桂龄相聚（此时二哥贺椿龄、三哥贺寿龄已故去），很少写诗的贺长龄又作诗一首：

> 小筑幽居地几弓，卷帘消受好薰风。
> 老年兄弟犹能酒，半亩园林亦自雄。
> 绕屋藤花初上架，当门蒲剑欲凌空。
> 儿曹解识天然趣，滚滚文章写不穷。
> 屡赋郊居尚市尘，桃源咫尺欲迷津。
> 忽看蔬菜盈筐绿，便觉林泉入座亲。
> 世味饱尝偏爱淡，名心已冷不如贫。
> 盆花喜拜宜男赐，从此云山有替人。

此诗流露出贺长龄对田园生活的向往，不禁使人联想到贺知章《回乡偶书》的心趣，也许贺长龄灵感来时，果真就看到了先祖贺知章的回乡身影，看到了先祖漫步镜湖的潇洒身姿。细细咀嚼会感到，作为理学名儒的贺长龄，内心深处还有不浅的道家遗传。如果联想到他是贺知章的后裔，就更不奇怪，先祖贺知章的人生归宿就是告老还乡，归隐道山。再从中国的文化传统看，儒释道本就复杂纠缠，文人都有着多面心性，随着情境而变换出不同姿彩。

此外，在贺松龄身上还有一些值得关注的信息。其一，他的原配夫人冯氏是浙江山阴人，可见贺家至第五代与祖籍山阴的关系依然密切，连媳妇都要到老家去找。其二，他有四女，只有第四女长大成人，家谱记载，此女嫁给了彭玉麟。这不禁令人猜想，是那位著名的湘军统帅彭玉麟吗？但是除了贺氏族谱，所有的史料都称湘军统帅彭玉麟的夫人是邹氏，而且感情不睦，只有一个名声不佳且短命的独子传彭氏香火。此外，彭玉麟年纪要小贺松龄42岁，按照那个年代的常态，彭玉麟做贺松龄的孙子辈都有可能，不大可能成为贺松龄的女婿。因此，贺家女婿彭玉麟当为同姓名的某人。但是，贺松龄之女与湘军统帅彭玉麟有姻缘交集也并非完全不可能。提出来说一说，也很有意思。

查考彭玉麟的父亲彭鸣九生于1772年，仅比贺松龄大两岁。这样一来，贺松龄和彭鸣九年龄相仿，贺作为彭玉麟的岳父没有什么尴尬。家谱显示，贺松龄18岁结婚，有二子四女，四女俱为副室刘氏出，刘氏仅比彭玉麟大15岁，于是刘氏生的幺女，年龄应该比彭玉麟小。而彭玉麟和邹氏结婚时已经28岁，他此前和贺氏女发生媒妁交集在时间上完全有可能。问题是，还要有其他的条件才能成立——起码他们两家要有认识的条件，否则贺松龄未必会知道且看上年轻时默默无闻的彭玉麟。于是，史料中有三点就格外引人关注。其一，彭玉麟的父亲彭鸣九曾游京师，以卖字为生，结识了何凌汉，颇受何赏识，何可能对彭鸣九选授安徽怀宁巡检还有推荐作用，而贺长龄正是何凌汉的好友，此时贺也在京都，有认识彭鸣九的条件。其二，彭鸣九后来娶妻王氏，王氏是浙江山阴（今绍兴）人，而贺松龄的夫人冯氏也是浙江山阴人，二人属于老乡，不排除她们彼此相识的可能。其三，彭鸣九之妻王氏的父亲王维是幕府师爷，云游四方，而贺松龄也是云游四方的幕府师爷，就籍贯而言，两人也是老乡。诸此种种叠加起来，彼此相识，说起女儿与外孙的婚事，并非没有可能，交换八字订婚也并非不可想象。从贺氏族谱的书写习惯看，但凡有女嫁给名人，都是只提姓名，不做注解，如贺寿龄之长女嫁给两广总督劳崇光，谱中就只写："女二，长适劳崇光，次殇"。贺氏与彭玉麟可能有过后来没有实现的媒妁交集，也许其中又有故事，只是我们无从知晓罢了。当然，这只是一种猜测。

再说贺椿龄（1775—1833），号茂亭，七兄弟中的老二。十分遗憾，家乘中对他的记载少之又少。只说他享年59岁，原配雷氏，副室刘氏，都是30多岁亡故。有一子仲莹，20多岁亡故，没有后代，是八弟贺桂龄的二儿子仲光过继，才续接了香火。按照嫡传男性传香火的旧观念，贺椿龄是绝代的。他还有二女，长女嫁给胡承整，次女嫁给欧阳道恒。有关贺椿龄的记载单薄，和他这一脉子脉不旺有很大关系。贺桂龄的儿子贺仲光传承贺椿龄一脉的香火，子脉依然不旺，五代都是单传，即仲光—师濂—家璧—益恒—善从。由于单传，人物关系也简单，不妨介绍一下。

贺仲光（1821—1867），一名锡光、源壬，字仲雅，号载之。椿龄嗣子。咸丰十年（1860）恩贡候选教谕，军功赏戴蓝翎，江西即补知县，例授奉政大夫。配于氏，封宜人。从履历看，贺仲光参加了湘军，和知名湘军人物黄廷瓒交集很深，结了儿女亲家而且立下了军功。但他的寿命只有46岁，要不是他17岁结婚，留下一个儿子师濂，只怕也是绝代。最遗憾的是，对他的记载也是少之又少。

贺师濂（1839—1885），字颐亭，号景周。也参加了湘军，东征保举遇缺即选巡检，加五品衔，例授奉直大夫，在曾国藩上奏的请功嘉奖名单中，可以看到他的名字，应该是他和父亲一起参军，献身沙场。他娶了知名湘军人物、道光进士黄廷瓒的女儿。黄廷瓒是长沙人，曾国藩手下的干将之一，后来获得按察使的职位。想必是父亲贺仲光和黄廷瓒的交情颇深，他本人也优秀，便促成了这段姻缘。贺师濂和父亲一样，享年只有46岁，也只留下一个独子贺家璧。不过黄夫人很高寿，享年82岁。

贺家璧（1858—1889），字奎士，号受卿，享年只有31岁。他也只有一子益恒传后。贺家璧娶了同邑秀才黄炳昆的二女黄杏生，又给后人提供了光耀门楣的资本。黄杏生是民国开国元勋黄兴的二姐，一手把黄兴抚养成人，黄兴视二姐如母，黄兴后来显耀一时，对贺家而言，自然是光耀门楣的体面事。

贺益恒（1877—1915），字伯庸，号庐受。他是湖南著名的明德学堂的首届学生。辛亥革命时期，此校革命志士云集，如黄兴、宋教仁、陈天华、杨毓麟、吴禄贞、刘道一、赵声、谭延闿、张继、苏曼殊、王正廷、宁调元、胡瑛、胡元倓、陈果夫、姚宏业……华兴会即诞生于此，明德号称辛亥革命的摇篮。贺益恒跟着老师和舅舅黄兴参加辛亥革命，在短促的人生履历上留下一个亮点。说黄兴是他的老师，是因为黄兴一度执掌明德学堂的教务；说黄兴是他的舅舅，是因为他的母亲是黄兴的二姐。可惜他年寿只有38岁，未能施展抱负。

贺益恒也只有一个儿子，叫贺善从，还有四个女儿，长蕴华（定华）、次殇、三兴华（澹江）、四殇。族谱只写贺善从，字体元，生于1897年，有三个儿子，谊寰（克英）、谊雄（克美）、谊民（克生），其余就语焉不详了。不过，从其他记载中我们可以得知，贺益恒的两个女儿贺定华与贺澹江的人生故事都充满传奇，可谓贺家二女杰。后文还要专述，在此略作介绍。

贺定华经过艰难的勤工俭学以及舅奶奶徐宗汉（黄兴夫人）的接济，成为资深教师，嫁给黄埔军校五期生、上校军需官姚剑鸣，后丈夫在淮海战役中参加由中共地下组织成员也是黄埔军校五期生廖运周策动的起义，一生充满传奇故事。贺定华一生也充满传奇，可谓九死一生。其五个子女均毕业于名牌高校，老大姚监复毕业于哈尔滨工业大学，老二姚一平毕业于南京航空学院，老三姚山平毕业于列宁格勒电工学院，老四姚南平毕业于北京航空学院，老五姚蜀平毕业于中国科技大学，这显然是一个教育奇迹。尤其是老大姚监复，成为国家领导人的高级智囊，深度参与了改革开放初期的农村改革。老五姚蜀平成为旅美知名作家，更是故事多多。

贺澹江一生也充满传奇。早年随前夫卷入大革命，东躲西藏，颠沛流离。前夫叫钟皿浪，为黄埔军校三期生，中共党员，后任新四军独立第一军军长、北京铁道学院副院长等职。两人因为性格不合等原因分手。贺澹江又投靠舅奶奶徐宗汉和大姐定华，开始了新生活。后来她成为著名语言学家黎锦熙的助手和夫人，同时拜齐白石为师，成为齐门女弟子，知名的女画家。

有趣的是，贺定华和贺澹江的女儿都秉笔书写了感人的家族故事，都将自己的血脉追溯到贺椿龄。其实，这只是法律意义上的祖脉之根，就血缘而言，她们都是贺桂龄的血缘嫡传。顺带说一句，作为八弟的贺桂龄，不仅将二子过继给了二哥贺椿龄，还将四子仲裳（诒令）过继给了五哥贺长龄。因此，贺长龄后代一脉也是贺桂龄的血统。这也显示贺家兄弟的确同胞情深。

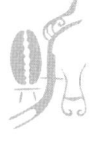

贺寿龄（1777—1809），号静轩，是贺氏七兄弟中的老三，享年只有32岁，除了老七柏龄幼年早殇以外，是贺氏七兄弟中寿命最短的一位。就性格而言，他可能是兄弟中最豪放不羁的一个。贺长龄说他"生而颖达，爽迈不群，喜交游嗜酒，高朋广坐，穷日继夜，醋嬉淋漓，颠倒而不厌"。这和沉稳的贺长龄形成了鲜明对比。说起来，贺寿龄和大哥松龄的性情相似，有多方面的文人雅好，琴棋书画无不涉猎，尤其是书法令人称绝。他模仿赵孟頫可以乱真，后来读史得知赵气节有亏，拍案而起说："我真后悔，不该模仿这家伙的东西！"其女婿劳崇光曾满怀深情地在家谱中对岳父一家做出如下记载：

外舅……生而颖迈，初为文，数百言顷刻立就，应童子试不售，遂弃去，学律养亲。古文、诗词、乐律、篆刻、棋画无不好，最录古名人尺牍，与长兄云冈丈同学书，少时喜仿赵迹，后读史至文敏降元事，拍案怒曰："吾悔临松雪书也！"好周人之急，尝岁晚自馆归家，泊舟湖上闻哭声甚哀，询知为覆舟者，且丧其子，乃罄囊以赠。喜交游，豪于饮。嘉庆十四年己巳，馆岳州陈云樵太守署，得家书一举二子，觞客伤酒得腹疾，弟文龄买舟获归。以七月七日至家，九日卒。距生于乾隆四十二年九月二十一日，年三十有三。

贺寿龄 30 多岁就过世了，又是夫人陈氏支撑起全家：

外姑陈夫人，太宜人，同邑锡奎公女，母氏黄，叔母王氏皆旌节孝。外姑年二十五归外舅，翁姑治家严，得外姑甚喜，烹饪杵臼悉委之，不私不伐，遇娣姒不能为者暗为代任。外舅性孝友。常以幕游为憾，外姑体其心，代谋周至。至外舅既逝，家益贫，遗子女四人，长者未冠，弱者仅两月，教养之资皆出十指，有周恤之者谢不受，训诸孤曰："吾忍目前之窘，不受人惠者，为汝曹异日地耳。"长子笠仕秦中，以姑年迈不就养，姑弃养，始往居官舍，十有六年一切如未贵时。尝曰："吾姑以两世苦节，终身未尝丰，于奉吾今，何敢乎？"崇光不及见外舅，顾习闻外姑之训矣，未及觊缕也……

铭曰：秘监之裔，蕃于湖湘，至公昆季，位业愈昌，独抱奇逸，客游好侠，麦舟高风，酒碗凉月，德配育孤，骨节寒坚，三世贞操，清芬载延，卅年馆甥，习闻懿矩，此日登堂，倏焉今古，云木蔚苍，杉木之原，同兹永宅，福佑来昆。

除了陈夫人支撑起全家，贺长龄兄弟也伸出援手，把十几岁的侄子贺仲城带到京城，养之教之，送上仕途。贺仲城后来为汉中知府，官声斐然，算是告慰了贺寿龄的在天之灵，为贺家争得了声誉。还有劳崇光，无疑是寿龄的乘龙快婿。他是道光十二年（1832）进士，后来官至两广总督、云贵总督，是贺家的一门显赫姻亲。但是贺寿龄去世时，他才 9 岁，所以他说未得亲见岳父，对岳父家事也是后来从岳母口中得知。他迎娶贺寿龄之女当在 1822 年中举前后，此时他 20 岁左右，其间的婚事运作，当是贺长龄与贺熙龄的手笔。

说起劳贺结缘，一方面因为贺家在当时湖南的文化影响力，贺长龄、贺熙龄兄弟给劳崇光以提点教诲是不言而喻的，从上述文字看，劳崇光对岳父一家恭敬溢于言表。另一方面，也和他这一支劳氏子脉祖籍绍兴，且族中大都从事师爷职业有关。资料显示，清初有劳姓绍兴师爷游幕来湘，占籍长沙，建堂号师俭堂，成为长沙浙系劳氏之始祖。绍兴祖籍及师爷职业，正好和贺家的祖籍与职业特点吻合，两家人自然会亲密交往。况且，劳崇光一族人数并不多，据劳氏后人说，至 1949 年，长沙城内劳崇光家族人口也仅有120 余人，虽不排除 100 年间劳家有人口迁出情况，但估计道光年间劳家人口顶多数十人。于是，弱小的劳家师爷群体向强大的贺家师爷群体靠拢以至于结成姻亲更加顺理成章。贺家族谱显示，劳贺联姻不仅是劳崇光娶了贺家"仲"字辈女儿，还有劳崇本之女嫁贺师儒，贺师儒之女嫁劳启湜，尽管劳家族谱未能得见，我们只知道按劳家字派，"崇""文""启"是祖孙三代关系，正好和贺家"仲""师""家"祖孙三代关系吻合，故断定贺家与劳家有三代联姻。

劳崇光是劳氏家族第六代传人，自劳崇光起，劳氏后代名人迭出，如女儿劳淑静是多才多艺的女诗人，嫁工部尚书徐树铭。孙女劳君展（启荣）是新民学会的会员、居里夫人的硕士，嫁同为居里夫人硕士学生的许德珩，夫妻同为九三学社创始人，又为两弹元勋邓稼先的岳父母。玄孙劳干为著名历史学家，劳思光为著名哲学家，等等。这其中，也渗透着贺氏祖母血脉，给贺家门楣添彩。

贺文龄（1781—1841），字富田，号质夫，是七兄弟中的老四，可谓三位兄长和三位小弟之间的桥梁。家乘也显示，他经常在兄弟间传递信息或者做东召集兄弟聚会，两位弟弟常年在外为官，他经常不辞劳苦地去探望。不用说，这也加深了兄弟间的情谊。想来他性情随和又勤快，精干而务实。在贺氏兄弟中，他还是一位持家的好手。其六弟熙龄对他的持家能力很是羡慕，曾写诗赞美文龄的家宅云庄小院云：

> 高人家住白云中，长夏开尊琥珀浓。
> 漫对青山浇块垒，好从绿水返芙蓉。

红衣翠盖飘飘举，野簌山肴款款逢。

此后相期须尽醉，莫嫌花下足音跫。

贺长龄也有诗赞美文龄的家宅："买来城北数弓地，新筑园西一亩宫。"推测云庄现在长沙城的秀峰公园一带，田园景致很浓，还颇有隐士幽居之风，贺氏兄弟及朋友们经常来此聚会。熙龄称四哥为高人，想见文龄性情也比较散淡，对仕途功名并不热衷，心思都在经营自己的庄园上，是个热爱生活的人。不过为了这份家园之乐，文龄也是很拼的，他云游四方为幕，一生也是风尘仆仆。贺熙龄也有诗写文龄奔波的情状：

才欣兄弟团圆聚（时云冈大兄新自益阳归），又送江湖浩渺行。一夜雨凤惊远思，九秋鸿雁动离声。云开汉寿征帆回，月落长沙别酒倾。待到梅花东阁满，为开春瓮数归程。

君怀胜似我怀真（人言弟性情行状多似兄），须发苍然老倍亲。鼎鼎百年过强半（兄年五十四，弟今年亦四十六矣），谆谆千语话从新。衰余兄弟难为别，醉后悲歌易怆神。冷便着衣饥便饭，客中珍重岁寒身。

不为饥驱忽远游，依人王粲又登楼。

江山老去都成伴，风月尊前莫感秋。

可笑鼠虫别肝臂，须知天地共裘绸。

纷纷苍狗浮云变，蝼蚁王侯土一丘。

这是熙龄送文龄赴湘西武陵为幕时所写，这年文龄已经54岁了，须发苍然，依然要四方奔波。此时他虽衣食无忧，可是人情难却，州郡主官都纷纷向他发出邀请，他大概也感到存在的价值，也就欣然而往。所以熙龄说他"不为饥驱忽远游"。可见贺文龄是个热心人，为幕的名声也是不错的，但也不排除是贺家的声誉在背后作为支撑。在贺氏七兄弟中，似乎贺熙龄与贺文龄的交情最为深厚，在诗文中留下了多篇两人交集的记载。这大概与贺熙龄前后有十年都告假在家乡养病，彼此接触密切有关。贺文龄60岁去世，贺熙龄正在湖北黄州，痛心疾首写下了《黄州舟中哭质夫兄》：

记得黄州夜，扁舟听雨时。烛花明绮席，宾从斗新诗。
此乐宵频续，吾兄兴不支。十年俄顷事，凄绝一灯知。

愁说黔中病，归来喜健康。略嫌容瘦减，未改兴清狂。
棋酒流年送，莺花趁日忙。此情尤历历，人海隔茫茫。

渐渐增衰态，悬心近一年。老怀偏旷远，同气共忧煎。
医药穷多口，存亡欲问天。来生缘再结，此意讯重泉。
（往岁寄兄书，引东坡"与君世世为兄弟，更结来生未了因"之句，兄
讶以为不祥，不虞兄之先我而逝也）

文龄去世时，七兄弟只剩四人，即长兄贺松龄以及三个弟弟。松龄、长龄和桂龄应该也有诗文悼念，可惜散佚，均不得见。史料还显示，贺文龄的子孙大都以捐官的路子进入仕途，许多子孙在盐运司任职，那可是个油水很大的部门。想必也与贺长龄或者陶澍有关，陶贺是密友加亲家，两人一度作为执掌两江政务的主官，将亲戚安排在一个肥水部门任职是不成问题的。不过，从家谱看，只有文龄的后人密集供职于盐运，也许是文龄的要求，贺长龄碍于兄长面子开了方便之门。其中的故事，另文再说。

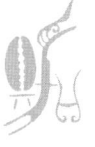

再往下说，就涉及贺长龄、贺熙龄、贺桂龄三兄弟了。此三兄弟也是贺氏兄弟中的最杰出者，他们及其后代的事迹，家乘中也记载最多，从而构成了贺家故事的主体，我们另文一一专述。总之，贺家兄弟的和睦情深、精诚团结是家族显望的重要支撑。家和万事兴，信然也。贺家诸兄弟都非平庸之辈，体现了贺氏家族的整体文化实力。尤其是通过联姻建立起的家族势力圈，更壮大了贺氏家族的社会影响力。

贺长龄与湖湘经世派

学界已有这样的判断："由盛转衰的乾、嘉时代，以陶澍、贺长龄、魏源为核心的湖南经世主变派群体脱颖而出，成为嘉、道政治舞台上最为耀眼的明星群体，从此改变了湖南人罕见于史传的落后境况，书写了近代湖南政治精英群体的辉煌开篇。"（见罗宏、许顺富《湖南人底精神：湖湘精英与近代中国》）

此说法揭示了贺长龄建构湖湘经世派官僚集团的重要史学勋业。尽管他不能算经世派先驱，但作为湖湘士人领袖之一，他以 40 年的宦途耕耘使湖湘官僚凝聚成嘉道年间经世派集团的核心群体，掀开了湖南人登上中国政治舞台并闪耀辉煌的历史序章，为此后湖南人主宰中国政坛百年的局面奠定了基石。

嘉庆十三年（1808 年），23 岁的贺长龄以二甲第九名进士的身份开始了仕途之旅，他的岳麓同学石承藻则以更显耀的探花进士身份入仕。此外，还有同为岳麓弟子的李象溥、郑世俊，也以进士的身份入仕。这一年，湖南进士中有四成是岳麓书院罗典的弟子。也就是在这一年，90 岁高寿的罗典在午睡中安然去世，完成了他终身眷顾且业绩斐然的教育使命。石承藻、贺长龄等弟子优异的科举成绩，是对恩师最富欣慰的告别。

罗典执掌岳麓书院 27 年，弟子中选拔及举优行贡成均者 112 人，举人者 187 人，成进士者 36 人，其中举人数约占同期湖南中举总数的一半，进士则是湖南同期中进士总数的近六成。嘉庆十三年，罗典弟子的科举成绩再一次佐证了罗典的教育业绩及弟子的优异。随后两届科举，贺熙龄等 7 位岳麓罗门弟子又登科进士，朝中便悄然形成了一个以岳麓罗门弟子为主体的湖湘官僚群体，如赵慎畛、陶澍、彭浚、严如煜、石承藻、贺长龄、贺熙龄、郑世俊、唐鉴、欧阳厚均、袁名曜、聂铣敏、聂镐敏、李象鹍、李象鹍、向曾贤、周有声、曹德赞、秦敬衡、李在青、伍先准、周树槐、郑敦允、周锷、罗麓西、胡达源、汤鹏等均是罗典亲传弟子，加上后来的左宗棠、曾国藩、胡林翼、魏源、郭嵩焘、劳崇光、李星沅、李元度、刘长佑、刘蓉等二传弟子就更为壮观。这种同门师兄弟关系无疑具有特殊的凝聚力，一旦共事，很容易形成同舟共济的集团局面。此外，还有大学士刘权之、尚书何凌汉、吏部侍郎周系英等湖南籍高官，与这帮罗门弟子群体不仅关系亲密还多有提携。可以说，嘉庆年间，以岳麓罗门弟子为骨干的湖南官僚群体已经初成气候。

　　说嘉庆年间以岳麓罗门弟子为骨干的湖南官僚群体已经初成气候，只是一个表象而笼统的说法，更深厚的思想凝聚是岳麓弟子们有着湖湘学风的传承熏陶。千年以来，湖湘学风以经世致用为特色，这种学风在学理上未必因博大精深而占据学门高地，但却给岳麓弟子建立政治勋业提供了思想和行动准则。岳麓弟子不仅充满着行动激情也具备行动能力，可谓中国书生中首屈一指的特色。湖南官僚也毫不掩饰其经世致用的学派根源。这种学派精神经由罗典及两位高徒袁名曜、欧阳厚均发扬光大，更确切地成为岳麓弟子的思想与行动风范，从而在政坛上开花结果，诞生了号称湖湘经世派的少壮官僚集团。

　　诚然，湖湘经世派官僚集团要大展身手，还需要时势成全。嘉庆和道光执政正好提供了时势的可能。费正清主编的《剑桥中国晚清史》明确指出：“嘉庆时代开始了汉族官员在清朝省一级政务中占支配地位的局面。”这是因为嘉庆亲政后对和珅集团的处理，使大批和珅系统的官僚边缘化，极大地改观了“扬满抑汉”的政治格局。于是，具有卓越行动能力的湖南经世派少壮官僚就获得了上位的政治契机和政治舞台。

　　在湖南少壮官僚群体中，贺长龄兄弟与陶澍以及唐鉴私交最密又结为姻亲。他们都对经世派的形成起了主导性的作用，特别是贺长龄与陶澍，道光年间同时外放，主政一方，都官迁总督高位，更是以斐然的政绩勋业，成为湖湘经世派的两大领袖人物——这是学界的共识。

　　有史料说贺长龄中进士后，因名列前茅被选为翰林院庶吉士，作为重点人才培养。散馆后，嘉庆皇帝出题考试这批培训毕业的庶吉士，长龄得第一，原因不仅是他文章好，而且名字也吉利——“贺长龄”，这不是祝福皇帝长寿吗？所以嘉庆皇帝对贺长龄颇为器重。这个掌故是否确切不重要，从贺长龄的履历看，嘉庆皇帝对他确实不薄。罗汝怀在《贺公家传》中如是写道：

> 联捷成进士，改庶吉士，是为嘉庆十三年。次年散馆授编修，旋充庚午科广西乡试副考官，二十一年简放山西学政，二十五年保送御史，引见记名，旋转左春坊左赞善，中间屡充文颖馆协修，本衙门撰文，文渊阁校理，日讲起居注官。当是时，公以文学侍从之臣，回翔禁近，殆将一纪，而特达之知从此始矣。

从这段记载看，贺长龄十余年京官生涯，其间三年简放山西学政，其余时间主要追随皇帝左右，执掌皇帝文案，可谓通天之人。根据罗汝怀的《贺公家传》总结，贺长龄的京都人生收获大致有二：一是熟悉了中央权力运作，且深受皇家信赖，贺长龄后来官运亨通，这是很重要的原因。二是阅览熟悉了大量一般人难以接触到的典籍图书、史料文献、档案机密，这不仅增长了贺的见识和文化积淀，还为其后来主编《皇朝经世文编》奠定了坚实的基础。所以罗汝怀断定，贺长龄的京都生活养成了"特达之知"。

罗汝怀的《贺公家传》是根据贺长龄儿子诒令提供的资料撰写的。贺长龄去世后，为了给父亲写传，诒令先写了一篇父亲的《行状》，交给罗汝怀取舍编撰。《行状》比罗汝怀写的《贺公家传》有更多细节，但都被罗汝怀舍弃了。大概罗认为，贺长龄十年京官中许多细节只能体现贺长龄的京都落寞。他想强调的是，贺长龄追随嘉庆的十年颇受恩宠，练就了远见卓识。这固然不错，可是这就遮蔽了贺长龄的丰富性，其实十年光阴，贺长龄也有蹉跎的一面。不妨看看《行状》是怎样写的：

> 京员岁俸廉，而府君性狷介，惟课徒自给，四方之士负笈者踵至。府君勤勤恳恳，诱掖启迪，惟恐不至。凡十年，所成就者百余辈，类能以文章政事显于时。十五年，充广西副考官，得吴鼎元等五十四人，多知名士。试竣乞假，便道省亲，留五日始行。十二月抵都时，正考官彭公邦畴以疾请假，府君独复命。蒙圣颜温霁，垂询家世甚悉，旋充国史馆纂修。十六年，充文颖馆协修。十七年，充本衙门撰文。二十一年，简放山西学政。初

茌任，即檄各学传论诸生，务穷经术，敦行谊。就省城晋阳书院条规厘正之，益膏火，以广储人才。大旨以正学术为本，暇即局试于署，日供两餐。制艺而外，多以经书命诗赋题，史册命策论题，盖欲诸生研究经史，以充长其器识也。此案甫出，次日复课，汲汲劝奖，非出按临不止。每试发落，必以力学敦品励诸生。口讲指画，孜孜不倦，得佳士，必咨送省城书院肄业，以时课其学业而进退之。故得士尤众，及差竣，择其尤者至京师，仍教诲如师弟子焉。二十四年冬，任满入都，派文渊阁校理。

从《行状》看，贺长龄这 10 年的主要作为是"课徒自给"，补贴家用。此外就是为国家选拔了一些才子。这当然也有片面之处——没发现贺长龄也在积蓄内功。不过从表象看，儿子确实看不到父亲有什么更闪亮之处。

这就要说说嘉庆皇帝了。

史家大都认为，嘉庆皇帝是一个宽厚、节俭、勤政、谨慎的守成之主，从人品看颇得人心，但是从作为看就缺乏魄力。他亲政后虽然端掉了和珅集团，还开始了吏治改革，起用了一批汉臣，却浅尝辄止，不敢深入，能维持局面稳定就止步不前。嘉庆登基初年，受到太上皇乾隆控制，小心翼翼，长达 4 年。当政 25 年，又接连发生三省苗民起义、川楚白莲教起义、海防之乱、天理教动乱，能扑灭战火、稳定政局就很不错了，很难腾出精力进行社会民生改革，这也是客观原因。所以嘉庆对贺长龄这样的少壮派官僚虽然信赖器重，但总是从资历方面考虑更多（嘉庆去世那年，贺长龄 35 岁），没有大胆外放起用。贺长龄和陶澍这样的能臣干吏，只有熬到了道光皇帝即位才开始外放地方，施展经世才干。

当然，凡事都要辩证地看。贺长龄入朝后，在京城的皇家中枢延宕了 10 年，官职七品，可谓蹉跎。但是放长远看，这 10 年还有一种蓄势待发的功效。其实，罗汝怀的《贺公家传》和诰令的《行状》都忽略了贺长龄京官 10 年里的一个重要收获——悄然建构了一个实力派官僚的人脉网。所谓实力派不仅指大权在握，更指有真才实学。胸怀经世抱负的少壮官僚包括一些晚辈俊杰，如陶澍、林则徐、魏源、曾国藩、左宗棠等，这是贺长龄后来成为经世派领袖的重要基础。

于是，就要特别说说消寒或者宣南诗社了。

消寒诗社后来也称宣南诗社，因其成员大都居住在宣武门南一带而得名。发起人是陶澍。最初是以同年友朋为主体的松散联谊团体，后来成员逐渐扩充到同年之外的少壮官僚，诗社活动时断时续，前后持续约28年。学界一般认为，该诗社体现了嘉庆年间文网松弛，政治变革，文人开始活跃的一种现象。

有学者认为，该团体仅仅是具有诗歌爱好的小京官们的联谊群体，无非是诗酒相聚，娱乐一番，放松心情而已。亦有学者认为，该团体有政治结盟性质。如费正清主编的《剑桥中国晚清史》便认为，嘉庆除掉和珅集团后，开始了起用汉族官员的吏治改革，被起用者很多"是从汉人占优势的都察院和翰林院提拔上来的……包括改革者湖南人陶澍在内……他们也因参加了北京的一个非正式诗社——宣南诗社——而彼此联结在一起，这个诗社后来还包括了著名的'经世致用'论改革者林则徐和魏源"。

表面看，这个团体的成员结构很松散。乍一看，也很难说有什么政治企图，人们常提到的成员有陶澍、董国华、谢阶树、梁章钜、朱琦、程恩泽、朱为弼、朱士彦等，贺长龄、林则徐和魏源也有人提及，频率却并不高。但是也有学者注意到，贺长龄其实是诗社的骨干成员之一。岳升阳等著的《宣南：清代京师士人聚居区研究》中如是写道：

> 宣南诗社肇始于嘉庆十四年(1809)至十五年(1810)间的冬季，其年，戊辰进士同年友曾有"同谱八人为消寒之会"的举动。这里的"同谱八人"是：刘嗣绾、谢阶树、董国华、贺长龄、屠倬、周之琦、朱棨、钱仪吉。其中有几位也是后来"宣南诗社"的重要成员。

这个记载与常见的说法矛盾。通常认为，嘉庆九年（1804），陶澍与一帮同年组建消寒诗社，后更名为宣南诗社。而上述记载把时间后推了五年，骨干成员也变成了嘉庆十三年的同榜进士群体。合理的推测是，陶澍组建消寒诗社确乎在前，骨干成员是嘉庆七年（1802）的进士群体。贺长龄等人在嘉庆十三年中进士后，又发起组建了同名的诗社，后来两个诗社合流为宣南诗社。

再看贺长龄等八位诗社发起成员，可谓该届的考霸：刘嗣绾是会元，谢阶树是榜眼，朱棨是传胪，周之琦是二甲第四名，董国华是二甲第八名，贺

长龄是二甲第九名，钱仪吉是二甲第二十六名，屠倬是二甲第三十名。可见他们组合时带有很浓的精英意识。从后来宣南诗社的活动看，贺长龄等人似乎更为活跃。贺长龄的遗诗中，有为消寒诗社结集第一集至第三集的题诗，说明他也是诗社的核心人物。事实上，他和社长陶澍的诗歌聚会吟咏唱和篇章更多，但是研究宣南诗社者似乎都不太关注贺长龄，这多少是一种忽略。从贺长龄和诗友的唱和看，忧国忧民，渴望建功立业的抱负更是喷薄而出：

> 身廊庙，心江湖，此语则有人则无，四海将伯将谁呼？出门愧童仆，入门愁妻孥。只鸡斗酒难为娱，中夜起坐徒郁纡。蓬莱无地安草庐，嗷嗷耳边鸿雁孤。似闻有人伏青蒲，二麦失种哀农夫。如日方中犹未晡，假之尺寸尚可图。盘中亦是脂膏余，酒酣梦醒心蘧蘧。一身万事多负遆，执笔自笑空描摹。

陶澍的诗会之作，也多有自警洁身公正，渴望青史垂名的篇章：

> 从来公论久自见，韩非老子难同传。无端造作必神奸，假此相高亦矜衒。青史千年黑白分，那在区区石一片。君不见，西州豪杰皇甫规，不入党籍名终垂。

可以想见，消寒诗友的吟咏尽管不免风花雪月，但指点江山的激扬诗情并不缺席。他们彼此互相激励，祈求一展抱负宏图，从某种意义上看，就是一种政治结盟。只是因为清代一直到乾隆时期，文网森严，官僚结社要十分小心，所以宣南诗社更多以闲情逸致的色彩作为掩饰。后来的历史进程表明，大多数宣南诗社成员在政治上都是变革派，都有可圈可点的政治或人生作为，陶澍、贺长龄、林则徐、梁章钜、魏源等人便是代表。这表明，宣南诗社至少客观上对于一代经世派官僚的成长是有推动作用的。

富有意味的是，宣南诗社和湖南士子的交往格外密切。陶澍与贺长龄作为诗社中心人物，本身就是湖南英杰，经由他们，宣南诗社又和湖南官僚密切交集。史料显示，刘权之、何凌汉、周系英等前朝入仕的高官，与嘉庆朝入仕的赵慎畛、严如熤、陶澍、贺长龄、彭浚、唐鉴、贺熙龄、欧阳厚均、石承藻、李在青、李双圃等诸多后辈湘籍官僚亦经常举行诗会或者诗书唱和，甚至可以认为是宣南诗社的蔓延。这种联谊也为后来湖湘经世派群体崛起进行了组织准备。也许我们还不能贸然断定，陶澍、贺长龄的京都岁月已经在为将来出山未雨绸缪、广结同道，但至少可以断定，宣南诗友群体是贺长龄后来仕途中最丰厚的人脉资源。

嘉庆二十五年（1820）七月，嘉庆皇帝在皇家猎场木兰秋狝时猝死，享年60岁。

遵嘉庆遗嘱，38岁的皇子旻宁接位，即道光皇帝。7年前，这位皇子曾在皇宫里阻击杀进宫内的天理教逆徒，用鸟枪连毙两贼，震慑了凶徒，深受嘉庆喜爱，被誉为文武双全、胆气过人。应该承认，道光皇帝即位之初，的确想励精图治，开拓一番新局面，后来却被史家评价为平庸之主。或许是被很多客观原因限制，不能都责怪道光志短无能。至少，他比父亲嘉庆更有开拓精神。

这也意味着，贺长龄出人头地的机遇降临了。

道光皇帝刚即位还没有改年号，立即任命贺长龄为日讲起居注官，保送御史，引见记名，旋升左春坊左赞善。次年，道光又外放贺长龄任南昌知府的实职。这就显示出他和嘉庆大不一样的气度。

在诒令给父亲写的《行状》中写道：

道光元年四月，授江西南昌府知府。向例，首府由大吏拣调，而府君独以特旨补授。深恐上负主眷，召见时自陈初膺外任，恐难胜首府，上曰："钱谷刑名，有书办在，汝读书人不过数月，也就明白。"既莅任，察贤剔奸，尽心厥职，有所可否，大吏莫能夺。首府事繁剧案多，委员承审，往往玩延不结，民受其累，府君乃别设自理谳局，详定章程，局中委员以劳叙绩，结案多而速者，得优差。每日午飧，必与委员会食，即席问今日案情若何，判断若何，遇疑难则反复辩论，无事则与之纵谈古今，或放怀高饮。委员欲备询问，不得不尽心所事。而见府君脱略形迹，亦莫不畅所欲言。府君因以察贤能，课勤惰，随其才之长短优劣请于上而奖励之。由是，委任得宜，人乐为用。故凡承审之案，随到随问，随问随结，民大感悦。省城外，荒郊寺观，厝柩数千，府君示，限三月内呈明，能否安葬，不能者，官葬之。其能者再限三月，有逾限者官亦葬之。数月一空。

二年七月，升山东兖沂曹济道，道署事简，府君乃勤课书院，时诱进诸生而教育之。缉讼师、惩贼盗，以除民患。所属地平衍，水鲜归宿，易致旱涝。府君曰：地之有水犹人身之血脉，必疏浚乃可。乃谕民，按地为沟洫，以资灌溉，由是收获倍常岁，沟旁种树，数年后浓阴茂密，尤便行旅。时恭谒圣陵，讲求圣庙典礼，增造祭器并如式，以范铜敬造八十余件，寄存善化学宫以供祭祀。尝谓：天之所钟爱者，圣人也，我辈敬天当先知敬圣。

四年四月，署山东按察使。闰七月，升广西按察使。未之任，即调江苏。入都召见三次。

琢磨这段文字，强烈感受到道光的确对贺长龄器重有加。道光的任命是非常态的钦点御批，连贺长龄都心怀忐忑，第一次任实职就是"襟三江而带五湖""物华天宝、人杰地灵"的省会之地南昌，还是南昌府的主官。他担心不能胜任，道光又约他私谈鼓劲，把当南昌知府说得好像小菜一碟。可以看出，道光对贺长龄是暗中观察做了功课的——相信他的执政能力。

贺长龄果然不负道光厚望，到南昌一年内尽心厥职，以身作则，快刀斩乱麻地打开局面，治理得井井有条。这其中便和他师爷世家子弟的背景有关，当师爷最大的本事就是应急处理能力，看来贺长龄深得家传。很可能道光做功课也看中了这一点。

第二年，贺长龄即被升迁，调到山东做了道台。这是有点钦差性质的官职，主要协调省与府之间的关系，级别往往高知府一级，从三品级别。贺长龄主要抓教育、讼案、治安、水利四件大事，又干得有声有色。两年后就升任山东按察使，用今天的话说，就是山东省政法委书记，省部级领导，正三品级别。这样的升迁速度，说明道光皇帝对他深为信赖，亦可见道光深知长龄。由于贺长龄的家学教养，他最善于处理司法讼案，平定治安。

贺长龄在山东按察使的位置上待了四个月，又调往广西任按察使，可是还没赴任，皇帝又改了主意，将其调往江苏任按察使。这可是把贺长龄当"救火队长"用的节奏。贺长龄在江苏按察使的任上干了半年，又升迁为江苏布政使，用今天的话说，就是常务副省长，从二品衔。不用说，肯定又是业绩显著的回报。

就是在江苏任布政使的时候，贺长龄和终身挚友、江苏巡抚陶澍成了拍档，两位湖南老乡、宣南诗友同声共气，齐心合力办了一件载入史册的大

事——改革漕运，从此官声鹊起，成为清代能吏干臣，彪炳史册。同时，贺长龄还做了一件载入史册的文化勋业，主编了经世派典籍《皇朝经世文编》，誉满士林，也奠定了他作为经世派精神领袖的地位。这两件大事我们另文专述，在此只说一年半后，即道光六年（1826）十二月，道光皇帝又发调令，任命贺长龄为山东布政使，可是贺长龄却推辞说江苏事务无法脱身，又拖了四个月才进京入觐。

道光皇帝知道贺长龄心有不愿，苦口婆心地对贺长龄说："朕知道你在江苏干得很出色，名声很好，调你到山东，不是因为你曾经在那里当过按察使，而是那个地方确实毛病很多，十分难治，才把你派去。你总得给朕分忧吧。"贺长龄立即跪地谢罪，急如星火地赶赴山东。

罗汝怀在《贺公家传》中写贺长龄在山东的经历云：

> 公居官莅事，未尝规避处分，深题新吾吕氏私罪不可有，公罪不可无之言，而于属吏公过亦肩任之。尝言为长吏者，必恤属而后可以责属。当旬宣东省时，查明州县未结旧案交代一百九十六起，奏请勒限一年完结，迟延处分概予宽免。因念山左州县素称瘠苦，所入本歉，又病摊捐，非量为变通，莫苏其困，乃具奏曰："臣于实亏各员，从严参办，不下数十起，各牧令亦岂罔知警戒，而究不敢谓此后遂无亏空者，则以致亏半由于摊捐，况办公有费，赡家有费，应酬乡党亲朋又有费，供给过往差使又有费，已为竭蹶不遑，而以从前悬缺之项，摊之于事后无涉之人，揆之事理讵为平允？徒以官项不便无着耳。不知摊扣太多，不但无补于国计，实于吏治民生，大有妨碍。应请将盘查案内之二成，缓俟曹工三成摊完后，再行接摊。其常年捐款，由臣酌量删减，而最苦州县免摊。"公既调江宁，以清查未完，奏留月余，是时旧案未结者仅十数起。公以清厘于前，尤不可不预防于后，乃申明新案交代二参之例，其款目分应领、应摊、应交、应赔，使抵款皆归有着，通省仓库一时顿清。

诒令给其父写的《行状》中亦有记：

> 东昌、泰安、兖曹等三十余州县，向于卫河水次兑漕，时日

甚迫，所有未能收租之米，多于水次买补垫兑。而旗丁借不准买米上兑之例，多放索诈，甚或将现米驳斥不收，径自开船出闸。州县颇形扰累，（府君）乃奏请酌量变通，略曰："伏思天庾正供，所重在米，米若不佳，即实系粮户，亦准帮丁驳换，今该州县，买补另交，米若干洁，未尝以买补为必不可行也。今东省闸丙州县，计开廒以至兑运，运期不及一月，以数千里万余石之漕，克期收足，于旬日之间，则必所属粮户，无一玩抗，无一疲乏而后可。又须于旬日之间将数千以至万余石之漕运于数百里外之水次，则必风雨一无阻滞，车辆一无损折而后可。揆时度势，断断不能。乃必泥于不准买米上兑之例，徒供旗丁讹索之资，以苦此数十州县，若更相沿，势必日甚，诚不可不思所变计也。查苏省漕粮，因兑开期，迫州县不能不买米交帮，叠经江苏州抚。臣奏明在案，兹东省事同一律，自应量为变通，以速漕运而免讹索。"奉旨嘉允，又以向例，各省发遣军流及命案徒犯，均由府解司审转。距省窎远之处解道，府君以长途既恐疏虞，往返又多耗费，奏请府属解府，州属解州，直隶州解道，以免苦累。亦荷旨依议。

先是，临清州马进忠等，因习教谋逆伏法，州人徐化龙以首告蒙恩赏。至是获揭帖与临清营署，胪列伪号，克期称兵，以七月十五日举事。内有进忠余党及附近州县人名氏凡数百人，一时皆惊。请按名查举，府君曰："是贻害平民也，焉有谋为不轨，而己姓名月日告人者？"乃一面奏闻，一面密加查访。寻察知化龙之兄庆龙者，以马案由弟禀发，邀赏未得，其后化龙死，复禀县求赏又不得，及是闻进忠余党林老仲潜回，乃伪造揭帖，张呈声势，欲使地方官疑马党复聚，而伊系当时做线之人，必相邀查缉，因将林老仲送案，为幸功邀赏之计。其胪列多人，非挟嫌构陷即漫奉平日所知见而已。案定，庆龙伏诛。决不株累一人。

这些事迹，都显示贺长龄确乎勇于担当、精明干练、公正严明，尤其是在官府利益与民众利益冲突之时，他更多站在平民百姓视角考虑问题，与一般官吏以强权维护官府利益，不惜伤民的行径大不一样，体现了其民本思维的特点。孟子云"民为贵，社稷次之，君为轻"，看来对贺长龄有很深的影响。也许正因为贺长龄行政时比较充分地顾及了百姓的利益，其成效也就十分显著，所以深得道光倚重，被当作"救火队长"来用。

贺长龄署理山东巡抚一年多，又调任江宁布政使。如果我们留心计算一下，从道光任用贺长龄算起，贺长龄由七品官升至二品官（代理山东巡抚，相当于二品官衔），仅仅七年时间，连升十级，说是"火箭干部"并不夸张。许多史家称道，曾国藩在朝十年七迁，跨越十级，可谓奇迹。比较起来，贺长龄是在外放地方主官的任上七年间就书写了连跃十级的纪录，比曾国藩更牛。这也说明，道光皇帝对贺长龄的器重非同一般，这当然也与贺长龄的行政能力和业绩分不开。

可以说，这是贺长龄仕途中最为飞黄腾达的七年。

贺长龄的仕途进步因为母亲病故遭到了中断。

道光十年（1830），母亲病故，他和弟弟贺熙龄回湘守制，长龄兼养病约五年，贺熙龄的时间更长。其间，贺长龄和朝廷的关系有所疏远，却在湖湘社会建立起了非同小可的家族威望。乡贤士子拜谒贺门，成为长沙城内的一道风景。其中最为人称道的一件事就是农家青年左宗棠唐突地造访贺长龄，并受到贺长龄的器重。左宗棠拜师贺长龄和贺熙龄兄弟，特别是贺熙龄成为左宗棠最为敬重的恩师，成为一段湖湘佳话，后文专表。可以说，左氏的中国勋业渗透着二贺兄弟的呕心沥血，也成为二贺兄弟的人生骄傲。

直到道光十五年（1835），皇帝又下诏授贺长龄为福建布政使，贺长龄再入仕途。随后又授任直隶布政使、贵州巡抚、云贵总督等要职，作为封疆大吏，他历任十余个省级主官的职位，纵横大江南北，足迹遍布大半个中国，直至任贵州巡抚才算稳定下来。

道光十六年（1836），贺长龄调贵州巡抚，已经在官场纵横驰骋了30年，荣列封疆大吏之列亦有近20年，在清代官场上，他作为道光宠信的重臣，已经确立了能臣干吏的形象。更重要的是，他主编的《皇朝经世文编》已经誉满士林，被具有经世抱负的士大夫奉如经典，"丹黄殆遍"地研读。俞樾说："自贺藕耕先生用前明陈卧子之例辑《皇朝经世文编》，数十年来风行海内。凡讲求经济者，无不奉此书为矩矱，几于家有其书。"（见俞樾《〈皇朝经世文续编〉序》）盛康说："道光初，善化贺藕耕中丞……成《皇朝经世文编》百二十卷。巨典宏规，于斯焉萃，言经济者宗之。"（见盛康《〈皇朝经世文续编〉序》）张之洞也说："善化贺氏，武进盛氏《文编》，于经济、掌故、交涉、政要，最称明备。"（见张之洞《〈皇朝蓄艾文编〉序》）

孟森亦言："嘉道以后，留心时政之士大夫，以湖南最盛，政治学说亦倡导于湖南。所谓首倡《经世文编》之贺长龄，亦善化人。"（见孟森《明清史讲义》）

贺长龄和其弟贺熙龄被后人称为"湘学二贺"，人们更强调他们对程朱理学的推崇。这固然不错，但却似乎忽略了贺长龄编撰《皇朝经世文编》对其理学信念的充实作用，即贺长龄不是空谈道学，他更主张理论和经世实践的融汇，更具行动主义者的风采。尽管他的行动在某些更具实用主义或者说更痴迷纵横术的政客看来颇有书生气，如《清史稿》对他的评价"儒而不武，不足奠以岩疆"，但这不过是鹰派对鸽派的指责而已。作为鸽派的贺长龄也许缺乏一些血腥杀气，但绝不缺乏行动理智。许多历史公案，随着时光流逝，反而印证了他更富有远见卓识。总之，贺长龄的思想遗产更具行动理性，特别是他和陶澍一起完成了湖南经世派群体的创建，不仅为经世致用的湘学找到了一条发挥其社会作用的路径，从而光大和验证了湘学的价值，亦为后代湖南官僚大批登上中国政治舞台施展作为，开拓了一条得心应手的人生路径。

随着《皇朝经世文编》的影响力，贺长龄的人脉也旺盛一时。他和其弟贺熙龄的姻亲、友人或弟子圈中已经凝聚了何凌汉、陶澍、黎培敬、魏源、唐鉴、林则徐、吴其濬、梁章钜、劳崇光、郑敦允、汤鹏、刘蓉、丁善庆、罗汝怀、邓显鹤、曾国藩、左宗棠、罗泽南、何绍基、胡林翼、彭玉麟、江忠源、欧阳兆熊，以及郭嵩焘兄弟、孙鼎臣兄弟、陈源兖兄弟，等等。这个群体基本都是湖南人，更重要的是，他们都以经世建功的人生抱负为标榜，且在历史上建立了各自的勋业，不仅包含了贺长龄这一代湖湘官僚，还包括了后一代的湘军英杰群体，如曾国藩、左宗棠、胡林翼、罗泽南、刘蓉、郭嵩焘、江忠源等，都是著名的湘军领袖级人物。尤其是后来的两位湘军统帅曾国藩和左宗棠，都把贺长龄尊为导师，将《皇朝经世文编》置于案头，随时研读，以至于"丹黄殆遍"。有学者研究曾国藩、罗泽南、刘蓉、王鑫等湘乡人构成的湘乡理学集团，也认为贺长龄是该集团的精神领袖。有趣的是，较之于陶澍，由于贺长龄主编了《皇朝经世文编》，他似乎更有理论资本。事实上，湖南经世派官僚群体的命名多少也可能来自人们对《皇朝经世文编》的联想。

如果再从中国的思想学术史看，经世派官僚群体的出现，也标志着中国思想学术风气的重大变化。在经世派群体出现之前，中国思想学术的主流风

气是求知论道。所谓"求知"就是满足于解释世界，不在意行动上如何改造世界；所谓"论道"，就是满足于建立原则性的信仰结论，如"存天理，灭人欲"之类的意志命题，对于变革现实的实证命题并不在意。其学术目的就是旨在建立天下归心，全民皈依的信仰价值体系和行为道德规范体系。一代代文人前仆后继，通过一整套意识形态的打造建构，无非是确立皇权国家统治政体的合法性以及社会大众对皇权国家政体的信赖感。从儒学到理学，在以"义理"为核心的话语体系里，我们可能会获得笼统的做人准则和信念，比如"忠君"信念、"爱国"信念之类，却很难获得具体行动的指南，比如对怎样才算"爱国"，用什么样的方法才能建立"爱国"勋业依然是不得要领的虚空之论。清代乾嘉考据学派的兴起，有学人逃避政治，寻求学术安全，但是从学术方向上看，依然是以意识形态的建构为目标，文人们只是以比较安全的训诂注疏方式完成对统治者推崇的"四书""五经"教条的解释。但是随着经世派文人官僚群体的问世，对治学的兴趣转向了对治国安邦方法道路的求索。对"义理"的求索和教化不再是重点，人们追问的是治理社会、使国家富强的具体智慧和具体方法。如怎样兴农商，怎样肃吏治，怎样广财税，等等。从纠缠不休的"知"与"行"的思想争论看，经世派不仅明确地把"行"作为优先要务，且切实地讨论"怎样行"的门径诀窍。这就把学问从虚处引到了实处。故经世派学人又被称为"实学"派学人。

诸此种种表明，贺长龄无论在中国政治史还是思想学术史上，都有着重要地位，称他为湖湘经世派的领袖人物之一绝不夸张。而且这种地位大约在贺长龄丁忧五年再度出山之前业已初步形成。此时，贺长龄正值不惑之年。

时光荏苒，不知不觉就到了道光十六年（1836）。

贺长龄已经 51 岁，进入知天命之年。他人生最后一段仕途又开启了。这一年，他接到赴任贵州巡抚的诏令，须发斑白的他策马贯穿华夏，由北方京畿重地的直隶启程，风尘仆仆地向南方渺远贫瘠的云贵山地驰进……

贺长龄抚黔（上）

> 三山曾拟一尊陪，君已遄归我始来。
> 鸿爪东西怅陈迹，棘冠风雨泣苍苔。
>
> 愧无襦裤温边士，知有经纶养异才。
> 廿载深情凭寸纸，不堪回首旧池台。

　　这是贺长龄离京远赴贵州上任时写下的诗句，带着些许惆怅和凄凉。他是否意识到了这是其最后的生命旅途？可他并没勒缰迟疑，只见马蹄踏踏，他依然风尘仆仆地南去，一去就是十年光阴。

　　贺长龄在贵州巡抚任上坚守了九年，是清代任期最长的贵州巡抚，连同升迁云贵总督、镇守西南边陲，他在崇山峻岭中整整度过了十年。云贵岁月是其官宦生涯中最为坚韧而不无悲壮的尾章，且以独特的方式构成他作为湖湘经世派领袖的诠释。

　　贵州自古为苦寒边地。

　　"天无三日晴，地无三尺平，人无三分银"的民谚流传至今。山高水险，交通闭塞，土地贫瘠，生计窘迫，文化落后，民风愚蛮。加上多达数十个民族杂居，主要民族亦达十八支之多，各自为政，冲突时起，动乱频繁，任何一个主黔的长官都心怀忐忑，战战兢兢，如履薄冰。

　　难以确知贺长龄接到巡抚任命的真实心态，从他到任后给道光上奏的折子看，其离京赴任前，道光曾四次召见。应该是贺长龄再三推辞，道光帝软硬劝说，特别强调他斟酌再三，挑选了贺长龄，旨在改变贵州落后的局面。结果自然是贺长龄"渥荷圣慈，曲加诲谕""一一铭记在心，奉作居官模楷"，即使他心有志忑还是黜出去了，决心鞠躬尽瘁，死而后已，不负皇恩。他向皇帝表示，只要在贵州一日，就全力以赴谋一日之政，决不懈怠。道光皇帝也回诏勉励他："务须振刷精神，诸事从实，切忌姑息因循，勉副简任。"

不能说贺长龄对道光的表白全是发自肺腑。30年宦游生涯，贺长龄看到了大清日益衰落，未必还有力挽颓败、中兴大清的壮志雄心，制度对于他也没有刚性监督作用，只能说作为儒者，他有着为官一任、尽责一方的道德自觉。理解这一点很重要。如果仅从奏折之类的表白看，贺长龄当然不乏对帝王效忠的话语，但这更多是官场敷衍与惯例文章。作为经世派的旗帜人物，贺长龄不尚空谈，也并不热衷攀附皇权，从下文我们将要述说的故事可以证明这一点。解读贺长龄，更确切的措辞不是忠心，而是理性、务实、敬业、民本之类的词语和概念。

贺长龄是道光十六年的夏天来到贵州的。到任伊始，他便敏锐地发现贵州的文武官吏普遍斗志倦怠、纲纪松弛、腐败成风，导致社会祸乱频生、诉讼遍地、民生疾苦。尽管这种局面在他料想之中，却为他儒家的生命信念所难以接受。所以他立即大刀阔斧地着手进行文武两个方面的吏治整顿。

他上任后做的第一件大事就是在省城举办了一次大阅兵，以军威宣示从文武两个方面严整吏治的决心，从此开启了贺长龄的治黔时代。此后十年里，吏治始终是贺长龄的第一施政抓手，所有其他的施政举措都与吏治相关。

诒令在《行状》中多处记载其父贺长龄整顿武备的情况：

（府君）念承平日久，兵偷将惰，黔又边境，武备尤急，乃深考营制，讲明约束，拣精锐弁兵数百人另为一队，每月亲校一次，捐廉奖赏，士卒竞勤……并请将黔省粮储道加兵备道衔，所辖贵阳、石阡、半越、仁怀等处营分，则令稽察年终结报一次，又筹款添赡军仓谷一千余石，遇谷贵之时，移营酌借于月饷，丙次第扣还，随时买补。

二十二年，遵旨招募士兵一千余名，又饬各属，觅雇素娴技艺之人，专司教演，每士兵十名以五名皆火枪，以五名习刀矛，遇有营兵出缺，将士兵与营兵一律挑选归伍，仍继续行募补以符原额。

贺长龄还对如何提高军队武备的效能有一整套方案和检验标准。如不拘一格推荐优秀将才，给予相应待遇，同时要求将官必须和士兵同甘共苦，身为表率，严守纪律，不谋私利，不断提高军事素养等。值得注意的是，他特别强调将官的精神作风建设，强调部队的官与兵、将与将、兵与兵团结一心：

> 兵必与将一心，而后可用，平时各将所辖之兵，即令各将自为召募，自为训练，遇有征调，即令自将以行，则责有专属，练之必精，恤之必至，束之必严，恩信既能相孚，威令自能相摄。将必与将一心，而后可用，传曰"师克在和"，和非诡随之谓也，节制明则分定，分定则势顺，顺则和矣。平时果能节制，行兵自有纪律，韩信之多多益善，用此道也，有制而后能和也。兵必与兵一心而后可用，曹刿论战，全以气胜，心齐则气盛，心散则气衰，以五方纠合之众，而欲其协力同心，全在平时整顿联络，管仲轨里连乡之法，所谓昼战目相识，夜战声相闻，忠难足以相死者，用此道也。（见罗汝怀《贺公家传》）

贺长龄这段用兵之道的阐述很值得玩味。第一，可见他研读了许多兵家之书，绝不是一个只唱道德高调的腐儒，这又要涉及他师爷的家学背景，他的学问积累中有大量兵家、法家成分，所以他成为经世派领袖人物，绝非浪有虚名。第二，他主张兵由将自行招募，以提高官兵之间的亲和力，也一改募兵传统——将与兵各不相干，关系很难融洽的弊端。虽然这样一来可能会导致家兵的弊端，但对提高战斗力确实有效。后来湘军的募兵思路就是沿用贺长龄的做法。

贺长龄还特别强调因地制宜。他根据贵州的实际认为：

> 臣查黔省土兵与江浙等省情形迥异，缘各该省地多濒海，团练乡兵动逾数千，五方匪徒难免混杂，以故人多势众，辄敢恣意横行，办理自多棘手。黔省各属土兵多不过三十名，少或十余名，其势不众，所募皆土著平民，又分隶各州县，并非聚于一方，自可无虞扰累，且有甚资土兵之用者。
>
> 查黔省土旷人稀，冈岭丛杂，匪徒最易出没，加以地利太薄，动为饥寒所迫，而苗俗习于犷悍，又多剽掠为生。故良懦民

苗往往自相团结，以资保卫，在汉民谓之"齐团"，而苗语则谓之"估榔"。地方官亦以兵役少而贼匪多，每捐资添募壮丁守卡巡查，以期周密。是州县虽无土兵之名，早有土兵之实，若再加以训练，则缉捕巡防必更得力，而民间之自相团结者，并可联络声势，协同查拿，实于地方有裨。若恐行之既久，仍复视为具文，诚如圣谕实难保其必无，此则有治人无治法，凡事类然，全在该管道府就近认真督办，臣与两司不时稽查，勿任有名无实，似未便因噎废食也。（《覆奏召募土兵无虞扰累折》，见《贺长龄集 贺熙龄集》）

黔省各属地方，苗寨居其大半，近年以来涵濡德化，莫不耕作相安，惟下游镇远、黎平、都匀三府，及古州一厅，所属山多险峻，苗俗习于桀骜，加以生齿日繁，地利有限，苗民又不能出外营趁，以致势难存活，遂多以盗为生，重冈复岭，出没不时，州县差役无多，往往有缉捕难周之虑。查盗案例应文武会同缉捕，而武营往往不能得力……夫营汛本有缉捕之责，弁兵非不能缉捕之人，且兵丁多于差役数百倍，而缉捕转不及者，责成不专，又有递解人犯护送饷鞘诸杂差，以及营中按期操演，一月之中几无暇日，又复责以缉捕，实有不能兼顾之势。

查黔省设兵较多，原为弹压苗疆，即就古州、镇远两镇计之，兵数已不下二万，若平时尚疏于缉捕，缓急更复何赖？臣等拟于每百名内酌量地方冲僻，或挑十名，或五名，令其专拿盗贼，一切杂差概行免派。又另挑数名作为余额，以便遇缺即补，择弁之勇健者管领，令其专习拳棒、刀矛、枪炮、火箭、跑山、跳涧等技，随时教演，务使技精胆壮。以两镇及所辖各营兵额计之，可得一千余人，分隶府厅州县、文员兼辖，如有违犯，准其责惩，一面移营革伍，庶呼应既灵，效用可期得力。如有屯军地方，即令合力兜捕，尤不准州县差役借口诿卸，稍涉松懈。该兵丁有能破窝擒魁、超众出力者，即予拔补，管领之将弁亦予记功，否则过亦同之。无事之时，仍各就本营操演，不使旷废。如此则兵非增设，饷不多糜，而责成既专，捕务自益臻周密。（《拟挑下游各营兵丁专拿盗贼折》，见《贺长龄集 贺熙龄集》）

在贺长龄的努力下，贵州武备大大加强，对于社会稳定起到了重要的镇定作用。有清一代，贵州苗民多次大起义，震惊全国，乾嘉年间的苗民起义甚至被史家认为导致了清代由盛而衰。就在贺长龄离任数年后，又爆发了张秀眉起义，动乱长达 18 年。而在贺长龄抚黔期间，贵州却基本安定，民生还得到显著改善，文教也大大发展，这都是以他的吏治成效为基础的。

贺长龄的吏治业绩绝不仅仅是武备整肃，更重要的还是对懒政、腐败、低效的文官系统进行了大力整顿。诰令在《行状》中写道：

> （府君）七月抵黔任，沿途咨访知，黔民所最苦者，无如词讼之拖累，匪徒之侵害，蠹役之诈索，其弊皆由牧令之不勤。到任后即以听讼之勤惰为察吏之权衡，并将清理词讼、查办匪徒、约束差役之法，逐条申明，颁示各属。又虑所属匿案不报，无由稽查，饬将上批自理新旧各案，分已结、未结，按旬开报，以便随时稽查。核使功过分明，瑕瑜莫掩，凡所黜陟，必当其实。由是，吏勤厥职而拖累之弊除矣。

贺长龄针对文官进行的吏治整顿是从司法讼案入手的，而且是以身示范。他祖上四代修刑名之学，这是他的看家本事。他抓住典型大案，召集属下一起会审，树立了样板，定下了规矩。一年多时间，积案减去了近半，"查办衙蠹一百一十四名，业经具奏在案。又查办教唆词讼匪徒二十八名，凶恶棍徒一百六十二名，锁系铁杆五百五十九名"（见龙尚学《试论贺长龄抚黔》，载《贵州文史丛刊》），社会秩序出现了明显好转，随之开始了系统的吏治整顿：

> 贺长龄针对贵州实际，对各级官吏进行严肃而耐心的训示启迪……引用陈文恭的话教育各属官吏：为官百事待理，"不能不烦劳，亦不敢不烦劳"。耐烦劳，看案可透明原委，审事可辨清虚实，听讼可不受欺蒙，折狱可批断切中，如此，"里民免无端之惊扰，意外之株连"；耐烦劳，可以兴利除弊，"固有官司可耐一时之烦劳，而百姓受无穷之福泽；即有官司厌一时之烦劳，而百姓受无穷之扰累"。他说，州县官称"父母"，"必先办一片爱

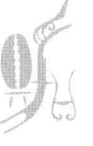

民真心"，如果官府能"与民相亲，为民任事"，上下交乎，那么"民有所靠，官得所助，以之集事，无事不办"。他一再告诫各级官吏，要"各修其职，奉公守法，洁己爱民"，"为守令者，必严缉捕以治盗除暴，所以安良也。必勤听断以亲民理讼，所以平政也"。（见龙尚学《试论贺长龄抚黔》，载《贵州文史丛刊》）

还值得重视的是贺长龄的"烦劳"为官论。它带着浓郁的"民本"思想，虽然还达不到"以民为天""官为民仆"的境地——他还秉承"官为民之父母"的认知。但是如果我们考虑到时至今日，实现"以民为天"的理念依然在路上，"官为民仆"的理念依然处于落实的进行时，便不能苛责贺长龄，且要承认，他抚黔十年，种种施政举措，包括个人行止，确实在很大程度上兑现了自己的承诺。

有学者注意到，贺长龄虽有忠君思想，也颇得君王信赖，在贵州为官时，道光皇帝多次给他寄来御书"福"字，还有奶饼、果干等礼品慰问，他也礼节性地谢恩，可是他却提出了"事君要有'冷肠'"说。他对官场的奉迎，十分厌恶：

> 贺长龄还提出，事君要用"冷肠"，声称："圣门论事君，以患得患失为鄙夫。至孟子直抉其隐曰'热中'……至论君事，则致戒于患得患失。……盖冷其所当冷，而后热其所当热也。"也就是说，对待君上，不必患得患失，察言观色，战战兢兢，只要问心无愧即可。所以，他对官场迎奉奢靡，进贡送礼那一套十分冷淡。"生平取与一准于义，陋规多所屏却，其与朝中权贵，亦无所馈献。"
>
> ……他还特别嘱咐各级官吏，不要忙于接待上级，在上级面前讨好奉承，而要一心一意埋头自己分内的亲民政务。（见罗宏、许顺富《湖南人底精神：湖湘精英与近代中国》）

罗汝怀在《贺公家传》中，也特别提及贺长龄一贯尚俭的廉政姿态：

> 公宣力中外垂四十年，所至爱民礼士，兴利除害，以俭率下，服御僆从皆极简约。河南旧俗，新岁宴会弥月不绝，公抵藩

任，戒属吏日："频年水旱，民不聊生，而盛张宴饮邪？一筵之费，数十百人之资也。"宴会之风，遂以衰息。令某某以赀得升阶，公诘之日："汝亏帑若干，而复能纳赀何也？"方拟整刷通省官吏，筹补库款，遽以病去，中州人士深悼惜之。

正是秉持着"奉公守法，洁己爱民"的为官理念，贺长龄在贵州惩办了一批贪官、恶官、庸官，提拔了一批爱民之官。如平越州知州罗文宝"延案不结"受撤职，定番州知州明玉"精力衰颓"受降职，大定府经历陈培玉吸食鸦片被发配新疆，广顺州吏目丁申勒索百姓受革职查办。贺长龄还对冗员进行了大量裁汰，数量达 800 余人，每年减少支出官银 10870 余两，大大减轻了财政负担。尤其是许多基层小吏，狐假虎威，私自召集小兄弟，用今天的话说，就是私自雇用临时工，打着官府旗号，骗吃骗喝，敲诈勒索，鱼肉乡民。贺长龄对此更是深恶痛绝，命令每次吏目出动必须登记在册，交差时还要汇报经过，发现数目不对的所谓"白吏"掺和其间，必追究严罚。此外，贺长龄还拔用了一批为民之官，如铜仁知府周作楫为官清廉、政绩显著，调贵阳府重用；张之洞的父亲张瑛热心文教，建立义仓等政绩突出，提拔为知府。此外，还有黄宅中等正直清廉、精明强干的官员，都受到上奏表彰，并成为贺长龄倚重的官僚。

有关史志称，经过贺长龄的一番吏治整顿，贵州官风大变，"吏治为西南冠"。这种说法也许有些夸张，但是研究者普遍承认，贺长龄抚黔期间，贵州官风是有相当起色的，政令是比较畅通的，腐败也得到相当程度的遏制。可见贺长龄对贵州吏治整顿是有明显成效的。

其实，从贺长龄整顿吏治的经验看也并不复杂，无非就是约束权力，用今天的说法，就是把权力关在制度的笼子里。可是说来简单，做到很难，尤其是在封建专制制度下，全靠主官有清廉的道德自觉，以身作则，且要动用更大的权力才能镇住局面，即靠大权力制约小权力。想来贺长龄也是很不容易的。

无论吏治还是爱民，最终成效还是要体现在发展经济和改善民生上。

在这方面，贵州的起点很低。黔地历来被认为是较为贫困的地区，人均耕地仅六分，百分之七十的人口常年处在衣不蔽体、饥寒交迫的状态，以至于靠乞讨、抢劫谋生，社会民生状况十分恶劣。加上闭塞而贫瘠的地理环境，给经济发展造成了严重阻碍，特别是文化落后、民族矛盾激烈，更是拖住了经济发展的后腿。贺长龄可谓巧妇难为无米之炊，要想取得当年治理江南那样的斐然业绩，显然不现实，可他还是竭尽所能，针对现实，奋发努力。诒令在《行状》中有记：

> 府君之赴黔也，目击贫黎蓝缕，衣不蔽体，询知黔中山多田少，不产布帛，又僻远不通舟楫，商货难致，故谋衣难于谋食。府君乃刊布《蚕桑编》《木棉谱》，并于楚豫各省购棉子二万六千一百余斤，通颁各属，散令栽种，桑棉既长，乃兴司道倡捐，设局雇匠，教民纺织。及成，绸则胜于遵义之橡茧，布则贱于客货，民大便之。又于各州县添设义仓，劝谕官民捐集谷三万三千五百余石。旧例，义仓以青黄不接之时出借，秋后收还，然借易还难，动滋拖欠，或经理非人，则影财侵蚀，每致空虚。府君乃改出借为平粜，责成各属地方绅士共司其事，谷贵则碾米减价出粜，银存在官，而记数在绅，谷平籴还，谷交自绅而银发自官，互相稽查，以杜其弊。
>
> ……十八年四月，黔中大水，镇远、黄平、施秉、清谿同日淹毙兵民三千余口，庐舍桥梁漂没无算。当饬司筹发银两，委员驰勘，加意抚恤，民无流徙。

不难想见，贺长龄常年的工作就是救济贫困，想要发展生产改善民生，谈何容易。在穷困压力下，贵州又兴起了种植鸦片之热。以毒求生，虽可取得短暂的生计缓解，却让黔地陷入更严重的贫困和社会危机：劳动力丧失，倾家荡产、卖儿卖女的现象屡见不鲜。贺长龄又必须大力禁烟。

道光十八年（1838），贺长龄在贵州全面禁种鸦片，"一经查获，立予拔弃"。第二年，贺长龄又加大力度，不仅拔弃烟苗，没收烟地，还要治罪。贺长龄还抓住典型案例，重点打击烟贩、开烟馆者和吸食鸦片的官吏，给其流放新疆的处分。种种措施，使贵州的鸦片种植之风得到遏制，贺长龄也得到了朝廷的通报嘉奖。同年，林则徐赴广东禁烟，贺长龄坚决支持，得朝廷指令后，两次调遣黔中精兵近三千名增援广东，给林则徐壮威，可见他禁烟态度之坚定。

富有意味的是，他对一般鸦片吸食者的处罚却有所克制。当时有鸿胪寺卿，也是激进的禁烟派黄爵滋上奏朝廷，要把吸食者作为重点打击对象，施以重刑。贺长龄对此并不同意，他认为：

> 论罪必须衡情，食烟者非有凶暴害人之心，亦无狂妄悖理之事，不过如酒色过度之自戕躯命耳，而与杀人同科，毋乃过当。然使此法一行，即能慑食烟者之魄，而致之生，虽严刑亦所弗恤，为其所全者大耳。而臣决其必不能者，非意之也，开设烟馆，罪加缳首矣，而开馆者未减于前。夫以烟馆之昭然在人耳目、易于觉察者，人犯冒死为之，则夫食烟之在重门密室中者，更无论矣。且科条愈重，则勾结愈密，摘发益难，讹诈愈多，滋扰益甚，即保结亦徒成文具耳……此种陋习沿海最多，几于十人而九，边防重地，静镇为先，岂可更增纷扰？（《覆奏严塞漏卮折》，见《贺长龄集 贺熙龄集》）

黄爵滋不仅是激进的禁烟派，也是贺长龄宣南诗社的诗友，和林则徐等都是莫逆。就禁烟立场而论，黄爵滋是最激进的一派，贺长龄也主张禁烟，但看问题绝不感情用事，不走偏激之路，并不因为友情而苟同或沉默，而是明确提出异议。这是不仅会得罪朋友还会导致骂名的事。像贺长龄这样的理性官僚，不为虚荣政绩所动，坚持理性执法，是格外需要胆气的。道光年间的鸦片国难，其根本原因是社会病了，制度病了，责任在于统治者。黄爵滋却要受害的吸食者吃药，施以极刑。当然，黄爵滋主要是没有地方行政经验，待在中央机关里纸上谈兵，书生意气太重。相比之下，贺长龄的理性姿态实在是弥足珍贵。

随着烟害日益严重，朝廷禁烟措施也日见严厉，对涉烟案的当事人，亦加重了处罚。尽管如此，贺长龄还在更严厉的禁烟令公布时，给悔改者留出了半年时间的从宽处理期限。他还规定，官府禁烟执法时，当地主官必须在场，对案情一一勘查落实，才许采取执法行动。这也是防止权力的任性。显然，贺长龄对权力高度警觉。这种警觉比禁烟的实际成效更值得我们敬重。当然，正因为如此，贺长龄也显得杀气不够，手腕不硬，引起了一些谏官非议，从而也引起了皇帝的猜忌，最终给贺长龄带来了削职之祸。

贺长龄发展经济改善民生，除了雪中送炭的扶危济困之外，还有三大举措：引入先进的农业模式取代落后的农业模式；发展商业和矿业，拓展经济发展渠道；动员社会力量，增加积储应对荒年。

就引进先进农业模式而言，大体有这么几项举措：一、将耕地极其稀少贫瘠、耕作条件极其恶劣地区的贫民向土地相对宽裕、耕作条件相对优越的地区迁徙，即所谓"客民"举措。道光年间，贵州"客民"达六万零三百余户，其中大定、兴义两府，因嘉庆年间农民起义，人口锐减，土地荒芜，成为迁徙的重点区域，迁"客民"达四万五千余户。二、出台奖励农耕的政策，大力改善农耕条件。在他的遗文中，有多篇鼓励农民开挖沟渠、大兴水利建设的文件，号召农民"于田旁修理塘坎，蓄水备旱，灌溉有资，水车、水轮取水之法，亦宜仿而行之"。大力植树造林为"瘠土救民之资"，号召农民在荒山陡坡、田边屋角大种松、杉、漆、竹、椿、楠、榆、桐等树木及柑橘、石榴、枇杷、核桃、花红、梨、杏、桃、李等果树，均取得较好效果。三、发展种棉蚕桑业，提高农业的经济效益。贺长龄刊印了《木棉谱》《蚕桑编》等小册子，指导农民发展种棉、蚕桑、纺织，官府还提供资金奖励。先在贵阳附近空地种桑数万株，由农民随意移栽；又从河南、湖北等地购进棉籽二万六千一百余斤，通颁各属栽种，设局雇匠，教习纺织，收到了显著成效。"及成，绸则胜于遵义之橡茧，布则贱于客货，民大便之。"棉花种植、蚕桑纺织的发展，改变了贵州贫苦之家衣不蔽体的局面，也提高了农业效益。研究者普遍认同，贺长龄主政贵州期间是贵州农业取得明显发展的时期。（见龙尚学《试论贺长龄抚黔》，载《贵州文史丛刊》）

在发展农业的同时，贺长龄还注重发展工商业。在他主政期间，颁布了《严禁查税扰商示》，明令禁止以查税为名侵犯商家权益，鼓励商人和"税书巡役"展开斗争。查实官府役吏欺压敲诈商人，贺长龄必以严惩。与此同时，对于为发展商业做出贡献的官民，则给予奖励表彰。如仁怀厅有两个渡口集镇相距九十里，其间村寨繁多，而交通不便，有乡绅出资修渡置船，以利乡贸，贺长龄立即给予奖励。还有遵义"有监生张仁恩将祖遗田业共值银六百余两施入渡口岁收租息，添作船户工资"，亦得到贺的奖励。贺长龄还上奏朝廷，给发展商业有贡献者以荣誉表彰。此外，对于投资商业取得利息收入的乡绅甚至官员，贺长龄均给予保护。这些都体现出了贺长龄先进的商业思维，与当时把经商看作奸猾之行的观念大相径庭。当时朝廷一些守旧官员主张取缔银票，以防止奸商欺诈，实际上却阻碍商业发展，贺长龄为银票的流通竭力辩护，鼓励以更方便的银票取代现银。

诒令的《行状》记曰：

七月，议覆大学士宝兴奏严禁奸商钱票，略曰："政在便民，道崇简易，钱之有票诚能运实于虚，流转无滞，而虚不废实，仍有现钱可资，原奏谓辗转磨兑并无现钱，夫小民虽愚，谋利则智，彼奸商安能以空纸当实钱耶？愚以为钱票，不独无弊且有数利，钱质繁重难以致远，票则无运载之费且可交易远方，一也。钱有良恶之异，为数又易混淆，以票为凭则不必拣钱过数，二也。一票随身，既免宵小盗窃之虞，又免水火沉失之患，三也。应请一仍其旧。"奉旨依议。

可以说，贺长龄有着更先进的商业理念，这种思想带给贵州经济发展的影响恐怕比物质性的改变更值得我们重视。贺长龄在发展商业的同时，还积极推动贵州的矿业发展：

贺长龄还重视开采民族地区矿产，并把它提升到当地安定的高度来认识。他说："天地自然之利无论何项，矿苗一经开采，即可使无数穷民籍资糊口，虽输课有限，而于绥靖苗疆所裨实大。"所以，他制定章程："开矿地面，不准匪徒混入滋扰，一切赌局贼窝随时拿缉，不准容留，所有谷米柴薪小菜牲畜等项平买平卖，不许侵渔攘夺，矿苗已旺，即酌量收税，禁止书役额外派索。"并要求地方官破除俗见，评定章程，兴利除弊，此举规范了贵州民族地区的矿业开发。（见刘鹤、彭永庆《试论贺长龄治黔方略》，载《贵州大学学报》）

值得注意的是，贺长龄在发展工商业的同时，还对奸商行为以及破坏生态的矿业滥采给予打击，对偷逃税收的走私行为、破坏山林植被的行为，也是明令禁止。总之，他执政非常理性，考虑全面，讲究平衡，不走极端。他不贪恋一时的政绩显著，志在长久之功，用今天的理念，就是追求可持续发展。贺长龄的积贮业绩，也就是这种思路的体现。

贵州农业生产环境恶劣，自然灾害频发且严重，颗粒无收的年景并不鲜见，这就要有相当的积储应对荒年。贺长龄认为："黔省为天下苦瘠之区，积贮最为要务。"官府常广积谷，青黄不接之时可减价平粜，抑制粮价暴涨，待年成好时买补还仓。贺长龄督令各属官吏广增积谷，并以此来考核官员的政绩，如兴义府共积谷十五万石，人口不多的安南县也积谷二万八千余石，人口最少的册亨州积谷八千余石。贺长龄还号召官吏乡绅带头捐款，修义仓，如大定知府姚柬之与前署知府张志咏等各捐廉银五百两，建义仓十一座；贵西道周廷授捐谷五百石，地方富户汪氏等捐谷六千五百余石，监生沙氏等捐谷一万四千三百余石。几年间，积谷达三万余石。对这些官吏和开明乡绅，贺长龄都一一上奏朝廷给以表彰。（见龙尚学《试论贺长龄抚黔》，载《贵州文史丛刊》）总而言之，贺长龄抚黔，大抓积储，应对灾年，基本保证了地方没有大动乱。贵州没有大动乱，这是很不容易的政绩。

在贵州发展经济改善民生，还要妥善处理民族关系。这是大部分省份没有的难题。贵州是个多民族杂居的省份，世居民族有 18 个之多，仅次于云南，其中，人口最多的少数民族是苗族。在清代的贵州，苗族人口要多于汉族，由于文化教育、生活方式、民族风俗、经济利益等原因，苗汉冲突一直是困扰贵州的社会问题，继而又影响到民生。

对于苗汉冲突，清代官府的基本态度是袒护汉族，歧视乃至镇压苗族，而贺长龄作为官府代表则公平对待苗汉两族人民。这在清代官僚中是极少有的。尤其是他认识到，民族冲突的根源很大程度上还在于官吏、恶棍的不法行为。比如他分析当地的苗民抢劫案："固由苗民不安本分，不识义理所致；然细推其故，半由地方恶棍盘剥吞谋，或结伴诱赌，或渔利诱窝，或借事嫁害，或寻衅指诬，甚或勾通差役，借端吓诈，饱囊分肥，诡计百出，以致苗民日趋于穷，饥寒交迫，盗贼滋生，动酿巨案。"（《通饬安苗札》，见《贺长龄集 贺熙龄集》）

由于经常要处理苗汉冲突，贺长龄还深入苗区广泛调研，听取各方意见，把握苗汉冲突的多种原因，而不是简单地就事论事。当时有御史奏请查处汉奸盘剥苗民，贺长龄也上奏道光皇帝，结合实际，客观分析了苗汉冲突的各种原因，体现了其对苗汉关系的深入了解：

> 苗疆自前抚臣嵩溥查办保甲之后，盘剥准折等弊，均经奏明饬禁，但须实力奉行，无须更设科条，致原奏流民渐少之说，今殊不然。自臣到任以来，兴义各属，已无不垦之山，而客民仍多搬往，虽严禁亦不能止者，则以兴义地贱也。然而地多烟瘴，新徙之民辄多死亡，故地不加广，曾无人满之患。此种情形，实堪

悯恻。

而原奏乃谓，客民获利甚丰，半皆广田亩而峻墙宇，毋乃偶见一二，遂以概之千百，若使目击流民之苦，必不忍为是言也。黔不产盐，布帛又贵，类皆把注于他省，苗民借居岩洞，所饶者杂粮材木耳，非得客民与之交易，则盐布无所资，即杂粮材木亦无由销售，分余利以供日用，是客民未尝不有益于苗。且苗民务耕作而不知贸易，客民耐劳而俭用，多就谷贱之地以为家，是亦未尝不两有益。若谓纷华靡丽皆由客民导之，以至穷乏，则汉人中昔称富户、今为贫民者，正复不少，又将谁咎？盈虚消息，物理之长，即无客民，固不能保苗民之常富也。访闻黎平之苗，率多富实，固资山木之利，亦由善自经营，岂无客民往来，何以不能盘剥？然则苗民贫富之无常，犹之汉人耳，臣更即原奏所未及。

细察汉苗之情形，尚有数条，敢陈圣鉴：

一则苗民实为汉民害也。查黔省上游保苗为多，下游仲苗、青苗为多，苗民固近淳朴，而仲苗则凶悍难驯。五代时，马殷自邕管迁来。其种有三：一曰补笼，二曰卡尤，三曰青仲。贵阳、定番、广顺，皆青仲。安顺、镇宁，则补笼、卡尤也。其俗以偷盗劫掠为事，不但客民不能盘剥，即土著汉民犹畏之。他如台拱、清江、黄平等处之苗，亦多沿路行劫，滋扰客民，控制弹压均非易易。

一则苗民自为害也。汉苗固多争控，即苗与苗或因口角，或因争佃，亦复互控不休，甚至苗唆苗以控苗，且勾串汉匪以控苗，颠倒簸弄，殆难言状。

一则土目、土司之为苗民害也。黔省上游多土目，下游多土司。土司多系江西、湖广、山陕、江南等处之人，土目则系从前土著及由滇、蜀拨入之人。苗民佃种土目、土司之田，岁上牛、羊、猪、鸡以为年例、年租，其土目、土司之强而暴者，辄虐使其苗，又于年例、年租之外多方科派之，苦累殊甚。

一则苗民之为土目、土司害也。缘苗民亦多奸狡，或将佃种之田当与汉人，土目、土司所管地面甚宽，无由察知，久且转相盗当，辄致迷失。又，历来苗民应上条银，由土司交地方官转解藩库，近则以土司浮收，纷纷控省求改，归地方官征收，及准理饬办，苗民又复抗粮，地方官传案不到，仍责成土司，土司不得不为之代垫。若欲催科归款，则又以事归地方，该土司需索不遂，借端重征具控，其诗张为幻，不必尽由汉奸，亦有苗民无异于汉人而不相害者。

国家声教四讫，椎结侏离，渐移旧俗，其中殷实之户，亦多勤事诗书，况苗学屡经添设，掇科出仕，正不乏人，衣冠之族，联门闬而重婚姻，此等即不当仍以苗民视之。更有苗民绝异于汉人，而不能相害者。熟苗之外另有生苗，多在深山穷谷之中，性情嗜好、饮食居处，皆与人殊，汉民既不能入，生苗亦复稀出，虽有狡黠客民，无所施其伎俩。以上各情，皆原奏所未及，臣惟有恪遵谕旨，通饬各属，悉心访查，惩盘剥之习，警包揽之风，杜侵占之渐加，以殷勤告诫，使之归真返朴，不务奢华。冀以锄汉奸而苏苗困，而又将苗民之凶悍者严行究办，其巫控平民之案，照例治罪，则苗民之为汉人害者亦去，苗民互控，勾串唆使，诡诈百端，若能迅速听断，不令胥役，客民得售其奸，则苗民之自为害者亦去。土司无违例科派之事，苗民无借端挟制之心，则土司与苗民之互相为害者亦去。至于诗礼之家，苗民亦同于汉，生苗一种，原不与汉人为缘，固无庸议及者也。（见诰令《行状》）

贺长龄这篇奏折，建立在对民情的深入了解基础之上，有理有据，公正持平，既不偏袒汉族，也不偏袒苗族，而是实事求是，针对不同情况提出不同的应对举措，比御史根据片面情况提出的临时动议要全面得多，对于解决民族冲突也更有成效得多。所以道光皇帝接受了他的主张，"奉朱批：'依议妥办，不可致生衅端'"。可以说，贺长龄也是解决民族问题的高手。

诸此种种可见，贺长龄改善民生的举措是深入调查，实事求是，多管齐下，用心很细也很苦。十年抚黔，他在改善民生方面做了许多绣花功夫，体现了他推崇的执政风格——"耐烦劳"。

遗憾的是，贵州确实太贫瘠落后，种种社会矛盾实在太多，贺长龄一腔心血想要转化为物质成效显赫的政绩实在太难，很难以可见的辉煌巨变给予点赞。当时一些只见表象的朝中官员便认为贺长龄民生政绩平平，讥讽云："黔抚章疏不问可知，大抵请节妇祠乞书院奖耳。"这固然是贺长龄的悲哀和

委屈，更显示了议论者的浅薄。对于这种浅薄议论，《贺公家传》的作者罗汝怀很不服气，在书中毫不客气地进行了反驳：

> 论曰：公为政无赫赫名，在当时疆吏中暗如也。至朝士相与语曰："黔抚章疏不问可知，大抵请节妇祠乞书院奖耳。"由斯言推之，则其时风尚可知。此俗之所以日偷盗之所以日炽也。敦诗书，崇节义，以靖兵刑，公信知本哉。

罗汝怀认为，那些讥讽贺长龄的朝士只知其末不知其本。用今天的话说，就是只看重物质成效，而不看重文化成效，轻蔑精神文明建设。所以罗汝怀认为，出现社会世风日下、朝廷日益衰败的局面理所当然。而贺长龄抚黔最大的成就恰恰在于人才的培养、文化的播扬，大大提升了贵州人的文化素养。这才是以人为本的历史勋业，但却被人忽略。罗汝怀深感悲哀。

罗汝怀提出了一个很严肃的问题，即社会发展和为官功业到底以何为本？他认为，"敦诗书，崇节义，以靖兵刑，公信知本哉"，显然，这还是儒学的社会理想。儒学重道德，讲操守，偏重于人的精神修养，对于人的物质存在和物欲需求往往采取漠视态度，从而把安贫乐道推崇为人之楷模，这是并不可取的。但是必须看到，就人学的终极追问而言，就是要妥善处置灵与肉的关系，亦即解答人类的社会文明发展到底是为什么，是为了物质极大的丰富，还是为了人更具有人的风姿魅力，或者说，人类福祉中物质文明和精神文明怎样才能达到相辅相成。

贺长龄抚黔，也毫无例外地遭遇同样的迷局，而罗汝怀断定，贺长龄"敦诗书，崇节义，以靖兵刑，公信知本哉"。因此，下文涉及贺长龄抚黔的文化业绩也就格外引人回味。

贺长龄抚黔（下）

贺长龄抚黔文化业绩首先与他的文人情致大有关系。

他说："读书、课子、课士，此天下乐事也。"溯其源起，显然是秉承了孟子的君子之乐——"得天下英才而教之"。贺长龄作为学识渊深的士大夫，这是他挥之不去的文人情结。其实古代官僚大都为士子出身，读书人的情致所在，普遍热衷文教。所以要看到，古代官僚兴文教，很大程度上是文化天性的自然流泻，是他们发自内心的热爱，至少不全是主政一方的理性政策设计。这也是古今兴文教的微妙差异。有了这种意会，就能感受到贺长龄文教业绩中的个人情感温度。

此外还要看到，主政于苦寒之地的贺长龄在殚精竭虑改善贵州民生的同时，也在辛勤地进行着文化耕耘。因此，这种文化耕耘不能简单地理解为牺牲肉体憧憬，只是画饼充饥以虚幻的灵魂来安慰或者麻醉生计苦涩的庶民士子，相反，应该理解为以文化开化来拓展民众视野、提升民众素质，以改观苦寒之地落后困境的治黔方略。用今天的话说，就是文化扶贫。所以，贺长龄在黔地的文化业绩并非腐儒的空谈论道或者孤芳自赏，而是惠及社会发展的百年大计。

事实上，学界论及贺长龄抚黔业绩，都普遍注意到他对贵州文教的推动，甚至有这样的判断：贺长龄主政期间，贵州的文教发展是其在整个清代中最卓有建树的，这也为后来贵州的发展奠定了文化基础。因此，在贺长龄抚黔业绩中，其文教作为是更值得我们珍视的功德。

诒令的《行状》有记载：

黔地瘠苦，率连数厅县无一义塾，而书院学校，有司亦视为具文。府君以黔制壤千里，士人文教未兴，每见诸守令，必以文风学校为问，且言自三代以来，士失其教，惟书院之制，会诸生讲习其间，以专其业，为近于古，夫崇教化励人材，固有司者之责也。而废坠不修，何以副朝廷立教兴贤之意。

于是捐廉为倡，凡贵阳、铜仁、安顺、石阡等府，普安、八寨、郎岱、松桃等厅，黄平州、普定、天柱、永从、瓮安、清平、兴义、普安等县，先后兴建书院义学。并上其事于朝，各予奖叙。

··········

岩陬僻壤，群砥于学。自府君莅黔，黔人士彬彬号称文雅。五次监临乡试，每揭晓，半属欣赏之士。又于省城南关外捐廉倡建尚节堂，共成房舍一百五十二间，收恤嫠妇，选公正能事之绅者，专司其事，官为督查。其收恤人数以百四十人为额，每月给银五钱，如舅姑尚存，准令在家守节，按月给银如其数。无则各携子女入堂居住，并令勤习妇工，籍资添补，各于例恤之外给银一两以为工本。冬月各给棉衣银一两，以资御寒，堂外分建义学三所，延老成蒙师，以教其孤，又建幼堂于南城外，收养无依幼童，衣食被褥之类皆官为赡给，并雇粗识文字一人，工匠数人，择其资性稍优者，教之识字，余皆令其学习手艺，至十七岁能自谋生之时，始令出堂。其未出堂之先，或铺户带往帮工，或居民带往服役，一听其便。时仁怀逆匪谢法真聚众焚劫，制军会提督帅师进剿，府君就省策饷，数日逆匪就擒，捷闻得优叙。府君以该乡逆产，承买乏人，日久恐致荒废，恳恩赏入尚节及幼两堂，招佃耕种，籍资养赡。

从诰令陈列的事实看，贺长龄兴文教突出的特点是公益性、大众性、普及性，通俗地说，就是官府出钱或者动员社会出钱，兴办义务教育，普及教育，提高普通民众的文化素质。这也是他施政的一大举措，改变贵州落后的面貌。文化建设是基础性的工程——以普通民众文化的提升，促进社会发展进步。用今天的话说，就是扶贫先扶志。

贺长龄有这样的教育理念："教化行而风俗美，师道立则善人多。""历观前世，其一时政事风俗，有合于吾夫子之所言，则其国必兴，合之多则盛，合之少则衰。虽极昏乱之世，而但有一二端之合，则其国犹不遽亡。是以政教者在一时，而以言教者在万世也。"（见《贺长龄集 贺熙龄集》）毫无疑问，这种教育论是出自儒学传统或者官方意识形态，认为只要有儒学教化于民，就能保证国家统治万寿无疆。显然，这是经不起推敲的，起码清朝就是明代亡国的产物，儒学教化下的汉民族，并没有保住明代江山永恒。不过话又说回来，我们不能苛求贺长龄能认识到这一点，他受儒学影响太深，又是清朝体制内的官僚，更不敢想清朝崛起其实是对"儒学教化可以卫国"的辛辣讽刺。他坚信儒学教化有维护国家千秋永恒的功能是不奇怪的。所以罗汝怀说贺长龄"公信知本哉"。况且还要看到，在贺长龄推崇的教化内容中，还有摆脱愚昧落后，提高知识文化，文明素质的开化蕴含，的确是提升国民文化素质的必要。在这个意义上，贺长龄在贵州大兴文教，也就有着历史的必要性和功德性。此外，贺长龄大兴文教，主要教育对象都是底层的平民百姓。这就不是士大夫在玩风雅，而是真心在惠民。从某种意义上言，这也是改善贵州民生的一大抓手。贺长龄有着浓郁的民本信念，这便是一个生动的印证。

贺长龄兴办的学校主要有三类：一是义学，就是由官方或士绅出资，招收平民子弟免费读书的学校，课程也不高深，属于启蒙性质的教育。二是慈幼学校，主要接收贫寒的孤寡子弟免费入学。一方面学识文断字的基础文化，另一方面学职业技能，如编织、纺织、种植等，以期毕业后能谋生。三是书院，主要接收有相当文化基础的学生，通过深造性质的学习，参加科举，争取更好的前途。此外，还有一个兴学特例，专门针对少数民族聚居区，设立招生条件优惠的学校，以促进少数民族地区的文化开化，如添设八寨厅学就是典型案例。

八寨厅是贵州苗族聚居区，其生源基本上是苗民子弟，以往就读要入都匀府学，且要与汉族学生竞争，录取率极低。贺长龄上奏朝廷，添设八寨厅学，级别相当于府学，将一部分都匀府学的录取名额分配给八寨厅学，针对苗民子弟招生，还增加带助学金读书的廪生名额，配备好的师资入厅学任教。这样就大大提高了苗族子弟的升学率，也保证了教学质量。有资料称，贺长龄在八寨厅学成立后，专门聘请了黔中名师、布依族人莫与俦任主讲。莫是嘉庆六年（1801）的进士、阮元的弟子、朴学大家，曾主持过四川乡试，后辞官回乡从教，在黔中士林中享有很高威望，弟子中有其子莫友芝和郑珍，二人后来并称"西南巨儒"。贺长龄聘请莫与俦主持八寨厅学，可见他对少数民族的教育很是重视，亦可见他在办学门类上也是因地制宜，各有规划，自成体系，确实煞费苦心。

更煞费苦心的是，贺长龄还上奏朝廷，在科举上给贵州优惠政策，增加录取名额，增加和改善考场设置，以利于考生应考。诰令在《行状》中亦有记载：

> 贞丰州向无拔贡，奏准照各学例，每届拔取一名，八寨厅童生，向附入都匀府，取进无定例，奏准添设听学四名，并拨府学二名，共计六名，又于都匀府麻哈州廪增额内各拨二名，独山州廪增额内裁拨四名，合成廪生八名，增生六名，又以铜仁府县松桃厅生童，向附镇远府合棚考试，石阡府向附思南府合棚考试，因路远费繁，奏于铜仁、石阡各设考棚，免寒畯跋涉之苦，一时文教大兴。

贺长龄一到任，就明令各级官府："自三代以来，士失其教，惟书院之制，会生徒讲习，为近于古，而崇教化厉人才，固有司者之责。"（见罗汝怀《贺公家传》）于是贵州兴学之风骤起，据《贵州通志》记载，贺长龄到任后两年多，各府、州、厅、县从无到有，兴办义学三百余所，乡间还有大量的私塾，兴办书院一百四十余所，较之宋代仅一所，明代仅二十一所，可谓天渊之别。

贺长龄不仅行政号召，还亲自抓样板。具有慈善性质的尚节堂、及幼堂，还有贵山书院（今贵州大学），就是他苦心经营的试验田，从而给我们留下不少值得一说的故事。

道光十八年（1838）秋，贺长龄已来贵州两年，对贵州贫困的民生情况有相当了解。这时，一个特殊群体进入了他的视野，即丧夫家破、抚养幼子又不愿改嫁的青年寡妇。她们既缺乏生活资源，又要养育幼小儿女，还要坚守妇道名节。生活的艰难可想而知。也许，青少年时期母亲含辛茹苦支撑家业，拉扯他们七兄弟成人的一幕幕场景又浮现眼前，深深刺痛了他的心扉。于是，贺长龄伸出了援手，带头捐出了 500 两养廉银，又动员同僚捐赈，共募集了 13064 两银子，办起了尚节堂和及幼堂。他在给皇帝的报告中写道：

窃照妇节与臣节并重，而苦节视甘节尤难，是以各省多有恤嫠之堂，而黔中更属极贫之地，乃此事缺然未举，则穷嫠复何所资。臣披阅案牍，每因贫难自赡，莫保初心，或且计无复之，辄寻短见。遍询各属，比比皆然，岂无穷且益坚，皭然不淳，而任其困苦，罔计安全，既乖敬寡属妇之仁，兼失砥节维风之义。臣不敢妄请动帑，又不忍视同隔膜，再四筹商，惟有捐办之一法……一时官绅士民，无不闻风鼓舞，踊跃乐输，共捐银一万三千零六十四两，交商生息。慎选公正能事之绅耆二十四人，酌送劳金，专司其事，官为督察。（《官绅捐建尚节堂请量予甄叙折》，见《贺长龄集 贺熙龄集》）

尚节堂成立的同时，贺长龄又筹集 5000 两银子，办了及幼堂，主要抚教住进尚节堂的嫠妇子弟，还有无家可归的孤儿。因此，尚节堂内附带多所教育机构，嫠妇也在其中做些烧水扫地的杂役。从教育内容看，主要是职业教育，使学生成人后有一技之长，可以独立谋生。贺长龄作《及幼堂记》解释了其用心：

或虽有父母而力不克任，甚或并其父母而无之，而父母斯民者，又漠焉而不为之所，则将谁任哉！此及幼堂所由建也。不曰慈幼而曰及幼，何也？曰：犹之吾子也，爱子者匪徒养之而已，必将为终身之计焉，而此一时也，知识日以开，嗜欲日以萌，是天人之交也，是成败之关也。或授之读焉，将俾之识字也，或习之艺焉，将俾之食力也，此堂中之所以有教习也。

或曰：教习之设，虑其闲而生事耳，虑其一无事事，异时无以资身耳，庸必如爱子者期望之厚哉？然而屠狗牧豕之流，霭畜贩缯之辈，古今来英雄豪杰，何必不自兹途出也，所虑者先绝其命耳。即不遽绝而无以资之，则亦终为乞丐盗窃之归耳。吾亦承天之意而续之而资之已耳，余则听其自为谋焉矣。父母犹不能保其子，而能必之他人之子哉！限以十七岁出堂，何也？曰：势有所穷也，前者不出，则继者不来也，然而吾尤望来者之善继之也，故述建堂之意以谂之，其详则具于芎圃观察所为章程中矣。

显然，贺长龄是想代表社会对最弱势的群体承担救助教化之责，其实这该是万民之主皇家的责任，贺长龄却自掏腰包，替天行道，想必他以为自己是在替皇帝分忧积德，并坚信这才是官府应该做的第一为民要务。

于是，贵阳城南门外，风光秀美的南明河畔，新建起了一片房舍，房间有 150 多间，第一批嫠妇有 140 人，每人一间宿舍，每人每月给纹银五钱，嫠妇们再做些女红之类补贴，"足资赡养"，其子女则由及幼堂教育到 17 岁成人后出堂。后来又有人陆续捐资，尚节堂又继续扩大，一直延续到 1949 年。尚节堂和及幼堂的历史长达 110 年，是贵州妇孺皆知的慈善教育机构，在中华慈善教育史上也是一道亮丽风景。

有趣的是，尚节堂除了每年春节、端午、中秋都要举行庆典祭祀活动之外，每年农历二月初八，即贺长龄的诞辰日还要举办特别祭拜活动。这一天，不仅在堂的嫠妇和儿女们，还有那些因为儿女成人已被接出堂赡养的嫠妇都会赶来祭拜，场面十分壮观，往往有数千人跪拜在贺公的像前。他们眼泪汪汪，如数家珍般缅怀贺公恩德，讲述一个又一个感人故事，引得现场一片哭声……

这样的场景，恐怕是贺长龄生前难以想到的。为官能做到这个份上，也该是贺长龄最大的欣慰，他落寞的晚年也不该再有遗憾。

不过，皇帝对贺长龄创办的尚节堂和及幼堂并不看好。贺长龄曾经上奏道光皇帝，兴致勃勃地汇报了办学成效，请皇帝给尚节堂题词以资鼓励，遭到了道光拒绝。道光皇帝敷衍说，你办学很有成效，也有威望，你题词就足够了。不难想见，贺长龄心里是很失望的。其实，他应该明白，皇帝推崇的文教，无关孤儿寡母，而是社稷江山，人民是顶托帝国之船的水，此外没有任何意义，尤其是最弱势的群体，当自生自灭，根本不在帝王心上，至于为民父母，体恤苍生，不过是块遮羞布而已。贺长龄却当了真，还自己贴上银子办尚节堂，宣示皇恩浩荡，替皇帝长脸贴金，实在是堪称迂腐。尽管他有经世派领袖的盛名，以务实能力著称，却没有领悟在皇朝为官，最务实的能力就是迎合圣意。当然，此时的道光，也进入了垂暮之年，经历了鸦片战争的严重失败和羞辱，雄心大挫，对帝国的前程一片茫然，日趋颓废，喜怒无常，臣子也很难揣摩天心。

大概也正是因此，贺长龄渐渐失去了皇帝的欢心。两次三年届满，他请求入京觐见道光述职请恩，都遭拒绝，道光千篇一律地批示说，知道了，不必来京，继续留任。显然，皇帝虽然对贺长龄未能创造他所期盼的政绩不满，可是镇守边疆，还离不开这位稳重细心的老臣。

也许贺长龄绝没想到，他获得了最弱势的社会群体的世代怀念，却失去了最强权的帝王的欢心，也许他更难理性地解索其中的奥妙，从而构成了他作为经世派领袖最大的智商羞辱。如果能这样理解贺长龄的人生路，也许才可以说，我们真正走进了属于贺长龄的历史存在。

记住贺长龄的不仅是一批孤儿寡母，还有一大批黔中士子。

这就要说到巡抚衙门附近的贵山书院了。该书院是清代贵州的最高学府，渊源可以追溯到明代的阳明书院，是王阳明的贵州弟子为纪念王阳明到贵阳讲学而建。但是一般都认为，该书院只是修建在阳明书院的旧址之上，创建者是清代贵州巡抚曹申吉，创建时间是康熙十二年（1673），至贺长龄任黔抚时，已有 170 年的院史。170 年的文化传承，使书院成为贵州的一处文化高地，聚集了一批黔中最优秀的学人和学子。所以贺长龄一到任，立即盯上了这座书院，他要将贵山书院作为兴学的一个高端样板，开拓一个别开生面的贵州文教时代。

罗汝怀在《贺公家传》中写道："其于省会书院，重定条教，分上内外三舍，随才造就，诸生日所读书，填注簿册，公余亲往试背，并摘问要义，以为升黜，复下其法于州县，令仿行之……黔士奋发兴起，欢声雷动，岩陬僻壤，群砥于学。"唐鉴亦在《贺公墓志铭》中言："君之惠政在贵州者，虽屡册不能罄，而其待士也，尤加意焉。养之教之，奋而鼓之，循而导之，优游而涵育之，扩充其所已能，辅翼其所未逮，父之于子，师之于弟，不是过也。凡书院、义学在省垣者，暇则往焉。或背书，或摘讲经义，乐此不倦，固其所好，抑亦爱士之心深也。"

这些言论都显示，贺长龄对贵州的人才培养可谓呕心沥血，也赢得了士人由衷的敬重。结合其他史料，我们也许看得更分明。

贺长龄抚黔期间，对贵山书院的办学进行了大力度改革。有学者认为，这和他在岳麓书院的经历有关。作为罗典的高足，他亲历岳麓书院最辉煌的英才辈出时代，后来回湘丁母忧期间，还在岳麓书院短期主讲，岳麓学风对他影响深厚，这都激励他憧憬在贵山书院施展一番如罗典般的作为。

首先，他改变了书院教学一锅煮的情况。他发现，让所有的学生统一听课效果并不好，因为学生水平参差不齐，水平高的学生会感到老师说得太浅，水平低的学生又觉得老师说得太深，必然影响学习效果。于是，他根据学生的水平，分了上、内（中）、外（下）三舍，即三个等次班，因材施教。

其次，加强了师资引进，尤其是校长人选。比如，贺长龄从黎平延聘了自己的进士同年，时年65岁的李为主持贵山书院（同时兼贵州府学教授），并亲笔题词"儒林楷模"为其站台。李为出身教育世家，诗文俱佳，又有进士身份，为官时有清廉官声，辞官后多年来从事教育，享有很高的声望。由他主持贵山书院，实至名归。

再次，他还对教学内容和方式进行了一系列指导。贺长龄的教育思想受乾隆名臣陈宏谋影响很深，他竭力推荐陈的《课士直解》等书指导教学及考试。此外，还要求书院设置《学习日志》，规定学生每天将所学记录在案，以备检查考核。这都说明他对书院的管理已经非常细致深入了。

最后，这可能是最重要的，他还经常亲自担任讲学，检查批阅学生作业，乃至决定学生的升留级，俨然成为书院老师。甚至，他还在学生中选定了三十四人纳为门下弟子，耳提面命，亲自教诲。据罗汝怀说，这三十四位弟子，全部获得了明经以上的科名。可以说他的黔中岁月开辟了贵山书院的贺长龄时代。

诸此种种表明，贺长龄不仅是清代杰出的政治家，也是杰出的教育家，可惜学界对作为杰出教育家的贺长龄还缺乏关注。其实贺长龄的教育理念和教育成效是非常值得重视的。清代知名文史学家朱克敬在其《瞑庵杂识》中记载：

> 道光时，善化贺长龄为贵州巡抚，正身率下。吏化之，以筐篚为耻，虽极庸琐，到官后必兴学惩奸，以求当台意，故其时贵州吏治为西南冠。尤勤课士，公暇与诸生讲论文艺，恳恳不休。才识稍异者，优加奖勉，或馆之署中，教以经济性命之学。士争自奋，风俗为之丕变。莫友芝、郑珍、黄彭年、丁宝桢、傅寿彤，皆所拔也。及去，士民思之，为立石官道曰："古之遗爱"。

朱克敬这段文字，有两个关注点。其一，贺长龄在当时黔中士林中享有很高的威望，即使后来他削职归去，士民们依然在官道上给贺长龄树碑怀念，足见士心所向。要知道，贺长龄可是受到了皇帝处分的是非之官，黔中士子还是无所顾忌，明目张胆把纪念碑立在官道旁，这不是打皇帝的脸吗？这也说明，道光皇帝也是有肚量的，只要官方不表彰，民间表彰听之任之，也不会产生这是在对抗圣上的联想，说到底，还是有文化自信。其二，朱克敬罗列了许多贺长龄选拔的黔中士子人才，仔细分析就不难发现，这些人才不仅名震黔中，而且名播华夏，可谓当时贵州最优秀的士人群体，说明贺长龄的兴学育才确实业绩斐然。综合其他史料，与贺长龄有直接或间接师生名分，且被他推出的黔中人才除了莫友芝、郑珍、黄彭年、丁宝桢、傅寿彤之外，还有石赞清、李朝仪、丁世桢、丁世选、许鸿儒、何鼎、杨文照、高以庄等，数量可谓壮观，不妨择要介绍一下。

莫友芝（1811—1871），贵州独山人，布依族。出身书香之家，其父莫与俦为嘉庆进士，著名教育家。莫友芝自幼秉承家学，研修训诂之学甚精。道光十一年（1831）中举人，他30岁与郑珍合作修撰《遵义府志》，受到学人普遍称道，后被梁启超视为天下第一府志，故声名大振，与郑珍并享"西南巨儒"之誉。之后，莫友芝多次赴考不中，继续研学不倦，成为晚清金石学家、目录版本学家、书法大家，宋诗派重要成员。他还曾入曾国藩幕，与曾私交甚笃，亦与胡林翼、李鸿章、张之洞等名儒大吏有密切交游，为晚清著名学人。

至于莫友芝和贺长龄的关系，史料中缺乏专门记载。但莫友芝的莫逆之交郑珍系贺长龄的门生，郑珍又邀请莫友芝一起修撰《遵义府志》，该志又是贺长龄在贵州发起修志工程中的重点项目之一，受到贺长龄高度关注，并为之作序。可以想见，莫友芝必然受到贺长龄的器重和提携，就贺长龄当时在官场和士林的地位而言，应该为莫所仰望，所以莫友芝对贺长龄执弟子礼是不奇怪的。史料还记载，《遵义府志》完成后，贺长龄十分满意，打算上报朝廷给以嘉奖，这也是提携郑珍和莫友芝的一个举措，后来因为莫友芝之父莫与俦不同意才作罢。总之，莫贺二人的关系，是值得我们深入探讨的一个课题。

郑珍（1806—1864），字子尹，贵州遵义人。学宗许郑，治经学、小学著称。亦工书画，为宋诗派大家。少年和莫友芝同师于莫与俦，交为终身莫逆，两人共同修撰《遵义府志》名世，并称为"西南巨儒"。道光五年（1825），贺长龄的宣南诗友程恩泽督贵州学政，对郑珍十分赏识，将其选为贡生，郑遂师程恩泽研修汉学。至道光十七年（1837），郑珍又考取举人，得到贺长龄赏识，收为弟子。贺还赠送他阮元的《揅经室集》。这其中是否有程恩泽推荐，不得而知，但贺对郑珍确实是器重有加。故郑珍兴奋地作诗云："文学无贵贱，师弟有因缘。当公领解日，我始双髦悬。公名丽中外，孺子心已笺。时从乡先达，一问庆历贤。有如泥忆云，何人识肫颛。旌花招黔服，草木增华鲜。下士悬势分，呼来待之前。吕医受熏沐，始见韩门全。手赠《挈经》书，谓我能终篇。"

次年，郑珍就参加了贺长龄主持的全省修志工程，主撰《遵义府志》。人说是受遵义知府平翰所聘，但其中应该有贺长龄的举荐。三年修志期间，一直备受贺长龄关注就是证明。《遵义府志》完成后，贺长龄为之作序，还打算推荐给朝廷请奖。此后，郑珍赴京赶考，贺长龄又提供盘缠，还给他介绍京中师友，可谓关怀备至。也正是师从贺长龄，郑珍又夯实了宋学的学问，成为汉宋兼采的大家。

傅寿彤（1818—1887），字青余，贵州贵阳人。出身官宦书香之家，其父傅璜为洪亮吉弟子，嘉庆十六年（1811）进士。傅寿彤幼年从父受教，为洪亮吉二传弟子，汉学底蕴扎实，其才学可与莫友芝、郑珍相提并论，彼此也有亲密交游。他与许鸿儒、何鼎、杨文照、丁世选、丁世桢、高以庄等都就读贵山书院，被贺长龄收为弟子。道光二十四年（1844）恩科乡试，这是贺长龄弟子中举的丰收年。该年乡试，据说有5000名秀才汇聚贵阳，角逐40个举人名额。当副考官，也是贺长龄的友侪何绍基宣读毕榜单，作为监考官的贺长龄情不自禁地高呼："主司得人也！"原来，其弟子许鸿儒高中解元，傅寿彤高中亚元，还有弟子何鼎、杨光照、丁世桢等十余人均金榜题名，占中举人数近半。

大概由于傅寿彤的世家子身份，或因他也工书法，作为书法大家的何绍基还书"实事求是"条幅以赠。当年何绍基中进士，其师阮元也曾书"实事求是"以赠，其中深意不言而喻。于是，傅寿彤又拜何绍基为师。咸丰三年（1853），他和丁宝桢同榜高中进士，此后便投入剿灭太平天国的政治搏杀中。他屡立战功，显示出武略不凡，后官至河南布政使。但他一直不殆治学，更以汉学大家知名于世。他与贺长龄合作完成了《孝经辑注》，他作述并为序，序中表达了对恩师贺长龄的深情敬重。还值得一提的是，他晚年落籍长沙，是否因为贺长龄的缘故，我们不得而知。他的三个女儿皆为才女，长女梦琼嫁给了朱庆墉，生子朱启钤，曾任北洋政府代总理。次女宝琼嫁给了光绪年间进士、文史大家黄彭年的儿子黄国瑾。三女幼琼嫁给了晚清军机大臣瞿鸿禨。傅寿彤可谓贺长龄弟子中的翘楚。

黄彭年（1824—1890），字子寿，贵州贵阳人。道光二十三年（1843）中举人，二十七年（1847）中进士，与贺长龄之弟贺桂龄同榜。不清楚他是

否正式拜师贺长龄，但其中举和中进士都在贺长龄任上。每届乡试，贺长龄都以巡抚身份当仁不让地担任监考主官，也就成为黄的师尊。他中举后得到贺长龄的提点教诲，对其中进士大有帮助。中进士后，黄彭年入骆秉章四川幕府，因镇压太平军立功，又应同年李鸿章之聘修《畿辅通志》等，后官至江苏布政使，成为晚清名臣之一。

丁宝桢（1820—1886），字稚璜，贵州织金人。道光二十三年（1843）中举人，与黄彭年同榜；咸丰三年（1853）中进士，与傅寿彤同榜。其中举时，贺长龄为监考官，但史料缺乏他和贺长龄交集的记载。丁宝桢后来官至四川总督，以洋务派重臣名世，要论政绩官阶，他恐怕是贵州人在清代官僚中最为显赫的一位。其最为人乐道的故事，是在任山东巡抚时，巧妙地杀了慈禧太后最宠信的太监安德海，一时大快人心。

石赞清（1805—1869），字次皋，贵州黄平人。道光十五年（1835）中举人，十八年（1838）中进士。石为晚清名臣，曾任湖南巡抚、工部右侍郎等职，最使他名扬天下的是第二次鸦片战争期间，其在天津任知府时和英法联军进行外交谈判，大义凛然，据理力争，遭软禁后依然不屈，甚至赢得了洋人的尊敬，给国家争了脸面。从履历看，他和贺长龄交集很少，但有史料称他也得到过贺长龄的器重提携，想必是其中进士前，正值贺长龄兴学期，可能入贵山书院短暂进修备考，得到过贺长龄的指点勉励。

李朝仪（?—1881），字藻舟，贵阳人。道光二十五年（1845）中进士，为平谷知县，有政声，后参加剿灭捻军立功，一路升迁至山东按察史、顺天府尹。他是著名维新派大臣李端棻的叔父，对侄儿有养教之恩，经由李端棻保媒，将其女李蕙仙嫁给了著名维新派思想家梁启超，成为梁的岳父。这门姻亲佳话，比李朝仪本身的业绩更为知名。李朝仪和贺长龄的关系，史料记载缺乏，但有学者称，他也得到过贺长龄的提携，估计是其中进士前也在贵山书院备考，得遇贺长龄受过教，道光二十五年正是贺长龄主黔期间，优秀学子受到贺的提点并不奇怪。

总之，贺长龄主黔期间，也是贵州英杰辈出的岁月，贺长龄提携了这么多英杰弟子，该是他人生中最宽慰的事。他曾感慨万端地说，为官者之大善大德就是兴学育才："诸士肄业其中，朝受业，昼讲贯，夜服习，亲师论学取友，不苟同于流俗，教者有不倦之心，学者有不怠之功，蓄道德而能文章，处则为正士，出则为名臣，吾为尔多士望矣！"（《重建西昌书院记》，见《贺长龄集 贺熙龄集》）

毫无疑问，对于贺长龄抚黔九年付出的文教心血，最欣慰的回报还是道光二十四年（1844）的贵州乡试。这是贺长龄离开贵州的前一年，也是其监考的最后一届乡试。就是这届乡试，贺长龄的贵山书院弟子有半数中举，占这届乡试中举名额的近一半。乡试后，他心潮起伏地写下了这样的诗句：

> 雪未飞檐席未单（寒余雪飞，单席在地，唐郭元英所叹，当时试事之苦也），万千广厦庇犹寒。喜闻正气开云易（主司以昌黎"顷刻尽扫众山出"命题），转恐中秋见月难。婉娈半随宾国去，衰颓只合伏乡看（在黔九年，监临五次，向时童倌多已成名，而余亦逐老矣）。起衰幸有昌黎手，劝学频年意未阑（两主司皆欲以经策觇实学，与仆有同志）。

可以说，道光甲辰乡试也是对贺长龄的一次大考，半数弟子近20人中举，这是他恩师罗典才能创下的纪录。贺长龄得了一个满分。这一年他59岁，满头华发，在秋光中向天微笑，仿佛看见恩师罗典在云端颔首……

贺长龄在贵州的文化贡献，还表现在一批方志的修撰和图书刻印方面。这是与黔中人才培养并驱媲美的宝贵文化遗产。

贺长龄不是简单地从知识传播的角度来认识这些举措，而是将其提升到长远的社会治理、文明进步的高度来考虑。他说："凡一府数百里中，风化之盛衰，民心之醇醨，政教之得失美恶，一一皆本乎长吏。"而修撰志书，就为治政者提供了依循："按疆域当思何以抚绥，稽户口当思何以保聚，询风俗当思何以补救，奉祠庙当思何以致祥，农桑思何以劝课，学校思何以振兴，与夫城池、津梁及榷赋、仓储诸大政，思何以利民而尽职。"总之，"今之府州志，即周官小史所掌邦国之志也"。（《遵义府志序》，见《贺长龄集贺熙龄集》）

于是，贺长龄在全省掀起了修志热，或创修，或续修，或增修，或重修。同时，通过修志，培养一批文化人才。郑珍和莫友芝就是通过修撰《遵义府志》脱颖而出的。贺长龄兴奋地说："是志也，于黔中足谓雅赡耳矣。昔窦德元不能对帝丘之问，到今谈者陋之，今郡人有是书，其可以不德元乎？"

大规模修志，需要非常专业的人才，对文献要有精准的收集考辨能力，还要耐得住寂寞，吃得了苦。莫友芝和郑珍完成《遵义府志》后，再也不肯接受修志之请，可见修志之难。于是，贺长龄又从湖南聘请了弟弟贺熙龄的高足，舆地学、方志学奇才邹汉勋，承担最重头的《贵阳府志》的修撰。在邹汉勋参与修撰《贵阳府志》之前，已由知府周作楫组织人力完成了初稿，但是贺长龄并不满意，遂请来邹汉勋修改完善。莫友芝和郑珍推辞不修的正是《贵阳府志》。按莫友芝的说法，贵州方志最难修撰的就是这部引领全黔的府志，既要有翔实的史料支撑，还要有放眼全黔的大视野和大气度，非一般史家所能胜任。故莫友芝自称"见寡力劣"，"辞不敢为"。此时，邹汉勋38岁，只是个秀才，却已参加过邓显鹤主持的《船山遗书》，还参与编修过《宝庆府志》，建立了方志学名家地位。贺长龄对他非常赏识和信赖。于是邹汉勋在贵阳知府周作楫的大力支持下，圆满地完成了修撰。哪知大定知府黄宅中又缠上了他修撰《大定府志》。黄宅中是贺长龄的门生和得力助手，且和邹有旧交，邹只好又留下来修《大定府志》。这下，张之洞的父亲、兴义知府张瑛也坐不住了，又邀请他接着修《兴义府志》。于是，邹汉勋在贵州至少待了八年，修了贵阳、大定、兴义、安顺四部府志，一时享有西南方志第一家的美誉。时至今日，邹汉勋修的这四大府志依然是方志经典。

资料显示，道光年间，贵州的方志成书超过历朝历代，计有府志七部（遵义、贵阳、安顺、大定、兴义、思南、黎平），直隶厅二部（仁怀、松桃），州志五部（黔西、平远、永宁、黄平、广顺），县志四部（清平、荔波、印江、正安），志书质量也明显超过历朝历代，其中多部为中华方志经典。贺长龄为贵州留下了一批弥足珍贵的地方文献。这也体现了贺长龄在文化建设中，并不是以空洞玄奥的义理灌输为抓手，而是以扎扎实实的乡土文献为铺垫，旨在让黔中子民深刻地体认生养自己的这片土地，再言文化的递进和升华。这是贺长龄作为经世派领袖进行社会文化建设的必然选择。

此外，贺长龄还刊印了一大批图书，除了农业、矿业的知识普及类图书，还有儒学教化类读物，如他自己的著述《孝经辑注》《劝学纂言》《望溪先生左传义法举要》，以及《诗书礼记精义》《左传读本》，陈榕门的《课士直解》、顾炎武的《日知录》、方苞的《周官辨》等。罗汝怀说："皆以黔中僻远，书籍罕至，故广为刊布，以惠来学，卒使黔土蒸蒸向学，风气丕变。"（见罗汝怀《贺公家传》）

道光二十五年（1845），贺长龄升任云贵总督。离开贵阳去昆明赴任前，贺长龄把自己的随身藏书都留在贵阳，嘱托他的门生、大定知府黄宅中："留书数箱资广见闻，又有《国朝圣训》四十一册，存贵阳府周小湖太守处，簿书余暇可取观以增学识。前刻陈文恭公《课士直解》一书，晰义极精，书院考课照此出题，令多士熟玩，尚可因文见道。虽先儒嗤为倒做，而于人心可资警省，不为无补。又清平县有前明《孙文恭公遗书》，公曾典学闽中，著有《课士规条》，取观而慎择之，亦有裨也。"（《与黄惺斋年兄书》，见《贺长龄集 贺熙龄集》）

贺长龄临行前的交代是很富有意味的。他将书卷典籍的留传和人才培养有机地结合起来了，归结到最后还是后代黔中文化人才的成长。他希望更多的黔中士子能走出黔中，报国建功。拳拳之心，苍天可鉴。所以罗汝怀说："黔人士服教沐德，思因公诞日制锦称祝，屡请不许，乃阴图公像祀之，及闻公讣，皆行哭失声，流徽遗爱，没世不泯。"

对于贺长龄在贵州的文教业绩，主要的评判维度当然是从推动社会文明进步来看。作为经世派领袖人物，贺长龄看到了文化对于经世治国的力量，这种力量会潜移默化地滋润人心而作用于现实变革，使社会的发展更加具有内在灵魂。从现实的变革而言，自然条件极其恶劣的黔贵山地迅速出现经济腾飞也是不现实的，这也决定了贺长龄更注重文化的点滴化育。因此，贵州的社会发展中，烙印下了贺长龄的文化心血。这种文化心血成果在清代历届主官的抚黔业绩中，具有佼佼者的地位。

但同样不可否认，文化播扬也与贺长龄个人的文化立场和文化积淀有关。也就是说，我们不能含混地谈文化，还要追问贺长龄在黔中播扬的是什么样的文化。毫无疑问，他播扬的是以儒学为内核的士大夫文化。从做人来看，他要培养的是安贫乐道，穷则独善其身、达则兼济天下的英才。这种人格姿态对黎民百姓而言，是否勉为其难，甚至是一种文化绑架呢？对于更底层也更广大的饥寒交迫者而言，温饱才是第一需要，饿着肚子谈文化多少有点奢侈，不是吗？要知道，寒士之贫寒，与黎民之贫寒不可同日而语。况且，对于家天下的最高统治者而言，儒学文化的播扬依然是一种归顺民心的统治手段，未必是黎民百姓的福祉所在。所以，贺长龄的文化痴迷，亦有曲高和寡乃至脱离黎民刚需的尴尬。当然，这是贺长龄难以避免的历史局限，不必苛求，但也应清醒地辨识这种历史局限，不能一味溢美。

如果对贺长龄抚黔的业绩进行全面总结，罗汝怀在《贺公家传》中的一段话可谓精辟："而其为政之大端，更有荦荦可纪者：一在恤民，一在恤吏，一在育人才，一在讲武备。"罗汝怀的概括，最传神的就在"恤"字，其实还可以改一下，贺长龄为政"一在恤民，一在恤吏，一在恤才，一在恤武"，也就是说，贺长龄为政，强调对民众和属下的呵护、培养、关爱、赋予，而不是利用、盘剥、控制、威压，他将人民作为巩固和强盛政权的人力资源。贺长龄的政治理脉显示出民本主义的意旨，按此意旨，民生安康就是最大的政治，解决之道就在于一个"恤"字。通俗地说，就是以体恤、珍惜、怜悯、扶助的态度对待民众，治理天下。

对于历史人物的评价，只能摆在特定的历史语境下。尽管有种种历史局限，但贺长龄在清代官僚群体中是民本意识、务实理性色彩非常突出的一位，将其人生命运的消长沉浮置于这样的观照下才能合理索解。

永昌回变与贺长龄（上）

黔中岁月是贺长龄仕途的尾章，但还不是终篇。

道光二十五年（1845），这位 60 岁的老臣荣升云贵总督。此时，他主政黔中已满九年，是整个清代三百年来抚黔时间最长的封疆大吏。

清代地方官三年一届，大都调任，不满三年调任者也比比皆是。贺长龄连任三届，两次届满后都请求进京觐见述职，奇怪的是，道光皇帝两次都拒绝他进京述职，敕令他依旧镇守黔地。贺长龄是道光皇帝一手提拔上来的封疆大吏，可是抚黔期间，君臣间奏报往来，道光对这位老臣几乎没有夸赞之语，"知道了，钦此"是最多的答复，不时还有责怪言辞，如"不可一奏了事"之类，似乎对他的政绩并不以为意。就在皇帝态度暧昧不明中，贺长龄创造了大清抚黔最久巡抚的纪录，这实在值得史家关注，至少，可以揣摩道光的驭臣心术和晚清大吏任用的某种玄机。遗憾的是，似乎没有史家感兴趣。因此，我们只能表象化地断定，道光将贺长龄升为云贵总督，把西南边陲包括贵州在内更广袤的疆土交给他节制，至少对他的忠心耿耿是很放心的。贺长龄又向道光皇帝打了报告，请求进京谢恩并聆听训教。道光皇帝又不依惯例且不近人情地拒绝了。朱批说："边疆紧要，仍遵前旨，即赴升任。"还是一副暧昧不明的意态。

1845 年的一个春日，贺长龄向着云贵高原的最南端，风尘仆仆地骑马上路了。不知他是否心怀忐忑，但他肯定没想到，云贵总督府的所在地昆明，号称"春城"，但对于他而言，却是生命中的"麦城"。

上任云贵总督仅一年，贺长龄就因永昌回变遭到削职。

在中华历史上的民族冲突中，汉回冲突之激烈和血腥众所周知，其原因也很复杂，仅用阶级斗争学说来解释无疑是片面的，还必须从民族性格、宗教信仰、风俗习惯、生活方式、文化方式等多方面综合解读才能比较全面地认知。正因为其复杂性，处理民族关系也是为政者非常关注的大事。如果掉以轻心，往往一件日常琐事纷争就可能酿成大事变，从而导致血腥社会动乱，不仅难以平复，而且还会埋下绵绵不绝的动乱之根。道光二十五年（1845）发生并于次年再次爆发在云南永昌府治所在地保山县的回汉血杀，史称"永昌回变"，就是典型案例。

永昌回变发生，正值贺长龄走马上任云贵总督之时，他立即全力处理动乱。事件平息后，却被道光皇帝指责处理不力，先降职、继而革职回乡。他郁郁而终，走完了 64 年的人生之旅，也在其一代大清名臣的生命终结处留下晚节不保的遗憾名声。其中的故事意蕴，很值得后人回味。

罗汝怀在《贺公家传》中扼要记叙了贺长龄在永昌回变中的表现：

> 初，滇中汉回构衅已久，道光十九年，缅宁、云州、顺宁，连次互斗，结怨益深。二十五年四月，永昌回（民）马大等，以唱曲与汉民斗殴，渐至纠党千余滋扰村寨，经永昌守会营剿退，旋复聚集猛庭寨，图攻永昌。时城中回民众多，将为内应，人心汹汹。九月二日，迤西道罗天池遽以计掩杀之。公甫以八月二十四日抵任，省会距永昌千三百余里，方咨会提军张必禄就赴堵御，又饬迤南道周某驰往督办，而肃清内应报至，公据以入告，并夹片保叙。即亲赴永昌，沿途晓喻，匪党解散，前后投首者百余，猛庭屯聚之众亦旋扑灭，其肇衅之回民张世贤、汉民万林桂等，审拟如律，谳已定矣。二十六年正月，回众复叛，公察知搜杀内应，未别善良，回众得以借口，疏请将保叙诸员撤销，并自请议处，复驰赴大理、永昌剿办，歼毙首犯，贼众解散。在逃之张富率其党马效青等，缴献器械，诣军投诚，公欲破除汉回畛域，为之奏恩免罪。王芝异者以事充军顺宁，当回众再集猛庭，呈告奋勇团练乡兵颇为出力，公与巡抚陆公建瀛援新疆成例，合词请以功抵罪，准其释回。上谕曰："该督办理果协机宜，何至复有蠢动？现虽据奏地方安谧，究未能及早筹防，甚至以两省营伍，皆其统辖，岂竟调遣乏人，转借一军犯之力，谬妄无能，莫此为甚！着降补河南布政使。"及公自豫藩归里，复奉上

谕曰："李星沅奏遵旨确查原办回务情形，览奏均悉。此次歼擒云州回务之告病罗天池，未能详慎区别，率行掩捕，以致回众寒心，有所借口，实属贻误大局，着即革职，永不叙用。贺长龄于罗天池搜杀过多，托疾以去，并不从严参劾，止请撤销议叙，又率准张富投诚，代请免罪，实属办理不善，着一并革职。"时公甫抵家，患水肿，腹腿隆然，不任步行，日以问学引掖后进，其于升沉得失，意悠然也。

罗汝怀的字里行间，显然为贺长龄鸣不平。其隐含的辩解大致是：一、汉回积怨本深，爆发冲突防不胜防，贺长龄上任伊始碰上回变，实在是运气不佳，无关治理能力高下。二、永昌回变发生于四月，贺长龄于八月到任，其时动乱还未平，他既不能对动乱爆发负责，也不明情况，只能信赖和依赖当地官员，被当地官员误导，情有可原。三、永昌回变处理失当主要是迤西道主官罗天池为迅速平息动乱，滥杀回民，伤及无辜。贺长龄不在现场，被罗天池误导，在动乱平息后给罗天池等人请功，固然有失察之误，但随后调查得知罗天池等人有滥杀情况，立即上报奏明实情，请求撤销对罗天池等人的嘉奖，同时自请处分，纠正可谓及时，不该受到革职这样的严厉处分。四、贺长龄到任后，立即亲自赶到动乱现场保山，展开了一系列的调查甄别，判断是准确公正的，对回汉双方的肇事元凶均有严厉处分，没有偏袒。五、回民不服罗天池滥杀，情绪激动，失去理智，加之背后有回教领袖煽动，再次发动报复性叛乱，也是贺长龄难以预见和控制的，不该由贺长龄承担再次叛乱之责。六、回民再次叛乱后，贺长龄全力平乱，迅速平复，其间招降了叛首之一张富，并任用发配至顺宁的军犯王芝异参加平乱之事，事后又为张富和王芝异请赦免其罪，并无不当，反因此受到惩处，亦为不公。

以上诸条，罗汝怀虽未明言，实已隐含在文字中，总归是为贺长龄鸣冤叫屈。罗系贺熙龄的城南书院弟子，与贺长龄也有师生之礼，而贺氏兄弟又为罗汝怀族祖罗典的高足，罗贺关系极为亲密，罗执笔为贺长龄作传，即是明证。他为贺长龄辩护，也不奇怪。问题是，这种辩护是否合情合理，合符事实？我们不妨再看看道光皇帝执意要处罚贺长龄的理由所在。

道光皇帝处罚贺长龄的理由主要体现在道光二十六年（1846）八月二十三日的诏谕中："上年云南回匪滋事，经贺长龄亲往督剿办理，果协机宜，何至本年复有蠢动？现在虽据该督奏称，连获胜仗，地方安谧，惟究未能及早筹防，优柔从事，致复劳师糜饷，已属咎无可辞。甚至以总督重任两省，营伍皆其统辖，岂竟调遣乏人，转借一军犯之力，练勇助剿，谬妄无能，莫此为甚！贺长龄不胜总督之任，着即降补河南布政使，毋庸来京请训。"（《交卸云贵督篆谢恩折》，见《贺长龄集 贺熙龄集》）

其实道光的理由无非是：一、贺长龄如果在去年处理回乱时得当，就不会导致次年再次回乱。二、再次处理回乱时，调度官兵不力，反而利用叛贼军犯缴械投降、出力助剿，实在有伤官府颜面，故而"谬妄无能，莫此为甚"。综合其他谕令，还有对罗天池等去年剿回时犯有错误的前任地方官员没有严加参劾，反而放罗天池等托病辞归，太心慈手软，姑息放纵。归结起来，就是后来《清史稿》中对贺长龄的评价："儒而不武，不足奠以岩疆。"

道光皇帝显然想看到一个杀气腾腾、威风八面，快刀斩乱麻，给朝廷耀武扬威的封疆大吏，再联想贺长龄抚黔九年，虽说黔地基本太平无事，可也没有什么能让道光皇帝兴奋的大喜之事，贺长龄的黔中奏报"大抵请节妇祠乞书院奖耳"，比起当年在江南风风火火办海运，给朝廷一船一船送银子，简直判若两人。道光皇帝一次又一次失望，也一次又一次隐忍，甚至还给贺长龄官升总督，够给面子了，然而贺长龄却让皇帝感到丢脸，怎么能不激起道光的怒气？不排除此时还有一些是非小人在道光耳边冷言冷语，所以永昌回变自然就成了收拾贺长龄的导火索。后来接任贺长龄云贵总督之位的林则徐也说，贺长龄是替人背了锅。

于是，好好解析一下永昌回变的过程和细节，不仅是为贺长龄正名辩诬，亦可发现历史进程中许多偶然或必然事件对人生命运的把控。好在贺长龄保留了永昌回变的主要奏稿，翔实地记录了整个过程。这些奏稿还附有朝廷的回复，并没有虚假呈报的指责，可见是可以采信的。再结合其他史料旁证，我们自信，可以比较真实地复现这段历史。

永昌回变深层次的起因无疑是汉回民族多年积淀下的矛盾，这就不用说了。总之，这种多年延续的民族矛盾导致了一个现象，在回民聚集的云南永昌地区，汉回居民之间的关系非常敏感，往往一件不足挂齿的生活琐事也能激起民族间的大冲突。永昌回变的直接起因就是如此。

史料记载，贺长龄于道光二十五年（1845）五月升任云贵总督，于八月底抵达昆明接任，前任云南巡抚兼代理总督郑祖琛交篆，在双方交接中才得知永昌回变之事。得知原委：有陕甘回匪马大等人来到保山教习当地回民练武，引起当地汉人警觉，举报官府，马大等人杀死举报人，纠集千余人发起动乱，遭到官府镇压，退至猛庭寨顽抗，声言要攻打永昌报复。事态正在发展中。

贺长龄得知事态严重，与郑祖琛等会商后，立即命令管辖永昌府的迤西道台罗天池从省城赶回永昌督办，派提臣调兵前往驰援剿灭叛匪，同时请熟悉边情、在回汉居民中颇有威信的前迤南道主官周澍协助督办。此外，还饬令各属下，各司其职，严加防守，不使叛乱扩大，告示回民，不要卷入叛乱，各安其业，汉民不许挟机报复，违者严惩。从贺长龄的处置看，应该是及时、周密、得当的。值得说明的是，此时正是云贵总督和提督的交接期，贺长龄和新任提督张必禄都是新官上任，对云南尤其是永昌情况十分陌生，只能依赖地方官员，包括在信息上信赖地方官员的报告，也是无可厚非的。加之昆明距永昌一千三百里，沿途崇山峻岭，道路险阻，气候恶劣，亦给平乱增加了难度，这都是要考虑在内的。

九月十日，贺长龄根据掌握的情况，处理了一批在动乱中失职的地方官僚，其中包括永昌知府金溦。理由是他在临危之际称病辞职，处理动乱推诿不作为。同时，贺长龄又调顺宁府知府黄德濂代理永昌知府。黄德濂是道光器重的干吏，又是贺长龄的湖南老乡，黄德濂在平息动乱中果然起了重要作用，后来还成了贺长龄的亲家，这说明贺长龄用人既果断又有眼光。

九月十三日，贺长龄接到上谕，兼署云南巡抚。这表明，此时道光对贺长龄在云南的表现还是满意的。贺长龄自然感恩，更加努力，也就是在同日，他决定亲赴永昌前线，靠前指挥，平息动乱，同时暂留前任总督郑祖琛镇守昆明，待他平息动乱后再离任。这些举措都显示，他对平息动乱高度重视，处置周密，而且身先士卒，富有担当。

就在贺长龄准备启程之时，他接到罗天池于九月三日发来的报告，称永昌城内有回民作内应与城外叛乱之回匪合谋攻打永昌，官府立即调兵应对，终于将城内外的叛乱回民剿灭击溃。但还有逃亡之匪，估计会卷土重来，迫切请求增援。贺长龄得报大惊，一面立即动身前往永昌，一面督促新任提督张必禄火速调兵增援，还请求朝廷留任原提督王一凤配合围剿。值得说明的是，罗天池的报告隐瞒了他在永昌大开杀戒、滥杀无辜回民的情况，致使贺长龄在给朝廷的报告中采信了罗天池的说法，并给罗天池等人请功。但这是因为贺长龄受到了蒙蔽。

贺长龄查知云南营兵以镇雄、昭通、东川、曲寻等处为劲旅，急调前来

平叛，自带少数卫兵启程，沿途张贴告示，各地回民不要听信怂恿，卷入动乱，只要具结保证不参加动乱，官府保证回民安居乐业，一时民心大定。贺长龄行至距保山三百余里的大理，立行营，指挥平乱。至十一月，亲抵永昌指挥平叛，此期间官兵和叛乱回民在保山一带村寨山谷展开激战，由于叛乱分子多隐匿于回民村寨，可能导致未参与叛乱的回民受到杀伤，从而逼反更多回众。对此，贺长龄采取了围攻分化瓦解的策略，使围剿行动有所迟缓。但是，贺长龄此举是为了不扩大事态，策略是理性的。经过两个多月的围剿，终于将叛乱主要头目马大等人击毙，一千多叛乱回民或剿灭或投降。至十二月，叛乱基本得到平息。

十一月，贺长龄抵达永昌，即对动乱缘由进行了调查，一一审讯被俘叛民，得知动乱缘起与先前掌握的信息有出入。事实上，回乱源起，是由于陕西回民马大等人在公共场所唱歌，歌中有羞辱汉民的内容，激怒了在场的汉民帮会"香把会"头目万林桂，双方产生殴斗，马大等人逃匿。万林桂继续泄愤，纠集团伙对无辜回民进行报复，放火烧了清真寺，导致事态性质严重。马大等人也发动回民寻仇，但指明是报复万林桂的"香把会"，没有袭击官府的意思。而万林桂等人却诬陷回民暴动，将官府卷了进来，事情越闹越大，越闹越复杂，终于激起了血腥的动乱。调查清楚后，贺长龄立即向朝廷奏报，同时采取措施，将"香把会"头目万林桂、张杰等十余人拘押问罪，他在奏折中写道：

> 是月十四日，回民马大、马老陕、海老陕、秦二、老陕在街上唱曲，讥笑汉民，被万林桂、万重、张杰听闻，不依口角，揪住马老陕殴伤，马大等救护，万林桂喊说："回民欺侮汉民。"时结盟伙党听闻，踵至帮护，将马老陕等追殴，马大等邀人学习拳棒，欲图报复，万林桂等亦齐人预备械斗。经官查拿，马大等逃散，万林桂等旋领伙党，并另纠本地汉民四十余人，将清真寺拆毁，马大等纠人堵住板桥，要同万林桂等讲理……惟此番永昌回匪滋事，实系始于报复，终于叛逆，以致焚杀村寨，拒毙兵练，戕伤大员，而揆厥所由，则皆因万林桂之凶悍不法，恃众殴逐拆寺而起。是该犯实为罪首，不独该回民前次呈诉，称与该犯作对而荼毒一方，即汉民亦无不切齿痛恨。若但剿办回匪，而于肇衅凶徒稍从末减，不但该回匪心疑偏袒，未遽甘服，而此无辜生灵

横遭波累，怨气未平，亦恐郁成灾异……所有万林桂一犯，应请从严。（《拿获结盟匪棍从严惩办折》，见《贺长龄集 贺熙龄集》）

后来的处置，是万林桂被处极刑，其党伙亦处流放，发动叛乱的马大等多人在剿灭中被击毙不论，跟随造反者亦处斩刑，还有一批查明系裹挟造反者给予悔过具结的宽大处理。贺长龄解释说，缩小打击面，是想怀柔回民，消弭仇恨，安定边疆。他的举措应该是比较理智的，他并没有文过饰非，没有偏袒汉民。其实在动乱平息后，回民叛乱已是不争的事实，他完全可以浑水摸鱼，把一切责任都推到回民方面，无须认真甄别，自己也会功德圆满。可是他没有这样做，而是坚持实事求是。这是一种很难得的公正品质。不难想见，这种公正处置在正常情理下看，不会激起回民的怨怒不平，导致动乱再起。所以道光皇帝认定贺长龄平息永昌回民动乱不力导致次年动乱再起是武断之论。

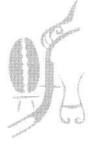

贺长龄走马上任云贵总督，永昌回变猝不及防地给了他一个下马威，对他是极大的考验。他在人生地不熟的条件下仓促上阵，全力平复了叛乱，实在是难为他了，即使有不周全之处也是可以理解的。

哪知道，老天似乎有意要作弄他。次年正月，永昌再次发生回民暴乱。这一次暴乱，虽然也被他成功平息下去，却导致了他受到削职的处分，其仕途之路也走到了尽头。

原来，永昌第一次回乱平息后，一些回民逃散，留下了一批田产，"不下数千顷"。贺长龄又颁布了善后处理的政策："滋事者既被歼除，迁徙者亟宜招复，当饬该道府委员分头清查，不准汉民侵占寸土。一面出示招回复业，其不愿回者酌给抚恤。"

于是，新的纠纷发生了。

道光二十六年（1846）正月下旬，新年刚过，永昌城出现了一批陌生的面孔，都是回民的装束。还有一批在动乱时逃散的回民跟其后面，百余人吵吵嚷嚷地来到官衙前，和官府交涉，"声称永昌回民遗产应归回民管业，无须官为清查"，交涉中还提及去年九月迤西道主官罗天池在平叛中滥杀回民之事，更是群情激愤，口口声声要报复汉民，方能雪恨。官府立即感到来者不善，是来挑事的。一调查，果然发现背后有人故意挑唆，为首者是有宗教背景的陕西回民黄巴巴。随之事态逐渐严重，黄巴巴带人到处张贴告示，发动回民响应，聚集了数千之众，以猛庭回寨为据点，于二月间再次掀起了血腥动乱。

贺长龄接到禀报，又调兵遣将，进行镇压，同时对罗天池滥杀之事展开调查，这才发现确有滥杀之事。查实去年九月，罗天池等得到回民内外勾结攻打永昌的消息并没有冷静核实，而且反应过激，索性对永昌城内的回民采取了无差别剿灭举措，将城内回民四千余人（一说八千）几乎滥杀殆尽。这当然会激起回民强烈的仇恨情绪，成为回民再次暴乱的有力口实。贺长龄于三月二十七日向朝廷作出了报告：

> 查罗天池、恒文等办理此案，系据盘获奸细张沅供认勾结内应，虽属确有可凭，但事发仓猝，内应固宜速清，但良善尤应分别保护。该道等既未能先事筹计，又复办理不善，以致该回等借口纠众报复，究属咎无可辞……臣查办不实，咎有应得，并请旨将臣交部议处。（《会剿回匪获胜并请撤销上年保举折》，见《贺长龄集 贺熙龄集》）

在报告中，贺长龄请求撤销原来对罗天池等人的请功，并且承担了查办不实的责任，自请处分。但对罗天池等滥杀回民的官僚的处理，贺长龄则显得有些姑息，时间上也明显迟缓。不排除他有官官相护的考虑，但也有不想把事闹大，激起更大民怨，再次造成社会动乱的考虑。总之，不能简单地认定贺长龄是在包庇纵容属下滥杀无辜。史料还显示，在第一次动乱平息后，就有回民不服，向贺长龄告状，要追究罗天池等人滥杀的责任。回民告状的代表人物是咸丰年间在云南发动了最大规模回民起义的领袖杜文秀，他全家二十余口就死于罗天池的滥杀。于是一些学者认为，对于杜文秀的告状，贺长龄并没有引起重视，反而敷衍搪塞他。于是杜又上京告状，引起了皇帝的重视。追问下来，贺长龄有谎报不实之责，回民也因此再次发动了动乱，这都是贺长龄渎职所致。

据此说法，第二次永昌回民动乱应为第一次动乱处理不公所致，而且杜文秀等回民的京控是重要的导火索之一。不过史料显示，杜文秀、丁灿庭等人告状申述，初起于道光二十六年正月，进京告状是道光二十六年五月，整个京控时间跨度达一年之久，最后导致道光皇帝派林则徐来处理此案，此时贺长龄已经受到削职处分离开了云南。可见，杜文秀等告状震动朝廷与第二次动乱发生并没有直接联系，如果从道光二十六年正月算起，也只能说是与第二次永昌回民动乱同步。也就是说，从时间上看，也不构成贺长龄护短渎职引起第二次永昌回乱。因为贺长龄甄别罗天池滥杀需要调查时间，杜文秀告状不可能立即奏效，因而也难以及时公正处置。不妨做一些分析：

其一，罗天池等人滥杀只有罗本人和同谋者最清楚，作为责任者决不会主动坦白，反而要竭力自辩，即使有回民揭发，也是各执一词，短时间内很难明辨。其二，即使贺长龄发现永昌死伤太多，可能伤及了无辜，也会理解为在混乱之中，良莠不辨，导致误杀，为了平叛，这是无奈的代价。其三，其实在道光二十六年三月，即在杜文秀进京告状之前，贺长龄也发现了罗天池有滥杀过失，并立即向朝廷禀报，要求撤销对罗的请功，并自请处分，并不是等皇帝追查了才禀报。这也说明，得知罗天池滥杀回民的消息后，贺长龄及时展开了调查，他并没有刻意欺瞒。其四，不排除贺长龄有保护罗天池的用心，当时敢担当的官员实在太少，贺长龄处分的官僚都是推诿责任、临阵溃逃的官吏，要是严惩罗天池，会使官僚更加不敢担当，也会激起回民反弹，得理不饶人，导致更大的动乱。作为维护体制的主官，有这种想法也可以理解。事实上，道光皇帝追究罗天池以及贺长龄也是迫于回民上京告状，收拾不了局面，推卸责任。故后来接任贺长龄职位的林则徐也含蓄地对左宗棠说过，这是贺长龄替人背锅。

综合各方史料，可以说，永昌回变，要是没有次年复乱，未必会导致贺长龄落职的下场。而第二次动乱也是回教领袖蓄意发动的，贺长龄处理失当，只是借口而已，即使没有这个借口，也会爆发。这叫树欲静而风不止，与贺长龄没有必然关系。至于贺长龄在第二次平息动乱中的举措，更是比较得当的，没有明显失误，他反而成了替罪羊，其中缘故，实在耐人寻味。

史料显示，贺长龄向皇帝报告后，随之亲临永昌平叛，大约进行了三个月的周旋围剿，歼毙了首犯黄巴巴等人，再次平息了动乱。在他给朝廷的奏报中，翔实地汇报了处置经过，其中当然有血腥镇压，但还是坚持以抚为主，对于放下武器的投诚者，都给以宽大处理。这些举措都得到了皇帝的认可批复，可见并无处置不当处。欲知细节，可查阅其奏报，此处不赘。值得注意的是，他向朝廷报告了再次动乱的原委：

> 本年二月间，有已经歼毙之陕省回民黄巴巴等，觊觎永昌
> 回产，遂借报复为名，鼓煽前案，余伙并各厂游匪在永平县纠

抢。臣即飞咨提臣张必禄，札委迤东道徐思庄、参将陈启贵驰往堵拿。黄巴巴熟习回经，回众无不信服，称为该教大祖师。黄巴巴又谎称有术，能封枪炮，不怕官兵。时上年逸犯张富因被拿紧急，随同现经歼毙之孙有林、马春和、蔡阿洪，并现获之马逢山，往投黄巴巴，商同滋事。张富等各为头目，共称黄巴巴为仙人，以图煽惑，扬言永昌田产甚多，助力者得财分享，助财者偿之十倍。滇省汉回本有积嫌，回民又嗜利轻命，即有现获之马小老、马良、朱洪元……从而附和、辗转纠人，资助银米。木汶达走至右甸，即被拿获。黄巴巴等将招抚之保山回民裹胁同行，旋踞猛庭寨为巢穴……此本年回匪复纠滋事之实在情形也。(《审办永昌滋事回匪并安插良回折》，见《贺长龄集 贺熙龄集》)

按贺长龄所表，这次叛乱并不是因讨公道而起，乃是被宗教野心家煽动以及反叛者贪婪之心所致。然而，一些撰史者并不接受此说。我们不想争论，只想说这次叛乱是贺长龄无法避免且必须要镇压的，因为即使贺长龄惩罚了罗天池，也不能平息回民反抗官府的怒火。

此外，贺长龄这次平叛，还招降了回民叛乱头目张富，任用了流放永昌的军犯王芝异。事后他还上奏朝廷，请求赦免这两人。对于赦免张富，他是这样说的：

臣查张富等如果始终负固，岂可稍存姑息，今既真心投诚，且续经招出余党，情愿约束回民，不复滋事，尚可稍赎前愆，合无仰恳天恩，贷其一死，收为我用，破除汉回畛域之私，以广皇仁而消反侧。(《查明张富真心投诚请开复勒缉各员折》，见《贺长龄集 贺熙龄集》)

对于赦免王芝异，他是这样说的：

今有安置湖北武昌县军犯王芝异一名……在配二十余年，安静无过。本年滇省回匪滋事，该犯呈告奋勇，带同乡练叠次助剿，杀贼擒生，经臣奏明在案，尚属悔奋出力。

……虽此次案情较小，而该犯原犯仅只分受规费二千余文，

即其赴京复控，亦因不准养亲起见，与实在自行起意套窃贻害、及逞刁翻渎告言重事不实者有间，较之原发新疆均属罪名重大者，似更有区别，可否援照成案，将功赎罪，准令释回……（《援案请赦军犯王芝异片》，见《贺长龄集 贺熙龄集》）

从这两条请求赦免的理由看，当事者张富和王芝异均无特别卓异的奇功，贺长龄主要是出于消弭回汉仇怨的考虑，以及同情当年对流配军犯王芝异的处置过重，找个理由给他们解脱而已。通俗地说，就是他心太软。

也许正是因此，惹恼了道光皇帝。皇帝觉得贺长龄太拘泥于妇人之仁，缺乏铁腕杀气，堂堂封疆大吏，居然替一个回匪叛徒和一个流配军犯上书求赦，也太有失大清颜面体统了——真是没出息，要你何用？一咬牙，立即挥笔下旨："以总督重任两省，营伍皆其统辖，岂竟调遣乏人，转借一军犯之力，练勇助剿，谬妄无能，莫此为甚！"于是，就把贺长龄给开了。

不过仅仅这样揣测帝王之心也失之浅薄。细细琢磨，就算贺长龄有点婆妈心肠，甚至懦弱窝囊，毕竟平息了动乱，不管黑猫白猫，逮住老鼠就是好猫，平乱中你皇帝也有夸奖的批文，至于如此恼火吗？况且，给臣子个面子，赦免两个罪民，不也是贿赂人心的善举吗？看来，道光发火，只是借题发挥而已。

其实，为臣之道，一是替主子分忧解难，赴汤蹈火；二是替主子文过饰非，扛雷背锅。别忘了，就在永昌回乱再起之时，还有杜文秀这样的回民跑到京城告御状，闹得沸沸扬扬，让道光下不来台。也许，这才是关键。如果再细究，不难发现，回民动乱一直是朝廷的心腹之患。对于回民，朝廷是很谨慎的，怀柔是基本方略，铁腕镇压乃是不得已而为之，恰好贺长龄对滥杀回民的罗天池网开一面。抓住这个把柄，撤掉一个封疆大吏，对于平定人心、树立帝王圣明的威信，利莫大焉。这或许才是道光的真正心机所在。

说到底，臣子不过是帝王的一颗棋子，或用或弃，完全取决于政治需要。有道是伴君如伴虎。贺长龄既为臣子，就要接受这样的宿命。意味深长的是，道光也许觉得有点理亏，最初只是将贺长龄降职为河南布政使，但是次年就坚决地将贺长龄一撸到底，革职回乡。其实这一年中，道光也没闲着，一直在找贺长龄的把柄，这又牵出一些令人回味的故事，下文再说。

永昌回变与贺长龄（下）

有种说法，接任贺长龄的林则徐成功地解决了云南回乱问题，这是不确的。直接接任贺长龄的是江苏巡抚李星沅，一年之后才是林则徐，而且林则徐也只是治标不治本地暂时平复了回乱，他走后不到十年，杜文秀发动回民起义，声震华夏，还建立了政权，立都大理，割据十八年。还有一种说法，李星沅接任贺长龄后，一是平息了贺长龄没有平息的永昌之乱，二是查实了罗天池的滥杀真相以及贺长龄平乱不力之责，弹劾了罗贺两人。这更是严重失实。

失实一，李星沅接任后，缅宁回乱又起，他平息的是缅宁回乱而非永昌回乱。虽然缅宁和永昌地域接壤，但毕竟是两个行政区，不可混淆。此外，缅宁回乱中，虽有永昌回乱的参加者，但并非动乱首领，不可混为一谈。总之，缅宁回乱并非永昌回乱的直接延续，不当由贺长龄负责，李星沅并不是为贺长龄擦屁股。失实二，李星沅虽受命调查永昌回变，却一直顶着道光压力，实事求是，为贺长龄辩解，没有诬陷之举，最后被迫写了几句贺长龄过分仁慈的话，也是拐着弯为贺解脱，要不是李星沅，只怕贺长龄会受到更严的处罚。因此，李星沅接任贺长龄，尤其是调查永昌回乱的事，也很值得一说。

李星沅（1797—1851），字子湘，号石梧，湖南湘阴人。少有神童之称，后入陶澍之幕，掌文案，得到陶澍的悉心栽培，尊陶澍为恩师。而贺长龄又是陶澍的密友和亲家，并为湖湘士林领袖，不难想象，李星沅对贺长龄亦当执弟子礼。道光十二年（1832），李星沅中进士，授翰林院编修，时年35岁。此时大他12岁的贺长龄已是江宁布政使，主编了《皇朝经世文编》，名满天下。还值得注意的是，李星沅的岳麓同窗劳崇光也于同年中了进士。按李星沅的说法，他和劳崇光是莫逆之交，而劳正是贺长龄的侄女婿。除了劳崇光，李星沅和贺长龄的侄子，即劳崇光的大舅子贺仲珹，同样是莫逆之交，在汉中为同僚。不难想象，李星沅应该是对贺长龄礼敬有加的。这也就意味着，从人情上言，道光二十六年（1846），李星沅接任贺长龄后是不会主动对长辈贺长龄落井下石的。问题是，他能实事求是，顶住道光的压力吗？

此时，道光皇帝虽然已经降了贺长龄的职，但心头怒气并没有消。他交给接任者李星沅一个重要任务，就是彻查永昌回变的真相，看贺长龄是否有严重错误。道光至少三次谕令李星沅，要他务必查实，还把贺长龄上奏给朝廷的奏报转给李星沅，要他对照——核实。且看道光的一道谕令是怎么说的：

> 贺长龄奏《查明要犯张富等，恳请免罪》一折，业经降旨令李星沅、徐广缙于到任后严密访查具奏矣……着李星沅再行详加体察，悉心酌办，断不可将就了事，有伤国体，尤不可姑息。目前措置失宜，致贻后患，倘贺长龄苟且，目前办理不善，即着据实严参，不可代人受过也。（《访查原办回务大概情形并现在筹剿缅匪，先饬臬司出省策应折子》，见《李星沅集》，下同）

可见李的压力是很大的。何况李星沅也是道光皇帝一路栽培，其官运亨通，远超贺长龄，进士十年后就升至陕甘总督。他的前程还得靠道光继续提携，他敢实事求是，让道光失望，自毁前程吗？有道是利益攸关，最见人心。李星沅经过一番核查，答复如下：

> 遵查滇回自上年四月在永昌府保山县板桥地方，与汉民口角争斗，回民纠众报复，愈聚愈多，遂由猛庭起事，互相烧杀，官兵即往助剿。九月初二日，猝闻永城回民内应，迤西道罗天池等立即会营督练搜杀。其城外回匪连日迎拒官兵，渐归猛庭解散。本年正月复由猛庭纠抢，烧断江桥。提臣张必禄等会兵截击，间有斩获。回匪仍踞猛庭，相持月余，始行求抚。提臣即予免死，一面撤兵。计两年剿办事宜，前督臣贺长龄均经驰往督饬，并先后歼除逆回，安抚难回，劝谕良回，及设汉回互保之法，共立和同，彼此遵守，皆有文檄可凭。询诸官绅，亦无异议。惟汉回

积怨深恨，直若性生。始则汉多于回，寡不敌众，久乃回戾于汉，弱不敌强。因而厂匪内藏，游匪外附，群以抢掠为业，聊借报复为名，大而械斗，小而焚劫，几至无岁不有，永昌特其一事耳。督提会调官兵，力图整顿，自是正办。乃一误于罗天池之轻发，再误于张必禄之缓攻，剿既失平，抚亦过厚。贺长龄以常处事而不虞事之变，以诚待人而不觉人之欺，积渐成之，而欲奋迅去之，收效固不易也。如果贺长龄苟且，目前办理不善，容臣再四查察，一有确据，即行据实奏参，断不敢以籍隶同乡，稍存回护，代人受过。即此次缅宁之扰，该匪预递告白，以十九年杨耀斗等聚众烧杀，特来报仇为词，其展转寻衅，与永昌前案有无牵涉，仍须彻底根查。又据云州禀报，十月二十八日，该州奉文处决绞犯马子鸣、易幅亮二名，系道光二十二年纠殴胡潮顺等案内回犯，突有回匪百余人持械中途打夺，拒伤弁兵脱逃。地方官防范不严，应行另折参办，并查此项匪徒是否即由缅宁分途潜匿，抑或另有勾结，均饬确访兜拿。至回犯张富本系乐党回种，赶骡为活，平日无足重轻，不过乐党之回，同类尚通声息，他处即不相闻。其吁恳投诚附缴器械，检查文案，均有镇道等函禀及该犯供结可凭。旋经地方官派往回寨开导，近复随赴缅宁，如缅事就竣，该犯竟无反侧，或即以能否出力，察其是否真心。正当有事之秋，一时实难悬定，自应详加审度，俟新任抚臣徐广缙到任后，会核具奏。

从李星沅的答复看，他是立足于证据，竭力为贺长龄辩解的。尤其是对于缅宁之乱是否为永昌之乱的延续，还有张富是否真心投诚，他都以要继续调查为由，委婉地表达看法。缅宁之乱是回汉积怨所致，并不是某一次动乱处理不善所致，张富乃无名之叛匪，是否真心投诚，并不重要。李也知道自己与贺长龄的亲密关系可能会被皇帝猜忌，主动表白，自己绝不会因为徇私情而袒护贺长龄。凡此种种，都体现了李星沅敢于担当的品质。

道光接到李星沅汇报，并不甘心，继续要他彻查，措辞更为严厉，暗示也十分明显：

　　　　倘贺长龄从前办理不善，即着据实严参，毋稍徇隐。至此次缅宁之扰，与永昌前案有无牵涉，并云州处决人犯突被回匪打夺，是否即系缅宁匪徒，抑或另有勾结，均须彻底查明，逐一根究。回匪张富投诚是否出于真心，尤须访查确实，迅速具奏等因。钦此。（《覆奏查明原办回务实在情形折子》，见《李星沅集》，下同）

可见，道光依然怀疑缅宁之乱是永昌之乱的延续，还怀疑张富投诚也是与贺长龄有猫腻的骗局，并鼓励李星沅大胆参劾贺长龄。想想当年道光是何等器重贺长龄，可谓一路扶持贺走上封疆大吏的高位，如今却这般猜忌提防，真是令人寒心。李星沅明白皇帝的心思，只好继续深查，一一落实，形成了这样的报告：

　　臣查滇省两年回务，经前督臣贺长龄两次调兵会办，其歼除逆回，安抚难回，劝谕良回，及设汉回互保之法，均与所奏相符，原办尚无不实。臣再四查察，亦无办理不善确据。惟张富、马效青吁恳投诚一节，伙犯器械本属无多，又以无足比数之人，不值代请免罪。伏读三次谕旨，指示详明。臣亦疑其苟且目前，将就了事。节经稽之闻见，核之案牍，征之探报、犯供，务得实在情形。查张富、马效青自上年秋间投诚，曾随地方官同赴右甸劝导汉回和好，嗣马帼海等入缅滋事，又随代办顺宁府彭衍墀前往雇练弹压，时在臣未到任之先，贺长龄已离任之后，是其投诚效用始未必不系真心。迨缅民一见回练，辄行拒杀，回练不服，转将该二犯裹胁出城，旋匿云州回寨。至十二月初间，官兵驰往剿捕，回匪以该二犯曾经打仗，逼令同行。十四日在观音阁拒守，官兵叠用枪炮将阁轰倒，张富被矛伤毙。马效青久与张富狼狈为奸，继因势孤胆怯，恐被回寨擒献，即于接仗时乘间逃入猛浪。始经官兵拿获提讯，据供各情历历如绘。纵无复叛实迹，然与匪党伏处，即投诚前后，若出两人。张富既死有余辜，马效青亦罪无可逭，惟有正法传首，大快人心。至云州回匪打夺处决重囚，其与缅匪勾结，恃险拒捕，业据获犯讯供，照律决罪，毫无疑义。虽于永昌前案未据供有牵涉，而此次歼擒各犯姓名，间亦相同，安知非上届逸出？且永昌前年九月初二日之变，迤西道

罗天池仓卒掩捕，未能详慎区分，以致众回寒心，奸回借口，大局遂多丛脞，即张必禄之带兵主抚，贺长龄之准匪投诚，皆以罗天池维厉之阶，不得不权宜酌办。相应请旨将前任云南迤西道告病回籍之罗天池即行革职，永不叙用，以为轻发躁妄者戒。至贺长龄办理回案，意在破除积习，化莠为良，第未审受病之源，即已蹈欲速之弊，剿抚兼用，功效两难。虽观过知仁，待人常失于厚，而致远恐泥，虑事终失之疏。即如张富、马效青始而投诚，久而被胁，固非初念所及，究无先见之机。又如罗天池搜杀过多，托疾以去，自应从严参劾，乃止请将议叙撤销，曷足以昭平允？臣迁钝无用，且不如贺长龄渥蒙简任之专，训戒之切，自维天良未泯，不敢以仰承严旨，故事苛求，更不敢以曲徇同乡，稍存讳饰。但有一毫迁就，即属自外生成。所有叠奉谕查缘由，谨据实披沥覆陈，伏乞皇上圣鉴。谨奏。道光二十七年二月十三日具奏。

细读李星沅的报告，可见其用心良苦。他明知道光一定要罚处贺长龄，已是无力回天，要是他据理力争，只会更加激怒道光，无论对自己还是对贺长龄都不利，他只能期求对贺长龄的处分尽可能轻一点。于是，他在基本事实上决不歪曲，在效果分析上则做一些妥协，承认贺长龄是好心，却未能实现理想效果，为人太厚道，太心慈，对人心险恶、事态万变估计不足，出现了一些失误。尤其是，他明确地提出了对罗天池的处罚建议——削职为民，永不叙用，这是很高明的。因为罗天池是最大的责任人，尚只受到削职处分，贺长龄的处分就不会超过这个限度。实际上，李星沅是在尽可能地保护贺长龄。还有一点，李星沅没有提出对贺长龄的处分建议，并解释说，贺长龄是你皇帝一直器重的大吏，德高望重，我实在不敢说三道四，怎么处置，还是请皇上定夺。这也是含蓄地暗示道光，不要忘记你皇帝当年对贺长龄是何等信赖，更不要忘记贺长龄的功劳和社会人望，不要做得太绝。李星沅的这篇弹劾奏折，从人心上看，可见其人品的正直不阿；从智慧上看，堪称老鼠玩猫的佳作。在专制社会里，臣子要保持气节，维护公道，对付皇帝，也只能如此。对于贺长龄而言，他碰到了李星沅，实在是一种幸运。

道光接到这份调查报告一看，李星沅绕来绕去说了一大圈，没有一条可以落实他对贺长龄的怀疑指控，只有一条可以做点文章，就是贺长龄对罗天池的处分太宽大。道光也是聪明人，知道再也查不出什么猫腻了，大概也是被李星沅的暗示打动了，便就势下台阶，颁布诏谕，将罗天池革职，永不叙用，将贺长龄一并革职，但没有说永不叙用，算是有所区别。对于李星沅，由于他成功地平定了缅宁的回民动乱，得到道光赏识，第二年就调任两江总督。接替李星沅的是贺长龄的另一个宣南诗友林则徐。还值得一说的是，李星沅在云南平乱，倚重的一位干将是黄德濂，此人也是贺长龄平定永昌之乱时所倚重的干将。

现在该说说林则徐了。

说起林则徐，国人无人不知他是虎门销烟的民族英雄，以及他因禁烟被贬职去新疆的不幸遭遇，却少有人知道他和贺长龄的交情之深。

林则徐（1785—1850），与贺长龄同岁，但是中进士是在嘉庆十六年（1811）。当初在京城，他和贺长龄是宣南诗社的诗友。道光三年（1823），林则徐任江苏按察使，两年后，贺长龄任江苏布政使，此时陶澍为江苏巡抚，三人为亲密合作的同僚，可谓铁三角。不久林则徐调任陕西按察使，至道光十二年（1832），林则徐又调回江苏，升任巡抚，而贺长龄则在家丁忧。林则徐在两江总督陶澍的领导下继续推行海运、漕运、盐政等改革，成为经世派官僚阵营中的干将。左宗棠说，贺长龄的朋友"以溆浦严如熤、安化陶澍、侯官林则徐、歙县程恩泽、长白伊里布、锺祥、善化唐鉴为最"。后来林则徐虎门销烟，贺长龄从贵州派兵支援，又是风雨同舟之情。再后来，林则徐被贬新疆伊犁，贺长龄十分同情，"为怆然者久之"，将林则徐的遭遇比作"温公居洛，安石东山"。

不过贺长龄绝没想到，林则徐再度被起用，继李星沅接任云贵总督，倒真是和永昌回变有关。原来，永昌回变平息后，杜文秀带着一帮回民去北京告状，追究罗天池滥杀回民的事，道光皇帝处理了贺长龄也收不了场，而云南的回乱又此起彼伏，愈演愈烈，席卷了整个滇西，道光只好派林则徐去云贵平乱。

林则徐肯定知道山高水险，搞不好也会成为替罪羊，贺长龄就是前车之鉴。由于心中警钟长鸣，加之他经历过虎门销烟的重大历练，还有贬官新疆的磨难，在处理动乱时就比贺长龄要成熟老辣得多。他的原则是"只问良莠，不问回汉"，凡是叛逆官府，屠杀无辜者，无论回汉，一律镇压。他还避开了一些与回、汉、匪、盗各方势力有盘根错节利益关系的地方官，另组班子展开甄别，发现汉族帮会势力香把会在动乱中推波助澜，很多动乱的源起都与香把会欺负回民有关，最后把官府拖了进来。于是，林则徐严厉打击香把会黑恶势力，缉拿了香把会头目沈聚成，还将当年参与屠杀杜文秀一家的凶犯处死，在相当程度上赢得了民心。经过近一年的平乱，基本上稳住了局面。

但是，一些学者在比较林则徐和贺长龄时，却将两人截然对立起来，说贺长龄的态度是助汉剿回，一味镇压，纵容滥杀。这是不确切的。实际上，贺长龄对汉、回也是只论良莠，不问回汉。例如对于香把会的汉民黑恶势力，他也是严厉打击的。处死香把会首领万林桂，流放充军万重、张杰等就是明证。他还把回民分为良回、难回、逆回三类区别对待。当官兵围剿回寨时，他怕伤及无辜回民，下令只围不攻，分化瓦解。诸此种种都表明，他在平乱方略上，与林则徐并无明显差异。他比林则徐逊色的方面主要在于经验不如林丰富、手段不如林老到。毕竟，经历了鸦片战争风云的林则徐比贺长龄见识了更多的大风大浪，人生坎坷是林则徐的一笔宝贵财富。另据一些史料，林则徐在平乱时对回民的镇压也是很强硬的，就处罚严厉程度而言，要明显超过贺长龄。李星沅评价贺长龄"待人常失于厚，而致远恐泥，虑事终失之疏"是有道理的。

云南动乱基本平定后，林则徐立即急流勇退，告病回乡休养。云南巡抚程晴峰为他设宴送行，席间盛赞林则徐平乱有方。林则徐苦笑说，汉回积怨深矣，岂能一两次平叛而消弭？如今只不过是暂时安定，能维持十年就是大幸了。林则徐明白，他的平乱也只是治标不治本。果然，不到十年，杜文秀领导的数十万武装回民揭竿而起，风起云涌地割据滇西达十八年之久。究其原因，固然是多方面的，但也与林则徐铁腕平乱种下的仇恨有关。从某种意义上，可以说，林则徐平乱延缓的同时也积淀了更大的动乱。当然，这是林则徐不想见到也力不从心的。我们也不能苛责于他。

意味深长的是，林则徐回福建休养，路过湖南时特意在长沙停住了行船。于是就出现了林则徐湘江夜会左宗棠的佳话。林则徐这次在长沙逗留被许多史家认为是他对左宗棠的一次政治托付，希望左宗棠能承担起平伏将要到来的天下大乱，尤其是抵御外侮、捍卫国家主权的重任。这种观点缺乏扎实的证据支撑，未免把林则徐和左宗棠过于拔高。当时左宗棠才38岁，虽有举人身份却在柳庄乡居务农，林则徐也是个退休身份，他把左宗棠叫来进行政治交代，实在不可思议，说严重点，还会给林则徐惹来杀身之祸，因此可信度极低。

对于这次林左湘江之会，在罗正钧撰写的《左文襄公年谱》中有翔实的记载，归结起来大约是，陶澍、胡林翼、贺长龄都和林则徐谈过左宗棠，对其夸赞有加，于是林则徐路过长沙，就想见左聊聊，两人海阔天空聊了一夜，林则徐印证了陶、胡、贺所言非虚，也十分欣赏左宗棠，如是而已。由于聊得很广，其中涉及新疆的治理问题，于是有学者就想象，这是林则徐对左宗棠进行政治托付，希望农夫左宗棠以后能担当治理新疆的重担。要这么说，林则徐和左宗棠还谈到了贺长龄的委屈，那又怎么讲？从左宗棠的自述看，他们谈的话题中，很重要的一部分内容就是贺长龄。

我们看看左宗棠是怎么说的：

> 贺长龄没后，臣晤林则徐于长沙舟中，言及滇中回患，贺长龄遗憾未释，林则徐自言："知其目必不瞑，已将首祸之沈练头等论拟如律。"因叹如贺某者，殆古所称大人君子者也。（《请将前任云贵总督贺长龄事绩宣付史馆并准入祀湖南乡贤祠片》，见《左宗棠全集》）

按左的自述，我们更有理由相信，林则徐在湖南逗留，就是对贺长龄怀有心结。此时贺长龄已去世一年多，林则徐说不定就是想凭吊贺长龄，可是为了避嫌，打消了主意，请贺长龄的门生左宗棠来打探相关情况，于是两人就聊开了。交谈中，林则徐明确表示，贺长龄受了委屈，必不瞑目，还说他已经把沈聚成等祸首绳之以法，算是告慰贺长龄于九泉之下。对于贺长龄，林则徐的评价是"殆古所称大人君子者也"，这是很高的评价了。还值得一提的是，林则徐在云贵时期，倚重为左右手的两位干将，一位是黄宅中，一位是胡林翼，这两人都是贺长龄的弟子和亲密晚辈。诸此种种都说明，林则徐对贺长龄的遭遇怀有深切同情，甚至从某种意义上可以这样理解，他平息了云南回乱也是对贺长龄的告慰。

罗汝怀在《贺公家传》中说，贺长龄削职回湘后，情绪并没有大波动，很悠然，这是不可信的。贺长龄回乡一年后就去世，固然有疾病原因，心情委屈也应该是很重要的因素。不仅贺长龄自己委屈，为贺长龄鸣不平的人也很多。特别是在贵州，百姓对贺长龄的怀念成了一种风习。诒令在《行状》

中云：

> （府君）抚黔既久，恩惠尤著。在任时士民思所以颂扬之者，既屡请不许，乃阴圆府君像以祀，每值诞辰令，节私相鞠跪，如其父母然。一时流传甚众，而府君不知也。及府君讣至黔中，设位以祭者尤多，缙绅在都者为诔词数千言，于其乡祠哭奠之。非遗泽人人之深乌能若是？

要知道，人们在贺长龄死后还如此纪念他，是犯大忌的。你让皇帝脸面往哪放？但民间人心所向，朝廷好像也无可奈何，或者是山高皇帝远，或者是皇帝不和小民一般见识，就不得而知了。不过对于体制里的官员，则是要问罪的。尽管如此，还是有胆敢冒犯龙颜的官僚，黎培敬和左宗棠就是典型。

黎培敬（1826—1882），字开周，号简堂，湖南湘潭人。咸丰十年（1860），会试第二名，会试复试二等第一名，殿试二甲第一名，即传胪，是名副其实的"考霸"。他比贺长龄小 41 岁，属于贺长龄的子侄辈，他 23 岁时考中举人，此时贺长龄已经去世，他应该只听说过贺长龄的故事，二人并没有交集。照理说，他不该成为贺长龄的粉丝。而且他仕途一路春风，进士后 4 年就提督贵州学政，又 3 年升贵州布政使，至光绪元年（1875）又升任贵州巡抚，一直干了 4 年。算起官龄，他在贵州为官长达 15 年，比贺长龄还要长。

黎培敬对贺长龄的敬仰之情应该是起于他在贵州为官期间。他所到之处，所闻都是对贺长龄的夸赞和缅怀，这使黎培敬深感触动，尤其是黎培敬也从学政起步，也热心文教，更加深切地感受到贺长龄的辛勤耕耘之果，敬佩之心日渐强烈。而且他也是干吏，深得朝廷器重，于是胆子就壮了起来。光绪四年（1878），他向朝廷上了一份奏折，历数贺长龄的业绩，说贺长龄遗爱在民云云，请求给贺长龄平反，解除处分，恢复官职，还要赐谥、建祠、立传。这一下子捅了马蜂窝，一封诏谕九重天，把黎培敬骂了个狗血淋头，还怀疑他与贺长龄有什么暧昧关系，结果将黎培敬连降三级，后遭免官返湘。你说黎培敬这头湖南骡子，多么不懂事。后来朱克敬在《瞑庵杂识》中专门记了此事：

> 道光时，善化贺长龄为贵州巡抚，正身率下。吏化之，以

筐筐为耻，虽极庸琐，到官后必兴学惩奸，以求当台意，故其时贵州吏治为西南冠。尤勤课士，公暇与诸生讲论文艺，恳恳不休。……及去，士民思之，为立石官道曰："古之遗爱"。光绪初，巡抚黎培敬奏请建祠予谥，并付史馆立传。朝廷以培敬言过当，下吏议。主议者比之私，罪镌三级。时培敬方奉命入觐，至京师竟不得见。

黎培敬到底是个能吏，朝廷到了用人之时，还得请他出山。后来他又任漕运总督、江苏巡抚，病卒于任上，享年56岁。有趣的是，他的孙子黎丹后来娶了贺长龄的重孙女，黎培敬最终和贺长龄结了亲家。要是当年他和贺长龄就有姻亲关系，只怕受到的处分会更重。这门姻亲说明，黎培敬对贺长龄的敬重是发自内心的，黎家后人也没有顾忌皇帝的脸色。

按说，黎培敬请求为贺长龄平反遭到处罚后，应该不会有人再胆敢为贺长龄平反了，哪知道，一个更重量级的湖南骡子又挺身而出，他就是赫赫有名的左宗棠。此时左宗棠刚完成了平定新疆的勋业，声望如日中天。也许正是因此，他觉得心有底气，便向朝廷递上了奏折：

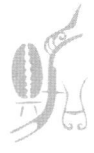

臣维贺长龄在嘉庆、道光年间久负清望。其任江苏江宁藩司，首创海运之议，原任抚臣林则徐、督臣陶澍以入告，奉旨允行。是时，江南要政如盐、河、漕诸务颓散不治，陶澍、林则徐有所规画，均倚贺长龄赞助以济，吏材辈出，舆论翕然。贺长龄取仕学论议阅历有验之言，仿陆曜《切问斋文钞》例集录成书，断自本朝，都为一部，名曰《经世文编》，赠遗海内，俾宦学士师习知故事，有所取法，凡有志用世者皆宝贵之。在黔十年，刊布《六经》古本，以惠贫士；广樗茧之利，以业贫民；重刊明徐光启《农政全书》，教民稼穑；奖进廉能，诱劝后学，以饬吏事、端士习，黔民讴思至今。厥后总督云贵，办理回务，为道员罗天池所误，上干严谴，忧愧成疾归里。臣时省之长沙，语次吁嗟涕泗，深以上负国恩，一死莫赎为憾也。

计其平生友朋，风谊之笃，以溆浦严如熤、安化陶澍、侯官林则徐、歙县程恩泽、长白伊里布、锺祥、善化唐鉴为最。尝见其往复书札，于吏事、民事外，多箴劝之言。所契洽如曾国藩、胡林翼、湖北殉难之湘乡罗泽南、庐州殉难之新化邹汉勋、遵义之郑珍、独山州之莫如德，学行志节皆有可传。臣弱冠时，颇好读书，苦无买书资。贺长龄居忧长沙，发所藏官私图史借臣披览。每向取书册，贺长龄必亲自梯楼取书，数数登降，不以为烦；还书时，必问其所得，互相考订，孜孜皦皦，无稍倦厌。其诱掖末学，与人为善之诚，大率类此。尝言："天下方有乏才之叹，幸无苟且小就，自限其成。"至今每一思及，犹耿耿于怀，不能自释。贺长龄没后，臣晤林则徐于长沙舟中，言及滇中回患，贺长龄遗憾未释，林则徐自言："知其目必不瞑，已将首祸之沈练头等论拟如律。"因叹如贺某者，殆古所称大人君子者也。

臣窃见贺长龄学道爱人，品诣纯粹，勤恤民隐，足为国家培养元气，许与清流，足为国家扶持正气，实有不可以一眚掩之者。合无仰恳天恩，宣付史馆立传，以存其人，并俯允湖南入祀乡贤祠，以资观感。不胜待命之至！伏乞圣鉴，训示施行。谨奏。（《请将前任云贵总督贺长龄事绩宣付史馆并准入祀湖南乡贤祠片》，见《左宗棠全集》）

左宗棠的奏折写得真诚、深情又霸气，他毫不遮掩自己恩遇贺长龄的关系，请求中暗带威逼，别的大臣绝不敢如此措辞，说左宗棠有点恃功强求也不为过。也许傲气的左宗棠自以为他出手，帝王会给个面子，不想还是给驳了回来，估计这也是老佛爷的意思。但左宗棠也没有遭到处罚，这也是实力支撑的结果。保大清江山"不可一日无左宗棠"的道理，慈禧太后还是懂得的：

左宗棠奏请将前任总督贺长龄事迹宣付史馆立传，入祀湖南乡贤祠等语。已故总督贺长龄，于道光年间因在云贵总督任内办理回务不善，获咎甚重，钦奉谕旨革职。前经黎培敬以开复原官、予谥立传建祠冒昧陈奏，当经明降谕旨驳斥，并将黎培敬交部议处。该督岂未闻之？此奏殊属率意！本应予以处分，着加恩宽免。所请着不准行。嗣后该督陈奏事件，务当加意审慎，毋稍轻率。将此谕令知之。（《谕左宗棠所请将贺长龄事迹宣付史馆立传入祀湖南乡贤祠着不准行》，见《左宗棠全集》）

　　黎培敬与左宗棠上书为贺长龄翻案，除了情分所系，还体现了他们对贺长龄的敬重，更重要的是，还有对真相的执着。他们认为贺长龄受到了不该受的委屈，所以要恢复历史真相，表彰贺长龄的历史功勋。然而，何谓真相？这是一个见仁见智的问题。何况在中国人的价值选择中，真相并不是最高价值。有道是人活一张脸。千年中华，中国人在脸面和真相面前做选择，首选必是脸面。向真相低头认错，意味着脸面大失，很少人有勇气承担这种后果。尤其是帝王脸面，决不能丢，否则何以显圣主之圣明？于是，只能以臣子丢脸来维护帝王之脸。贺长龄不是最先，也不是最后。

　　这就是永昌回变的故事，它不仅关乎贺长龄个人的命运，还涉及诸多历史人物的心路秉性，投射出清代官场微妙的政治生态，令人回味无穷。

陶贺之交

很难想象，要是没有陶澍，还会有我们如今所知道的那个贺长龄吗？当然，反之亦然。这两位湖南人，一生有剪不断，理还乱的密切交集。他们都是岳麓书院的罗门弟子，先后走向仕途，并在京城成为同僚，都是宣南诗社的核心成员，又一起聚会江南，结为拍档，书写了漕政、盐政、河政改革的斐然业绩，从而成为湖湘经世派官僚的旗帜性人物。此外，陶贺两族还有五代姻亲关系……

这一切，都意味着陶贺之交已经超出私人情谊，成为一个史学话题。

陶澍（1779—1839），字子霖，号云汀，湖南安化人。其先祖可追溯到晋代大司马陶侃以及大诗人陶渊明。但是到了唐代，其祖从江西吉州迁湘时，已是寻常人家。至祖父辈，只能说是败落的书生家庭。父亲陶必铨是秀才，屡试不中，却求学不倦，靠给人当馆师养家，生活清寒，入不敷出，甚至把女儿送人当童养媳，次子拜托给亲戚抚养，身边就带着长子陶澍，颠沛流离。相比之下，贺长龄的家境就要好得多，其父亲给州郡主官当师爷，几个哥哥也是官府的幕师，权势和俸禄都比常人优越，供贺长龄悠闲读书是没问题的。可以说，陶澍是乡间寒门子弟，贺长龄是城里殷实之家的少爷。这种家世差异，使陶澍对底层百姓的困苦有着切身感受，而贺长龄则更多一些书卷气和矜持感。如果我们据此揣测，后来他们相知相交，贺长龄更有心理优势，应该不算武断之语。

陶父必铨也是个好学上进、十分勤奋的书生，曾入读岳麓书院成为罗典门生，身边还带着年少的陶澍。因此，陶澍在岳麓书院有过旁听经历。于是学界普遍认为陶澍也是岳麓书院罗典的弟子。但此说并不太严谨。查考权威的《陶文毅公年谱》，有如是记载：

乾隆四十八年癸卯，六岁

是岁，黄江公从余存吾、罗慎斋二先生游，咸爱重之。

《黄江公行述》：黄江公诣城南书院，从太史余存吾先生游，先生每称为今之正希。继而当事者改隶岳麓书院，闭户醰精，所诣愈邃。掌教少鸿胪罗慎斋先生极爱重之。

乾隆四十九年甲辰，七岁

是岁，黄江公食饩，为廪膳生。公始随受书。

乾隆五十年乙巳，八岁

是岁，随黄江公读于安化二都王氏。

之后，再也没有发现陶澍与岳麓书院发生求学关系的史证。陶澍的六世孙女陶今在《我的先祖陶澍》一书中也认为：陶澍一直是随父读书。"父亲是陶澍从幼年求学直到进入仕途前的唯一的老师。"

根据这样的记载，陶澍与岳麓书院比较密切的交集仅一年，而且他当时才7岁，要说是岳麓书院弟子，师从罗典，未免有些牵强。但是，陶澍很重视他这一段岳麓履历。名世之后的陶澍以自己的书斋"印心石屋"为名，在岳麓山建了"御书亭"并刻石，表白说："臣尝随父读书岳麓，兹于清风峡上，敬谨摩崖，恭镌御书。湖湘缀学之士，仰瞻巍焕，咸谓与神禹岣嵝之碑，永峙天南云。"也许学人就是依据陶澍的这段话，判定陶澍为岳麓弟子，师事罗典。其实，此判定的说服力还是不够。或许学人，尤其是治岳麓书院史的学者，更愿意接纳陶澍为岳麓弟子以光大书院，也就有点顺水推舟。

应该这样理解，陶澍之父陶必铨是岳麓弟子，师从罗典并受器重，而陶澍又师承其父，在师承关系上就与罗典构成了二传弟子关系——陶必铨训导儿子陶澍，必有师学于其中。况且，陶澍后来也完全有机会拜谒罗典请教。称陶澍为罗门弟子，也并非离谱，只是我们要厘清其中的微妙，不可笼统言之。

贺长龄是罗典弟子当然确凿无疑。所以，严格地按学辈论，贺长龄应该是陶必铨的师弟、陶澍的师叔，只是在笼统的意义上，他们都是罗门弟子。鉴于陶澍比贺长龄年长，中进士也比贺长龄早两届，可算作贺长龄的师兄。

这种老乡和师门渊源，为他们俩后来在京城的友谊奠定了基础。

陶贺之间密切交往应该是从他们都进士入朝成为同僚后开始的。

嘉庆七年（1802），陶澍进士入京。同年请假回湘探亲，嘉庆九年（1804）才回京。哪知才一年，父亲便去世，他又南归丁忧守制三年，到嘉庆十三年（1808）才回京城。这年，贺长龄进士入京，可以说，陶澍真正的京都生活是和贺长龄同步开始的。也就是在京都十余年岁月里，他和贺长龄兄弟结下了深厚情谊。

陶贺的京城之交，有一个重要媒介，就是由陶澍发起的消寒诗社，后来改叫宣南诗社。贺长龄兄弟是诗社的核心成员。成员们都是有经世抱负的少壮京都小官，大都是翰林院编修，且是同年关系。大家在诗歌唱和中进行思想和志向的交流，为将来政治抱负的施展奠定了坚实的友谊基础。

陶澍有记载：

> 先是，余与松轩昆仲及张编修源长、孙编修申长、陈编修官俊为文酒之会，诸君皆山东人。又与同乡彭修撰浚、何编修凌汉、欧阳户部厚均、聂编修铣敏、石编修承藻及贺编修长龄为诗酒之会。（《蜀辅日记》，见《陶澍集》）

这里要说明一下，学界大都认为，宣南诗社是陶澍于嘉庆九年（1804）发起，主要成员是嘉庆七年（1802）的一帮同年进士，后来他回乡中断过一段，嘉庆十三年（1808）回京后又开始活动，贺长龄等人也加入，圈子慢慢扩大。从上述陶澍的自述看，似乎又是两个圈子，即由一帮同为湖南老乡的京官构成了一个相对独立的诗友圈。实际情况怎样，有待进一步研究。不管怎样，陶澍留下的诗文表明，此时他和贺长龄的关系十分亲密。贺长龄的诗中描写了诗会斗酒的情景："吾乡足贤达，招邀或歌号。何郎拇战雄，陶令酒肠廓。树帜各晋秦，相持若仪错。而我厕其间，培缕企衡霍。"可见，诗友们在一起玩得很疯。由于是师兄辈，贺长龄对陶澍十分尊重，陶澍35岁时，贺长龄以诗作贺："腊鼓来朝急，华筵此夕随。年才古稀半，心已岁寒知。结契非流辈，论文亦我师。殷勤一樽酒，此意更相期。"

一些学者研究宣南诗社，认为这帮小京官结社的意图无非是联谊消遣，这种看法只看到了表象。清代文字狱一直到乾隆都是很厉害的，文网森严的局面到嘉庆才有所松弛。陶贺他们结社，自然也有所顾忌。后来，这帮宣南诗友，基本上都是经世之重臣，说明风花雪月在很大程度上是一种掩饰，掩盖了他们思想和志趣的交流。贺长龄有一首写给陶澍的诗，内容是谢却酒会之约，理由是过度娱乐会丧志。诗中说，自己年少便有酒力，参加宴饮，饮酒不输于人，到了京城，每次参加诗酒之会，也是酒中豪杰，但长此以往，许多书没看，许多事也没做。所以"从此谢酒兵，不敢问欢伯"。陶澍读了这首诗，给贺长龄和了一首，表示共鸣和理解：

贺耦耕太史有诗止酒，作此和之

今子曷不醉，席上尚有肴。不见兖豫人，刮地无刍荛。今子曷不醉，釜中尚有米。不见大河南，荼蓼甘如荠。今子曷不醉，眼中尚无兵。不见浚滑间，骨烬高如城。今子曷不醉，堂坳尚无水。不见睢邳民，出没烟波里。噫吁嚱！人生天地一牛毛，得过且过如寒号。安能规规翦翦有酒不醉沽牢骚。

陶澍此作颇有白居易诗风，表达了对黎民疾苦、国家颓败的忧心。他理解贺长龄也是耿耿于怀，忧心忡忡。至于贺长龄后来是否戒酒并不重要，重要的是，宣南诗友并非风花雪月之徒，而是心忧天下之士。

陶澍文学情结很浓，传世的诗歌有 1500 余首，在嘉道年间的诗坛享有重名，后来研究者也很多，评价颇高，他的许多思想和生平事迹也通过诗歌保留下来。贺长龄虽然也写诗，但始终认为诗歌是小道之为、余暇之乐，写诗并不多。在朝期间，贺长龄主要追随嘉庆，做一些文秘性质的工作，其间屡次派充文颖馆协修，文渊阁校理，整理皇家文献档案，熟悉了国典朝章，接触到外官很难看到的《四库全书》、国史档案。他对这些有着浓厚兴趣，他的理性思考更多了，后来主编经世派大典《皇朝经世文编》就和他的特殊经历和学术兴趣有关。所以他的理论贡献更为突出。他在当京官期间，还开馆授徒，一方面是补贴家用，另一方面也是爱好教育的表现。所以贺长龄也是著名的清代教育家，这应该是受罗典影响。道光年间，他外放地方当官，他的京都弟子达数十人，对其依依不舍。这时六弟贺熙龄也进士入朝，贺长龄所有的弟子又转拜贺熙龄为师。如此一来，陶贺之间就形成了各有千秋、惺惺相惜、互相提携的关系。

嘉庆十五年（1810），陶澍典试四川，任乡试副考官，贺长龄典试广西，也是副考官。这不过是两人同时短期出差而已，感情丰富的陶澍行进在四川的崎岖栈道上，却怀念起了贺长龄，写诗云：

> 与君京洛分襟日，共赋《皇华》四牡骓。
> 我已西来登栈阁，君应南望近庭闱。
> 潇湘秋好云三色，岳麓屏开翠四围。
> 不羡乡人夸昼锦，羡君行箧有莱衣。

诗中显示，贺长龄这次典试广西，会顺道回湖南探亲，衣锦还乡，光宗耀祖，令陶澍羡慕不已。其实，陶贺此时才同僚两年，但情意非常深厚。随着时间推移，两人关系更为亲密，贺母60岁和70岁的祝寿词都是陶澍撰写，文中称严太夫人为"我贺母"，俨然是义子的身份。不妨选录一段：

> 良以女子名不出于闺门，非有特异之迹，无以绷其德而襮于众，如世所称断机、截发诸贤媛，皆以一二事芬芳千古，其人遂以不朽。求之于今，则我贺母严太安人，其尤焯著者乎。
> 太安人毓秀名门，及笄，归赠翁建亭先生。先生故习法家言，以文无害，为诸长令所尊礼。每岁客幕府，一切家政，委之太安人，摒挡内外，井井有条理。逮后，歌黄鹄，抚遗雏，以养以教，既慈且严。馆谷时或不继，则脱簪珥资之。诸郎君幼娴其训，赋鹿鸣而来者于于然。而藕耕以戊辰联捷入词垣，己巳散馆授编修。其年，恭值圣天子五旬万寿，太安人用覃恩受今封，翟苇辉煌，人以为太安人母而能兼父，其获报之速，有如是也。明年，藕耕奉命典粤西乡试，道出长沙，事竣，归省太安人于里第，锦衣鞠跽洗腆而上寿。当是时，大湖以南赴棘闱者五六千人夹道旁观，咸以谓藕耕故三年前诸生也，一旦策华驷，拥星旌，雍容梓里，以遂其乌私，莫不啧啧诧盛事，而因以叹太安人之福德不可几及。余时亦以使事入蜀，途中怀藕耕云："不羡乡人夸昼锦，羡君行箧有莱衣。"即谓是也。（《贺母严太安人六十寿序》，见《陶澍全集》）

这种友情发展开来，结为亲家就毫不奇怪了。从贺熙龄的儿子贺仲毂娶了陶澍的女儿开始，陶贺两族绵绵五代姻亲，细节下文再说。总之陶贺两家亲，一时传为湖湘佳话。

于是陶家的事，也就是贺家的事。

不知为何，陶澍的子脉不旺，虽生八子，只有幺子陶桃成人，两个女儿也年寿不永，家中时有噩耗传出。贺长龄很是同情，作诗安慰密友的西河之痛："返魂竟无术，双泪眼中新。君本多情者，矧兹天性亲。车驺初夜梦，雷雨去时身。我欲问苍昊，杳冥难具陈。"这种安慰，痛切超过常人，无疑是亲人之情。最感人的是陶澍死后，儿子陶桃尚幼，是贺熙龄动员弟子，后来也是陶澍亲家的左宗棠，馆于陶家，抚教陶桃成人乃至成亲，还成为陶家的管家，帮助男丁凋零的陶家应对了不少纠纷之事。有趣的是，左宗棠居然不强调这是感恩陶澍的知遇器重，而强调是遵贺熙龄的师命来维护陶家。他还拒绝了贺长龄入幕的邀请，也是为了全力照顾陶家。照顾陶家也有心烦想撂挑子的时候，孀居的陶夫人不好直接与傲气十足的左宗棠交涉，就去找左宗棠的老师贺熙龄从中斡旋，贺熙龄一出面，左宗棠立即就范……

这样的事，点点滴滴，都透射出陶贺之交的情分。

陶贺之交要是没有两人拍档合作的江南岁月，肯定会止于儿女情长，大为逊色，无论对陶澍还是对贺长龄，江南共事的风雨同舟，都是他们人生中最为辉煌的篇章。

嘉庆二十四年（1819），陶澍授四川兵备道，这是他地方官生涯的开始。一年半后，贺长龄也出任南昌知府，开始了地方主官的生涯。道光五年（1825），陶澍调任江苏巡抚，贺长龄任布政使，两人的紧密合作启动。他们要共同完成一件大事——为清朝打通淤塞的江南财政大动脉。

嘉庆继位后，端掉了和珅贪腐集团，虽然没有大开杀戒，却开始任用汉族官僚取代盘根错节的和珅党人。嘉庆的吏治改革还有一个目的，即将和珅把持的财政大权真正收回皇帝手中，以充盈国库，关键举措就是将富庶的江南财源通畅地连接到中央皇都，而不是在沿途被各级官吏和地方势力贪污盘剥得所剩无几。这种吏治改革由于嘉庆的犹豫一直艰难地行进，尤其是在疏通财政管道方面收效甚微，直到道光继位还在往前推进。作为汉族封疆官吏的陶贺到江南上任后，他们的重要使命就是要在漕运、盐政、河道三大政事上有突破性的作为，使江南财富真正成为帝国的经济支撑。这意味着不仅要和各种贪腐权贵、帮会势力，以及人浮于事进行博弈，还要开拓新的漕运方式、盐政制度，疏浚河道等，总之是一个错综复杂的系统工程。

有理由相信，道光调陶贺来江南，是经过观察考虑的。陶澍在嘉庆最后一年外放四川任兵备道，一年后升山西按察使代理布政使，不久调任安徽布政使，又升安徽巡抚。道光五年（1825），调任江苏巡抚。贺长龄则是道光元年（1821）外放为南昌知府，次年升山东兖沂曹济道，第四年任山东按察使，同年调任江苏按察使，第五年升江苏布政使。这种调任轨迹和升迁速度，显然有考察和重用的意图，加之主张漕运改革的军机大臣蒋攸铦对陶澍与贺长龄也很器重，于是陶贺的江南合作也就顺利达成，他们的任务也很明确，就是在漕运改革上取得突破，建立漕政、盐政、水政的新局面。

无疑，陶澍作为江苏巡抚，在行政上是第一把手，后来又升任两江总督，在江南任上一直履职到去世，长达 15 年，江南政绩天经地义地属于他的荣耀，从而享有道光第一名臣的盛誉。而贺长龄的江南政绩则往往淹没在陶澍的光环下，只是作为陶澍的得力助手和执行者被人提及。但是，有学者敏锐地发现，贺长龄在山东任兖沂曹济道期间，就在水利建设、河道治理、漕粮运输等方面投入了极大关注，取得了相当的治理成绩和经验，受到朝廷的表彰。道光四年（1824），他就在江苏为官，任按察使，次年五月改任布政使。此时，陶澍还在安徽任巡抚，也就在此时，漕粮运输的海运与河运之争已经展开，贺长龄是海运派，也是改革派。海运派的意见得到道光重视，道光决定推行漕粮海运，却遭到河运派的反对，其中包括江苏巡抚张师诚。道光盛怒之下，把张师诚与陶澍对调，于是陶澍才来到江苏，比贺长龄任布政使要晚两个月，比贺长龄在江苏任官要晚一年。不言而喻，陶澍对江苏的省情，以及如何开展海运都不如贺长龄熟悉，也都要听取贺长龄的意见。可以说，作为漕运改革突破性的第一步——海运，陶澍很大程度上是按照贺长龄的方案拍板决策的。罗汝怀在《贺公家传》中说，贺长龄就是"事涉创始"的海运倡导者之一：

> 道光四年，大风坏高堰，清口水涩，诏群臣议海运，协揆英和公连疏称便，而事涉创始，节目繁重，悉以为难。公执议谓海运之事，其所利者有三：国计、民生、海商也；所不利之人有三：海关税侩、天津仓胥、屯弁运丁也。三者之人所挟海为难，使人不敢行者亦有三：风涛也，盗贼也，霉湿也；所离海为难，使人不能行者亦有三：商船雇价也，仓胥勒索也，漕丁安置也。

必洞悉夫海之情形与人之情伪，且权衡时势之缓急，而后知事有必行。

某宵旦讨论，寝食筹度，征之属吏，质之滨洋人士，诹之海客畸民，众难解驳，愈推愈审，更无疑义。说具《复魏制军书》，复为图说上之大吏，于是江督某公，苏抚安化陶公协力行之。公乃择谙悉洋面商人，使雇派沙船一千五百余号，装兑苏藩所属四府一州额漕，正耗米一百六十三万三千余石，由吴淞出崇明佘山北放大洋，趋成山转之罘以达天津，水程四千余里，往来不爽时日。

漕米海运，打响了陶澍江南改革的第一枪。1826 年 2 月，陶澍与贺长龄等同事在吴淞口炮台祭拜海神，两人都写下了诗歌，对海运来龙去脉有宝贵的记载。陶诗注中明确说："贺耦耕方伯及同事诸君力肩重任。"

讨论贺长龄开海运的首功，以及后来他与陶澍进一步的合作，共同创造江南经济改革的业绩，并非贬低陶澍，也不是将其与陶澍论功行赏。只是想强调贺长龄也是一个有见地、有谋略的人，以及陶贺之间的高度默契。其实贺长龄在江南与陶澍共事仅两年，后被道光调任山东，他放不下江苏未竟的事业，拖了几个月才赴任。离开江苏时，他又写诗感怀这段江南岁月：

丁亥三月廿三日自江南入觐舟次宝应感怀 有引

江南盐漕之弊极矣，盐归场灶，漕归海运，兹其时乎？

余与江南辞矣，赋此以谂来者。

谋国端应计久长，宜民通变本无方。

曾闻刘晏场输课，亦有陈瑄海转粮。

事涉补苴终罅漏，道归易简自平康。

关心财赋东南地，谁与披云达帝阍。

字里行间，贺长龄对自己的江南业绩不掩得意，又恋恋不舍。他觐见道光，还谈及江苏的政务，君臣间便有了这样的谈话：

上问："汝自江苏来，江苏何事最难？"奏曰："漕务。"并细陈办漕之难。上问："今年漕船可能回空？"奏曰："不敢悬揣。"上曰："闻挑河颇认真，何以如此？"奏曰："第一，减坝本不宜开，倾天下之财不能挑河，故从古无挑法。第二，挑（办）又不得法。第三，合龙又非其时，向来合龙在冬令，冬水力能搜根，离大汛尚远，故合后得安稳无事。"上问："江南可有贪劣道府？"奏曰："都还好，大约循分供职者多，实心办事者少。"上曰："什么循分供职，直是麻木不仁。"奏曰："用人最难，于今多格于例，求皇上不拘成格。"上曰："汝须谅我苦心，若人皆可靠，何难准其破格，既不可靠，一开此端便纷纷效尤。"召对三次，叠荷温奖，府君感激，星驰就道。（见诰令《行状》）

贺长龄在山东任上，依然心系陶澍的江南改革，在给两江总督蒋攸铦的书信中，还问及改革的进展，出谋划策。还值得一提的是，贺长龄离开江苏时，还把最得力的幕僚魏源留在陶澍身边，后来魏源果然成为陶澍最得力的助手。以上所述，均可见他对陶澍的一片真诚。

在任江苏布政使的岁月里，贺长龄完成了人生中可能是最大的一件事——在魏源的协助下，完成了传世的《皇朝经世文编》。对此事，另文专述，在此要说的是，《皇朝经世文编》的编纂成书，没有陶澍的支持也是难以想象的，至少，贺长龄的一部分精力要投入到编书之事，都需要陶澍的理解、建议乃至资金资助。

此后，贺长龄又从山东调任江宁布政使，再次与陶澍共事，但是仅一年多，其母病故，贺长龄丁忧回湘守制，长达 5 年。再以后就赴任贵州巡抚，和陶澍再也没有见过面，只是鸿雁传书，述说友谊。书信中陶澍将江南的业绩通报密友，还将一些想实施但难以实现的构想一一托出，足见两人相知之深。

贺长龄在山东期间，其母严太夫人过七十大寿，贺长龄不得归，又拜托陶澍写寿词告慰母亲。陶澍欣然命笔道："澍往尝为太夫人寿序，而未能罄其德之万一，兹值七十之辰，而藕耕自山东以书来，不敢辞，谨操管以代捧觞云。"值得说明的是，此时陶澍的四女媖姿已经嫁给贺熙龄的长子贺仲毅。陶贺已成亲家，自然更加亲密。说到此，不妨再说说陶贺的五代姻亲之交。

陶澍夫人黄德芬只生了女儿，没有生儿子，大概是为了传香火，陶澍娶了六房侧室，共生了八个儿子，但只有幼子陶桄成人，陶澍去世时，陶桄才七岁。陶澍有九女，七女成人，长女嫁周诒朴，二女嫁王育耀，三女嫁彭申甫，四女嫁贺仲毅，五女嫁胡林翼，六女嫁陈庚泽，八女嫁聂有湖。这七女的夫君都是湖湘世家望族之子，陶家姻亲，可谓显赫。陶澍生前还曾提出与晚辈左宗棠结为亲家，希望陶桄娶左宗棠之女为妻，不无托孤之意。但是傲气的左宗棠没有应允，主要是顾忌舆论说自己攀附陶家，所以直到陶澍去世，陶左联姻并未确定。在陶澍的诸多亲家中，思想交流最为投契的恐怕还要数贺家。陶澍曾在信中对贺长龄有如下表白：

> 四月二十一日得花太守携来一书。情真意挚，语语脚踏实地，可见施行。三年作别，而亲家所诣遂已至此，虽古名贤无以过。自莅任以来，所得友信，惟亲家与乐园、南雅之书，大有资于身心、政事，时悬座阳，以当箴铭也。（《覆贺耦耕太守书》，见《陶澍全集》）

陶澍说要把贺长龄的话当座右铭，未免有些客气，但把贺长龄当成少数几位知音朋友，应该是肺腑之言。再说他与贺熙龄，两人结为儿女亲家，这本身就是交情深厚的表现。尤其是陶澍去世后，贺熙龄敦促爱徒左宗棠抚教陶澍幼子陶桄并代理管家，处理家事内外纠纷，还敦促左宗棠接受与陶家的联姻，更属情深之义举。左宗棠自述说："顷陶文毅之丧归自金陵，吾师命宗棠为教其孤子。宗棠与文毅有一日之雅故，又重以吾师谆谆之命，其曷敢辞？"左宗棠儿子左孝同亦云："先是，文毅公卒，子桄甫七岁。乡里视其孤弱，颇有觊觎者。贺公熙龄尤思保护之。自府君居馆后，与贺公暨胡文忠公议出资分赡。乡族贫乏有非意之干，则待以至诚，皆感畏帖服，赖以安焉。"

也正是这种深情厚谊，陶贺两家出现了五代姻亲之交。从贺仲毅娶陶澍四女始，又有贺长龄之子诒令次女嫁陶宸翼（陶澍孙、陶桄次子），于是贺长龄与陶澍成为名副其实的亲家。有趣的是，贺长龄侄子贺仲琳的次女也嫁陶宸翼，等于堂姐妹先后嫁给了陶宸翼，估计是姐故妹续。还有贺仲珏之女嫁给了陶文燕。这就是三代姻亲。再下一辈则有贺熙龄的孙子贺师定之女嫁给了陶宪曾（即陶澍曾孙，陶桄孙、陶煌子），陶宸翼的女儿又回嫁贺长龄的曾孙贺家馥，开了姑表亲。这是第四代姻亲。至第五代，则有贺熙龄的曾孙贺家翔的两个女儿先后嫁陶澍的玄孙陶制安，显然也是姐故妹续。这种密集的姻亲关系，实在令人眼花缭乱，显示了陶贺之交确实深且固。

陶澍与贺长龄是嘉道年间官位最高、影响力最大的两位湘籍政治家。在同时代的湘籍名人中，就官衔接近者而言，还有何凌汉、李星沅、唐仲冕、周系英等，但影响力不可同日而语。由于陶澍经营财富之地江南十五年，得天独厚，经济成就十分显著，名气如日中天。晚清名臣、清流派官员张佩纶说：

> 论道光末人才，当以陶文毅（澍）为第一。其源约分三派：讲求吏治，考订掌故，得之者在上则贺藕耕（长龄），在下则魏默深（源）诸子，而曾文正公（国藩）集其成。综核名实，坚卓不回，得之者林文忠（则徐）、蒋砺堂（攸铦）相国，而琦善窃其绪以自矜。以天下为己任，包罗万象，则胡（林翼）、曾、左直凑单微，而陶实黄河之昆仑，大江之岷也。（见张佩纶《涧于日记》）

这是简单地从政绩官衔的角度理解陶贺关系得出的结论。试想，要是把陶贺调换一下，将陶澍放到苦寒边地云贵，结局会怎样？是否还会有张佩纶的那番评价？很难说。也许因为这类对陶澍的推崇，使得一些学人认为，贺长龄得之于陶澍的培养和提携。这未免忽略了贺长龄的独立见识和学养，包括行政能力并不逊于陶澍，只是两人施展才华的舞台有差异，历史地位也就有高低之分。如果褪去表象的装饰，陶贺二人应是各有千秋，他们之间该是惺惺相惜、相辅相成的关系。忽略了这种关系，对陶贺之交的解读未免不得要领。

陶贺之交的社会文化意义远超过私人情谊。

正因为他们的精诚团结，以及他们共同的业绩和思想建树，成为猎猎招展的大旗，确立了湖湘经世派群体的社会政治地位。围绕陶贺，第一代湖湘英杰群体已经形成，同时还培养了第二代湖湘英杰群体。从此，湖南人默默无闻于华夏的局面被打破，湖南英杰井喷般地涌现，驰骋于中国政坛，左右中国历史走向长达百年，这更是陶贺之交的史学贡献之一。

《皇朝经世文编》的台前幕后

贺长龄经世致用思想的代表作是他在江苏布政使任内，主持编纂的《皇朝经世文编》。该书由他主编规划，助手魏源具体实施，精选清初至道光三年（1823）间的官方文书、论著、奏疏、书信、笔记文章2236篇，作者654人，按学术、治体、吏政、户政、礼政、兵政、刑政、工政等八大门类，辑为120卷，共计300余万字，于道光七年（1827）第一次刊行。《皇朝经世文编》是近代经世学的划时代文献，是嘉道年间经世思潮形成的标志，也是贺长龄在湖湘文化史上最显赫的思想贡献。仅凭这个贡献，他就足以跻身湖湘文化精英的一流阵列且享有思想领袖的史学地位。

贺长龄为《皇朝经世文编》所写的叙中，集中阐发了他的经世致用的基本思想，不啻为晚清经世思想复兴的一份公开宣言。其目的就是要通过此书改变乾嘉以来学者群趋考据一途的纯学术研究的学风，让经学为解决日趋激化的政治社会实际问题服务。叙中明确提出"善言心者，必有验于事""善言人者，必有资于法""善言古者，必有验于今""善言我者，必有乘于物"的命题，鲜明地表现了重视实践标准，重视为现实服务的经世精神。所以他说："君、公、卿、士、庶人，推本今世、前世道器之洿隆所由然，以自治外治，知违从、知伍参变化之谓学。学为师长，学为臣，学为士庶者也。格其心、身、家、国、天下之物，知奚以正，奚以修，奚以齐且治平者也。"这就是说，无论是君、公、卿，还是读书人和平民百姓，都要学习。学什么呢？就是学习历史的经验，通过对历史上各种典章制度（器）的学习与研究，找出其中变化洿隆的规律（道）。这就是格物致知，通过格物使内心真正掌握和了解事物的本性，从而弄懂如何正心，如何修身，如何治国平天下的道理。

由此可见，他主持编纂《皇朝经世文编》的用意就在于开辟一条理论联系实际的道路，所选文章具有很强的现实针对性，因而深受士子、官员的喜爱，也促使了同类文编的相继问世。"自贺氏之书问世，海内风行，颇有洛阳纸贵之概。而续编踵作，尤见一代盛况。有清一代各家经世策论，能面世者，多被收载。相类之文编巨制，层出迭见，前后不下二十余种之多，每每推重贺氏为创始前徽，而于贺氏编例，尤其多所因袭。"（王尔敏《中国近代思想史论续集》）贺长龄也是把《皇朝经世文编》的理论运用到漕粮海运实践的第一人，虽然漕粮海运由陶澍主其事，但由长龄具体负其责，成其功。《皇朝经世文编》想为漕粮海运找到理论依据。陶澍大力支持贺长龄编纂《皇朝经世文编》也有非常现实的功利考虑。

对于贺长龄在编辑《皇朝经世文编》中的贡献，时人也做过评述。俞樾说："自贺耦耕先生用前明陈卧子之例辑《皇朝经世文编》，数十年来风行海内。凡讲求经济者，无不奉此书为榘矱，几于家有其书。"（俞樾《〈皇朝经世文续编〉序》）盛康认为："道光初，善化贺耦耕中丞因华亭陈氏有明经世文一编，复踵陆氏《切问斋文钞》之例，辑开国以来诸家奏议文集，成《皇朝经世文编》百二十卷。巨典宏规，于斯焉萃，言经济者宗之。"（盛康《〈皇朝经世文续编〉序》）张之洞说："善化贺氏，武进盛氏《文编》，于经济、掌故、交涉、政要，最称明备。"（张之洞《〈皇朝蓄艾文编〉序》）邓邦述说："自善化贺氏本吴江陆氏切问斋文钞之旨，辑《皇朝经世文编》一百二十卷以行于世，于是，东乡饶氏、上海葛氏、武进盛氏皆有续编。"（邓邦述《皇朝经世文新编续集叙》）孟森也认为："嘉道以后，留心时政之士大夫，以湖南最盛，政治学说亦倡导于湖南。所谓首倡《经世文编》之贺长龄，亦善化人。"（孟森《明清史讲义》）这些大家都不约而同地承认贺长龄在编纂《皇朝经世文编》中的主要作用。贺长龄作为经世派理论旗手的地位因此而得到公认。

但是，长期以来，贺长龄对《皇朝经世文编》的主导性贡献却因为晚年的落职和魏源后来在学术研究上的突出表现而被一些史学家所忽视，贺长龄的主导性贡献反而被魏源所掩盖，例如，《皇朝经世文编》就被视为魏源的成果收入《魏源全集》。这在客观事实上有失公允，值得一辩。

首先，编纂这样一部巨著的想法，是贺长龄创意的，魏源只是因才学出众、文笔流畅而被贺长龄选中共同成就这一经世伟业的。从编书动机看，贺长龄比魏源意愿更为主动，现实需要性更大。由于运河的阻塞，给事关国家命脉的漕粮河运带来了重大困难，为此，朝廷内部就漕粮河运、海运问题产生了激烈交锋。户部尚书英和等人主张漕粮海运，得到山东巡抚琦善、安徽巡抚陶澍、江苏布政使贺长龄等地方大员的支持，但遭到了两江总督魏元煜、江苏巡抚张师诚等地方大员的反对，他们怕担海运风险。道光皇帝为推行海运，调琦善为两江总督、陶澍为江苏巡抚，统筹负责海运工作。作为布政使的贺长龄负责漕粮海运具体事务。为了证明海运的可行性，贺长龄希望从先圣时贤的议论中找到理论依据为自己的主张助威，为漕粮海运扩张声势，因此，他才延聘魏源等人帮其编纂《皇朝经世文编》。贺长龄是1826年漕粮海运的积极实践者。正如魏源代他所作的《〈江苏海运全案〉序》中所说："维时辅臣（英和）力赞，大府（琦善）佥同，而臣长龄适藩南服，绾海国漕贡，乃襄议、乃筹费、乃遴员、乃集粟、乃召舟。"他同时也是重要的谋划者，"说具《复魏制军书》，复为图说上之大吏，于是江督某公，苏抚安化陶公协力行之。公乃择谙悉洋面商人，使雇派沙船……"（见《贺长龄集 贺熙龄集》）魏源作为他的幕僚虽有参赞之功，但完全是为贺长龄海运需要的现实动机服务的。这种主从关系决定了魏源是以雇佣者身份投入《皇朝经世文编》编纂的。

其次，从生活阅历和思想基础而言，贺长龄要比魏源成熟得多。因此，贺长龄对《皇朝经世文编》的编辑思想把控是决定性的，魏源只是领会执行。《皇朝经世文编》是一部卷帙浩繁的经世著作，涉及的内容十分广泛。要编纂这样一部事关国计民生的巨著，需要编者具备较为成熟的经世思想。而这一思想的形成，有两个条件是必不可少的：一是对民生问题的深入接触。二是对有关民生问题的经典文章的大量阅读。而在这两个方面，此时的魏源远不如贺长龄。从生活阅历而言，贺长龄成名较早，1808年，23岁时就成了进士，选为翰林院庶吉士，授编修。翰林院是国家级研究机构和政府官员养成所，在这里，可以接触到大量珍贵的档案资料和各种珍本图书，并参与国家组织的图书编纂工作。1816年，贺长龄就以参与纂校国史告成而受加级奖励。多年翰林院京官的生活，以及纂校国史的经历，使贺长龄较早地接触到了不少魏源无法看到的资料，而这些资料对贺长龄经世思想的形成和《皇朝经世文编》的编辑都是不可或缺的。贺长龄在编《皇朝经世文编》之前，已在外历官多年，做过南昌知府、山东兖沂曹济道、山东按察使、江苏按察使，1825年又任江苏布政使，在治国理政的实践中，积累了丰富的经验，对经世之术的理解更为透彻。在这些方面，魏源更是远远不如贺长龄。魏源小贺长龄9岁，他虽然少负壮志，聪慧过人，同样在岳麓书院接受过经世致用的教育，但晚于贺长龄7年。1814年，他才随父亲第一次入京，这比贺长龄1808年首次入京晚了6年。他虽然15岁时考中秀才，但到29岁才中举人，51岁才中进士，这比科场的幸运儿贺长龄要晚得多。他在1828年才由举人任内阁中书舍人，才有机会看到皇家典藏著作，这比贺长龄晚了20余年，而且已是编纂《皇朝经世文编》以后的事了。况且，魏源此前没有任官的经历，只是为糊口，先后做过杨芳和贺长龄等人的幕僚，稍稍具有经世致用的实践经验，不可能大量阅读关于民生问题的文章，他参与整个编纂工作顶多两年，在此期间，要他收集那么多文献是根本不可能的，只能是贺长龄早有准备，魏源按照贺长龄开的目录去收集。具体来说，贺长龄的经世思想大致形成于1820年前后。正如罗汝怀所言："当是时，公以文学侍从之臣，回翔禁近，殆将一纪，而特达之知从此始矣。"这里的"特达之知"就是指有深厚底蕴的经世之学。而魏源经世思想的正式形成，则是在编纂《皇朝经世文编》的时候，正是贺长龄延聘魏源编辑《皇朝经世文编》，才使得魏源的目光从狭义的学术领域转移到影响国计民生的"大政"，魏源的许多经世代表性著作如《筹漕篇》《筹河篇》《淮北票盐志叙》《畿辅河渠议》等，除《筹漕篇》（上）作于1825年夏之外，其他的都成于1827年之后，甚至是十九世纪三四十年代。

再次，从编纂《皇朝经世文编》所需的物质条件和人力资源来看，贺长龄对该书的贡献要比魏源大得多。编纂《皇朝经世文编》这样的鸿篇巨著，需要大量的人力、物力和财力资源作保障。贺长龄作为江苏布政使，主管一省的财政经济，拥有大量的公共资源。只有他有能力调动政府资源来从事这项宏大的工程，而作为幕僚的魏源只能秉承其意图来助其完成这项工程。因此，在编纂《皇朝经世文编》中，贺长龄是指挥员、决策者，魏源是战斗员、实干者。贺长龄不仅在经济上、人力资源上提供了强有力的保障，而且还充分利用布政使衙门的有利条件，调集丰富的官方文件和私家著述以供选择。同时，调派各类人才进行选材、整理、分类、制版、雕刻、印刷等具体工作。这些都是魏源所无法做到的，离开贺长龄，魏源即使有心也无力完成这一文化工程。

此外，结合魏源生平看，他的思想巨著，很大程度上都依赖于实践经验丰富、思想开明的官僚引导和启发，为他提出课题，奠定基础。《皇朝经世文编》是贺长龄，《海国图志》是林则徐，还有一些谈经济改革的文章则是陶澍在背后，这说明魏源的独创能力有所欠缺。而且他终身迷恋科举，一直考到 51 岁才中三甲第 93 名进士，这对于他专心于思想著述也有所影响。中进士后他离开了那些英杰主官，独立为官，当过县令知州，政绩平平，缺乏作为，在平定太平军的历史风云中，消极应对，举家逃亡，很是狼狈，而他的诸多友人，都在此时崛起，取得了辉煌人生业绩。这与魏源为幕僚时的风风火火，判若两人，后来他皈依佛门，不问红尘事，更与他指点江山的思想家姿态恍如隔世。诸此种种都说明，魏源的行动力是难以恭维的，他离开了雄主，思想的明锐与锋芒都大受影响。这也意味，讨论《皇朝经世文编》，绝不能以事务性的工作量来权衡贡献，贺长龄的核心主创身份毋庸置疑。

（见罗宏、许顺富《湖南人底精神：湖湘精英与近代中国》）

　　顺着话题，就涉及魏源了。

　　必须看到，参与编纂《皇朝经世文编》工作对于魏源也是一次重要思想提升。甚至可以说，如果没有参加《皇朝经世文编》的编纂，魏源的人生可能是另一种轨迹。贺长龄在魏源的人生道路上具有领路人作用。

　　魏源（1794—1857），字默深、汉士。原名远达，湖南邵阳人，家世殷实。少年时，在叔父魏辅邦的教诲下读书，叔父是岳麓书院罗典器重的弟子，很有乡望，对魏源等魏家子弟管教十分严格，在这个意义上，魏源也是罗典二传弟子。他很是刻苦，以博闻强记著称。嘉庆十五年（1810）取秀才，入岳麓书院读书，成为袁名曜的弟子，从师承论也是罗典的二传弟子。嘉庆十八年（1813）举拔贡。

　　举拔贡就意味可以获得授官的机会，当然还要进京通过一系列考试。于是魏源就开始了自己的京都之行。此时他的父亲魏鲁邦也要去江苏就任一个巡检的小官，父子便同行到河南分手。他们沿途游览了不少名胜古迹，乡下书生魏源开了眼界。父亲还把京都的湖南官僚一一向儿子介绍，要在京都立足，这批湖南老乡人脉是必不可少的。不用说，陶贺的社交圈就进入了魏源的视野。魏源家谱记载，这次京都之行，魏源并没有打开仕途的通道，却结识了一批良师益友，就良师而言，有胡承珙——魏源从胡研习汉学，还有刘逢禄——魏源从刘研习公羊学。就益友而言，陶澍、贺长龄、唐鉴、何凌汉、欧阳厚均、周系英、周诒朴、陈沆等均是一时之俊彦。这个京都人脉圈以湖南人为主，陶贺便是圈中活跃分子。魏源进入这个圈子，对后来的造就不言而喻。不过，就魏源当时的身份而言，属于晚辈，多少有点攀交，或者说，他们和魏源的关系应该是亦师亦友。

魏源这次京都之行长达三年，学习深造是主要生活内容，他十分刻苦。罗汝怀在为魏源写的《古微堂诗集叙》中如是写道："当其弱冠，举嘉庆中拔萃，盖出萧山汤公特识，非以寻常少年才俊视之。及居京都，破屋昏灯，敝冠垢履，数月不易衣，屡旬不剃发，以探索古籍。凡时世所为，工揣摩，趋风会，以蕲速化者，舍人不屑也。"

魏源求学并不挑食，古经文学派的汉学，今经文学派的公羊学，他都不拒绝。这也显示出，此时他的学问根底还不够厚实，是大量地吸收知识之时，还谈不上自己的思想和学术方向。随着知识的丰厚，魏源最后的学术取向还是公羊学，他更倾向于公羊学派的实用主义精神，在古经典中索求变革现实的微言大义，借古喻今，托古改制，而不是泥古不化，为学而学。

魏源的老师刘逢禄还有一个得意弟子，就是大名鼎鼎的龚自珍。按龚自珍说，他是28岁师从刘逢禄治公羊学。有人说，魏源就是这次京都之行认识了师兄龚自珍，但是据龚自珍年谱记载，这段时间，龚自珍不在北京。学界一般认为，魏源和龚自珍相识是在1819年，两人在顺天乡试期间相识，此后就结为密友，以"龚魏"名世。但是必须看到，虽然龚魏两人后来学术观点相近，并称开晚清新思想先河的两大启蒙思想家，但在和魏源相识时，龚自珍的学问和名气要在魏源之上，还入朝担任了内阁中书，而魏源还只是一位苦读书生，其生活来源，还要靠给人做馆师幕僚维持。从学问上看，此时魏源治学，还显得芜杂松散，缺乏头绪。故龚自珍批评魏源为学过于繁琐，不善于总览全局，抓不住要害。可见，此时还谈不上"龚魏"齐名。魏源是在《皇朝经世文编》问世之后，才真正具有全国性的影响力。在这个意义上说，跟着贺长龄编纂《皇朝经世文编》，是魏源治学道路上的一次重要蜕变。

比较魏源和龚自珍，还不难发现，龚自珍的许多新思想更多和其坎坷的人生遭遇以及放荡不羁的人生姿态密切相关，更多是基于血肉生命受到压抑提出了许多叛逆思想，对腐旧思想和政治体制发动冲击，带着体认的原创性和坚定的生命呐喊。龚自珍无所顾忌地播扬捍卫自己的思想主张，相比之下，魏源就要圆滑世故许多，他曾劝诫龚自珍说："近闻兄酒席谭论，尚有未能择言者，有未能择人者。夫促膝之言，与广廷异；密友之争，与酬酢异；苟不择地而施，则于明哲保身之义，深恐有失，不但德性之疵而已。承吾兄教爱，不啻手足，故率而诤之。然此事要须痛自惩创，不然，结习非一日可改，酒狂非醒后所及悔也。"（见魏源《致龚定庵信》）魏源对龚自珍的劝诫固然有朋友的情分在内，但也体现魏源为人做事比较温和持重，甚至说更有城府。

说到此，就要说说魏源人生的一个职业特点了。可以说，他的绝大部分职业生涯都是在幕府度过，粗略统计，魏源先后入周系英幕、李宗瀚幕、贺长龄幕、赵慎畛幕、汤金钊幕、杨芳幕、陶澍幕、林则徐幕、陆建瀛幕、裕谦幕、李星沅幕等。不难想见，这种走马灯式的幕府人生会历练出一种生存姿态和本领，即灵活应变，不拘泥固执。作为幕僚必须敏慧地领会主司意图，或捉刀代劳，或经办实务，将主公的意愿付诸行动，而不是闭门造车。所以魏源思想比较开放，能够从容地接受新观念，包括西洋思想和技术，以至于提出"师夷长技以制夷"的命题，被誉为"睁眼看世界第一人"，就和这种职业历练有关。但是从另一方面看，幕僚人生的特点是跟着主公意图走，灵活性与迎合性并存，也就意味着思想的原创和坚守难免不足，其思想的生命根基不够内在和坚实。对此，学界似乎辨析不够深入，而这一点恰恰是深刻认识魏源必须注意到的。

魏源作为经世派思想大家的身份，应该是入贺长龄幕之后，追随贺长龄编纂《皇朝经世文编》才得以形成。道光三年（1823），他已中举，心思还在治经的学问上，要是继续研修下去，无非还是个书斋学者而已，而且未必能成大气候。龚自珍曾坦率且不无尖刻地指出，魏源治学拘泥于繁琐考据不能自拔，重细节而失大要，为诗文重文辞而失大本："颇喜杂陈枚举夫一二琐故，以新名其家，则累矣。古人文学，同驱并进，于一物一名之中，能言其大本大原，而究其所终极；综百氏之所谭，而知其义例，遍入其门径，我从而筦钥之，百物为我隶用。"（见龚自珍《与人笺一》）可见，这样下去，魏源未必能有大出息，很可能是一个腐儒。是贺长龄延请魏源入幕，编纂《皇朝经世文编》，才改变其人生轨迹。有学人称这是魏源的第一次思想飞跃——由治经转向了经世。《皇朝经世文编》关注的文章不再是千年古经，而是当朝治理天下产生实效的时文，目的也不再是发掘古经中只能作为思想原则的微言大义，而是作为行动模板的方法依循。

于是魏源的学术之路发生了大逆转。他在两年之内完成了《皇朝经世文编》的编纂，这也是以前字斟句酌、冥思苦索的治学方式难以想象的。可以说，是贺长龄提供给魏源一批从来没有读过的书，教魏源该怎样读以及现实意义何在，该怎样归类编纂。按今天的说法，编纂《皇朝经世文编》的过程，就是魏源跟着导师贺长龄当研究生做课题的过程。通过《皇朝经世文编》的编纂，魏源的整个人生发生大转型，他成为一位与当下经世实践密切关联的谋略家而不再是一个空谈论道的象牙塔中学人。

道光六年（1826），北京会试，心向科举的魏源和龚自珍又参加了科考。他们的老师刘逢禄任考试的分校官，发现一份浙江考卷和一份湖南考卷"经策奥博"，断定必是龚自珍和魏源的试卷，竭力推荐，但还是没有通过。事后开卷一看，果然猜中。刘逢禄十分伤感，作诗表达心中遗憾，诗中对魏源有如是评价："更有无双国士长沙子，孕育汉魏真经神。尤精选理踪鲍谢，暗中剑气腾龙鳞。侍御披沙豁双眼，手持示我咨嗟频。"从此，魏源有了"无双国士"之美誉。其实，由于编纂了《皇朝经世文编》，魏源作为国士的声名已经传播开来。刘逢禄的夸奖不过是推波助澜罢了。

以编撰《皇朝经世文编》为转折点，魏源走上了"以经术为治术"的道路。

他追随陶澍等主官，以江南财政改革为试验田，参与了一系列具体改革行动的策划和实施。当然，他还是擅长以文字形态把各种创意构想和实施方案转化为文本，撰写各种宣传文章，亦即成为各种改革文献的起草者。不难想见，其经学功底也给各种方案以理论支撑，从而更显雄辩，这也就使他具有了思想家姿态。但是，依然要看到，并非各种经学原理逻辑地衍生出了各种变革思路，而是种种现实困惑激发出了种种变革谋略，从而在经学中寻求理论的认同和庇护。在这个意义上，魏源的角色并非精神教父，而只是一个善于将实践进行理论升华的意识形态高手，真正主导魏源的是陶澍、贺长龄之类具有决策权的开明政治家。如果进行现代比附，魏源大约相当于一个理论底蕴深厚、善于写社论的宣传家。

及至后来，魏源卷入了更为激烈复杂的鸦片战争，见历了更为跌宕壮阔的历史云烟，写出了《海国图志》，发出了"师夷长技以制夷"的强国口号，打破了"夷夏大防"的传统禁忌，一时间令保守的国人震惊，依然是秉承着林则徐的旨意，延续但升华了林则徐的思考而已。

道光二十一年（1841），林则徐被遣戍新疆之前，与魏源相会于镇江，百感交集的林则徐将自己的忧国之思、强国之策与魏源彻夜长谈，分手时将自己收集的《四洲志》、《澳门新闻纸》、西方地理资料、制造枪炮的图样，以及自己的一系列奏稿等交给了魏源，托付自己曾经的幕僚，完成一部痛定思痛、反省传统、图强救国的新著。由于魏源长期追随开明主官，深有思想共鸣，更有报恩之意，他接受了嘱托，继续丰富资料，一年时间就完成了50卷57万字的《海国图志》，其后又继续扩充至近百万字。这样神奇的编写速度一方面表明，魏源的确是思维敏捷，下笔飞速的文章撰著顶级高手，林则徐眼光犀利，所托当人。另一方面也表明，魏源是站在巨人肩膀上，以林则徐的思考与素材为依托，锦上添花，就思想的原创性而言是值得商榷的。对于此，恰恰是后世学人比较忽略的，于是，魏源就成了一个富有开创性思维的思想大家，那些启迪魏源思想灵感的奠基者和引路人反而遭到了埋没。《海国图志》是这样，《皇朝经世文编》也是这样。

意味深长的是，魏源名世的大著都是在开明行政主官的托付和支持并且提供基本素材和观念的背景下完成的。就其人生行迹看，一旦他独立担当一面，处于可以更自由地放飞自我的情势下，无论是思想作为还是行政作为都显出平庸甚至颓废，从而构成他人生的另一副面相。其一，他人生的相当一部分时间和精力都消耗在科考奔忙中，漫漫科举之路长达30年，直到51岁才中进士。可见，思想超前的魏源还是难以割舍科举虚名。其二，他在进士后，做过主政一方的县令和知州，长达8年，可是政绩平平。太平军起，他的许多同僚建功立业，他却举家逃亡，可谓狼狈又窝囊。到了晚年，他遁入佛门，写下颓唐的诗句——"扫地焚香坐，心与香俱灰。沉沉寥寂中，冥冥花雨来"，经世豪情壮志荡然无存。诸此种种，只能说，魏源不仅是一个行动能力不足的人，其思想创新能力也要靠高人启发激励才能唤醒，比喻性地说，魏源有点像月亮，因反射太阳的光芒而皎洁。总之，只有结合魏源人生的矛盾性才能更完整地理解其人。

从《皇朝经世文编》到《圣武记》再到《海国图志》这些署名魏源的著述，我们应该看作是清代经世派官僚的集体思想成果。透过这些典籍，我们还要注意其充满着务实兴邦、变革图强的国家主义精神。

《海国图志》的写作意图，魏源讲得十分简明扼要："是书何以作？曰：为以夷攻夷而作，为以夷款夷而作，为师夷长技以制夷而作。"简言之，《海国图志》就是为国家强盛而作，为了国家战胜异邦强国，在国际生存竞争中立于不败之地而作。所谓师夷，是技术上的学习，目的是制夷，也就是说，不是制度和文明的效法，更不是追求国际价值观的共鸣。魏源作为经世派的理论宣传家，其出发点和落脚点都是为了民族国家的强盛。他另一部名著

《圣武记》更鲜明地表达了其国家主义立场。他憧憬清帝国能够复兴清初的圣武气象，四夷来朝的帝国光荣。我们当然不能苛责魏源，时至今日，一些人依然相信，非我族类，其心必异，国家间的和平，只不过是基于实力博弈结果的利益平衡，不可能是心灵之间的融为一体，因此，世界只能是一种国家割据的存在。

我们之所以强调魏源的国家主义立场，还是想回到《皇朝经世文编》，回到贺长龄。也就是说，魏源追随贺长龄编纂《皇朝经世文编》，张扬经世致用，也是本能地站在国家主义立场，从国家统治的有效性、巩固性、强盛性立言，所谓经世致用无非是经国致用。于是，《皇朝经世文编》也就被世人理解为国家治理经验的汇编，或者说是一部国家主义的社会治术经典。这当然无可厚非，问题是，如果我们结合贺长龄的人生遭际和行政业绩，还可以发现，贺长龄的思想深处还有浓郁的民本主义色彩。这种民本思想深潜于《皇朝经世文编》的编纂中，在一定程度上超越了常态的国家主义。只是魏源并没加以凸显，有些遗憾。倘若魏源在编纂《皇朝经世文编》时，少一些匆忙，多一些与贺长龄的思想沟通，多一些深究性质的沉思，或许，这种思想亮点就会得以张扬，我们对贺长龄的认知也会更深入、更细腻。

一般说来，国家主义作为一种政治观，有两个鲜明原则：第一可谓国与国的原则，即不相信国家民族间可能因为对同一价值理念的追求而走向和谐统一，只承认国家民族间基于实力和理智的权衡达成利益平衡，和平相处。第二可谓国与民的原则，即主张国家是最高价值的实体存在，国民个体只是作为组成国家的要素或者细胞而存在，国家高于国民个体，国民个体承担着服从并殉献于国家的义务，并在国家的呵护下获得个人和家庭的福祉。通俗地说，就是有国才有家，没有国家，国民个人什么都不是。

毫无疑问，贺长龄作为国家统治体制中的官僚，他主张的经世致用，总体而言，也是国家主义性质，即根本目的是维护清帝国的长治久安。但是，就个性差异而言，贺长龄更注重在国家呵护下，国民应该获得个人和家庭的福祉。也就是说，他在国和民的利益纠缠中更注重民生关怀，将国民福祉看成一种国家承诺甚至义务，从而区别于强势的国家主义者。

我们将《皇朝经世文编》收录的文章做了如下统计：

表1 《皇朝经世文编》收录文章统计表

分类	学术	治体	吏政	户政	礼政	兵政	刑政	工政
子目数	6	5	8	12	10	12	3	8
卷数	6	8	11	28	16	20	5	26
篇数	129	157	213	535	395	341	81	385
比例 %	5.77	7.02	9.52	23.93	17.67	15.25	3.62	17.22

从表1可见，《皇朝经世文编》以国计民生文章为主体，户政、礼政、兵政、工政文章占比超过70%。这些文章都是具有操作性的经验之谈，不是空疏论道之文。此外，不以人废言，只要文章言之有物，关乎经世，作者没有名气也录其文。如张海珊，道光举人，并无名气，收文达12篇。张士元，乾隆举人，收文5篇。反之，像王念之、王引之、戴震等大家，考据学术之文均不取。还有，异说并存，同一个问题，众说纷纭，各有见地，即使互相争辩也兼收并蓄，并不定一尊。诸此种种说明，贺长龄旨在解决实际的民生问题，而不是在进行意识形态教化。他希望通过为政者的切实努力，推动经济发展，改善民生，造福祉于民，达到社会安定，而不仅仅是以权力的压迫，以教化的灌输，使人民驯服于统治，维护国家的长治久安。也许受《皇朝经世文编》的体例所限，贺长龄的民本思想没有得到充分彰显，我们再结合贺长龄的其他论说与行为看一看。

贺长龄遗文中，有一篇《耐烦劳说》，重点讨论了为官的天职义务。基本观点是，当官者就是为民操劳的命。他引用陈文恭言道："人谓居官则可免烦劳，不知正为居官，则不能不烦劳，亦不敢不烦劳也。……固有官司耐一时之烦劳，而百姓受无穷之福泽；即有官司厌一时之烦劳，而百姓受无穷之扰累者矣。……故必先办一片爱民真心，方能始终无倦。州县之于民犹父母也，几见父母之为其子，而有不耐烦劳者哉，无他心诚求之耳！"（见《贺长龄集 贺熙龄集》）这是强调，统治者必须以父母关怀儿女之心来对待人民。尽管统治者仍然高居父母地位，可以指手画脚，甚至施以强力训育，但

绝不能剥夺和奴役人民，将人民作为维护统治的工具和牺牲品，而是要承担为人民造福的义务。这种观点，就超越了强势国家主义者的信念——为了国家，可以肆无忌惮地牺牲人民。贺长龄更关注对国家权力的制约，对国家义务的强调。贺长龄还举保甲制度讨论了统治者与老百姓的关系。保甲制度是为了维护国家安全而设，这是要求百姓为国尽义务，但是贺长龄更强调："官亦不能遽使其民，必须与民相亲。为民任事，使吾民感我之恩、喻我之意，上下交孚，欢然若一家父子，而后保甲可行。"（见《贺长龄集 贺熙龄集》）这也是强调统治者和人民的关系要以互相恩爱、互相维护为原则，不能仅是国家索取，人民付出。总之，贺长龄更多的是站在人民的立场上处理国家和人民的关系。在同时代的官僚中，这是不多见的。

从贺长龄本人的行政作为上看，他也是身体力行的。罗汝怀总结说，贺长龄"为政之大端，更有荦荦可纪者：一在恤民，一在恤吏，一在育人才，一在讲武备"。其实这几点都体现在"恤"字上，可谓恤民、恤吏、恤才、恤兵。就是尽可能节制国家权力和利益，让利于民。在官民关系方面，贺长龄十分警惕官吏的权力滥用，严厉打击欺压民众的恶吏；在民族关系方面，贺长龄坚持平等对待，反对民族歧视，对少数民族采取优抚照顾措施；对待弱势群体，贺长龄更是带头扶危济困，对于人才，贺长龄则不遗余力地培养。这些都体现在他的"恤"字中。也正是这个"恤"字，他被强硬的国家主义者认为"儒而不武，不足奠以岩疆"，说穿了，就是对下民霸气不足，慈心有余。

但也不能说贺长龄是个懦弱庸碌之辈，例如，贺长龄在对待君主上司的态度方面，十分厌恶迎奉阿谀、患得患失、战战兢兢的人身依附之态。他说："圣门论事君，以患得患失为鄙夫。"可见他还是颇有傲骨和主见的，对于官场媚上压下的风气，他也坚决抵制。如罗汝怀说："生平取与一准于义，陋规多所屏却，其于朝中权贵，亦无所馈献，而亲戚故旧僚属振恤无吝。"诸此种种，都体现出对于国家权力的掌控者，贺长龄是保持相当警惕乃至距离的，对于非权力群体，贺长龄则体现出更多的亲和恤爱。这种警惕姿态表明，贺长龄至少是感性地意识到了，在国家主义的社会政治运行中，存在国家和人民之间权力关系的不平等，人民往往处于被权力宰割的卑微处境，这是不公正的。

这种不公正至少是狭隘国家主义政治思维的结果。在狭隘国家主义看来，以国为本，国家优先的原则是确定的，国民只不过是支撑国家强盛的生产力和战斗力。这种基本格局，贺长龄显然无法改变也未必有改变的自觉意识，甚至他本人也是要维护国家至上的国家主义政治制度的。但是他希望国家的利益欲望能克制一点，让渡给国民多一点实惠，使国家能够在更多国民拥护而不是恐惧怨恨中长治久安，发展强大，这就是贺长龄的民本思维，贺长龄的经世致用理想中，也包含着经世为民的考虑。更重要的是，贺长龄在有意无意之间，给国家主义政治观提供了一种拓展的可能，即在强调国家利益至高无上的同时，也注意国家对国民的义务，将国民的福祉纳入国家发展强盛的重要指标，将执政为国与执政为民统一起来。至少，这比狭隘的国家主义多了国民关怀或者说人权关怀的意涵。也许，这在贺长龄的时代无法解决的死结，随着时代进步是可以解开的，今天的我们，是能够做到国家理想和国民福祉相统一的。

贺长龄与皇族大吏伊里布私交甚笃，道光十七年（1837），贺长龄初到贵州，时任云贵总督伊里布来到贵州视察阅兵，实际是给贺长龄站台鼓劲，贺长龄写下了这样的诗句：

> 早钦德意洽苍黔，阅伍东来更肃然。霜冽两章包比直（公奏劾镇远、古州两镇），风清一介尹同贤（公严于取与，所至肃清）。犹烦披牒惭无讼，安得开云咏有年（时连阴盼霁）。勖我三言常在念（公前函教云："不要看高了天，不要看轻了民，不要看小了我"），更思请益驻旌旄。（见《贺长龄集 贺熙龄集》）

伊里布赠贺长龄的三句话——"不要看高了天，不要看轻了民，不要看小了我"，为贺长龄终身铭记，这三句话，也是贺长龄四十年为官行迹的生动写照，从而成为解读贺长龄最关键的警句。

贺熙龄的进退人生

乾隆五十三年（1788），贺府又一个男婴诞生，他就是老六贺熙龄。

贺熙龄和五哥贺长龄无疑是贺家最引为骄傲的两位子弟。嘉庆十二年（1807），兄弟俩同时中举，其兄为解元，贺熙龄为第六名，可谓少年得志。随之，两兄弟又先后高中进士，一时间传为湖湘士林佳话。后来，兄弟俩又以湘学二贺的声誉闻名士林。不过，就仕途而言，其兄贺长龄为官40年，官至云贵总督，为一代封疆大吏，经世派领袖人物；贺熙龄为官33年，曾任湖北学政、四川道监察御史等职，官阶不过四品，官本位地看，与其兄相差甚远矣。此外，贺熙龄为官33年，告假回乡时间却达20年，其人生构成了进退隐显的对比格局。邓显鹤评价说"其拳拳用世之志与汲汲求退之隐，并行不悖"，十分准确地勾勒出贺熙龄独特的生命姿态。

于是，贺熙龄的进退人生就成为一个有趣的话题。

家乘中保留了贺熙龄儿子们合作给父亲写的《行状》，对于贺熙龄的少年生平情状，有如下描述：

> 府君讳熙龄，字光甫，号蔗农，晚自号讷庵。先世浙江宁波府镇海县人，太高祖讳宏声，字上振。官湖南按察使司司狱，侨居长沙，后遂占籍为善化县人。……本生祖建亭府君讳启曾……祖考省吾府君讳念曾，诰封朝议大夫，妣氏吴，赠恭人。建亭府君性方严，岁时子恭谒如公家，凛然无敢咳唾者。与省吾公具精律例，佐郡县治狱有声。生子八，府君次居六，省吾公无子，建亭公使于诸子择焉，省吾公遂以府君为己子。府君幼颖异，丰度

端凝，长仅中人而清气溢于眉宇，粹然有儒者气象。九岁善奕，建亭公知而挞责之，府君长忌泣悔乃止，由是终身不复奕。读书不烦程督，年十三，见同学为文心艳之，尝私作，明年应童子试，见者无不嗟赏。郡守张公五纬见其交洋洋七百余言，疑之，令默诵无差，尤深契之。塾师多旷，五伯父尚书公知之，畀归亲自课督，而府君修弟子礼甚恭。由是学益进，所为文敏速华赡如凤构。年十六，丁生大父忧服阕，受知于学使者吴公廷琛，入邑庠，仍从五伯父读书岳麓书院，日研经史，夜课诗文各一首。一埙一篪，虽盛暑不辍也。后为文立就，不事增损，适符七百言。

这是写贺熙龄的少年才情。

据贺家老人口述的逸闻，贺熙龄童年时棋艺精绝，可以下盲棋同时和数成人棋手敌，要是寻常人家，这也是津津乐道的神童佳话，但其父启曾闻知大怒，认为儿子玩物丧志，有辱家风，令其跪在堂屋，一顿鞭打，从此熙龄再也不敢下棋。贺门家风之严，可见一斑。

颇为奇怪，贺熙龄生父启曾有八子一女，其叔父念曾生八女一子而儿子早殇。没有子嗣的叔父十分器重熙龄，请求哥哥将熙龄过继给他，于是贺熙龄就成了念曾之子。嗣父性格十分宽和，对熙龄百般宠爱，将熙龄送去私塾就读，并不在意熙龄学业是否出类拔萃，导致私塾先生也偷懒放松督教。好在熙龄戒棋后也潜心向学，加上天资聪颖，对常人头疼的八股文并不畏难，反而很喜欢这种形式感很强的文体，十三岁去应童子试，写出的八股文章不仅中规中矩还文采斐然，以至于长沙知府张五纬怀疑有假，命他背诵，这才确信。不用说，贺家神童之名便传开了。嗣父念曾更是得意洋洋，逢人就夸儿子。哥哥贺长龄却明白，弟弟靠的是小聪明，真正的学养根基还不扎实，就把弟弟带到身边，跟随自己读书，贺熙龄也对哥哥行弟子礼，非常尊重。

没多久，哥哥又拜罗典为师，感觉受益匪浅，便把弟弟一起带进了岳麓书院，兄弟俩都成了罗典的弟子。这时状元出身的湖南学政吴廷琛格外看重少年才子贺熙龄，将贺熙龄收入府学就读。可是贺熙龄依然跟着哥哥从游岳麓书院的罗典，想必是感觉到在罗典门下受教益更多的缘故吧。投入罗门一年之后，熙龄又跟着哥哥参加了乡试，在近万名秀才考生中，与哥哥长龄同榜高中亚魁和解元。虽不能说罗典有点石成金的本事，但罗典教授应制文章是一绝，门下弟子云集，大都是冲罗典的绝技而来。以后熙龄也成为名师，对只求科举功名的学生很反感，不过也强调文章技巧不可一味偏废，深深烙印下了罗师风范。

丁卯乡试第二年，五哥长龄联捷中了进士，贺熙龄也参加了京都会试，却没有再创兄弟同榜高中进士的奇迹，这说明其学养根基还欠火候。于是，他又攻读了六年。吊诡的是，所有关于贺熙龄的记载，都缺席这六年阐述，《行状》也一笔带过："府君罢试归，悉取宋五子及元明国朝诸儒先遣书，朝夕研味，辨其同异，身体而力行之，而科举文字亦进。"

尽管如此，从贺熙龄诗文中，还是可以粗略推知，这六年，他是在京都和家乡的来往游学中度过的。当年，许多获得举人身份的读书人常年逗留京都，一届又一届地考试，志在进士登科，京城中就形成了一个独特的士子群体。贺熙龄便成为该群体一员。区别在于，他作为嗣父家的独子，还要兼顾侍奉双亲的任务，所以像一只鸿雁，在京城和湖湘间来回奔波。

这个人生决定，很可能是五哥长龄的主意。他坚信六弟有金榜题名的实力，也坚信自己有能力成全六弟。在京都，他开列了书单，指导六弟读书，还不断地给他引荐师友。如其好友、理学大家唐鉴，就是他推荐给六弟的一位老师。论学历，唐鉴是贺长龄、贺熙龄兄弟的同年；要论中进士，还晚贺长龄一届；可是论学问，唐鉴要高出当时的二贺许多。这不仅因为他年长贺长龄 7 岁，年长贺熙龄 10 岁，还因为他有厚实的家学底蕴，少年就有神童之名，且早在 4 年前就授有训导学官职位，在士林已经颇有名望。贺熙龄写道：

> 余嘉庆丁卯岁，与镜海先生同举于乡，以文章相切劘。嗣先生官翰林，余贻书询以文选之学，先生复书谓："文辞不足为学，余与令兄藕耕，近究心于朱子《近思录》及薛文清《读书录》，以自治其身心，求寡过而已。"余于是始知先生用功之深，而余之知有切己之学也，亦自是始。（见《唐确慎公集序》）

唐鉴区区数语，贺熙龄茅塞顿开。看来，此时的贺熙龄，并不是读多少书的问题，而是怎么读的问题，只要高人提点门径，贺熙龄自会豁然开朗。贺熙龄悟道："夫学术至今日而益裂矣！其高焉者，空谈心性，而不求诸实用；其卑焉者，溺于训诂考据，断断于一名一物之微；又其下者，剽窃词章以图幸进，而皆置身心于不问。故其出而临民也，卤莽灭裂，以利禄为心，

而民物不被其泽。"也就是说，读书为学目的是丰盈自身的思想境界，经世致用，惠及天下民生。明此理，读书求学自然就有了灵魂和坦途，获益自然就超越腐儒，而为人之英杰。

这六年光阴，由于五哥引荐，贺熙龄与朝中最有抱负的一批少壮京官结下了深厚友谊，如陶澍、唐鉴，后来都结为亲家，成为他上进的重要激励和人脉资源。不过更值得注意的是，此期间他还结交了另一些朋友，他们怀才不遇，仕途不显，甚至寿命不永，可谓坎坷一生，他们的命运似乎对贺熙龄有着另一种启悟。我们在贺熙龄留下的诗文中发现，他怀着很深的情感，记录了这些朋友坎坷潦倒的人生。不妨举要简介一下。

陈世昌（1777—1823），号艺荪，湖南武陵人，是嘉庆六年（1801）的解元，之后赴京考进士，并不顺利，逗留京都十年，考授国子监学正后继续考进士，一直科名不得。贺熙龄写道：

> 君往年以高才博学举辛酉乡试第一，学使范叔度、吴稷堂两先生交口揄扬之，一时声名满都下。余诗尚幼，从学里塾，仰之如天上人物，以不得晤为恨。戌辰岁计偕入都，始一见君，不过通通名字寒暄而已。及辛未入都，稍稍亲及。丙子岁假满还都，与君交益密。
>
> 余性迂拙，不合时，而君独好余，喜与余谈。余每有所思即诣君，偶一二日不见君，而余心忽忽不乐也。君性简默，淡泊于世事，无所好。都门多文酒之会，每当侪辈纵谈，君敛襟沉寂，不妄发一言，以故人多不乐。君乃与余良夜促膝，一灯一盂，旁无他客，君于此时意气豪迈，议论人才高下，慷慨时事得失，常欲得所籍手，以为国家效尺寸之用，视世之习时事、工言语以为能者蔑如也。（见《送陈艺荪司马之官蒲州序》）

可见，贺熙龄交友既不俗滥也不势利，而是以气节才学、趣味相投为准。尽管陈世昌后来为官不过是蒲州同知，终身不得志，却是贺熙龄的挚友。

谢兴峘（1783—1838），字湘帆，湘乡人，其父就是嘉庆年间怒烧和珅官车，号称"烧车御史"的谢振定。尽管其父名闻天下，谢兴峘本人也才学横溢，依然蹉跎屡场30余年，"竟不能得一第，以慰平生之志"。关于两人友谊，贺熙龄云：

> 余以庚午岁始识君于都门，且同舍相讲习，时余方弱冠，君亦甫逾三十耳，两人年少气盛，抵掌谈论古今事，论人高下，感慨激发，每至夜分不倦。以后君居都下，余往来南北，然皆不逾年而即合，合则交益亲……（见《福建泉州府安溪县知县谢君仞庵墓志铭》）

后来谢兴岖也只是考授知县，但他与贺熙龄的友谊持续了一生。

常道治（1782—1836），字稚黄，号小皋。岳麓书院罗典的弟子，与贺熙龄同窗，举人出身。贺熙龄写道：

> 余幼时应童子试，漠然无友，惟君兄弟时与偕。后读书岳麓，同游少鸿胪罗慎斋先生之门，益以文学相淬砺。君为文章始喜富丽，继乃穿胁幽微，覃思古初，其苟同于人，不合于圣者不言也。以是见知于慎斋先生，亦以是见訾于俗，而君为之益力。六应礼部试不售，留滞都门最久，键户攻苦，课徒自给，足不蹑贵人公卿之门。道光六年，始以大挑一等用知县，分发山西。（见《署山西平陆知县常君墓表》）

以上这几位挚友，不仅怀抱未展而且都年寿不永，最长寿者不过55岁，贺熙龄的文字中透射出深深叹惋。然而最令贺熙龄伤感叹惋的还是罗瑛。

罗瑛（1788—1821），字仲昭，号石友。善化人，"行状秀伟，为人和易详审，长于文词。年十二，应童子试，即惊其军，十九入邑庠，二十举于乡"，从此，便和贺熙龄相伴，为了金榜题名，来往于京都和湖湘之间，堪称风雨同舟的莫逆之交。贺熙龄留下的诗文中，与罗瑛的唱和最多，贺熙龄这六年的风雨行迹，在这些诗文中可见一斑：

舟中与罗石友夜话（其一）

往岁南归共载行，船头箕踞兴飞腾。那堪风雨三年梦，又对江湖一夜灯。故友凋零羁思苦，遥天惨淡暮寒增。（辛未与罗石友、潘芷生同舟南返，今闻下世五月矣，思之黯然）拨炉共煮荒村酒，愁绝蓬窗月乍升。

无端风引玉京城，惭愧文章偶窃名。一第岂能关得失，十年终觉负生平。欲思图报宁无术，便即归休也不情。暂诣门间慰遥望，乡心何敢恋莼羹。

听君击筑为君歌，何事穷途说奈何。白首蹉跎名将恨，红颜漂泊美人多。况今三载金门辟，自有千秋铁砚磨。此去青山随处好，暂同老子一婆娑。

贺熙龄遗文中，还有一篇《书罗石友遗像》，对两人交游叙述更详：

余年十四，应童子试，始识石友于善化县署之东厅，时石友年十三耳。而执卷高吟，旁若无人，余已心异之。后数年而余与石友相继举于乡，复相聚于京师，诗酒游从，欢洽无间。自是公车南北，往返必偕。旅舍蓬窗，酒酣以往，相对赋诗，至月落鸡鸣往复唱和不已。嗣石友得进士，选庶常，仍舍予京邸，其乐犹昔。时余二人年正少，以为相聚之日长，此乐未有艾也。而孰知别未五年，余闻其泛大江，游五湖，究金焦之胜，方羡其意气之壮，历久不衰，乃竟委化予道路中也。

贺熙龄密友中，罗瑛可说命运最潦倒。尽管他在嘉庆二十二年（1817）也中进士，却因家庭变故和个性孤傲等原因，人生并不得意，为幕漂泊于各府署之间，且不得重用，以至于生计窘迫，"穷不能具行李拮据"，33岁便病故。对罗瑛的怀念，伴随贺熙龄终身。

这些命运潦倒的朋友给贺熙龄留下了伤感和凄凉的记忆，后来他登科进士，对于升迁非常淡漠。道光皇帝和大学士曹振镛对他非常器重，给了他许多升迁途径，贺熙龄都没有积极响应，屡屡请假回乡，其为官履历有30余年，在朝履职的实际时间才13年，告假赋闲在湘的时间竟达20年，仕途升迁乃至相应的勋业建树自然受到抑制，在主张建功立业的经世派官僚中，这是很少有的现象。故邓显鹤评价说："其拳拳用世之志与汲汲求退之隐，并行不悖。"深究这种矛盾人格的缘由，这些朋友的潦倒命运对他的心理影响，当有不小关联。

比起那些蹉跎一生的朋友，贺熙龄无疑是幸运儿。

嘉庆十九年（1814），他金榜题名，并选庶吉士。这无疑是贺家的大喜事。按例，贺熙龄乞假省亲，说白了，就是衣锦还乡。《行状》便有了这样的记载："甲戌成进士，改庶吉士，乞假省亲，因念自上振公仕楚以来八十年未尝一返故乡，存问父老、修治先人塚，乃迁道镇海原籍，留两月始归。"

这又涉及贺熙龄乃至贺家的一件大事，就是回江浙老家，寻根问祖。

家乘中强调这是 80 年的乡愁所系，其实并不是真正理由，无颜见江东父老才是真实心结。爱面子的中国人寻根问祖，也是很有讲究的。如今，贺门已有两位子孙登科进士，祭祖之行也就顺理成章。可以想见，出人头地之后的贺熙龄春风得意地回到祖先故园，以贺知章裔孙的身份，毫无悬念地受到了父老乡亲热情款待。其诗序云："余先世居宁波之杨家桥，自高祖宦长沙，遂家焉。七十年来音问梗绝，丙子春归展先茔，流连二十余日，临别感慨，情见乎诗。"

鼓棹越王城，山川访四明。野人识名字，寒族有逢迎。
置酒延高座，添灯话旅情。疲劳容早卧，敧枕听残更。

往事从头问，凄凉客思伤。衰零悲骨肉，淹蹇叹文章。
当代遴才士，诸君尽国璋。试看珠剑气，午夜吐光芒。

归国四千里，离乡七十年。泪倾原上酒，寒锁墓门烟。
指点累累处，凄凉黯黮天。年来供麦饭，感愧叔家钱。

冒雨连朝出，缘寻伯叔行。相逢道辛苦，一笑置壶浆。
量浅难辞酒，樽空更解囊。兴酣忘漏促，归路拂灯光。

无奈登程去，新欢别更难。赠书满行箧，把酒送江干。
柳絮千条绿，波光四月寒。后期杳何日，倚棹泪汍澜。

这一组诗，完整地写出了从归乡到离别的种种感人情状。可以感受到，

此时的贺熙龄是踌躇满志的。这次江浙祭祖，还有一个重要意义，就是把善化贺氏家族与显赫的先祖贺知章更加仪式化地联系在一起。中国社会是以血缘为纽带建构起来的社会，高贵的血统对于后人的荫护是不言而喻的。

告别镇海回湘，贺熙龄又在岳阳拜谒了太守陈云樵。三哥贺寿龄曾在陈府为幕，深受陈太守器重。贺熙龄曾多次随三哥到陈府，还与陈太守的儿子在京城一起会试，也算是朋友。贺熙龄与陈太守把酒话旧，席间提及一段伤心往事：几年前一次酒宴，三哥豪饮亡故于陈府。大家感慨唏嘘，又表达了对贺熙龄前途的祝福。贺熙龄也赋诗答谢：

> 绕膝翩翩娇似龙，燕台把臂气如虹。
> 千古击钵风生肘，片玉澄怀月在空。
> 湖上春光人不远，尊前离思酒初融。
> 我来正值花开日，开遍河阳一县红。

"我来正值花开日，开遍河阳一县红"，既是写景，又是抒情，不难想见，贺熙龄对自己的仕途前景，还是满怀憧憬的。

回湘后，自然又是一片恭贺之声，最有趣的是嗣父非常隆重地将一部《受祜堂集》交给了儿子，还撰文写道：

> 阳城张泪谷中丞《受祜堂集》十二卷，余偶得之中湘市上。盖自哀其生平由邑宰而台垣而乘轺而开府行事，所施设者烂然有第，堪为楷模，真不愧政事文学法理之士，不独纪其遭遇之隆而已。儿子熙龄幸获一第，有入仕之阶，余大惧其分文析字得假寸柄，将蒙目张口幽冥而无所措也，亟授而读之。岂曰文章经济遂能媲美阳城乎？太史公有言，高山仰止，景行行止，虽不能至，然心向往之。是余之志也夫！

《受祜堂集》的作者张泰交（1651—1706）是山西人，字公孚，号泪谷，康熙二十一年（1682）进士，累迁浙江巡抚，官声廉正，《受祜堂集》就是对其生平和为官心得的撰述。有学者认为，张泰交最突出的事迹是在巡抚任上对浙江官风的整肃，一是禁止官场上庸俗的送往迎来；二是禁止下属官僚派人在省城"坐省"，疏通关节，请托跑官；三是禁止府吏门丁收受礼物贿

133

赂；四是禁止官府制定陋规扰民；五是严格官僚考核，以绩录用。一时间，浙江官风大变。张泰交也成为康熙十分器重的廉洁表率。贺熙龄的嗣父将《受祜堂集》作为贺礼交给儿子，可谓用心良苦。他期盼儿子能见贤思齐，在仕途上有一番大作为，也期盼儿子脚踏实地，不尚虚务，执政为民，留下好官声。总之，贺熙龄中进士之后，无论是自己还是家人，都满怀期盼，希望在仕途上施展大抱负。这又显示出他人格中"拳拳用世之志"的一面。

这就涉及传统文人的两面性了——总是在隐显之间飘忽不定。按孟子的说法，"穷则独善其身，达则兼济天下"，强调机遇对士子的约束，于是士子只能听天由命，随遇而安。但是贺熙龄有所不同，他要是真热衷仕途，是有显达条件的。其兄很受道光皇帝器重，还引他进入京都少壮官僚的交际圈，人脉可谓丰富，这都是当官的好条件。要论抱负和才华，贺熙龄也有做官的意愿和资本。可是他偏偏有点心不在焉。在家与国的价值天平上，他似乎更眷顾家。也许这才是关键所在。贺熙龄并非穷达难以自主而仕途平平，而是在家国的权衡中更青睐家的感觉。这就触碰到另一个有趣的话题了。竭力鼓吹"精忠报国"的士大夫群体，也有许多言行不一的故事，这又是什么道理呢？

查阅贺熙龄的仕途履历不难发现，他当官有太多的家室父母牵挂，并未能做到舍家报国。他中进士的当年便省亲归湘："时祖妣恭人得末疾，四体不适久矣，府君百方医祷，昼夜扶持，不少懈。二十一年春，以散馆期迫，请迎养，不许。乃携眷率美恒堂兄赴都，授职编修。"从记载看，他在家乡逗留了近两年。回京后，按惯例授编修，旋充国史馆撰修，还任了一届会试同考官，大约3年，又丁嗣母忧回湘守制3年多，其中还包括侍奉自己的生母严夫人。道光四年（1824），贺熙龄服阕再次回京，又从国史馆撰修重新起步，这一段时间大约6年，他历任监察御史、皇家考官、掌印给事中、湖北学政等职，官阶至四品，按说也是顺风顺水，可是道光十年（1830），又丁生母严夫人忧回湘守制，接着又以奉养嗣父以及目疾等故告假，在湘逗留长达10年。也就是在这10年里，他出任城南书院山长，创造了复兴城南书院的教育勋业，成为闻名遐迩的湖湘教育大家。但是其仕途功业基本终止，虽然道光二十年（1840）他再次回京，任四川道监察御史等职，但仅1年又告病假回湘，任教城南书院1年，便彻底退养在家，至道光二十六年（1846）去世，享年59岁。

计算起来，贺熙龄总计仕途履历有33年，却四次告假回乡长达20年，在朝为官仅有13年，最长的时段大约6年，缺乏显赫的官声政绩也就不奇怪。问题是，在官场上，贺熙龄似乎没有遭到什么挫折和阻碍，朝廷对贺熙龄的升迁还是比较公道的。家乘显示，道光皇帝多次召见他，对他的家庭颇为关照，调任湖北学政就是一例。还有大学士曹振镛，推荐他进入权力中枢机构，却被贺熙龄婉谢。《行状》这样说他："性廉静淡泊，不慕仕进，官翰林时，相国曹文正公重府君，欲奏入清秘堂，掌院事，府君婉辞之。或谓此人所求而不得者，毋乃矫。府君笑不答，乱以他语。凡大考前列者多超迁，二十三年独用至府君而止，人多惜之，府君怡然也。"

贺熙龄四次告假，主要都是自己的原因，或者是因为要照顾父母，或者是因为丁忧，或者是因为自己要养病。不能不说，贺熙龄在国事与家事之间，还是有更多的家事牵挂。为了奉养父母，他还多次向朝廷申请调至湖南周边省份为官，以便照顾家庭，朝廷满足了他的请求，调任他为湖北学政，但是1年后，他又要求开缺回老家奉养父母。要是吹毛求疵，贺熙龄在家国关系上的处理还是不敢恭维的。

可是要从延续至清代的中国社会结构特点看，贺熙龄的表现也并不奇怪。中国传统社会其实是皇权与族权共同治理的社会，表面说，率土之滨，莫非王土，可是皇帝的命官也仅仅抵达县治，县以下的广袤乡土，还是由族权实际治理，或者说委托给当地大家族管理。因而眷念家园乡土，孝敬父母宗祖，也是另一种形态的报国。对士子而言，不必像在朝为官那么拘谨，那么多人身的依附，也就更有尊严感，不是吗？

贺熙龄在家乡的确没闲着，而是切切实实地奉献乡梓。主持城南书院就是典型案例。说来说去，还是要归结到他的心性中，他并不太看重仕途功业，比较之下，教书育人，才是他更心仪的事业。贺熙龄不仅在家乡热心教育，在朝中当官的时候，他也利用业余时间，开馆授徒，享誉京城：

> 时五伯父入词垣已十年，知交皆同馆清修自重之士，府君见而倾慕焉。而诸君亦以府君内明外浑，一时咸乐与游，并相与立诗文赋各社，讲道论德，兼咨询当世之务。
>
> 先是，五伯父以家贫授徒自给，几十年执经门下者众，丙子，五伯父奉命督学山右，诸生咸愿执贽于府君。府君日与研穷史务，为根柢之学，文字诗赋罔不绳以法律，至及门有经师人师

之目。

　　二十三年，御试翰詹，钦取尔等第一名，拜上方文绮之赐，奉旨记名，遇缺题奏。自是恒兴殿廷文字之役。二十四年，五伯父任满入都。府君方以受业者众，居室湫隘为虑，五伯父又以山西所得士嘱之，一时都中称桃李之盛。凡得府君造就，其后多为名臣。二十五年，充会试同考官，博得士九人。如今明侍郎训前，谢同知长年，张县令兆衡，皆能以经济见于世。道光改元，考选御史，旋充国史馆纂修，本衙门撰文，顺天乡试同考官。如史观察致番，顾观察椿即其选也。

　　这些记载，都强调贺熙龄的教育业绩，甚至给人这样的印象：贺熙龄在京城为官，开馆授徒似乎成了主业。不知当时朝廷怎么看待这种官员兼职授徒现象，想必那年头朝廷对天下的管控比较粗线条，许多事都由民间自行定夺，所以朝事并不繁忙，加之官员薪俸有限，业余授徒作为一种体制外补贴，也是朝廷允许的吧。可能朝廷也看到贺熙龄对教育的痴心，道光九年（1829），委任他为湖北学政，贺熙龄的教育才华与抱负，也依托权力得以施展：

　　　本贤视学湖北，兢兢以整顿士风，为国储材备用为己任，其衡文毫不虚假，取未取，批必确切，禁用通套语。已取卷尚止有总批，未取卷更旁加细批，所以防阅文者之轻于弃置也。复刊刻明儒刘宗周《人谱》颁发士子。教人致谨于伦常日用，以立思诚之基。又自作《训士文》，一曰正心术，二曰正学术，三曰正文体，烺烺千余言，皆切中肯綮。复于奖赏发落，时为训语，以晓诸生，随人随地示以法戒，无不剀切详明，详见《文集》中。以实心行实政，士风为之丕振。（见《皇清诰授朝议大夫、掌四川道监察御史加二级，前翰林院编修、京畿道监察御史、提督湖北学政贺蔗农先生崇祀乡贤录》）

　　可以说，贺熙龄仕途中最突出的政绩，还是学官勋业，他作为经世派的官僚，其经世的实绩，也在教育。他作为一代教育大家的地位，就是任湖北学政期间奠定的，之后在执掌城南书院期间更上一层楼。相比学官的政绩，

其他方面，只能说是差强人意而已。例如贺熙龄去世后，湖南地方官请求朝廷将他祀入乡贤祠，也罗列了他为官时其他方面的政绩，但认真琢磨一下，并不令人特别振奋：

> 本贤两任御史，不受请托，亦不博击沽名，通达治体，平心持法，奏论一本忠诚。如《请饬照旧委员巡缉湖面》一疏，所以请靖地方而安行旅也；《请饬查濒湖私埝永禁私筑》一疏，所以除水患而利民生也；如《条陈严饬士习，严惩诬告、严究讼师、严禁胥役稽查积案》一疏，皆有裨于国计；如《盐务河工》一疏，其于国家经费实属筹划精详，元元本本，毫无挂漏；如《胪陈苗疆九事》，尤为思患预防，先后皆报可饬行。其它建白，皆切中时弊，一时台论翕然。

不难发现，贺熙龄这些奏论主题，在贺长龄、陶澍、严如熤等人的奏稿中都有更为详尽的论述，固然不能说贺熙龄是抄袭复制，但受到启发是肯定的，且不排除是配合陶、贺、严等人以壮大舆论。总之，贺熙龄在对朝政的建言方面并没有独特贡献，刻薄一点说，其建言可谓正确而平庸。应该承认，他虽然是经世派的骨干官僚，但行政能力似乎并不突出，和陶澍、贺长龄、严如熤等干吏相比，明显要逊色许多，他的作为，还是在教育。

大概贺熙龄也有自知之明，他当官在政绩上不会有大作为，在湖北任学政才1年多，干脆向朝廷请求开缺回老家侍奉父母，此时他的嗣母已经去世，嗣父已经被他接到武昌奉养，理由显然不充分，于是他又抬出了生母严夫人，说在家乡的生母也有病，需要照顾，这时正好生母故世，一下子他有了丁忧回乡的强大理由，终于得到批准，于道光十年（1830）开缺回籍，这一去竟然长达10个年头，也就是在此期间，他执掌了城南书院，长达7年之久，书写了其人生中最得意的教育勋业。对于其教育勋业，我们另文专述，在此要说的是，贺熙龄这次归湘，长达10年，似乎有些蹊跷。

不妨猜测，其实贺熙龄请求开缺回乡，就是冲着城南书院而去。或许，此前湖南的地方主官已经向贺熙龄发出了相关邀请，或许，这也是兄长贺长龄的安排。史料显示，贺熙龄调任湖北学政，很可能贺长龄进行了运作，因为他代弟弟给皇帝写了一份谢恩折，感谢皇上恩准他胞弟在邻近湖南的省份当官，便于胞弟照顾家庭。有趣的是，就在给皇帝写谢恩折的同一天，贺长龄还向皇帝打了一份报告，称自己母亲也需要照顾，希望皇帝能把自己也调到邻近湖南的省份任职。这个细节说明，贺长龄兄弟对家庭还是非常牵挂的。结果，贺长龄的请求没有得到皇帝允许，于是就发生了贺熙龄请求开缺回家的事，因此很有可能，贺熙龄这个举动，也是五哥贺长龄授意。也就是说，兄弟俩决定，得有一个人回家奉养家中老人。其实此时，还有 36 岁的八弟贺桂龄在老人身边，完全可以承担尽孝责任，为什么执意要贺熙龄回家乡呢？实在令人不解。

合理的猜测就是，湖南地方官发出了邀请，要贺熙龄回湘执掌城南书院，贺长龄觉得，这个选择更适合贺熙龄。要是再深究思想根源，则可以归结为他们作为师爷世家的子弟，家学中还有法家传承，这是一种非常冷峻务实的思想话语体系，没有儒学的自恋和狂热，对人生进退想得很通透，对当官的前途并不迷醉。乡愁在他们的生命憧憬中，具有很大分量，而这种乡愁中便蕴含着个性志趣，他们不想灭绝自己的个性追求去殉献皇权。贺长龄的人生座右铭"不要看高了天，不要看轻了民，不要看小了我"，可为注脚。从主观而言，希望更多个性志趣的张扬，体现了他们的价值取向；从客观而言，社会环境也给个性选择提供了制度可能。这就是贺熙龄的进退人生给我们的启迪。

贺熙龄这次回湘，时年 42 岁，其人生基本格局已经确定了。即如邓显鹤所说："其拳拳用世之志与汲汲求退之隐，并行不悖。"可以说，贺熙龄主动放弃仕途追求而选择了教育家的人生，完成了一代湘学硕儒的生命造型。不过，他并非像其师罗典，在山长岗位上终老，10 年后的道光二十年（1840），贺熙龄又一次出山，赴京为官，又在仕途上行走了 1 年多。《行状》如是记载：

> 二十年赴京，明年二月授山东道监察御史，寻调补掌四川道监察御史兼巡视街道，上疏请惩吸食洋烟之官吏，及淮南纲引积压太重，淮北票盐验赀未当，请亟筹疏通，均详文集。五月仍以疾归。明年复主讲城南一载，自是筑室定王台畔，养疴谢客，不出户庭矣。

《乡贤录》的记载更富细节化，说他"屏居城隅，读书课子，足迹不出户，未尝轻事干谒，口不谈公事，贤公卿以是益重之，问候有加，本贤迄未先往。薄产仅足供衣食。而布衣蔬食，俯仰自如，自颜其所居曰'菜根香'，其清介如此"。可见贺熙龄暮年，超然于世外，彻底归隐，作为经世派的骨干人物，实在有些令人意外。《行状》写了他生命最后日子里的情态，很富有意味：

及庚子告归，益思屏影深谷，读书躬耕其中，以买山无资中止。而家居闻英夷滋扰，水旱濒仍，蒿目时艰，常忽忽不乐。晚岁谢绝交游，惟及门中心许者数人，一通请谒，谈论今古，稍觉解颜。居恒敛膝危坐，意念深邃，人莫测其涯涘。呜呼！孰知府君之疾，即以是起。与去年春云罔大伯父病殁，府君终日嘘叹，悲不自胜。今年秋，初得唐镜海先生书云，将解官南归，欣然。日夕迟其至，比至，而府君疾不可为矣。呜呼痛哉！

府君体素清癯，晚苦月眴筋惕，积岁不瘳。仲春感冒风寒顿增喘促诸症，旋愈旋作，冬初，复感寒疾，遂益沈殆，医药罔效，竟以不起。呜呼痛哉！卒前四日，手自裁答美恒、笠云两兄家书，未诵陶靖节"家为逆旅舍，我为当去客"之句。又二日，自为挽联云："文章事业两无成，六十载竟同虚度；来往屈伸惟一气，千百年总是须臾。"嘱丹麓叔父书之。语不孝等经济丧事，毋徇流俗，毋用乐。又云，丧礼久废，尔曹慎之。濒危神识湛然，无少瞀乱，从容问答，端坐而逝。呜呼！非存养邃密而能然耶？是亦可以观府君矣。卒之日，乡人士莫不嗟叹而称道之。于是书院诸生感教育之遗泽而乡贤之议兴，以二十七年八月举于乡，明年十二月十二日达于朝，十四日奉旨："依议。钦此"。不孝等谨奉府君神位祀于府县学祠中，一时焚香而送者数百人。呜呼！是更可以知府君矣！

尤富意味的是，贺熙龄自撰挽联总结自己的一生："文章事业两无成，六十载竟同虚度；来往屈伸惟一气，千百年总是须臾。"想来，他还是颇有遗憾，因而也暴露了心灵的纠结。于是，贺熙龄便不是一个概念的存在了。

贺熙龄的教育勋业

贺熙龄是继罗典之后，与欧阳厚均齐名的教育大家。其主要教育勋业就是复兴了城南书院，培养了左宗棠、胡林翼、罗汝怀、罗泽南等一大批英杰弟子。城南书院在湖南教育史上的地位可与岳麓书院媲美，但是要说该书院的鼎盛时期，大概还要数贺熙龄执掌书院的岁月，这段岁月也是贺熙龄教育勋业的高峰。所以，既可说贺熙龄成就了城南书院，也可说城南书院成就了贺熙龄。

这还得从贺熙龄任湖北学政说起。《行状》是这样记载的：

（道光）八年二月，京察一等引见，奉旨记名，以道府用。十二日，署吏科掌印给事中，二十二日接署工科给事中，三月初二日，召见勤政殿东暖阁，天颜温霁，详询家世出身甚悉。六月初三日，奉上谕："湖北学政着贺熙龄去，王赠芳暂办录遗，俟交却后，即行来京，钦此。"初四日，召见勤政殿。上曰："汝是翰林出身岂有不会看文章的？衡文不过一端，声名最要紧，关防要严密，约束家人要严，幕友要留心，地方上事也要留心访察，实见有贪官污吏即宜参奏，如豪恶巨棍，地方官不能制者，亦宜究办，自从陈官俊坏事后，学政都缄口不言，况汝是御史？但不可干预公事，为地方生事。"府君对曰："蒙皇上教训，臣唯有谨遵办理。"

记载显示，道光八年（1828），贺熙龄在外放官员的考核中获得了最优等成绩，官衔享受四品道府待遇，道光下旨外放湖北学政。任职前，道光亲自召见，贺熙龄按惯例表示了难以胜任的忐忑之心，道光给予了他鼓励指点，交谈中还要贺熙龄以陈官俊为戒。这里要解释一下，陈官俊系嘉庆十三年（1808）与贺长龄同榜的进士，官任山西学政时因为殴打下属以及买妾之事，遭到弹劾。可见那个时候，官员德行不检点，还是要倒霉的。人治的以德治国，真要是动真格，也未必全无成效，问题是人治的灵活性太大，很难一视同仁。总之，道光的一番训导中透露出他对贺熙龄很是欣赏器重，期望远不止于学官而已，况且，将他外放到比邻湖南的湖北当学政，也有照顾意图，贺熙龄应该是很感恩的。

《行状》继续写道：

> 八月莅任，私念衡文校士，学政专责。吕新吾先生有言："天下人才，学校其造作处也。庙堂其发用处也，今学官能留心造士自修以及人者，殆难其人，而学政按临所部，有只以文字进退诸生，将何以端士习？自抵任后，接见学官必令传语诸生，以植品励行为首务，每试一郡，先与诸生讲学明伦堂，辨析传注异同，令诸生更相问难，俾心融理释，然后反求诸日用行习之间，以发其孝弟廉耻之心。"复刻刘蕺山先生《人谱》作《训士文》，遍授诸生，使知所向。

贺熙龄深知自己的使命，就是为国家培养士子群体，使他们成为国之栋梁、民之表率。要实现使命，首先要端正士风和学风。他刻印了明代理学大儒刘宗周的经典训士教本《人谱》，分发学子，并亲撰《训士文》宣示自己的教育理念：施教求学是为了使人敦品立行。

> 天下士子都能够如此敦品立行，民风未有不淳，民生亦未有不安的。何者？民风总随士习为转移。为士子者尚且荡检逾闲，不知自爱，则平常百姓必曰读书人尚且如此，我们亦何妨为之。大家相率效尤，必至于士习民风都不可问。所以读书人为百姓之表率，而优生尤为诸生之表率，一切修身、齐家，举止言动，俱要可以为他人之则效，能够乡党之间皆熏其德而善良，方不愧为士之道。

贺熙龄的教育观与读书出人头地的观念相区别，特别强调读书人是社会的守夜人，要为国之砥柱，为民之表率，其渊源还是儒学的"士不可以不弘毅，任重而道远"说。这不能说是什么新见，就其现实性而言，未免太理想化。不过也要承认，贺熙龄本人以身作则，身体力行，为了缥缈的理想执着努力，鞠躬尽瘁，至少是做到了独善其身。《行状》中留下了点滴细节描述：

> 其屇试也，于堂以内，门尤严。终日坐堂上，日给两飧，亲验后始放一人出入，其他皆不得至大堂。内外声气不通，而传递之弊除。阅卷诸友偶坐一室，卷以子弟一人收掌之，诸友不得携之出，给事小胥一人，非呼唤不得入。盖经纪试卷者，友数人，子弟一人，而类皆亲信，则抽换之弊亦除。

> 凡试一郡，先巡围垣故事。府君初不敢忽，尝按巡某试院，见地土有新动痕，疑而发之，果有隧道通号舍，置竹竿十数丈空其中以线回环传递。立往邻家捕至。案顿破，群惊为神。杨介亭中丞有言，自嘉庆来视学于斯者吾得二人焉，鲍觉生以明察称而人不敢欺，贺君以诚笃称，而人亦不能欺，皆人所不可及也。

> 盖府君苦自刻劢，宽以待人，故能预示辄发，弊尽风清，如此每按行减驺从，一郡试毕，即以一郡文案归署，节糜费也。由荆州而宜昌而施南向以滩河险隘，常陆行。府君计费不资，乃买舟逆流而上。一日至新滩，以滩陡水溜，仅挽空舟，舟上而复下者屡。曰："未午至夜不得食。"比上食，则蔬粝一二器而已。府君笑语诸友："何必肴馔，饥即大佳。"饱啖而去，其俭约不苛类如此。

> 其评文则取者、黜者皆确切详尽。无一通用语，以故试案每出，士论翕然。接诸生及寅僚惟坦怀相与，不设城府。故人皆亲敬。

这些细节显示，贺熙龄的确为自己的教育理想倾尽了心力。故湖北巡抚杨怿曾评价说，嘉庆以来，湖北历任学政中，鲍桂星以明察，贺熙龄以诚笃，一改学府风气流弊，开创了一方学政新风。其实，从方法论的角度看，贺熙龄也没有什么特别过人之处，就是怀着诚笃之心，坚守原则，敬业勤政。说到底，就是以道德操守加上手中的权力来履政。《行状》中说了一个案例，当时科考的学生为了舞弊，居然还挖了地道进入考场，不仅胆大包天，更可见有些读书人即使是饱读经书，也根本没把道德放在眼里，所谓诚信及节操，只不过是遮羞布而已——人心自觉向善其实是很难很难的。于是只能靠稀少的良知能吏，以个人品质的坚守，实现局部的理想改观。回味起来，不知是该欣慰还是该叹息。这可谓贺熙龄的湖北学政岁月给我们的重要启悟。

贺熙龄虽然无力回天，但在自己管辖区内，还是取得了相当成效，赢得了人们的敬重和赞誉。此外，湖北的学政历练，为贺熙龄后来执掌城南书院，奠定了行政能力以及社会名望的基础。

贺熙龄在湖北学政任上仅一年多，家庭就发生了变故。《行状》记载：

> （道光）十年十月，由黄州归试武昌，闻本生大母病，即日疏恳回籍省亲，并以省吾大父年高，陈请终养。命未下，而严太夫人讣至矣。先是五伯父备藩江宁，闻严太夫人病，篝垦开缺回籍，即作归计，同僚多阻之曰："不俟命获罪滋甚。"伯父以事君日长，吾母衰年能有几，纵获罪不忍迟一日见吾母，次日遂解缆归。府君先使人候于涂，至是泊鄂告之，五伯父急至府君署，见即擗踊尽哀，既而念兄弟少长相依，今以宦辙殊涂，十年不得见，复相持大恸。一时见者，莫不流涕。盖其孝友性生足以感人也。如此以治丧服留二日，同匍匐归。湖北诸生唁于署送于涂者众。府君泣谢之，诸生顿首去，多泣下者。

贺氏兄弟办完了严夫人的丧事，双双丁忧守制。这时两位湖南巡抚，一是苏成额，一是吴荣光，先后找上门来，邀请贺熙龄出山，主持城南书院教务。两任巡抚的诚聘，可不是一般的面子，很可能他们还游说了贺长龄做弟弟的动员工作，最后的结果是，贺熙龄接受了邀请，人生中又出现了另一片风景。

在此要说一说城南书院的来头了。

简单说来，城南书院坐落在长沙城南妙高峰下，南宋时期，为旅居湖南的理学大儒、岳麓书院山长张栻的府邸园林，据传张栻与朱熹曾在此讲学论道，故声名远扬。元代废为寺庙，后有地方官多次想恢复书院，种种原因，未能如愿。至清代乾隆年间，巡抚杨锡绂决意复兴城南书院，以解湘江阻隔，岳麓书院生员不旺的局面，于是在都正街都司旧署建校舍80余间，开办书院，一度出现城南书院取代岳麓书院的趋势，但后任巡抚陈宏谋又做了调整，还是将高年级诸生迁至岳麓书院就读，城南书院为新生就读处，城南和岳麓两书院便形成了姊妹书院的关系。至道光二年（1822），又一任巡抚左辅，进一步把城南书院推上新台阶，将书院搬迁到张栻时期的府邸原址，大规模复建。校园规模不让岳麓，招生也面向全省，成为与岳麓资质相同的通省书院，道光皇帝亲自为书院题匾"丽泽风长"，更加提升了书院名气。自此，城南书院成为和岳麓书院齐名的湖南最高学府之一，是令湖湘学子心向往之的一所教育圣殿。道光十二年（1832）进士、两广总督劳崇光曾作《城南书院赋》，是歌咏城南书院的名篇，值得一读：

碧湘门之南有书院焉，与惜阴而相连，与岳麓而相亚。绕郭春浓，连斋日暇。人传百世儒宗，地辟三湘学舍。今日星垣故迹，共励观摩；当年宋代遗风，曾传亲炙。物态凝眸而益益，千古灵区，弦歌入听以雍雍，一方雅化。

原夫张南轩之建书院也，教隆学粹，浮溥化纯，任守先待后之责，励牖民觉世之身。道统亲承，遥传洙泗；萍踪偶托，小住湘滨。遂教讲席宏开，楼榭耸南城之域；从此教思深被，讴歌留南国之民。广聚群贤，于焉安宅；几列丹铅，楼排典籍。垂帷共衍薪传，负郭无嫌地僻。担笈敢辞千里，士尽峨冠执经。互矢千秋，人传道脉。盖书院废兴也无常，而城南之名，今古不易。

其景也，则有草树回环，山川萦束；纳湖供其溯洄，高阜任其瞻瞩。访旧基于月榭，危栏之影依然；叩曩躅于云亭，隐几之吟可续。舫名听雨，闲垂软涨三篙；舟泛采菱，缓度新歌一曲。逸兴遄飞，遥情遍触。然此第供夫游观，而不系采风而问俗。俯仰前型，退思往训，不知者徒对景而神怡，其知者将怀古而志奋。轩开半亩，养蒙迪我聪明；堂矗三橼，丽泽成吾学问。看江波岳色，潇湘之灵秀如新；仰圣域贤关，闽洛之渊源伊近。胜地常留，微言不灭。济济英才，跄跄俊杰。偶到禁蛙池畔，书声不杂喧嘈；如游白虎观中，经义咸勤论说。所以地偏心远，扶筇任与侣伴；而境旷神清，展卷自深怡悦。

况今者故址重修，荒原广垦，士乐输将，工勤揭奋，鼓舞遍乎儒林，诵读萃乎艺苑。飞甍连栋，迈昔年创建之模；敬业乐群，课切己藏修之本。稽六斋之鳞次，诚敬功严；钦列圣之鸿题，性天旨远。此皆圣天子心惮乙夜，学惕寅阶，经术昌而涵濡大被，文教懋而作育无乖。溥风声而编讫，合遐迩而孔皆。生其间者亲瞻宸翰，涵泳圣涯，敢不矢乾乾于斗室，懔兀兀于高斋也哉！

劳崇光是贺熙龄的侄女婿。道光十二年（1832）中进士，与李星沅同榜，两人是密友，也是同学。从李星沅的诗文可知，劳崇光和李星沅似曾就读于岳麓书院，是欧阳厚均的弟子。从他一往情深地为城南书院作赋以及赋句文辞看，也可能在城南书院读过书，贺熙龄是道光十一年（1831）执掌城南书院，故也可能是贺熙龄的学生，至少是私淑于贺。不过，贺熙龄执掌城南书院时，该院教学行政管理还不怎么到位，迫切需要聘请名师硕儒提升教学和管理质量，打造出湖湘一流学府的品牌声誉。贺熙龄就是在这样的背景下执掌城南书院的。不言而喻，他被寄予厚望。说到此，又要涉及诚邀贺熙龄出山的湖南巡抚吴荣光了。

吴荣光（1773—1843），字伯荣，号荷屋，广东南海人，嘉庆四年（1799）进士，阮元的高足弟子，诗文书画俱称大家，也是重经世实务，非常热心教育的官僚。任职湖南后，看中了城南书院，决心效仿乃师阮元，办一所学海堂性质的名校，培养"以励实学，非以弋功名"，具有真才实学，有大作为的学子。经过反复筛选，他认定，作为经世派代表人物之一的贺熙龄，不仅和自己有着同样的政治学术立场，还有着厚实学养以及学政的行政经历，是执掌书院的最佳人选。事实证明，吴荣光没有看走眼。《行状》有如下记载：

苏公成额、吴公荣光先后巡抚湖南，延府君主城南讲席。城南旧为张子南轩讲学地，前中丞左公辅奏请移建书院，厘定规则，然膏火月米尤多为监院胥吏所干没侵蚀，当事无由得知，府君清厘款项，订位条规，一洗从前积弊。寒苦者赖以济，至诸生重名虚冒之弊，必谕禁之。尝云陆稼书先生言："今之学者必自羞墦乞贱垄断始。"亭林顾氏亦尝揭两言示学者曰："博学于文，行己有耻，吾非不念诸生贫，顾可使义利不明而又恭冒非分之耻乎？"

可见，贺熙龄执掌城南书院之前，书院管理是不怎么到位的，办学经费被监院胥吏盘剥贪污，诸生重名假冒等现象严重。贺熙龄上任后，进行了全面的清理整顿，其实这也是端正学风的大举措。随后，贺熙龄又对教务进行了一系列设计：

> 月课诸生，制义试律评论，极清审勤苦。过塾师尝曰："今之从事于学者约由二弊，卑者溺于科举文字揣摹仿，拟期合程式，以梯荣取科第，父兄以是最，其子弟师以是传其徒，不复知读书为何事；高者薄制义不为，而从事章句、训诂、诗古文词，高自标置，不知制义，体格虽卑，然为之工者必溯源经史，穷极事理，体认于传注异同之间，以求合乎圣贤立言之旨，前明及国朝人材俱从此出，其卓然有所成者，其制举文字亦必不苟。今旷达之士苦功令拘牵弃置不顾，动以八股人才相诟病，此但见流俗之为八股者耳。若学人为之，必自有异。且吾辈程功以月，计凡六日为制举文字，廿余日尚可潜心学问，殚究经史，本原积盛，文词自工，不必求合有司之绳尺而自合。亦何庸揣摹仿拟至汲汲乎？"其论学也，以敬为宗，以笃实平易为尚，其教人也，因其材识，不强以所不能。有一事一言之善，称之不容口，而亦未尝面誉之也。主城南讲席凡八年，人才最盛。

这些记载，说明贺熙龄办学的全力投入和满腔心血。在教学方针上，唐鉴作了这样的概括："掌教城南，辨义利，正人心，谕多士，以立志穷经为有体有用之学。"后世研究者也特别强调，贺熙龄教学"立志穷经，不沾沾为章句之学"，不鼓励学生汲汲于科名，这种看法是片面的。其实贺熙龄的独到处，并不仅仅在于维护求学之心的纯粹、正大，而在于在倡导有体有用之学的同时，也不忽略制举之道的传授，他对八股文并不一味谴责。他认为，这种对人思维很有约束性的文体也有其独到之处，即引导人按照某种思维逻辑规范，去把握经典义理，比天马行空地去感悟义理更有效率。他说："前明及国朝人材俱从此出，其卓然有所成者，其制举文字亦必不苟。今旷达之士苦功令拘牵弃置不顾，动以八股人才相诟病，此但见流俗之为八股者耳。"也就是说，事在人为，对于有主见的通透之人，八股文形式并不是悟道阻碍。

因此，在教学中，贺熙龄也给制举门道的传授留下了空间。这样一来，也给学生科举提供了指导。应该说，贺熙龄的见解不仅更具深度，还更具现实感。在当时，科举之途几乎是士子改变人生命运的唯一社会通道，这种现实，迫使读书人对科举趋之若鹜，以至于产生冒险投机的种种故事。如贺熙龄任湖北学政期间，有考生居然在考场下面挖暗道，冒险作弊，被贺熙龄发现严肃处置。这固然说明，号称君子的读书人中，不乏鸡鸣狗盗之徒，并不纯粹，但另一方面也说明，制度的设计在相当程度上逼良为娼。对此现状，贺熙龄意识到，一味标榜道德清高，不屑科举，只能是孤芳自赏，怀才不遇。贺熙龄的主张是，既不要为制举所累，成为制举奴隶，沦为投机之徒，又要能驾驭制举门道，更有效率地领悟真义理，同时打开施展才学的社会通道，实现人生抱负。其实，这也是来自其师罗典的传承。罗典曾说，放言清高无欲是做不到的，尤其是功名之欲，全然放弃，无所作为，老百姓的福祉怎么办？所以罗典授学，科举门道是必修课。贺熙龄也一样。也正是这份通达，贺熙龄执掌城南书院期间，弟子中人才辈出，左宗棠、罗汝怀、邹汉勋、丁取忠、周寿昌、郭嵩焘、郭昆焘、孙鼎臣等均是代表。可以说，贺熙龄是城南书院最辉煌时期的开创者。

道光十三年（1833），吴荣光又联合岳麓书院和城南书院，在岳麓书院内，创建了专门研习经史、不重举制时文的湘水校经堂，由贺熙龄与欧阳厚均两位山长共同主持。此举被认为是湖南新式教育的开端。《湖南教育史》称：

> 由于湘水校经堂是吴荣光亲手创办，所以他对之十分关心，要求也相当严格。他给校经堂订立了兼容并蓄的学术主旨："奥衍总期探郑许，精微应并守朱张。"他自己虽"以求三经诸史、古文骈体骚赋诗试士"，但是并不固守汉学，仍允许宋学自由发展。欧阳厚均、贺熙龄主讲校经堂时，也是既讲汉学，又讲宋学。因此，湘水校经堂既区别于专课举业的书院，也不同于阮元的诂经精舍和学海堂。

湘水校经堂的实学教育，为当时培养了大批人才。王先谦曾说："湘水校经堂于省城之旧城南书院拔取高材肄业其中，一时造就人才，如周自庵侍郎（寿昌）、郭筠仙侍郎（嵩焘）昆弟、孙芝房侍读（鼎臣）、凌荻舟中瀚（玉垣），号称极盛。"

对于贺熙龄在城南书院的教育勋业，《乡贤录》亦有评价总结：

> 本贤丁忧在籍时，前抚苏公成额、吴公荣光先后延主城南讲席凡七载，首为诸生辨义利，谕以立志穷经，不沾沾为章句之学。其论文也，以根柢深厚、神气不差为主，每教人留心经史，博览载籍，涵泳《四书》白文及朱子《章句》《或问》，体贴圣贤性情口吻，以求进于古人立言之旨。癸巳春，与吴抚倡立湘水校经堂，一岁四课，一季分课一经，因人而授之课程。又虑诸生不自检伤，尝出一纸以相示云："予既主讲斯席，自当为诸生讲明义理，为诸生存得一分气节，即是我有一分教化，若全然不能为诸生存一分气节，便是我全无一分教化。"至诚恳切，情见乎词。虽平日傲睨难驯之徒，亦莫不见而愧，愧而感。论者比之先儒陆子讲义利章于白鹿洞，而听者悚然，至有泣下者，不是过焉。

显然，贺熙龄是把自己的尊严荣辱压在了城南书院。世人的高度赞誉，是他心血的回报。由于湘水校经堂是城南书院和岳麓书院联合办学的成果，城南书院达到了与岳麓书院平分秋色的境地，在某种意义上，贺熙龄也可谓是岳麓学子的师长。反之，此时岳麓书院的山长欧阳厚均也可说是城南学子的山长。贺熙龄和欧阳厚均也就并列为当时湖湘教坛的两大泰斗。

有趣的是，他们都是罗典的弟子，属于师兄弟关系，现在又成了亲密合作的同事。其实他们还有一层交集，即都和襄阳知府郑敦允有姻亲关系，不过贺熙龄是郑敦允的同年和儿女亲家，欧阳厚均要大贺熙龄 22 岁，是郑敦允的岳父，这么一算，贺熙龄又是晚辈。总之，两人交情非同一般。欧阳厚均有诗为证：

送贺蔗农侍御入都

我昔解组归故山，君方释褐登金銮。过都我如鹔飞退，乘风君似鹏扶抟。愧君不到木天署，输君妙选清华班。铁冶鸿陶我分铸，金针鸳度君独看。我昔滥竽列台谏，君亦峨峨冠豸冠。我恋北堂归奉养，君亦采采南陔兰。自我无田食破砚，饱尝腐儒粗粝飧。而君膏粱食亦厌，菜根香溢苜蓿盘。城之南兮岳之麓，中隔湘江水一湾。君居湘东我湘右，扁舟时复相往还。在昔朱张两夫子，千秋教泽留讲坛。我企先贤渺难及，君追曩哲庶可攀。世人笑君复笑我，胡不同升廊庙间。山中宰相愧宏景，海内苍生望谢安。自顾我年与君齿，我正悬车君服官。君志澄清且揽辔，我已颓唐难据鞍。我劝君驾饯君酒，开怀饮我宜尽欢。愿君扬历遍中外，容我啸傲歌考槃。

道光十六年（1836），吴荣光因事落职，黯然离湘，城南书院的事业也遭受打击，尽管书院依然赓续，书声依旧琅琅，但发展的势头明显疲软。贺熙龄又坚守了三年，也离任城南书院山长的职位，又一次赴京履职，年过古稀的师兄欧阳厚均赋诗送别，深情地回忆了他和贺熙龄的友谊，对比了他和贺熙龄人生遭遇的异同，充满廉颇已老的感慨，祝福贺熙龄能在仕途上别开生面，步步高升："君志澄清且揽辔，我已颓唐难据鞍。我劝君驾饯君酒，开怀饮我宜尽欢。愿君扬历遍中外，容我啸傲歌考槃。"此时，贺长龄也升任贵州巡抚，贺熙龄刚五十出头，人们都普遍看好贺熙龄的仕途前景，没想到，一年多之后，贺熙龄又一次主动称病告归。是否真病到了需要离职的程度，不得而知。

贺熙龄这次回湘，再也没有复出，深居简出，不问世事，俨然一副隐士姿态，和"拳拳用世之志"，显得很不协调，他仕途上也不像其兄贺长龄，受到革职的大挫折，总的来说还是比较平顺的，至于以隐士终老吗？这有些令人困惑，但除了有人说他是眼疾需要静养之外，也没有什么史料提供别的解释，谁知道呢？只能说，是天意让贺熙龄活出了如此这般的人生。

贺熙龄去世后，亲家密友唐鉴对其人生作了总结："君外浑内明，不污俗染，不远世情，不梯荣禄，不癖泉林。处则蓄其所必为，出则达其所素积。经常权变之理探之于怀，皆足以放夫天下。由翰林而御史，而学政，而教于乡，均能以其所设施表见于一时。"说白了，就是洞明世事，信念坚定，不为利禄动摇，穷则独善其身，达则兼济天下，进退从容。从唐鉴的概括可见，他可谓贺熙龄的知音。

学界普遍认为，贺熙龄生平最华彩的篇章，就在任湖北学政和城南书院山长期间，"将自己的学术思想与士子教育进行了有机结合"。那么贺熙龄的学术思想又是怎样与士子教育有机结合的呢？不妨做一些探讨。

细分析可发现，贺熙龄的思想基本传承孔孟之道，并没有多少原理性的突破。简言之，儒学主张，以一系列道德规范，如忠孝仁义教化国人立身成人，以士子的表率为教化引领，从而实现全民的道德皈依，最后实现国家安定富强、民众安居乐业的福祉。亦即在儒学价值观照中，个人价值是以对国家的殉献大小为标准。这种以德化民治国的国家主义思想体系，贺熙龄是并无突破的。区别在于，他更强调支撑国家的个体人不仅要忠诚更要有作为，不应是庸碌之材而应是栋梁之材。亦即更具有个体人的主观意志张扬，行动和实践能力更出类拔萃，而不是只有坐而论道的孤芳自赏、道德标榜、一味愚忠，也不是只会循规蹈矩地奴性盲从，人身依附。更直白一点说，他不屑于自己的教化成果造就一帮社会标准件乃至散发出奴性迂腐气的市侩个体，而憧憬通过自己的教化，培养出一批既有家国担当胆气又有担当能力的人格个体，从而实现经世济民的社会实效。这意味着，他局部地改变了儒学对个体人的奴役束缚，而释放了人的活力。

贺熙龄认为，今人为学，已经沦为谋求科第名利的工具，偏离了为学的真谛，使人沦为蝇营狗苟的小人，而不是自我超越的大写之人：

> 今之学非有异于古之学也。而其汲汲于词章训诂，以趋骛于科举者，惟欲荣华其身已耳，非有天下国家之虑也。其侥幸一得，则亦惟官资崇庳、禄廪厚薄是计，如陆子静之所叹焉。理义不足灌其心胸，文章愈以滋其浮薄，学术不明而民物益无所赖。岂不重可叹哉？

据此，他就提出了这样的应对：

> 非有裨于身心意知之理者，不以关其虑也；非有关于天下国家之故者，不以用其功也。考之于己，而不求知于人；反之于心，而惟一顺乎理。故其见诸政事者，相其土宜，以谋其生聚；因其本明，以除其锢弊。区画于日用饮食之细，以诱致于孝弟忠信之良。秀者服其教，而顽者从其令。使后世之民，得沐先王至治之泽也。岂非真儒之效与？（见《唐确慎公集序》）

贺熙龄主张：无益于身心的知识不要去关注，无益于天下家国之事务，不必去浪费精力，"君子之学，将以成身而备天下国家之用，非徒自适己乐己也"。亦如唐鉴所说，贺熙龄"掌教城南，辨义利，正人心，谕多士，以立志穷经为有体有用之学"，他将正心术、正学术、正文体作为具体的教育目标，要求学生孜孜以求。

所谓正心术，就是要求学子不图虚名利禄，而具真信仰、大胸怀，"人必有特立不拔之操，举人世毁誉荣辱无一毫动于中，乃足穷天地、昭日月，亘万古而不变，此立身为文无二道也"；所谓正学术，就是掌握经世致用的实际知识，"不读无益之书，不作无益之文"；所谓正文体，就是文章表达不重词藻修饰而重内容见地，"以其心得发之为文，理足则词充，积厚则流光，即以之取科第而无难矣"；等等。总之，他要求学生都是不尚空谈，具有实干能力的经世栋梁。在贺熙龄看来，如果个体人不能特立独行，有所作为，即使循规蹈矩，对体制五体投地地膜拜顺从，也是平庸之辈，无足挂齿。

教育的理想追求必须以成果来验证。于是我们看到，贺熙龄身体力行，呕心沥血，以身作则，循循善诱，终于收获了桃李芬芳。其弟子群里英杰济济，胡林翼、左宗棠、刘长佑、罗汝怀、邹汉勋、丁取忠、周寿昌、罗泽南、郭嵩焘、郭昆焘、孙鼎臣，等等，蔚然壮观。尽管这些弟子在政治上依然是皇权制度的卫道士，但是就个人价值实现而言，显然超越了庸碌之徒，而绽放个性人格的光华。可以说，贺熙龄的教育成果，很大程度改变了千年儒学思想体系对人的奴役压抑，张扬出个体人的风采。

对于这样的人才培育成果，简单地归结为贺熙龄对儒学传统的光大未必恰切。贺熙龄兄弟在湘学体系中有"湘学二贺"之称，许多学者都强调二贺对儒学传承的纯正，而忽略了二贺的法家学脉。其实，贺氏兄弟之所以成为经世派的主将，还与其家学传承中刑名学积淀大有干系。刑名学强调法令的治理作用，内在精神上则是强调行动依据明晓可行，令行禁止，强调立竿见影的经世实效。在二贺遗文中，基本没有玄奥繁琐的学理辨析，只有简明扼要的治学经验之谈以及操作层面的经世建议。可以说，贺熙龄兄弟将许多法学意念融入对儒学遵奉之中，悄然改变了儒学空而论道的习气，促进了儒学由虚向实的改进。

尤其要注意，二贺还有着过人的识人眼力。他们看人并不在意学历身份，非常器重特立独行之人，即使狂傲也不计较。例如左宗棠、罗泽南、胡林翼、罗汝怀、邹汉勋这些弟子都以狂傲著称，学历也并不高，贺熙龄却欣赏有加。在某种程度上说，他是以纵横家的眼光看人识才的，采纳的是枭雄标准。儒家倡导的温、良、恭、俭、让标准在贺熙龄心中并不重要。与其说贺熙龄在培养忠于国家的人才，不如说是培养可以驾驭国家的人才。这就不是简单的对儒学教育观的光大了，甚至可说是对儒学奴性人才培养教育观的叛逆。

事实也证明，这种教育成效，一方面维护了儒学和皇权，使国家的理念和政体因为英杰的作为而得以赓续，另一方面却因为英杰人物的个性张扬，很大程度上消弭了思想管制和政权巩固赖以支撑的奴气和暮气。近代历史表明，湖湘英杰群体既是儒学和皇权的卫道士，又是挑衅儒学和颠覆皇权的掘墓人。在这个意义上理解贺熙龄的教育业绩，格外富有意味。

亲家唐鉴

贺长龄与贺熙龄兄弟去世后，为他们兄弟写墓志铭的是亲家唐鉴。

在墓志铭中唐鉴毫不犹豫地宣称，自己与贺氏兄弟"最亲且信"。以姻亲关系论，贺氏兄弟中贺熙龄的次子贺瑗娶唐鉴女，长女嫁唐鉴的侄儿唐尔羡，还有贺寿龄的长子贺仲珹娶了唐鉴的外甥女，贺桂龄的四女嫁唐鉴的侄儿唐尔茝。再下一辈，贺瑗的长子贺师彬又娶了姑父唐尔羡之女，唐贺联姻，涉及贺家三兄弟，绵延三代人，且是亲上加亲。

唐鉴还是晚清硕儒，被誉为晚清理学复兴的主将，义理学派巨擘，其学术思想不仅影响了陶澍、贺长龄、贺熙龄等挚友，还以师尊身份启迪了大学士倭仁、中兴名臣曾国藩等诸多朝中大吏，并深受咸丰皇帝激赏，具有国师地位。于是，这位贺氏兄弟的亲家，也就很值得审视一番。

唐鉴（1778—1861），善化人，字栗生，又字泽翁，号镜海，或作敬楷，亦有小岱山人之称。他出身官宦之家，祖父唐焕，举人出身，官至平度州知州，入名宦祠。父亲唐仲冕，乾隆年间进士，历官至陕西布政使，三权陕西巡抚，入名宦祠。陶澍为唐仲冕作墓志铭，称唐仲冕"服官三十年，未尝一日废书。布衣幅巾，萧然儒素，海内识与不识，皆称为陶山先生，所著《五礼六联表》《仪礼蒙求》《家塾蒙求》《陶山文录》《诗录》《词录》《岱览》若干卷，行于世"。这样显宦兼学者的家世背景，在当时湖南是不多的，仅以家学论，唐鉴可谓得天独厚。所以陶澍又称唐鉴"唐子家传一枝笔，风雨纵横书满室"，对唐氏家学十分敬重。后来，唐鉴进仕为高官，始终保持书生意气，孜孜研修学问，成为理学大家，与他特殊的家世背景大有关系。

唐鉴有三兄弟，唐鉴、唐镆、唐钱。唐鉴为长兄，家乘说他自幼聪颖卓异，勤奋嗜学，6岁入私塾，12岁读《纲鉴》，每日一论，记叙心得，评点古人。15岁应童子试，"屡列前茅"，22岁补弟子员，22岁食廪饩，俨然是学霸姿态，在少年生员中颇有名望。不过唐鉴的少年名气应该还是和官宦家世背景，以及勤奋好学，涉猎广博，信念坚定有关，至于灵动圆通未必是其所长。

《长沙市志》记载："唐鉴幼年随父宦游，长大后始回湘求学，28岁录为秀才，入城南书院就读。嘉庆十二年（1807）中举人。"这是值得商榷的。唐鉴之父唐仲冕于乾隆五十八年（1793）才中进士走上仕途，时年40岁，该年唐鉴15岁，所以唐鉴幼年随父宦游之说是不成立的，他进仕前应该一直在湖南成长。至于就读城南书院也可商榷。据罗典家族后人、民国知名学者罗正纬在《申论"近百年湖南学风"》中的记载，唐鉴与贺长龄、贺熙龄同为罗典及门弟子，推知当就读于岳麓书院。罗正纬是罗典族裔，又是知名学者，此说可信度较高。

再往下说，就到了嘉庆十二年（1807）。

这年唐鉴30岁，乡试中了第18名举人。家乘显示，他确定了研修程朱理学的终身方向。这年乡试，也是贺家兄弟脱颖而出的关键之年。贺长龄与贺熙龄分别高中乡试的解元和亚魁，震惊了湖湘士林。此时贺长龄才23岁，贺熙龄才20岁，属于少年得志。比较之下，唐鉴此时三十而立，科举成绩并不算突出。想必他有大触动，如果唐鉴果真与二贺是岳麓同学，共师罗典，触动会更大。这意味着两位师弟更有悟性，更得罗典真传。

罗典是著名的汉学家，同时推崇朱张正学，按罗正纬说，罗典治学是"汉宋兼采，以汉学求真实，以宋学求放心"。显然，罗典治学没有门户之见，非常通达，而唐鉴却对汉学颇为抗拒，痴迷于宋学，治学态度上比较保守。有学者评价唐鉴说："唐鉴一如乾嘉理学家，以宣传'躬行'和'主敬'为主，其少对程朱理学作学理阐述。有关理学的基本哲学命题，如理气论、人性论、知行观、理欲观等，很少涉及，即有涉及，也无甚创见。"（见《湖湘学案》）甚至有学者批评他是"腐儒"。这也表现在科举成绩上，他读书要早于二贺近十年，家学传承也优于二贺，中举却在同一年，名次还在二贺之后，以后仕途业绩也不如贺长龄。这都说明，唐鉴治学为人都欠通达。有学者认为，"倭仁、曾国藩与贺长龄、贺熙龄兄弟均曾受教于唐鉴"，似可商榷。二贺固然受到唐鉴的思想影响，但与倭仁、曾国藩以弟子礼受教于唐鉴，甚至顶礼膜拜不是一回事。二贺推崇程朱理学，并不像唐鉴那般固执，而更有罗典的通达，对此后文再细说。

话又说回来，唐鉴出身显宦世家，自带光环，且治学执着，研修很深，这也是二贺所不及的。这就构成了彼此的互补性，二贺对这位师兄非常尊敬。加之唐鉴为世家子弟，贺氏兄弟也出身师爷世家，就书香传承而言有着类似的亲和性，在乾嘉年间，湖南这样的世家是不多的。因此，唐鉴与二贺相交，可说有着某种必然性。贺长龄在给唐鉴六十寿辰贺诗中写到"我与君交三十年"，据此推知，贺氏兄弟与唐鉴相交当在嘉庆十二年的乡试前后，也就是说，嘉庆十二年乡试，是他们友情路上第一个驿站。

嘉庆十三年（1808），贺长龄联捷以二甲第九名高中进士，唐鉴和贺熙龄名落孙山。次年，即嘉庆十四年（1809），唐鉴中进士，钦点庶常。此后，唐鉴在京为官长达十年，随之贺熙龄也中进士入京，唐鉴与陶澍、贺长龄兄弟切磋学问，诗酒唱和，建立了非常深厚的友谊。

交往中，唐鉴似乎显得有些高调，成为陶、贺等友人的中心。比如唐鉴自名书屋为"万卷书屋"，陶澍等均题诗表现出敬重之情，还有一个七星剑的故事值得一说。一日，唐鉴在京城淘得一把七星古剑，设宴请友朋来观赏，席间赋诗，借剑明志云："汝来依我韬明光，我因赖汝绝俗尘"，"慎毋化作绕指柔，我欲持之奉天子"，自命不凡，口气很大。陶澍、贺长龄兄弟都击掌喝彩，赋诗唱和。可见唐鉴在朋友圈内地位是很高的。其中的缘故大概有二：第一，他是三代官宦世家子弟，其父唐仲冕官为陕西布政使，三权巡抚，还是学问大家，在出身上，唐鉴更为优越。第二，他在学问上更为投入，研读更为精深。特别是贺熙龄，在某种程度上可以说受教于唐鉴。贺熙龄有这样的表白："余嘉庆丁卯岁，与镜海先生同举于乡，以文章相切劘；嗣先生官翰林，余贻书询以文选之学，先生复书谓：'文辞不足为学，余与令兄藕耕，近究心于朱子《近思录》及薛文清《读书录》，以自治其身心，求寡过而已。'余于是始知先生用功之深，而余之知有切己之学也，亦自是始。"（见《唐确慎公集序》）许多学者也注意到，贺熙龄在治学方面，更接近唐鉴。后来，贺熙龄儿子贺瑗成为唐鉴女婿，女儿又嫁给了唐鉴的侄儿，这都显示，贺熙龄和唐鉴交情更厚。不过要说明，贺熙龄在嘉庆十三年至十九年（1808—1814）期间滞留京城，是为了备考进士，贺长龄是嘉庆文秘近臣，无暇全力辅导六弟，便托请唐鉴提点熙龄，熙龄又小唐鉴十岁，自然有了亦师亦友之情。

嘉庆二十一年（1816），贺长龄简放山西学政，唐鉴撰《赠贺藕耕太史提学山西序》送行，序文中洋洋洒洒对贺长龄提出了九条注意事项：

> 贺藕耕太史，余讲习切磋之友也。自余与之交，未尝见其有过言而不悔，有过行而不改也，未尝见其硁硁然不能容物而自以为信果也，未尝见其汲汲焉求名于外而少有一豪之骄吝以接于人也，是足以立师道而宣教化明矣。今者提学山西，山西之士闻之，其何如欣喜而跂望也！余于其行也，谨拟九条以备采。知无益于大方之一二，抑亦愚者之千虑云尔。

接下来，唐鉴就提出了"治身""取友""立教""毓才""端士习""作士气""慎采访""审取舍""穷弊窦"九条注意事项，勉励贺长龄施行。多少有指教意味，甚至可说有些托大。其实就中进士而言，贺长龄要先唐鉴一届，学辈上还有师兄身份，且他为人极有涵养，待人接物非常低调，心中自有主见，却很少与人论辩抢占风头，所以面对唐鉴的指点，他也十分恭敬地领教，并不在意。当然，这也说明唐鉴为人没有城府，对朋友坦诚以待。

1821年，道光皇帝继位，开始任用自己器重的官吏，起用了三位湖南人：陶澍、贺长龄和唐鉴。陶澍升任安徽布政使，贺长龄外放为江西南昌知府，唐鉴外放为广西平乐知府。这年贺熙龄为文史馆纂修，作《送唐镜海太守之官粤西序》以赠唐鉴出山：

> 今天子综核名实，破格用人，而尤慎简太守之任，镜海以不次之遇，擢任粤西，贤人君子莫不欣欣交庆，喜吾道之可行也。简之慎，则自待者不得轻；庆之深，则副之者不得薄。镜海之出也，讵犹得以循常之贤太守，遂可云尽厥职乎？夫事非言之难，而行之难也。镜海居言官一年，未竟其用，今且以其所不得于言者，而一一见于行矣。余辱镜海教久，虽无所见于行，而固不能已于言也。故于其行也，举太守之难且及夫镜海之尤难者以献。
> （见《贺长龄集 贺熙龄集》）

贺熙龄在序中对唐鉴外放为官寄予很大期待。想必是在朝中与唐鉴切磋论政，唐的滔滔雄辩，给他留下了深刻印象，他相信唐鉴能一展胸中抱负，创造骄人的政绩。不过后来唐鉴的政绩似乎并不突出。这既和唐鉴的人生坎坷有关，也和唐鉴的行动能力并不卓异有关。贺熙龄仅凭唐鉴的谈吐作判断，多少有些误判。序中贺熙龄还称"余辱镜海教久"，亦可见贺熙龄的确请益唐鉴良多，他和唐鉴的友谊甚深，是确凿无疑的。按理说，贺长龄和唐鉴分手，也应该留下诗文，互相勉励。可惜我们多方查询未得见。

唐鉴出任平乐知府大约三年，其理学弟子曾国藩后来为唐鉴作墓志铭，对其平乐政绩并没有特别点赞。有学者根据唐鉴嗣子唐尔藻为父亲写的《行状》总结唐鉴生平，对于唐鉴的政绩也缺乏印象深刻的陈述。比如唐鉴为平乐知府三年的政绩，有关叙述如下：

> 该地"素多盗，民刁梗，好讼"，唐鉴履任后，"严缉捕，清绩（积）谳，不数月盗悉平，案无留牍，合县久悬之案皆一一清结。并周历各属，勤求民隐，戴星而出，戴星而入，秉烛治民事至夜半，不得少休，后一日一饭，或日晡不得晨餐。"（见王继平《晚清湖南学术思想史》）

而同样三年间，贺长龄却因为政绩显著，升任山东按察使，唐鉴和贺长龄渐渐拉开了距离。道光四年（1824），唐鉴又因丁母忧离职，葬母于山东肥城祖母墓旁，守墓三年，并遵父命，和二弟唐镇改籍山东肥城，仅留三弟唐镟在湖南守着故园。这时贺长龄恰好任按察使，便邀请唐鉴主讲泰安书院。道光五年（1825），贺长龄又升江苏布政使，与陶澍开拓海运大业，并主编了《皇朝经世文编》，以经世派领袖声震天下，唐鉴却守着母亲陵墓，教授着泰安书院的弟子，研修理学，写下了两编《读礼札记》。更没有想到，三年服阕，父亲唐仲冕不幸病故，唐鉴又将父亲归葬于山东，继续守制三年。一晃六年，年过半百，唐鉴都是在对父母的哀思和教书生涯中度过，这对唐鉴实现功名抱负，肯定有很大阻碍，也是对其修养的极大考验。唐鉴有诗写当时心境：

> 行年五十鬓全霜，束缚登官苦自忙。篱外黄花空对酒，庭前丹桂独垂香。平生不惯乘肥马，此去还宜择瘦羊。莫道世人皆内热，饮冰心事本清凉。

可见，唐鉴也有内心纠结，但还是在孤寂中反思升华了自我，履行了主敬修身的承诺，显出常人少有的信仰定力。无怪乎后来他以"诚"与"静"之要诀启悟倭仁和曾国藩，可谓来自刻骨铭心的体验。

道光九年（1829），唐鉴服阕，进京觐见，在京盘桓数年，再次分发广西平乐，坐补原缺。此时，已经声名显赫的好友、两江总督陶澍兴奋地赠诗以贺：

题唐镜海老屋读书图，即送其重官粤西

唐子家传一枝笔，风雨纵横书满室。平生雅抱致君心，读破万卷不读律。早年出守粤之西，口碑载遍荒江黎。一朝心痛惊臂咶，身在湘南望湘北。浮江一舸走金陵，刚及春杯奉颜色。频年庐墓泰山阳，故居时复怀清湘。三间旧楼环古木，曾是当年老书屋。此行仍作粤江行，却载图书过湘麓。湘中磊落多齐士，黄（虎痴）邓（湘皋）联翩共张（蓉裳）李（石梧）。停舟一讯故乡情，应喜披襟谈宛委。独怜二贺弃官归（耦耕、蔗农以太夫人病，同时告归），风雨倚庐方读礼。四海人推楚宝贤，难得君家名父子。我有先人旧草堂，牙签万轴多收藏。廿年不归尘掩卷，为君赋此增傍徨。

此诗可见陶澍对唐鉴的期盼与敬重，对于学问精深的唐鉴，陶澍的敬重中还带着惋惜。诗句还显示，唐鉴再次到任广西至少是道光十年末。因为诗中提及，二贺此时也丁母忧告归，唐鉴上任广西，途经湖南，"停舟一讯故乡情"，还看望了二贺。这应是道光十年十月以后的事，此时陶澍已是两江总督。查唐鉴诗文，果然有《辛卯春之官粤西道，出长沙，寒食日拜大父墓》诗，确证道光十一年（1831）初，他还在长沙给祖父扫墓，与乡友聚会。不用说，二贺与唐鉴也应有诗文唱和，可惜未见，估计是佚失了。

对于唐鉴这次再守平乐，曾国藩的墓志铭倒是有较多笔墨：

再守平乐。道光十二年，广东、湖南生瑶为乱，公出防边围，内讯奸宄，往来富川、贺县，安抚熟瑶，兽扰而儿畜之。设立五原学舍，延师教读，群瑶大悦，擒郡中煽乱者谭千先等十余人，立斩以徇，而贳其胁从千余，火其名籍，一无所问。（见《唐鉴集》）

有资料显示，在此期间，唐鉴还"署理梧州、桂林二府事，捐廉修文庙、考棚、书院，革除陋规，爱民洁己，不名一钱"。（见李健美《唐鉴年谱简编》）

唐鉴再任广西大约三年，赢得了不错的口碑。于是陶澍又出面斡旋，将他调任安徽，任储粮道，显然，陶澍是想提携唐鉴。可是唐鉴已经五十多岁，建功立业已有力不从心之感。他在给二弟唐镁的诗中写道："储粮三月例登舟，年年送我高桥头""我来期月治无效，旁人不羞我自诮。弟书勖我策前驱，壮不如人况老耄""何当脱文锦，还初衣，与尔握手归鸥夷"。比较当年在京城设宴歌咏七星剑，"慎毋化作绕指柔，我欲持之奉天子"的唐鉴，实在是判若两人。当然，他还是兢兢业业地履行着自己的职责。

唐鉴在陶澍属下任职两年多，又调任山西按察使，赴任途中，又接到调令，改任贵州按察使。这又和贺长龄产生了交集。

道光十六年（1836）初，归家丁忧又告假养病的贺长龄受命出山，任贵州巡抚。此时，唐鉴还在安徽储粮道任上，得知消息，兴奋地赋诗道贺：

闻贺耦庚方伯出山，诗以寄怀

先生素抱系朝端，盛世奚容赋考槃。
近事合膺垂问切，久闲翻觉入官难。
潇湘烟雨留余梦，京洛人文尚旧观。
即日行轩出郊甸，小民殷望起凋残。

可以感受到，唐鉴对贺长龄的出山满怀期待。他绝没有想到，也就是这年冬，他也接到调令，赴贵州任按察使，与贺长龄成为拍档。其后，这两位亲家老友，又在贵州共事两年。贺长龄是师爷世家出身，为断狱高手，此前也曾任山东和广西按察使，某种意义上说，唐鉴作为贵州按察使，实在是大树下面好乘凉。据曾国藩说，唐鉴按察贵州时，治安、断狱方面很有起色，可是唐鉴都将功劳归为当地主官，称"非吾能正之，某县君来省，自易之耳"。这固然体现了唐鉴的谦虚品质，但也要看到，贺长龄在其中也有很多分担。唐鉴为贵州按察使时，年已六十，身体多病，贺长龄小他七岁，对唐鉴非常照顾。唐鉴有诗写道：

烟霞本是薜萝身，何日归田证此因。
六十曰耆年已进，半生入宦学难纯。

放衙听鼓聊从俗，分席谈经合与亲。

请看碧峰青嶂外，高歌还有拍肩人。

可见，唐鉴此时已有退隐之意，对于功业进取不再激动，且感叹为官影响了治学。这也说明，唐鉴骨子里还是一个学人，行政事务并非其所擅长。贺长龄深知唐鉴，在唐鉴六十大寿时，于府衙设宴以庆，作诗总结唐鉴的一生，不仅回顾了自己和唐鉴的情谊，更强调了唐鉴的硕儒风范和思想要义，也就是说，在贺长龄的定位中，唐鉴是一位思想大家：

> 我与君交三十年，文章道义互攻错。当时辇毂盛声华，君独泊然守吾素。草木曾无臭味差，因缘遂忝葭莩附。一麾各散几经秋（道光元年余与君同时出守），万里相从岂非数（十七年余奉抚黔之命，君亦续来陈臬）。君家仕学皆有谱，导河积石源堪溯（石岭、陶山两先生政事文章，后先辉映）。至君乃益大其澜，德行政事渊兼路。声威穆穆惟积诚，晓夜孜孜先去蠹。从知调燮在性情，始信邦家无怨恶。愧余薄德靡所施，藏身不恕焉能喻。南阳赖有孟博贤，蜀郡未嗟叔度暮。即今挽甲才一周，太和满抱春常煦。乐只乃是邦之基，岂弟骎来民所慕。方将厚德寿边甿，岂有周行窘贤步（时君病足，向愈）。余季兹辰亦及艾（舍弟熙龄少君十岁，同日生），少壮几时已非故。薄宦方知既翕难，一尊莫致空回顾。叨君爱比同胞真，傧边居然乐且孺。为歌常棣又嘤鸣，神听和平庶无斁。（见《贺长龄集 贺熙龄集》）

这首贺诗虽有溢美，却发自肺腑，真挚恳切，而且平视唐鉴，落落大方，不像曾国藩对唐鉴带有感恩的推崇，就对唐鉴的解读而言，更为入木到位。可以说，贺长龄与唐鉴更为相知，此诗是解读唐鉴的珍贵文献。

从唐贺交集中，我们往往能够更清晰地认知唐鉴。比如两人在贵州共事的岁月里还共同做了一件大事，就是扩建修葺阳明祠和阳明洞，这件事的意义不仅是文教建设，还显示了唐鉴与贺长龄对阳明心学的态度。

学界大都认为，唐鉴对王学是拒斥态度，贺长龄也附和唐鉴。事实却显示，贺长龄与唐鉴的学术胸襟并非如诸多学者认为的那么保守，那么死守程朱。从留下的碑文可见，他们自称后学，对王阳明非常敬重。唐鉴的碑文如下：

古圣贤存心致知，放者求之昧者，察之欺者，戒之偏者，正之拘者，通之蔽者，明之离者，复之曲者，扩之纷者，一之间者，纯之日有所积，月有所累，磨砻淬砺，必苦克治，富贵莫之夺，忧患莫之移，潜养于瞬息之中，暗修于隐微之地，久之灵者益昭，虚者益觉，感者无妄，应者不逆。如夫子之不惑，曾子之一贯，孟子之不动心，朱子之一旦豁然，皆此境也。

文成龙场之悟何独不然？孟子曰："可欲之谓善，有诸己之谓信，充实之谓美，充实而有光辉之谓大，大而化之谓圣，圣而不可知之谓神。"龙场之悟，其充实而有光辉者欤！与孔孟之道正相吻合。何乃以禅疑之？龙溪、泰州辈虽从先生游，而实未识先生之学者也。天泉四语本不足辨，而误后人实多，山农石梁之流，狂且肆矣，然岂光主之过？乎黔，先生过化之地也，向学者至今津津然称先生不休，拟为摹写一幅并录此说以示之，使知文成之学符于孔孟而传之失真，逐流入二氏者乃弟子之罪也，于先生何疑焉？

归纳唐鉴的意见是：第一，王阳明的价值理想与孔孟程朱共通相承；第二，王阳明的良知之学只是求道的方法独特，可谓殊途同归，从对"道"的认知结果论，并无矛盾；第三，是王学后人，特别是龙溪和泰州学派歪曲了王学初衷，但不掩王阳明的光辉。据此我们可以确定，尽管唐鉴对王阳明之后龙溪王畿、泰州王艮等心学流派持拒斥态度，却对创始性的阳明心学非常敬重。这一点，贺长龄有更精到的辨析，他在《题阳明先生像》诗中如是说：

诋王学者多矣，独睢州汤文正公谓先生当明中叶人心陷溺之时，士大夫没于功利，一切词章才气只以便其私而益之毒。四维不张，世变日亟，先生有忧之，特揭邹峄良知之旨，以提醒一时聋瞶，深得先生救世苦衷。而山阴刘忠愍公谓：先生良知之学，实从中庸诚者不思而得悟出，尤为洞见本源。谨用两公之意撰为此诗。

心学肇坎画，一诚自生明。诚者不思得，良知此其根。是之谓德慧，以天不以人。战国竞功利，几希无复存。赖有子舆氏，首揭孩提真。……浸寻二千年，绝学几废兴。见利不见义，内荏而外争。……伟哉阳明子，一炬开重昏。龙场忧患地，妙悟从天生。……良知有实用，何曾堕渺冥。后学犹异议，谓禅而儒名。末流诚不免，拯溺良独殷。废书以为学，佞口圣所惩。……拔本而塞源，谁亮先生心。峄山七篇后，煌煌见斯文。（见《贺长龄集 贺熙龄集》）

可见，唐鉴与贺长龄均将阳明心学的原创与后学的演绎严格区分。他们意识到王学后人将良知日常化，无差别化，解读为任何人的个体意欲，宣称人人可为圣贤，圣心与贼心也就混为一谈。良知也就失去了超越性和崇高性，成为对自我的放纵。许多后世学人将王学后绪的龙溪、泰州派称为自我意识的觉醒和启蒙，是对束缚人性自由的道学罗网的冲决，固然不无道理，但也要看到，这的确和王阳明期盼的良知圣心原旨，大相径庭。

诚然，朱学和王学之争，是明代以来理学发展史上的大纷争，至今未息，耗费了许多学人的精力，也成就了许多学人的饭碗，要达成共识也不是朝夕之功。但简单说来，两派分歧无非是强调认知中的客观因素还是主观因素的问题。朱学强调要"格物致知"，即最大可能排除主观因素亦即"人欲"干扰，从客体的认知对象上去发现事物的性质与规律，也就是所谓"理"。王学强调要"致良知"，发挥主观因素即先天存在于人心中的是非善恶判断力以及认知模式，迅速地把握客体化的认知对象。这两种认知方法，用西方哲学的认知论来比附，前者有些类似胡塞尔现象学的"悬置"，后者有些类似康德认识论中的纯粹理性。按朱学，真理是不以"人欲"为转移的客观必然性，靠排除人欲杂念而获得。按王学，真理先天就存在于人的心念之中，靠唤醒"良知"而获得。于是纠缠不休，构成了激烈的门户之争，至今无解。

其实，一定要争个水落石出，谁对谁错，既没有可能也没有必要。或许换一种思路来看待会别有洞天。首先，任何认知都必须兼备客观对象和主观认知者才能完成。这就意味着，无论客体对象还是主体认知者都会作用于认知过程从而影响到认知结论。至于客体对象和认知主体影响认知各自达到怎样的程度，现在看来还难以说清，所以执着于客体或者主体是自寻烦恼，自陷于无解的泥潭。明智的态度是承认客体对象和认知主体各自带着自己的某些质性结合在一起完成了认知，而不偏执地强调客观性或主观性。其次，就朱学和王学的认知目的而言，都是为了巩固皇权制度，信仰儒学经典，激励世人尤其是士大夫做一个担当天下的圣贤之人。所以，朱学和王学的冲突并不像我们想象的那么你死我活。两派学人掀起的论争，很大程度上属于门户之争。

再回到唐鉴与贺长龄。他们对阳明心学的敬重，也正是看到了阳明心学"与孔孟之道正相吻合"，因而也与程朱正学并不矛盾，反而可以互补。这是唐鉴与贺长龄很重要的一种思想姿态，可以说他们是融通了朱学和王学对立性的思想家。这种融通和他们都是经世派官僚的身份也有关系，经世派官僚比较强调建功立业，而建功立业又与人的主观能动性充分张扬有关，阳明心学中最闪光的精神就是强调人的主观能动性，正好应合了经世派官僚的心愫，所谓心有灵犀一点通是也。还值得强调的是，就融通朱、王之学而言，贺长龄应该比唐鉴更为主动积极，对阳明心学的领会也更深。甚至可以说，唐鉴是在贺长龄的影响下，改变了对阳明心学的态度。可以佐证这一说法的案例是，唐鉴离开贵州后，又撰著了他的代表作之一《国朝学案小识》，学界普遍认为此著贯彻的就是"独宗程朱，排斥陆王"思想。这似乎表明，离开贺长龄后，由于贺的影响力减弱，唐鉴的思想又有退步。于是这又构成了唐鉴思想研究的一个重要课题。遗憾的是，学界似乎并没关注到唐鉴在贵州推崇阳明心学的表述，更没有探究其中的奥妙，只是将他视为一贯保守偏执的理学家。至于对贺长龄的思想研究，同样没有关注到他融通朱王之学的思想姿态。这都说明，学界对唐鉴与贺长龄的研究还比较粗放。

唐鉴在贵州待了两年，又被调回两江总督陶澍属下，任江宁布政使。

这既是升迁，又是肥缺，有理由猜测，是陶澍作了斡旋。以交情论，陶澍与唐鉴父子有两代交情，从权力论，他比贺长龄更有话语权，加之此时陶澍又患病在身，勉强支撑政务，迫切需要有人替他分担劳苦，自然就选择了老友唐鉴。也许唐鉴学养深厚，也是陶澍选择唐鉴的原因之一。如果真有这个原因，则是陶澍的误判，后来唐鉴上任，替陶澍署理督府政务，遭到了许多非议。曾国藩为唐鉴所作的《唐确慎公墓志铭》中写道："时总督陶文毅公澍寝疾，公代行使院政事，文牍如山，宾僚填咽，昧爽而勤职，丙夜而不休，忘寝辍餐，形神交瘁。而言者乃劾其多病近药，废搁公事，又杂撅他端以相訾毁。朝廷遣使者按问，率无左验。宣宗知公端谨，一切弗论。"尽管曾国藩写了唐鉴的勤勉，也归咎于言官参劾唐鉴没有铁证，还搬出了皇帝对唐鉴的信赖，不予追究。但是唐鉴多病，力不从心，代理两江政务缺乏政绩，被言官抓住了把柄，总是可信的。唐鉴学养深厚，还是经世派集团的骨干成员，但是他勤政有余，能政不足，这还是要承认的。

经世派领袖人物陶澍病故的次年，道光二十年（1840），鸦片战争爆发，中华民族屈辱的近代史扉页，在西夷铁甲舰队的炮声中掀开。也就在此年，唐鉴调任太常寺卿。随着鸦片战争的发展，唐鉴表现出了坚定的主战态度，上奏弹劾妥协派大臣琦善和耆英，"直声震天下"，不过，更为史家关注的是，唐鉴在任太常寺卿的六年中，在京城传授程朱正学，撰著《国朝学案小识》十五卷，形成了一个多位京官为弟子的理学群体，掀起了晚清理学复兴的小气候。亦即，与其说唐鉴是政治家，不如说他是思想家。他的历史地位取决于思想作为。

曾国藩在《唐确慎公墓志铭》中写道："时如今相国倭仁艮峰、侍郎吴廷栋竹如、侍御窦垿兰泉、何文贞公桂珍辈，皆从公考德问业。国藩亦追陪几杖，商榷古今。观其陋室危坐，精思力践，年近七十，斯须必敬。盖先儒坚苦者亚，时贤殆不逮也。"曾国藩还说：当时士林，汉学大显，理学式微，"高才之士，钩稽故训，动称汉京，闻老成倡为义理之学者，则骂讥唾侮。……吾乡善化唐先生，三十而志洛闽之学。特立独行，诟讥而不悔"。（见《送唐先生南归序》）可见，曾国藩是非常推崇唐鉴的思想成就的。不过，对于唐鉴坚守理学正统，掀起晚清理学复兴的小气候，后世学界评价并不高。梁启超、萧一山等诸多学人都认为唐鉴的学问并没有创建，"不足称""万不可读"。这主要是看到唐鉴治学信守程朱，比较偏执，在理论建构方面缺乏新意。蹊跷的是，即算唐鉴的思想主张缺乏新创，却影响了以曾国藩、罗泽南等为代表的湖湘英杰群体，并经由这些湖湘英杰人物，又推动了历史的演进。

不妨以唐鉴对曾国藩的影响来做一些分析。

曾国藩于道光十八年（1838）中进士。此时唐鉴还在两江。曾国藩结识唐鉴的确切史料显示，道光二十一年（1841）七月十四日，曾国藩登门向唐鉴请教，两人结识。有一种说法，是贺长龄推荐曾国藩去见唐鉴的。持此说法的学者认为，贺长龄与曾国藩结交当在道光二十年（1840），可是并没有确切史料依据，但有两条史料可以推测性地支持这种说法。一是《曾国藩年谱》记载，道光二十一年，曾国藩就曾"寓书善化贺公长龄，自陈其所学所志"。二是家信中亦有"贺耦庚先生寄三十金"的记载。此时贺长龄远在贵州，万里资助一个小京官，交往没有数年时间是难以想象的。所以，曾国藩先识贺长龄，请教中又经贺长龄推荐结识唐鉴，是很有可能的。当然也有另一说法，曾国藩是经由唐鉴结识了贺长龄。其实，究竟谁先谁后并不重要，重要的是，唐鉴与贺长龄在曾国藩的人生中，都有着师尊的地位。道光二十三年（1843），曾国藩有一封致贺长龄的书信，为学界高度重视，认为是曾国藩师事于唐贺的重要证据：

> 国藩顿首顿首耦庚前辈大人阁下：
>
> 　　二月接奉手示，兼辱雅贶，感谢！感谢！过蒙矜宠，奖饰溢量。国藩本以无本之学，寻声逐响。自从镜海先生游，稍乃粗识指归，坐昝见明，亦耿耿耳。乃甫涉向道之藩，遽钓过情之誉，是再辱也。
>
> ⋯⋯⋯⋯⋯

此信对贺长龄的百般尊敬不必言，更重要的是显示了曾国藩对唐鉴五体投地的弟子崇拜。曾国藩在道光二十一年七月十四日的日记中写道：

> 　　又至唐镜海先生处，问检身之要、读书之法。先生言当以《朱子全集》为宗⋯⋯又言为学只有三门：曰义理，曰考核，曰文章。考核之学，多求粗而遗精，管窥而蠡测。文章之学，非精于义理者不能至。经济之学，即在义理内。又问：经济宜何如审端致力？答曰：经济不外看史，古人已然之迹，法戒昭然；历代典章，不外乎此。又言近时河南倭艮峰（仁）前辈用功最笃实，每日自朝至寝，一言一动，坐作饮食，皆有札记。或心有私欲不克，外有不及检者皆记出。先生尝教之曰：不是将此心别借他心来把捉才提醒，便是闲邪存诚。又言检摄于外，只有"整齐严肃"四字；持守于内，只有"主一无适"四字。又言诗、文、词、曲，皆可不必用功，诚能用力于义理之学，彼小技亦非所难。又言第一要戒欺，万不可掩著云云。听之，昭然若发蒙也。

对照曾国藩人生行迹，可谓亦步亦趋按照唐鉴的提点走过来。余英时说，唐鉴对曾国藩的学术生命有"再造之功""他的治学规模就此奠定了"。而曾国藩作为历史雄杰的作为，没有人能够否定，唐鉴仅凭对曾国藩的塑造，就可以彪炳史册。于是就可以得出一个很有意味的判断：其实不必在意唐鉴的思想体系是否新创，甚至也不必在意他是否把真理传授给了曾国藩们，重要的是，唐鉴确确实实深刻地影响了曾国藩们，而曾国藩们又确确实实书写了赫赫历史功业。黑格尔说过，"恶"是历史发展的动力，那么，即使唐鉴传授给曾国藩的思想理念是荒谬的，我们除了接受，又能如何呢？

当然不能轻率地说，唐鉴是将陈腐荒谬的思想传授给曾国藩们——曾国藩们化腐朽为神奇。我们应该认真辨析其中奥妙。于是就可发现，尽管唐鉴笃信和遵从程朱的教条主张"居敬穷理""存诚主敬""静坐思"等修养认知之功，最后却是为了"躬行"，为了"守道救时"，为了"治平天下"。换言之，尽管唐鉴在学理命题上并无新创之功，但在最终的价值追求上——对皇权的维护，对儒经的虔诚，对圣雄的使命担当，与学理方面有创新的阳明心学是一致的。尤其是他主张要在经世上用力，要克制功利私欲之图，修身正心，成就平治天下的圣贤伟业，对于曾国藩等湖湘英杰奋发作为是最有激励性的。其实朱学和王学的冲突并不在价值观上，而是在认知论的方法上，过度夸大二者的分歧也可能会造成新的误解。必须看到，在维护皇权儒道、治平天下的抱负上，二者是高度一致的。如果说唐鉴的思想体系"不足称"，也只是意味着他的思想武器有些陈旧而已。这有点类似在热兵器时代打仗，还操持冷兵器上阵一样。所以评价唐鉴，重点关注的不是他的思想是否有创新，而是他是否产生了思想影响力。在思想影响力方面，唐鉴的历史作用是毋庸置疑的。

再回到唐鉴，可以说，自任太常寺卿之后的岁月，唐鉴很大程度上摆脱了不擅长的行政事务，更深入地在理论上进行研修著述，全力传道育人，反而更好地实现了他最重要的生命价值。

道光二十六年（1846），唐鉴年近七十，翻车伤肘，不久又染风寒，肘伤复发。他意识到，再也没有精力在朝中任职了，便请求退休回湘调养。从此，他告别了政治舞台，专心致力于学，长达十五年。

有理由猜测，他是冲着亲家贺熙龄而去的。这时的贺熙龄，已经回乡退养六年，正和弟子左宗棠谋划，找一处幽静的乡野，筑庐隐居，规划中想必也考虑到唐鉴的归来。没想到，唐鉴一路风尘回到善化的第三天，贺熙龄突然病重亡故。唐鉴泪流满面凭吊贺熙龄："呜呼！君往矣！藕耕何以为怀？余与藕耕又何以为怀耶！"随后，唐鉴与赶回长沙的贺长龄共同主持了贺熙龄的后事。丧事之后，他接到新任两江总督李星沅的邀请，主讲尊经书院，就是这次江南之行的途中，遭遇盗匪抢劫，行李全被掳去，他毫不在意，只是心痛所带的书籍尽失。更没想到的是，就在唐鉴抵达江南时，贺长龄又因永昌回变之事，接到朝廷的革职处分，又一年，贺长龄也黯然去世。唐鉴泪眼执笔，为两位亲家老友写下感人肺腑的墓志铭，这是他和贺氏兄弟几十年交情的绝笔。

唐鉴晚年基本在书院教学中度过，在人生最后的十五年岁月里，他经历了太平天国起义的战火，尽管他十分关注时政，亦有报国平乱之志，可是力不从心。咸丰皇帝请他入朝，召见十五次之多，询问平天下的应对之策，他只能纸上谈兵，贡献自己的建议，据说咸丰很受震动。其中最引人关注的一件事，就是举荐了弟子曾国藩。他对咸丰说，曾国藩"学识有余，才智不足，然能知人善任，集思广益""有定识定力，沉毅过人，必能贞固不摇，屡败克振，若因失利或言者劾奏，遽易他人，则大难恐难平也"。（见《湖湘学案》卷一）后来，果然是曾国藩为主帅，平定了太平天国之乱。唐鉴识人之能，可见一斑。学界还注意到，唐鉴回到湖南，播扬理学，带动了以曾国藩、罗泽南为代表的湖湘理学集团的崛起，成为平定太平天国的主力思想群体。这其中，都烙印着唐鉴的心血和智慧。

咸丰四年（1854）冬，77岁的唐鉴再次回到湖南，弟子曾国藩率领湘军，已经从湖南开拔，开始了铁血征战，湘楚老友，多已凋谢，亲戚邻里，迁徙一空，满目凄凉。唐鉴选择了妻子王夫人的故乡宁乡作为最后的栖身之地。顺便说一句，唐鉴的结发妻子王夫人，也是世家闺秀，祖父就是大名鼎鼎的岳麓山长，一代硕儒王文清。在宁乡的岁月长达六年，唐鉴潜心研读《易经》，完成了《读易反身录》《易膡》《独易识》《四经拾遗》《朱子学案》多部著述。他直至生命的最后光阴，还在思考。

咸丰十一年（1861），84岁的唐鉴气定神闲地端坐去世。

亲家吴其濬

吴其濬（1789—1847），河南固始人，字季深，一字瀹斋，号雩娄农，别号吉兰，嘉庆二十二年（1817）状元进士，是清代河南省唯一的状元，官至兵部左侍郎、户部右侍郎，湖南、浙江、云南、福建、山西巡抚，湖广总督、云贵总督，可谓少有的高官显吏。其家族也是官宦豪门，祖父吴延瑞是乾隆三十一年（1766）年进士，历任陕西按察使、广东储粮道、广东按察使等职；伯父吴邦治，乾隆四十六年（1781）年进士，官至直隶知州；父亲吴烜，乾隆五十二年（1787）进士，官至礼部右侍郎；叔父吴邦墦（燈），官至甘肃、宁夏同知。堂兄吴其浚是嘉庆十三年（1808）年进士；同胞长兄吴其彦，嘉庆四年（1799）进士，官至内阁学士、礼部侍郎、兵部侍郎等；还有一个堂兄吴其泰，是嘉庆二十五年（1820）进士，官至江苏按察使。还有侄儿吴元炳是咸丰十年（1860）进士，官至安徽巡抚，署理两江总督。固始吴门，祖孙四代，出了八位进士，大都为显宦，以至于叔父吴邦墦没有五品大夫的官衔，死后竟然不能埋进祖坟，从一个侧面显示吴门豪族的傲慢。

吴其濬是吴家达到鼎盛的标志。有趣的是，后来他名扬史册，不是靠其状元显宦的资历，而是著名植物学家的名头。其植物学专著《植物名实图考》《植物名实图考长编》，代表了当时中国植物学研究的最高成就，享誉中外。他还著有《滇南矿厂图略》[1]《滇行纪程集》等书。

吴其濬也是贺长龄的儿女亲家，其长子吴元禧是贺家的女婿，娶了贺长龄的长女，贺长龄的长孙贺师绳又娶了吴其濬的孙女（吴洪恩之女）。算起

1　清道光刻本《滇南矿厂图略》共两册，即《云南矿厂工器图略》和《滇南狂厂舆程图略》。

来，吴贺两家有两代姻亲关系，尤其是长子、长孙的婚姻，在宗法社会是很大的事件。于是，吴其濬自然也就成为贺家故事中一个不可忽略的人物。

河南固始县地处豫东南皖豫交界部，北临淮河，南依大别山，熟悉人文地理便知道，固始是中原移民向福建、台湾迁徙的肇始地和集中地，贫困一直是这片土地的绵长疤痕。不知是不是穷则思变的道理造就了固始吴家求学上进、登科入仕的清代辉煌。固始有曾、吴、祝、王四大家族，而以吴姓书香显宦为最。据《河南固始吴氏一线谱》记载，吴其濬的族脉大致如下：

一世祖吴星，子三，吴大成、吴大白、吴大朴。吴其濬为吴大朴的直系后人，其先祖吴大朴为明代天启年间进士，官历知县、知府。传至曾孙吴延瑞，就是吴其濬的祖父，家门开始崛起。吴延瑞是乾隆进士，官至陕西按察使、广东按察使。他很热心宗族建设，捐俸修建了吴氏士大夫祠，并捐资置义田接济族中贫困家庭，供族中子弟读书，一时间族中求学之风大盛。到了吴其濬父亲吴烜，更是兴办家学，其兄吴㴲退休回乡，亲自掌教书院，进一步推动了族中弟子向学。吴其彦、吴其濬兄弟以及堂兄吴其浚、吴其泰等人均在科场金榜题名，高中举人、进士，尤其是以吴其濬高中状元，书写了翰墨书香之家的辉煌。

家乘显示，吴其濬于嘉庆五年（1800）随母亲进京城，跟父亲一起生活并就读于国子监。此时，他已在家乡通过县试，有了秀才身份，其父在京城詹事府任右春坊右中允，其兄吴其彦已经考中进士，选庶吉士。吴其濬在国子监攻读达 10 年光阴，此期间，其父历任湖北学政、侍读学士、詹事府詹事，这都是和皇帝太子有密切交集的职位，享有国师的虚荣。而其兄吴其彦也在翰林院任编修，堂兄吴其浚也在嘉庆十三年（1808）中进士，选庶吉士，不用说，这都给吴其濬提供了绝佳的科举上进的家庭生态，可是他却对科举功名没有兴趣。按传记小说《吴其濬》的描写，从小就对植物有着浓厚兴趣的吴其濬，把更多的精力都投入到对各种花果草树的考察之中，引得父亲十分生气却又无可奈何，直到快娶亲的时候，妻子宋氏也是官宦闺秀，总要考个科名才能门当户对。吴其濬才于嘉庆十五年（1810），应顺天乡试，以第 31 名中了举人，算是交了差。之后纳捐买了一个内阁中书的职位，这是一个从七品的文书小官。看来，吴其濬的确没有想在仕途上施展一番作为。

吴其濬在小中书的职位上工作了七年之久。由于缺乏史料，不得知这七年里他的心路历程，据传记小说《吴其濬》的描写，这七年里，吴其濬依然

痴迷于植物研究，与官场格格不入。陶澍在京城创办了宣南诗社，林则徐也在其列，邀请吴其濬参加，吴其濬并不喜欢作诗，碍于林则徐面子，也去敷衍数次。说到此，就要说说林则徐与吴其濬的关系了。林则徐于嘉庆十六年（1811）受赐进士，曾跟随吴其濬父亲学习满文，算是门生，与吴其濬算是师兄弟，有着很深的交情。

据此，结合其他史料，就可推测吴其濬和贺长龄的交集了。

史料显示，吴其濬的堂兄吴其浚是嘉庆十三年（1808）的进士，与贺长龄正好同榜。贺长龄与林则徐也是密友，而且，贺长龄也是宣南诗社的骨干成员。可见，无论是经由吴其浚还是林则徐或者宣南诗社，贺长龄很容易就可以与吴其濬结识。但最可能成为桥梁的是吴其濬的长兄吴其彦。因为吴其彦是嘉庆十二年（1807）湖南乡试的副考官，贺长龄、贺熙龄、唐鉴都在这次乡试中举，吴其彦是他们的座师。贺长龄进仕后，吴其彦又升为懋勤殿行走，就是皇帝的老师，与阮元等大家一起续编《石渠宝笈》。这是一部清廷内府历代书画收藏作品的著录总汇，参编此著的，可谓顶级学者，贺长龄更是对吴其彦恭敬有加。加之吴其彦和其父吴烜都官至侍郎高位，贺长龄与吴氏父子结交对自己的发展是很有利的。根据上述情况可以断定，贺长龄一入朝，就与吴家父子有了密切交集，其中也包括吴其濬。可是吴其濬本人当时只是个举人身份的小中书，贺长龄作为嘉庆秘书性质的近臣，在京城少壮派官僚中，人气很高，未必会和吴深交，他们的关系应该在吴其濬考中状元之后才会有质的飞跃。

嘉庆二十二年（1817）春天，吴其濬参加丁丑科会试，以第231名中进士，成绩并不理想。随后又参加了殿试，却咸鱼翻身，高中状元，时年29岁。据说他的文章并不出色，考试后父亲吴烜看了儿子带回来的默卷，大失所望，认为儿子用功不深，顶多是个三甲之列，没想到居然被嘉庆点了状元。原来，嘉庆圈题时点了一个"桐"字，贡士们都绞尽脑汁，挖掘微言大义，吴其濬却简单地从植物学角度去写"桐树"的各种习性功能，算是一篇科普文章。嘉庆读之，顿觉别开生面，长了不少见识，根本不在乎是否有微言大义，提起朱笔，就点了吴其濬的状元。这就叫无心插柳柳成荫。不用说，吴家满门又惊又喜，高香鞭炮庆祝。而更令人关注的是，吴其濬本来无意科举，为什么改弦更张走上了科场呢？有一种说法是，他受到了穆彰阿的影响，这就更值得玩味了。

穆彰阿（1782—1856），字子朴，号鹤舫，满洲镶蓝旗人，嘉庆十年（1805）进士。由于是旗人，还是官二代，很受座师英和器重，提拔很快，到嘉庆十九年（1814），已升至内阁学士兼礼部侍郎。道光主政后，穆彰阿更是得宠，成为军机处最年轻的大臣。他的执政信念是：一切迎合道光意愿。他全力以赴实现道光的意图，事事维护道光的权威，谁要是在政见上与道光有分歧，即使出以公心，有利社稷，他也毫不犹豫地坚决打击。在他看来，社稷国家说到底就是皇帝私产，皇帝想怎么处置就怎么处置，臣子只管效力就是，没有资格指手画脚。因此，他就得罪和伤害了许多朝臣，最有名的就是鸦片战争中对禁烟名臣林则徐的打击，还有对王鼎等人的打击。大多数史学家认为，他是与和珅齐名的大奸臣、大权臣。其实就贪腐而言，他远不如和珅。后来咸丰主政，将他拿下，评价也是"保位贪荣，妨贤病国；小忠小信，阴柔以售其奸，伪学伪才，揣摩以逢主意"。

穆彰阿在朝中与吴其彦以及吴烜的关系较好，据说还是吴烜的门生，他对于吴其濬自然也是拉拢成全的态度。穆彰阿结党很厉害，但从另一面说，他也很爱才，只要跟他走，他是提携有加的。例如曾国藩，就是他一手提拔上来的。按传记小说《吴其濬》描写，吴其濬是在穆彰阿的影响下，萌生了考进士，深度进入官场的念头。尽管我们没有看到相关史料证明，但从吴家在朝中与穆彰阿的交集看，还有吴其濬中状元后升迁的表现看，他受到穆彰阿的提携，还是可信的。

吴其濬中状元不久，其父吴烜去世，他和其兄吴其彦回乡丁忧，接着又是母亲去世，他继续丁忧。直至道光九年（1829），他才除服进京任官，也就是说，他的仕途起步应该是道光九年。可是五年后，他就当上了鸿胪寺卿，第六年就当上了内阁学士，兼礼部侍郎衔，道光十七年（1837）就实授正二品的兵部左侍郎。从政绩看，吴其濬并不突出，可是升迁速度快得惊人。

这几年也正是穆彰阿青云直上的几年，说他提携了吴其濬并不离谱。至于吴其濬，好像也并不特别兴奋，主要心思还是在他的植物学上。他对升迁的态度是来者不拒，对穆彰阿也是恭敬顺从而不刻意迎奉。穆彰阿似乎也不太计较，也许穆彰阿正是看中了吴其濬的这种心不在焉的为官态度——不会和自己为难，他只是想让吴其濬给他把职位占住，不让异己把持就行了。这么看来，官运亨通也有各种情况，并不是只有溜须拍马、趋炎附势一条路，比如左宗棠的官运就是靠才华横、独当一面的本事。至于吴其濬，更多是靠父兄的人脉背景，还有自己比较超脱的态度，不卷入官场的派系斗争，提升他的贵人就比较放心，反而容易捡漏得以升迁。这当然又与吴其濬对植物学的酷爱有关。史料说，他在故乡守制八年，全心都在山野间考察植物，完成了《植物名实图考长编》初稿，新绘植物图逾四百幅，豫南皖北的山川大地遍布他的足迹。

很长一段时期，贺长龄与穆彰阿的关系也是不错的。

贺长龄虽是嘉庆的秘书近臣，但是真正起用贺长龄的还是道光。从圈子来看，贺长龄与穆彰阿都属于道光嫡系。尤其是道光执政之初，颇有改革之志，想改善国家财政，听从了协办大学士、军机大臣英和的建议，推行漕粮海运，把陶澍与贺长龄派往两江第一线开拓海运。工部侍郎穆彰阿作为钦差大臣主其事，亲自镇守天津把关验收，陶贺与穆彰阿同舟共济，上下同心，完成了海运壮举，也构成了十分亲密的上下级关系。这是贺长龄与穆彰阿的蜜月时期。

贺长龄有诗为证：

> 南北分筹指臂从（穆鹤舫尚书亲驻天津，会同仓场两侍郎，督饬直隶、江南各委员经理收米事宜，体恤周至，商情感戴，故二运尤为踊跃），披章有喜动天容（大府以海运藏事，奏请奖叙，承办各均荷俞旨，长龄亦蒙恩甄叙）。不分纲运资神力（大府以海船络绎放行，奏请不分两运，而来去皆值顺风，盖有神助），为验苴封重国供（海船起运时，于正载外，另以木桶贮米少许为样米，抵通津时，与所载之米比验无异方收。此番米质米色均较常年为胜）。大府协心群策集（此事创行办理一无成式，在北自穆鹤舫尚书以下，在南自琦静庵制府以下，罔不协心宣力，用能妥速告成），圣人举事百灵宗。试行端借朝廷福，莫忘殊恩矢靖恭。（见《贺长龄集 贺熙龄集》）

诗中的注释，涉及他与穆彰阿的海运合作，对穆彰阿给予了很高赞美。不过，对海运的首倡者英和与贺长龄更为恭敬，感情也更深。因为英和曾任翰林院掌院学士，为贺长龄任翰林时的师尊。贺长龄曾说："既入翰林，长白、吴县、新城三巨公，迭掌翰苑，提唱风雅，海内人士被其容接者，若登龙门，然而长龄皆得以为师。"（见《芸馆集仙图书后》）这长白就是英和的东北故乡长白县，在此指代英和，吴县是指潘世恩，新城是指陈希曾。在海运实行期间，贺长龄给英和写了多封书信，提出了许多建议，从贺长龄与英和的亲密关系看，我们就更有理由相信，贺长龄与穆彰阿的关系应该也是不错的。因为英和是一手将穆彰阿提携上来的恩师，贺长龄和他算是师兄弟，当然英和与穆彰阿关系更密，甚至有联盟关系，要不是英和后来倒霉，他和穆彰阿会结盟走得更远。

说起英和，可谓满人中很有才气和能力的大吏，人称德才兼备，官也做到了军机大臣，可就是运气不好，他管辖的系统总是出事，仕途中屡遭处罚，最冤枉的是他主持道光的陵墓工程，竣工后出现了浸水，差点被砍了脑袋，皇太后出面给他说情，才改判发配黑龙江充苦役，子孙也一并革职，家财全部充公，不过穆彰阿倒是挺仗义，去探望了潦倒不堪的重病恩师，还每年拿出一万两银子接济恩师一家。贺长龄有什么表现，不得而知，可能是他的后人避嫌，把有关记载都销毁了。英和流放的那年，贺长龄丁忧回籍约五年时间，很自然就避开一些复杂的人事纠葛，他本来就不是一个官瘾很重的人，为人也比较谨慎，更不喜欢抱团结党，随着英和的流放，贺长龄与穆彰阿的关系慢慢淡化，也在情理中。

这五年里，穆彰阿又在曹振镛的扶植下继续进步。在穆彰阿之前，还有贺长龄的老师潘世恩；在穆彰阿之后，也是贺长龄的老师王鼎。潘世恩是贺长龄在翰林院时的掌院学士，故而为师，王鼎是贺长龄中进士时的座师，可见贺长龄在朝中的人脉还是强旺的。潘世恩是位太平宰相，办事稳重保守，不喜欢激进之举，与穆彰阿的执政理念很合拍。王鼎为人刚正，富有进取心，也有能力，由于道光本人的执政理念也是守成持稳，不喜欢有激烈变革，所以比较信赖潘世恩和穆彰阿，因此王鼎在军机处是比较孤立的，他后来的悲剧命运也说明了这一点。总之，皇朝的顶层设计就是守成。贺长龄应该洞察了这种大势，所以他为官，体现出现实稳健的态度，与各方权贵都保持着适当的距离，从他留下的遗文中，我们可以感受到，他对英和比较崇敬，对穆彰阿比较客气，对潘世恩比较亲切，对王鼎比较坦率。随着时间推移，贺长龄与穆彰阿渐行渐远。究其缘故主要是两件大事。

第一件大事就是禁烟[1]之争。

那是鸦片战争前夕，鸦片在中国泛滥成灾，道光终于坐不住了，征求群臣意见。于是就出现了大多数史家所谓的"弛禁"与"严禁"之争，还有说弛禁派反对禁烟，是投降派，道光与穆彰阿都是弛禁派的后台，云云。其实

1　本文的"烟"均指鸦片。

细读史料不难发现，在禁烟的问题上并没有禁烟与反禁烟的对立，所谓"弛禁"也是禁烟的一种方式。我们不想卷入深入讨论，只想扼要指出，最激烈的禁烟派人物就是黄爵滋，其主张就是给一年限期，对不能戒烟的吸食者杀无赦，知情不报者连坐治罪。黄爵滋的主张被称为道德派代表，逻辑就是道德正义有对吸烟者的屠杀之权。据说只有四个大臣响应，还有说八个大臣响应，其实这并不重要，反正大多数人都不敢响应，主要是不敢承担血流成河的屠杀责任。当时全国烟民已过 400 万人，根据经验，真能戒去烟瘾的只有少数烟民，要是开杀戒，必然全国血流成河。即使极其乐观地估算，百分之九十的烟民成功戒烟，也将有几十万人头落地，连坐之罪者更是不计其数，还有贩卖者的脑袋，戒烟以及抚恤的成本，等等，这还不算执法时的枉法错判，伤及无辜。这就是道德派的正义和智慧，他们总是在理想主义的空中飞翔，从来不落地想想实施的可行性。

十分奇怪，后代史书中，黄爵滋却成为爱国主义的坐标，凡是响应者也都成为民族英雄。其实那几位响应者也并非完全赞同黄爵滋的宏论，比如被认为是响应派的两江总督陶澍便道："惟是拿办吸烟不难，而难于狱市不扰。若办理无次，而骚动及于闾阎，窒碍先于行旅，必致处处可生陷阱，而良懦皆惊。不但耗天下之财，且伤天下之元气……"（见《陶澍全集》）可以说，陶澍也仅在动机上肯定黄爵滋，在可行性上则是反对的。再说道光，更是有大量史料证明，他一直坚定主张禁烟，只是在禁烟举措上犹豫不定。他要群臣讨论黄爵滋的建议，也只是方法论的研讨，而且他本人也是倾向于黄爵滋的烈火猛药主张，只是拿不准对吸烟者大开杀戒，局面会不会失控。他担心一旦失控，不仅老百姓血流成河，皇家江山也会地动山摇。至于穆彰阿，他的态度是听道光的话，跟道光走。这位"保位贪荣""揣摩以逢主意"的军机大臣，绝不会脱离道光的轴心。对此我们后文再说。

贺长龄就是站在反对黄爵滋派阵列的封疆大吏之一，他提出：

> 凡论罪必须衡情，食烟者非有凶暴害人之心，亦无狂妄悖理之事，不过如酒色过度之自戕躯命耳，而与杀人同科，毋乃过当。然使此法一行，即能慑食烟者之魄，而致之生，虽严刑亦所弗恤，为其所全者大耳。而臣决其必不能者，非意之也，开设烟馆，罪加缳首矣，而开馆者未减于前。夫以烟馆之昭然在人耳目、易于觉察者，人犯冒死为之，则夫食烟之在重门密室中者，

更无论矣。且科条愈重则勾结愈密，摘发益难，讹诈愈多，滋扰益甚，即保结亦徒成文具耳。今之奸盗斗狠为害地方者，无不控官准理，而犯者累累，曾不知惩，食烟何害于人，而欲以一纸保结，责令首告，恐邻右不能如此奉公，则食烟者复何所畏？此种陋习沿海最多，几于十人而九，边防重地，静镇为先，岂可更增纷扰？（见《贺长龄集 贺熙龄集》）

贺长龄的主张可谓基于人道主义和法治思维。当时，吸食大烟是"个人自由"，从法理言，罪不当死，更何况杀戒一开，贪赃枉法者有机可乘，兴风作浪，害莫大焉。其实他和陶澍的忧虑大致相同，都应该属于黄爵滋的反对派才对。吊诡的是，诸多史家都把陶贺归为黄爵滋的同道，称二者以及林则徐都是坚定的禁烟派。是不是因为贺长龄、陶澍、林则徐、黄爵滋都是宣南诗社的诗友，就想当然呢？的确，贺长龄与陶澍都旗帜鲜明地主张禁烟，如贺长龄在贵州禁烟的史料记载比比皆是。问题是，贺长龄禁烟绝不是黄爵滋式的禁烟，这是要搞清楚的。即便是林则徐——被史家认为是黄爵滋最坚定的支持者，其禁烟主张也与黄颇不一样。

说到此还要补充一点，在讨论禁烟时，几乎所有人都认为鸦片贸易导致中国白银大量流失，造成了银贵钱贱的现象，产生了种种财政危机。独有贺长龄认为，银贵钱贱是因为"二百年来，生齿日益蕃，费用日益广，钱由官铸，岁岁而增之，银不能给也"。（见军机处录副奏折，道光十八年五月二十二日贺长龄奏折）这个问题比较专业，我们无从判断对错，但可见贺长龄的思考自有主见。尽管他为人稳重谨慎，但在大是大非面前，他并不会明哲保身，随波逐流，也不会徇私情。

道光没想到这么多大臣并不支持黄爵滋，有点傻了，但反对意见也确实击中要害，不能不考虑。这时，湖广总督林则徐挺身而出，他不仅在激烈禁烟的立场上支持黄爵滋，还以他在湖北禁烟的成效论证了严禁的可行性，提出了一系列可操作的方案，比较黄爵滋的空洞主张，大为充实。道光顿时大喜过望，立即召林则徐进京，随之委任为钦差大臣，奔赴广东，实行严厉的禁烟。《剑桥中国晚清史》写道："到1838年，道光帝对官员们的优柔寡断感到愤怒，对鸦片辩论未获结论感到灰心"，"林则徐7月10日的奏章正中他的下怀"，"这个包括多方面的纲领性文件有希望使禁烟奏效，因此林则徐立即奉诏进京"。

这意味着，道光采纳了最激烈的禁烟举措，林则徐的所作所为，不过是秉承道光意志。而且全国所有省份，包括贺长龄所在的贵州，都在配合林则徐禁烟。有人说林则徐是违逆圣意，孤军作战，真不知从何说起。至于穆彰阿，也被许多学人认为是阻挠禁烟的"弛禁派"后台，投降派首领，更不知是从何说起。穆彰阿的人生哲学就是"保位贪荣"，奉迎主上，怎么敢和道光唱对台戏？研究鸦片战争的学者麦天枢、王先明说："他没有公开反对过'严禁'，也没有公开赞扬过'弛禁'；他没有支持过'主和'，也没有旗帜鲜明地表示过'主战'。"（见麦天枢、王先明《昨天——中英鸦片战争纪实》）这就是尸位素餐的穆彰阿。但是要从表象看，我们还只能将他和道光一起归为严禁派。而在禁烟大讨论中，贺长龄的态度肯定让道光皇帝有些扫兴。史料显示，贺长龄在贵州期间，几次要求按惯例进京述职，都被道光拒绝，表现出对贺长龄的冷落，重要的原因就是在禁烟大讨论中没有紧跟道光皇帝。不难想见，穆彰阿也会追随道光疏远贺长龄。

众所周知，林则徐的严厉禁烟激发了中英鸦片战争的爆发。几番较量，中方连遭败绩，英方舰队直逼京津，道光皇帝一看局面，立即软了，改弦更张转向了乞和。林则徐便成为替罪羊，被革职发配伊犁。此时支持林则徐的主战派军机大臣王鼎挺身而出，奏请朝廷收回发配林则徐的成命，让林则徐"戴罪立功"，遭到了道光的拒绝。于是刚烈的王鼎毅然自杀，以尸谏的方式为林则徐鸣冤。结果当然是无济于事，道光要维护自己绝对圣明的威望，不找林则徐替罪，怎么对天下交代？而此时的穆彰阿，自然充当了维护道光的打手，派出亲信，说服王鼎之子改口说其父之死并非尸谏，而是自然病故，以掩盖王鼎之死的真相，减轻舆论的压力，千方百计为道光开脱。尽管也有学者质疑说，穆彰阿维护道光，掩盖王鼎之死真相，也属野史传闻，不能构成铁证。但是，第一，从逻辑上看，穆彰阿此时不维护道光还敢袖手旁观，看道光的笑话不成？他肯定是全力维护道光，才有自己的前程。第二，就算是野史传闻，舆论已经大哗，穆彰阿与道光的形象已经受损，世人总该有个态度吧，哪怕是被误导。

那么贺长龄又是怎样的态度呢？我们没有发现直接相关的资料。但是从《湖湘学案》对贺长龄的研究结论看，他是很同情林则徐的。尽管贺长龄在禁烟方式上与林则徐有所不同，但是坚决禁烟，两人可谓是同仇敌忾的战友。就私交而言，更是惺惺相惜的知己。林则徐落难，贺长龄十分同情，有"温公居洛，安石东山"之说。至于王鼎，是贺长龄的座师，如此悲剧下场，贺长龄岂会无动于衷？那么，面对道光和穆彰阿诿过于他人的所作所为，贺长龄即使不敢出声指责，也会心生凉意，尤其是对穆彰阿，更会疏远之。

以上是贺长龄与穆彰阿疏远的第一件事，再说下一件。

这件事比较简单，即贺长龄处理永昌回变不力，遭到撤职处罚之事。该事件全过程已有文专述，在此不赘。要强调的是，朝廷对贺长龄的处理明显是过分的，主要原因就是贺长龄的下属在处置回民一乱中有滥杀行为，贺长龄受到蒙蔽，回民进京告状，道光皇帝受到舆论压力，推出贺长龄为替罪羊以平息舆论。此时，穆彰阿已是首席军机大臣，如何处分贺长龄是有很大发言权的，从他的一贯表现看，为了保皇帝颜面，处分贺长龄很可能就是他的主意。退一步说，即使是道光的意思，他要是替贺长龄开脱，贺也不会遭到这么严厉的处分。但是穆彰阿出于维护道光意志的考虑，并没有替贺长龄斡旋开脱。这也就表明，他和贺长龄的关系并不融洽，而处分贺长龄的结果自然是使两人的关系进一步冷却。

我们之所以如此推测，与曾国藩蹊跷的自责有关。曾国藩是深受穆彰阿恩宠，一手提拔上来的弟子，时任兵部侍郎，同时曾国藩也是贺长龄的私淑弟子，对贺长龄十分崇敬。贺长龄遭到处分时，按理说，无论从他的身份言还是从他和穆彰阿的交情言，都是能帮贺长龄说话的。可是，他也没有出手帮忙。后来他十分自责地说，自己很对不起贺长龄。曾国藩的这番话，似有难言之隐。合理的推测是，很可能他想帮忙，但是受到穆彰阿的警告制止，所以缩手，从而留下了悔恨。否则，以曾国藩对贺长龄的崇敬之情，他不会无动于衷的。贺长龄死后，曾国藩又与贺长龄结为亲家，也有内疚补偿之意，这个话题，我们另文再细说。

诸此种种显示，贺长龄与穆彰阿的关系，经历了一个从密切到冷淡的过程。我们之所以特别关注贺长龄和穆彰阿的关系，是因为吴其濬与穆彰阿的关系更为密切。贺长龄与吴其濬结为亲家，或多或少会受到他们各自与穆彰阿关系的影响。我们在考察贺吴之间的亲家关系时，就感觉到其中的微妙。

较之贺长龄，吴其濬与穆彰阿的关系，更构成把握其人生轨迹一个很重要的坐标。传记小说《吴其濬》据此将吴其濬的人生分成两大段落：一是鸦片战争之前，他和穆彰阿关系融洽，也受到穆的荫护。二是鸦片战争之后，因为林则徐等密友受到穆彰阿的打击，他逐渐与穆彰阿疏远以至于决裂。不过，按照吴其濬的仕途升迁情况看，鸦片战争之后他生命最后的六年里，是他最为青云直上的时期，先后任湖南巡抚、署理湖广总督，浙江巡抚，云南巡抚、署理云贵总督，福建巡抚，山西巡抚兼提督盐政，都是威风八面的封疆大吏。这六年他如闪耀的彗星划破夜空，陨落于山西府署，生命短促而炫目，要是没有权倾天下的穆中堂成全，这是不可想象的。因此，从情理上看，吴其濬是不可能与穆彰阿决裂的，顶多是虚与委蛇，还不能被穆彰阿觉察。想必《吴其濬》的作者也受某些传统观念束缚，既然要把吴其濬写成正面典型，就要在道德上光彩照人，就要竭力与声名狼藉的穆彰阿撇清关系。这也是人之常情，谁都不想和一个受到咸丰抛弃的大奸臣关系暧昧。所以，无论是贺长龄还是吴其濬的遗文或是官方史传，都很难发现他们与穆彰阿交往的记载。想必也是后人做了手脚，以维护先人的道德形象。

然而作史者必须尽可能客观公正，不能以意逆史。包括对穆彰阿，也不能因为他死后声名狼藉就落井下石。事实上，穆彰阿绝非无能之辈，道德上也并非龌龊不堪，比如就贪腐而言，他还真不算恶劣。早期的穆彰阿，处置皇家粮库贪腐弊案，有勇有谋，铁拳出击，一网打尽，朝野皆知；主持海运，全力以赴，身先士卒，厥功至伟。他的毛病主要有三。其一，喜欢抱团结党，对于圈外人，排斥打击，伤人甚多。其二，执政比较保守，不喜欢折腾，或者说不锐意改革。据说道光也曾问他："你在位多年，怎么没有突出的政绩？"他答："自古以来，贤臣顺时而动，不标新立异，不求一己之赫赫名望，只求君主省心，百姓安宁。"恰好道光也是个安静内敛脾性，为政也以稳定为要，所以穆彰阿很讨道光欢心。其三，他唯道光是从，不论是非公道，即使国家利益受损，贤臣蒙冤，只要道光决意如此，他就尽力维护道光意愿。这是穆彰阿最大的毛病。总之，穆彰阿是个很复杂的人，绝不是"大奸臣"三个字便可总结。后世对他的主流评判，实在太简单化。据说他落职后，曾国藩去探望他，他感慨万千地赠送曾国藩一句话——"好汉打掉门牙和血吞"，足见他也满腹冤屈。

再说吴其濬，他开始封疆大吏生涯就是为穆彰阿办了一件大事。

那是道光二十年（1840），吴其濬接到朝廷指令，和刑部侍郎麟魁一起去湖北处理一个当地官府判的案子。《清实录》如是记载：

> 昨据都察院奏，秋审册内官犯李嘉祥之妻他塔拉氏，遣抱在该衙门代夫鸣冤。据称伊夫李嘉祥，在湖北郧阳府知府任内，督买仓谷，被民人江经林等以书差诈赃浮买勒折等情具控。业已解

省，讯系诬告，复经该督复讯刑求，逼令画供，问成死罪等语，本日已降旨派吴其濬、麟魁前往查办。

从记载看，这是去查湖广总督周天爵主办的一件案子。这个周天爵，是个很有个性也很受争议的官吏，山东人，嘉庆十六年（1811）进士，勇于任事，明敏干练，很受朝廷器重，升迁也很快。可性格暴烈，为人跋扈，一身赳赳武夫气，与一般书生大相径庭。尤其是对下属很粗暴，所以人际关系很差，所谓"驭吏严，多怨者"。赞美者说他嫉恶如仇，重拳除恶；反对者则说他贪婪残暴，滥用酷刑，铲除异己，草菅人命。吴其濬这次去湖北，就是调查周天爵对前郧阳知府李嘉祥屈打成招，陷李于死罪的案件。奇怪的是，从有关记载看，吴其濬的调查结果虽然对周天爵滥用酷刑的事实一一坐实，上报朝廷也对周做出撤职发配伊犁的处分，却没有再提及李嘉祥一案，好像吴其濬此行与李嘉祥案无关，完全是另一些人的告发，才导致吴其濬调查周天爵。如《清史稿·吴其濬传》记载：

> 二十年，偕侍郎麟魁赴湖北按事，总督周天爵嫉恶严，用候补知县楚镛充督署谳员，制非刑逼供，囚多死，为言官论劾，大冶知县孔广义列状讦之，讯鞫皆实，复得楚镛榷盐税贪酷，及天爵子光岳援引外委韩云邦为巡捕事，天爵论褫职戍伊犁，革光岳举人，镛荷校，期满发乌鲁木齐充苦役，巡抚伍长华以下降黜有差。

从以上记载看，调查周天爵的缘起是言官弹劾，大冶知县孔广义告发，与受冤枉的郧阳知府李嘉祥案无关。还有一种说法是，吴其濬和麟魁是去湖北办别的事，无意中发现了周天爵横行一方。我们不想探究此案究竟是因何而起，只关注吴其濬的作为。说起吴其濬调查周天爵，传闻更是五花八门，近乎传奇。最流行的说法是，吴其濬和麟魁在湖北明察暗访，终于摸清了底细，原来周天爵任用候补知县楚镛为亲信，主持总督府的审判大权，巧取豪夺，不从者便大刑伺候，还发明了什么"飞禽椅""快活凳""猴儿上树"等刑具，把人整得死去活来。周天爵还委任楚镛总办盐务，也是威胁商民，捞钱害命，周天爵的儿子周光岳也是帮凶，纠集了一个泼皮韩云邦当巡捕，负责抓捕，周天爵则躲在幕后当保护伞。还有的说，吴其濬在调查中被发现，也遭到绑架，施以种种酷刑……诸此种种，不一而足，最终的结果是周被吴其濬抓住铁证，上告朝廷，道光大怒，将周天爵和楚镛撤职发配新疆，儿子周光岳被取消了举人身份，韩云邦也被抓捕，巡抚伍长华、布政使孙善宝、按察使林绲慑于周天爵淫威，听之任之，也都遭到革职处分。后来因为鸦片战争事紧，周天爵被免除发配，上战场戴罪立功，这是后话。总之，这是道光年间震惊朝野的大案，吴其濬因此声名鹊起。

还要特别强调的是，有研究者认为，查办周天爵，其实是穆彰阿铲除异己势力的一个党争性质的阴谋。有关研究者提供了调查周天爵的另一个故事版本。

原来，道光十九年（1839），周天爵属下两个九品小吏贪赃枉法，欺压某百姓致死，被受害人家属进京告了御状，朝廷追究下来，要周天爵处理。周天爵便将两个小吏都判了死刑。上报朝廷后，刑部却认为杀两个官员来偿一个百姓之命有些不当，驳回重审。可是自负的周天爵就是坚持原判，于是案子就拖了一年多。到了道光二十年（1840），惊动了穆彰阿，派出了得意门生吴其濬下去处理，结果发现，周天爵早已把其中一个叫刘可富的官吏严刑整死在牢中，另一个官吏巡检宣维屏也被整得奄奄一息。再调查，就发现了更多周天爵滥用刑罚，致死人命的案例。于是就拿下了周天爵，使宣维屏免于一死，发配新疆。研究者认为，穆彰阿早就盯上了周天爵这个目空一切的总督，不是因为私怨，而是因为党争——周天爵不是穆党的人，据说与林则徐等严厉禁烟且主战派关系密切。林则徐原是湖广总督，被派去广东禁烟后，周天爵来接任，继续在湖北禁烟，抓到吸食者，割去嘴巴，可见周天爵确实是个暴吏，这个案子中还纠缠着满汉官员的矛盾。周天爵对满族人犯法处置得特别严厉，那个巡检宣维屏，就是旗人。说到此，联想前文说的前郧阳知府李嘉祥的老婆到都察院告状救丈夫的事，李嘉祥也是汉旗人，老婆他塔拉氏是满人，是不是宣维屏的背后还有李嘉祥呢？有关记载有些乱，那就不说了。总之，要是这个版本的故事确实，那么吴其濬就成了穆彰阿除掉异己的帮手，为恩师除掉了心头之患。

吴其濬处理了周天爵之后，立即取代周天爵，署理湖广总督，接着又改任湖南巡抚，从此走上封疆大吏之路。这样的前途，应该是穆彰阿的运作。当然，吴其濬即使当了穆彰阿的枪手，也未必有自觉意识，只不过客观上帮了穆彰阿而已，他的主要追求，还是植物学研究，这也是要看到的。从吴其濬的政绩看，并没有什么大作为，他留给后世的最大业绩，还是植物学方面的成就。但不管怎么样，吴其濬和穆彰阿的关系一直都比较融洽，这是应该承认的。

如此一来，就构成了吴其濬和穆彰阿关系很热，贺长龄和穆彰阿关系较冷的局面，作为亲家，这未免有些尴尬。我们考察吴贺联姻关系时，出现了一个令人感到十分意外的现象：在保存相当完好的吴氏家乘中，收有许多朝中大臣给吴家名人写的传记、墓志铭、序跋等，如王杰、汤金钊、王鼎、张书勋、吴荣光、吴玉纶、陆费墀等重臣名流都留下了与吴家交往的文字痕迹，连唐鉴也以门生的名义给吴其彦写了家传，唯独不见贺长龄只字片语。族谱只是记载，吴其濬的长子吴元禧，娶了贺长龄的长女，吴元禧的弟弟吴洪恩之女，又嫁给了贺长龄的孙子贺师绳。这意味着贺长龄与吴其濬有两代亲家关系，且是长子与长女之间的姻亲，从传统观念看，是最为慎重的家族联姻，而且贺长龄也是吴家一位身份很显赫的亲家，居然没有留下任何彼此往来的文字，似乎贺长龄与吴其濬毫无瓜葛，确实非常反常。于是就令人猜测，贺长龄与吴其濬之间可能出现过不愉快的故事。而这种不愉快的故事很可能与穆彰阿有关，可能是他们与穆彰阿的关系冷热不同，导致了彼此的疏远。不过问题又来了，贺吴两家是两代联姻，要是贺长龄和吴其濬关系不好，联姻怎么会如此延续呢？总之，这是一个谜，有待进一步研究来解密。

关于吴其濬，还是应该重点关注他在植物学方面的成就。

说起吴其濬在植物学方面的成就，由于是外行，只能综合有关资料，照本宣科地给予介绍。据说，吴其濬幼年就对植物特别感兴趣，有次家里来客，客人看着家里有仙人掌，故意问他："吴公子，为什么仙人掌无叶子，也不开花呢？"吴其濬被问住了，从此就迷上了植物。道光二年（1822），他因父亲去世，回家乡守制达6年之久，便建了植物园，栽种了许多植物，他还广泛收集各种植物，制成标本，此期间，他在翻阅大量植物学文献的基础上，完成了《植物名实图考》初稿，此后又不断修订充实，构成了中国古代植物学的顶峰级文献。该书突破了历史上各种本草著作既收藏动物、植物，又收藏水、火、土、金、石等的模式，成为一部植物学专著。全书收录植物1714种，分谷、蔬、山草、隰草、石草、水草、蔓草、芳草、毒草、群芳、果、木12类，计38卷，是历史上收录植物最多的一部植物学巨著，插图1800余幅，图文并茂。

《植物名实图考》重点考核植物名称与实物是否相符。把历代本草和其他文献中经常出现的同物异名和同名异物的现象纠正过来。如，宋代沈括《梦溪笔谈》中将"南烛"与"南天竹"混为一谈，吴其濬便指出二者非一物。现代植物分类学证明了吴其濬是对的，"南烛"为杜鹃花科越橘属植物，"南天竹"是小檗科南天竹属植物。这类纠正，书中比比皆是。

光绪六年（1880），《植物名实图考》传往日本，给明治维新的日本植物学界带来了新的启迪。随后西方的图书馆也普遍收藏。该书成为中国古代和现代植物学承前启后的一部典籍，吴其濬也成为中国植物学界但丁式的人物。此外，他还在矿物学、医药学方面做出了自己的贡献。道光二十三年（1843），他任云南巡抚，贺长龄在贵州任巡抚，道光下旨，命令两人在云贵地区调查矿产分布情况，此时两人已经是亲家，齐心合力进行了矿产分布的调查。毫无疑问，吴其濬更为专业，他在云南写出了《滇南矿厂图略》，成为中国矿业史和冶金史上的不朽著作。

吴其濬在古代中国的高级官僚群体中是唯一具有科学家资质并做出了显著科学贡献的人，也正是因此，他的心力大部分都投入到科学考察中，并没有深入地卷入政治漩涡，尽管他和穆彰阿的私交很好，却并没有成为官僚派系争斗的主角或者推波助澜者。至于他的升迁，固然有穆彰阿的维护，也与他对国家的水利建设慷慨捐款有关系。家谱中如是记载："庚子，署湖广总督，授湖南巡抚。壬寅，以捐助河南大工经费一万两议叙。癸卯，调浙江巡抚改云南巡抚。甲辰，以捐输东河河工一万两，赏加五级旋署云贵总督。"

总之，吴其濬人生的亮点，不是做官，不是政治，而是科学贡献。

据记载：吴元禧（1810—1878），吴其濬长子，以祖荫翰林院侍讲学士任从四品荫生，曾任钟祥县丞，以疾归。原配夫人为贺长龄长女（1812—1851），享年40岁，无子传，生一女。

吴洪恩（1827—1890），吴其濬五子，赐举人，湖南候补知县，因堂兄吴元柄任湖南布政使而回避，改署四川北江厅同知、补绵阳直隶州知州，花翎二品，其女嫁贺长龄孙贺师绳，生四子，家惠、家献、家馥、家永。

道光二十七年（1847）吴其濬病故于山西节署，享年58岁，一年后，贺长龄病故于长沙，享年64岁。

贺门高足左宗棠（上）

贺门弟子这个话题，极少人关注，大概和史料缺失有关。其实，贺长龄和贺熙龄都有挥之不去的教育情怀，不说兄弟俩为皇家考官选拔的弟子，仅说在京都当官的同时，兄弟俩便开馆授徒，门生云集，达百人之众，如胡林翼就是在此期间成为贺熙龄的弟子。后来贺长龄任贵州巡抚，也广纳门徒，弟子达数十人之多，知名弟子有莫友芝、郑珍、黄彭年、丁宝桢、傅寿彤、石赞清、李朝仪、丁世桢、丁世选、许鸿儒，等等。而贺熙龄也在告假回湘期间，执掌城南书院，带出了大批弟子，杰出者有左宗棠、刘长佑、罗汝怀、邹汉勋、丁取忠、周寿昌、罗泽南、郭嵩焘、郭昆焘、孙鼎臣，等等。贺门弟子可谓俊彦云集，蔚然壮观。可惜他们的师生交集事迹记载奇缺，二贺与弟子们的故事很难复现全貌。

贺门弟子中，相关史料留下最多且深切感人的，只有可称为贺门第一高足的左宗棠。不妨一说，也算是遗憾中的一份惊喜。

左宗棠与贺氏兄弟正式相识，是道光十年（1830），他十九岁。但十八岁那年，左宗棠就读到了贺长龄主编的《皇朝经世文编》，奉如经典，反复阅读，"丹黄殆遍"。恰好次年贺氏兄弟丁母忧回湘，十九岁的农家青年左宗棠闻知消息，踏着草鞋，兴致勃勃地由湘阴直奔长沙慕名求教。

这显然是一次非常唐突冒失的造访。一位乡野青年农夫，在豪华的贺府门前伫立，声称要拜见时任江宁布政使、名满湖湘的贺长龄，实在是有点孟浪轻狂。然而，这就是左宗棠。

令人意外的是，贺府大门居然敞开了，下人居然带着左宗棠进了大堂，贺长龄居然端坐在大堂接见了这位乡野农家子。当时左宗棠见到这位年长自己 27 岁的尊长前辈是否心怀忐忑，他是怎样自报家门来意，又是怎样寒暄搭讪进入正题，均不可考，我们只看到左宗棠这样的自述：

> 臣弱冠时，颇好读书，苦无买书资。贺长龄居忧长沙，发所藏官私图史借臣披览。每向取书册，贺长龄必亲自梯楼取书，数数登降，不以为烦。还书时，必问其所得，互相考订，孜孜断断，无稍倦厌。其诱掖末学，与人为善之诚，大率类此。尝言："天下方有乏才之叹，幸无苟且小就，自限其成。"至今每一思及，犹耿耿于怀，不能自释。（见《请将前任云贵总督宣付史馆立传折》）

这段左宗棠与贺长龄相识的故事，被后世学人作家文学化，绘声绘色，成为一段左宗棠恩遇贺长龄的传奇。各种版本的《左宗棠传》也必提此事，公认贺长龄是提携左宗棠的第一推手。尤其是贺长龄经过一段时间交往，认定左有"国士"之才，对左语重心长地说："你有国士大才，千万不可委屈自己，轻易出山屈就卑位，毁了自己。"这成为左宗棠后来恃才傲物，待价而沽的座右之铭。可以说，左宗棠的自信和自傲，很大程度上来自贺长龄的激励。由于贺长龄与左宗棠这段交往，许多学者认为，贺长龄也是左宗棠的恩师之一。

不过，左宗棠与贺长龄的师生关系，只能算私淑，要论正式的师长，还是贺熙龄。史料说，贺氏兄弟丁忧期间，贺熙龄受聘执掌城南书院，左宗棠亦入读该院，成为正宗的贺熙龄弟子。左宗棠入读城南书院，还没有秀才身份，一般说来是难以录取的，是否贺氏兄弟推荐而特招，不得而知，但可以肯定，左宗棠此前已经与贺氏兄弟建立了私淑弟子关系，故后来左宗棠一直声称，自己从学贺熙龄长达十年，显然是将私淑贺熙龄的时间也计算在内。其实左宗棠正儿八经在城南书院就读时间仅两年，道光十三年（1833），就转入岳麓书院内的湘水校经堂就读——这是一种半工半读、以自学走读为主的学习模式。之后他又主讲渌江书院，还赴京会试，此外左宗棠进入城南书院第二年就结婚，作为上门女婿迁居湘潭，眷顾家庭也是要事，他与贺熙龄朝夕相处的时光并不长。可是他与贺熙龄交往一直不断，受教也一直延续。在左宗棠诸多业师中，他对贺熙龄的敬重，首屈一指，达到了事事请教，亦步亦趋，言听计从的地步。《左宗棠全集》有左宗棠与贺熙龄交往的大量记载，特别是书信往来中，左宗棠对贺熙龄的崇敬之语比比皆是。如他深情地回忆说：

> 尔惟春和，风日晴美，南城杖履，山仁水智。固众芳之所在，惟君子能得朋。雍雍经堂，粲粲门子。晨熏夕训，步步趋趋。顾而乐之，乐可知矣。宗棠顽劣不足算，事先生二年于兹，请益徒殷，末由苦卓，犹且开蒙发凡，寸诣有进。矧诸狂简，亦越中行。其能传文章、通性道，以无惭吾师之弟子者，当更何量耶？（见《左宗棠全集》）

左宗棠对他从游贺熙龄景象的书写，不禁使人联想严如熤回忆他和贺熙龄的共同老师罗典的文字，对老师的一往情深，异曲同工。总之，贺熙龄是左宗棠最为敬重的恩师，左宗棠也是贺熙龄的第一高足。

左宗棠师事贺熙龄的第二年，就是乡试。某种意义上，这也是对贺熙龄教学成效的一次检验。左宗棠这年还没有秀才资格，是不能参加乡试的。不过当时考试制度有变通规定，捐一个监生，可获得考试资格。于是，左宗棠就掏钱捐了一个监生，和有秀才资格的二哥左宗植一起参加了这届乡试。考试结果是二哥入围，左宗棠出围。所幸这年考试是恩科，道光皇帝特别下旨，要求各考场不要遗漏优秀考生，传谕复查考卷，若有佳卷，可以扩大录取名额。

主考官徐法绩又在出围的考卷中重新审阅，挑出了六份出围考卷，左宗棠的卷子就在复查时被选中，并列为第一。哪知阅卷官觉得这是挑自己毛病，暗示自己眼拙遗珠，坚持不肯签名推荐，还声称左的卷子是"温卷"。所谓"温卷"，就是考试前猜题做好，通过渠道拜访考官，先呈给考官过目，以求考官阅卷时予以关照。"温卷"意味着事先通关节，有舞弊之嫌。不用说，徐法绩也很尴尬，因为他也要避嫌。但徐还是坚持说是奉旨行事，并要所有考官都来鉴别考卷的水平。得到大多数考官的认可后，左宗棠的考卷终于入围，并列第十八名举人，可见水平还是不错的。最后公布考榜，左宗植高中解元，左宗棠中第十八名举人。作为监考官一直沉默的巡抚吴荣光立即起身，欣喜地向主考官徐法绩道贺得人，从此，左宗棠也终身敬重徐师。

左宗棠有惊无险地中举，人称是他科举道路上唯一的一次成功。这次成功也给了贺熙龄很大颜面，左宗棠在他门下一年多就中了举人，说明他的教育还是得法的。不过有些奇怪，有关左宗棠的记载中，对左的中举并没有投入大笔墨，甚至有些回避。这大概和"温卷"之说有关。左宗棠是否真的在考前拜访过考官，有"温卷"之举？此外，巡抚吴荣光在左中举后格外兴奋，显得如释重负，好像也不太正常。那时湘水校经堂还没创办，吴荣光对左宗棠的器重当在左入读校经堂的优异表现之后，此时对左如此垂青，总有些不太自然。合理的解释就是贺熙龄给他吹过风。那么，在考试前，贺熙龄是否带左宗棠拜见过吴荣光呢？作为巡抚，吴荣光是这次乡试的临监，权力也是不小的。这就意味深长了。"温卷"现象在当时很流行，还到不了违法严惩地步，但也不是光彩事。一些文学性的书写说，贺熙龄事后也看了左宗棠的考卷，评价说，左的答卷以真才实学论当中举，但文卷在章法上确有瑕疵。果如此，则见贺熙龄评判还是比较公正的，但也可以理解为大局已定，贺熙龄指出左卷的小毛病，想平衡各种关系，内心还是有些偏袒弟子。总之这是一个谜。

此后六年，左宗棠又三次进京会试，均名落孙山。《左宗棠全集》还完整保留着三次会试的考试文章，可见他很看重这段人生足印。这也表明，特立独行如左宗棠也不能免俗，他也一度沉迷于科场中寻觅发达的通道。后人将左神化，似乎他天生就是超越平庸的脱俗之人，未免夸张了。他不过是个俗气较少，且能够及时反思，果断转向的人罢了。当然，能达到这种境界也算很了不起了。

道光十八年（1838），左宗棠参加戊戌会试回湘，毅然决定弃绝科场，走自己的路。大概三次会试后，他也意识到，自己奔放的个性并不适合走循规蹈矩的科举之路。估计他做这个决定前也和贺熙龄交流过，贺熙龄也发现这位爱徒更适合自由地发展自己。尽管没有文字证明，但通过贺熙龄对左宗棠的激赏揣测，师徒俩是达成了默契的。次年，贺熙龄也告别湖南，再次赴京履职，左宗棠和连襟，也是师兄的罗汝怀与恩师依依惜别，一直送恩师登上北去的客船，在客船上又通宵喝酒话别。贺熙龄写下了这样的诗篇：

左子季高、罗子砚生挈舟相送，别后却寄

蓬窗把酒到深更，载得湘波送我行。
好订文章千古事，不关风雨别离情。
百年铅椠青灯在，一夜江湖白发生。

看子狂澜回障手，老夫犹觉气纵横。

此时左宗棠已结婚六年，入赘湘潭方上周氏，妻子周诒端是位贤淑且富有诗才的女性。左宗棠搬到了湘潭乡间的周家居住，号称"湘上农人"，在农舍门前自题联曰："身无半亩，心忧天下；读破万卷，神交古人。"他按照贺熙龄的教诲，潜心精读典籍。他在给妻子的信中说："蔗农师尝戒吾：气质粗驳，失之矜傲。近来熟玩宋儒书，颇思力为克治。……此吾病根之最大者，夫人知之深矣。比始觉先儒'涵养须用敬'五字，真是对证之药。现已痛自刻责，誓改前非，先从'寡言'、'养静'二条做起。"这表明，贺熙龄对左宗棠的调教，是有的放矢，重点不是教知识，而是调教弟子的人格气象。贺熙龄认为，左宗棠最大的毛病是"矜傲"，可谓入木三分——这是左宗棠终身都没有完全去除的毛病。其实贺熙龄器重左宗棠，很大程度上也因为左的"矜傲"，他只是希望左宗棠有所克制而不是彻底泯灭。辩证地看，"矜傲"的左宗棠也少了许多平庸，更志向高远，更有襟怀气度，表现于读书上自然会有非同凡俗的选择和启悟。

左宗棠最热衷的学问并不是"四书""五经"，他把大量的精力都投入到地理学、农学、经济学、兵学等实用的"匡时济世"的学问方面，在书信中，他将自己的学习计划和心得，一点一滴向贺熙龄汇报，不仅向贺熙龄求教知识，更是频频发问："不知师以为然否？"显然，他心有志忑，更希望在求学方向上听取贺熙龄的意见。于是，贺熙龄作为左宗棠人生导师的真正意义才显示出来。

不难想见，贺熙龄对于地理、农事、经济、兵事的具体知识，未必能给左宗棠多少具体提点，但他对于左宗棠的学习取向，给予了充分肯定和激励，这对于响鼓不用重锤的左宗棠无疑是极大有效的。左宗棠的儿子左孝同在《先考事略》中如是说："时山长善化贺侍御熙龄，宿学名儒，其教诸生，诱以义理经世之学，不专重制艺帖括，于府君尤加器异。"贺熙龄亦言："左子季高，少从余游，观其卓然能自立，叩其学，则确然有所得，察其进退言论，则循循然有规矩，而不敢有所放轶也。余已心异之。"（见《左斐中像赞》）还说："季高近弃词章，为有用之学，谈天下形势，了如指掌"，遂兴奋地作诗云："六朝花月毫端扫，万里江山眼底横。开口能谈天下事，读书深见古人情。湘楼夜雨吟怀健，水驿秋风别思萦。记得竹窗宵漏永，一灯分照骨峥嵘。"（见《舟中怀左季高》）可见，贺熙龄是全力支持左宗棠走自我塑造之路的，言辞间赞叹有加，乃至自叹不如。这种识见和气度，才是左宗棠敬重他的根本原因。左宗棠在给贺熙龄次子贺仲肃的信中也说："兄十数年所得于吾师者，多在语言事迹之外，窃谓稍稍受益者亦即在此。每思吾师，不觉泪之承睫也。"（见《左宗棠全集》）诸此种种，给人启迪，顶级的老师不在于传授给弟子多少花拳绣腿，而在于激发出学生的生命潜能，得以灿烂地绽放自我。这是贺熙龄培养左宗棠最成功之处。

这不禁又使人联想贺熙龄之师罗典和高足严如熤的关系。算起来，严如熤也是贺熙龄兄弟的大师兄和密友，他师从罗典长达六年，终身敬重罗典，从知识谱系而言，严如熤可谓军事地理专家，和罗典的知识体系并不十分相吻，倒是和左宗棠高度契合。此外严如熤也和左宗棠一样，不热衷科举，科名止于拔贡，在罗典的推荐下进入官场，建功立业，成为国之能吏，湖湘经世派的先驱者。左宗棠的科名也止于举人，后来也投入湘军，建功立业，成为国之重臣。罗典对严如熤的培养之道是让严如熤自由地绽放自我。这与贺熙龄培养左宗棠是同一个路数，效果也是同样令人赞叹。似乎可以说，贺熙龄得罗典真传而更加光大。这实在是左宗棠的人生之幸。

再说一个很有意思的故事。

道光十六年（1836），经吴荣光介绍，左宗棠已主讲渌江书院，此时，贺熙龄还在执掌城南书院。一件关涉左宗棠人生命运的大事发生了。

这一年，两江总督陶澍回湘探亲，路过醴陵，县令张罗接待这位湖南人仰望的湘籍封疆大吏，吩咐左宗棠撰写一副对联，以示隆重。左宗棠当然知道陶澍的名望和勋业，略加思索，挥毫写下一副佳联："春殿语从容，廿载家山，印心石在；大江流日夜，八州子弟，翘首公归。"此联不仅对仗精工，豪迈大气，还巧妙地嵌入了陶澍堪称得意的两个人生典故，一是上联所云"春殿语从容，廿载家山，印心石在"，说的是道光皇帝于宫中召见陶澍，交谈中殷殷关切陶澍家事，并欣然为其题写"印心石屋"书房之匾文，这是陶澍莫大的荣耀。下联写"大江流日夜，八州子弟，翘首公归"，说的是陶澍镇守两江的官威，还有先祖陶侃曾督八州军事的典故，暗示陶澍光大先人，继往开来，广受天下敬仰。陶澍当然品出了其中的微言大义，脱口而出，妙联也！接着就问这是何人手笔，于是，左宗棠就和陶澍相见了。这一见，两人也不分贵贱长幼，在渌江书院彻夜长谈，纵论古今，相见恨晚，竟定忘年交而别。左宗棠对这次与陶澍巧遇订交，深有感慨："予此联盖纪实耳，乃

蒙激赏，询访姓名，敦迫延见，目为奇才，纵论古今，至于达旦，竟订忘年之交。督部勋望为近日疆臣第一，而虚心下士，至于如此，尤有古大臣之风度。惟吾诚不知何以得此，殊自愧耳。"（见《左宗棠全集》）

次年，左宗棠会试不中，回湘时，又绕道南京两江总督府拜会陶澍。这次拜会，在一些文学性很强的记载中又是绘声绘色，说陶澍先是故意怠慢，左宗棠觉得受到轻慢，拂袖而去，陶澍便倒履追出，迎入上座，还提出要与左宗棠结为亲家，左宗棠受宠若惊，又拉不下脸——怕人说攀附，见陶澍很有诚意，才应允了。还有说这次拜会陶澍，左宗棠好友也是陶澍之婿胡林翼陪左宗棠同赴，竭力向陶澍推荐左宗棠，云云。

这些记载多有夸张演绎，现据罗正均撰修，具有权威性的《左文襄公年谱》以及《胡文忠公年谱》《陶文毅公年谱》等信史资料，作一些考辨：

学界普遍认为，道光十八年（1838），左宗棠会试京城，与胡林翼相识，结为知己。但左宗棠在道光十七年（1837），主讲渌江书院时给贺熙龄的信中这样写道："同门胡生润之，前许代购《水道提纲》、《说文解字笺》及李申耆方舆图数种，别时曾云由江南寄存吾师处，不识到未？"（见《左宗棠全集》）这是说他委托同门师兄胡林翼给他购书的事。据此可断定，左宗棠与胡林翼相识更早，至少是在道光十七年之前。胡林翼14岁在京城就拜贺熙龄为师，在师辈上是左的师兄，左宗棠与胡林翼相交，介绍人应该是他们俩共同的老师贺熙龄。因此，左宗棠于道光十八年会试初识胡林翼之说也可以推翻。此时胡林翼已在两年前中进士，为编修。年谱有载，该年他想回湘省亲，其父不许作罢。可见陪左宗棠去南京见陶澍，同样是不可信的。

对于左宗棠在江南拜谒陶澍之事，《陶文毅公年谱》没有提及，左孝同的《先考事略》有记载："戊戌会试，荐仍未中，出都至江南，谒陶文毅公于节署。"左孝同文中并没有什么陶澍考验左宗棠，激怒了左宗棠的趣闻。至于陶澍托孤，想和左宗棠结亲家的事，倒是不虚。左宗棠致贺熙龄的信中如是说："此议始于戊戌之秋，旋复中止。"可以相信，陶澍的确是提出了结亲家之事。此时陶澍之子陶桄才6岁，左宗棠之女孝瑜才5岁，陶澍年近60岁，身体多病，他很器重左宗棠，故有托孤之意，也不奇怪。但陶左的社会身份实在是太悬殊，左宗棠又是高傲之人，不想背负攀附之名，并没有答应，顶多是照顾陶澍面子，含糊其词答应考虑，所以左宗棠说"旋复中止"。因此，说左宗棠在这次谒见陶澍，答应了儿女订婚也是不准确的。

于是，一个有趣的问题就出来了，左宗棠一生和陶澍仅有短暂的两面之交，何以陶澍对左如此器重？有人说是陶澍慧眼识才的能力很强，也有人说是陶澍女婿胡林翼对左宗棠称道有加，也许这都是原因之一，但两面之交就托孤结亲家，仅凭陶澍的眼力和女婿胡林翼的称道，显然还不够有说服力。陶澍是个很谨慎的人，即使当时身体不好，"手足痿弛"，"起居不便，而神明未衰"，依然正常履职，不至于这么匆忙急切地托孤。陶桄是他唯一的子嗣，肯定要慎重挑选亲家。他当然知道左宗棠与贺氏兄弟亲密的师生关系，这么重大的决定，向同僚的贺氏兄弟了解一下左宗棠，征求一下意见，自在情理中。况且此时，陶澍与贺氏兄弟已是亲家。所以，陶澍对左宗棠器重乃至萌生联姻之想，更多应来自贺氏兄弟的推荐，贺氏兄弟的话语分量肯定要比胡林翼重得多。而且有迹象显示，陶左联姻的主意，极可能就是来自贺熙龄，包括陶澍在渌江书院与左宗棠偶遇长谈，也应该是此前听贺氏兄弟夸赞过左宗棠，才会如此兴奋地礼贤下士。

陶澍第二次见左宗棠之后一年，有些突然地病故。为其料理后事的主要人物就是贺熙龄。陶澍后人陶今在《我的先祖陶澍》中记载，陶澍灵柩运回安化老家安葬，途经武昌，遇到亲家密友贺熙龄，陶澍夫人哭着对贺说："夫子生无亏，死无歉，家世儒素，生计无所求，所求得师教子耳！"贺熙龄当即承诺教育陶桄之事，他来解决。在此要说明一下，贺熙龄此时还在湖南开缺休假，在武昌与陶澍夫人相遇，绝非偶遇，应该是迎柩至武昌，这可是很大的礼数了——陶贺交深可见一斑。贺熙龄的诗文亦有迎柩的记载，不过是在岳阳，诗题很长，可视为一段短文："舟次巴陵，访王平舫广文，留饮。……陶文毅柩船亦将次可到，旧感新欢，怅然有作。"这都表明贺熙龄在主持陶澍的后事。《陶文毅公年谱》更明确记载："公殁后乡里多有视其孤弱而欺侮者，左文襄公宗棠、贺公熙龄、胡文忠公林翼，为区画其家事以安之。"不言而喻，三人中只能是老师贺熙龄拍板。

于是贺熙龄做出了一个重大决定，敦促左宗棠去陶澍家任馆师，抚教陶桄。这个决定，也只有贺熙龄开口才能说服左宗棠。贺熙龄当然明白，这个决定，意味着左宗棠要做出很大的个人牺牲，因此，也必须给左宗棠相应回报，最好的回报，就是提升左宗棠的社会地位，给他出山做铺垫。陶左结为亲家，就是提升左宗棠社会地位的佳选。所以，贺熙龄做出这个决定时，应该既考虑到帮助密友亲家陶澍，又考虑到提携高徒左宗棠。也就是说贺熙龄决心促成陶左联姻的主意已经成竹在胸，只是没有和左宗棠摊牌而已——因为要照顾到左宗棠的脸面。如果这个猜测是对的，那么，就可以进一步猜测，陶澍当初提出和左宗棠结亲家，很可能也是贺熙龄的主意，这也是贺熙龄想提携爱徒的一片苦心。

贺熙龄首先对左宗棠提出的要求是去陶家当馆师，抚教陶桄。左宗棠果然受命，复信给贺熙龄说："吾师命宗棠为教其孤子。宗棠与文毅有一日之雅故，又重以吾师之谆谆之命，其曷敢辞？"从左宗棠的口气看，他主要是买贺熙龄的账，才答应去陶家当馆师。这也说明，此时陶左亲家之事，已不存在，至少是已经解除。不过此时两个孩子还小，贺熙龄也不着急，他深知弟子的脾气，要在适当的时候才说适当的话。

就这样，左宗棠不仅悉心教诲陶桄，实际上还成为陶家的管家，支撑起了只有孤儿寡母的陶家，使那些想打陶家馊主意的人收敛却步。不用说，陶家对左宗棠也不薄，薪水远高于普通馆师，并且，陶澍留下的丰富的藏书更使左宗棠享受了精神大餐的回报，他在给贺熙龄的信中，都一一汇报。贺熙龄也不动声色，等待水到渠成的那一天。随着孩子一天天长大，陶澍的遗孀也越来越倚重左宗棠，左宗棠却想卸卸担子了，提出了辞馆回家，这下子陶夫人坐不住了，想起曾经说过的联姻之事，又往事重提。不可否认，这是想拴住左宗棠。

在此又要纠正一下，野史有说，陶家再提联姻事，是因为受贺熙龄病故前，遗命要和左宗棠联姻，将小女嫁给左宗棠长子孝威触动而起，这是没有的事。事实是，陶家再向左宗棠提出联姻，是道光二十二年（1842）。有趣的是，陶家同时也请贺熙龄出面劝说，想必陶夫人心里也有底，知道贺熙龄肯定会出手。贺熙龄果然给左宗棠连去了两封信，态度站在陶夫人一边，而且有替左宗棠做主的意味，不能不使人联想，其实这一切都在贺熙龄安排之中。可惜贺熙龄的信件无存，不过，左宗棠的回信倒是保留下来，不妨一读，从字里行间感受一下我们的猜测可有道理：

> 两奉钧谕，敬悉一是。长女姻议，辱荷师命谆谆，宗棠何敢复有异说。然其中委曲极多，非面禀不能缕悉。既承谕谕，敢不略陈大概，俯俟钧裁。
>
> 此议始于戊戌之秋，旋复中止。今夏，王师璞为述文毅夫人之意，必欲续成前议，并代达一切，宗棠初颇不以为然，盖亦实有碍难处措之势也。既师璞复理前说，语极恳切，并云已有信与吾师及平舫先生，以必谐为期。宗棠窃以前次曾以年庚不合为

说，今复议此，知者以为童蒙之求我，不知者必且疑宗棠之就此馆，与去年之留此馆，及今日之欲辞此馆，皆隐有求系求援之意。窃惟君子之处事也，与其欲人之我谅，不如示人以无可疑。且此间人各有心，难期协一，订姻之后，尤难自处。而此间既信合婚之说，自不得不细意推考，亦邵子素不信日辰凶吉之说，然既取历择日，则必求其吉者之意也。当即商之成甫，云令伯母既必欲续成前议，何不先将两造推查，再行商议；如有一字不合，请即致书吾师，亟寝前议。若因此而稍存意见，不就明年之馆者，非人也。彼时师璞颇以为怪。宗棠云：此事关系至重，人力所不可至者，天也；人力所可至者，亦天也，听之可矣。嗣成甫出示所查年庚，并一课一卦，云俱合吉格。但伊不敢作主，仍俟吾师一决。宗棠亦以为然，尔后并未说及。昨奉钧函后，但闻文毅夫人催备纳采礼物甚急，足征其用意之诚。宗棠既与成甫有徐俟吾师一决之约，自不能复有他说。闻十数日后，成甫有因事晋省之说，见面时自可详禀一切。如事机顺利固佳，不然，人之所不顺，即安知非天之所不与也。宗棠毫无成见，万不至以世俗浅见芥诸胸中，许之，却之，一听吾师之命而已。但成否两议，意在速决。盖此议知之者多，而宗棠又现馆此间，过于迟延，殊无以相处耳。

左宗棠的回信，披露了陶家再提联姻的过程。值得注意的是，左宗棠的态度是很犹豫的，倒不是他不满意陶家，而是傲气的左宗棠忌讳流言说自己攀附豪门。

所以他最后的表态是，"许之，却之，一听吾师之命而已"。可见他把自己全部托付给了贺熙龄，对于骄傲的左宗棠来说，这在他人生中是绝无仅有的决策。而对于贺熙龄来说，这也是他人生中少有的越俎代庖。要是没有深思熟虑，贺熙龄也不会有此姿态。师生情分之深厚，昭然毕现。更令人回味的是，左宗棠一生中从来都是以傲慢示人，俨然是一头"湖南骡骡子"，可是在贺熙龄面前，他则成了一个乖乖崽，似乎什么主见也没有，一切都听老师安排。要是左宗棠对老师没有深入骨髓的敬意，这是绝不可想象的。在湖南英杰群体里，像左宗棠这样顺从老师的弟子，除了罗典的弟子严如熤，就是左宗棠了。而他们又都是罗典的一传或二传弟子，细细琢磨，真是意味深长。

不用说，在贺熙龄斡旋下，陶左联姻达成。不过这还不是终局。一是陶桄和孝瑜都太小，二是左宗棠和陶家的关系有了大跨越，他也要适应。可以说他虽然应允了联姻，心里还是有障碍的，总觉得人们用异样的眼光来看自己，很不舒服。直到两年后，陶澍夫人也病故，陶家亲属间出现了种种风波，年纪尚幼的陶桄惊慌失措，他才真正意识到自己对陶家的责任，又给贺熙龄写信，请老师出面摆平局面。信中说："睹其病女、孤儿惨痛呼号之状，不觉泪下也。""诸陶不能共相经纪，已愧凡民之谊。且闻有饮馔不丰，厉声诟谇，孝帛稍短，负气凌竞者。此固下乡恶态，不足责。然亦何遽至此乎？自此事体必更纷纭，孤弱其何以自立矣！且叹且愤。"（见《左宗棠全集》）可见此时的左宗棠对陶家已经动了真感情，决心要挺身而出维护陶桄的权益。但他还是觉得自己势单力薄，所以向贺熙龄发出了求援信。贺熙龄此时因目疾养病在家，深居简出，不问世事，但还是抱病出面，张罗陶夫人后事，平息陶家风波。左宗棠自然也当仁不让，要以岳父的身份维护女婿陶桄了。可说，此后他才一心一意、理直气壮地担当起亲家责任，支撑日渐衰落的陶家，这其中，自然又是师徒同心的佳话。

道光二十七年（1847）八月，陶桄终于迎娶了左孝瑜。陶左联姻宣告完成。这桩婚姻，震惊了湖湘，连数千里之外的陶澍友人、时任陕西巡抚的林则徐都感到吃惊。士林纷纷议论陶左联姻，最强烈的悬问就是，这位布衣举子，何德何能，得以成名震朝野的陶文毅公亲家？可见，人们都深知，婚姻绝不是简单的儿女家事，而是有政治考量的大事。

陶左联姻意味着，左宗棠在血缘关系上，步入了当时顶级的社会圈层——这也正是贺熙龄的心愿。更富有意味的是，这种门户悬殊的联姻，对于左宗棠仅仅是开始，前一年年底，贺熙龄溘然病故，临终前又做出一个令人意外的决定，遗命左宗棠，要将自己的幼女许配给左宗棠尚在襁褓中的长子左孝威。这又是一门左宗棠万没想到的高攀姻亲，而且亲家居然是自己顶礼膜拜的恩师，他又会怎样应对？

贺门高足左宗棠（下）

　　道光二十六年（1846）八月，左宗棠第一个儿子孝威出生，这年贺熙龄最小的六女儿才一岁。得知左宗棠喜添贵子的消息，贺熙龄眉开眼笑，脱口而出："这是吾佳婿呀！"当时大家都当玩笑话听，都没往心里去。没想到年末，贺熙龄感染风寒，竟然一病不起，且日益严重。左宗棠得知消息，匆忙赶来探望，恩师已经归西而去。左的悲痛之状自不必说，更令他震惊不已的是，给恩师送终在场的师兄弟们向他转达了恩师的遗命：要以幼女与左孝威盟婚，与左宗棠结为儿女亲家。许多文学描写称，当时左宗棠就傻了，语无伦次连声道："这，这可使不得呀，老师的千金，可，可是我小师妹呀！"这时师母也出场了，沉下脸瞪着左宗棠说："这是你老师的遗命，你看着办吧！"左宗棠一听，扑通一下跪倒在地，连连磕头改口道："师母息怒，师母息怒，宗棠遵命就是！"

　　这样的描写，肯定是文学虚构，不过与事实也相差不远。左宗棠的自述是这样说的：

> 道光二十六年孝威生，师闻喜甚，谓是宜婿吾女。师殁，黄文学雨田、丁文学叙忠、罗忠节公泽南以师遗命告，遂盟婚焉。（见《冢妇贺氏圹志》）

　　细心的人会发现，对于贺熙龄的遗命，左宗棠并没有太大心理障碍，比接受陶左联姻要痛快得多。想必是经历了陶左联姻的波折，左宗棠已不再纠结于流言，但更重要的原因是，他与贺熙龄的交情也悄然由师生升华到亦师亦友的份上，左宗棠从心灵深处，更能够接受贺熙龄的眷顾。毫无疑问，贺熙龄的遗命，也蕴含着提携爱徒的一片苦心。当时，贺长龄虽然遭遇了永昌回变，降职为河南布政使，但是贺家的显赫犹在，贺熙龄死后，受祀乡贤祠，依然是士林仰望的名流，这都是左宗棠上进的资本。

贺熙龄故去，泪满湖湘士林，祭奠隆重不难想象。贺熙龄的亲家密友，也是经师巨儒的唐鉴亲撰墓志铭，姻亲侄辈，也是书法大家的何绍基执笔书丹。时至今日，由唐鉴撰写、何绍基墨书的《诰授朝议大夫掌四川道监察御史贺君墓志铭》还留存，已成藏家珍贵的书法文物藏品。唐鉴深情写道："生平道义交，数人而已。近年来，凋丧者大半，心焉伤之。昨岁，乞假由齐至吴归湖湘，到未三日，又失吾蔗农贺君。岂独衰老所难忘于怀？亦天下论人者所共歔欷而慨叹也。"接下来，唐鉴介绍了贺熙龄的生平履历，重点对贺熙龄的教育功业做了高度评价：

> 君前掌教城南书院，辨义利、正人心、训多士，以立志穷经为有体有用之学，又于月米、膏火，一一清厘，梓为条规，教不忘养，人心帖然服。退归后，仍主城南讲席，教爱后进出于至诚，学者翕然再见茂叔。于其卒也，合馆之士莫不尽伤。
>
> 君自幼纯笃，与兄耦庚同经而研，合志而求。厥后离合不常，德业各有据依，莫窥其极。至其蕊榜同登，蓬瀛联步，世俗艳称，又其不足论者也。呜呼！君往矣，耦庚何以为怀？余于耦庚又何以为怀耶？

唐鉴当时是享誉天下的理学巨擘，湖湘士林的骄傲，他为贺熙龄撰写墓志，抬举到了理学鼻祖周敦颐的地步，可谓推崇之至。还有贺长龄也赶来祭奠六弟，其他闻讯而来吊唁的达官显贵、名流硕儒，更是络绎不绝。此时左宗棠才35岁，在这些凭吊的人流中，显得默默无闻。所以左宗棠感慨地对主持后事的贺熙龄次子贺仲肃说："镜海先生、耦耕五伯同在会城，一切得有所禀承，深为可幸。镜翁所学之正之邃，吾楚二百年来所仅有者。去腊匆匆一谒，归舟后想像数日，亦觉稍有所得。比欲请其所著书观之，恐不我与，故未开口。吾弟处想必有，可借一读不？"（见《左宗棠全集》）可见，这时的左宗棠，在唐鉴这样的大学者面前还是颇胆怯的，借书都不敢直接开口，要从贺仲肃处转借。其实，要论与贺熙龄的关系，左宗棠与唐鉴都是平辈的贺熙龄亲家，也算是亲戚，根本不用如此拘谨。于是，我们就更能感受到，贺熙龄临终遗命与左宗棠联姻，实在是想提携爱徒的一片苦心。当然，后来左宗棠的赫赫勋业也证明，恩师的确独具慧眼，一片苦心获得了欣慰回报。

左宗棠也撰挽联表达了对恩师的祭奠：

> 宋儒学，汉人文，落落几知心，公自有书贻后世；
> 定王台，贾傅井，行行重回首，我从何处哭先生！

他还参与张罗了贺熙龄的后事。

当时主持贺熙龄后事的是其次子贺仲肃，他也是唐鉴的女婿和弟子。道光十九年（1839），唐鉴任江宁布政使，17岁的贺仲肃来到金陵，又拜岳父又拜老师，娶了唐鉴的小女儿，住在唐鉴的府邸瞻园读书，深得唐鉴喜爱。大约两年后，又回到湖南。由于贺熙龄的关系，他和左宗棠既算是平辈的师兄弟，又算是晚一辈的姻侄，交往非常密切。贺熙龄去世后，曾停枢一年挑选下葬之地，贺仲肃就拜托左宗棠协助自己，其中一些故事，也值得一说。

《左宗棠全集》中有这样一封致贺仲肃的信：

> 顷奉手书，知吾师吉地尚未定卜，颇为焦急。停丧极非所宜也。阴阳家言，最难画一。鄙意不如专决之镜海先生。如两疑莫决，则仍决之于卜。此事自宜慎重，但尽听诸堪舆家，恐徒益纷纭也。弟以为然否？
>
> 正月两梦吾师形体适如平时，未觉有异，想神气在天，去来不隔。但门下士追随无自，无泪可挥耳。乡贤一议，急当成之。生前事实，只能照例铺叙，官中文字，自有一格也。上游各处，想不至沉阁稽滞。尧农处自可商之。十数年来，所奉吾师手谕，前后无虑数十百函，半存此间，半存周汝充处。现已走信索取，但其中论时事及陶氏家务者，十函而九，似不便刊布，兄当择出抄寄。昨披览数过，觉吾师墨沈未干，情事依依如旧，不自知其涕泣之何从也！荒山千古，筑室何年，思之可为至恸。
> …………

信中，左宗棠对恩师的痛切缅怀自不必说，亦可见，他很关心恩师的善后事宜，期盼恩师早日下葬，积极搜罗贺熙龄的书信，供编印文集用，还就上奏朝廷，请将贺熙龄列入乡贤祠之事出主意。不难想见，在恩师的后事处理中，他是出了不少力的。特别值得注意的是，他认为贺熙龄的信件中，有许多时事之论，还有许多涉及陶氏家务之论，不宜公布，所以说要进行筛选。想必贺熙龄的信中，有许多激烈之论，涉及朝中人物和陶家纠纷，都是忌讳。由此联想，那些刊布的历史记叙，其实也是依据经过严格筛选后的材料，赤裸裸的真相，是很难见到的。所谓真实，也是相对而言。

道光二十七年（1847），贺熙龄终于入土为安。同年，贺长龄因永昌回变被革职黯然回乡，次年六月，贺长龄郁郁病故，有人称，这是贺家衰落的开始。但也就是贺长龄革职回乡的道光二十七年，八弟贺桂龄高中进士，贺家可谓悲喜交织。也正是贺桂龄的逆势而起，延缓了贺家衰落。左宗棠与贺家交往的主要对象，又转向了贺桂龄。

说起贺桂龄，他辅佐六哥熙龄打理过城南书院校务，后来还具体打理湘水校经堂教务，给学生上过辅导课，所以也可以算是左宗棠的老师，但他同时也在湘水校经堂研读过，算起来又是左宗棠的同学；另外，他还是左宗棠的密友，去世后又是左宗棠写的墓志铭，这都是后话。总之，左宗棠与贺家的关系，又进入了一种新状态。关于左宗棠与贺桂龄的交往，我们另文再说，下文重点说说左宗棠长子左孝威与贺夫人的故事。

左孝威（1846—1873），是左宗棠长子，正房周夫人所生。由于左贺盟婚时左孝威还在襁褓中，左孝威和贺夫人结婚是在15年之后，结婚时左孝威15岁，妻子贺夫人16岁。左宗棠于咸丰二年（1852）出山，任湖南巡抚张亮基的师爷，从此离开了6岁的左孝威，南征北战与太平军血杀，连左孝威婚礼都没参加。但是戎马之中，他还是很关切长子和长媳。从妻子的来信得知媳妇很知书达理，贤淑孝顺，十分欣喜，于是对孝威的要求也更加严厉。说起左宗棠对左孝威的严厉家教，也很有意思。

左孝威是左宗棠的长子，按传统观念，左宗棠器重有加自在情理中，其家书中致孝威最多，亦是明证。也许正是爱子心切，书信里他除了很关心孝威的身体健康之外，对孝威责备也最多且很严厉。是不是也怕辜负恩师的一片心意呢？反正左宗棠总说孝威性情浮躁，贪玩虚荣，不够踏实努力，甚至达到挖苦的地步，"年逾成童而童心未化，视听言动，无非一种轻扬浮躁之气"。其实孝威16岁中举，可谓罕见的少年得志，又擅长书法，笔力尤劲于乃父。要是别的父亲，至少是窃喜在心，左宗棠却并不欣喜祝贺，反而一瓢冷水浇下：

> 尔才质不过中人，今岁试辄高列，吾以为学业顿进耳。顷阅所呈试草，亦不过尔尔，且字句间亦多未妥适，岂非古人所谓"暴得大名不祥"乎？尔宜自加省惧，断不可稍涉骄亢，以贻我忧。……新例：中式后必赴京复试。尔年尚小，难受北道风霜之苦，且学业平平，明岁仍不须赴都会试。（见《左宗棠全集》，下同）

此后，在父亲的多次阻止下，左孝威在科举之途上没有更上一层楼。这与左宗棠对科举的偏见有关。他总是对儿子说："只要读书明理，讲求作人及经世有用之学，便是好儿子，不在科名也。""试看近时人才有一从八股出身者否？八股愈做得入格，人才愈见庸下，此我阅历有得之言，非好骂时下自命为文人学士者也。"左宗棠这些说法，固然有其灼见，但也不无偏执。世间能够像左宗棠那样特立独行，且自我成就之人毕竟是少数，大多数人只能随波逐流生存，所以王阳明推崇"致良知"便可悟道，对少数人可行，对多数人是做梦。强迫平凡为非凡，不仅强人所难，也是变相杀人。特立独行与宽容平庸并行不悖才是理智态度。还要看到，左宗棠那么反感科举，与自己的科场失意也大有干系，他性格和论事偏激，是终身毛病，贺熙龄早就点化过他，他也意识到了，有很大改观，但还是没断根。他对左孝威说的下面这段话就非常典型：

> 近时聪明子弟，文艺粗有可观，便自高位置，于人多所凌忽。不但同辈中无诚心推许之人，即名辈居先者亦貌敬而心薄之。……吾少时亦曾犯此，中年稍稍读书，又得师友箴规之益，乃少自损抑。每一念及从前倨傲之态、诞妄之谈，时觉惭赧。尔母或笑举前事相规，辄掩耳不欲听也。昔人有云："子弟不可令看《世说新语》，未得其隽永，先习其简傲。"此言可味，尔宜戒之，勿以尔父少年举动为可效也。至子弟好交结淫朋逸友，今日戏场，明日酒馆，甚至嫖赌、鸦片无事不为，是为下流种子。或喜看小说传奇，如《会真记》、《红楼梦》等等，诲淫长情，令人损德丧耻。此皆不肖之尤，固不必论。

左宗棠这段话，本是教育儿子不要自大轻狂，还以自己为例，要儿子不要学自己年轻时的狂妄，可是说着说着，就激愤起来，甚至还对世人专事文学表现出很大轻蔑，将《会真记》《红楼梦》贬斥为海淫海盗的读物，就有点过了。文学就是以言情为能事，男女之情是文学的永恒主题之一，有人专事文学，这是社会分工的必然，估计左宗棠也没有细读甚至没读过《红楼梦》，其结论不仅保守而且武断，起码是说了外行话。既然外行，评价却那么言之凿凿，难道不也是一种自大轻狂吗？可见要左宗棠彻底脱胎换骨实在很难。他这一生，恐怕只在皇帝、父母和贺熙龄面前，不敢咄咄逼人。

左宗棠教诲左孝威，还有许多更难听的话。如左孝威富有童心，一次从学馆走出蹦跳而行，崴了脚，左宗棠大怒，去信责怪："尔母善愁多病，尔亦知之否？所举男子惟尔一人，尔亦念之否？年已十八而举动如此，与牧猪奴何异？尔亦耻之否？此后如不悛改，吾亦不复念尔矣！"这样的粗暴，不知今日将儿女捧为小太阳的父母读之，该作何感？

其实，左孝威并非骄奢轻浮的纨绔子弟，学习成绩也不错。他16岁中举，比21岁中举的父亲并不逊色，要是不认真向学也是难以想象的，无非是不够老成，有些虚荣气，抱负也不像其父那么远大罢了。他的同学王先谦，后来也是湖湘大儒，曾回忆说，当时他和左孝威同学，先生叫闵振瀚，字浩斋，曾是左宗棠的幕僚，看闵先生学问好，左帅就请他教左孝威，王先谦也经人介绍一起师从闵先生。闵先生最喜欢的两个学生就是王先谦和左孝威，一次喝酒，闵先生说，我将来死了，就请先谦撰写墓志铭，"孝威书之"。可见左孝威的学养并非如左宗棠说的那么平庸。左孝威去世后，郭嵩焘题写了这样的挽联："乃翁为当代奇才，记往时间里过从，已看头角峥嵘，笑语相呼小诸葛；群彦皆后来健得，喜频岁连翩竞爽，讵料功名泡幻，凄凉同付大槐安。"从郭嵩焘的评价看，左孝威还是翩翩才子。要说功名泡幻，倒是左宗棠有相当责任，他多次阻止儿子参加会试，许多朋友都来劝说，左宗棠才应允。显然，左宗棠对儿子要求过高了，左孝威在父亲的压力下放不开，可能显得有些窝囊，作为父亲的左宗棠难辞其咎。

左孝威也是大孝子。母亲病重时，孝威曾割下自己的臂肉，熬汤侍奉母亲，在当时传为湖湘佳话。左孝威荫授主事，母亲去世后他抱着病体来到甘肃行营，本想随父远征新疆，建功立业，不幸染风寒病倒，只得回家乡疗养，却一病不起，27岁故世。诸此种种都说明，左孝威并没有给其父丢脸。当然，话又说回来，左宗棠对孝威的爱是以严父形式体现出来的，在致孝威

的信中，左宗棠总是把自己的戎马见闻，甚至一些机密，如决定满门抄斩回民首领马化龙的内幕，也一一告知儿子，俨然如至交间谈心。他还特别关心孝威身体健康，精细到吃什么药都一一嘱托，即使是责骂也能感受到一片爱心。比如得知儿子割肉为母亲疗病之事，左宗棠除了说儿子一片孝心外，又责怪说，你自毁身体，就不怕老子伤心吗？公平地说，左宗棠的父爱是以严苛形式表现出来的。

知晓了左宗棠对孝威的种种严苛，再说孝威的媳妇贺夫人，就更能感受到其间的差异。由于媳妇是恩师的小女，左宗棠对这个儿媳有着不同于儿子的态度。长年征战在外的左宗棠在给儿子的信中，似乎从来没有问候过媳妇，却通过妻子询问儿媳的情况，得知儿媳知书达理，贤淑孝顺，他心里很高兴，嘴上也不夸，在致妻子的信中还有些摆父亲的架子，他说："新妇性质何如？'教妇初来'，须令其多识道理。为家门久远计，《小学》《女诫》可令诸姊勤为讲明也。"（见《左宗棠全集》）浏览《左宗棠全集》，提及长媳的文字并不多，但每逢提及，都带褒义，如"孝妇""尔嫂""淑慎""能得姑欢"，等等。可见，左宗棠对长媳是很宽和的。尤其贺夫人去世后，左宗棠亲撰《冢妇贺氏圹志》以彰，决定贺夫人与夫君合葬，藏圹志于墓穴，志文收入《左宗棠全集》，而在全集中，却不见左宗棠有哀悼孝威的文字（也许是缺失），足见左宗棠对长媳的惜重，这也是对长媳的盖棺定论。圹志中，我们得知了贺夫人在左家没有辱没贺家门楣，死后受到了朝廷的节妇表彰，也看到了高傲的左宗棠对长子长媳的深厚爱心：

> 同治十年，长子孝威省余安定军次，病归长沙殁。后其弟孝宽、孝勋、孝同奉其丧葬于善化县天鹅山之原。孝威先于同治九年侍母周夫人疾，刲臂以进，亡后，乡君子以孝行闻诸抚部，抚部闻诸朝，奉旨旌褒。方孝威病亟，妇贺亦刲臂进，卒不起，乡人亦附言之，以非故事，未获并请也。

> 贺氏为乡贤御史、吾师蔗农先生讳熙龄季女。道光二十六年孝威生，师闻喜甚，谓是宜婿吾女。师殁，黄文学雨田、丁文学叙忠、罗忠节公泽南以师遗命告，遂盟婚焉。咸丰十一年来归，时余方转战江、皖间，拮据戎马，未遑问家事也。周夫人书来，每道新妇贤，如誉其女。闽事平，余奉命追贼粤东，比返闽，周夫人率家属省余福州，时孝威已举于乡，生子念谦矣。去家日

久，至是始复完集，见新妇且抱孙焉，喜可知已。数月，奉诏移
督陕甘讨捻、回，师次汉上，适周夫人率家人由闽航海至。余登
舟视之，戏问念谦："尔从海上来，宁见海未？"答言："见之。"
问海大若何，则引手作围，家人皆笑。别后四年，周夫人疾终里
第，孝威时已续举两男，余命之念恂、念慈。孝威葬母毕，度陇
省余，遘寒疾归。临死呼宽、勋、同处分家事毕，属贺氏谨视
儿，贺氏之未遽殉者以此。

光绪三年，念谦年十有四，覃恩承正一品荫生，恂、慈皆
能就塾读矣，贺氏病乃益进。四年正月三日日辰加卯遂卒，得年
三十有三，盖忧能伤人也。悲夫！宽方侍余肃州，勋、同自湘报
丧，将以光绪五年四月初九日合葬天鹅山，书此志之。文曰：至
性所发，非由思也。刲臂救夫，同其危也。诸孤渐长，殉匪迟
也。夭欤寿欤，吾不知也。家庭多故，乃所悲也。死则同穴，是
其宜也。佳儿佳妇，瘗于斯也。噫！（见《冢妇贺氏圹志》）

这是左宗棠与贺家交集的最后一份文献，七年后，左宗棠去世。

据左宗棠说，道光十六年（1836）至道光二十六年（1846）十年间，
贺熙龄给他的书信达上百封，估计左宗棠给贺的信也超过百封。这十年间，
左宗棠最主要的通信对象就是贺熙龄。可以说，这十年，他是在贺熙龄的教
诲中成长。《左宗棠全集》中，收有致贺熙龄信 28 封，致贺仲肃信 13 封，
致贺桂龄信 1 封，这都是经过筛选留存下来的，是研究左宗棠与贺家关系的
第一手文献。在致贺熙龄的信中，涉及了许多话题，既可以看到左宗棠与贺
熙龄极为亲密的师生情，也可以看到左宗棠成长的轨迹。从信中我们总结出
若干主题，以供研究者参考。

师生情谊

几乎每一封信中，左宗棠都表现出对贺熙龄的仰敬和虚心求教姿态，这
在左宗棠文字中是很少有的情怀表现。人都说左宗棠狂傲，其实，他还有深情
谦恭的另一面，对贺熙龄最为突出。常言道，卤水点豆腐，一物降一物，考察
左宗棠，分析一下贺熙龄为何能降住左宗棠，不仅有趣，也是一个富有启迪的
话题。贺熙龄显然不是靠强权或者名望来压服左宗棠的，左宗棠对贺熙龄的尊

敬发自肺腑，这是很值得深思的。要获得他人的敬重，靠权势威压或者靠声望迷惑可以博得愚昧怯懦者的膜拜，对左宗棠这样的人是无济于事的。

读书受教

左宗棠尊敬贺熙龄，最重要的原因当然是受教甚多。在书信中有许多展现。总结一下，大致有两方面：一方面是指导左细读经典，对左宗棠浮躁轻狂、偏激习气予以警示和纠正，另一方面是对左宗棠的特立独行、研务实学、经世抱负给予激励和引导，使其最大限度地绽放自我。兹引几段左宗棠自述以见一斑：

> 再，承师谕《论语》一书，每于容貌词气之间，兢兢致谨。隐微幽独之中，戒慎尤不容缓。宗棠自维气质粗驳，动逾闲则。年来颇思力为克治……先从寡言、养静二条，实下工夫，强勉用力。仰荷至教，在远不忘。宗棠虽极愚顽，何敢以空言妄对，自欺以欺吾师乎？……

> 尔念年馀课文谈艺，方舆旧学，半就荒废。……寓心图史，重披飞鸟之图，细绎五域之志，山川历历，恍若旧游，订误刊讹，聊以永日。惜距师门稍远，未获时以就正耳。（见《左宗棠全集》，下同）

在请教贺熙龄方面，师徒俩纵论时事也是很重要的内容。其时正值第一次鸦片战争，中国的危亡，政局的动荡深深震撼人心。师徒俩通信中大篇幅讨论时局走向，应对谋略。左宗棠在信中急切地要求说："洋事近云何？中丞新政，可略闻一二邪？此间僻左，如坐瓮中，敬乞便中有以见示。"贺熙龄便将自己知晓的信息和见解都和盘托出，从左宗棠的回信看，涉及很多朝廷内幕，而且贺熙龄的态度是比较悲观的，他看到了这是清王朝走向衰败的重大转折点。切磋交谈中不仅激发了左宗棠的忧国之心，也激发了左宗棠的思考，锻炼了左宗棠对天下大势的判断力。左宗棠的滔滔阔论，尽管是纸上谈兵，却为将来出山，统率三军，决胜千里，奠定了重要的思想和素养基础。

有意思的是，左宗棠还向贺熙龄求教书法之道：

> 胡湘林至，见吾师手书碑字，真气内含，和悦而静，实兼东

坡、香光胜处，玩味不忍释。现已钩朾入石，泐工已竣，稍迟即
可拓出寄呈也。

　　重负吾师训诲之意，悚愧悚愧。命书小楷，俟此次在长沙觅
得生纸来，即便书呈，但恐不能佳也。

　　可见，贺熙龄对左宗棠的教诲是多方面的。后来在处理陶澍家事，陶左
联姻，还有贺熙龄的家事中，师徒俩都合作同心。最重要的有两件大事：一
是陶左联姻，一是避难地选址。

陶左联姻

　　陶左联姻，不仅对左宗棠的发展是一件大事，对贺熙龄也是一件大事。
因为贺熙龄是陶澍的亲家，也是操办陶澍后事的主持人。陶澍死后，独子陶桄
尚幼，陶家孤儿寡母，缺乏强力的男人支撑局面，胡林翼是陶澍女婿中最强干
者，在料理岳父后事时出力不少，但同时他自己也在居父丧，不仅要料理父亲
的后事还要照顾老母，此外还要谋职支撑自己的家室，所以捐官去了贵州。于
是，在贺熙龄的安排下，便由左宗棠担负了抚教陶桄兼管家的重担，接着又出
现联姻以及陶家的内部纠纷，贺熙龄又是其中的决定性人物。其间许多事务都
由他与左对接，在通信中，就保留了许多内情材料。值得研究者参考。

选址避难

　　咸丰初年，太平军起义爆发，直捣湖南。左宗棠一度避战乱，举家藏匿
在湘潭与湘阴交界处的山洞中，在胡林翼、郭嵩焘等人的推荐下，湖南巡抚
张亮基"三顾茅庐"，终于把左宗棠请出山。这是左宗棠人生崛起的转折点。
左宗棠为何隐匿山洞中，有说法是他学古代高人，买山而隐，自抬身价，是
一种待价而沽的出山策略。其实，这么说有些简单化了，实际的情况是，早
在贺熙龄生前，师徒俩就商量找一处僻静幽雅山间，筑庐隐居。从二人的通
信看，是左宗棠先萌动隐居之念，征求贺熙龄的意见，得到了贺熙龄的赞
同，并且也表示出浓厚兴趣，于是两人决定一同隐居，左宗棠就开始选址，
只是因为贺熙龄去世而没有实现。这么看，其中的内涵就不那么简单了。他
们师徒二人为何要隐居？要说是为了避战乱，当时的局面只能说是有些土匪
打劫的治安乱子，根本没有到烽火连天的地步，至于吗？显然，这涉及他们

对中国大格局的研判，或者人生观的大变化，这就值得关注了。而后世学者仅仅认为是左宗棠为了谋求出山的话语权设计的一个小计谋，未免想当然了。关于隐居的内情，在左宗棠的信中都有显露。这也是深入研究左宗棠值得注意而被忽略了的史料。

总之，左宗棠与贺熙龄的交集，既是全面解读左宗棠的重要视角，也是解读贺熙龄的重要视角。学界的研究还很不够。

贺家与曾国藩（上）

尽管不少学人认为，曾国藩是贺长龄的弟子，但严格说来，曾国藩只能说受到贺长龄的教诲和提携，对贺长龄执弟子礼以敬，与左宗棠这样的正宗弟子还是有区别的。也正因为这种区别，加上曾国藩与左宗棠的禀赋与履历差异，他在与贺家联姻的路上就出现了可称为曾国藩特色的种种表现，这些表现又能使我们更深刻地认知曾国藩，甚至思绪绵绵，感慨深长……

且听慢慢道来。

曾国藩（1811—1872），初名子城，字伯涵，号涤生，据说是孔门弟子曾参的七十代孙。不过这丝毫不意味他家世显耀。其实从曾国藩往上追溯六百年，家族里都是面朝黄土背朝天的农夫农妇，几乎没有一个读书郎。直到祖父曾玉屏，还是个浪子回头的农夫，只不过收敛浪荡习气发了点小财，决心要在后代里培养一个读书郎。这个心愿就落在长子曾麟书，也就是曾国藩父亲肩上。曾麟书也不知天高地厚，傻乎乎地挑起了这副重担，靠着父亲并不丰饶的学费投入，一头扎进书斋，黄卷青灯几十年，经历了17次不屈不挠的童子试，到43岁，儿女已经成群，才博得了秀才名分。这时他才开窍，自己不是个读书料，不再继续科考。但他已经无法回头，只能继续吃夹生的书生饭，当一个尴尬的乡村教师，且把接力棒交给了长子曾国藩，要他接着往下考。

老实说，要论读书禀赋，曾国藩也是天资平平，甚至有点愚笨。幸亏祖父和父亲传下了一根筋的倔犟基因，还有不到黄河心不死的耿耿心愿，激励他走上了科举之途。可以说，曾国藩后来的人生创造了一个奇迹——一个天资与悟性平平的草根子弟，经历艰辛的琢磨，锤炼成为一个顶天立地的英杰。只是这个奇迹的绚烂光斑往往使人忽略曾国藩成长道路上的种种纠结，而忽略这种纠结，对于认识曾国藩，只能是雾里看花。

比如，和湘阴农家子左宗棠比一比，就会发现曾国藩的天资并不惊人。左宗棠只小曾国藩一岁，和曾国藩同在9岁开始修习制艺之学，同一条起跑线起跑。16岁，曾国藩应府试，名列第七；同样16岁，左宗棠应府试取第二名。这可谓两个农家书生第一轮比较，也算不相上下。两年后，微妙的差距显现了，18岁的左宗棠接触到了《皇朝经世文编》，爱不释手，"丹黄殆遍"。而曾国藩还在一心一意苦背八股要诀，比较之下，这就叫不开窍。

关于曾国藩的苦读，坊间流传各种说法。比如，他经常半夜就被父亲叫醒，背诵四书五经，他记性不好，就一遍一遍地背，甚至上千遍才能背下来。后来父亲不想再当他的闹铃，他就自己在床边放个铜盆，盆上悬根绳子，绳子上挂着一个秤砣，还绑着一炷香，然后点燃香睡下，待香慢慢燃到绳子，就会烧断绳子，秤砣就会掉在铜盆里，把人惊醒，于是曾国藩就起床读书。这样苦读，实在令人感动，但效果如何就未可知了。就拿这个铜盆叫醒的故事来说吧，把香直接绑在手臂上不就得了，要那么复杂繁琐吗？可见曾国藩迂腐得有些可爱，比较左宗棠，他的悟性实在不敢恭维。再比如，也是在18岁，闻知贺长龄兄弟回湘丁忧，也在给父亲守制的左宗棠踏着草鞋直奔长沙贺府，扬言要见贺长龄，果然敲开了贺府大门，一番对话，贺长龄视左宗棠为国士，亲自登楼给左宗棠取书借阅，随后又推荐给执掌城南书院的弟弟贺熙龄，要他收左宗棠为弟子，悉心教诲。而此时，曾国藩却无动于衷，还沉溺于死啃书本的苦读之中，这就叫迟钝。后来曾国藩又转学到岳麓书院，拜师欧阳厚均，依然不知道顺着欧阳厚均这座便桥，进入贺熙龄的人脉圈，是不是自卑，就不得而知了，但更可能他固执地认为，将制艺之文烂熟于心就行，至于什么是真学问，他并不了然。这时的左宗棠，已经进入湘水校经堂，作为高才生，可以和吴荣光、贺熙龄、欧阳厚均等大儒切磋学问了。所以左宗棠中举人还要早曾国藩两年，也就不奇怪了。这也就是读书人中智者和愚者的差异。诸此种种都说明，对于学问之道，同步出发的左宗棠比曾国藩开悟更早，更有才气，曾国藩是靠着过人毅力才在书生圈子里坚守下来的。

道光十四年（1834），苦读上进，毅力惊人的曾国藩终于中了乡试第三十六名举人，这是曾家六百年来的破天荒。全家的喜悦自不必言，更重要的是，这愈加激发了曾国藩的斗志，他索性启程赴京都，备考次年的会试。

家里七拼八凑，硬是给他凑齐了盘缠，望着他登舟北去，祈祷着他凯旋，可是只有天知道，这时的曾国藩满腹诗书，却并不太明白这些学问除了用来引经据典、考科名、博乌纱、光宗耀祖之外，还有什么其他更重要的用途，更不太明白，在他熟悉的典籍之外，还有什么更重要的学问。

史料记载，曾国藩滞留京城接连考了两届进士，均名落孙山，依然不气馁。这在我们的意料之中，有些意外的是，他在京都应考期间，结识了来自全国的英才，在交往中打开了眼界。他突然发现，原来八股制艺的天地，是那么局促狭隘，其实在八股文之外，还有一个更阔大的知识世界。《曾文正公全集·年谱》这样写道："公寓长沙郡馆，会试不售，留京师读书，研究经史，尤好昌黎韩氏之文，慨然思蹑而从之。治古文词自此始。"在回湘途中，他又取道江南游，进一步开阔了眼界，在金陵书市，发现一部《廿十三史》，便掏出借来的一百两银子毅然买下。回到家，他心怀忐忑，等着父亲责罚，没想到，父亲得知他是借钱买书，"且喜且诫之曰：'尔借钱买书，吾不惜为汝弥缝，但能悉心读之，斯不负耳。'公闻而悚息，由是侵晨起读，中夜而休，泛览百家，足不出庭户者几一年"。（见《曾文正公全集·年谱》）这些记载显示，曾国藩在京都会试期间，经历了一次走出制艺之学的突破，固然是其人生一大进步，可这个进步未免也来得有些迟缓。比如此时的左宗棠，早已突破了这个樊篱。

其实左宗棠也和曾国藩一样，参加了道光十五年（1835）的会试，文章受到考官激赏，取中第十五名，却因湖南名额受到限制，被撤销了资格，名额给了湖北一位考生。尽管考官、户部侍郎温葆深据理力争，还是无力回天。心高气傲的左宗棠遭此挫折，淡然一声冷笑，回湘后一头扎进了方舆学中，还在门前写出了对联："身无半亩，心忧天下；读破万卷，神交古人。"这样傲气和放达，曾国藩肯定是做不出来的。左宗棠是把命运捏在自己手上的人，曾国藩则是把命运寄托于朝廷的人，这就是曾左之间最大的差异。后来曾国藩成为湘军主帅，朝廷对他支持不力，曾国藩发脾气回家丁忧，想要挟朝廷，左宗棠劝说曾国藩出山，刻薄地说，你不要以为朝廷离不开你，其实是你离不开朝廷，耍性子对你没有好处。可谓一针见血，直击曾国藩要害。

道光十八年（1838），曾国藩和左宗棠又一次来到京城，参加会试。按说作为湖南老乡，他们应该在京城有交集，可是史料不见记载，是不是左宗棠有点看不上曾国藩，没有搭理他呢？如果真是这样，左宗棠一定有些尴尬，因为这一年，曾国藩终于高中进士，殿试位列三甲第四十二名，左宗棠则再次名落孙山。回湘后，左宗棠"遂决计不复会试"，是不是与曾国藩赌气不得而知，反正，左宗棠这辈子总是不太看得起曾国藩。

按惯例，曾国藩作为三甲进士，获得同进士出身的名分，只能安排一个县令之类的小官。可是在后来决定仕途走向的朝考中，曾国藩居然咸鱼翻身，获得一等第三名，又被道光皇帝拔置第二名，进入了翰林院庶吉士的阵列，令人大跌眼镜。一种流传很广的说法是，曾国藩是通过湖南老乡、翰林院编修劳崇光疏通这一届会试的主考官、大学士、道光的宠臣穆彰阿，才峰回路转，被选为庶吉士的。清人朱克敬在笔记小说《雨窗消意录》如是记载："时劳文毅公崇光已官编修，有名公卿间，因往慰国藩，固留之，且许为尽力。归即约善书者数人，馆之家，又假亲友仆、马各十，鞍辔以待国藩。"按朱克敬的说法，劳崇光是主动去宽慰曾国藩，而且是全力以赴帮忙，肯定交情是有年头了。再说劳崇光是贺家女婿，我们理解为来自贺家的援手应该不算牵强。当然，关于曾国藩这段人生故事，还有许多版本，其中有一个版本是这样说的：

曾国藩得知自己中了三甲进士很尴尬，觉得不上不下，只有虚荣，没有实惠，顶多分配到一个穷山恶水之地当知县，还不如回家当个教书先生，便决定放弃朝考回湘。与他同来会试，名落孙山的郭嵩焘却竭力劝说曾国藩不要放弃，应该找人疏通一下。郭嵩焘这时已经进入了贺熙龄的交际圈，便推荐曾国藩去拜见已经任翰林院编修的劳崇光。劳崇光是道光十二年（1832）进士，座师就是穆彰阿，而且又是贺长龄与贺熙龄的侄女婿，在京城内认识许多公卿，又热心助人。劳崇光听罢曾国藩和郭嵩焘的求助，果然伸出了援手。劳崇光要曾国藩提供若干篇自己的得意诗文，请人抄录下若干份，送到了大学士穆彰阿以及其他关键人物手中，同时竭力推荐。这个办法就叫"行卷"，也叫"温卷"，从唐代传下来的一种科举习俗，就是先谒见考官，以才华博得青睐，也让考官熟悉考生的行文风格，到正式考试时，倾向性地打分。不用说，这是一种变相舞弊，可是属于擦边球，不受处罚，还要有过硬的关系才能得逞。果然，穆彰阿被曾国藩的诗文打动了，表示愿意见见曾国藩。劳崇光又叮嘱曾国藩，穆彰阿对海运的问题很上心，要曾国藩做好功课，见面时发表意见，进一步博得穆彰阿欢心，如此如此，这般这般。曾国藩一一照办，见面曾国藩先行弟子礼，本来穆彰阿作为会试主考官，就是曾国藩的座师，曾国藩这么一拜，更把师生关系推进了一步。然后略作寒暄，曾国藩又大谈海运、鸦片贸易等政治大话题，完全迎合穆彰阿的观点。一番议论下来，穆彰阿喜笑颜开，连说有这样的见识，取三甲实在是委屈了，不仅正式收了曾国藩为弟子，还给曾国藩改了名字，由子城改为国藩，亦即国家之藩屏，从此曾子城就以曾国藩之名行走于世。再后来，曾国藩在朝考中咸鱼翻身，包括道光将他由第三名拔置第二名，入选庶吉士……

毫无疑问，劳崇光是曾国藩的大贵人。他不仅在曾国藩入选庶吉士一事上帮了大忙，而且沟通了曾国藩与道光第一宠臣穆彰阿的亲密关系。穆彰阿是道光朝的大权臣，影响力超过了前任曹振镛，史家对他多有贬笔，称之为奸相，但也普遍承认，穆彰阿十分爱才，对亲信弟子提携不遗余力，这就是曾国藩的好运。曾国藩在京仕途顺畅，年年高升，十年内升到了兵部侍郎二品大员的高位，主要得力于穆彰阿的提携。从这个意义上说，道光年间，曾国藩的腾达应该是运气人脉占七分，才华能力只占三分。还要看到，劳崇光背后，其实是站着贺长龄的。劳崇光除了自己是穆彰阿的门生外，还有贺长龄提供的人脉。贺长龄在江南办海运时，穆彰阿是朝廷委派的海运负责人，与贺长龄有过密切合作，有一些文学性的历史文本说，穆彰阿是海运的破坏者，这是无稽之谈。穆彰阿为官的诀窍就是唯道光的意图是从，海运是道光想办的事，穆彰阿只会全力以赴，所以贺长龄和穆彰阿的关系一度是很融洽的，贺长龄的有关诗文也印证了这一点。

和陶云汀中丞海运初发致告海神原韵（其四）

南北分筹指臂从（穆鹤舫尚书亲驻天津，会同仓场两侍郎，督饬直隶、江南各委员经理收米事宜，体恤周至，商情感戴，故二运尤为踊跃），披章有喜动天容。不分纲运资神力，为验苴封重国供。大府协心群策集（此事创行办理一无成式，在北自穆鹤舫尚书以下，在南自琦静庵制府以下，罔不协心宣力，用能妥速告成），圣人举事百灵宗。试行端借朝廷福，莫忘殊恩矢靖恭。（见《贺长龄集 贺熙龄集》）

从诗句和注释可以推断，在道光朝的大部分时段，贺长龄与穆彰阿的关系融洽，后来才慢慢疏远。劳崇光带曾国藩去拜见穆彰阿的时候，就是贺长龄与穆彰阿关系融洽之时，穆彰阿除了给弟子劳崇光面子，更多还是看贺长龄的面子。因此也可说，是贺长龄提携了曾国藩。还有一些史料说，曾国藩进京考试，贺长龄还提供了盘缠资助，那么贺长龄与曾国藩的交集就应该发生在道光十八年（1838）前。既如此，劳崇光帮助曾国藩，就更加与贺长龄相关。史家公认，曾国藩投靠穆彰阿后，深受器重，尽管政治作为平平，却一路春风，十年七迁，连跃十级，创造了罕见的升官佳绩。如果夸张一点说，是贺长龄帮助曾国藩掀开了锦绣前程的扉页。

学界公认，曾国藩十三年京官岁月，官运亨通，但是多系闲官，所干的实事并不多，这就给他从学问上提升自己提供了条件。《曾文正公年谱》显示，道光二十一年（1841），曾国藩在京都师从唐鉴，研修理学，这是曾国藩人生中的一件大事。曾国藩自述："自从镜海先生游，稍乃粗识指归，坐智见明，亦耿耿耳。""听之，昭然若发蒙也。"这并非曾国藩的谦虚。坦率地说，曾国藩此前所学，主要是围绕科举而学，叫死读书，对于学问的真谛和要领并不了然，经过唐鉴的点拨，才豁然开朗。所以唐鉴对曾国藩的意义，不在于什么理学正宗教义的传授，而是学习方法的启迪，或者叫开窍。于是问题又来了，唐鉴收曾国藩为弟子，与贺长龄有什么关系？

对这个问题有两种说法：一种说法是，经过贺长龄介绍，曾国藩得以拜师唐鉴，一种说法相反，认为经由唐鉴介绍，曾国藩才结识贺长龄。两种说法似乎都没有铁证，但第一种说法好像有更多佐证。其一，许多学者承认，贺长龄资助过曾国藩的考试盘缠，那么，两人肯定相识在道光十八年之前，否则贺长龄不会资助一个无名小老乡进京赶考。其二，道光十八年，贺长龄的侄女婿劳崇光全力帮助曾国藩逆袭进入翰林院，要是此前曾国藩与贺家毫无交集也是难以想象的。其三，据《曾文正公年谱》记载，在曾国藩拜师唐鉴的同年，"公寓书善化贺公长龄，自陈其所学所志"。这是最早关于两人交集的记载，但是不能排除此前，两人就有交往，比如劳崇光给曾国藩帮忙后，曾国藩去信向贺致谢。要是曾国藩果真考试受到资助，更要去信致谢。交往中贺长龄推荐唐鉴也很自然（唐鉴是道光二十年上调京城，此前曾国藩没有见唐鉴的机会）。

随着拜师唐鉴，曾国藩与贺长龄的关系进一步亲密，最典型的例证就是道光二十三年（1843）的《复贺长龄》信：

国藩顿首顿首耦庚前辈大人阁下：

二月接奉手示，兼辱雅贶，感谢！感谢！过蒙矜宠，奖饰溢量。国藩本以无本之学，寻声逐响。自从镜海先生游，稍乃粗识指归，坐督见明，亦耿耿耳。乃甫涉向道之藩，遽钓过情之誉，是再辱也。

…………

国藩虽愚柔，既闻明训，敢不请事。若夫读书之道，博学详说，经世之才，遍采广询，自度智慧精神，终恐有所不逮……辱承扶掖之盛心，恐不察其浅鄙而期许过实，故谨布一二，以为请益之地，亦附于《皇华》三拜之义云。书不宣尽，伏维垂鉴。国藩顿首顿首！

学界普遍认为，这封信是曾国藩对贺长龄执弟子礼的重要佐证。还有学者如是写道：

贺长龄与曾国藩是在道光二十年前相识的。……后经唐鉴的引荐，曾国藩拜贺长龄为师。曾国藩说："夫读书之道，博学评说，经世之才，遍采广询。"可见，当时的贺长龄对曾国藩已产生了影响。曾国藩在道光二十二年(1842)十一月三十日《日记》中载："耦耕先生来信，浪得虚誉，愧极，丑极"，贺对曾的器重亦可见一斑。道光二十五年(1845)唐鉴告病，所著《国朝学案》，由曾国藩代为发刻，其刻价全由贺所出。……二十七年(1847)贺长龄革职后，与曾国藩的书信来往更为密切。曾国藩曾对诸弟说："耦耕先生革职，同乡莫不嗟叹，而渠屡次来信，绝不怪我，尤为可感可敬！"（见《曾国藩全书》编辑委员会编《曾国藩智囊团》）

这些记载，都反映出曾贺不仅关系日密，而且确实很富有师生意味。

总之，贺长龄在曾国藩的两件关键人生大事上都起到了重要作用。第一就是通过侄女婿劳崇光搭建了曾国藩与穆彰阿之间的桥梁，给曾国藩的官运亨通铺平了道路。第二就是通过唐鉴和自己的教导，提升了曾国藩的学养。这是曾国藩后来建立赫赫功业的两大基石。

上述记载还有一个信息要特别注意，就是曾国藩对贺长龄既感激又内疚的心愫。感激就不必说了，重点要追问为何曾国藩有内疚之心呢？曾国藩自己也点明了其中缘故："耦耕先生革职，同乡莫不嗟叹，而渠屡次来信，绝不怪我，尤为可感可敬！"显然，内疚是在贺长龄落职的问题上，曾国藩没有帮忙。不难想象，贺长龄受到皇帝问责时，很可能希望曾国藩能够帮他一些忙，比如在信中透露请曾国藩斡旋的意思，当时曾国藩是二品衔的礼部侍郎兼兵部侍郎，从权力上应该是能说上话的，况且，曾国藩与道光手下第一权臣穆彰阿的私交很好，更有条件替贺长龄斡旋开脱。但曾国藩可能只是对贺长龄表示同情，并没有出手斡旋，或者说爱莫能助，所以，"绝不怪我"之说才合理。

那么，为什么曾国藩没有帮贺长龄呢？最合理的解释是，将贺长龄落职，是道光有意要拿贺长龄来当替罪羊，穆彰阿自然也会顺从道光，曾国藩明白在这种局面下要是还替贺长龄说话，不仅无济于事，还会拖累自己，所以没有出手。很可能，他也致信贺长龄坦率地做了解释，得到了贺长龄的谅解。曾国藩的这种姿态固然不算什么道德污点，但是比较黎培敬、左宗棠，明知会冒犯圣意也要为贺长龄辩护，请求平反，则显示曾国藩的做人风范——对体制的坚定依附，宁愿克制自我，委屈亲友也不会违背圣意。曾国藩最大的个性特征也就在于对个性的压抑，这也是他内心的纠结。他一生都在不断的反思、自责、内疚、克制中度过。他对贺长龄的内疚，便是一个典型案例。

意味深长的是，贺长龄并没有因此而责怪曾国藩，反而对曾国藩报以深深的理解。以贺长龄的智慧，他不难意识到，曾国藩是个依附体制才能有大作为的人，要曾国藩冒犯圣意，有可能会毁灭了曾国藩。况且，既然道光决意要找替罪羊，平息民怨，这是无法改变的，没有必要再把曾国藩搭进去。这是很不简单的胸怀，更是一种识人的眼力。贺长龄洞悉了曾国藩的不出手不是道德人品问题，而是做人的信念以及每个人的生存处境的问题。换成左宗棠，他决不会委屈自己，一味迎奉圣意而活，但曾国藩则是一个能够忍辱负重并成就大业的人，这是另一种豪杰。所以，临终之前，贺长龄对守在床榻前的亲属包括馆师罗泽南表达了一个愿望，希望能将小女嫁给曾国藩的长子曾纪泽，与曾国藩成为亲家。这表明，贺长龄希望曾贺两家的关系能够更上一层楼。

又要追问，贺长龄为何有此遗愿呢？

这就和他子女稀疏败弱，家脉传承成为他耿耿于怀的心事相关了。族谱显示，贺长龄共有七房妻妾，分别是原配徐氏（1784—1816），享年32岁；继配郑氏（1795—1819），享年24岁；继配韩氏（1798—1828），享年30

岁；继配陈氏（1809—1874），享年65岁；副陈氏（1810—1857），享年47岁；副冯氏（1810—1888），享年78岁；副吴氏（1815—1886），享年71岁。贺长龄可谓妻妾成群，却只有两个女儿成人出嫁，而独子贺诒令还是八弟贺桂龄五子过继。刻薄一点说，从血缘传承而言，贺长龄是断了香火的。于是我们就不难理解，为何贺长龄会有七房妻妾——就是为了赓续香火，遗憾的是，天意并未成全贺长龄。

贺长龄先后有四位妻室，只有原配徐夫人生了一个女儿，嫁给了吴其濬的儿子吴元禧，郑氏与韩氏虽然都生了女儿，但均夭折。贺长龄43岁时，三位妻子先后去世，陪他终老并送终的妻子是陈氏，生了一个儿子，也夭折，只有副室陈氏生了一个女儿，贺长龄临终时，年方9岁。这就意味着，贺长龄去世时，膝下只有一个亲生女儿，嫁给吴元禧的大女儿又没有生养，他怎么能不牵肠挂肚？不言而喻，他想给小女儿找一棵遮风避雨的大树，于是眼前一幕幕场景闪过，最终定格在曾国藩身上——曾国藩就是这棵树。凭贺家的社会声望，以及过去对曾国藩的提携和教诲，他觉得自己的愿望并不过分。但是，落毛凤凰不如鸡，曾国藩能答应吗？贺长龄心里也没有底，他只能向自己的妻子陈氏和门生辈的馆师罗泽南表达了遗愿。说到此，就要说说罗泽南和陈夫人了。

先说罗泽南（1808—1856），字仲岳，号罗山，双峰人，与曾国藩是同乡密友，后来一起创建湘军，也是威名赫赫的湖湘英杰，这是后话不提。且说贺长龄去世前后，罗泽南四十出头，正在贺长龄家当馆师。由于他和左宗棠也是好友，一起就读过城南书院，所以也是贺熙龄的学生，对老师十分敬重。另外，他与贺长龄的堂弟贺修龄关系也很好，受贺修龄延聘为贺家馆师。贺长龄晚年落职回湘，闲暇时就与罗切磋学问，两人成为亦师亦友的忘年交。

再说陈氏，是同邑乡绅陈锷之女，贺长龄第三位夫人去世后，陈夫人嫁入了贺家，成为当家主妇，一直跟随贺长龄，死后诰封一品夫人。李元度给她写了墓志铭，摘录如下：

> ……夫人来归时，公官江宁布政使。姑严太夫人老，不能就养，亡何病，夫人随公请急归，则考终已半月矣，夫人终身以不逮事舅姑为憾，遇忌日，祭必泣下。既而公起闽藩，晋黔抚，擢督云贵，夫人综内政，礼法秩然。篷室三，不命之坐不敢坐，而

213

恩谊肫洽，毕生无诟谇声。公得一意治官事，无内顾忧，繄夫人力也。

公薨后，夫人教嗣子诒令，口授诸经，动必以礼。天性好施与，罗某者，公抚黔时义学生也，以杂职需次湖南，寻卒，夫人任殡葬，且恤其家。湖北张某，宦湘中，父子相继殁，其妻踵门泣诉，夫人立出三十金，俾归其二丧。道光己酉，岁大祲，蠲钱千缗助振。咸丰壬子，粤寇犯长沙，输金千余，助城工费。戚族中待以举火者凡数辈，遇婚丧皆有赙赠。从孙某，贫不能自存，月饩之，其妻不为夫所容，又别赡焉。公有从弟某，因责负脱身走京师，未几卒，夫人代偿千余金，几以自累，盖自称贷中来也。其他修学宫祠庙，治桥渡，施药饵，并输伙眼无吝色。家庙旧章，入庠序跻甲科者奖以金，夫人令倍之，励后进也。然自奉极清约，自言一狐裘垂四十年，其诸厚施而啬于自养者邪？……

（见李元度《天岳山馆文钞·诗存》）

不难想见，贺长龄将遗愿托付给罗泽南，是看到了罗泽南和曾国藩的交情，希望罗从中斡旋；他把遗愿托付给妻子，是希望贤妻能够理解他的一片苦心，结交一门强大姻亲，继续光大家脉。

结果怎样呢？我们往下看吧。

贺家与曾国藩（下）

对于曾贺两家的联姻，学院派专家似乎并不很在意，从事文学性书写的文史作者则关注甚多，大概是其间有曲折起伏的故事，能够吸引眼球，所以演绎出的版本也较多，大家都当趣闻对待。其实曾贺联姻的过程，对于更深入地解读曾国藩，是一个很好的素材，下面主要依据曾国藩的家书还原这个过程。

曾贺联姻，应该缘起于贺长龄的临终遗愿，他希望与家族势力强盛的曾国藩结亲，使寡妻弱女能够得到庇护。贺长龄想必也作了掂量，凭着贺家的湖湘声望，凭着自己生前对曾国藩的提携和教诲，凭着曾国藩对自己执弟子礼所显现出的敬重，此举并非唐突。问题是贺家是走下坡路，曾家正在崛起，而且贺长龄看中的女婿又是曾国藩最喜爱的长子曾纪泽，曾国藩会不会有迟疑呢，贺长龄心里还没有底。自尊心很强的贺长龄也怕自讨没趣，便只是把这个心愿吐露给妻子陈夫人和罗泽南，含蓄地表示：你们看着办。

再看曾国藩披露于世的家书，可以觉察，贺长龄去世，在曾的家书中只字未提，这是很不正常的。从曾国藩与贺长龄的亲密关系而言，曾的家信中肯定会涉及，况且在贺长龄落职后，他依然与贺保持书信来往，我们更有充分理由想象，贺长龄去世，曾国藩应该给贺家写过悼唁信。可是这些文字都不见家乘收录，合理的解释是，这些信中肯定会有安慰贺长龄的言辞，不排除还对处分贺长龄的圣上颇有微词——这当然是不能公之于世的，于是就作了删除。可见，我们今天看到的曾国藩遗文，只不过是曾国藩希望世人看到的内容而已，许多更敏感的真相已经被人为地掩盖了。

回头再说曾贺的联姻，我们不难想象，贺长龄去世后，朝中的曾国藩很可能写了悼唁信还有挽联之类，对贺长龄表示了哀悼敬仰，使贺家感到，曾国藩对贺家还是情真意切的，提出两家联姻并不唐突。于是，陈夫人便托与曾国藩交密的罗泽南从中牵线，促成曾贺联姻。

曾国藩在给诸弟的家书中记载了此事：

> 罗山前有信来……顷又有信来，言纪泽未定婚，欲为贺耦庚先生之女作伐，年十二矣。余嫌其小一岁，且耦庚先生究系长辈。从前左季高与陶文毅为婚，余即讥其辈行不伦。余今不欲仍蹈其辙，拟敬为辞谢。现尚未作书复罗山，诸弟若在省见罗山兄，可将余两层意思先为道破，余他日仍当回书告知一切耳。（见《曾国藩全集》，下同）

请注意，曾国藩这封家书是咸丰元年（1851）六月所写，距离贺长龄逝世已三年，贺家才正式提出联姻事，可说是很慎重的。之所以这么慎重，还有一个背景要交代。就在贺长龄去世前后，曾国藩也在给长子曾纪泽物色对象，当时，曾纪泽才10岁，可见曾国藩对儿子的婚事是很认真对待的。可是考察了多户人家，都不满意，于是委托亲友在家乡替他物色媳妇，条件是"孝友书香之家，不必问贫富，亦可开亲"。据此，我们就不难想象，作为密友的罗泽南也收到了曾国藩的信息，便想到了贺长龄的临终之愿，与陈夫人商量之后，就给曾国藩去信提出了曾贺联姻之事。

按理说，贺家的条件远远超过曾国藩的选媳标准，贺长龄还有曾国藩恩师的身份，曾国藩应允是意料之中的事。但偏偏出人意料，曾国藩委婉地拒绝了这门亲事。拒绝的理由有二：一是女方年龄小一岁，尽管当年时尚是女子年岁大于男方一点为好，但是绝大多数婚姻都是男比女大；二是曾国藩觉得贺长龄是自己的师尊辈，在伦理辈分的观念上放不开，况且当年左宗棠与陶澍结亲家，曾国藩还讥笑过左，他不想自己打脸。

曾国藩的拒绝理由实在有些牵强。第一条理由说女方小一岁不合适，明显是搪塞，就不必说了。第二条理由是贺长龄是自己的师尊辈，在伦理辈分的观念上放不开，这倒不算无稽之谈，问题是，这果真是曾国藩拒绝联姻的主要理由吗？换言之，曾国藩真的那么难以克服世俗之见吗？恐怕未必。我们比较怀疑曾国藩没有说真话。曾国藩真正的顾忌应该是，贺长龄是受过朝廷处分的官僚，要是与其结为亲家，朝廷会怎么看？会不会影响自己的前途？于是，他就拿出辈分不对的理由来搪塞。当然这种怀疑没有铁证，只能是一种猜测，从后来曾国藩又同意与贺氏联姻看，他战胜世俗观念并不困难，我们就更加相信，说辈分不对是他言不由衷的托辞。即使退一步，我们相信曾国藩是因为辈分的理由拒绝联姻，也可以讨论一番。那就是可以看到，曾国藩这个人受到正统观念的束缚很严重，非礼不为，已经是他骨子里的信念了，甚至拘谨到了吹毛求疵的地步。譬如避嫌与贺长龄保持距离，也可以理解为曾国藩对体制极为忠诚和依附，为了维护体制和圣上，为了维护儒学道德，他可以委屈自己和亲友，牺牲儿女的幸福婚姻来维护道德观念。

有趣的是，仅仅两个月后，曾国藩的态度便发生了逆转。他又给诸弟去信，要他们赶快张罗，把亲事定下来：

> 耦耕先生家亲事，予颇思成就。一则以耦翁罢官，予亦内有愧心，思借此联为一家，以赎予隐微之愆。二则耦翁家教向好，贤而无子，或者其女子必贤。诸弟可为我细访，罗罗山下次信来详告。若女子果厚重，则儿子十七岁归家省祖父母、叔祖父母时，即可成喜事也。前托在乡间择婚，细思吾邑读书积德之家如贺氏者，亦实无之。诸弟暂不必昌言耳。余俟续布。

读此信，令人有些哭笑不得。短短两个月，曾国藩态度发生了一百八十度的大转弯。突然把贺家看成是最理想的亲家，让兄弟们不要再找什么人家，也不要再议论什么了，就这么定了。真是嘴巴两张皮，随你怎么移，以前的顾忌统统不在话下，那么，此前拒绝婚事的理由，岂不是更被坐实是虚伪的搪塞吗？

尤其值得注意的是，曾国藩在信中说，与贺家结亲，也是替自己赎罪，这就意味着，他实际上已经承认，在贺长龄受到朝廷处分时，他为了自保，至少对有恩于自己的贺长龄有袖手旁观、保持距离的表现，这样的行为不够地道，他为此而愧疚，所以想用结亲来弥补。这就很值得玩味一番了。

其一，这就说明，曾国藩的种种道德姿态并不干净纯粹，也有自私自利的成分，亦即他时时刻刻都处在纠结之中，一直在进行自我的道德拷问和挣扎。其二，这也说明，曾国藩在道德的拷问中确实在不断地反省、蜕变、升华自我，也就是说，他还是有自我批判能力的，也有悔改的勇气。这也是要承认的。其三，更重要的是，还要看到，曾国藩的这种转变，同样是义利交织，甚至是见风使舵的，因而也只是他自我道德挣扎中的一个片段。

史料显示，道光三十年（1850）正月，道光去世，咸丰登基，做的第一件大事，就是革除道光的宠臣穆彰阿的职位，永不叙用。咸丰降旨数落穆彰阿的罪状说："穆彰阿身任大学士，受累朝知遇之恩，不思其难其慎，同德同心，乃保位贪荣，妨贤病国；小忠小信，阴柔以售其奸，伪学伪才，揣摩以逢主意。从前夷务之兴，穆彰阿倾排异己，深堪痛恨！"（见《清文宗实录》）这对于曾国藩来说，不仅意味他在朝廷中最可倚仗的大树倒了，还让他回忆起曾经看穆彰阿脸色行事的一些行为，比如疏远贺长龄，他遭到了良心拷问。很可能，处分贺长龄就是穆彰阿替道光拿的主意，因此曾国藩也只能疏远贺长龄以自保。所以，曾国藩同意与贺长龄联姻，与穆彰阿的倒台密切相关。对此既可以理解为他见风使舵，也可以理解为没有了穆彰阿的压力，曾国藩又恢复了对贺长龄的真情。总之，用胸怀坦荡、光明磊落的标准看，曾国藩还很不够格，只能说他良知未泯，勇于悔改。

我们强调，曾国藩两个月后同意了与贺家联姻只是他灵魂挣扎的一个片段，是因为又过了两个月后，曾国藩再次反悔了。这次反悔实在有些离谱，居然是在两家已经达成婚约意向之后，理由是曾国藩的夫人不同意：

> 纪泽聘贺家姻事，观闰八月父亲及澄弟信，已定于十月订盟；观九月十四澄弟一信，则又改于正月订盟。而此间却有一点挂碍，不得不详告家中者。京师女流之辈，凡儿女定亲，最讲究嫡出庶出之分。内人闻贺家姻事，即托打听是否庶出，余以其无从细询，亦遂置之。昨初十日接家中正月订盟之音，十一日即内人亲至徐家打听，知贺女实系庶出，内人即甚不愿。余比晓以大义，以为嫡出庶出何必区别，且父亲大人业已喜而应允，岂可有他议？内人之意，以为为夫者先有嫌妻庶出之意，则为妻者更有局踏难安之情，日后曲折情事亦不可不早为虑及。求诸弟宛转禀明父母，尚须斟酌，暂缓订盟为要。陈伯符于十月十日到京，余因内人俗意甚坚，即于十二日夜请贺礼庚、陈伯符二人至寓中，告以实情，求伯符先以书告贺家，将女庚不必遽送，俟再商定。伯符已应允，明日即发书，十月底可到贺家。但兄前有书回家，言亲事求父亲大人作主。今父亲欢喜应允，而我乃以妇女俗见从而扰惑，甚为非礼。惟婚姻百年之事，必先求姑媳夫妇相安，故

不能不以此层上渎。即罗山处，亦可将我此信抄送一阅，我初无别见也。夏阶平之女，内人见其容貌端庄，女工极精，甚思对之。又同乡陈奉曾一女，相貌极为富厚福泽，内人亦思对之。若贺家果不成，则此二处必有一成，明春亦可订盟；余主意尤在夏家也。京城及省城订盟，男家必办金簪、金环、玉镯之类，至少亦须花五十金。若父亲大人决意欲与贺家成亲，则此数者亦不可少。家中现无钱可办，须我在京中明年交公车带回。七月间诸弟乡试晋省之便再行订盟，亦不为晚。望澄弟下次信详以告我。

读此信，最强烈的感受就是两个字："虚伪"。可以说，这是曾国藩家书中最不光彩的一封。不妨来作一番剖析。

首先，明明是他自己有嫡庶尊卑的观念，却推得一干二净，声称是妻子硬要坚持"俗见"，自己劝说无效，这几乎是公开撒谎，还假惺惺地辩解这是为了以后家庭和睦，是为儿子媳妇着想，更显虚伪。其实，曾国藩在与贺家联姻前为曾纪泽选配偶时，还遇到一个同样是庶出的常姓姑娘，被他一口拒绝了：

> 常家亲事，男因其女系妾所生，且闻其嫡庶不甚和睦，又闻其世兄不甚守俭敦朴，亦不愿对。

这封家书表明，曾国藩因为常家姑娘是庶出而拒绝了联姻。换言之，曾国藩定下与贺家联姻后又拿老婆不喜欢庶出媳妇的理由来悔婚，明显是嫁祸于老婆，至少是推诿自己的责任。这就是人品问题了，尤其曾国藩是个标榜道德之人，这样做，更显虚伪。再往下看，曾国藩在信中居然还津津乐道，贺家婚事不成，还有夏家和陈家女在候补，根本不用担心儿子找不到老婆，一副小商人的算计之态，这就更和他的道德标榜格格不入了。还有，由于父亲已经同意了贺家婚姻，曾国藩不敢背不孝之名，便唆使诸弟去做父亲的工作，这难道不是"既想当婊子又要树牌坊"吗？再细细琢磨，曾国藩明明做了许多拆台工作，却掩耳盗铃装无辜。比如，他妻子不仅托人，还亲自去贺长龄原配亡妻徐夫人的娘家打探贺女出身，可谓煞费苦心，曾国藩却说以为老婆打探不出什么名堂，所以也没有在意。此外，他还亲自找贺长龄堂弟贺修龄、妻弟陈伯符退亲，将生米煮成熟饭，可信中的口气却是他拗不过老婆，无可奈何。曾国藩还以彩礼之名，难为赞成婚姻的父母家人，想用缓兵之计把婚事拖黄。诸此种种，都显示出曾国藩不仅虚伪还极其愚蠢，曾国藩智商不高，可见一斑。

更值得玩味的是，曾国藩做了这么多手脚，得罪了这么多人，无非是要维护一个好听的名分，一个虚荣的面子，值得吗？真是蠢到家了。连研究曾国藩的专家唐浩明也说，曾国藩为了嫡庶的名分要放弃与贺家联姻，还想与进士同年夏阶平结亲，从家世文化底蕴的功利角度看，实在是不够明智。其实说曾国藩不明智，还是很温和的批评，要是往大处说，曾国藩这样的雄杰，把嫡庶尊卑看得那么重，实在令人有些意外，说明道德教条对他的束缚实在太深了，他实在是活得很累很累，尤具讽刺意味的是，为了做一个道德圣人，他不仅很累很累，而且还玷污了道德的纯正，从而构成了曾国藩成圣道路上的悖论和荒诞。

可以断言，如果不是后来曾国藩之父拍案而起，大义凛然地斥责曾国藩，贺家与曾家的联姻肯定泡汤。史料显示，曾国藩父亲得知儿子又要悔婚的消息后，立即修书去京，严厉谴责儿子，出尔反尔，文过饰非，大丈夫缺乏明断担当，屈从妇人任性愚见，对外何以报国，对内何以立家。父亲劈头盖脸一番责骂，让曾国藩顿时哑口无言。还有坊间传言说，曾父甚至扬言，要是曾国藩还不悔改就要上京，把曾国藩的丑行曝光于众，想必父亲明白，儿子最在乎的就是名节，即使再虚伪也要保住名节，如果威胁让他声名狼藉，无地自容，儿子肯定要就范。父亲果然捏准了儿子七寸，曾国藩放下信立即又张罗起了贺家婚事，所以，真正促成曾贺联姻的应该是曾国藩之父。曾麟书的这封信全文如下：

藩男知悉：

十一月初九发安信来京，初十在县，接尔十月十三所发之信，备悉一切。十三奉圣旨入武闱，所取人材，定必有勇之士也。

所言纪泽定贺耦耕先生之女为室，择期订盟，而以为庶出嫌之。娶媳求淑女，佳儿佳妇，父母之心。所以儿女择配，父母主之，祖父母不敢与闻。尔曾寄信，要予在乡为纪泽求淑女，予未应允，不敢专其事也。耦耕先生之女，系罗罗山作媒，尔从前寄信回，言一定对贺氏女。适予为公事在县，接信时罗山晋省，亦来我寓，予问其女，罗山详述之，其女端庄体好，真淑女也。耦耕先生夫人，壸范甚严，如夫人陈氏，亦士人家女，年较夫人稍长，佐内政甚好。霞仙自省归，予问及，亦如罗山言。华男目见其女，予问之，云："若对此女，异日体度，可接祖母懿规。"予是以择期订盟。今尔又言是庶出，异日其姑必嫌之，纪泽亦必嫌之，尔不能禁止。此尔饰非之词也。

尔幼年，作媒者不下十余人，尔不愿对，皆祖父大人所不愿者。尔岳父沧溟先生以其女来对，祖父大人欣然，尔母不喜：一则嫌其年小，一则嫌其体小。厚奁之说，更不必言。予承祖父之欢，毅然对之。冢妇在家六年，朝夕随尔母而无介蒂之嫌者，予型于之化，尚可以自问。

若纪泽来京，年只一岁，予送之四千余里之遥，一路平安，谁之力也？予为之定一淑女，岂可以庶出为嫌乎？昔卫青无外家，其母更不能上比于庶。卫青为名将，良家淑女，岂不肯与为婿乎？目前陶文毅公与胡云阁先生结姻，陶女庶出也，胡润滋为太守，初不闻嫌其妇。润滋官声甚好，官阶不可限量，异日其妇以夫荣，诰授夫人，庶出之女，又何如尊贵也。尔宜以此告知尔妇尔子。夫者，扶也，扶人伦也。冢妇宜听尔教训，明大义，勿入纤巧一流。至父为子纲，纪泽尤当细细告之，勿长骄矜之气习。

我家世泽本好，尔宜谨慎守之。况尔前信内，念及耦耕先生，始与结姻，人人咸知。今又以庶出不对其女，更有何人来对？贺氏固难为情，即尔此心何以对耦耕先生于地下？尔寄信于予，要对此女为媳，予又为之细察，始择期订盟。今忽然不对，尔又何以对予于堂上？来书云，大约对夏阶平之女，冢妇曾见而爱之。此事潢男在京时，已劝尔已，尔心不肯对，即非姻缘也，何必再作此想？贺氏女于尔信回时，即遇罗山，此必姻缘凤定，非人力所能为。尔夫妇即一心以此女为媳，纪泽一心以此女为妇，异日贺氏女来我家，主中馈，纪泽得一心读书，光大门第，必纪泽夫妇也。庶出一事，先行说出，亦是好事，后乃不怀此意在心中矣。予以尔列卿位，国家大事得与闻者，独贵明断，况为男儿定婚，尔宜自主之，予亦不必多出议论也。此嘱。（见《曾

氏三代家书》）

字里行间，一位明事理、重然诺、有正气、敢担当的老秀才形象跃然纸上。曾国藩有这样的父亲，真是前世修来的福。他追随穆彰阿十余年，浸染了许多市侩之气，所谓"伪学伪才，揣摩以逢主意"，这些穆彰阿的习性，在曾国藩身上也有着深深烙印，幸亏有这样的父亲，他才没有陷入穆彰阿的下场。还要感谢中国传统"父为子纲"的大原则，对读书不开窍的曾国藩有着特殊震慑作用，所以他不敢违背父训。若他真是个开窍的读书人，未必会改弦更张。从这个意义上说，曾国藩的死读书，也成全了他回头。此外，曾国藩的兄弟以及密友，如罗泽南、刘蓉当时都站在贺家一边，规劝曾国藩，这就形成了强大压力，不仅成全了贺家与曾家的联姻，也教育了曾国藩该怎样做人。某种程度可以说，脱离了穆彰阿，经历了曾贺联姻之事后，曾国藩的人生之路出现了大转折。我们今天所熟悉的曾国藩，其实是曾贺联姻以后的曾国藩。

咸丰二年（1852）正月，曾国藩在给诸弟的信中写道：

> 正月初八接到十二月初旬父大人所发二信，皆系在县城发者，不胜忻慰。纪泽儿定婚之事，予于十二月连发二信，皆言十月十二所发之信言嫌贺女庶出之说系一时谬误，自知悔过，求诸弟为我敬告父亲大人，仍求作主，决意对成，以谐佳偶。不知此二书俱已到家否？细思贺家簪缨门第，恐闻有前一说，惧其女将来过门受气，或因此不愿对，亦未可知。果尔，则澄弟设法往省城，坚托罗罗山、刘霞仙二君将内人性情细告贺家，务祈成此亲事，不致陷我于不孝之咎。（见《曾国藩全集》，下同）

从信中可见，曾国藩当时非常狼狈，他估计贺家人不会由人任意呼之而来，挥之而去，于是祈求两位好友，也是贺家门生辈的罗泽南和刘蓉前往贺家斡旋。罗泽南一直在为这桩婚事奔波，甚至和曾国藩都翻了脸，自然是全力斡旋，苦心解释，还有刘蓉也全力参与了劝说（其实刘蓉也有个女儿，也和曾家门当户对，后来果然成了曾纪泽的继室，当然这是后话）。总之，在罗泽南和刘蓉的劝说下，贺家终于不计前嫌，答应了亲事，曾国藩也终于松了一口气。再细细分析，曾国藩还是顾忌自己背上不孝之名，名节有亏，所

以竭力促成这桩婚事。也就是说，曾国藩最在乎的还是道德名节，这是他深入骨髓的生命诉求。

咸丰六年（1856），曾纪泽与贺长龄的小女结婚了。

这年曾纪泽 17 岁，妻子 16 岁。家书显示，结婚前，贺家还提出要曾纪泽入赘的要求，亦即要曾纪泽当贺家的上门郎。估计是曾国藩悔婚，贺家不高兴，就提出了这个要求，以挽回一些面子。曾国藩当然不同意，但是他似乎接受了举行一个招赘仪式，即曾纪泽先去贺家迎亲，在贺家住七天，然后再回湘乡老家。这不仅说明曾国藩的观念有很大变化，也说明他学会了妥协——由于悔婚理亏，可能还有曾父及罗泽南等人劝说，曾国藩做了不小的让步。当然也表明，贺家的话语权依然是不小的。

这时曾国藩已是湘军大帅，率领着千军万马与太平军鏖战江西，他在军中给诸弟去信，关怀着长子的婚事：

> 纪泽儿定三月二十一日成婚。招赘之后，七日即回湘乡，尚不为久。诸事总须节省，新妇入门之日，请客亦不宜多。何者宜丰，何者宜俭，总求父亲大人定酌之。
>
> ……闻贺夫人博通经史，深明礼法，纪泽至岳家，须缄默寡言，循循规矩。其应行仪节，宜详问谙习，无临时忙乱，为岳母所鄙笑。少庚处，以兄礼事之。此外若见各家同辈，宜格外谦谨，如见尊长之礼。
>
> 新妇始至吾家，教以勤俭，纺织以事缝纫，下厨以议酒食。此二者，妇职之最要者也。孝敬以奉长上，温和以待同辈。此二者，妇道之最要者也。但须教之以渐。渠系富贵子女，未习劳苦，由渐而习，则日变月化，而迁善不知；若改之太骤，则难期有恒。凡此祈诸弟一一告之。

字里行间，可见曾国藩还是对贺家充满敬重的，尤其是对亲家母贺夫人，曾国藩的评价是"博通经史，深明礼法"，生怕儿子家教不到位，在岳母面前丢脸。这里要说明一下，曾国藩说的贺夫人，应该是指贺长龄的继配陈夫人，而非贺长龄小女的生母陈氏。贺长龄先后有四位夫人，只有陈夫人有纪念文字传世，撰写者是著名的湘军儒将李元度。在李元度笔下，陈夫人知书达理，贤淑大度，精明强干。称她"博通经史"，倒是曾国藩独家一说，这意味着陈夫人也有很好的家学背景。有关资料显示，陈夫人之父陈锷是位乡绅，没有科名，但是其子，也就是陈夫人的长兄陈伯符、弟弟陈郅廷都是游幕于湖湘的名士，与曾国藩交往密切。陈伯符还是曾纪泽的老师，陈夫人还有个妹妹嫁给了湖湘大儒罗汝怀，即罗汝怀是贺长龄的连襟。另据郭嵩焘日记，曾国藩还有一位同年进士密友，湘军烈士陈源兖，官至太守，好像也是这位陈夫人的兄弟。如此看来，陈夫人的家学底蕴便无可怀疑。难怪曾国藩再三叮嘱儿子，一定要尊重陈夫人。

曾纪泽谨遵父训，对岳母，对妻子的生母陈氏十分敬重，夫妻间也是举案齐眉，相敬如宾。怎奈天意并不成全这段良缘，不到两年，贺姑娘就因难产死去，年不满 19 岁。紧接着，贺长龄过继的独子贺诒令（少庚）、贺长龄的八弟贺桂龄相继亡故。另外，贺长龄嫁到吴家的大女儿也没有生养，在咸丰元年（1851）去世。这不仅意味着贺长龄这一脉断了血缘香火，还意味着贺家的显望基本终结，因为贺桂龄是贺家最后一位进士。曾国藩在给儿子的信中感慨万千地写道：

> ……少庚早世，贺家气象日以凋耗，尔当常常寄信与尔岳母，以慰其意。每年至长沙走一二次，以解其忧。耦耕先生学问文章，卓绝辈流，居官亦恺恻慈祥，而家运如此，是不可解！……

曾国藩分别给贺桂龄、贺诒令寄去了三十金和四十金以慰问，曾纪泽则把妻子的生母陈氏接到曾家来奉养。遗憾的是，不到一年，妻子的生母陈氏也病故于曾家。后来，曾纪泽再娶了刘蓉的女儿，不过，他和贺家的关系一直未断，仍以岳母相称陈夫人。咸丰十年（1860）三月，他给父亲去信，还谈及去省城给母亲办寿礼、拜寿，同时探访贺家亲戚的种种情状。这个母亲可以理解为曾纪泽的母亲（我们不知道她的生日），似乎也可以理解为岳母，因为查贺氏族谱，陈夫人生日是三月二十四日，和曾纪泽进省城办寿礼的日子很吻合：

> ……男廿二早进省城，备寿仪数事，为贺母豫祝，即于廿五早出城，廿九日巳刻抵家，拜祝母亲荣寿。

··········

　　贺宅人眷皆好。少庚二子读书资性颖敏，大者极沉静，年十二岁，已读毕"五经"，小者十岁，读毕"四书"《诗》《书》《春秋》，均未开笔。

　　少庚母舅陈伯符先生现有心疾……痴迷日甚，必将生出变故，致蹈不测，殊可怜悯。（见钟叔河辑录、点评《曾国藩往来家书全编》）

　　审视曾国藩从贺长龄弟子到亲家的全过程，虽然曲折多多，不像左宗棠由弟子到亲家那么一气呵成，但总体说来还是好事多磨，结局圆满。联想开去，这意味着湖湘第一代英杰领袖与第二代英杰领袖不仅具有思想传承，还有着姻缘传承，象征性就更强。就对曾国藩的认知而言，我们可以看到，在与贺长龄交往的全过程中，曾国藩一直经历着道德观念的煎熬。他敬重贺长龄，是为了聆听道德教诲和仕途提携；他疏远贺长龄，是为了与圣上同步，站稳忠君的道德立场；他最初想和贺长龄结亲，是要弥补心中的道德愧疚；他中途变卦反悔，是因为要坚守嫡庶尊卑的道德名分；最后他与贺家缔结婚约，又是因为孝道的道德压力。可见，他每走一步都在维护道德，可是他每一次维护了某一种道德理念，同时又违背了另一种道德理念，因而总是不能摆脱道德羞辱，这就叫道德荒诞或者叫道德魔咒。说到底，其实是道德本身的虚伪。

　　可以说，曾国藩一辈子都在道德的钢丝上行进，构成其人生最鲜明的特色。

贺门重婿劳崇光（上）

有学者说，劳崇光是贺长龄女婿，这不准确。他娶的是贺长龄三哥贺寿龄的长女，只能算贺长龄的侄女婿。后来他成为封疆大吏，先后任两广总督和云贵总督，风头盖过了贺长龄，在贺家女婿中为第一牛人，无疑是贺家的体面。

劳崇光不仅是贺家的荣耀，更是劳家的荣耀——善化劳氏家族因他而崛起成为湖湘以精干且显赫著称的世家。再说大一点，他是晚清政坛一个不可忽略的政治家、军事家和外交家。晚清大吏中，兼具这三种头衔的并不多，何况诸多重大历史事件中他都扮演主角，成为考察晚清政治、军事、外交动向必须关注的门户人物。只是有些遗憾，学界对他的关注远远不够。

这与他传世的史料稀少有很大关系。其实，他的著述颇丰，涉及生平的就有《常惺惺斋诗文稿》《读书日记》《居官自省日记》《奉使越南日记》等，可是我们多方搜寻都未得见，于是，只能在有限的资料里做道场。但愿我们的论说能够引发更深入全面的研究。

劳崇光（1802—1867），字辛阶[1]，湖南善化人。其先辈家世缺乏资料，不得确知。绝大部分史料对于劳崇光的记述都是从道光五年（1825）他中举人开始的，此前他的生平包括与贺家的联姻情况都是一片空白。我们从他的同学密友李星沅给劳崇光母亲写的寿辞中得知，其母姓刘，对于劳崇光之父，李星沅是这样写的："立亭封翁，耕砚为田，囊书入幕"，"老客诸侯

　　1　又作辛陔。

三十载"，想见其父名讳立亭，是一位常年游幕在外的师爷（不排除也有在家执教子弟的时光）。对于劳的家族背景，谱牒学家何光岳《中华姓氏源流史》还有这样的记载：

> 湖南浙系劳族属松阳郡，原为姬姓，后因居于山东之劳山，遂皆以山为姓。继因族人作乱，被朝廷迁徙于各省，江浙川粤皆有之。其往浙江者多居绍兴府山阴县，该地文风极盛，读书人甚多。而清代科举制度，每一地区取录名额皆有一定限制，以故该地读书之子弟，出身甚难。于是改弦更张，不求官而学幕，由此绍兴师爷之足迹，遂遍于全国。清初有劳姓师爷游幕于湘，留居不归，斯即湖南浙系劳族之始祖也。……而浙系劳族则称师俭堂本族，自入湘以来已届十代，原系寄居至第六代文毅云，始入湖南善化县籍，按文毅公讳崇光曾任清两广总督及出使越南国钦差大臣等职，为浙系劳族之重心人物。……本族丁口不多，入湘虽已二百年，然现在全族之男女老幼仅一百二十余人，既无宗祠，亦无一定之集中住地。族中子弟向以读书游官为业，其习农工商者甚少，族中既无巨富亦无鲜贫寒。其族谱派序计十六字，曰祖开鸿业崇文启远，家绍贤声存心裕本。……

不过要说明的是，何光岳说经过200多年劳崇光家族人口才百余人，是指在湖南长沙的族人，其族人和后裔还有一部分迁出了湖湘的未统计在内。但即使如此，浙系劳氏在湖南属于袖珍小姓是无疑的。也正因为如此，该族的杰出人物在比例上就格外突出，对此后文再说。在此要说的是，从上文劳崇光的家世背景看，推测劳家与贺家有世交关系，应该不算离谱。理由如下：

第一，劳贺两家的祖籍都是浙江绍兴府，属于同府籍的小老乡，又同居在数千里之外的长沙，可谓罕见，凭着乡情都会交往。第二，两家都是以游幕为业的绍兴师爷世家，在职业上相同，交往更有必然性。第三，贺家族谱显示，贺松龄的孙子贺师儒的原配夫人为本邑劳崇本之女，从字辈标志看，劳崇本应为劳崇光之兄或弟，如然，劳贺两家有三代姻亲关系。此外，贺熙龄的《寒香馆诗钞》中还发现这样一首诗——《题劳竹堂先生课子图》，说的是自己十四岁时，到访某劳家，目睹家长劳竹堂先生指点子弟读书的场面。诗中有句："我年十四识公面，古貌闪闪岩下电。我年十五登公堂，诸郎联謦文雅场。诗礼恂恂并佳妙，先生顾之欣然笑。"长沙城内劳姓族人很少，是教书先生且与贺家关系亲密，会不会是劳崇光之先辈甚至是父亲呢？如然，则更加印证我们的猜测。这种世交关系，给劳贺联姻，奠定了很好的情感基础。

可以确认的是，劳崇光和贺寿龄的长子贺仲瑊还有李星沅是同学且为密友。这可以从李星沅传世的诗文中得知。李星沅的诗文中大量记载了他和贺仲瑊、劳崇光在一起密切交游的情况。三人中，劳崇光算小弟，李星沅大劳5岁，贺仲瑊大劳4岁，按李星沅的说法，他们大约在劳崇光14岁时相识，那个时候，劳崇光还是青葱少年，贺仲瑊的两个叔叔长龄和熙龄都已高中进士，入朝当官，家世最为显要。

关于劳崇光的读书经历，我们所见不多的资料只是模糊地说，他就读过城南书院，只见到三条史料，称劳崇光是岳麓书院弟子且与李星沅为同学。第一条史料是李星沅的诗《赠劳辛陔》："湖光清冷片帆开，十载交情到酒杯。野艇残春云麓远，女墙明月暮钟催。曾持药裹怜同病，肯让蓬壶列散才。后日功名当一例，天风并马上金台。"此诗当写于道光六年（1826），按"十载交情"推算，便是嘉庆二十一年（1816）与劳崇光订交。李星沅此诗自注云："辛陔读书麓山时遂成莫逆，后馆柑子园，距予斋只数武，盖无日不过从也。"李的自注显示，劳崇光是就读于岳麓书院。第二条是李元度的《敕祀乡贤封奉直大夫龙公家传》称，大约在嘉庆二十三年（1818），劳崇光与汤鹏、龙友夔、罗绕典就读岳麓书院，非常优秀，"并称四大家"。第三条证实劳崇光就读过岳麓书院的最珍贵的史料是清代著名史学家徐鼐《旧闻随笔》，书中记载：

> 宁乡王九溪先生文清，于性理政事训诂词章天算地舆无所不究，由御史辞归，主讲岳麓书院。弟子最著名者有罗慎斋典，再传为欧阳坦斋厚均皆继此席，当坦斋时，高才生有李文恭星沅、劳文毅崇光、唐确慎鉴，而曾文正、胡文忠、罗忠节、左文襄等业焉。

徐鼐明确地从岳麓书院学脉师承关系上梳理出了王文清—罗典—欧阳厚均—李星沅、劳崇光、唐鉴及曾国藩、胡林翼、罗泽南、左宗棠的师生关系，尤其是将罗典的业师追溯到王文清，对于岳麓书院研究是很重要的史料。在徐鼐的记载中，我们更明白李星沅和劳崇光是欧阳厚均的弟子，劳崇光就读岳麓书院的履历更为明确。不过，这也并不排除劳崇光也就读过城南书院，那个时候，学生转学是很平常的事。还要说明一下，唐鉴在嘉庆十四年（1809）中进士，欧阳厚均是嘉庆二十三年（1818）才接任岳麓书院山长，唐鉴不可能是欧阳厚均的弟子，只能师从罗典。

估计劳崇光在岳麓书院就读了 7 年，直到道光五年（1825）才离开。应该就是在此期间，他娶了贺寿龄的长女，成为贺家女婿、贺仲瑊的妹夫。

在此期间，李星沅于嘉庆二十四年（1819）乡试不中，经人介绍去四川，成为陶澍幕僚。后来又回湘读书参加科考，也就是说，李星沅与劳崇光同学岳麓的经历并不连贯。而贺仲瑊于嘉庆二十一年（1816）去京都投靠叔叔贺长龄，不在长沙，贺长龄调山东后，他才回长沙，于道光二年至四年（1822—1824）就读岳麓书院，师从欧阳厚均，并与劳崇光同学。

话说着就到了道光五年（1825），劳崇光 23 岁了。他和李星沅、贺仲瑊一起参加了乡试，结果劳崇光和李星沅中举，贺仲瑊落榜，只获得副贡。也就在这年末，贺仲瑊、劳崇光、李星沅三位同窗相约了一次江苏之行。李星沅留下了许多诗歌记载，其中一首诗云：

> 何处生春早，春生小艇中。绿回沿岸柳，红飐试灯风。虎阜人如织，鱼蓑雪乍融。寺钟声不远，只隔竹千丛。（丙戌春初，予与贺二虎师、劳九辛陔同舟入吴门，薄游虎丘诸胜）

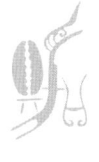

此诗透露的信息很重要。丙戌春即道光六年（1826）春，李星沅、劳崇光、贺仲瑊三人由南京坐船同游苏州。他们三人为何同游苏州呢？原来道光五年贺长龄任江苏布政使，与陶澍合作开拓海运，招贺仲瑊入幕协助。贺仲瑊再次落榜，这是一个上进机会，就约上了已经中举的朋友李星沅和劳崇光，一起赴南京。该年贺仲瑊 27 岁，李星沅 28 岁，最小的是劳崇光，23岁。从劳的年龄看，此时应已结婚，成为贺仲瑊的妹夫。李星沅曾为陶澍幕僚，且是陶弟子，自然欣然前往。于是三人就从湖南至南京，第二年开春又作苏州游。但李星沅要赴京会试，没有留在陶贺幕府。按说劳崇光也要会试，但从李星沅留下的诗文看，劳似乎和贺仲瑊一起留下来了。兹引几首李星沅诗供参考：

枫桥怀贺虎师

江船清冷别魂销，江水春生晚上潮。
何处钟声催月落，寒山夜火出枫桥。
雪意初消天尚云，横塘新曲几曾闻。
孤篷一夜潇潇雨，不忆吴娘只忆君。

嘉鱼怀辛陔，即用枫桥寄虎师韵

水驿更深蜡炬销，冲寒曾认酒边潮。
不知篷外风吹雪，冻折嘉鱼旧板桥。
春明挥手隔燕云，清角何堪此地闻。
一夜孤舟楚江雨，思家梦醒又思君。

这两首诗显然是姐妹篇，一篇怀别贺仲瑊，一篇怀别劳崇光。押同韵，当为同一次告别。且都在春季，应该是三人苏州游后分手。贺仲瑊和劳崇光留下了，只有李星沅独行。此外李星沅还有诗《赠贺虎师》云：

前身同署饮中仙，重对兰桡一怃然。
乍得友朋如性命，始知文字亦因缘。
半窗石墨唐初拓，三尺瑶琴海上弦。
明发巴陵拼共醉，岳阳楼外酒如泉。

（虎师藏帖甚夥，近学琴于素生，与辛陔同称高足）

此诗又是一首留别诗。从此诗自注看，贺仲瑊与劳崇光此时都拜一位叫素生的琴家学琴，并为高足。可见，此时贺仲瑊与劳崇光是在一起的。李星沅还有诗《长至怀贺虎师劳辛阶》《吴中别虎师，次辛陔韵》等，都显示贺仲瑊和劳崇光应该有一段共事的日子，而贺仲瑊道光八年（1828）以后就去了汉中，因此，这段日子只能是贺长龄与陶澍兴办海运期间。还要说明的是，贺仲瑊追随贺长龄在江苏的日子只有一年，即道光六年（1826）。道光六年十二月，贺长龄又调山东布政使，署山东巡抚。他又在江苏滞留了几个月，至第二年四月才离开江苏，贺仲瑊随行，至于劳崇光是随行去了山东还是留在了陶澍幕府，就不清楚了。要是有劳崇光本人或者贺仲瑊的诗文参照，这段时间劳崇光的行迹就更清楚了。可惜我们只见到李星沅的诗文记载，只能模糊地判断，劳崇光在中进士之前，有过一段在陶贺幕府的经历，陶贺的经世派思想对他有着深刻的影响。

劳崇光中进士是道光十二年（1832）。李星沅与他同榜高中。这届主考官为吏部尚书潘世恩，副考官为刑部尚书戴敦元、工部尚书穆彰阿。这意味着，劳崇光结拜了几位重臣座师，尤其是潘世恩与穆彰阿，后来贵为军机大臣，是他将来仕途升迁依靠的大树。而穆彰阿又最为道光宠信，也喜欢拉帮结党，于是作为弟子的劳崇光又有了"穆党"官僚的标签。另外，贺长龄既是潘世恩很器重的弟子，又与戴敦元是同僚密友，曾比邻而居，"暇辄踏月过从，意气尤相洽也"，与穆彰阿则共师英和，算是师兄弟，又一起经办海运之事，关系一度也是很不错的。这都为劳崇光的仕途发展加了人脉分。劳崇光在京都做翰林时，官品不高，人脉却很广，这都与贺长龄的人脉资源有关。最典型的例子就是道光十八年，劳崇光替曾国藩拜交穆彰阿搭桥，使曾国藩以位列三甲四十二名的尴尬科举名次咸鱼翻身，入选翰林院庶吉士，之后又依附穆彰阿，青云直上，十年七迁。湖湘至今还流传着劳崇光帮曾国藩通关节的故事。

当然，这并不等于说，劳崇光只是一个八面玲珑的社会活动家，后来他升为封疆大吏，靠的还是真本事。此外，他还是大收藏家，对学问也很痴迷，著有《易图说》，这也是要有相当根底才能下笔的。在贺长龄的文章中，有一篇《常惺惺说》，就是和劳崇光切磋学问的印证：

> 兄子婿劳太史辛陔，旧以"常惺惺"三字颜其斋，及官翰林，犹初志也。日余寓书太史，述明儒提起便是天理，放下便是人欲两言，谓是常惺惺恰好注脚。太史请余竟其说，且曰活泼泼也，是天然妙对，相反而实相成，余曰仍是一串语耳。夫心生道也，生生之谓易，亘古今、塞天地，生生而不已者，孰为之？心为之也。是心也，一室而周千里，一息而贯万年，故曰不疾而速，不行而至。又曰：尧舜其心至今在，然偶一放失，则视而不见，听而不闻，甚或倒行逆施而不知觉，形虽存而心则死矣。是常惺惺者，乃其所以活泼泼也。
>
> 太史又言：今岁病后，静坐三十日，气虽不充而神志日益清明，殆静中所得力。余谓心道流行，静亦未尝不动，惟一循乎天理，则动亦静也。自周子揭主静立极之旨，直探圣学本原，而

朱子之诏学者，每言略着提撕，是亦常惺惺法。详味其意，固恐强制为害，而不可泊于动，又不可沦于静，惟略着提撕而驯致其道，则动而无动，静而无静，周子之所谓神者，将于是乎在。夫非活泼泼之真境乎？而非常惺惺曷克臻此。太史诚致谨于提起放下之间，使吾此心惺惺不昧。常有以为万事之主，如明道所云存久自明者，由是勿忘勿助，何思何虑，以反乎人生而静之初，聪明睿智皆由此出，全体大用一以贯之，窃意大学所谓知本，所谓知之至者，端不外此。绝学不讲久矣，太史得无意乎！

这篇论学文章表明，劳崇光对于学问的研修是很热衷的，经常向贺长龄请教，贺长龄也坦诚与侄婿切磋，循循善诱。尤其值得重视的是，贺长龄引用明儒夏东岩的理欲之辨名句来开导劳崇光，虽然还未脱离程朱理学窠臼，但是非常强调主观心性在求理悟道过程中的作用，带有很重的阳明心学的色彩，说明在学理上他已经打通朱学与王学的壁垒，更显通脱。程朱理学的最大弊端就是繁琐，不够通透，理论和实践的距离太远，相比之下，阳明心学强调"心性""良知"，充分相信人的先验判断力，把认识世界的主动权交给了认知主体，避免了繁琐的认知纠缠，大大缩短了理论到实践的距离，也更有利于实践的行动。这当然与贺长龄作为经世派领袖，注重务实，注重实践而不是空悬繁琐论道有关。后来劳崇光也属经世派的重要官僚，与贺长龄的提点不无关系。

劳崇光进士后在朝九年，历充国史馆协修、纂修、总纂，武英殿纂修，本衙门撰文，又于道光十九年（1839）任河南乡试副考官，道光二十年（1840）任湖北乡试正考官，至道光二十一年（1841）才外放山西平阳知府。从仕途升迁看，并不算快，但是这段朝中岁月，对他的学问积淀应该是很有用的。

道光二十一年（1841），劳崇光出任山西平阳知府，开始了地方官生涯。这年他已经39岁，进入不惑之年，也不能算春风得意。

有史料说，他离京前去拜访了穆彰阿，按惯例送上了50两礼金答谢，被穆彰阿拒绝。穆彰阿说，这也不算什么大官，你也不是什么财主，免了吧，以后你发达了再说。这则逸闻说明，他的升迁与穆彰阿有关，从穆彰阿的表现看也不像传闻说的那么贪婪，甚至还很有人情味。另外，还可以从中窥见那个时代官场的潜规则：当官仅靠俸禄是很难生存的，各种名目的潜规则才是官僚发财的门路。

劳崇光在山西大概 7 年，历任平阳知府、太原知府、冀宁道员，署山西按察使，按说应该有一番作为，可是我们查阅史料，也许爬梳不够深入，没有发现这段时间他的山西业绩。这是很奇怪的。我们只发现有文史资料说，当时山西闻喜县出了一位探花，叫乔晋芳，是清代 300 年来山西第一位探花，也是清代山西仅有的三个探花之一，此外山西还有一个榜眼，没有状元。山西巡抚劳崇光特地举办盛大庆典，题联祝贺："两千里内无双士，三百年来第一人。"可是细查乔晋芳是道光十五年（1835）中的探花，劳崇光是道光二十一年（1841）才出任山西平阳知府，后来也没有当过山西巡抚。显然这样的记载太轻率，可谓重大错谬。这也说明，劳崇光在山西的政绩并不突出，否则未必出现如此大的错谬。

道光二十八年（1848）劳崇光调任广西按察使。这年劳崇光已经 46 岁。值得一说的是，此时，贺熙龄、贺长龄和劳崇光的妻兄贺仲琥均已经去世，这意味着他和贺家的关系可能有所疏淡。但也就是这一年，他还满怀恭敬地给岳父岳母写了家传，说明他与贺家的亲戚情谊依然延续。

史料显示，劳崇光到任后的第一件大事就是作为国家使臣，前往越南，封阮福时继位为越南国王。这也是劳崇光从事外交事务的开始。越南作为中国的藩属国有上千年历史，一直保持着独立的行政权，王朝兴替都不受宗主国干预，却在形式上受到宗主国的册封。至清代，越南进入阮朝，阮福时是最后一个受到中国皇帝册封的越南君主，后来越南被法国占为殖民地，与中国的宗藩关系断裂，劳崇光也因此成为最后一位册封越南国君的宗主国大臣。

劳崇光这次出使越南是很风光的。史料记载中有"接待隆重，举国欢腾"之语。而最令人津津乐道的是越南的文人骚客们对他的追捧，他们评价他说："劳公清国钦使，中原第一流人也。四方艺苑，闻者无异辞焉。"可见，劳崇光在越南文人中的口碑是很好的。这一方面说明，他本人的文化修养深厚，另一方面也反映了越南文化长期深受中华文化的影响，越南文人对中华文化有着敬畏之心。史料显示，越南文人流行作汉诗，还流行和宗主国诗家唱和，他们的汉诗水平不低，刻印了诗集，都希望请宗主国文化名流作序，以提高自己的身份。劳崇光也留意到这种文化现象，到越南后，主动和越南文人交流切磋，史料有这样的记载："崇光初抵京馆，即求观本国诗。乃命集诸皇亲并诸臣名作者，名为《风雅统编》许观，崇光深所叹赏。"（见刘玉珺《越南使臣与中越文学交流》，载《学术研究》）还有记载，劳崇光曾对多位越南诗人的诗作进行过点评并为其作序，其中最有名的就是《南国风雅统编序》，在越南流传很广，对中越文化交流起了重要作用。在序中劳崇光留下这样的评述：

> 道光己酉岁，余奉天子命，宣封越南。请封陪臣阮君，暨贡使潘君靖、枚君德常、阮君文超先后过桂林，来相谒见，皆以所作诗为贽。其诗皆雅驯可诵。亟受而读之，清奇浓淡，不拘一格。或书写性灵，或留念景物，或模山范海，论古怀人，佳篇好句，美不胜收。其中杰构，居然登中华作者之堂而浸浸及于古。吾不知其视朝鲜诗人何如，要非他国所能望其项背，章章明矣。

劳崇光还和越南官僚诗家唱和，留下了不少诗篇。可以说，他这次出使越南，大打文化牌，相当成功。说到此又不能不佩服科举时代的官僚，大都有很好的文化底蕴。从文化自信而言，首先要自己有深厚的文化底蕴，否则自信就是隔靴搔痒，沦为空谈。不妨读读他给越南官僚留下的诗篇：

奉使越南入关留别和越南魏克循韵（其一）

叱驭遑辞行役频，得朋偏喜缔交新。

浮踪与我盟鸥鹭，佳什惭君说凤麟。

三月轮蹄周辙迹，千秋文字契精神。

四方兰谱他年订，南纪名流有魏申。

劳崇光出使越南，给朝廷争得了颜面，次年回国，立即升迁为湖北布政使，可是他并没有赴任，又改任广西布政使。其中有两大缘故：其一，劳崇光回国后，广西以及比邻的湖南爆发了武装动乱，他被留任广西平息动乱；其二，道光三十年（1850），道光皇帝病逝，皇子奕詝继位，即咸丰皇帝。登基后咸丰立即对道光的宠臣穆彰阿展开了清算，将穆彰阿撤职，永不叙用。一直与穆彰阿不和的户部尚书祁寯藻出任首席军机大臣。如果我们把劳崇光此前的仕途与穆彰阿联系起来，那么可以说劳崇光穆党的岁月结束了。

按常理，穆彰阿倒台，一大批穆党官僚也要受到审查。可是咸丰皇帝并没有大量清洗穆党，如曾国藩、劳崇光、骆秉章等后来都继续得到重用。有理由相信，穆党官僚之所以没有受到大洗牌，和鸦片战争后两广地区的极度动荡有关。先是爆发了土匪武装的小规模社会暴乱，随之在咸丰初年就爆发了大规模的太平天国起义。广西是太平天国起义的肇始之地，根本不容官方思索，起义军立即星火燎原，北伐中原，席卷全国，咸丰王朝陷入内外交困的危局之中。不难理解，在这种危局下，朝廷根本无暇顾及官僚集团内部的整肃，而只能全力以赴对付揭竿造反的叛逆分子。劳崇光留任广西以及后来长期镇守广西，就和这种背景分不开。

也就是在广西任职以后，有关劳崇光的历史记载才开始丰富起来。《清史稿》中的《劳崇光传》就是从劳崇光的广西事迹展开详述。想必史家认为，劳崇光真正可以写进史册的勋业，就是从他的广西岁月开始的。我们不妨来看看翻译成白话文的有关记载：

> 道光二十八年(1848)劳崇光奉命出使越南晋封，事情办完之后入关。正值土匪作乱，他就驻守在思恩、南宁，督军进剿。道光二十九年(1849)，劳崇光晋升为湖北布政使，未及赴任，湖南的贼匪李沅发就在新宁起事。于是，他仍然留在广西治办防务。李沅发被平定后，朝廷论功行赏，劳崇光被赐予花翎。道光三十年(1850)，他被就势授予广西布政使。庆远的贼匪窜到武缘、宾州，劳崇光同提督向荣会剿。擒获首领陈胜，又平定了在上林、迁江流窜的土匪，设计方略解散共数十伙匪众，并招抚了张嘉祥，收为部下，将他改名为张国梁，后来，张国梁以战功著名。不久，劳崇光代理巡抚，副将伊克坦布战死在桂平，他命令总兵周凤岐前去支援。当时，李星沅奉命督师，周天爵任巡抚，专门治军。劳崇光仍然代行巡抚一职，协办军务。

可见这三年来，劳崇光主要在平乱中度过。

最值得一说的就是平定了在湘桂一带作乱的李沅发起义。李沅发是湖南新宁人，天地会首领，他的起义带有反清的政治意图，不是一般的官逼民反。他此前曾参加瑶族农民雷再浩的起义，失败后再次起义，声势十分浩大。队伍发展到 5000 之众，波及湘桂黔 20 余县，其间还和正在酝酿起义的洪秀全拜上帝会取得联系，配合拜上帝会进行大起义，所以李沅发起义可以视为洪秀全起义的先声。劳崇光就是围剿李沅发起义的官军主力，还有新宁地主江忠源等率团兵配合围剿。双方厮杀了一年多，李沅发被劳崇光的大军

团团围困在金峰岭，李沅发冒死突围，被劳崇光属下由湘西兵组成的镇竿营生擒。起义彻底失败，李沅发被押解京城凌迟处死。劳崇光因此立功，赏戴花翎，荣升为广西布政使。

值得一提的是，劳崇光在广西宾州剿匪时，招抚了起义军头目张嘉祥，为他改名张国梁，收归帐下给以重用。后来张国梁成为清军名将，军功赫赫，官至提督，是太平军的劲敌，主持清军围困南京的"江南大营"的最高军事统帅，与之对阵的是石达开、陈玉成、李秀成等太平军名将，但张国梁还是阵亡在忠王李秀成的手下。有趣的是，李秀成惜其勇武，命士兵收殓了他的尸体给以厚葬，还说生前为仇敌，但愿死后在阴间能成朋友。劳崇光招抚张国梁的故事流传很广，被视为劳崇光爱惜人才，善于攻心的佳话。更重要的是，劳崇光于广西平乱中得到了历练，显示了处置危机的指挥才能和军事才能。这为他以后的仕途升迁奠定了坚实基础。

咸丰元年（1851），太平天国起义爆发，劳崇光面临更大的考验：

> 咸丰元年(1851)，大学士赛尚阿取代李星沅。邹鸣鹤继任巡抚，劳崇光依然像以前一样协助，平定了西林、博白、怀集的窜匪。广东的贼匪颜品瑶骚扰南宁、太平，劳崇光驻兵南邕，与广东的官兵合力攻击，屡战屡胜，消灭了颜品瑶，又平定了贵县的贼众。他被从优记功……被授予头品顶戴。咸丰二年(1852)，劳崇光驻兵梧州，会同广东军进剿艇匪。不久，金田的太平军洪秀全等从永安突围出来，进犯桂林，劳崇光奉命回军支援。等他赶到后，太平军已经北上，接连攻陷兴安、全州，他和总兵和春一道追击，于是，太平军进入湖南。这时，正赶上云贵总督吴文镕上疏称赞劳崇光有胆略、有血性，请求增强他的实权，于是，劳崇光被就势提拔为巡抚。

可见，太平军起后，两广地区遍地狼烟，官兵四出救火，顾此失彼，疲于奔命。这也是检验能臣干吏的历史机遇，大学士赛尚阿、巡抚邹鸣鹤都因无能失职相继遭到撤职，而劳崇光却在此期间升任巡抚，说明他是以干才站稳了脚跟。劳崇光任广西巡抚后，立即上书献策，他认为两广的动乱四起，光靠官兵一支军事力量已经无力镇压，必须动员地方组织民团分别抵抗，腾出官兵为机动力量，才是取胜之道。这个建议，就是后来各地大办民团的缘起，可以说，作为地方军事组织的湘军崛起，也是劳崇光建议中的构想。当然，提出兴办民团建议的不仅是劳崇光，但是英雄所见略同，这是可以肯定的。这也说明，劳崇光考虑问题是有战略气度的。

不用说为了国家长治久安，就是为了自己能做一个太平官，劳崇光也会全力围剿叛乱义军，在此就要说说他剿灭会党起义军颜品瑶的故事了。颜品瑶的会党起义还早于洪秀全，全盛时会众上万人，被称为"剧盗"，是劳崇光重点围剿的对象。劳崇光起用了他招抚的张国梁来对付颜品瑶。张国梁知道硬拼未必能有胜算，就收买了颜的手下，自己也以会党身份与颜品瑶套近乎，使其放松警惕，然后以谈生意为名，出其不意地诱杀了颜品瑶，颜的手下群龙无首，四下溃逃，劳崇光也因此声名大振，成为平乱的高手。与此同时，洪秀全领导的起义爆发，劳崇光亦全力投入围剿。洪秀全的太平军在广西地区坚持了近一年，在清朝各路官兵的围剿下，他意识到在两广地区很难发展，也作出了一个重大战略决定，突围北上，将战火烧向全国，在运动中壮大自己，乃至夺取全国政权。于是就有了永安突围、兴安之战、全州之战，以及著名的蓑衣渡之战。尤其蓑衣渡之战是太平军北伐进入湖南的关键之战。此战中，太平军遭到湖南新宁人江忠源率领的民团部队顽强而机智的伏击，损失很大，以至于改变了原定顺湘江北上的计划，渡湘江东岸迂回北进。诸多史学家认为，蓑衣渡之战中太平军的杰出领导人冯云山不幸阵亡，给了太平军沉重的心理打击，加之遭到清军出其不意的伏击，战斗力严重受损，要不是官军内部失和，协调不力，给太平军东岸突围网开一面，太平军将全军覆灭。因此可以说江忠源民军在阻击太平军中建立了奇勋。

对于这段历史的解读，亦有史家持不同见解。要点大致是：其一，太平军永安突围后又攻打全州，恋战多日，是战略失误，使广西官兵赢得了集结围剿的战机，而太平军则错失了迅速突入湖南的宝贵战机。其二，冯云山阵亡是在全州攻坚战中而不是在后来的蓑衣渡之战中，其阵亡使太平军感情用事，对敌情缺乏冷静研判。其三，蓑衣渡之战并非江忠源民军孤军作战，太平军身后有两万官兵追剿，追剿主将一位是总兵和春，一位就是巡抚劳崇光，而劳崇光的爱将张国梁又是先锋部队，江忠源部队是追剿大军的一支。其四，围剿大军根据战况，判断太平军会继续北进湖南，此时熟悉家乡地理情况的江忠源便提出了在蓑衣渡一带伏击太平军的构想。他受命带了千余人马先行抵达蓑衣渡，在不远处的浅水江流中设下木桩等拦截水障，阻止太平军船队顺湘江北进，又在蓑衣渡西岸险要处埋下伏兵。从江忠源伏兵仅有千人来看，要单独剿灭太平军是不可能的。这个安排，显然是阻击架势，等待大部队跟上合围剿灭。其五，蓑衣渡战斗打响，太平军果然措手不及，遭受不小的损失，但太平军并不恋战，而是改变顺湘江北进的设想，弃船向东岸突围再从陆路北进，而湘江东岸并没安排官兵。还有一种说法是，和春派了劳崇光的爱将张国梁去东岸堵截，而张国梁却行动迟缓，错失了堵截战机，结果太平军成功突围。(见郦纯《太平天国军事史概述》)

按照后一种解读，许多历史结论就要改写。第一，太平军蓑衣渡之战的挫折，是在官兵围剿大军的压迫下产生的，不能仅仅视为奇兵战例。第二，太平军在蓑衣渡之战中的损失是有限的，太平军突围也是很理智的，不能说遭到了灭顶之灾，侥幸突围。第三，对江忠源的历史作用也要重新评估，至少不能像现在许多史书说的那么重大。我们不想深度卷入蓑衣渡之战的研讨，只想从劳崇光的视角来看待蓑衣渡之战。

我们认为，蓑衣渡之战标志着太平军离开两广的大转移战略得以初步实现，对于太平军而言，这是一个具有胜利性质的战略转折点，对于广西地方主官而言，则标志着他们完成了对太平天国主力的驱逐，本位主义地看，应该是一次重大胜利。另外，此战也是官军围剿太平军诸多战斗的一部分，劳崇光不仅是重要的当事人，也应该在战略上策划了这场战役。我们甚至相信，他对这种局面是乐见其成的，因为这意味着他管辖的地面可以狼烟平息，至少能让他大大地喘口气。以劳崇光的精明，他应该清楚地意识到，太平军掀起的这场社会大动乱，是不可能在他手下平息的，既然自己无力回天，不如把祸水驱赶至辖区之外，以保一方稳定平安。所以，和春和劳崇光没有在蓑衣渡的东岸派兵拦截，或者说张国梁受命堵截却行动迟缓，与其说是懈怠或是惧战，不如说是一种故意的设计，劳崇光与和春达成共识，不想和太平军鱼死网破地鏖战。当然，这只是一种猜测。不过，这样的猜测也是基于诸多历史经验。对于政治家来说，为了本位利益的自保，不惜以邻为壑，甚至不惜放虎出山的案例，实在是太多太多了。简单地用道德逻辑看历史，一味地相信政治家的道德宣言，什么忠君卫国，义不容辞，舍生忘死之类，那是书生气，会把人看傻的。要是清政府官僚都是道德君子，忠臣义将，何至于有太平天国这样的天下大乱？

于是，我们就不妨想象，劳崇光得知太平军在蓑衣渡成功突围而去，消失在湘南的山地中，他应该是长长地松了一口气的。

贺门重婿劳崇光（中）

也许，劳崇光以为，太平军的主力离开了广西，他这个广西巡抚就可以大大松一口气了。没想到，广西社会却更加风雨飘摇。虽然太平军主力已经离开广西，大战场已经转移到长江流域，太平军余党和响应太平军而起的各种会党势力却掀起了此起彼伏的暴动。朝廷全力对付长江流域的太平军，无暇顾及广西，劳崇光的处境反而更加狼狈。军力不足的劳巡抚只能采取剿抚并举的对策，而且是以抚为主。所谓抚，往往也并不是通常意义上的招安改编，说白一点，就是劝说叛乱者不要太过分嚣张，劳崇光也网开一面。有史料记载说，当时劳崇光被一股太平军部队围困在城中，无力出战，只好守城以对。太平军也不急于攻城，双方居然形成了相安无事的态势。以至于白日城门都不关闭，城中居民可以出城与太平军做生意，甚至还有太平军官兵大摇大摆地入城来游逛下馆子，与守城的官兵在大街上相遇，彼此还寒暄。这样的情景可谓荒唐，但也说明，劳崇光实在没有能力消灭太平军，太平军也没能力吃掉劳崇光，或者不想血战，结果就出现和平共处的局面。劳崇光的尴尬可见一斑，其大丈夫能屈能伸的现实理性也因此显现出来。按照道德论者的思维逻辑，劳崇光这是畏敌如虎，这是没有气节，这是出卖国家利益。然而薛福成却不这么看，他在《庸庵笔记》中有这样的评述：

> 善化劳文毅公崇光，为封疆大吏二十年，值咸丰、同治用兵之时，其所居亦率多贫窭艰危之境，虽无卓然杰出之经纶，然每能履变不惊，化险为夷，以功名终，则其从容应事之度，有可称者焉。
>
> ……文毅既擢巡抚，洪秀全、杨秀清等大股悍贼，虽已出粤

境，而余寇蜂起，群盗如毛。广西饷绌兵弱，支持数年，贼势益炽。与湖南、广东诸省，音问阻绝，饷道不通；省城数十里以外皆贼也。文毅与人书云："忝膺疆寄，困守孤城，不特毫无官趣，抑且毫无生趣。"

薛福成的评述，既写出了劳崇光的困窘，也写出了劳崇光困兽犹斗的气度和无奈，薛福成是很佩服也很同情劳崇光的。这只是劳崇光的一个侧面，在李元度的《劳崇光别传》中，则显示出了劳崇光的另一面：

> 当是时，全州及浔、梧、柳、庆等属，贼蜂起，所在陆梁，恣焚掠，聚散分合无常。民失业，或数百里无人烟。公广布耳目，具知贼情进止、党与离合及彼此猜忌各情状，每有调遣，辄洞中机宜，无虚发，人莫测所以，贼益畏而神之。公尝言：荡寇之法，能防芽蘖之初生，则饷不虚费；能绝根荄于事后，则师不重劳。会武宣有上队会匪将起事，公侦实，密檄在事文武扑灭之，诛其渠，余党骇散。郁林州土匪黄东桂，句剧盗钟玉保为乱，蔓延数州县，公择健吏李孟群、刘体舒等进讨，一鼓平之。余用以贼攻贼法，设反间，使互相戕杀。势迫则自拔来投，或密约，擒渠魁自效。公机牙四应，两利而俱存之，临阵或倒戈助顺，或悉所部降，公益结以恩信，俾各招抚余党。一年中剿抚并用，计斩逆渠四十五人，灭贼二百数十起。

李元度写出了劳崇光施展作为，积极平乱的一面，其平乱手段突出了智取而不是一味地强攻。这都是基于盗匪蜂起，官军兵饷局促，防不胜防，剿不胜剿的现实所采取的决断。尤其是通过离间之法，派出各种间谍深入敌方队伍中，挑起叛乱者自相戕斗，是劳崇光的法宝。想必劳崇光看透了叛乱者都是鸡鸣狗盗之徒，没有大心计、大抱负，稍作挑拨就可得逞。所以他能在盗匪蜂起的江湖周旋迂回，兵不血刃或者流血不多地平息了数百起叛乱。劳崇光并非腐儒清流之辈，而是带有浓郁的策士风姿，这也显示出劳家师爷血脉传承。

然而，咸丰年间的社会动乱排山倒海，此起彼伏，蔓延了整个华夏。这是王朝命定的大劫，靠闪展腾挪是躲不过的，最后还是要刀兵相见，靠实力解决问题。《劳崇光传》便有了如下记载：

> 咸丰三年（1853），洪秀全等人占据江宁之后，分兵北犯中
> 原，战事日益棘手，朝廷再也无暇顾及边远地区。在广西潜伏的
> 贼匪不时地起事，顷刻之间被灭，顷刻之间又萌生出来，但官军
> 兵力单薄，军饷短缺，只有依靠团练，因此，不能给他们以毁灭
> 性的打击。劳崇光边剿边抚，支撑了几年。自从英国人占据广州
> 后，广东的贼匪又开始活跃起来。海盗窜到广西骚扰，浔州、柳
> 州、庆远、梧州、南宁相继失陷。附近的土匪更加猖狂，多次
> 进逼桂林，官军中有许多降将，都是居心叵测。劳崇光向湖南
> 求援。咸丰七年（1857），骆秉章让蒋益澧率领湖南的官军前来支
> 援，多次打败太平军，收复兴安、灵州，进兵屯驻省城。于是，
> 诛灭反复无常的叛兵，更换守军，桂林才安定下来。咸丰八年
> （1858），劳崇光奏请让蒋益澧留在广西剿贼，接连在平东的令公
> 渡、五塘攻击艇匪，大败敌人，斩首一万多人，从此，海盗开始
> 衰败，广远、柳州也被相继收复。

这段记载，重点写了劳崇光向湖南官吏求援摆脱危机之事，涉及两位重
要人物，值得介绍一下。

第一位人物就是时任湖南巡抚的骆秉章（1793—1867）。此人被学界认
为是湘军阵营的代表性人物之一，在湘军的历史业绩中占有重要地位。其实
他是洪秀全的小老乡，广东花县人。道光十二年（1832），他与劳崇光同榜
中进士，比劳崇光要大九岁，可谓师兄。在官僚体系中也和劳崇光同属于穆
党官僚，关系应该是不错的。骆秉章为官有两个突出的优点。第一，胸怀大
度，不专权妒能，从善如流，愿意成人之美，推荐提携贤能不遗余力，曾国
藩、左宗棠、罗泽南、蒋益澧、刘长佑等湘军大佬都得到过他的提携和支
持。第二，他非常勤勉敬业，踏实办事，不计较虚名浮利，他在湖南任巡抚
十年，扮演着湘军后勤部长的角色，为湘军筹饷扩军，协调各方关系，把湖
南经营为湘军的后方大本营，功莫大焉。后来他又入川剿灭太平军，率领的
也是一万多湘军人马，因此，在政治上称他为湘军重要人物是恰如其分的。

还有一个人物就是蒋益澧（1825—1874），与曾国藩同乡，也是湘乡
人，但他和曾国藩关系并不融洽，反而与左宗棠十分投契。在性格上，他也

很像左宗棠，特立独行，比较自负，不太会处理人际关系。他读书不第，文墨平平，却很有军事和行政才华，最初在罗泽南手下效力，屡建战功，加知府衔。罗泽南死后，李续宾继承了罗的职位，蒋认为自己的能力不在李续宾之下，心情很失落，一赌气告退回到湖南，但他并不甘寂寞，一直在寻找发展机会。

就在这时，劳崇光向自己的师兄骆秉章求援，希望骆秉章能够组织力量驰援广西剿匪。劳崇光向骆秉章求援，一方面是倚仗他和骆秉章有私交，另一方面也因为他是湖南人，且是贺家女婿，与湖南实力派都有交情。也就是说，劳崇光开口向湖南求援，是有脸面优势的。当然，最重要的还是从大局看，湘桂毗邻，要是广西的战火烧到湖南，湘军大后方也不得安宁。果然，没有多少犹豫，骆秉章便答应援桂。谁来统领湖南援桂大军呢？于是，蒋益澧就出现在骆秉章的视野。从蒋益澧既有的战绩看，应该是能够胜任的，再说，当时也没有别的人选能够取代蒋益澧。骆秉章和蒋益澧一沟通，蒋也认为这是自己出人头地的一个机会。按理说，接下来就应该是整装开拔了。可是令人有些意外的是，蒋益澧毫不客气地向劳崇光提出了条件，要劳崇光保证他能当上按察使，还要保证提供充足的军饷。这真是有点不知进退，从道德上说，更是缺乏忠君报国的境界。然而，这就是蒋益澧，他对自己的才华充满自信，也不讲什么虚伪道德。他明白，自己和国家的关系不过就是一笔生意：我为国家卖命，国家也要给我相应回报，这才叫天经地义。薛福成《庸庵笔记》有记：

> 适蒋果敏公益澧，以候选知府为罗忠节公泽南营官，中道散去。文毅招之赴粤。蒋公请"立功后，必保至实缺按察使，所需粮械，毋稍缺乏"。然后愿行。文毅许之。蒋公乃募楚勇三千人入粤，击平群寇，克复诸府县城。楚、粤之路始通。

对于蒋益澧入广西支援劳崇光，另一些记载说是带了五千人马，并认为蒋益澧入桂救了劳崇光，是劳崇光的大贵人，给人的感觉是劳崇光缺乏作为，这未免有些夸张。李元度在《劳文毅公别传》中的记载应该更客观：

> 亡何，逆弁黄金亮叛踞平乐，与兴安、灵川贼相掎角，官军屡攻之不下。饷无出，乃乞师湖南。南抚骆文忠遣候补道江君忠

濬、知府蒋君益澧，各帅师赴援。始至，复兴安、灵川及平乐，
其桂、柳、梧、浔诸府，以次略定。公抚粤八年，贼犯桂林十余
次，并坚守得全。居顷之，饷断，兵卒饥哗谋变，刃及冠者再，
公不动声色，卒皆悔罪投戈，缚首乱者置诸法。潮勇队目谢扬、
王昌等十余辈，分屯省垣，暗通贼，积年骄恣，多不法。公召湖
南援军入，密诫蒋君治具，宴诸队目，酒半，悉擒斩之，并治其
党，无脱者，桂林获安。

从李元度的记载看，劳崇光还是能按照自己的意图调度蒋益澧，可说
蒋益澧是为劳所雇佣，所以应该说蒋益澧配合劳崇光平定了广西之乱，换言
之，也应该说劳崇光很会用人。而且，劳崇光也兑现了承诺，蒋益澧果然在
劳崇光的保奏下，如愿以偿地当上了广西按察使。咸丰九年（1859），劳崇
光调任广东巡抚，又升两广总督，应该和广西平乱的政绩有关，蒋益澧依然
留在广西平乱，依然是劳的属下，其间被学政李载熙以"冒饷妒功"参奏弹
劾，遭到降职处分，但不久又官复原职，这也应和两广总督劳崇光的呵护有
关。总之，蒋益澧和劳崇光之间是一种互相合作、互相成全的关系，可以理
解为他们做了一笔生意，他们各自都履行了自己的承诺。讨论政治，用生意
的思维看，往往更理性也更真实。

咸丰九年（1859），劳崇光调任广东巡抚，同年授两广总督，时年57岁。

劳崇光调任广东，首先和他抚桂八年的平乱业绩有关，这不必多说。值
得一说的是，广东当时的复杂动荡局面，也迫切需要他这样善于和各方周旋
的精明官僚来主持应对。那么广东当时是怎样的局面呢？

此时，中国的大历史上，正值第二次鸦片战争，广东是内外矛盾尤其是
中外矛盾冲突的中心区域。咸丰七年（1857）正月，英国借"亚罗号"划
艇走私事件，向中国发难，联合法国，又一次开始武装侵华，逼迫大清割让
更多的贸易权益和领土权益。该年底，英法联军占领了广州，俘虏了两广总
督叶名琛，后羁押到印度加尔各答，因死于异国他乡的望海楼上。叶名琛被
俘后，英国人则实际管辖了广州，以广东巡抚柏贵为傀儡，成立了所谓联军
委员会统治广州达三年半之久，柏贵颁布的行政令都要经过英国人巴夏礼的
审查，大清警察和英国海军陆战部队共同组成巡逻队，维持广州和周边的治
安，那些反抗英人统治的民团都遭到严厉清剿——广东某种意义上可说是处
于英国人的管控之下。另一方面，英法联军浩浩荡荡从海路北进皇城，火烧

圆明园，逼迫清政府签订符合英法意志的条款，即《天津条约》和《北京条约》。不难想见，清国内有以太平军为首的叛逆势力颠覆政权，外有列强以文明开放的名义侵犯主权，处于内忧外患极为屈辱的境遇，可谓风雨飘摇，岌岌可危……

就在咸丰九年（1859）五月，傀儡巡抚柏贵在广州病故，清朝便诏令劳崇光接任广东巡抚，不久又升任两广总督，接替死在加尔各答的叶名琛。这与其说是光荣的升迁不如说是把劳崇光往火坑里推。从迷信角度说，他是替两位倒霉的死鬼前任来陪葬的。当时好多人都为劳崇光捏一把汗，劳崇光有何心底波澜我们不得而知，只知道他从容地服从了诏令，坐着官轿庄严而悠然地进入了英兵林立号称虎狼窝的广州城。薛福成又留下了这样的记载：

> 无何，而文毅调抚广东，权两广总督。自咸丰七年叶昆臣使相名琛，为英吉利所执，英人踞守广东省城者数年。迫"庚申和约"既定。次年，英人交还省城。督、抚、司、道仍驻佛山镇，不敢入城。英人常目笑之，谓两国既和，断不复存恶意，中国大员何怯也。

> 然是时，上下议论，皆谓："一入省城，必受洋人挟制，将复如叶相之事。"文毅内决于心，独备仪从，呵殿入省城。城外万人夹道观之。将军、都统、司、道、府、县，遂皆从之。洋人既觉其无所惧，诸事稍稍就范。议者亦始知，与叶相彼此异时。以是称文毅之毅焉！

此外清人陈康祺《郎潜纪闻二笔》也记载了同一件事。说是当时广东官员都躲在佛山，省城没有任何官员。劳崇光要入城履职，被文武官员拦住苦劝不可贸然入城，劳崇光凛然作答："我奉天子命来主政广东，不入城，去哪里呢？"于是单骑匹马毅然入城：

> （劳公）遂单骑疾驱入，西人亦骇愕。遂与营弁列队郊迎。洋酋请见，公见之若无事者，及论事，则折以理，不为少屈。明日，商民复业者数千家，西人莫测公所为，气夺，因退去。

这些记述，都对劳崇光的胆气表达了由衷的敬佩。其实胆气只是表象，还要看到劳崇光胆气的素养支撑：第一，他作为师爷世家出身的子弟，应变能力有着家学传承；第二，他在广西平乱时长期周旋于各方势力之间，积累了丰富的应变经验；第三，他对洋务外交并不陌生，早年出使越南的历练还有平素对世界的关注，使他比那些昏庸无知的官僚更懂得对外开放的新思维。所以，费正清主编的《剑桥中国晚清史》对他的评价是了解世界潮流的稳健派官僚："稳健派劳崇光正式被任命为广东巡抚和代理总督，劳崇光在谋求中国利益的同时，又能和联军委员会合作。""中外合作是适应当时情况的所需。它的一个典型例子是劳崇光联合巴夏礼和那时已是广州领事的阿礼国共同试图控制苦力买卖的行动。"

这就涉及劳崇光到任广东做的第一件大事了。

史料记载，他到广东后的第四天，英方联军代表就找上门来，要求他履行前任巡抚柏贵的承诺，开放华工对外输出的劳务市场。这是一个非常棘手的问题，清王朝一直闭关锁国，不仅在对外贸易上严加限制，在劳务输出方面更是严厉禁止，其中有政治的考虑更有脸面的考虑，觉得天朝上国的子民去国外打工意味着不爱天朝，也意味着天朝养不活子民，这是有失国家颜面的大事，断不许可，若要私自出洋，"斩无赦"。因此，劳崇光要是接受联军方面的要求，就等于违反国策，打朝廷的脸。前任柏贵之所以作出承诺，那是洋人的刺刀架在脖子上的失节妥协，自己要是也就范，岂不也是妥协失节？

其实劳务输出是世界文明进步的必然。西方工业化浪潮产生了对劳动力的大量需求，生产水平落后的中国人口迅速增长，又就业无门，劳动力大量过剩，势必滋生大批贫困人口，只能出洋谋生，养活自己。按理说，劳务输出也是解决中国贫困人口出路的一个有效途径，可是偏偏被顽固保守的清政府禁止，结果就出现了人口的黑市贸易和强行拐卖人口，即所谓"卖猪仔"现象。劳工的输出可以缓解地方的民生压力，缓解贫民因为生计无着滋生动乱的局面，因此地方政府，多对于黑市人口贸易睁一只眼，闭一只眼，劳工黑市贸易也就更加猖獗。不用说，在黑市贸易下，华工权益更加没有保证，华工出洋的斑斑血泪故事也就出现了。此外，从西方劳务输入国的角度看，由于黑市贸易的种种乱象，劳工输入缺乏合法性保证，也给用工国家带来了很多麻烦，所以，英法联军方面便主动提出了华工输出的合法化要求。可见，劳工贸易的合法化、公开化、规范化，才是现实理性的选择，也是符合文明进程的选择，更是保护华工权益的选择。问题是，这又要突破僵硬愚蠢的国策，对劳崇光的胆气、见识和能力又是一大考验。

我们不知劳崇光是否经历了思想斗争，只知道他坦然地接受了联军方面的要求，经过谈判协商，制定了《外国招工章程十二条》，成为中国华工劳务输出的第一部法典，使长期以来的黑市劳工贸易走上了合法化的道路，也在某一方面打破了保守僵硬自绝于世界的中华格局。具体言之，劳崇光在华工劳务输出合法化方面竭力维护中方权益，做了以下几件事：

第一，强调华工输出必须"情甘自愿"。他定义华工输出的原则是："惟民间或贫困无依不能自有之人，意欲出洋作工糊口者，此等人既属情甘自愿，与拐匪略卖人口有所不同。"这在一定程度上保护了无辜民众，也尊重了民意。

第二，严格招工管理。这包括设立中、外双方共同管理的招工机构，也包括严格鉴别被招工者意愿，签订规范的招工合同，还限定了招工地点只能在广州等地，不能遍地开花，不利于管理。从而也在很大程度上保证了华工的权益。

第三，严厉打击拐匪。对于非法的贩卖人口活动，劳崇光加大了打击力度，如开放劳务输出的当年，多次开展打击拐匪的行动，其中一次就斩首拐匪 18 人，判刑 11 人，营救被拐劳工数十人。还有一次解救被拐劳工数百人。这既稳定了社会治安，又保护了劳工的权益。

第四，制定了《外国招工章程十二条》，成为合法招工的法典。

有趣的是，对于劳崇光接受联军方面要求，使华工输出合法化的历史事件，学界评价也经历了一个观点变化的过程。开始时认为，劳崇光向西方列强妥协，又签署了一个丧权辱国的条约，是卖国行为，后来才改变观点，认为劳崇光在特定的历史条件下，尽可能地维护了华工的合法权益，打击了劳工黑市贸易，在黑心人贩子的欺骗和欺凌之难中解救了许多中国平民百姓，对于推动中国走向世界是有正面贡献的。细细回味，真是令人苦笑，劳务输出及其合法化，本是世界文明进步的必然，劳崇光表态接受，并在接受中竭力维护中方权益，人们本应看到劳崇光识时务的眼光气度，以及竭力维护华工权益的一片苦心，却因为提出方是西方人士，就将其视为丧权辱国。

其实，历史本身是没有道德意志的，它并不必然按道德逻辑展开，只按现实逻辑行进。非常不幸的是，由于长期闭关锁国以及坐井观天和妄自尊大，清政府从皇帝到官僚以至于到庶民，都对域外的世界严重无知且自以为是。第一次鸦片战争以来，中华帝国受到了列强重创，饱尝屈辱依然不知觉醒，这就决定了两点：第一，中国官僚与世界的交往是在十分无知愚昧的认知条件和虚荣自大的心态条件下展开，荒谬愚蠢的应对屡见不鲜；第二，中国官僚的外交活动大都是在强大对手主导的屈辱现实下展开，没有多少讨价还价的余地。也就是说，在特定的历史条件下，劳崇光维护国家和民族权益只能如此这般，没有可能创造中国人扬眉吐气的奇迹。所以，我们应该对劳崇光的努力深表同情且怀有敬意。他在广东的岁月里，是戴着镣铐跳舞，是负重前行，这也决定他的广东业绩充满着尴尬。比如，他被迫答应了租借九龙给英国人；再比如，他奉命组建的中国第一支现代海军舰队，居然是中英联合舰队，结果精心筹措的上百万两银子全都打了水漂；还有开赌场筹集经费建设贡院；等等。这些都显示他强国梦中的种种无奈和苦涩，而这些无奈与苦涩也是清王朝腐败没落的缩影。

劳崇光任两广总督三年后被削职调离，走完了他十二年的岭南岁月。

也许常人很难想到，导致劳崇光削职离开广东的冤家，竟然是受过劳崇光提携之恩的曾国藩。这又涉及一段令人回味的历史公案。

咸丰末年，与太平军和与英法联军两条战线作战的清军正规部队已经全面惨败，湘军集团成为抗击太平军的中流砥柱。曾国藩因此得到朝廷的高度倚重，被任命为两江总督，节制江苏、浙江、江西、安徽四省军务，位高权重。他也想尽快建立盖世勋业，全力扩军扩战加大了围剿太平军的力度，这也导致湘军集团一直军饷短缺，困境更加严重。于是，曾国藩打起了广东的主意，希望能在相对富裕的广东以抽取厘金的方式筹措军饷，建立军费的重要补充来源地。本来，按照朝廷安排，广东已经承担了相应的军费指标，这下又要大放血，对广东的民生压力不言而喻。况且广东不属于曾国藩管辖，按曾国藩的方案，湘军还要派专员来粤亲自督办厘金征收之事，更是行政越权。可想而知，这不仅对两广总督劳崇光的权力是很大的剥夺，还掐断了劳崇光的重要财源。曾国藩也深知这是动了劳崇光的奶酪，劳未必乐意，为了解湘军的燃眉之急，他不得不冒犯劳崇光了。学者研究这段公案一致认为，心思缜密的曾国藩为了拿下广东的厘金支配权，是煞费苦心，进行了一番精心谋划的。首先，他依仗朝廷对湘军的依赖，请朝廷出面对劳崇光下达指令；其次，他联合各省主官附议，劝说劳崇光接受曾国藩的方案，对劳崇光形成舆论压力；再次，曾国藩亲自去信给劳崇光说软话请求支援；最后，曾国藩还筹组了自己的亲信班底准备进入广东。总之是软硬兼施，多管齐下，逼迫劳崇光就范。学者也提及，劳崇光当年给曾国藩搭桥结识穆彰阿，是提

携了曾国藩的恩人，但后来劳崇光不配合，曾国藩居然指使人弹劾劳崇光，使劳削职调离广东，曾这是恩将仇报。曾国藩是道德有亏的：

> 在广东厘金的开办过程中，由于各自的立场与利害不同，曾国藩与广东地方官员乃至钦差大臣晏端书，都曾发生过冲突。曾国藩为筹饷成功，则接连弹劾自己的恩人好友，直至厘金入款达到定额为止。于是，在清政府支持下，进行了频繁的人事调动，直到曾国藩满意为止。最初，开办广东厘金以济江、浙、皖饷，受到两广总督劳崇光的坚决反对，曾国藩在信函中与之往返辩论而无济于事，只好将其奏劾去职，降三级调用。劳崇光本于曾国藩有大恩……怎奈广东厘金乃曾国藩性命交关之事，他也就顾不了这许多了。（见朱东安《曾国藩幕府》）

学者王继平更详细地考察了曾国藩和劳崇光之间的过招细节。他依据数据分析，说明广东的厘金征收由于办理不善，效果并不理想。加之两次鸦片战争和广东红巾军动乱对社会经济的冲击，各项财政收入都不景气，应该上缴朝廷的饷银严重短缺，到1861年夏，总计欠饷银高达510余万两。可见，曾国藩大大误判了广东的经济实力。况且，劳崇光主政两广期间，社会动乱从没有完全平息过，当时从湖南、江西来的乱兵，还有本地的寇匪，都是劳崇光兴兵剿灭或驱逐，还有蒋益澧在广西一直厮杀，劳崇光也要援助，平息这些动乱，同样也要不菲的经费支撑，所以，劳崇光不可能不抵制曾国藩的做法：

> 身为两广总督的劳崇光在面临重重困难的情况下，自然对曾国藩奏请派遣特使督办广东厘务强烈不满。他给曾国藩写信，全面反驳了曾国藩奏办广东厘金济饷的种种理由，指出"京外诸公止震其（广东）从前富厚之名，不察其近日凋残之态，道听途说，动称广东第一富裕，环向诛求，遂致指拨纷繁"；他还借商民之口反诘曾国藩说，在广东并非无事的情况下，"何故以粤民之膏血供外省挥霍"。由此，曾、劳之间矛盾逐渐激化。至于对朝廷派遣来督办广东厘务的晏端书，劳崇光更是采取不合作的态度，"不免掣肘"，使晏端书抵粤一个多月竟还找不到下手头绪，甚至

连办理章程和广东解过军饷的数目也未能详奏。

……清廷为了满足曾国藩等人的愿望，对此事直接出面干预，一步一步地为曾国藩奏办粤厘扫除障碍。1862年9月14日清廷发出上谕，对劳崇光严厉斥责，说"近来，外省官吏于劝捐、抽厘等事，往往侵蚀分肥，饱其私囊；若他省人员前往试办，必多方掣肘，不使其废然思返不止。此等恶习，殊堪痛恨"；同时催令晏端书督饬派出道、府各员，会同曾国藩所委之人，实力筹办；并重言训诫劳崇光："倘该督存畛域之见，或任令不肖官绅任意阻挠，致令厘金毫无起色，不能把彼注兹，惟劳崇光是问，毋谓言之不早也。"随后，福建巡抚耆龄、御史华祝三先后以"任用非人，调度乖方"等款，奏参劳崇光，逼使劳崇光惩处了身边几位受重用的"牟利病民"的蠹吏。到9月30日清廷即以督办广东厘金"信任非人，措施乖谬"，将劳崇光先行交部议处；寻从部议，劳崇光照不应重私罪例，降三级调用，不准抵消。至1863年1月3日，劳崇光终于卸任两广总督，10天后调赴贵州，办理教案。清廷在将劳崇光降级调离广东前后，为了支持曾国藩，特别任命了与曾国藩有密切关系的人员去顶替劳崇光原任的粤督、粤抚要职。……

曾氏兄弟对上述人事调整欣喜若狂。曾国荃洋洋得意地说："粤厘事客阻于主，北辛（案，即劳崇光）气味甚馨而辣，所论漫无道理，经此一番波澜，或亦知霸道只可称雄于一时，而不可行于长久乎！"又说，粤厘经此一番风浪，晏端书督办厘务，"借此以操纵之，威势或可稍张，厘政因而转机"。曾国藩则乐观地估计，今后办广东厘金"当更顺手"，"可不掣肘"了。（《对曾国藩奏办粤厘济饷一案的考察》，见《中国史论集·上》）

王继平的文章中也隐约对曾国藩带有道德贬义，我们不想从道德角度来评论曾国藩与劳崇光的这段恩怨，只想强调利益才是硬道理。其实双方的这段恩怨归根结底都是利益的博弈，包括朝廷支持曾国藩，也是利益所在，至于各方的道德说辞，比如说曾国藩是为了国家危亡的大局，劳崇光是为广东的地方权益，因而曾国藩是为了国家算计朋友之类，不过都是遮羞布而已。如果将曾国藩和劳崇光换个位置，就是劳崇光为了国家算计朋友了。所以，拘泥于道德既看不透历史，也失之虚伪。诚如马克思所言，人们奋斗所争取的一切，都和他们的利益有关。"思想"一旦离开利益，就一定会使自己出丑。至于曾国藩，现在被世人认为是罕见的道德圣人，这种说法固然也不错，只是要看到，曾国藩的所有道德追求，都蕴含着冷峻而精密的利益计算。

劳崇光这段岭南岁月，广西 8 年，广东 4 年，共计 12 年，是其人生中最为风云跌宕的 12 年，也是中国社会风云跌宕的 12 年。因为此期间正是中国最声势浩大的农民起义太平天国运动喧嚣中华，由兴起到灭亡之时，劳崇光经历了和国内外各种政治势力博弈的过程，这是常人很难有的惊心动魄。遗憾的是，我们的爬梳还非常肤浅，难以展示出他这段人生的史诗风貌。希望有人能够进一步补充，完成更深入的书写。

同治二年（1863）正月，受到降职处分的劳崇光又接受了诏命，作为一品顶戴的钦差大臣赴贵州去处理贵阳教案。查史料可知，贵阳教案是中法之间一次人命关天的重大外交事件，发生于咸丰十一年（1861），时任两广总督的劳崇光也作为中方代表之一，在广东与法方代表进行过磋商，事件一直没有妥善解决。劳崇光被削职后，朝廷派他专门负责处理此事，当是考虑劳崇光对此事件早有介入，也表明劳崇光在洋务方面是清朝官僚中的佼佼者。有些奇怪的是，此时他已受到降职三级的处分，却依然享受一品顶戴的虚荣身份，应该是作为中方代表与法方交涉时要有个体面的头衔，以示中方对法方的尊重。此外似乎也暗示，朝廷对他的处分，主要是为了给曾国藩在广东征收厘金让路，并非真心要处罚他。正因为如此，劳崇光心里会感到更憋屈。

这年劳崇光 61 岁。不妨想象，他满头白发，形单影只，心情郁郁地策马向贵州苦寒山地进发。他肯定浮想联翩，而在浮想联翩中，他肯定又想到了 27 年前，他的叔岳父贺长龄也策马走向了那片苦寒的山地。但是那个时候，贵州仅仅是贫瘠而已，而今日，贵州不仅贫瘠，还交织着错综复杂的内外冲突，乱麻一团，陷阱重重，狼烟遍地……

劳崇光此行的命运如何？只有天知道。

贺门重婚劳崇光（下）

想象归想象，事实是，劳崇光是经由湖南进入贵州的。这当然有顺路回湘探亲的意图，史料显示，他在家乡盘桓了两个多月，对朝廷督促他尽快到任的诏令并不怎么在意。想一想也不奇怪，在朝廷的眼里，他不过是一枚棋子，嫌他碍事了，一脚就踢开，凭什么他要为朝廷鞠躬尽瘁？再说，贵阳教案纠缠几年了，是一个烫手山芋，弄不好自己还会往下栽，能拖就拖吧。不知是不是这种态度使朝廷坐不住了，而贵阳教案的善后处理，还真离不开劳崇光这个洋务经验丰富的官僚。同治二年（1863）四月，朝廷的诏令又下来了，敦促他尽快到任的同时，还将他任命为云贵总督，这时劳崇光才启程向贵州进发。如果我们猜想，劳崇光滞留家乡就是和朝廷在斗这个心眼也无不可。劳崇光确实与贺长龄不太一样，他没有贺长龄那么虔诚，他对朝廷看得更透，活得也更圆通，不会轻易被忠君报国之类的道德说教所缚。我们相信，他是带着些许得意上路的。

清廷的确高度重视贵阳教案的善后处置。不仅派劳崇光为全权代表，还新委派了能吏张亮基以总督衔任贵州巡抚协助劳崇光，等于两位总督一起上阵，足见重视程度。因为此案是第二次鸦片战争刚结束中法之间又爆发的严重外交纠纷，法方已经发出威胁，如果不能妥善解决，将不惜再次联合英方与清廷开战。想一想，几年前，法国和英国联合发起第二次鸦片战争，法方由头就是西林教案，如今火烧圆明园的焚灰未冷，贵阳教案又起，心有余悸的朝廷怎敢怠慢？

那么，贵阳教案究竟是怎么回事？怎么闹了几年都没有解决以至于还闹到中法要重开战的地步？其实，此案表面看也不复杂。简单说，就是贵州天主教区的教主胡缚理根据中法条约，要在贵州拓展扩大教务，要求地方官支持，却引起巡抚何冠英和提督田兴恕的反感，被限制阻挠，引起了纠纷，结果导致官方查封了教会，捣毁了教堂，还刀兵出手，分别在贵阳周边的青岩镇和开州两地灭杀了法国教士文乃耳和修士、教民近十人。不妨看看《清实录》中劳崇光和张亮基给朝廷的调查报告：

咸丰十年，英、法两国在京换立和约。十一年二月和约告示颁发到黔，胡缚理以和约内准其传教已有明文，前赴各衙门谒见。前署抚臣何冠英与田兴恕相商，以贵州黄白号滋事皆系教匪，今天主教通行，恐各项教匪藉端影射，办理益形棘手，暂将奉颁和约告示延不张贴，并饬前署贵阳府多文传谕该主教胡缚理，不准在街游行。多文即将帮同传教之法国人任国柱传至署中，当堂分付前情。任国柱分辩，多文气质粗率，言语失于检点，胡缚理闻之不服。又有田兴恕文案委员缪焕章，迎合田兴恕之意，编成《救劫宝训》一书，将天主教极言丑诋，捏写无稽之谈，胪列满纸，胡缚理心益不甘。又因贵州地方僻远，何冠英、田兴恕不知洋务始末，不能仰体朝廷苦心，妄欲逞血气之勇，威吓胡缚理，使之不敢传教。复联衔写就公函，刊刻印刷，偏致各府州县，令其驱逐教民，并有藉故处之以法等语。于是因田兴恕部下兵勇夏发发等，往往三五成群，至天主堂骚扰，田兴恕未经禁止。赵国澍即赵畏三者，系贵筑县生员，家在县属青岩地方，因历年办团剿贼出力，荐保道员，复派总办通省团务。该绅暴戾残忍，果于杀戮，凡遇拿获贼匪及团民，有犯往往擅杀，并不送官。何冠英、田兴恕未曾查禁。青岩旧有天主堂，赵国澍因知何冠英、田兴恕与天主教为难，有意迎合讨好，于是年五月初五日，带领团众将青岩天主堂打毁，并拿获教民张如洋、陈昌品、罗老二、王罗氏四名，带至省城北门外团务公局，勒令悔教不从，六月廿二日，赵国澍即将张如洋等四人杀害。同治元年正月，开州夹沙龙地方居民酿钱演办龙灯，有教民吴桢相等不肯附和，该处团众将吴桢相、陈传经、张天中、张国珍、张易氏及法国传教人文乃耳一并拿获送州。该州戴鹿芝因先奉有何冠英、田兴恕公函，即将吴桢相等概予骈诛。文乃耳以有印文凭呈验，戴鹿芝因亦置之不理。此田兴恕与天主教为难，官绅附和迎合杀害教民并杀外国传教人之情形也。

对于贵阳教案还有更详细的描述，也有说法不同的描述，但都没有推翻劳崇光调查报告的基本判断，即贵阳教案是在贵州官方的意志下，刻意打击具有合法性的教会活动，枉法捣毁教堂，杀害教会人士的事件。从法理看，贵州地方当局及直接肇事者必须承担罪责，并没有含混争议之处。对此第一责任人的田兴恕也供认不讳：

> 臣等先后与田兴恕接见，将被参各款及杀害教民缘由，逐加诘问，田兴恕皆自承不讳，并据称一介武夫，年少不学，被人欺蒙愚弄，陷于大戾，实属糊涂昏聩，孤负天恩，今如梦初觉，悔恨无及，止求奏明从重治罪等语。

但是为什么处理了三年还没有尘埃落定呢？原因有二。其一，教案初发时，田兴恕并不在乎，此时田兴恕才25岁，年轻气盛。他是湖南湘西苗民出身，生性彪悍，少年贫苦，没有读过书，是个放牛娃，16岁投军，玩命博杀，立下了赫赫军功，24岁就当上了提督，怎么能不莽撞任性？加上他的同僚都维护他，或给他打气，或给他开脱，比如巡抚何冠英此时病故，临死前还推荐田兴恕接替他的巡抚职位，这些无疑都给田兴恕壮了胆气，所以很长一段时间胡缚理告状都被他敷衍了回去。但是胡缚理也是个得理不饶人的角色，一直把状告到法国公使处，于是法国公使出面与清廷交涉，这才把事情闹大。这样一来，时间就过去了。其二，法方提出的最重要条件是要将田兴恕斩首问罪，因为这个田兴恕实在太嚣张，就在青岩事件发生，中法已经展开交涉后，又爆发了开州事件，田兴恕还下令将法国教士文乃耳处死，割下头颅挂在城楼上示众，法方彻底被激怒，决不妥协。可是清廷认为田兴恕是为王朝卖命的难得的英才，将他砍头问罪，对国家是一个大损失，再说斩一个巡抚谢罪，更是大伤国家颜面。所以中方反复和法方磋商，迟迟未决。总之，关键还是为了保田兴恕一条命，只要田的命保下了，东山再起就不在话下。这也是中国的传统智慧，叫作留得青山在，不怕没柴烧。

不言而喻，劳崇光办贵阳教案，最纠结处也就在此。按照他办洋务的经验，深知西方人契约思维的特点，即使贪婪霸道也要建立在契约基础之上。这也就意味着，西方人一旦理性地确定了某个原则，是很难变通更改的。此

外从法理看，处死田兴恕并不过分。然而，那个时代中国朝野的大多数人，对洋人满腔仇恨，凭借阴暗而荒唐的想象力自以为是地妖魔化"洋鬼子"，根本无法理解西方人的思维，因而也根本无法构成同频对话，更不要说敬畏契约和法理了。中国的术的文化崇尚的是用计谋争取权益，包括道德也是计谋的一种形态。所以朝廷的意图就是要劳崇光施展计谋把法国人敷衍过去。于是，劳崇光就陷入进退维谷的境地，既要保证法国人不重燃战火再次羞辱清王朝，又要保证事件的首犯田兴恕能够全身而退，等于说，要通过谈判让法国人吃了黄连还说甜，成为实际上的输家。这可能吗？如果不可能，劳崇光便有辱使命，他接下来的日子也不会好过。那么，他是怎么处理的呢？

劳崇光对免死田兴恕是没有信心的，甚至还有些不满，按他的是非评判，他也觉得，不重处田兴恕是不够公平的。他曾对一起办案的张亮基说："兴恕万不可活，若拂夷情，祸且不测。"可是张亮基却竭力想保田兴恕，这就对劳崇光产生了不小的影响。而张亮基为什么主张保田呢？又有讲究了。

第一，张亮基当年在湖南任巡抚时，正值太平军攻打长沙，田兴恕正是守城的士兵，十分英勇，加入敢死队袭扰太平军，泅水渡湘江放火焚烧太平军大营，被数百名太平军追杀居然潜水脱命，立即被升为哨官，张亮基对这个士兵有着深刻印象。以后田兴恕一路战功，24 岁就当上了提督，和张亮基平级，可谓前途可观，不排除张亮基有恋旧惜才之心，也有结交田兴恕的用意。

第二，张亮基比劳崇光小 5 岁，以举人身份进入仕途，为人精明，仕途也算顺利，道光二十六年（1846），39 岁就当上了云南布政使，其后又任云南巡抚、署云贵总督、任湖南巡抚、署湖广总督等职，可算是有资历的能吏。可是他在仕途上也屡遭处分降职，主要原因就是为人不太老实，取巧贪功，因此人际关系也不太好。这也说明，张亮基是个比较灵变也有主意、有个性的人。处理贵阳教案也是他建功之机，必须好好把握。他应该知道田兴恕是清的一员青年猛将，朝廷的意图是保田，官僚中保田的呼声也很高。张亮基要是保田成功，对于他个人勋业肯定是要加分的。客观说来，朝廷虽然有保田意图却并不坚定，真要是惹起中法重开战，还是会舍弃田兴恕的。《清实录》中保存的朝廷谕令也表明，朝廷对田兴恕的谴责很严厉，也准备接受法方的条件。可以说，在保田的难题上，最执着的还是张亮基。他接受任命后，比劳崇光早到一个月，可见态度非常积极。他先期与田兴恕进行了接触，还去信给还在湖南的劳崇光表达了保田的态度，这都是把握先机的举动。从张的权力看，他虽是贵州巡抚却有着总督品衔，和劳崇光算是平级，对劳崇光的影响力是很大的。

果然，劳崇光妥协了——接受了张亮基的主张。但是，要说他完全是屈服于张也不对。史料记载了这样一件事，劳崇光去贵州处理此案时，田兴恕已被撤职，调往四川听候朝廷发落，田去四川时，带有两千亲兵护送（表面上说是押解也无不可），途经遵义正好与进入贵州办他案子的劳崇光巧遇，而此时劳崇光又正好遭到一支太平军——石达开部队的围困。田兴恕当机立断，带领手下驱赶了太平军，救了劳崇光一命。这件事对劳崇光转变态度是非常关键的。史料还说，劳崇光脱险后又和田兴恕详细交谈，询问了事件经过。不难想象，他对耿直莽撞的田兴恕产生了同情。后来他便和张亮基统一了口径，一方面严厉谴责田兴恕，一方面陈述田的军功业绩，强调田兴恕年轻莽撞，被幕僚蛊惑欺骗，玩的又是找替罪羊的套路。最后他和张亮基上奏朝廷，对田兴恕提出的处理意见和处理林则徐一样——发配新疆。与此同时，劳崇光（一说是张亮基）了解到贵筑县县令蔡某和胡缚理私交甚好，就动员蔡某劝说胡缚理不要再坚持将田兴恕处死，蔡某劝说胡缚理的道理就是中国人熟知的强龙不压地头蛇之理。他大意这样说，田兴恕在贵州很得人心，你要是坚持把他处死，就得罪了贵州地方，将来你要在贵州传教，到处都会给你穿小鞋，你怎么发展教务？胡缚理果然心动，就向法方公使表达意见，还是宽恕田兴恕，换得以后传教的顺利吧。

于是，贵阳教案的处理终于尘埃落定：田兴恕革职发配新疆，缪焕章等革职永不叙用。何冠英、戴鹿芝、赵畏三等已经故世，不再追究。提督衙门赔偿教会和死难教民12000两银子，还有田兴恕的贵阳私邸抵偿给教会。后来，田兴恕在发配新疆的途中，又被左宗棠奏留在甘肃军中，继续带兵杀敌。总体说来，中国方面所有肇事者均全身而退，损失的是12000两银子。教会方面付出的是九条人命。

极富意味的是，中国大多数学人解读贵阳教案都坚持认为，贵阳教案的解决是清王朝和劳崇光们对列强妥协让步的辱国奇耻，是对反帝爱国正义力量的严重打压，中国人应该牢记这个耻辱，更加焕发反帝爱国激情。这些学者的理由大致如下：其一，教会势力进入中国本质上是西方列强的文化侵略，是毒害中国人的精神鸦片，从根本上就应该抵制反抗，反对教会的行动具有本质的正义性。其二，教会势力进入中国后，冲击了中国的传统礼教规范、民风民俗，动摇了中华文化的纯洁性和稳定性，动摇了中国人的文化自信。其三，教会以吸收教民的方式制造了国民分裂，培养了一批数典忘祖的不肖中华子孙，教士和教民飞扬跋扈，欺辱忠于清的国民，劣迹斑斑，酿成了诸多社会动乱。其四，具体到贵阳教案的起因，胡缚理以巡抚的礼遇规格，坐着紫呢大轿，雇着吹鼓手趾高气扬地来衙门商议发展教会事宜，这是严重的逾礼犯规，挑衅了中国官府的权威，必须给予惩罚，开州教案，是因为教民蔑视中国民俗，拒不参加春节灯会，还拒绝按惯例赞助灯会，自然引起民愤，受到打击也是咎由自取。

这样的史学评判遵循这样一个思路：首先进行道德和政治定位，将教会进入中国定性为非正义性质的文化侵略，于是一切反对教会的行为也就在逻辑上获得了正义属性。随之历史评判标准就出现了：正义方可以不受任何追问地打击非正义方，反之，非正义方对正义方的任何打击都是罪孽。这就是意识形态的历史研判，而意识形态的历史研判往往并不能令人信服地解读历史。

对于历史评判，马克思还有一种观点，就是看某种历史局面是否具有不可抗拒性。马克思这样说："什么东西你们认为是公道的和公平的，这与问题毫无关系，问题在于在一定的生产制度下什么东西是必要的和不可避免的。"（见《马克思恩格斯全集》第十六卷）在马克思看来，解读历史首先要考量的不是什么公道和公平，而是不可避免的历史必然，即使这种必然缺乏公平和正义，我们也只能顺应，否则就是愚蠢，就是文不对题。

按照马克思的观点，就不难得出结论：教会进入中国，是随着西方的工业文明崛起，随着自给自足的农耕文明的退场，随着封闭的世界格局被打破，必然要出现的中国命运。它和西方列强对中国的军事侵略、经济侵略一样，是遵循着实力的逻辑而不是道德的逻辑，不管中国人是否愿意都会到来，如果你没有实力去抵抗，它就必然要进入。即使这种征服带有血腥和不义，我们也只能面对。所以马克思在《鸦片贸易史》中对我们视为极不道德的鸦片战争如是评价："半野蛮人坚持道德原则，而文明人却以自私自利的原则与之对抗。一个人口几乎占人类三分之一的大帝国，不顾时势，安于现状，人为地隔绝于世并因此竭力以天朝尽善尽美的幻想自欺。这样一个帝国注定最后要在一场殊死决斗中被打垮：在这场决斗中，陈腐世界的代表是激于道义，而最现代的社会的代表却是为了获得贱买贵卖的特权——这真是任何诗人想也不敢想的一种奇异的对联式悲歌。"马克思洞见到这场战争中道德的正当性并不重要，重要的是落后文明与先进文明之间的"决斗"。这是格外精辟的史学见解。

可见，如果我们能接受马克思的历史观，贵阳教案就根本不会发生。第一，因为国家间达成了协议，允许教会在中国发展，只要教会的活动在协议框架内，就没有理由去限制，更没有理由血洗教会。第二，如果我们不满意教会文化的传播，可以用中华文化的宣传来争取民心，这才是文化自信的姿态，也是遵守契约的合法姿态。造谣诋毁，血洗教会，既输理又犯法，这才是国家的耻辱。因此，对于贵阳教案，理性的更有价值的启迪是，首先，这是中国官民面对外来文化的一次极为愚蠢的应对，其本质是文化落后带来的心态自卑，以极度失态的方式表露出来，既缺乏文化的从容大度，又放纵了文化的狭隘与粗暴。其次，在与西方文化的对话中暴露了国人契约精神的严重缺席，签署的国家契约可以阳奉阴违，可以倚仗权力任意践踏，而面临强权打压时，又显示出怯懦的本相。再次，在涉外交往中，极度缺乏同频交流的话语系统和交往智慧，只能运用权术智谋应对洋务活动。所以，贵阳教案不是正面激发民族自尊自强的史学记忆，而是一次马克思所说的"奇异的对联式悲歌"。

处理完贵阳教案，劳崇光将面对遍地狼烟的云贵乱局。

随着太平天国大起义的爆发，中国少数民族族群类别最多的西南地区也此起彼伏爆发了各民族的起义，范围蔓延云贵全境，时间长达18年之久。贵州地区上规模的起义军达30余支，其中以张秀眉的苗民起义最为浩大，鼎盛时义军达到100余万人。在云南上规模的起义军也有10余支，以回民为主，最强大的就是滇西的杜文秀回民军和滇东南的马如龙回民军，鼎盛时回民军也达数十万人甚至号称百万之众。其间还建立了政权，打出了国号，声势十分浩大，连省城都曾沦陷，官兵被逼迫龟缩到少数的重镇孤城之内，无力出击。还有一些官吏如云南巡抚徐之铭，干脆和回军沆瀣一气，招降纳叛，造成表面招安实是割据的鱼龙混杂局面。此外还有太平军部队经常运动于境内，诸多打着教派旗号称为号军的起义军也揭竿而起，甚至外国势力也卷入了动乱，构成了阶级矛盾、民族矛盾、宗教矛盾、中外矛盾错综复杂的局面。此时——至少是同治四年（1865）以前，清朝主要应对的还是江南一带的太平军，不可能全力来西南平乱，各省调来的援军也只是应付性地作战，根本没有剿灭起义的能力。加上还有鼠疫流行，重疫区的云南病亡人口就达 150 万，为云南战争死亡人口的近一半。可以想见，劳崇光这个云贵总督是处在四面楚歌，一团乱麻之中。

有趣的是，薛福成的《庸庵笔记》中又记载了劳崇光轻骑入危城的故事：

> 云南自巡抚徐之铭，倚叛回以自重，总督潘忠毅公铎，至为所戕。厥后，之铭虽死，而回党内外盘踞，耳目甚广。巡抚刘公岳昭、藩司岑公毓英，皆统师在外。文毅始驻贵州，既而道路稍通，遂入云南。
>
> 或劝文毅毋遽入省城。文毅曰："省城未失，而大吏皆惮不敢入，则彼寇将终据之。且彼所以欲害我者，恐或有图之之意也。今我未挟重兵，则彼固无虞矣。"遂入城莅总督任。终日闭门钤阁，以示无事。日写白折三四开。告人曰："吾以此陶情适性，且泯彼猜疑也。"

这是写劳崇光赴云南就任总督进入昆明城的逸事。为何有入危城之说？这就要说说前任云南巡抚徐之铭了。徐之铭是贵州人，对云贵地方情况很熟悉，执政手段强悍，也算能吏，但他贪婪跋扈，结党营私，劣迹斑斑，包括和回军关系暧昧，以招安为名培植个人势力，建立独立王国，人称"云南王"。他一手遮天，连总督张亮基都被他逼出了云南，还谋害了由云南布政使调任陕西巡抚的邓尔恒，也就是和林则徐齐名的禁烟英雄，两广总督邓廷桢之子——因为怕邓尔恒出滇后告御状。朝廷终于感觉到不能让他这么横行下去了，又怕严厉处分把他逼反，就给予他免职处理。哪知几位继任者都久闻他的专横，不敢接任，后来潘铎毅然来云南任云贵总督，还是被他暗害而死。可见徐之嚣张以及当时云贵官场乱到了何种地步。直到同治二年（1863），徐之铭亡故，朝廷又派劳崇光来云贵主政，张亮基也再次进入云贵任贵州巡抚，但徐之铭的余党包括徐之铭招降的那些回军势力还控制着昆明，于是才有劳崇光轻车简从进入危城之说。清人陈康祺也在《郎潜纪闻二笔》中记载了劳崇光进入昆明的事迹，可算对薛福成记载的补充：

> 遂入城，回、汉军民并郊迎，如抵粤时。既至，语属吏曰："汉、回仇杀，乃械斗案，非军务也。"益开诚心，安反仄，武员中有持两端者，感公忠荩，皆革面以功名自奋。滇事始可收拾，

贼乃渐平。公尝佩小印文曰"忠信笃敬"，至是人益服其可行蛮
貊云。

值得注意的是，劳崇光在处理云贵动乱时，特别强调这是百姓之间的
械斗冲突，淡化起义的政治性，不上升到反政府的高度，这是非常智慧的应
对，这就给平息动乱留下了妥协回旋的空间。事实上，他在云贵平乱期间，
主要采用的还是招抚手段，便和他的上述认识有关。从实际性质看，至少许
多起义应该属于民间或说民族矛盾，很大程度上与汉民对少数民族的歧视有
关。如重要的回民起义军首领马如龙就主动投诚，理由就是，他并不反政
府，并没有政治野心，只是反抗对回民的不公正待遇。可是学界普遍认为，
咸同年间的云贵民族大起义是推翻政府的政治斗争和阶级斗争，显然是意识
形态思维的研判结果，但凡有社会动乱一定是被统治者反抗统治者压迫的阶
级斗争，其实未必这么绝对，历史的复杂性被简单化了。这是一个非常值得
讨论的学术问题。

《清史稿·劳崇光传》（白话版）这样总结他在云贵期间的表现：

    劳崇光来到贵州，正赶上太平军石达开的余众攻陷绥阳，劳
崇光督兵将他们打跑。于是，驻守贵阳。同治三年(1864)春天，
土匪、苗匪多次来犯，他同巡抚张亮基一起勒兵固守，敌人败
退。这时，在云南叛乱的回众仍然杂处在省城，人们都说此时不
宜去。劳崇光却径直前往，军民父老喜出望外，在城郊迎候，回
众才开始稍有收敛。叛乱头子马荣、马连升占据曲靖作为巢穴，
劳崇光知道候补道员岑毓英、投降的回民总兵马如龙可以任用，
同治四年(1865)春天，他命令参将冯世兴和他们二人合力攻克
曲靖，擒获了马荣、马连升，并将他们斩首示众，于是，收复马
龙、寻甸，迤东渐渐被肃清；他又派提督赵德光攻克平江外的匪
巢，收复广顺，进克贵州，黔西平定了。同治五年(1866)，又收
复普洱和思茅，云南的军事渐渐顺利起来。同治六年(1867)，劳
崇光去世，朝廷下诏赐恤，称赞他沉着坚定有为，历官两广、云
贵，都不畏艰险，使地方上日渐有了起色。赠予太子太保的官
衔，谥号"文毅"，广西请求为他建修专门的祠堂，云南、贵州
将他入祀名宦祠。

劳崇光是 65 岁去世的，他去世时云贵还没有彻底平定。从清代官方给他的荣誉以及正史评价看，对他的评价还是很正面的，认为他懂军事，懂洋务，在危难之际敢于担当，是一位有胆气也有能力，建立了重大勋业的封疆大吏。但是史料中和后世学者对他也有一些负面评判，主要是说他在政治上崇洋媚外，牺牲了国家民族利益，道德品质上比较专断，以私谊取人，不能够与人合作，也不廉洁，最突出的表现就是他和张亮基的矛盾。

这也值得说一说。

在名为《清末教案》的历史档案中保留有当时法国外交使臣伯洛内给清朝政府的一封交涉函。内容是说在贵阳教案处理后，贵州巡抚张亮基继续打压教会，法方对此提出严厉警告："此后本国传教士等在贵州省内如有受辱及被害等情，均归张巡抚承担，本大臣惟张巡抚一人是问。"可见，法方的矛头直指张亮基，并没有连带张亮基的上级云贵总督劳崇光。显然，劳崇光和张亮基在对待教会的态度上肯定大不一样，才会出现这种情况。因此也可以判断，劳崇光与张亮基的矛盾与两人对待教会的态度不同密切相关。在《清末教案》的档案中，还有贵州教区主教胡缚理状告张亮基打压教会的报告，更具体地罗列了张亮基打压教会的事状，同时表示，这一切都与劳崇光无关，相反，劳崇光是保护教会的，胡缚理表示了感谢。还说，现在劳崇光要去云南履任了，他怕劳崇光一走，张亮基更加肆无忌惮，所以特向法国公使打报告，请公使出面与清朝交涉。于是就出现了上面伯洛内给清朝政府的交涉函。这也说明，在劳崇光还在贵州的情况下，张亮基还做了许多打压教会的事，可见，张亮基也不太在意劳崇光的态度，至少说明，张亮基也是个很有个性、我行我素的官，劳张之间的矛盾是一个巴掌拍不响。我们不妨看看胡缚理的报告摘要：

> 窃黔省因田兴恕、赵国澍先后背约，杀害教民各案，蒙大皇帝简派大臣劳崇光到黔查办。本拟将田兴恕、赵国澍置之重典，以昭公允。奈缚理窃思本国既已和好，凡事即宜相让相谅，方不失和好之意。故田兴恕一案，止由田兴恕发新疆了事，其余一概不论。赵国澍一案，彼既已报阵亡，无论真假，亦了事。其在案之万小鬼、吴佩湘、东五凤、赵包包等，均未拟罪，缚理亦未肯挑拨。即青岩所杀张若瑟等数命，原议有赔修壮丽坟墓等语，

均未照行。缚理一概不问，止求两相和好，无不可以将就也。缚理又念，大皇帝柔达之恩既优且渥，劳崇光仰体圣意，推诚相与，人孰无情？零涕感激。……时值回匪由滇窜扰黔境……缚理昼夜思维，回教向有书理，并非土匪教匪可比，遂就其书理，晓以大义，……该回首马忠等首先悔悟，反戈杀贼，以兴义一郡来降。……此钦差劳崇光亲受其降者也。万目共睹，岂缚理一人之私言哉？现纵横数百里，兵归伍，民归业，即有数处地方尚未设官，而百姓之安堵如故。……奈有前署臬陆传应之子陆佑勤等，突起忌刻之心，日在署巡抚张亮基前造谣捏谤，言西洋人不知是何居心，以致张亮基屡屡寻衅。其国家之公事，缚理不敢干予，而教务事并因以掣肘，倘劳崇光不日赴滇，则教中之风波将有大不可问者。缚理试略举数端，开列于后。

于是，胡缚理接下来列举了十条张亮基打压教会的具体事例。是否完全属实且不论，至少说明张亮基对教会是打压态度，相反，胡缚理对劳崇光深表感激，至少说明劳崇光是保护了教会活动的。当然，按照某些学者的观点，这也就坐实了劳崇光崇洋媚外，有卖国贼之嫌，张亮基则有爱国正气。但是从契约法理看，劳崇光保护教会第一有法规依据，第二缓和了中外冲突，并无不妥，反而更体现了他懂洋务的外交家素养。尤其是在今天看，张亮基一味打压教会，不断引发外交纠纷，是狭隘的文化心理表现，貌似爱国，实则误国。

《清实录》还有一份河南学政景其濬弹劾劳崇光的奏折。他称劳崇光生活贪腐，任人唯亲，重用劣迹斑斑的湖南籍总兵沈宏富，强行将他推为贵州提督，粗暴干涉张亮基执政，破坏了张亮基开创的大好社会局面，形成了四个湖南人污染贵州官场生态的恶劣结果，应该给予罢官处置云云。我们不妨看看景其濬是怎么说的：

督臣劳崇光办事乖谬，袒护私人，任听武职家丁虐民，酷吏纵勇通贼，黔省危在旦夕，应请旨量予罢斥，以靖地方而苏民命事。窃维黔省军兴以来，已逾十稔，……自田兴恕之骄纵恣睢，韩超之因循粉饰，而黔事遂不可问。自张亮基奉命抚黔，解田兴恕之兵权，除前此之苛政，民心大悦，举额相庆。不数月间，骎骎乎渐有起色。洎劳崇光来黔查办事件，沿途骚扰，供顿浩繁，每站役夫至千四百名之多。彼时官民已交相怨詈矣。迨履云贵总督任后，苟且偷安，优柔轻听，一切公事，纵容私人，任其所为，不复过问。外则升任昭通镇总兵沈宏富盘据把持，内则嬖人郭五、郭七招权纳贿。黔民益不聊生矣。先是，劳崇光由楚入黔，行抵遵义府属之旺草地方，为贼所困。维时沈宏富驻兵于此，援之而出，劳崇光因之渐加委任。沈宏富又与该督用事家丁郭五、郭七结为兄弟，劳崇光益深信不疑，遂调其来省驻扎。……其家丁郭五、郭七，窥张亮基与劳崇光不睦，构衅进谗，肆无忌惮。即如应由抚标拔补之缺，今概由督署拔补，……故民间有"来了湖南四个人，害了贵州一省民"之谣。盖指劳崇光、沈宏富及前之田兴恕、李有恒也。（见贵州省文史研究馆校勘《贵州通志·前事志》）

景其濬这份弹劾奏折明显贬劳崇光，抬张亮基。但是景其濬把张亮基视为除掉田兴恕的主张者明显有误，事实上张是竭力保田的主将，劳崇光只是附和而已，最初劳是想严惩田兴恕的，所以景把劳崇光和田兴恕看成一党是牵强的。此外，一个远在河南当学政的贵州人，怎么知道家乡官场的内幕还这么高度关注？不排除有人授意由他出面。那么是谁授意呢？很自然就会联想到张亮基。不过蹊跷的是，后来张亮基却在给朝廷的报告中全面地为劳崇光辩解，否定了景其濬对劳崇光的指控。估计是朝廷向张亮基落实景其濬的指控，张亮基作答。这就有两种可能：一种是张亮基不想把自己卷进去，还想装好人故而为劳辩护；一种是张亮基确实没有参与景的弹劾，而且为人正直，实事求是。张亮基的辩护比较详细，我们概括其要点来看一看。

第一，张亮基介绍说，沈宏富和田兴恕都是湘西人，一起当兵，一起来到贵州。其部队军纪不太好，有勒索民财之举，沈主要是对部下缺乏约束，包括沈也有分账，但"所获仅数千金"。还有掳掠民女之事，只是买了两个民女为妾，这在兵荒马乱、卖儿卖女的贵州"比比皆是，固不必由掳掠而得"。此外沈宏富"军务尚能认真"，"深知感奋，颇有严惮之心"，作战勇猛，但也智谋不够，有胜有败。可是他却"自多其功，未免睥睨一切"，因此积怨较多，而他又"护短"不能接受，更致人怨。至于说他通匪，"至沈宏富不但决其无此事，并可保其无此心"。

第二，张亮基还说，"督臣劳崇光与沈宏富素无交谊，因前在旺草目击临阵之勇，始识其人。沈宏富进省后，督臣念其前功，较诸将略加优睐，在所不免"。沈宏富依仗劳的信赖，每次出战，都要求供支"必倍于他军"，否则要是打败仗，他就会推卸责任。但劳崇光未必知道其中奥妙，包括沈部下的士兵骄横，劳崇光也未必知道那么细。至于说劳崇光纵容家丁郭五、郭七为恶，"议者目为顽童，似觉毁之太过"。总之，张亮基声称，他没有发现什么劳崇光的劣迹。

第三，对于沈宏富的提拔任用，张亮基也承认，劳崇光确实想提拔他为提督，但张提出了反对，主张另选他人，"督臣并未怒形于色"，也同意考验一下再说。对张提出的人选，"督臣亦无出言大诟臣用二赵之事"，"遂以此事附会传言督抚不睦，实则督臣与臣并无龃龉，臣与督臣相处年余并无芥蒂。其信任沈宏富，无非为爱惜其勇，亦无私意。沈宏富赋性鲁莽，带勇以多为胜，不知选择，而一切效法田兴恕，徒得其短而略其长，习于骄恣，冒此不韪之名，究系不学无术，武夫积习，大率如是"。

可见，张亮基作为重要当事人全面推翻了景其濬的指控。也许正因为如此，劳崇光没有受到朝廷处分。我们不想深究张亮基到底与劳崇光的关系如何，也不想追问景其濬的指控动机以及真实性，只是关注到，一些后世学者在谈论劳崇光时，完全依据景其濬的指控判定劳崇光是个贪官污吏，为什么就不参考一下最有发言权的张亮基本人的陈述呢？大概还是因为劳崇光保护教会的行为导致了其在政治上被判定是卖国求荣者，于是劳崇光是个贪官污吏的指控也不假思索就被接受了。也就是说，某些学者是为了所谓的"政治正确"而写历史，也为了所谓的"政治正确"去选择性地塑造劳崇光。同理，按照张亮基的辩护，劳崇光非常信赖的沈宏富，也是被污名化的。还想多说几句沈宏富，他后来受到舆论压力，主动辞职回到湘西，31岁就因枪伤复发黯然离开人世。他的儿子沈宗嗣从小习武，想再现父亲的大将军荣耀，也投军到另一位湘西将军罗荣光的帐下，参加了大沽口抗击八国联军的厮杀，兵败也回到家乡，后来又卷入辛亥革命，但始终没有成为将军，还是在家乡亡故。不知是不是因为沈家和将军的缘分并不深，沈宏富的孙子选择了从文的道路，终于成为世界闻名的大文学家，名字就叫沈从文。

再简单说一说劳崇光的后人。因为劳崇光的荫护，其子孙均入朝为官或自强不息成为文化名流，湖湘又崛起一族显赫的文化世家。

劳崇光的长子劳移卿，按察使衔陕安兵备道；次子劳文翯，按察使衔临

安知府；三子劳辅芝，同知衔直隶阜平知县；四子劳文栩，福建补用通判，早卒；五子劳文翻，布政使衔四川补用道；女儿劳淑静，女诗人，嫁工部尚书徐树铭。

劳崇光的孙子辈有：劳启恂，郴州知府；劳启捷，贵州思南知府；劳启祝，光禄寺署正；劳启扬，户部贵州司主事；孙女劳君展，新民学会会员，居里夫人女弟子，九三学社创始人之一，数学家，北京大学、武汉大学著名教授，夫君许德珩，九三学社创始人之一，全国人大常委会副委员长，女儿许鹿希为知名医学专家，女婿邓稼先为著名核物理专家，两弹元勋。

劳崇光的曾孙辈有劳竞九，保定军校高才生，白崇禧密友，辛亥革命元老，民国中将。

劳崇光的玄孙辈有劳干，当代著名的历史学家，敦煌学权威。其祖父为郴州知府，清代名吏劳启恂，其父名不详，曾为民国知县。劳思光，当代著名的哲学家。其祖父为郴州知府，清代名吏劳启恂，父亲是民国将军劳竞九，他与劳干是堂兄弟。

这个家族后人的名人录很不完善。但可以看到英杰荟萃，不愧是一个显赫的文化世家，如果考虑到这个家族人口仅有数百人，其成才率是很惊人的。而劳崇光则是这个显赫文化家族的开创人。对于贺家而言，由于劳家的显赫，作为姻亲至少也有虚荣。

说说贺桂龄

善化贺氏创造了一门同胞三进士的纪录，在湖湘士林史上，绝无仅有。

贺桂龄就是进士三兄弟中最后的进士。他的进士及第，将善化贺氏的显望期又延续了十余年。不过这是一种强弩之末的延续。就他的勋业名望而言，显然逊色于五哥贺长龄和六哥贺熙龄。所以家乘中，关于他的记载十分稀少，只能依据十分有限的资料展开叙述。

贺桂龄（1794—1860），字星槎，号丹麓。邑廪生，道光二年（1822）优贡，考取八旗官学教习，职训导。道光四年（1824）选桂阳州训导。道光十六年（1836）授巴陵教谕。道光二十三年（1843）中举人。比起两位哥哥长龄和熙龄，桂龄的科举业绩应该很有些羞愧了，好在他锲而不舍，于道光二十七年（1847）中进士，以知县即用，分发广东。道光二十九年（1849），任广东乡试同考官，咸丰元年（1851）任广东恩科乡试同考官，武闱阅卷官。次年署理潮州府通判兼管粤海关。又次年，授潮阳知县（未到任）。咸丰六年（1856）初卸通判归湘。此后乡居4年去世。

从以上履历看，贺桂龄科举仕途行进速度是很缓慢的。他中进士时已53岁，为官时间不到10年，最高官职是正六品通判。以业绩论，缺乏记载，想必也是平平。总而言之，与两个哥哥相比，八弟的人生显得黯淡无光。

不过，这并不等于他是一位可以忽略的贺家子弟。他有八子四女，而其他兄长的子脉均不壮旺，如贺长龄与贺椿龄的子脉就是桂龄子过继而得以延续。这就意味着，从血脉传承的角度延续贺家的显望，贺桂龄承担着家族的期盼。族谱显示，其长女嫁周辑瑞，次女嫁胡杏翼，三女嫁舒勋，四女嫁唐尔茝，均是湖湘显族世家门第，其子脉后人也为光耀贺家门楣贡献多多。可以说，如果没有贺桂龄的后人，善化贺氏的家族故事，真会应了"昙花一现"的成语，反之，由于贺桂龄后人的存在，善化贺氏的故事又涌现出了别样的兴味和姿彩。

好了，我们说说贺桂龄。

依据散落的史料，我们得知，贺桂龄求学时是邑廪生的身份，也就是享受公费读书待遇，这是秀才中最优秀者才能享受的，要经由一省学政主持的严格考试才能获得，可见他天资不薄。他比贺长龄小9岁，比贺熙龄小6岁，不太可能与这两位兄长同学，估计贺长龄与贺熙龄中举时，他才获得廪生资格，大约14岁。此后，两位兄长一个中进士，一个在京城备考进士，其他的兄长已经成家立户，在外为幕，不可能全力照顾母亲，所以他在读书之余还要承担照顾母亲的责任。如道光元年（1821）贺长龄外放南昌府知府，将母亲接到南昌奉养，贺桂龄便陪伴母亲同至。道光二年（1822），他获选优贡，就进入仕途的资历上，也相当于举人，并考取八旗官学教习，职训导，也入了京城。在京城他是否在教授八旗子弟的官学上班，缺乏记载，我们只是从家乘中得知他一度协助六哥贺熙龄在京城开馆授徒。从某种意义上也可以说，他这是与兄长比肩共事；从另一种意义上看，贺桂龄读书恐怕也难以专心致志。道光五年（1825），贺长龄为江宁布政使时又接母亲来南京，贺桂龄也陪伴照顾。这都说明，贺桂龄有更多家务的承担，导致心有旁骛，这是他在科举方面成效不如两位兄长的原因之一。所以，道光二十三年（1843），年近半百他才中举人，五十多岁才中进士。客观地来看，贺桂龄科举之途进步慢，不能全归咎于学问肤浅。道光十一年（1831），贺熙龄回湘执掌城南书院，贺桂龄又成为六哥的助手，协助打理教务，包括道光十三年（1833），吴荣光创办湘水校经堂，贺桂龄作为贺熙龄的助手，具体管理校务，这都离不开学养的支撑。左宗棠对于贺桂龄的学问评述说：

> 幼即耆学，敦实俭毂之行，自少至老一节无渝。……治《四书注疏》最精，稽諏遗诂，求达于程、朱之旨。与人言必尽心焉，长沙人士皆能言之。（见《广东潮阳县知县贺君墓志铭》）

也许正是因为学养并不浅薄，加之两位兄长的榜样激励，贺桂龄才对科举功名念念不忘。按理说，贺桂龄获优贡，且授教谕之职，也是八品官，面子上也说得过去，但他一直没放弃科举，到53岁终于考上了进士，列二甲五十五名。名次也是不错的。这一届进士群体号称龙虎榜，中进士者后来显宦云集，状元是张之洞的堂兄张之万，后为大学士兼礼部尚书，还有徐树铭、李鸿章、沈葆桢、黄彭年、沈桂芬、李宗羲、李孟群、郭嵩焘，等等，都是朝廷重臣，封疆大吏。贺桂龄能在此届考试位居上中名次，排在郭嵩焘之前，也是对其学养的一种佐证。如果从同学的人脉看，也是与英才为伍，留心经营的话，他重振贺家的雄风不是没有可能。遗憾的是，贺桂龄并没有实现贺家的中兴，只能说是贺家的一抹落日余晖。究其原因，首先还是寿命问题，中进士后他仅活了13年，要完成家族中兴实在有些难为他，其次，由于在科场蹉跎太久，也败坏了他的心境。

道光二十年（1840），左宗棠致贺桂龄的一封信中，谈论的就是贺桂龄科场考试之事，从左宗棠的信中可以窥察到，贺桂龄的心情很不好，颇有怀才不遇的激愤之言。左宗棠对他多有劝慰：

> 顷奉手书，敬知近状。榜将放矣，未知得中不？主者以得士为明，失士为暗，明与暗自有受之者，非即士之得失，士固自有得失，然非遇与不遇之谓也。
>
> ……星翁之言过激，而非理之平。以若所言，是必以皋、夔之人，遇尧、舜之世，禹、稷、离为之傅佐，而后可以言仕，三古以后，将遂无一人一士得出处之正者乎，其不然也审矣。（《答贺丹麓先生》，见《左宗棠全集》）

左宗棠在劝慰中指出，贺桂龄太理想化地看待现实，总以为有才者应有所遇才是，其实，现实中怀才不遇比比皆是，不必过于伤感激愤，只要尽人事就可以了。可见，较之左宗棠的豁达，贺桂龄还是带有书生气，不够超脱。后来，贺桂龄为官也不够放得开，与现实显得有些格格不入，只得退隐，这也是他缺乏大作为的原因之一。要做官，就要学会污流击水，太洁身自好，是当不了官的。贺桂龄当官的故事，就充分证明了这一点，我们后面再细说。

此外，在左宗棠致贺桂龄的这封信中，还有一个值得关注的信息，就是左宗棠谢绝了贺桂龄的推荐，去贺长龄的幕府做师爷，主要理由是自己要抚教陶桄。对于左宗棠辞贺长龄幕一事，学界比较强调贺长龄直接向左宗棠发出了邀请，左宗棠婉言谢绝。这固然不错，但是贺桂龄也推荐过左宗棠去其兄幕府，却另有提携左宗棠的意味，是作为好友的一片情意。左宗棠这样写道：

> 中丞公当代巨儒，道德、经济久为朝野所仰赖。宗棠年甫冠，即辱蒙许可，国士之知，渊源之雅，寸心藏写，未敢偶忘。前此屡蒙嘉招，令其随侍幕府，会值乖迕，久虚宠命。今承尊谕，复申前说，又重念其贫苦，许以重币之酬，闻命感惕，不敢安居。庸下如宗棠，何足供执鞭之役？而大人君子，误以为可，勤勤焉计收一策之效，此范文正所施于欧阳公者也。下士不自忖而冒应之，必伤公知人之明矣。又，文毅夫人时遣所亲预定明年之约，固请至数十次，殷勤诚恳，不懈如初。学子在侧，窃闻有辞谢之说，则诵读益勤奋倍它时。闻其母夫人尝戏语之云：儿不力学，先生将舍汝去矣。彼误以为诚然，故如此，其痴益可念也。宗棠鉴此，已心诺之。来命虽殷，成言敢食？……长鸣之报，敬俟他年，言念高怀，但增感叹耳。

左宗棠写出了他对贺长龄的敬重和感恩戴德之心，也写出他对陶家诚意的感动，尤其是对陶桃痴憨的怜爱，可见桀骜不驯的左宗棠，性情中也有很柔软的一面。不过这也要看对象，在大多数情况下，左宗棠给人的感觉都是咄咄逼人。比如在这封给贺桂龄的信中，也不乏他特有的自负，对贺桂龄有教训意味，这样的语气在致贺熙龄的信中绝不可能出现。当然这也说明，他和贺桂龄的交往更放得开。道光二十年（1840），左宗棠的身份还是贺熙龄的弟子，就辈分言，贺桂龄要算左的师叔，想来他与贺桂龄的交情更平等，更具有朋友性质。就我们爬梳到的有关贺桂龄的资料看，对于贺桂龄，左宗棠诗文中留下的信息最多，这也从另一个侧面说明，贺桂龄与左宗棠也有着非同一般的交往。

下面，说说贺桂龄当官的事。

道光末年，贺桂龄中进士，立即分发广东。此时，洪秀全已经发动了太平天国起义，广东一片动乱之局。天地会策应洪秀全的"洪兵起义"此起彼伏，贺桂龄一来广东就陷入平乱的漩涡中。

当时，粤北的清远也是动乱激烈之地。洪秀全的族弟洪仁玕曾在清远谷岭任教多年，有相当的群众基础，太平军便派人在此地策动起义。由于起义联络工作不到位，消息外露，只好仓促发动，结果不难想象。谷岭的起义仅有 200 多人，根本抵挡不住官兵围剿，很快失败。洪仁玕在起义失败后匆忙赶到，落入官军之手，又设法逃脱避走香港。后来，他成为太平天国的干王，是太平军领袖中最有思想的一位，这都是后话。

谷岭起义失败后，清远还有其他的起义队伍继续展开斗争。官家的平乱也相应延续。史料说，贺桂龄就是在清远平乱中立了功，升了知府同知，据此推测，他应该追随过叶名琛一段时间。

说起叶名琛，可谓故事多多的人物。他少年得志，26 岁中进士，38 岁就任广东巡抚，咸丰初年，一年之内由广东巡抚升至两广总督，很受咸丰帝信赖。当时广东对外面临列强侵略挑衅，对内面临洪兵之乱，确实要有能力两面应对。叶名琛的对策就是对外尽量稳住列强，对内残酷镇压会党。所以他在剿匪方面投入了大量精力，真真假假不断向朝廷报捷，也正是如此获得了咸丰的器重。清远地处粤北，靠近湖南，一旦让动乱蔓延，就会深入内地，贻害无穷，自然是叶名琛平乱的重点，所以贺桂龄在清远平乱中立功，得到叶名琛赏识也是顺理成章。贺桂龄的家世背景，叶名琛肯定知道，此时贺桂龄的侄女婿劳崇光，已任广西巡抚，和叶名琛先是同僚后是上下级关系，1842 年，叶名琛还任过湖南布政使，更可能与贺桂龄有交集（左宗棠说，叶名琛与贺桂龄是旧交）。因此，有理由认为，是叶名琛提携了贺桂龄。

然而，贺桂龄却对叶名琛并不感恩，甚至可说看不起。这又涉及叶名琛为人世故圆滑的一面。原来叶名琛对内平乱不遗余力，对外处理列强的挑衅却相当克制，基本上是息事宁人，乃至忍辱负重，在爱国鹰派看来，这就是软骨头、卖国贼。叶名琛主政广东时，面临最头疼的外事纠葛就是英国势力要进入广州。第一次鸦片战争后，英国人与中方签订条约，要在广州设立领事及商业机构，但是受到广州民众的强烈反对，一直没有实现，英国人便一再设法进驻广州城，叶名琛等地方主官便采用敷衍拖延的战术，与英方周旋，使进城之事迟迟未达成。终于惹恼了英方，于是便借"亚罗号"事件，向中国展开挑衅，叶名琛的霉运就此开始。不妨说一说。

"亚罗号"是一艘中国人拥有的走私船，为了走私方便，在香港领了执照。有了英国的执照，该船便为一些海盗、走私者提供了庇护。中方在该船上稽查，抓获了一些参与走私的船员。这下子惹了大祸。英方代表巴夏礼与

中方严正交涉，要求中方赔礼道歉，释放船员。叶名琛知道英国人是有备而来，不敢再较劲，只得应允，哪知释放船员时，英方又拒绝接受，反而利用法国也在与中方交涉"西林教案"事件，联合法国，对中方发动了第二次鸦片战争。英法联军5000多人，远渡重洋与清帝国开战，曾经以一万多兵力坚守广州，抵抗了二十余万起义会党进攻的叶名琛，不堪一击，束手就擒。随后，英法联军又增兵挥师北上，从大沽口登陆，直捣北京，火烧了圆明园。丧权辱国条约的签订自在不言中。中国人如此不堪一击，实在令人匪夷所思，与其说"落后就要挨打"，还不如说清政府官员"内战内行外战外行"。总之，只能一声苦笑。

叶名琛在第二次鸦片战争中的表现，被后人归纳为六不：不战、不和、不守、不死、不降、不走。其实另一句话更形象：死猪不怕开水烫。他被俘后被英方拘押在印度的加尔各答。据说英方对他很礼遇，大概没有受到严刑折磨，他也不卑不亢，自诩为"海上苏武"，令人不禁苦笑。不过，他最后吃完了中国带来的食物，绝食而亡，倒是有点像不食周粟的伯夷和叔齐。但习惯于非此即彼单向逻辑思维的中国人，实在难以理解叶名琛的这种忠臣和叛徒两头不靠，令人哭笑不得的人生姿态，按照中国人宁为玉碎，不为瓦全的忠臣烈士概念，更难以对他脱帽致敬。想必贺桂龄对叶名琛也充满困惑，故对他保持冷淡地"远之"。时过境迁，今天回味叶名琛，其种种表现似乎更像一种行为艺术，寓意着当时的中国处境：如一头任列强宰割的牺畜，除了死猪不怕开水烫，还能怎么样呢？只怕叶名琛洞悉了其间玄机，才作出了这种生命造型。在这个意义上看，叶名琛也算是少有的懂得中国处境的明白人。有趣的是，马克思得知了叶名琛的故事，十分欣赏地说，这位中国总督，心平气和地面对英国人的激动和蛮横，很有风度。马克思大概不知道，叶名琛对待会党时，绝对没有这样的君子风度，面对列强的风度背后，还是腐朽中国外强中干、黔驴技穷的无奈和悲凉。

贺桂龄立功后保奏予知府同知衔，代理潮州府通判，协助知府处理政务，是具体掌管财政、督察事务的副手，特别是代表上级政府监督府级官员的廉政表现，有点像如今的纪委书记。也正是因为这种职能，他分管了庵埠海关事务。这个庵埠海关是广东海关第三大总口，下辖16个分口，每年上交海关税收达33000两白银，是个肥水部门。如果这是叶名琛的安排，应该说对贺桂龄是很照顾的，甚至可以说是给了贺桂龄一个发财机会。

潮州地区，地处粤东，濒临大海，古称南海国，当地居民的生存与大海有着不解之缘，无论是打鱼还是经商，都以大海为依托。随着时代的发展，以海上贸易为特色的潮州商帮崛起，此地成为中国海上贸易的繁华商港，马克思曾说，这里是远东唯一一个有战略意义的港口。潮州人也被誉为"东方的犹太人"。也许是闯海的冒险生涯历练，潮州人有着精明的商业思维、强烈的老乡认同和团结意识，民风彪悍，在广东人中首屈一指。

就文化而言，潮州文化有着汉唐文化的遗存，唐代大诗人韩愈"夕贬潮阳路八千"来到此地，德化潮州，使此地享有"海滨邹鲁"之誉。但是，潮汕的地方气质始终是其文化的内核，从而与儒学保持着张力。最突出的还是商业生存养成的价值理念，潮州人坚信，人生的第一需要是维持肉体存在的财富。言利，对于潮州人来说绝不羞辱反而理直气壮，可以说，发家致富就是人生之要义，没有肉体的尊严，灵魂也难免猥琐。于是，儒学先贤忧心忡忡的义利冲突在潮州人的生存中便奇迹般地消融。于是，儒学养育的官僚们来到此地，自然受到同化，只是蒙上了一层虚伪的道德面纱而已。

不过贺桂龄又是例外。对于孔孟学说已经固化在血液里的贺桂龄而言，他完全缺乏心理准备，湖南人犟骡子的性格更加深了他适应的难度。长期以来，各种巧立名目的腐败围绕着海关上演，层出不穷。贺桂龄一上任就受到各种诱惑，令他瞠目结舌，用左宗棠的话说："广东吏风贪侈，官兹土者以酷健为能，巧取民财，实宦囊而已。"贺桂龄与这些人自然无法同流合污。作为通判，还有监察廉政的职责，这样一来，就挡了许多人的财路，结下了许多冤家。不难想见，贺桂龄的潮州通判岁月，是并不开心的。

商风习习的潮汕大地，也是草莽会党出没的疆域。由于太平天国起义的诱惑及怂恿，更加动荡不宁。咸丰四年（1854），潮州爆发了吴忠恕起义。这个吴忠恕，有人说是海阳县的本分农民，有人说是喜欢闹事的会党分子。地方文献《潮乘备采录》这样记载："忠恕本海邑彩塘乡细民，少无赖，富于财，喜交结匪类。"看来称其会党分子更贴切。潮州民间传说中对吴忠恕造反，还有这么一个说法："杨吴相斗，害死程厝铺。"说是吴忠恕举事时，当地乡亲中一个杨姓举人来劝阻，被吴忠恕砍了脑袋祭旗，于是杨吴两姓成了仇人，仇杀不绝，结果又把与杨、吴两姓都有姻亲关系的程家卷进了仇杀的漩涡。如此看来，吴忠恕的起义，还夹杂着宗族间的恩怨，称之为起义，实在有些美化。大概就因为吴忠恕的人马向官府开了战，按照阶级斗争的史学观，但凡揭竿而起造反，就是富有正义性的起义，故在相关地方文史书写中，吴忠恕被誉为农民起义领袖，属于英雄人物。据史料记载，吴忠恕的起义，得到周边乡县多股人马响应，高潮时起义者达数万人，攻城略地，官府一片惶恐。潮州海关自然成为起义者劫掠的重要目标。花甲之年的贺桂龄只得披挂上阵，率领卫护海关、缉拿走私的武装兵士抵御，可以想见，一个花甲老儒，靠着一支家丁性质的纠察部队，怎么抵挡得住数千之众的会党武装？于是，有关史料中就留下了这样的记载：

> 咸丰四年（1854）闰七月初，吴忠恕起义军向龙溪都进兵，凤岐和陇仔首当其冲。其初两乡订盟拒吴。吴便利用军中宏安乡人，以许姓祠宗策动凤岐乡开门相迎。嗣攻陇仔，通判贺桂龄率兵驰救不遂，乡绅王龙岱出走澄海。既破陇仔，令烧千家。至此各乡纷纷响应，义军声势大壮。继毁通判署，分兵占领。又烧庵埠海关。贺桂龄先此从霞露乡逃走。霞露与水吼桥二乡依溪为堑，断水吼桥拒吴。义军头领从同宗策动水吼桥乡从吴，遂得从是乡攻入霞露。（据《海阳县志》及采访资料）

史料还记载，吴忠恕起义至咸丰五年（1855）方被大批官兵进剿平息下去。据说吴忠恕本人被捕后遭到满门诛杀。对于贺桂龄，只有家乘中的记载，咸丰六年，他卸任通判归湘。这样的记载显然有些含糊其词。可以推测，他很可能受到了上司的问责，但没有处分，于是他黯然辞归。回湘四年便去世，想见心中郁闷是很重要的原因。总体说来，贺家进士三兄弟的晚年都不是很舒展，大概这就叫宿命吧。

在贺氏进士三兄弟中，贺桂龄的生平史料记载奇缺，这是很奇怪的。只言片语的记载中，都称贺桂龄的学养是很不错的，如《湖南历代文化世家四十家卷》便说："他为人耿介，居官清廉。生平嗜学不倦，精研经史，与两兄弟躬行实践以相砥砺。为文追求汉魏风骨，著有古今体文若干卷。"可是我们很努力查询，居然没有发现他遗留下来的任何诗文。迄今为止，有关贺桂龄生平最全面完整的记载只有左宗棠的《广东潮阳县知县贺君墓志铭》。摘录如下：

> 君于兄弟次居八。幼即耆学，敦实俭觳之行，自少至老一节无渝。生长华族，无子弟之过。晚举进士，为县令。宦游侈靡之

乡，不以纤毫自润，不诣人求官。谢病里居，仍以制举文字课其子弟及亲党交友之孤贫者。治《四书注疏》最精，稽诹遗诂，求达于程、朱之旨。与人言必尽心焉，长沙人士皆能言之。

余少时出君兄侍御公之门，又为尚书公所知，雅与君习。近居长沙，适君归自粤，又数数诣君。询世家故老流风之所存，恍若隔世。时值忧危顽洞，戚戚于心而无与语，辄就君一纾其怀抱，而寄吾愤焉。呜呼！躬值乱离，追思往昔丰暇优豫之时杳不可复，则感叹深之。而探世变之原，即其都邑繁盛，仪容闲美，以想其风俗之醇，知巨人长德所为蕴酿留贻教于家、形于俗者非一日也。盖有不禁其流连往复，企当吾世而复睹之者。余尝言之君而共慨之，又未尝不幸君之常存，俾后进有所观也。今乃为君铭隧道之石，其悲亦可知。

按状，君以道光二年优行贡入大学，为桂阳州校官。母丧去官。服阕，补巴陵县校官，道光二十二年举于乡，二十七年成进士。以知县发广东，补潮阳县知县；未赴，署潮州府通判。以平清远贼功，保奏府同知。广东吏风贪侈，官兹土者以酷健为能，巧取民财，实宦橐而已。君仕时，两广总督叶名琛与君雅故，君辄远之。寻以广东将有变，乞归。

············

左宗棠的铭文情深意长地回顾了他和贺桂龄的亲密交往，对贺桂龄清廉自守、洁身自爱的人品，孜孜不倦、精研学问的学品给予了很高的评价，还特别讲述了贺桂龄遭逢乱世，忧国忧民、壮志未酬、愤世嫉俗的郁郁心愫，叹惋之情溢于言表。此时，正是太平天国之乱达到高潮之际，湘军苦战太平军，胜负未分，清廷危亡的悬问，沉重地压抑着依附于体制的儒学知识群体以及地主乡绅阶层，贺桂龄的内心世界充满困惑乃至惶恐毫不奇怪。在左宗棠的文字中，我们可以感受到，贺桂龄有着强烈的末世心绪。可能更使他懊恼的是，自己进入了垂暮之年，即使想有所作为，也力不从心。辩证地看，动乱之世，正是有志有能者施展抱负之时，左宗棠、曾国藩及一大批湖湘英杰，就是乱世而崛起，完成了青史留名的勋业。奈何贺桂龄已垂垂老矣，肯定会更加深其内心的纠结。当然，贺桂龄即使年富力强，是否能像曾、左那样担当起拯救清廷的重担，也是一个悬念。就行动能力而言，贺桂龄还是比他两个哥哥要逊色许多，这是不可否认的。贺桂龄的作为，就是作为受人敬重的宿儒前辈，给承担天下的湘军后辈一些精神上的鼓励。此时驻守在湖南的左宗棠，经常造访退职回乡的贺桂龄，除了叙旧，不排除也有讨教的诉求。曾国藩的日记中也记载，咸丰七年（1857），他丁忧回乡，也多次到贺府拜访贺桂龄，讨论时局。可见，贺桂龄晚年，也在一定程度上参与了湘军事务。他过继给二哥椿龄的次子贺仲光，还有孙子贺师濂、贺师尹都参加了湘军，立下了军功。可以说，贺桂龄退隐不敢忘忧国。

再联想开来，在国之将倾的乱世，湖南的保守主义乡绅们也前所未有地团结起来，有钱出钱，有力出力，湘军集团得以崛起，构成了所谓湖湘文化史学文本中最炫目的篇章。其实就阶级基础而言，这不过是湖湘士大夫群体的独唱，是否属于全体湖湘子民的合唱，是大可商榷的。不仅太平天国引起的动乱，所有的社会动荡都是有人欢喜有人愁。因此，贺桂龄晚年的末世心绪及种种人生姿态，对于我们更深入地解读历史有着特殊意义。要是从贺桂龄的子脉事迹以及姻亲关系而论，对于赓续贺氏家族的书香文脉就更有说头。总之，贺桂龄在贺氏第五代传人中是一个很重要的人物。遗憾的是，无论是史料记载，还是贺桂龄身后遗文，实在是太少，使我们对他的解读也只能浅尝辄止。希望能有学者进行更深入的发现和研究。

贺仲瑊在汉中

清代有两位湖南官僚先后为官汉中。

一位是罗典高徒严如煜，一位是贺家第六代传人贺仲瑊。有趣的是，两位都是岳麓弟子，就师承而言，严如煜是罗典一传高足，贺仲瑊则师承于欧阳厚均，是罗典二传弟子。算起来，贺仲瑊该叫严如煜师伯。更有趣的是，道光六年（1826），严如煜以汉中太守的身份病故于汉中任上，两年后，贺仲瑊就来到汉中，可谓"前仆后继"。道光二十七年（1847），贺仲瑊也以汉中太守的身份病故于汉中任上，两人都与汉中厮守达二十年以上。是巧合还是宿命呢？

严如煜和贺仲瑊都创造了可圈可点的汉中业绩，显示了湖南经世派官僚的实力和才华，为湖南人赢得了文化荣耀。如果我们能在这样的视角下解读贺仲瑊，会有别样的启迪上心头。

贺仲瑊（1798—1847），字葛山，号美恒，又号虎师，为家之长子。家乘这样记载，其父寿龄"好学能文，尤精书法，不遇，弃去习法家言，为诸侯宾客。年逾三十，赍志以殁"，仲瑊年方十二，两弟仲瑂、仲彦分别为五岁和两个月，还有一个妹妹，全家重担都落在寡母陈夫人身上。后来成为贺仲瑊妹夫的劳崇光这样写自己的岳母："外姑年二十五归外舅，翁姑治家严，得外姑甚喜，烹饪杵臼悉委之，不私不伐，遇娣姒不能为者暗为代任。外舅性孝友。常以幕游为憾，外姑体其心，代谋周至。至外舅既逝，家益贫，遗子女四人，长者未冠，弱者仅两月，教养之资皆出十指，有周恤之者谢不受，训诸孤曰：'吾忍目前之窘，不受人惠者，为汝曹异日地耳。'"

可想见，在好强自尊的陈夫人教养下，长子贺仲瑊独立自强的生命信念。其弟仲瑊回忆说："兄幼颖慧，志量不群，十二岁失怙，家贫出就外傅，为同学所侮，兄不与校，惟益发愤力学。学日进，侮之者自惭服。服阕，两应童子试不就，兄慨然：'业之不精，切嗟至无助也，岁月蹉跎，将何以成先人未竟之志？'"此时，五叔贺长龄和六叔贺熙龄均已中进士入朝为官，善化贺家声名鹊起，"志量不群"的贺仲瑊更感到压力深深。中国人对脸面有着极其强烈的痴迷，人活一张脸是对这个民族的自尊心最通俗之诠释。其优点是会催人自强不息，其缺点则是虚荣矫情，也许贺仲瑊都有。反正他不愿意将青春蹉跎在车水马龙的市井，做一个游手好闲的相公爷。

有迹象显示贺仲瑊父亲临终前对五弟长龄有托孤之举。

贺长龄在家乘中写下这个片段："（三兄）嘉庆十四年馆岳州陈云樵太守幕中，以伤酒得腹疾，时家质夫四兄同在郡幕，见病增剧，急买舟护之归。以七月七日至家，九日卒。时长龄官京师，不得见兄，弥留之际，独呼五弟者数声，于虔悲矣！"三哥寿龄在弥留之际，再四悲呼五弟长龄，除了兄弟情深，肯定是想到了自己年幼的儿女们。贺长龄不得与其兄做最后的诀别，但是其中的深意必是心领神会。当时十二岁的贺仲瑊应该是亲历其境，很可能父亲在弥留之际还叮嘱长子，要追随五叔成人。于是，家乘中也就出现了这样的记载：

> 闻京师人文渊薮，而五叔父方管翰苑，执经门下者数十人，多知名士。心艳至，欲负笈往从，顾道远，莫能赴，适六叔父选庶常，乞假归里，假满将入都，兄愿随侍偕行，固请于母，母虽怜其弱而嘉其有志，许之。乃于嘉庆二十一年春北航至都，亲承两叔父指授。又与诸时髦互相激劝所学，乃大进，纳粟入成均，试辄高等。是年秋，五叔父奉命视学山西，兄随任，时幕府多名宿，兄复与朝夕切磋，学益进，戊寅、己卯两入都应京兆试，房考皆力荐，顾以官卷额隘见遗。

这一段文字，是二弟仲瑊的记载。寥寥数语，揭示了仲瑊从15岁到20岁生活的两条主要信息。其一是贺仲瑊投靠了五叔父贺长龄，在贺长龄以及六叔贺熙龄的抚教下，学业大进，还得入皇家最高学府——成均馆就读。其二是在此期间，贺仲瑊两次参加京兆试未取，这又和其学业大进有些矛盾。京兆试是京城举行的府试级别考试，但又带有乡试性质，入选后相当于举人资格，可以参加会试，考进士。要是严格说来，京兆试还只是优秀的秀才资质，贺仲瑊两次未取，说明他学业功底还有欠缺，至少在制举门道上不够成熟。当然，也许他运气不好也是原因。公允言之，说他学业大进，主要是跟随贺长龄在经世实学方面开阔了视野，增长了见识，此外在京城贺长龄的朋友圈里，他结识了许多重要人脉。如他后来结婚，妻子陈夫人就是唐鉴的外甥女。不用说，媒人应该就是贺长龄或者贺熙龄。可见，贺长龄与贺熙龄对这位侄儿是提携有加的，某种意义上，是把贺仲瑊当儿子看待的。

我们再往下看仲瑊的家乘记载：

> 二十五年，嫂氏陈宜人来归，宜人幼育于其母舅唐镜海先生家。先生与两叔父同年，交最笃，见兄深器之，遂相攸焉。至是成礼京邸，道光元年，五叔父以赞善出受江西南昌府，兄复随至豫章，是年冬始归家省母，次年应壬午科本省乡试落第。三年弃去监生复应童子试，受知学使者今户部尚书，寿阳祁公，以第一名入邑庠，次年科试，旋食饩，时方考选拔以新生，格于例不获，选仅取副贡，祁公深惜之。五年，应乙酉科本省乡试仍被黜，适五叔父由江苏按察使升布政使，召兄往帮办家务，遂买舟浮江东下。六年春正月至苏。三吴财赋甲天下，藩司政务殷繁为各省最，又当筹办海运，至时案牍倍业赜。五叔父专心办公，家事及应酬凌杂悉委兄。兄随宜部署，井井有条。既而五叔父调山东，又调江宁，皆随任。五叔父知兄有治剧才，而蹭蹬名场惧，其不能及时自效，适开酳增常例，乃为援例报捐知县。

这几百字的记载又越过了八年。可以见到，贺仲瑊一直科名之心不死，甚至放弃了监生名分，重新应童子试，就是想图一个名正言顺，求一个体面的科名，不排除贺长龄也卖过情面，给予了不失原则的疏通，然而几度科场搏击，贺仲瑊依然只是一个副贡。想必贺长龄也逐渐看明白了，这个侄儿与科场无缘，倒是一个精明能干的好手，从基因看，贺仲瑊与其父的秉性相似，虽然能文善书，倜傥儒雅，却不谙科举路数，更适合于从事事务性的幕师工作。于是贺长龄就带着作为自己幕僚（用今天的话说，相当于办公室主任）的侄儿，南来北往，风尘仆仆，栽培他走向另一条由幕为宦的人生之路。道光八年（1828），贺仲瑊年届而立，贺长龄看准了时机，出面给贺仲

瑊捐了一个知县，先后追随了贺长龄共九年的贺仲瑊便走向汉中山地，开始了自己的单飞之路。

汉中地属陕南，犹如人之肚脐，是华夏版图最中心的区域，也是中国南北气候的分界区，北倚秦岭，南接巴山，汉水穿境而过，盆地富庶，山地险阻。由于地理位置重要，是连接华夏东西南北的枢纽，历史上成为兵家必争之地。当年楚汉相争，汉王刘邦就是由此明修栈道，暗度陈仓，夺取天下建立了汉王朝，所以汉中又被称为"龙兴之地"。三国时期，又有汉中王刘备据此作为抗曹的屯兵要塞，维持了三国鼎立的政治格局，后来汉中失守，蜀国即亡。至清代嘉庆年间，以此地为中心又爆发了声势浩大的白莲教起义，烽火连天，长达九年，战乱平息，清代也从此走向了衰亡之途。故汉中虽富，却匪患不绝，动乱频起，民生艰难。治理关中，历来都是对主官的严峻考验。

贺仲瑊初来汉中的情景，仲璩是这样记载的：

> 八年入都分发签掣陕西，引见命往。是年九月到省试用。大府某公以兄世家子弟，虑其有贵介纨绔气，从容讽之曰："作官易，吃苦难。"兄敛容对曰："不能吃苦，不敢作官。"大府深赏其言，从此相引，重委赴西安府谳局，时有疑狱，久不决，兄以讯即承。同时老吏皆惊愕，或叩之曰："君初登仕版，乃有此折狱才？"兄对曰："我未尝学断狱，然作文之道闻至熟矣。案情重大，承审者皆于大关键推求讼师，得预筹教，囚早为备，我于不著意处微导之，彼忽不及防，微露端倪，亟乘而攻，至批穷导款，迎刃而解矣。如作文者夹缝中著笔，易取题神，无事呆疏正面也。"闻者大服。嗣是有难结案必见委。能声日起。

可见，贺仲瑊上任的第一把火是从断狱开始。这既是贺氏的家学本事，也得益于追随叔父贺长龄九年的历练。贺仲瑊在汉中为官二十年，先后主事六县、二厅、二府，司法断狱是其主要职责之一。他断狱以神速、准确著称，享有"神断"之誉。仲璩记载中有两个案例可见一斑：

> 兄发奸摘伏如神，人莫能欺。官长安时，有黠仆自盗其主

人囊中金，而谬以被窃告。兄往勘，无穿窬迹，心知其仆辈所为，顾无左证，徘徊庭庑间，忽见墙角灰土有新动痕，命发之，得二百金。先询知其仆楼居，亟登楼索，复得三百金，一讯案立定。

始至留坝时，市有嫠妇，悍泼甚久，横阛阓中，莫敢谁何。官亦以其嫠也，姑容之。忽有丐道毙者，冒认为其侄，诈索于众，欲甚奢。兄驰往验无伤，呼妇谓曰："非尔侄也，尔伪称尸亲，尔罪大矣。果尔侄，尔生不收养，死不殡殓，又因以为利，尔罪滋大，吾将先令尔出资厚敛之，而后行吾法。"妇大窘。叩头服罪，挞而遣之，寻徙去。

贺仲瑊行事雷厉风行，"词讼随到随结，案无留牍"。对于积案也不推诿，"先是，邑民有因奸谋杀其叔父而远窜于湖北襄郧之间者，逋诛二年，莫可踪迹，至是兄廉得其状，密遣丁役侦获之，置诸法，人心大快"。道光十二年（1832）三月，他调任城固知县，下游兴安府发大水，饥民四出就食，一些匪党多混迹其中，纠集五百余人窜县境山谷中潜伏，意欲趁火打劫。贺仲瑊得知消息，轻骑孤身驰往，被匪党团团围住。他毫不畏惧，晓以利害，劝谕劫匪不要铤而走险，扰民作乱，以至于惹来官府围剿，遭到杀身之祸，终于使这批劫匪各自散去，"四境帖然"。可见，贺仲瑊执法，并不一味强势镇压，而是审时度势，以安抚为先。他明白，许多匪乱是出于生活所迫，"往往因升斗之微，干犯重辟，实因饥寒所迫，非真盗也"。于是，他又在任内推行了"乡助法"，要乡中富人捐出一定的资财，资助贫弱，缓和贫富差距和矛盾，取得了相当成效，出现了"贫富相安，共敦友助，无复以攘窃告者"的局面。

贺仲瑊在汉中各地主政长达二十年，深谙各地民情，为汉中府官后，下各地巡查，均能一一列举各地有前科犯罪的刺头人物，询问其表现，并要当地主官转达他的忠告，老实守法，不要再蹈覆辙。仲璈的记载云：

兄两权厅篆，深悉地方利病，即境内某某为良民，某某为莠民，皆能略道其姓名，行事至是，举莠民尤无赖者数人于乡保，迎谒时语之曰，某某者尚无恙乎？幸为我传语，若辈善自爱，毋以身试法，群小闻之，皆震慑悚伏，由是讼庭肃清。

....

潼关为全陕门户，送往迎来，讥逋逃诘奸宄终日不懈，界连晋豫，词讼多牵涉两省难骤结，兄剖决如流，结案无算，有控争滩地者，狡延至四十余年，各负气不相下，故生葛藤，官不能得其要领，兄集两造切谕，以终讼之害，皆大感悟，立投状罢讼，五月卸事，尚未回任，复奉委署同州府事，其地汉回杂处，刀匪出没，号难治，而书役积疲，尤为陕省最。兄莅任励精图治，积案一清，而刀匪悍回亦皆敛戢。

由于贺仲瑊的断狱名气，还出现了这样的景象，但凡他到某地履任，当地那些吃了原告吃被告，专门吃诉讼饭的讼棍都丧气地说，"贺某人来了，没我们的好果子吃了"，一哄而散。说到底，贺仲瑊断案，还是以公正为支撑，所以，讼棍们才无空子可钻。仲瑊写道：

其治刑名务求平允，不惑于救生不救死之说。尝曰："屈法以救人，生者幸生矣，而死者枉死，吾不忍也。"然有一线可原，必反覆以求其生。其驭民也，执法严而宅心恕。尝曰："小民无知，示以宽大，民狃恩而轻犯法，是以爱之者杀之也。"识者韪其言。

豪棍某，其子官邻邑把总，豪恃符武断，乡党皆侧目。兄训之不悛械诸狱。其子闻之驰至，伺兄出，跪堂下乞哀。兄谓曰："汝所陈私情也，我所执国法也，若父罪贯盈矣，吾不敢废法。汝归慎供厥职，所以干父蛊也。不速去将并以擅离汛地劾治汝。"其子顿首痛哭去，豪亦瘐死。

贺仲瑊的汉中岁月，执法治安，在其生命中占据了很大分量，这和古代中国的行政治理特点有很大关系。古代中国的行政并不干预民间生产与生活，老百姓怎样谋生，怎样安置自己的生活，成龙或者成蛇，官家并不耳提面命，更没有什么国家发展蓝图，一切由老百姓自己做主，只要给朝廷交税就行。于是社会结构上就出现了庙堂中国与民间中国的契约关系，所以官家的行政管理要务就是维护社会安定，第一不要叛贼兴风作浪颠覆政权，第二不要百姓间相斗扰乱社会治安。所以官员的智慧和政绩就体现在解决社会纠纷上。

　　由于汉中特殊的民情——这里历来就是社会风波频发地区，贺仲瑊在汉中的作为，既显现其干吏风姿，又显现汉中为官多艰。他多次可以升迁离开汉中，都因汉中缺乏他这样能稳定局面的干吏而留任，终身都与汉中相伴，直至卒于任上。跟随他多年的弟弟仲璈对此十分感慨：

　　　　厅境在万山中，最易藏奸，又为川陕通衢，奸宄所必经，兄凡六任斯厅，缉捕尤勤，以故多得优叙。二十七年三月，获甘肃逸盗刘进禄等四名，鞫实，禀请大吏，移解甘省审办。刘进禄者，甘肃巨盗，在安定县劫夺行商，奉严旨饬缉者也。定例，获盗三名以上，得送部引见，私谓定谳后，入觐天颜，定当仰荷恩纶，立加超擢矣，岂知兄不及少待耶，呜呼痛哉！
　　　　……前后在留坝十载，民爱戴如父母，其调署他往，民将有讼或讼而屈者，辄曰："俟我贺青天来！"既捐馆舍，民奔诣灵前号哭者日数十辈，及出殡白衣冠送者塞涂，复相与作木主，分送昭忠祠及留侯庙附祀。

　　就仕途而言，贺仲瑊最高是汉中厅府主官，且二十年厮守汉中，的确有些委屈。可他身后赢得了汉中父老乡亲泪雨纷飞的悼唁，还享有"贺青天"之美名，在某种意义上已经超越了贺长龄。"青天"，这是延至今日中国为官者的最高褒奖。能有"青天"之名垂世，也不算白来中国官场走一回。

　　历朝历代，民生都是为官第一要务。古代中国的官府颇有自知之明，并不自以为是地包办民间的生产，只要收税可供皇家奢华威武就罢手，因此官僚组织也不算臃肿，主要官务也不甚复杂，一是维持社会治安稳定，二是在发生天灾人祸时出面赈济，说到底还是维护社会治安稳定。贺仲瑊的民生业绩就是佐证：

　　　　十二年三月署城固县事，下游兴安府大水，饥民四出就食……大吏檄汉中各属，发常平仓谷碾米数万石，拨赴兴安赈粜，咸以数多时迫，粗去糠秕而已，城固应运米五千石，兄谆饬碾户必精凿。曰："二谷一米有定例，彼仅去糠秕者，徒利其赢余耳，民则何堪堪？以其时迫，分起拨运何害？”乃分先后二运送往来至，民争籴之。

……十三年三月，卸城固事，七月署洵阳县事。县距兴安府治一百二十里，上年水灾之后，元气未复，是秋复霖雨伤稼，粮价腾贵，饥民嗷嗷。兄一面捐资煮赈，一面请于府，运米六百石，减价出粜，市价顿平。尤虑岁暮及来岁青黄不接时，饥民滋扰，乃立乡助法，周历各村堡，召其耆老衿富，晓以任恤之谊，动以利害，劝各分余粮，量力捐输。或数十石或数石以至数斗数升无定额，愿捐银钱者听所捐贮，本村公所，乡地绅耆公同经理，各散各乡，将捐户姓名、捐数及每日散放若干，随时张揭通衢，一面报县存查，分别奖励。俾施者知其财之所往，受者知其食所自来，胥役决不能干预侵渔，而穷民无往来守候之苦。

又有记载：

十五年正月，卸沔县事即到褒城县任。县境分山坡平地，山坡栈道连云，地碛民瘠，平地分南北二坝，南坝较衍沃，而民风亦较刁健，距府治仅四十里，稍不当意，即控府控道，良懦受株累。兄莅任后，其风渐息。是年秋苦雨兼旬，山水暴涨，南郑城、固沔县、洋县、褒城俱成灾，各属咸申上官，请抚恤。兄曰：“是距省城千余里，文檄往返，非月余不至，民填沟壑久矣，恶能待？”乃一面报灾一面捐廉，率属分途驰勘，随勘随账，全活无算。而大吏以褒城报灾，顾独未请恤，方下符郡守诘问，旋得其详，大嘉奖。时褒谷上游，水高十数丈，栈道冲刷至六千余丈，道路梗塞，亟雇夫数百人搭偏桥暂济行者，一面请帑六千余金大修之，多改低为高。盖积年山土汕落，河身垫高丈余，栈道离水仅数尺，遇雨辄塌，至是始无虑。

还值得一说，贺仲瑊在赈灾中的许多决定，都是先斩后奏，冒着违反官府条令的风险，亦有下属规劝贺仲瑊谨慎行事，犯不着为了老百姓丢了乌纱帽，贺仲瑊却并不顾忌。可能是他命好，几次违规操作，上官不仅没有责罚，反而给以嘉奖。这就是把黎民放在心中还是把乌纱帽放在心中的差异了。道光二十一年（1841），鸦片战争爆发，朝廷从汉中调兵驰援，大兵过境，贺仲瑊和领兵者约法三章，过境之兵，为国征战，地方自有犒劳，但若扰民，本官必严惩不贷。大兵过境时，果然发生了一起官兵抢劫民财之事，贺仲瑊立即挺身交涉，那位扰民官兵听了贺仲瑊一番严厉谴责，无地自容，居然自杀谢罪。这样的官威，透着为民的底气，自然使为恶者震慑，只可惜太少。

贺仲瑊在汉中，两任厅治留坝主官，长达十年，留下的故事也最多。如今近200年光阴过去，留坝人还保存着一块贺老太爷的功德碑。碑文如下：

恭记邑侯贺老太爷新建樊河铁索桥德政碑

吾邑马道，为秦蜀通衢，近街迤北旧有桥，志传西汉樊舞阳侯所建，故以樊河名。至前明，本道宪副马公重修焉。后亦有续葺者，而山高水险，旋建旋颓，桥之废弛，多历年所。设舟楫，则急溜难持；架舆梁，则砥柱难立；每险狂澜澎湃，巨石奔腾，行者有病涉之艰，居者有望洋之叹。鼍梁未驾羁旅兴嗟久矣。维我邑侯贺老太爷，心存济世，念切民瘼，抱人滋己溺之怀，建杠成梁成之议，下车伊始，即往履勘览，河流之险阻，并沙石之飞腾，抚然曰：宜乎石墩木桥之难以永固也。若不变而通之，何益？因创浮桥，横排铁索，其式以铁练成环，勾连成索，索盘石幢，幢列两岸，而桥身中空焉。美哉！良法。既不与水争衡，复不为石所击，何惮而不能久远耶？维时庠生伍清海与闻德政，踊跃急公，自乐捐钱二百缗，以襄善举。我邑侯捐廉数百缗，以伍生董司其事，兴工于仲春，告成于闰月，共费钱一千六十缗有奇，甚盛举也！于戏滚滚洪波，端资利涉，茫茫彼岸，谁指迷津。乃我邑侯莅兹数月，即兴巨工，成人所难成之功，施人所难施之惠，而且频分鹤俸，不烦众百姓之脂膏，从兹永奠。虹桥普渡，千万人之利济，士庶等躬被仁慈之德，共庆安澜，泐诸贞珉之中，永传奕叶。是为记。

此碑立于道光十五年（1835），其时贺仲瑊才37岁，却被尊称为贺老太爷。只能说，尊称的背后是民心。

贺仲瑊宦游汉中时，还两度兼任训导，这意味着他对汉中的文教发展也付出了不少心血。事实上，他像贺长龄抚黔一样，为汉中的文教做出了不少贡献。据仲璩回忆，其兄贺仲瑊"定期课诸生，文校武生，步射多士乐受教"，"县故无试院，择隙地鸠资建之，他如萧曹祠刘猛将军庙皆捐廉创建"，"属邑多殷富，遇考试多夤缘为奸，兄示期府试，风声所树，弊绝风清，士论翕服"，"县试所取多佳士"。

仲璩还写道：

> 其教诸生勤恳倍至，拔其尤者集衙斋，朝夕讲贯经史而外兼以时务，尝谓曰，知古而不通今非有用才也，遇乡试之年，按期如闱中式课诗文，手自批改，虽酷暑不少懈暇，则杯酒论文，或抚琴一弄，满座怡然，诸生得兄造就成材者甚众，闻讣之日，皆制缞辞诣灵前哭之。

贺仲瑊的弟子中，好像没有特别出类拔萃者，与贺长龄、贺熙龄比，明显逊色，不过他也有过慧眼识才的趣闻。道光九年（1829），他初来陕西，在省城谳局即法院试用，正值府试，长安太守熊常镈就聘他任阅卷官，他慧眼发现了一位才子：

> 值府试，太守熊声谷先生属襄，阅试卷时，泾阳张小浦司空，年十五，兄得其卷大嗟赏，决其福泽风度当继起其乡王文端公后，请于太守拔置前茅。试竣，复以语白熙亭太守，劝以女妻之，其识力如此。

这是说，贺仲瑊发现且选拔了考生张小浦。张小浦就是张芾。道光十五年（1835），张芾果然中进士，才21岁，据说是一笔好字得到考官赏识。后来他升到江西巡抚，因进剿太平军失利，引咎退职回乡。同治年间，张又自告奋勇，招安作乱的陕西回民首领，却被杀。但张芾更著名的故事，就是在其师王鼎尸谏事件中的善后表现。这是第一次鸦片战争期间，东阁大学士、军机大臣王鼎为林则徐辩护，请求道光收回发配林则徐去新疆的成命，自杀尸谏，死后还留下了一封遗嘱，痛斥主和派的军机大臣穆彰阿。张芾知道王鼎之死的真相要是公开，道光皇帝会很尴尬，主和派大臣穆彰阿也极为被动，就利用自己是王鼎弟子的身份，去见王鼎的儿子，劝说他修改遗嘱，谎称因病而亡。王鼎子在张苇的劝说下就范，张苇也因此受到穆彰阿的赏识，青云直上。此事是张苇人生中很不光彩的一笔。因此，贺仲瑊慧眼识张苇也有些尴尬。不过，张苇的才华还是不可否认的，贺仲瑊从试卷上也只能看到才华的一面，说明他的眼力还是不错的。

贺仲瑊在汉中的文化贡献，主要还是修了《留坝厅志》，给后世留下了宝贵的地方文献。

> 厅治由凤县地分建，垂八十年志乘缺如。兄偏访文献，殚二年之力成《志》十卷，又仿章氏《永清志》之例，辑艺文轶事，别为足征录四卷，论者称共修洁详明。志中八图二表，尤为简括，又以志图过狭，别绘舆地大图，梓行所载尤详，武关驿馆舍连年河水冲啮，半倾圮，捐千金购民地移建焉。又建昭忠祠，祀昔年殉节诸公及阵亡将士凡一百二十三人，他如修坛庙，缮城郭，百废具举。……二十三年二月署汉中府事。汉中秦蜀咽喉形胜要地，向无十一厅州县全图，乃考古证今，为图说一万余言。梓成藏诸府库，山川险隘览者一目了然。

对于《留坝厅志》，史家认为，"资料较为丰富，考证精详，对《道光陕西通志》《汉中府志》《读史方舆纪要》和《三省边防备览》等书中的错误多有纠正，又依照章学诚编撰《永清县志》体例，后附足征录四卷……文字精练简明，绘图细微，唯职官门缺佚颇多，但仍不失为一部较好的厅志"。

道光二十七年（1847），贺仲瑊病故于汉中任上。对于他最后两年的人生岁月，其弟仲璈这样写道："兄貌虽癯瘦而精神爽健勤不知疲，二十五年春，赴潼关时，璈以兄大病新起，不宜劬瘁，劝缓行，兄惟恐旷官守，负上官委任，不听。嗣是，二年中劳形案牍，驰驱道途未尝一静摄，卒以积劳内损，病生仓猝，遂致不起，痛何如也。兄生平不治家人产业，常举二疏之训以戒饬子弟，持躬清慎，不改儒素风，然用财则慷慨无少吝，卒之日囊空如洗，逋累尚数千金，闻者伤之。"文字看似舒缓，读来却深深哀痛。

从道光八年（1828）至道光二十七年（1847），贺仲瑊一直与陕西，主要是汉中大地朝夕相伴，长达二十年，足未东出潼关一步，可以说，汉中成为他的第二故乡。这样的官吏，殊为罕见。兹列相关年表为证：

道光八年，入都，分发签掣陕西，引见命往。是年九月，到省试用。重委赴西安府谳局。

道光十年，以回疆用兵，奉委转饷兰州，复奉总理粮台事务。甘肃布政使鲁兴颜公檄赴肃州，襄办粮台，事平，回陕。

道光十一年，五月，署华阴县事，地当东西孔道，差务络绎，又值西师凯彻，支应尤繁。筹办丰裕，约束严明，官兵至境无哗者。十月卸事。

道光十二年，三月，署城固县事。

道光十三年，三月，卸城固事。七月，署洵阳县事。

道光十四年，三月，卸事至省。四月，嫂氏陆宜人来归。五月，署沔县事，是年秋，补襃城县知县。

道光十五年，正月，卸沔县事即到襃城县任，在任三年，两次兼摄训导，两次兼署留坝同知。

道光十七年，秋，调长安知县，十一月到任。长安为省会首邑，政事差务之繁，日不暇给。戴星出入，无有惰容。诸务猬集时，仓卒肆应，悉中机宜。有大政事或世疑难不能决，大吏必与面谋。有重案，必檄委会鞫，各牧令有下情不能上达者，必为宛转代白。虽触大吏怒不顾。必申其说而后已。于是通省寅僚皆倚重之，而大吏亦深信不疑。尝称其有胆识。

道光十八年，冬，大计蒙前抚军后升陕甘总督海帆富公以审断精明，办事练达疏荐卓异。

道光十九年，正月，兼理宝陕局钱法事，旋又兼署西安府清军同知。七月，奉部调取引见，留办科场，十一月，升汉中府留坝同知，乃并案请咨赴部。

道光二十年，二月二十七日引见奉旨："贺仲瑊准其于知县任内卓异，加一级升补留坝同知，钦此"。五月到任。

道光二十三年，二月，署汉中府事。

道光二十四年，冬，大计蒙前抚军今太子太保两江总督石梧李公以明练安详，办事勤稳，疏荐卓异，十二月，奉委署潼关厅同知。抱病不能就道。

道光二十五年，二月调治略痊，始力疾赴任，是月以留坝边俸，报满题奉部覆入，于即升班内升用，五月卸事，尚未回任，复奉委署同州府事。

道光二十六年，正月卸事，三月回任，旋奉部催令引见，七月，请咨赴都，九月二十九日引见奉旨："贺仲瑊准其卓异加一级，仍注册回任候升，钦此"。十一月复回任。

道光二十七年，五月十九日寅时卒于府署。

细细回味，贺仲瑊的汉中岁月不仅属于他自己，也属于湖湘经世派群体。他在汉中的 20 年，续踏着师伯严如熤的汉中足迹，构成了湖湘经世派官僚治理汉中 40 年的历史，可以看作湖湘经世派的汉中业绩。他去世之后 3 年，道光皇帝驾崩，咸丰朝的历史掀开，太平天国的兵马杀气腾腾地从岭南北伐中原。又一代湖湘英杰挺身而出，走向历史前台，开始了江山代有人才出的再次史学证明，在这个意义上说，贺仲瑊可谓湖湘经世派群体中最后的官僚之一。

虎师的友事和家事

虎师是贺仲瑊的号。

原来，贺仲瑊也是一位书家。其弟仲璈说，贺仲瑊"书法出入苏灵芝、李北海、米襄阳、赵吴兴诸家，而生平得力尤在北海《岳麓寺碑》，以昔人有右军如龙，北海如虎之目，故自号虎师"。其实，贺仲瑊之父贺寿龄也擅长书法，仿赵孟𫖯几可乱真，想来贺仲瑊也有乃父遗传。此外，贺仲瑊也是一位琴家，随五叔贺长龄在江南时拜过名家，政务闲暇、友朋相聚，贺仲瑊抚琴奏曲，清雅悠悠，为一大乐事。他还醉心于收藏，"尤好搜求地方古迹，如褒城之汉郑子贞，故里长安之明冯恭定公墓，留坝之三交城褒斜二谷相接处，皆年远无征，兄悉详考其地，竖碑志之，所著汉中府地与图考记，载古迹尤详。"诸此种种表明，贺仲瑊虽然科考场上的表现不尽如人意，真实才学积淀还是相当深厚的，称其为湖湘才子，毫不为过。仲璈感慨地写道：

> 兄酷嗜文翰，手不释卷，经史子集无不周览，评论古今人诗文皆能洞中肯綮……方其侍两叔父读书京邸，先达诸公咸以玉堂人物相期许，在后进中与何子贞太史昆季，武次南观察，黄心斋太守，并著文誉。暨归里，肄业麓山同学数百辈，兄则与罗苏溪方伯，陈尧农水部，及妹婿劳辛阶观察昆季才望相埒。乃诸君多致身清显，兄独不得售其学以与科目，而又不永其年，不能竟其设施，岂非命哉？

顺着话题，贺仲瑊的交游话题就浮现了。

从上文记载看，其朋友圈俊彦云集，在京城与何绍基兄弟，武次南、黄心斋等人切磋学问，成为好友。道光元年（1821）秋至道光五年（1825），贺仲珹回湘就读岳麓书院，又和罗绕典、陈本钦、劳崇光兄弟同学，他的朋友圈，可谓人才济济，就后来科举业绩看，贺仲珹是最不得志的，所以其弟仲璇很遗憾地说："乃诸君多致身清显，兄独不得售其学以与科目，而又不永其年，不能竟其设施，岂非命哉？"

细梳史料可以发现，他与李星沅、劳崇光的交游最密，三人友谊终身，可说是铁三角之交，而关注者并不多。李星沅和劳崇光都是著名湖湘英杰，对他们的研究也比较薄弱，通过对三人友情的探讨，还可以增进对李、劳二人的认知，且能厘清某些模糊的湖湘事件，很值得一说。

李星沅（1797—1851），湘阴人，字子湘，号石梧，道光十二年（1832）进士，曾任陕西巡抚、陕甘总督、江苏巡抚、云贵总督、两江总督、兵部尚书等职，是湖湘第一代经世派官僚中的代表性人物。劳崇光（1802—1867），善化人，道光十二年进士，曾任广西巡抚、两广总督、云贵总督，也是湖湘第一代经世派官僚中的代表人物。

李星沅大贺仲珹一岁，少有神童之名，五岁开蒙，十二岁应童子试。嘉庆二十一年（1816），入读城南书院，师从罗湘舟。贺仲珹此年入京就学二位叔父，不可能与李星沅相识，倒是有可能与同在长沙的劳崇光相识。因为劳贺两家都是绍兴师爷的家族背景，很可能是世交，劳崇光后来还成为贺仲珹的妹夫，两家子弟从小相识很自然。劳崇光小贺四岁，贺仲珹入京时，劳才14岁。

嘉庆二十二年（1817），李星沅参加县试及郡试，获郡试第一。同年结婚，迎娶湘潭进士郭汪灿之女郭润玉。此年贺仲珹随贺长龄入山西，也不可能与李星沅有交集。这年劳崇光16岁，与李星沅相识。李星沅有诗《赠劳辛陔》云："湖光清冷片帆开，十载交情到酒杯。野艇残春云麓远，女墙明月暮钟催。曾持药裹怜同病，肯让蓬壶列散才。日后功名当一例，天风并马上金台。"此诗当写于道光六年（1826）。按"十载交情"推算，便是嘉庆二十一年（1816）与劳崇光订交。李星沅此诗自注云："辛陔读书麓山时遂成莫逆，后馆柑子园，距予斋只数武，盖无日不过从也。"李的自注还显示，劳崇光是读书于岳麓书院，不是一些人说的就读城南书院，有待进一步考实。

嘉庆二十四年（1819），李星沅乡试不中，经人介绍，去四川，入陶澍幕，掌书记，他也因此自称为陶澍弟子。有学者说，李星沅自此一直追随陶澍为幕长达八年，并不确切。据《李文恭公行述》记载，他于道光元年补廪膳生，该年馆于益阳、沅陵、浏阳等地。道光五年（1825），他又参加湖南乡试中举，道光六年（1826），他参加会试落榜后又回湘，入藩署幕达六年。算起来，他为陶澍幕僚并无八年之久。据田螬撰《李星沅年谱》分析，道光元年至六年，李星沅只有道光二年和三年可能在陶澍幕府，其余时间都在湖南，主要在长沙——他结婚后迁家长沙。据史料分析，李星沅追随陶澍为幕，主要是陶澍在四川、山西期间，不到三年。

再说贺仲瑊。道光元年或次年，因贺长龄去山东履职，贺仲瑊陪着严夫人从南昌回湘，"入邑庠"，致力于科举达五年。道光五年，贺仲瑊、李星沅和劳崇光，都参加了湖南乡试，贺仲瑊又落榜，李星沅和劳崇光同榜中举人。因此，在道光元年至五年期间，他们三人基本都在长沙，因而也在此期间彼此相识，只是没发现资料明确记载。不过道光五年以前他们肯定认识。因为道光六年春他们三人同游吴门，关系非常亲密了。李星沅诗云：

> 何处生春早，春生小艇中，绿回沿岸柳，红飐试灯风。虎阜人如织，鱼蓑雪乍融。寺钟声不远，只隔竹千丛。（丙戌春初，予与贺二虎师，劳九辛陔同舟入吴门，薄游虎丘诸胜）

再看仲璈的记载："自豫章旋里时，璈方以家计废读，兄率同肄业岳麓书院，日与讲论经史，按期课以诗文，手自笔削，并择先儒格言最切实者，手书成幅，俾张坐隅，资警省。迨五年春，璈入邑庠，兄喜曰：'是稍副吾督课心矣！'"这是说，道光初年，贺仲瑊与其弟仲璈共读岳麓书院，督促仲璈认真向学。这段时光一直到道光五年，仲璈终于成为邑庠生。可见，读岳麓书院，他们兄弟的身份不是正取生，而是相当于旁听生。即使如此，也是岳麓弟子，他们的山长就是欧阳厚均。

据此，我们可以这样断定：道光初年至道光五年，他们三人因求学和应举相识于长沙，结为莫逆。而且贺仲瑊之妹嫁给了劳崇光。道光六年至八年，贺仲瑊和劳崇光应共事于贺长龄幕府。

道光十二年（1832），李星沅和劳崇光同榜中进士，此后随着他们的仕途发展，记载也丰富起来，两人的生平轨迹比较清晰，此前的履历则比较模糊，通过对贺、李、劳三人的友谊考证，可以弥补这个史料短缺。对于贺、李、劳三人的友情，又以李星沅留下的诗文记载最为丰富。贺仲瑊和劳崇光几乎没有留下相关资讯。于是我们只能从李星沅提供的信息中来进行考辨还原。

李星沅的诗文中，写给贺仲瑊和劳崇光的诗很多，他还分别给贺仲瑊的母亲陈太夫人、劳崇光的母亲刘太夫人写过祝寿词，非常恭敬，也显示出他们三人的交谊之深。如《贺母陈太夫人六旬晋二寿序》，删节引录如下：

> 维我诰封安人，贺老伯母，陈太夫人……其归封翁静轩老伯大人也，……黄卷青灯之侧，相敬如宾……高堂倚之如子，诸妇奉以为师。……迨我太伯母严太安人以耦庚方伯迎养之任，遂属以家事焉。……惟安人手持全局，心理棼丝……一门之内，雍雍如也。
>
> 然犹有难焉者。盖自封翁以诗礼名儒，为诸侯上客，书仓无粟，砚田不春，一旦匾镜先飞，磨笄欲碎，黄鹄之歌千古，杜鹃之语三更。安人则倚竹忘寒，折葵示苦。环诸孤而陨涕，抚弱息以将雏。……固未尝一语及贫也。……
>
> 哲嗣虎师明府，银河浣笔，锦段抒词。绍翰苑之家声，蜚英名于廪饩。品齐圭璧，望伫神仙。甫飞舄于关中，即捧轮于湖上。问安清夜，长怀戒石。数言洁养白华，但饮廉泉一勺。安人慈颜既展，谆诲益殷。……推爱子之诚以爱民，本厉学之勤以厉仕。所以树慈惠之长，奉母训为官方，联和乐之诗，纪国恩为家庆。仲嗣既搴芳文圃，季郎亦分队名场。婿快乘龙，紫府丹台之彦；孙嬉蜡凤，瑶环瑜珥之资。斯诚诸福备臻，嘉祥总至，延龄未艾，种德无涯也巳。

这是道光十五年（1835），贺母陈夫人62岁时，李星沅为之写下的寿序。此时，李星沅已经中进士三年，任广东学政。他从广东撰寿序寄来汉中，足见与贺仲瑊的交情之深。从寿序的内容看，他对贺仲瑊的家事十分了解，这也见出他们的相交时间颇久。说到此，就要说说贺仲瑊的家事了。

道光八年（1828），贺仲瑊来陕西为官，一度在省城任法官，后来又在临近西安的华阴县为官，家便安在西安。道光十二年（1832），他才真正来汉中履职。妻子陈夫人怀孕没有随行，就待在省城，这年难产去世，留下了四个儿女。为了照顾子女，贺仲瑊就纳妾赵氏。来到汉中后，初为城固知县，太守云麟（兰舫）是旗人，和贺熙龄是同榜进士，非常器重贺仲瑊，知道他丧偶之事，就做月老，将僚属（也在陕西任知县的陆铨）之女，介绍给贺仲瑊为继室。可是贺仲瑊没有应承，一是怀念妻子陈夫人，二是要看母亲的态度。说到这又回到李星沅的寿序了。从寿序可见，贺母陈夫人在家里是很有权威的，贺仲瑊是母亲含辛茹苦一手养大，对母亲十分孝顺，继娶不同纳妾，没有母亲发话，他是不敢做主的。直到这年底，弟弟仲璈带着母亲从湖南来到城固，经母亲点头，贺仲瑊才答应了婚事。道光十四年（1834），贺仲瑊再娶陆夫人。

贺母陈夫人是道光十二年冬天离开湖南来汉中的。跟陈夫人同时来汉中的还有二弟贺仲璈、三弟贺仲彦，都已结婚，这就意味着，贺仲瑊是全家二十余口人浩浩荡荡地迁居汉中。这又要解释一下，此前陈夫人一直在湖南，是因为要照顾婆婆严太夫人，执掌贺家的家务，也就是说，她是贺家的当家主妇。道光十年（1830），严夫人去世，贺长龄与贺熙龄同时回家丁忧守制，她才卸下了重担，被长子仲瑊迎养于汉中。仲璈写道：

> 兄幼为大父母及先父钟爱，五岁大父见背，十二岁先父复见背，兄泣曰："是使我负不孝罪于终身也"。事先，大母及吾母以纯孝闻，顾以远游未得常奉，晨昏时引为憾事，及官秦中，屡迎吾母就养，母以大母在堂不肯往。十年，大母见背，十二年，母始至城固署，嗣是官辙所至，必奉安舆同行，朝夕必亲视膳，有可以承欢者必竭力致之，有命之无敢违，虽盛怒得母片言立解。家人有过失多先诣母自陈者。母春秋高多病，兄博访名医，广求珍药，虽公务填委，汤药必亲尝。叹曰："吾母苦节四十年，备茹冰蘗，今幸稍无家计忧，又为疾累，口体且不得适，况养志乎？"兄偶有疾，唯恐母知，弥留时犹切戒家人勿告母。今者兄长逝矣，更何以慰吾母者？恐吾兄九泉有知，不能瞑目也。悲夫！

这是贺仲瑊对母亲的一片孝心。对于两个弟弟，贺仲瑊也付出了很大心力提携成人。来汉中时，二弟仲璈28岁，三弟仲彦23岁，都没有出外谋事。于是，仲璈的笔下又出现这样的记载：

其待两弟也，友爱至而督责亦严……及璈侍母来秦，会计事悉以见委，然有暇，犹与论诗文，娓娓不倦如曩时。盖犹以上进望于璈也，而璈旧业日荒，惧终无以慰兄期望矣。任长安时，璈患疫不省人事，兄请假坐榻前，流涕废食，阅三日，病稍差，乃出视事。易箦之日，适璈感冒初起，兄谆谆问饮食起居，漏三下，兄始得疾，呼三弟来者数四，旋即舌蹇不能语，目瞑不能视，惟以手指病处，喁喁莫辨。呜呼！是以病示璈并欲以遗言嘱璈也。彼苍者天何丧吾兄之速，而不使一言耶！

七弟邦彦学书不成，兄携至秦中，阅数年，察其稍能谙习世事，称贷设凑，为援例捐布政司照磨，分发广东。其行也，详告以居官之方，持己接物之道，嗣复时时诒书训勉，二十二年，弟卒于署海丰县伸尾司巡检任，兄闻之大恸，又虑伤吾母心，入侍母侧，百方譬解，出辄饮泣。遣家人携资赴粤扶榇回厝长沙，而护其妾与子来秦，抚其子如己子，其孝友至性过于常人者，类如此。

仲璈还写了贺仲瑊与伯叔父们的深情：

兄于伯叔诸父皆能得其欢心，诸伯叔所期望于兄者甚殷。近年来兄以诸伯叔年高，每以不能归省为憾，及闻四叔父质夫公、大伯父云冈公、六叔父蔗农公相继弃世，皆长恸，减餐者累日。曰："是我一官魠系获罪滋多也！"今春闻五叔父自河南引疾归，不知病势轻重，尤悬念，刻不去怀，四月闻八叔父丹麓公成进士方大忭慰，八叔父旋以知县即用分发广东，乃报至，而兄已不及闻矣！

从仲璈的文字中，可以感到他不仅对其兄的观察很细致，感情也极深。贺仲瑊去世后，他全力张罗后事，专门赴湖湘，请名家给其兄撰写墓志铭。他找的是父辈的密友，湖湘硕儒邓显鹤。邓显鹤说："其弟仲璈以《留志》及状来求铭，余未识君，而遍交君诸父，不敢辞。"于是，邓显鹤提笔撰写了墓志铭，在介绍了贺仲瑊的生平后，邓显鹤铭曰："褒斜二谷连云栈，凤岭柴关天一线。谁其尸之速邮传，屼万叠山平以铲。有美贺君国之干，衙强绥亿无遗算。政成四达地四抨，勒成一编明且辩。我读其书铭其竁，其言炳若揭霄汉。幽宫永冈光则灿，历千百年犹可案。"

说完了家事，再回头说说友事。

贺仲瑊在汉中二十年，与此前友人的交游主要是鸿雁传书。但是和李星沅的交往例外。道光十八年（1838），李星沅调任汉中知府，三个月后，调河南，任按察使。道光二十年（1840），李星沅又调回陕西，先任按察使，后任布政使。道光二十一年（1841），李星沅又调四川任按察使，同年又奉召进京，另任江苏布政使。道光二十二年（1842），李星沅再次调陕西，任巡抚代理陕甘总督。道光二十五年（1845），李星沅又调任江苏巡抚，此后再未回陕西。算起来，贺仲瑊与李星沅三度在陕西共事，从官职论是上下级关系，因此面对面交集颇多，格外富有情味。

李星沅喜欢记日记。在日记中不乏人物评点，用语比较直露。在日记中可见，他对陕西的官员多不以为意，但是论及贺仲瑊总是夸赞有加。这无疑有情感的判断渗入。从贺仲瑊的履历看，他在李星沅在任期间，受到的表彰最多，其升留坝厅同知也在此期间。这显然与李星沅的提携有关。李星沅的日记还显示，他调任四川，又从四川回召进京，都取道汉中，每经汉中，他都要与贺仲瑊见面。当时想巴结李星沅的地方官吏可谓络绎不绝，都想拜见李星沅，可是李星沅却只是有选择性地接见，只有与贺仲瑊见面是亲自登门拜访。见到贺母陈夫人，一口一个贺伯母叫得十分亲切，他在日记中写道："进见贺伯母丰采如旧，慈惠厚福人也。"与贺仲瑊也是"杯酒情话"，彻夜长谈。李星沅还留下许多诗，可以为证：

沔阳与贺虎师夜话

情话如丝不肯眠，红灯绿酒致缠绵。

十年往事惊云散，一片乡心对月悬。

已叹长沙薪米贵，况闻巨浸岳衡连。

羡君官阁承欢早，阿母犹迟湘上船。

舆中赠贺虎师留坝

八载褒斜五度过，故人如此客程何。

功名拊髀飞腾壮，时事关心感慨多。

紫柏有香迎远辔，绿杨如画试新螺。

又拼官阁今宵醉，春月当筵一镜磨。

柬贺虎师沔县

褒斜路绕万峰堆，沔水能令怀抱开。

知有鉴湖新酿酒，殷勤为访四明来。

旧游连袂下吴间，腊尾饤盘枣栗香。

可忆蒲鞋头上坐，一篷风雪话家乡。

薄宦同乘泛海槎，燕秦搔首各天涯。

故人七载一相见，莫放黄绸被里衙。

君家伯仲我兄弟，好与清谈惜夜分。

曙鼓催人留不得，离情分付汉关云。

李星沅的这些诗，情深意长，没有任何职位悬殊的阻隔，可见友情的纯粹。他写给劳崇光的诗也是一样。遗憾的是，贺仲瑊和劳崇光留下的诗文奇缺（也许爬梳不够），所以只能从李星沅的诗文中感受他们三人的密切交集。

对于贺仲瑊与李星沅、劳崇光的交集，研究湖湘文化的学者可谓基本忽略，而这种忽略势必影响我们确当地评估许多史案。例如，有学者认为，李星沅作为永昌回变的调查者，弹劾了贺长龄。要是深入了解了李星沅与贺仲瑊、劳崇光的关系，就应该想见，李星沅绝不会落井下石，只会尽力维护贺长龄。事实上，李星沅不仅与贺仲瑊、劳崇光交密，与贺长龄私交也非常密切，且十分敬重，直到贺长龄落职，他们还保持着通信。在奉道光之命调查贺长龄的过程中，李星沅一直是为贺长龄开脱的。再如，有学者认为，贺氏的湖湘显望五代而止，也许从表象看也没错。但是细细分析，第六代传人贺仲瑊与李星沅、劳崇光的交密，依然显示着贺家的湖湘影响力，只不过转换了一种方式，从喧嚣改为潜流，默默流淌着贺家的文化风采。

贺仲瑊是善化贺氏第六代传人，属"仲"字辈。不妨将贺氏第六代诸男简单图示如下：

松龄——仲璘，处士，享年48岁。

　　——仲常，处士，享年70岁。

椿龄——仲莹，处士，享年25岁。无后。

　　——仲光，（桂龄子过继）恩贡候选教谕，军功赏蓝翎。江西即補知县,例授奉政大夫,享年47岁。

寿龄—仲瑊,邑廪生,捐补知县,历任汉中六县知县,后署汉中
　　知府,诰五品奉政大夫,享年49岁。

—仲璈,附贡生。享年50岁。

—仲彦,捐署广东三水知县,广东候补布政司,享年34岁。

文龄—仲琦,处士,享年24岁。仲珏子嗣。

—仲珏,处士,捐两淮盐运司经历。享年65岁。

—仲璇。处士,捐候选从九品军功,保加五品顶戴。享年72
　　岁。

—仲玑,处士,捐广东盐运司知事。享年不详。

长龄—仲裳,一名诒令(桂龄子过继),太学生,副贡,捐知府
　　同知。例授奉政大夫,增资政大夫,享年30岁。

熙龄—仲毅,增贡生,例授修职郎。五品顶戴。享年55岁。

—仲瑗,军功保升知县,升云南晋宁知州,诰授朝议大夫。
　　享年56岁。

—仲瑀,以子封朝议大夫。享年34岁。

—仲璐,举人,曾任知县,例授奉政大夫。享年63岁。

桂龄—仲缙,太学生,广禄寺署正,例赠奉政大夫。享年47岁。

—仲琳,例捐知府同知。以子诰资政大夫。享年44岁。

—仲奎,邑廪生,享年45岁。

—仲霖,享年30岁,无后。

—仲琅,捐五品职衔。享年73岁。

　　从图示可见,在第六代传人中,贺仲瑊的官声名望算是最突出的,但较第五代的贺长龄、贺熙龄、贺桂龄还是要逊色许多。人说贺家五代而衰也不无道理。不过声名显赫并非生命的全部,关键是当事者是否尽力求索生命的超越,从这个意义上看,贺仲瑊并不羞愧。还有一点,他身后留下的立言文字实在太少,且保存不善,可说全部散失,也影响了后人对他的认知。所以仲璈不无惋惜地说:"兄酷嗜文翰,手不释卷,经史子集无不周览,评论古今人诗文皆能洞中肯綮,架上书籍每阅一过,必记年月于卷尾,途中载书自随,尝指语同列曰:'此我行路资粮也。'诗文杂著随手散佚,不自存稿,自服官后,略不涉笔。曰:'吾并力从公务尚虞不给,何暇具他今存者?'《制

296

义》一卷,《古今体诗》一卷,《试帖》一卷而已。"但愿，贺仲瑊这些遗文能有见天日的一天，给后人新的惊喜。

贺仲肃事状

贺仲肃（1823—1879），善化贺氏第六代传人。派名贺仲瑷，学名贺瑷，字学遽，号仲肃、润山，又号啸楼。史料中多称他为贺仲肃，也有叫贺瑷。他是贺熙龄的次子，也是唐鉴的女婿。他的哥哥叫贺仲毂，字小拓，号伯忠，是陶澍的四女婿，以增贡生例授修职郎，五品顶戴，又以贺仲肃赠朝议大夫。他的大弟贺仲瑀，字佩仁，号叔慈，梁修元女婿。以子师约贵，封朝议大夫。他的小弟贺仲璐，一名运升，字尹孚，号季和、绍农，唐方煦女婿。同治年间中举，曾任中卫、灵台、山丹知县，例授奉政大夫。在贺熙龄四个儿子中，贺仲肃留下的记载最多，在湖南士林中名望也最大。

下面，就说说他的故事。

贺仲肃儿子们给其父写的《行状》，对贺仲肃青少年经历有如下记载：

先大父乡贤公为学务在躬行，两任御史，条奏精详，衡文所得多知名士。生子四人，次即府君，生而胼挚，幼随先大父官京师及视学楚北，以府君从甫授经，即知勉，虽患目疾，不少休，喜临池橆，仿欧虞各体书及刘石庵相国书。乡贤公钟爱焉。年十七，赴金陵，就甥馆于唐氏，时外大父确慎公任江宁布政使。府君读书于署之瞻园，授教益逾年。旋湘应府试县试皆前列，学使南皮张振之先生鑠取补府学生员。年二十一，学使商丘陈杏江先生坛拔置优等食廪饩。先大父主讲城南书院凡九年，府君随侍亲讲授，学益进。

　　这段记载时间有些错乱。给人的感觉是，贺仲肃在 21 岁已经是府学生后，又跟随贺熙龄在城南书院受读——这在时间上是不可能的。道光十年至十九年（1830—1839），贺熙龄回湘主持城南书院，此时贺仲肃正值 7 岁至 16 岁期间。可见其子为父亲作的《行状》有误。根据贺仲肃的出生年月以及贺熙龄的履历，应该作这样的更正：贺仲肃当在 7 岁前随父在京都和湖北受抚教。道光十年（1830）其父回湘主持城南书院，7 岁的贺仲肃又随父回乡受读，至 16 岁，贺熙龄离湘再赴京城任职，贺仲肃去了南京，作为女婿，受教于江宁布政使的岳父唐鉴，即"甥馆于唐氏"，时 17 岁，因此也可以推断，在受读于唐鉴期间，贺仲肃与唐鉴的女儿结婚。唐鉴共有四女，此时长女已嫁，二女惠观已订婚，三女恩观出生于 1814 年，要大贺仲肃 9 岁，不太可能嫁给贺仲肃，故贺仲肃应该是唐鉴四女婿。

　　道光二十年（1840），贺熙龄又告假回乡养病，此后再没有复出。大约两年后，贺仲肃也离开南京唐鉴府，携妻子回到湖南。为别金陵，贺仲肃还作有《石城送别图》，请师友题咏以为纪念。唐鉴、何绍基、罗汝怀、熊少牧等人都题诗以赠。

　　唐鉴题诗如下：

题贺婿仲肃石城送别图

　　　　石城桥下水涟涟，弱浪轻烟送客船。
　　　　泼翠远来山色里，好风多出柳条边。
　　　　当时归去三千里，此画藏之十六年。
　　　　只为瞻园图未得，读书心事总拳拳。

罗汝怀题诗如下：

寄题贺仲肃石城送别图

　　　　江水忽西流，新歌唤莫愁。刀光洞房雪，帆影石城秋。
　　　　钟阜寻烟树，长干问酒楼。山灵劳应接，先后楚人游。
　　　　去日曾追送，维舟岳麓前。轻寒重九月，飞电十三年。
　　　　乔木无山仰，遗书有箧传。趋庭尔时景，回首一潸然。

何绍基题诗如下：

题石城送别图，为贺仲肃作（其一）

玉镜台前绿鬓郎，多时儿女粲成行。

朝天来舣石城棹，笑咏当年蹶里章。

时仲肃将以引见北行。

从这些题诗及注释看，贺仲肃在南京唐府完婚确定无疑。熊少牧的题诗未得见，据史料转述，熊少牧在其《读书延年堂诗钞》中的《题石城留别图》自注称，道光十九年贺仲肃就婚于金陵。于是更加确定贺仲肃就是17岁结婚。还值得注意的是，唐鉴的诗似乎是事后多年题写，诗句云："当时归去三千里，此画藏之十六年。只为瞻园图未得，读书心事总拳拳。"似有微言大义，意指贺仲肃一直未有科名，唐鉴有些遗憾。贺仲肃无论作为硕儒唐鉴的女婿还是学生，这都显得有些尴尬。《行状》也说，"府君七战秋闱，屡荐不售"，无奈之下，后来只好走投军之途。在贺仲肃与左宗棠的通信中也见到，左宗棠殷殷劝慰贺仲肃不要太在意功名之事。总之，贺仲肃一生科名未举，始终是一个心病。

话再回头，贺熙龄道光二十年又回湘，再次掌城南书院一年余，因此，贺仲肃应该此时协助其父处理院务。他受知于学使张振之，为府学生，也就是此时。又两年，其父贺熙龄去世，贺仲肃主持了后事的处理。这本该是长子贺仲毂更应该担当的事，可《行状》中却没有提及长子贺仲毂，估计还是贺仲肃更加精明强干吧。以上就是贺仲肃25岁前的履历。

故事再往下说，就是咸丰年间了。

咸丰初年，太平天国动乱起，兵逼长沙。《行状》记载：

迨咸丰改元，寇事作，壬子秋突犯长沙，府君奉先大母仓卒不及避，遂居围城中八十余日。府君日事侦探，虽炮石如雨下不避也。得好音归即语先大母。当其时危如累卵，府君日夜焦灼，莫可言宣。癸丑夏，奉先大母避寇于长邑之尊阳都，甲寅秋又遭先大母丧，因侨寓离祖茔远，举榇不便，故卜葬兹乡焉。未除丧，粤逆窜入高桥，劫掠一空，幸举家早移，而府君则只身走，为贼所迫，几濒于危。先世家资不丰，自是遂落。

这是写咸丰二年（1852）的家难。

这一年，太平军由广西突围北上，在湖南全州蓑衣渡受江忠源的楚勇伏击，损失惨重。突围后的太平军直扑长沙，围城猛攻，长达三个月之久。一时间，长沙危在旦夕。贺仲肃一家被困在城中八十余天，如惊弓之鸟，后来太平军西王萧朝贵中炮而亡，太平军放弃攻城，继续劫掠北上，贺仲肃才转到尊阳乡间的姐夫（或妹夫）郑先朴家避难。这时贺母梁夫人在兵乱中受惊吓去世，只好葬于他乡。哪知还没有出丧，太平军一部又杀到尊阳，郑先朴一家与太平军理论，痛声骂贼，遭到灭门屠杀，贺仲肃只身逃亡，方捡了一条命。与此同时，另一路太平军也窜到贺家的祖居地高桥，将贺家在乡间的资财洗劫一空。从此，贺熙龄一家在经济上走向了败落。

说到此，就要说说贺仲肃的家境状况了。有许多文学作品说，贺熙龄家在长沙属于豪富，开有多家药局，如普济药店和利生药铺，老板就是贺仲肃。还有说，因为贺仲肃是个花花公子，贺熙龄为了拴住儿子，才要儿子掌管。还说，曾国藩组建湘军，要筹军饷，就拿长沙豪富开刀，逼迫他们捐款。左宗棠也出主意设局，要把贺仲肃套进来，于是就摆下鸿门宴，请贺瑗（仲肃）出席，一番斗智，贺瑗被迫拿出了四万两银子，连巡抚都大吃一惊，原来贺家这么有钱！这些说法，不能说是空穴来风，包括贺仲肃有点纨绔气，也不能是说无稽之谈，比如他屡试不中，应该也与求学不够刻苦有关。左宗棠给贺仲肃的信中也含蓄地说，你的朋友很多，是好事也是坏事。还说，你要少点应酬，腾出时间多读点书。还问及贺仲肃药局的生意怎样。诸此种种都显示，贺家的富有，开有药局以及贺仲肃有些纨绔气，不完全是虚构。但是，要知道，无论是曾国藩还是左宗棠都是贺仲肃的亲戚，曾国藩的儿子曾纪泽娶了贺仲肃的堂妹、贺长龄的女儿，左宗棠的长子左孝威与贺仲肃的小妹订了娃娃亲，况且，左宗棠还是贺熙龄的高足，借他个胆，也不敢对自己师弟贺仲肃摆鸿门宴。充其量，只能是左宗棠晓以大义，贺仲肃主动认捐。要是文学作者考虑到曾、左与贺家的这种亲密关系，虚构时也会采取更合理的构思。再说，贺家富有，还有个时间分界，咸丰四年（1854）后，贺家在经济上基本败落了，这是我们要掌握的分寸。左宗棠显达后，在给儿子的信中也说过这样的话，贺仲肃为人清廉，家境窘迫，要是我们家能接济他的话，要尽量接济。这又说明，贺仲肃做人还是有底线的，并不算花花公子，尤其是在家境败落之后，还是一个有操守、敢担当的人。我们往下说，就更明白了。

且看《行状》记载：

> 不二年，三叔父叔慈公病殁，数口嗷嗷，府君之累益重，迁徙频，仍日形支绌，至是则更不堪言状矣。府君七战秋闱，屡荐不售。又睹时事危剧，遂奋然有纾难之志。时胡文忠公督师攻崇阳，录府君名入奏，得旨："善化县廪生贺瑗以训导，不论双单月尽先选用，钦此。"旋以劝饷有劳，经骆吁门中丞、毛寄云中丞先后保奏，赏国子监学正衔，加五品衔。同治癸亥，今东阁大学士陕甘总督二等恪靖侯湘阴左公方督师援浙，檄府君随营，躬冒矢石克复杭州、余杭等城，保奏奉上谕："训导贺瑗着免选本班，以知县留于浙江，遇缺即补，钦此。"旋因克复武康等城并三次截剿窜贼，侯相左公保奏奉上谕："五品衔遇缺即补知县贺瑗着赏加运同衔，钦此。"甲子冬委署慈溪县知县。

这一段记载便到了同治三年，即公元 1864 年。我们看到，出于对家庭的担当，也出于对科举之途的失望，大概还有些报国复仇情怀，贺仲肃毅然投军，在父亲的两位高足胡林翼和左宗棠的引荐下，加入了对太平军的搏杀，立下了战功，也戴上了知县的顶戴花翎。

这次任命又是时任浙江巡抚左宗棠的安排，他特意选择了属于宁波府辖的慈溪县，并非因为此地滨海富庶，而是因为此地古属会稽郡，是贺家的祖居地。左宗棠致信贺仲肃，语重心长地说，慈溪"地近四明，与昔人出守乡郡何异？冀政声隆隆，为千年桑梓光也。知县一官，造福最易，此行可为尊府积善累庆之地，幸勿错过"。（见《左宗棠全集》）对于左宗棠的话，更直白地翻译就是，这是靠近你先祖贺知章家乡四明的地方，就像治理家乡一样，你可要为祖宗争光呀！左宗棠还特意托人从杭州送来两株梧桐树苗，要贺仲肃栽在县衙院内，梧桐寓意品质高洁，贺仲肃当然领会了左宗棠一片苦心，怀抱使命地走马上任。这年，他已 41 岁。曾经的纨绔气，已经在烽火狼烟的洗涤下荡然无存。

> 是时疮痍满目，府君不辞劳瘁，善后之务，悉心筹画，凡二

年。抚宪马公会同侯相左公奏补是缺。五年四月奉上"慈溪县知县准其以贺瑗补授，钦此。"慈固有湖山之胜，民气纯朴，戎马既定，未耜克修。府君顾而乐之，孜孜以劝农桑，兴学校为务，虽竭蹶从公勿计也。次年，民有以一禾双穗献者，府君曰："三农勤劬，天降之瑞，令何与焉？"赋诗志之，和者甚众。

府君性夙慈善，每值听断，不轻事敲扑，舒颜温语，反复研讯。务得其情而后止。屡年未结之案，一经讯谳，曲直立剖，而于讼徒地痞为民害者，则惩治不遗余力。人以是益服其公明。慈邑西乡居民许也耕殁，无子，妾徐氏矢志守节，立继抚养，族人许正邦艳其家资，于同治六年冬间，串同在城之秦萼卿并纠多人，突至徐氏家以执奸为词，乘势搜掳，将徐氏拉至秦萼卿家关禁，意图逼嫁，以遂其朋分遗产之计。府君访悉情形，不动声色，立率亲信家丁数名驰往萼卿家，于复室搜出徐氏，并拘提正邦等到案讯实严办，被掳之物悉追取给徐氏具领。北乡有沈华堂者，平日横行乡曲，鱼肉居民，府君访闻正在，饬拿。适客民王远国控裘盛滋等挟嫌纠抢案内，沈华堂亦被控有各当，经拿获讯实，凝办。旋在监病故。从此北乡除一大害，民得安居，众心大快。又，费某与其族人争产，经承刑吏舞弄文法，事觉株连绅士数人，府君并拘集之，讯实分别监押。又，钱生某与人构讼呈印契为质，府君察其伪，召之至。曰："汝读书人当知法律，断不为此，其或为人所绐乎？"立焚之，其人俯首股栗谢去。讼亦寝。尝谓人曰："我陷于法，活我者实贺公也。"遂感激勉为善士。又有杜白二湖在北乡，开自汉世，灌溉一乡五都田十万八千余亩，明时被近湖奸民逐渐侵，湖成田，水利大坏，迨后辗转卖买，积重难返，而五都业佃人等与湖水相依为命，遂致控讼纷争，岁与安息。同治六七八年间，复行争讼。府君三次会同委员亲历勘丈，明确详奉，买毁占田宽复湖身。具奏完案。当是时也，事无巨细，府君无不采访诹咨，兼以寇事甫平，更不敢稍耽安逸。慈城自遭兵燹，颓垣败壁，瓦砾盈途，甚至河水亦淤塞，大为舟行及汲食者所苦，而城垣闸坝毁坏尤多，仓廒及邑厉坛养济院，悉成焦土，衙署监狱亦年久渐就倾圮，府君悉心经理，捐廉为之倡，并劝谕绅董筹款集费，次第修治悉复旧观，辛未调取

引见，六日，钦派王大臣验放，七月到省，八月回慈溪县本任，四境居民无不额手。

这一段记载写到了同治十二年（1873），贺仲肃在慈溪已主政十年。所做的都是战乱恢复、民生建设的麻烦事和琐碎事，说起来并不惊天动地，可是慈溪"四境居民无不额手"，这就值得回味了。其实，中国的老百姓是很容易知足的，他们只期盼安居乐业，人间多一些公平。只要当官少一些贪心，多一些操心，好官的名声并不难得。所以左宗棠说"知县一官，造福最易"，大概就是明白这个道理。遗憾的是，为官者，不贪不庸很难做到，结果便成全了贺仲肃。

同治十二年秋，贺仲肃奉调主持秋闱考试，次年又接到了调令，去上虞任知县，这依然是祖先生息的土地。不过，他仅在上虞两年，又回调慈溪。

癸酉秋，奉调司秋闱事。十三年七月，委署上虞县知县。虞邑濒海滨，政务繁琐，府君治之不少懈，未二年，大宪檄令回任，遂复来慈。府君与慈民结不解之缘，先后三至，地方利弊罔不周知，凡所兴除，舆情益洽。慈邑因沿海，匪徒乘间出没，本境良莠不齐，兼有佣趁客民时来杂处，间阎殊难安谧，府君乃力行保甲之法，示谕居民互相守望，互相纠核，奸宄至无所容。府君常躬诣抽查，每宵亲率巡行家至而户，考之迄，未尝稍懈，距邑治较远者，则责成就地绅民加意防捕，以故十余载有犯必获，地方安堵，劫案遂由此稀。

府君又念士为四民之首，受篆伊始，即召阖邑观风，又倡修明伦堂，先后三任，躬与县试八届，弃取秉公，士论翕服，积学之士如冯君一梅，何君麟祥，韩君廷楣，皆首拔者也。课慈湖德润两书院，生童严密扃试，给奖从优。德润书院被匪焚毁，劝令殷富重葺一新，加惠士林，尤觉有加无已。丁丑秋，宁绍之界飞蝗四出，府君重忧之，劝令居民设法搜捕蝗，皆集华竹间，经宿辄远去，慈之稼无一伤者，及冬，鄞县悬缺，大宪以府君久任海疆，请调补，未得覆，而部中以慈任，正供三载全完，循例应升推为云南晋宁州知州，文甫下省，府君谓不孝等曰："间关万里，力难与眷属，偕将令汝辈奉母归湘中，吾自顾力非衰迈，何惮南行，所惜来慈十年与父老士庶谊若一家，猝然远离，自觉怏怏。呜呼！府君盖不知其终老是乡也。

　　府君起家诸生，每以循吏自勖，凡有讼狱，无不寓猛于宽，以诚觉伪，不以浮夸钓誉，不以操切扰民，德化涵濡，竟有日迁，善良而不自知，居安乐而不自觉者，及出殡，士绅皆设位以祭，民则焚香塞道，行哭失声，由是观之。府君之抚绥慈民者何如，而慈民之感戴府君者又何如也！

　　如此看来，贺仲肃还真是和慈溪有缘。其实，慈溪离上虞也不远，都属于先祖繁衍生息的土地。这不禁又令人想起左宗棠的嘱托，你是在治理自己的家乡，为先祖积德。也就意味着，贺仲肃是满怀乡愁在履政尽责，他不是效忠皇朝，而是孝敬自己的父老乡亲。于是，就不难理解这样的景象和感慨："及出殡，士绅皆设位以祭，民则焚香塞道，行哭失声，由是观之。府君之抚绥慈民者何如，而慈民之感戴府君者又何如也！"如今，左公所赠的两株梧桐依旧在古县衙旧址，所在院落就叫"双梧馆"，游人聆听梧桐的故事，望着枝繁叶茂的梧桐，感悟一百五十年前一位贺家子弟为官的信念，思古幽情会特别富有意味。

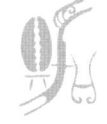

　　历史的记忆是很奇怪的。

　　算起来，贺仲肃是胡林翼攻打崇阳时，举荐进入仕途的，这是咸丰四年（1854）的事。至光绪五年（1879）贺仲肃卒于慈溪任上，也有 25 年的仕途光阴。特别是在浙江慈溪、上虞任知县达 15 年之久，官声斐然。按道理，历史应该以循吏的形象确立相关记忆。吊诡的是，权威的史料都坚称，贺仲肃是一位大藏书家。

　　据有关史料，可以大体这样描述，贺仲肃善书画，嗜好收藏，尤以藏书丰富知名。其藏书楼名啸楼，藏有历代古迹珍本甚多，在当时的士林可谓少有的大藏书家，文人雅士，均以能入啸楼一睹珍藏为快。

　　时移世易，人事沉浮，啸楼的珍藏均散失，殊为可惜，但是人们还是在后世藏书大家以及图书馆中得见盖有其藏书印的多种古籍。如民国大藏书家王礼培就辗转收藏了啸楼流失的十余部藏本，有《渠阳杂钞》《夹漈遗稿》《节庵遗稿》《广陵先生文集》《泠然斋集》《高氏小集》《富山先生遗稿》《揭文安公文集》《梅花先生遗墨》《默庵先生文集》《耕学斋诗集》《古逸民先生集》《草玄阁后集》《王常宗集》《思庵先生文粹》等珍本。涉及宋元明的诸多名家，如郑樵、魏了翁、于谦等。王礼培还收藏了一部贺长龄亲笔批注本的《吕子评语》，据说花了四千两银子所购，可见贺仲肃的藏书是一座相当珍贵的文化宝库。后来贺仲肃以藏书家名世，其官声反而被人遗忘。可见，历史留痕是以文化优先。显宦富豪，可以荣贵一时，但流芳百世还是文化。

史料还有记载，贺仲肃在慈溪为官时，还亲自在县里的德润书院兼课，并拿出自己的薪俸，资助奖励那些贫困而学业优异的学生。此外，他还主持修撰了县志，虽然因为种种原因，没有刻印，却为后来光绪版的《慈溪县志》奠定了基础，学者一致认为，光绪版的《慈溪县志》就是依托贺仲肃所修的同治本完成。研究地方志卓有建树的梁启超，也见到了贺仲肃主修的文稿，惊讶地说，这修志者的功底十分了得，绝不是一般文人。想想看，古代一个县官，文化修养如此了得，实在是令人感慨万千。其子也有回忆：

> 府君生长世家，无纨绔习，无论居家居官，暇则温经读史或摩挲晋唐以来诸法帖，晚年尤酷嗜秦汉篆隶，而各家画册亦把玩不释手。每日晨起办公，饭后判事，日晡则以书画自娱，自朝至暮迄无倦容。不孝等窃自喜曰："此寿征也。"彼苍者天何夺我府君之也，呜呼痛哉！府君当弥留之际犹必据几，视公握管画稿时，不孝等待侧以静养劝，府君正色曰："公事宜办，岂可偷安？"呜呼！言犹在耳而府君不及见矣，痛哉！

作为古代官吏，总有风雅癖好，文化底蕴是旧时官吏的必备修为。贺仲肃也不例外，区别在于，贺仲肃的家学背景，使他更多一种文化自觉或者说文化使命感。例如对贺长龄、贺熙龄以及唐鉴遗文的整理：

> 五伯祖父尚书公谢滇督归蒉于里第，所遗耐庵诗文存并疏稿均未付梓，时寇事起，徙家江乡而从叔父少庚中翰又殁，府君虑其久而散佚，特先取诗文稿请罗研生舍人丈同校刊，之外大父唐确慎公遗集，因舅父子文贰尹病殁于山东旅寓，亦有散佚之虑，乙亥岁，府君权篆上虞，公退之暇，手自钞录次第校勘付梓焉，虽两公功名事业固不赖诗文传，而吉光片羽不致烟没者，未始非府君之力。

贺长龄、贺熙龄、唐鉴均是湖湘经世派官僚中旗帜人物。其诗文记载了他们的心路历程，比较他们官方奏疏之类的文字，更具有心灵史的文献价值，有助于后人对他们的深度理解。贺仲肃是贺熙龄之子，贺长龄的侄子，唐鉴的女婿，整理先人的文献是最佳人选。他还请了贺熙龄的学生，《湖南文征》的主编者罗汝怀参与整理（罗汝怀是和邓显鹤齐名的湖湘文献学家），更加体现出学术态度的严谨。因此，贺仲肃对这些诗文的整理和刊印就具有非同一般的珍贵意义。可惜的是，二贺故世于道光末年，唐鉴故世于咸丰十一年（1861），正值太平天国动乱兴起与高潮时期，烽火连天，二贺与唐的诗文大量遗失，今日我们得见的诗文，仅是其中很少的一部分。

贺仲肃还是一个很有家庭责任感的人。其子回忆说：

> 府君性轻财，作宰十余年不为肥家之计，持躬清慎，不改儒素风，而于友朋告贷则慷慨无少吝，卒之日囊空如洗，逋累巨万，闻者伤之。府君兄弟四人，先大母见背后不愿分析，故一庭雍睦，毫无间言，三叔父叔慈公、伯父伯忠公丧葬府君力任之，抚其孤如己出。四叔父绍农公壬戌领乡荐，辛未大挑得县令，时值府君入都之际，聚首京华，喜出望外。四叔父旋即之官西凉，府君尝叹曰："由甘至浙道路辽远，晤面不几难耶。"孰料判袂之期即成永诀。呜呼痛哉！

这些记载不禁使人联想一些文学描写，说贺仲肃是个财大气粗的花花公子，看来也多属文学想象。要论史实，他曾经富有倒是事实，他喜欢收藏，也要靠财力支撑，但是贺家遭到太平军的洗劫而败落，尤其是后来贺仲肃四兄弟没有分家，全靠贺仲肃支撑全家的生计，这是一个很大的负担，其生平的大部分岁月是靠借债来维持家庭，以至于身后欠债达到上万两银子，这些情况，只怕鲜有人知，乃至难以相信。说起来，这也是大家族的尴尬，要维护显族的颜面，只能打肿脸充胖子，送往迎来包括接济亲朋，贺仲肃出手很大方，也就给世人留下了富家公子的印象。史料记载，贺仲肃死后，归葬长沙，当地达官显贵都来码头送行，《申报》还刊发了报道，场面十分热闹。

如今，慈溪县衙还保存完好，作为宁波一处风景名胜供人参观游览。在县衙内有一堵清官墙，罗列着慈溪历代清官的简要介绍，贺仲肃的大名也在其中。文字介绍如下：

贺瑗,湖南善化人。同治三年(1864)来令慈溪。时军兴初弭,百废待兴,瑗加意抚恤,与民休养生聚,复率绅士浚城河,筑坝闸,修明伦堂及德润书院。在任近十年,与民相安,始终如一,邑人颂之曰:"汉良吏恂恂无华,所谓日计不足,月计有余者,瑗其有焉。"

贺仲肃有四子,长子师彬(彬煌),邑庠生,娶同邑道光丙午科副榜候选教谕唐尔羡(唐鉴之侄)之女,继娶沈氏,仁和候选布政司理问沈濂之女。次子师凯(庆镛),邑廪生,娶长沙道光丁未科进士、原任江苏奉贤县知县加同知衔陈讳星焕之女。三子师诚,五品衔,浙江试用府经历,娶同邑五品衔候选州同张声镛之女。四子师定(汝定),补用知县,娶安化候选训导赠奉政大夫翰林院编修黄雨田之女。女二,长适长沙邑廪生赠中宪大夫郑先朴次子,邑增生,补用知县郑业崇。次适道州道光甲午科亚魁、原任浙江督粮道何绍祺三子,太学生,议叙国子监典籍何庆熙。儿女们的姻亲均是湖湘名门世家。在贺仲肃的《行状》中还有"赐进士出身吏部左侍郎提督浙江学政姻世愚弟黄倬拜填讳"的字样,这都说明,至第七代,贺家社会人脉,还保持着丰厚态势。

驻美参赞贺师桢

贺家子弟中有两位晚清外交使臣。一位是贺庆铨（师约），随曾纪泽出使欧洲；另一位是贺师桢，以驻美参赞的身份，随张荫棠出使美国。他们俩都属于中国最早的一代外交家群体。但是，和那个时代的大部分外交使臣一样，他们都没有稳定地在外交家的道路上持续人生。这无疑是时代使然，在那个弱国无外交的时代，外交家的个人命运大都是昙花一现。正因为如此，也就现出个人命运和时代的关联。有必要说明，贺师桢的生平材料极度缺乏，所以，本篇更多是记述贺师桢所经历的那些历史事件，他本人只是历史场景中若隐若现的身影。

贺师桢（1857—? ），一名师贞，字子周，号止舟，系贺氏家族第七代传人。祖父贺文龄，父亲贺仲玑为贺文龄的第四子。贺师桢没有科举功名，捐广东盐运司知事。值得注意的是，他的几位堂兄，也都是走的捐官路子，想必家里有些家底，读书科场不顺就走了捐官路。这在当时很普遍。贺师桢的学历是监生，是真读了国子监，还是靠叔祖父贺长龄的荫护，或者是出钱捐了监生就不得而知了。反正可以算秀才参加乡试了。似乎他乡试也不顺，还是走奏保之路获得"分省补用通判加四品衔。历任浙江提署文案处总理兼海防前敌行营总文案，浙江督练公所总文案"。这是族谱中记载的贺师桢第一段人生经历。

贺师桢这段经历与浙江相关联。他在省级提督府衙担任文牍工作，按常理，年龄应该在 20 岁以上。史料显示，浙江提督府设在宁波。于是，另一个在宁波任官的贺家长辈贺仲肃（贺瑷）就浮现出来了。按辈分，贺师桢应该叫贺仲肃为堂伯。虽然贺仲肃的官职只是宁波府属下的慈溪知县，但该县和宁波毗邻甚至可谓一体，加上贺仲肃在地方上的官声人脉，我们便有理由猜测，贺师桢来浙江发展就是贺仲肃一手操办的。但是从行政经验看，贺师桢不大可能在 20 岁就担任提督府总文案——该在 25 岁以上比较合理。于是我们又可猜测，他初来时，很可能是给堂伯当差，在堂伯的培养下提高了文牍能力，然后再进入提督府当总文案。于是问题又来了，堂伯贺仲肃在贺师桢 22 岁那年就去世了，不可能再荫护堂侄，而贺师桢要进入提督府当总文案并不容易，还需另有权势者举荐才行。于是，我们又发现，光绪八年至十年（1882—1884）期间，左宗棠调任两江总督，而左宗棠有个特点，凡是贺家的事，他都会尽力帮忙，比如贺仲肃就是他一手安排在浙江当官的。此时，浙江提督张其光又是左宗棠的老部下，因此，贺师桢又得到左宗棠的举荐，去提督府任总文案就不奇怪了。此期间，贺师桢有 27 岁了，应该比较成熟了，担任总文案也应该称职了，或者他进入提督府先任一般文案，经张其光提拔而升任总文案。当然，我们分析他受到贺仲肃和左宗棠的提携，也仅是按照常理推测，并没有确实证据。

族谱记载贺师桢在浙江的任职履历后，马上进入他的下一段履历："参调西藏查办事件随员，全权会议中、英、藏、印通商章约参议。"又据史料更明确地记载："贺师桢，光绪三十二年，以浙江候补巡检随驻藏帮办大臣张荫棠入藏，后随同前往印度，议定商约。"光绪三十二年即 1906 年，贺师桢 49 岁。这是有些奇怪的，他这段人生记载与上一段人生记载一下子跨过了 20 年。难道他在浙江做文案这么多年吗？况且，史料说他是从候补巡检被选用，也就是说，他 49 岁时还是一个未实授的九品巡检，实在混得不怎么样，和前面所说的"四品通判"距离未免太大。到底真相怎样，成了一个谜。

不过，随张荫棠入藏，背景是和英国人谈判西藏的主权归属，应该算是一件外交大事，这也标志着贺师桢外交官生涯的开始。

张荫棠（1866—1935），广东人，举人出身，捐官为内阁中书，其叔父是浙江提督张其光。此时正是英军第二次侵略西藏，占领了拉萨，在十三世达赖喇嘛逃亡的情况下，逼迫留守拉萨的摄政者签订了《拉萨条约》。该条约当然是不平等条约，所以清政府不予承认，要求修改条约。遂派唐绍仪作为全权代表与英方交涉，张荫棠作为唐的副手参与了谈判。几经周折，签署了《中英续订藏印条约》，最主要的修订就是使英方承认西藏是中国的领土。这被认为是重大的外交胜利，其实也是对西藏地区许多权益做了妥协的结果。面对强敌能有这样的结果，一是保全了清政府的脸面，二是在法理上坚持了西藏属于中国的主权归属，也算是不幸之中的大幸。之后，朝廷又派张荫棠作为钦差，以驻藏帮办大臣的身份处理战后遗留问题。当时西藏的问题错综复杂，有中英和中印利益纠纷问题，有西藏地方当局内部的权益纠纷问题，还有清驻藏官员的贪腐渎职问题，等等。张荫棠就向朝廷提出了选拔得力的人才组成团队赴藏处理的要求。贺师桢就是在这样的背景下，从浙江被选拔进入张荫棠团队。

那么，张荫棠又是怎么了解和认可贺师桢的呢？这就要说到张的叔父、浙江提督张其光了。因为贺师桢曾在张其光手下任总文案，表现优秀，得到张提督的赏识，故与侄儿多有提及，这就使得张荫棠对贺师桢有了好印象。这也意味着，贺师桢在张其光手下任总文案，属于幕僚性质，不算官方编制。当然，这也仅是猜测，否则会让我们更加莫名其妙。

贺师桢不仅跟随张荫棠出使西藏，还出使了印度，这一段人生经历足以使他进入历史记忆，对其个人而言，无疑也是重要的人生升华。

史料显示，贺师桢跟随张荫棠入藏受到了隆重的接待。在张荫棠入藏使团中，还有一位副手何藻翔，武进士出身，也是广东人，记下了西藏此行的轰动：

> 香山侍郎唐公绍仪与英使臣萨道义重订藏约于京师。丙午四月，荫棠奉命自印度入藏，循约辟埠，议善厥后。以参赞何藻翔行，襄帷幄。参议颜廷佐、贺师桢、周翔凤主文牍，亚东关税司张玉堂总三埠商务，翻译高恩洪，医官全绍清，会计陆国祺，监察张春华、何鸿逵从。初至日，藏人夹道，艺香膜拜，若旱望霓。登布达拉山谒圣容，瞻罗卜藏之遗像，辄叹当日望气知中国有圣人，神识至不可及。因进堪布等宣布威德，拊循疮痍，为述两官西顾忧劳，所以命使之意，与使者兹行衔命之旨。僧众感泣。犹虑民信未孚，发善后条二十四，谕商上三大寺议，以觇众志。藏官狃于无动为大，辄以大公所众议未定辞。于议期莅其堂，痛陈物竞之理，怵以祸至无日，当救焚拯溺，指佛前剖心自誓。万众惊愕，叩头挥涕，曰：唯天使命，愚暗不知所裁。某徐视以农工商、路矿、盐、茶、财政、学务、督练、交涉、巡警九局草章，缕为指导。复怃然曰：吾侪今知天使苦心瘏口，为我唐古特人计久远也。继自今，我唐古特匪大皇帝是赖其谁赖？（见何藻翔《西藏布达拉山刻石文》）

这次西藏之行，张荫棠查办了颟顸误国、鱼肉藏民的驻藏大臣有泰等汉藏官吏十余人，提出了吏治改革和一系列社会治理的新方略，又一次宣示了皇威，征服了边地藏民尤其是上层贵族和僧众之心。但是振奋人心是一回事，真正落实又是另一回事。清朝中央政府一直把西藏当作藩属国看待，说白了，就是当一个国防屏障来看，并没有真心实意地经略西藏，而张荫棠的看法则是要真正把西藏当成"边地"来经营，不仅仅满足于藏民名义上的归顺，还要花大力气从各方面建设西藏。他的西藏观固然对高层有触动，怎奈真要治理西藏，以当时清的国力看，也是力不从心。所以，张荫棠的治藏新政基本上是纸上谈兵。一年后，他又被派往印度和英方谈判藏印之间的通商条约去了，西藏新政不了了之。

张荫棠的印度之行，贺师桢也随同前往。这说明他很得张荫棠的信赖。跟随张荫棠的西藏和印度之行，对贺师桢而言，是重要的人生历练。他的主要收获有二：其一，他成了当时中国稀缺的洋务外交人才；其二，他和张荫棠建立了密切的友谊，也显示了自身干练的办事能力，后来张荫棠出任驻美公使，又要贺师桢随行，担任驻美参赞，就是明证。

宣统元年（1909），贺师桢新的一段人生经历开始了。张荫棠被任命为驻美公使，贺随张一起出任驻美参赞。这是一个仅次于公使的外交官衔。就贺家子弟而言，贺师桢是继堂兄贺庆铨随曾纪泽出使西洋后，又一位外交使臣。从官衔看，贺师桢比贺庆铨更为正式。从中国外交史看，他们都属于中国最早的外交官群体。

说起中国早期的外交官群体，也是鱼龙混杂。最初是由一些洋务派官僚充任，他们的外交专业素质是在干中习得，良莠不齐，尸位素餐者多多。之后是许多留学生或同文馆毕业生充实到群体中来，这些人至少在外语方面基础较好，也是后来民国外交官的中坚力量。还有一种情况是由公使的幕僚充任，这些人先为某官的幕僚，后来某官为公使，便带其随行出国，使其走上外交官道路，贺师桢就属于此类。

此外，更要面对的是弱国无外交。这也就决定了，贺师桢跟随张荫棠出使美国期间，并没有多少可以言表的业绩。当时在美国有大批华侨和华工，因为美国政府推行排华政策，这些华侨和华工普遍受到歧视和欺压。维护华人的权益，就成为外交官责无旁贷的使命，张荫棠屡次与美国当局交涉，但收效甚微。一些学者从阶级斗争的观念出发，归结为清政府官员都是统治者的鹰犬，不会为贫苦的华人争取权益。这个说法不能说是武断，但也不能说是公道，其实更应该看到，作为弱国的清使臣是没有话语权的。事实上，遇到能够有所作为的机会，使臣们还是做了努力的。比如1910年，毗邻美国的墨西哥爆发革命，社会陷入动荡，旅居墨西哥的华人受到冲击，爆发了"莱苑惨案"，华人财产被抢掠一空，多人被害。张荫棠带着使馆人员与墨西哥当局进行了严正交涉，千方百计调查取证，要求严惩凶手，道歉赔款。最终取得了外交胜利，签订了《赔偿华侨损失证明书》，清政府获赔310万比索。这次外交胜利的重要原因就是墨西哥政府处于弱势，所以清使臣能够有所作为。

史料没有提及在与墨方外交斡旋时贺师桢是否在场，但是作为张荫棠的助手、驻美参赞，他应该是参与其中的。此后，中国就爆发了辛亥革命，宣统皇帝在强大的反对势力压迫下，宣告逊位。中国又改朝换代，开始了北洋政府执政的民国时期。张荫棠接受了民国第一任大总统袁世凯的邀请，留驻美国继续担任民国的驻美公使，贺师桢则结束了参赞生涯回国。是他没有收到民国新政府的任命，还是自己主动离职，不得而知，但前一种的可能性更大。他是清政府最后一届外交官，估计他回国的时候心情是黯然的。这既是他个人的不幸，也是国家的不幸。从贺师桢出使西藏算起，他的外交官生涯大约持续了5年。回国的时候，他已经54岁，在那个年代，可称为老人了。

贺师桢回国后没有选择回湘养老，而是去了东北，在长春开埠局担任坐办一职，大概相当于办公室主任，是个很忙碌的工作。可以想见，他虽然已经54岁了，身子骨应该还可以，同时也是谋生的需要。他是否还有壮心不已的抱负，我们就不得而知了，但作为贺家书生，这是很有可能的。

长春开埠局是专门为长春开埠而设立的政府机构。这就要说说长春开埠的事了。1904年至1905年，日俄战争有些荒唐地在中国东北爆发，原因是俄国人和日本人争夺在中国东北的权益。而作为主权国的中国要么帮俄国，要么帮日本，你说荒唐不荒唐？结果日本胜利了，俄国被迫将在中国东北修建的中东铁路从长春至大连段的沿线权益，即南满地区的权益全都让渡给了日本。于是日本开始经营南满地区，与清政府签订了包括长春在内的16座城镇开埠通商的协议，简单地说，就是对外商开放，允许其自由贸易。于是清政府就设立了长春开埠局，招商引资，建立专门的商业区，开展贸易。这也是不想外国势力广泛渗透，将外方势力限制在一个特定区域的做法。

长春开埠，也是长春对外开放的重大事件，因此开埠局的行政级别很高，局长由道台兼任，相当于副省级，局内设有外事机构和警察机构。贺师桢有外交官背景，这可能是他受聘当坐办的重要条件。长春商埠新区规划"周围三十余里"，颇有规模，设计师请的还是英国工程师，可见设计理念也很现代化，是参照国际商贸城的构想去设计的。可是由于种种原因——也许最主要的原因就是制度落后，商业区发展并不顺利，贺师桢不到一年就离开了。

离开长春，他又回到了最初的谋生地浙江宁波，在浙江外海水师总司令部任参谋。这个浙江外海水师，当年就属浙江提督张其光统领，也算是贺师桢工作过的老单位，想必还有一些老同事在。贺师桢很容易就谋到了一个职位。宣统年间，浙江外海水师的职责主要是保护商船不受海匪劫掠。到了民国，改名为浙江外海水上警察厅，有兵员上千人，大小舰船90艘，负责浙江海区的护商和稽查。按说这也是一个不错的部门，但是贺师桢在这个岗位也没待多久，族谱显示，民国二年至六年（1913—1917），他就转到盐政部门任职了。历朝历代，盐政都是官府把持的肥缺行业，即使有民营成分，官府也是要掌握控制权的。我们估计，他来浙江只是骑驴找马，过渡一下，跳槽去了盐政机构。那个时候正是袁世凯当权，特别重视盐政对政府的财政支持，对盐政体制作了一系列改革，正需要能人来充实盐政部门——这也是贺师桢跳槽的一个机遇。

族谱是这样记载的："民国二年，充两淮运署巡缉课兼编辑课员。三年，调充长芦官运局局长清理官运处主任，京引公柜经理。四年调充东三省运署秘书，保荐场知事，审查合格，传部考取，分发两浙任用五年。"从记载看，他任职的两淮盐政机构、长芦盐政机构、东北盐政机构、两浙盐政机构，都是中国主要的盐区管理机关；从他的职位看，即使是文员性质，也应该相当于六品衔。记载中还说他被保荐了场知事，并通过了国家考试认证，按照当时的条例就是国家正式任命的职官。场知事即盐场的场长，查有关条例，贺师桢符合场知事的资历条件："有与盐大使或州县以上官职相当资格，历办盐务行政三年以上确有成绩者。"这也就意味着，场知事的官衔应该高于州县长官，按清朝官制即六品以上。从收入看，他的收入是颇丰的。要是从民国社会经济研究的角度看，这一段经历也是很有史学研究价值的。可惜有关他这方面的资料太少，难以展开深入的考察。还值得一提的是，贺在盐政岗位任职期，是55至60岁之间。

民国六年（1917）以后，贺师桢离开了盐政部门，"充督办京畿一带水灾河工善后事宜"。这就和 1917 年京畿水灾相关联了。

那是 1917 年的夏秋之交，一场百年未遇的连天暴雨降临京畿一带，各条河道洪水暴涨，落后失修的河渠纷纷决堤，洪水淹没了以天津为中心的河北省百余县，受灾人口 600 余万，京畿大地一片汪洋，难民流离失所，饥民遍野，举国震惊。在举国呼吁救灾的舆论声中，北洋政府却只拿出 30 万两银子紧急救灾。可想而知，这只是杯水车薪，但也不能一味地怪政府抠门，当时的国家财政非常窘迫，能拿出这笔钱也十分不易。于是，就出现了北洋政府向日本政府和国外银行贷款救灾，同时向社会广泛募捐救灾的局面。

此时，已经退职隐居在天津的前总理熊希龄义无反顾地站了出来，向北洋政府、国外银行以及社会各界发起了共同救灾的倡议。北洋政府当然知道熊希龄的社会威望和能力，便委托他担任了救灾的总负责人，负责协调各界人士投入救灾，为此成立了京畿水灾赈济联合会。熊希龄临危受命，开始了一系列紧锣密鼓的活动。他领导的这次赈灾，从救济难民到疏通河道，以及建立慈善院，收养难童，再到后来建立香山慈幼院，开展慈善教育，已经远远超出了临时性的救灾性质，还为中国慈善事业的开拓奠定了基础，获得了社会的广泛好评。熊希龄的人生也因此翻开了新的篇章，他的慈善家事业自此起步。

也就在此时，贺师桢加入了京畿水灾赈济联合会，在总部任文牍员，起草撰写向各方联络求助的文件。他是主动放弃盐政机构的任职，投入赈灾活动，还是受到熊希龄的邀请？我们不得而知，但是凭借贺家在湖南的声望以及贺师桢的社会履历，同是湖南老乡的熊希龄应该与贺师桢早有交集。因此，很有可能是熊希龄向贺师桢发出了邀请，得到了贺师桢的响应。史料也缺乏贺师桢在赈灾活动中的事迹记载，这场赈灾活动获得了全社会的响应，各界投入赈灾的人很多，他被忽略也不奇怪。但是我们相信他的表现是非常突出的。族谱记载，他在两年时间里都在从事救灾活动：1918 年，"兼永定河春工督察员，秋汛监防员，以在事尤为出力，保准以简任职交国务院存记"。这说明，他的业绩得到了充分肯定，所以"保准以简任职交国务院存记"。请注意"简任"这个措辞，"简任"是民国选拔官员制度中一种较高待遇，值得说一说。

民国北洋政府期间，文职官员的任用分"特任""简任""荐任""委任"四种。"特任"的官员由大总统直接任命，国务院总理、各部长、各省省长等属于此列。"简任"的官员，须报中央政府批准，由大总统任命，各部的次长、司长，各省的厅长等属于此列。"荐任"也要报中央政府批准和任命，各部的秘书、科长，各县的知事等属于此列。"荐任"及以上的官员都属于高等文官。"委任"的官员就属于普通文官了，由部门的长官委用，如各部的主事、科员，各县的科长、县左等都属于此列。再往下，就是雇员了。对贺师桢的任用是"简任"级别，说明他至少相当于厅级官员，按清制，相当于四品。这也间接地说明了他的社会地位。

再接着说贺师桢的履历。族谱一下跳到了民国十一年（1922）："十一年，任教育部秘书，叙三等一级兼任交通部秘书。国庆叙勋给三等嘉禾章。"如果表象地看这段记载，会有些困惑。这年贺师桢已经 65 岁，还被任命为教育部秘书且兼任交通部秘书，按三等一级的职衔，他每月薪水是 360 块大洋，当时普通职员的工资水平是 10 块大洋左右，3 块大洋可以买一头牛，贺师桢的收入是很可观的了，他还兼两个秘书职位，薪水会不会更多一些呢？尤其是在该年他还获得了三等嘉禾勋章，这是非常高的荣誉。嘉禾勋章共分九等，授予对国家有重大贡献和有大学问、大名气的人物，三等嘉禾勋章按官品而言，据说是要授予三品衔的官员，就我们看到的材料，贺师桢的官衔距离三品似乎还有些差距。这又是怎么一回事呢？

于是，当时身兼教育部部长和交通部部长的高恩洪就浮现出来了。原来十几年前，贺师桢跟随张荫棠督办西藏事务时，有着英国留学经历的高恩洪也作为使团翻译一起赴藏。不用说，就是这次西藏之行，贺师桢和高恩洪建立了同僚的交情，加上高恩洪很讲哥们儿义气，换言之就是任人唯亲，从而导致了他对贺师桢的提携和重用。

高恩洪（1875—1943），字定安，山东蓬莱人，幼年在某洋行当学徒，认识了当时英国驻烟台的领事。英国领事很喜欢聪明伶俐的高恩洪，回国时把他带回伦敦在某电报局当实习生，亦有传闻说他就读了剑桥大学或皇家学院。高恩洪回国后，作为翻译，参加了张荫棠使团的谈判，由此与贺师桢相识。此后，高恩洪主要在交通邮电行业任职，曾任交通部秘书、上海电料管理局局长等职。据高的老乡、时任北洋政府内务部部长孙丹林回忆，高恩洪善于交际，说话比较夸张，颇有煽动性，哥们儿义气较重，喜欢抱团，做事也比较大胆果决，出过许多贪污丑闻，他也不很在意且能摆平，在职业上跳来跳去，并不安分。1919 年，经孙丹林介绍，高认识了老乡吴佩孚，很受吴赏识，从此他追随吴佩孚，成为直系军阀阵营的活跃分子。1922 年，在吴佩孚的竭力推荐下担任交通部部长，他又毛遂自荐兼任了教育部部长，但在部务管理上却出了不少笑话。不过也有人说他是个性情中人，没有官气，还帮助了不少共产党人，例如李大钊就对他很有好感。总之，时人对于高恩洪褒贬不一。（详见孙丹林《我所知道的高恩洪》，载《文史资料存稿选编》）

还是回头说贺师桢。也许，正因为高恩洪是个性情中人，才有了贺师桢已经 65 岁，却身兼教育部和交通部两个秘书，还获嘉禾勋章之事。应该说，这对贺师桢本人是荣幸，或者说是运气。但从公道而论，就要归结到高恩洪任人唯亲，行政比较任性了。这也体现出，当时的北洋政府为实力派军阀所控制，行政管理非常混乱。贺师桢的这段履历就是当时官场局面的一个注脚。

高恩洪在两个部长的位置上只做了半年，却经历了颜惠庆、王宠惠、汪大燮三次内阁，足见当时政局之乱。这样的乱局之下，高恩洪这个部长也处于风雨飘摇之中。1923 年，曹锟贿选大总统成功，又要重新洗牌。曹就看吴佩孚的面子，把高恩洪安排到青岛，任了胶澳商埠局督办。

青岛旧称胶澳，1897 年被德国强占，1919 年巴黎和会，又把青岛的主权转让给了日本，因此爆发了五四运动，主题就是争取青岛主权回归中国。但是五四运动提出收回青岛主权没有成功，中方代表只是拒绝在巴黎和会上签字，青岛主权悬而未决。1921 年 11 月，美国又牵头召开了由一战胜利国参加的华盛顿会议，讨论巴黎和会遗留问题。中国政府和全体国民又重提青岛主权回归问题，尤其是中国民间发动国民外交大会给华盛顿会议施加了很大压力，终于达成了协议，中国以 5445 万银圆的赎金，收回了青岛的主权。随之北洋政府成立了胶澳商埠局全面管理青岛，意在打造一个中国主动开发建设的商贸大都市。胶澳商埠局直属北洋政府，是个省级机关，由于要大兴土木，加上在德国和日本占领期，已经进行了许多基础设施的建设，高恩洪担任的胶澳商埠局督办也是一个肥缺。有趣的是，他来上任，又把贺师桢带到青岛，任胶澳商埠局督办公署秘书兼民政股文书股股长，等于是高恩洪的内当家和总文案。这不仅表明高恩洪确实和贺师桢关系非同一般，还表明贺师桢也确实能力出众，否则不会被委以这样的重职。

高恩洪是个敢于任事、雷厉风行的人。上任后立即减免了郊区农民的地税，对中外企业纳税一视同仁，对于日本残余势力在青岛的种种干扰破坏，给予毫不留情的管控和打击。他还清理官产、筹办银行、兴建城市公共设施。在文化上，建立了青岛图书馆、女子中学，最为人称道的是创立了私立青岛大学。这么多的政绩是在半年多的时间里取得的，的确十分惊人。后世人评价说，高恩洪是青岛城市史上"开启国人自我管理大门的人"，也许有点溢美，但说他是一个干吏并不夸张。在高恩洪的业绩里，当然也有贺师桢的贡献。须知，此时贺师桢已经是一位 67 岁的老人了，跟着 50 岁的高恩洪风风火火开拓青岛新局面，也是玩命地干，确实很不容易。

高恩洪在青岛的督办生涯不过半年多。1924 年秋，第二次直奉战争爆发。由于直系大将冯玉祥倒戈，发动了北京政变，以吴佩孚为统领的直系军大败，直系占据的地盘也纷纷易主，直系的要员高恩洪在青岛待不下去了，还一度被拘押，落荒逃离了青岛。所以贺师桢也随着高恩洪的离去而离开了青岛。

不久，逃至武汉的吴佩孚联合孙传芳等各路军阀，组成了号称"十四省讨贼联军"的军事同盟，向段祺瑞政府发出宣战。一时间，各路反对段祺瑞政府的政客又云集武汉，其中便包括高恩洪和贺师桢。可以确信，贺师桢是跟随高恩洪而来的。高恩洪在吴佩孚的手下担任了交通处长，贺师桢则任联军交通总司令部秘书长兼汉口电报总局会办，不用说，又是高恩洪的助手。这是 1925 年的事，贺师桢已经 68 岁。

吴佩孚并没有和段祺瑞正面作战，而是又和奉系军阀联手，达成了奉系军阀控制北方，吴佩孚控制南方的默契。也就是在吴佩孚对付南方政治势力的过程中，他和孙中山的北伐军开始了厮杀，被北伐军击败，政治生涯彻底终止。至于贺师桢，族谱中关于他的履历记载也戛然中断。该族谱是 1929 年由贺家栋主持修订的，我们分析，贺师桢和家乡的信息来往至少应该保持到 1926 年，可能是在 1926 年之后，北伐军和吴佩孚交战，贺师桢的音讯也因战火而中断。也就是说，他至少活到了 69 岁，很可能活过了 70 岁。在贺家子弟中，他属于长寿之人。

贺师桢的一生可用"颠沛"来形容，异邦风雨、边地烟云、塞北江南、天灾人祸都一一经历，在贺家子弟中也是不多见的。从职业特点看，他的人生也可谓游幕人生。贺家有师爷世家的传统，贺家子弟对游幕人生不仅十分适应，更驾轻就熟，所以贺师桢的颠沛也就可以理解为家风的必然。还要看到，在其游幕的人生中，外交官的履历应该是他的重要资本，人们相信，能够和洋人周旋的人，公关能力是出类拔萃的。于是我们就不难发现，贺师桢经历的时代，个人和国家很大程度上呈现出契约特质，也就是说，个人在选择国家，国家也在选择个人。当然，他的人生也是那个时代民族生态的缩影。一是可以看到，那个时代社会管理体制是相当松弛的，给人员职业的自由流动提供了背景条件；二是可以看到，那是一个充满动荡和竞争的时代，人脉对于个人的沉浮至关重要，贺师桢走马灯似的变换身份，就是佐证。

贺师桢的原配妻子胡氏，为宁乡胡湘春之女。继配妻子袁氏，为浙江上虞袁树良之女。其子家树、家渠、家构。其女，长适宁乡胡荣滋，次适长沙邹元龙，三适海宁查炜，四适栖霞高崇德。贺师桢还有个弟弟贺师栋，留学日本同仁医学院，回国后在浙江绍兴等地任教员，后为医院院长，娶妻边氏，为宁波前知府边葆诚之女。从这些记载看，贺师桢晚年之后，他这一支贺家后人迁出了湖南，又回到祖籍地江浙一带繁衍生息。

西域的贺家儿郎（上）

大将筹边尚未还，湖湘子弟满天山。

新栽杨柳三千里，引得春风度玉关。

　　这是光绪年间，湘军名将杨昌濬再度复出，随左宗棠平定新疆时写下的诗作。此前同治十二年（1873），杨昌濬在浙江巡抚任上因袒护湘军属下，严重失察，制造了杨乃武与小白菜的惊世冤案，声名狼藉，遭到撤职处分。但这并不能掩盖杨昌濬的干吏才华。五年后，西征大帅左宗棠急需用人之际，又上奏朝廷，再度起用杨昌濬。于是，53 岁的杨昌濬再度出山，全力襄助左帅，为平定新疆做出了重大贡献。此诗就是他当年心绪风采的写照，亦勾勒出湖湘子弟与中华西域疆土的历史关联与勋业，诗句中的豪迈洋溢着湖湘子弟特有的担当情怀。湖湘与西域的话题也因此成为饶有兴味的文化叙事。

　　如果将镜头推近，就会发现，在走向西域的湖湘子弟队列中，也行进着风尘仆仆的贺家儿郎。他们前赴后继三代人，驰骋西域四十余年，最终以伊犁起义的勋业镌刻下贺家儿郎边塞建功的历史风姿。

　　贺家儿郎中最先走向西域的当是贺熙龄的四子贺升运。

　　贺升运（1828—1891），派名仲璐，字尹孚，号季和、绍农、少农。家乘记载，他于同治元年（1862）中举人，年 34 岁。善化贺氏自第五代由贺长龄兄弟三人创造了同胞三兄弟高中进士的湖湘科举纪录之后，后代子孙基本上是通过捐纳举荐之途走上仕途，所以，贺升运中举是贺家后代子孙中略带苦涩的荣耀。

　　更遗憾的是，贺升运在科举业绩上并没有突破先人。中举之后，他又连续参加了三届会试，均名落孙山，年已过四十岁，便带着无奈，参加了朝廷的大挑考试。大挑考试是清代为落榜优秀举人特设的一种晋官制度。大概政策的制定者也知道，并不是所有的人才都能适应科举考试，便设计了变通之策。大挑考试以面试为主，考察的是受试者的相貌气度、言谈应对，当然，家世背景、社会人脉也会在其中起着微妙的作用。考察的成绩分两等，大挑一等可直接选任县官，二等可直接选任训导等教职。结果，贺升运以一等成绩分发甘肃为县令。当时甘肃是西北面积最大的省份，辖地包括现在的甘肃、宁夏、青海以及内蒙古西部、新疆东部，不严格地说，进入甘肃就进入了西域。

贺升运踏上仕途奔赴西域是同治十年（1871）。当时在浙江慈溪任知县的二哥贺仲肃正好出差京城，得知消息又喜又忧，他与四弟把酒话别，感慨地说："由甘至浙道路辽远，晤面不几难耶。"孰料判襟之期，即成永诀，直到二十年后，兄弟俩才在故土的坟山相聚。可以想见，西域之行的湖湘子弟都有着壮士一去不复还的情怀。

尽管没有直接证据，依然可以推断，贺升运的西域之行与左宗棠相关。作为贺熙龄高足的左宗棠，与贺升运本是师兄弟关系，由于与贺熙龄的亲家关系，贺升运又成为左大帅的姻侄。左宗棠的家书中多处提及，对于恩师之后，他有着义不容辞的呵护之责。比如贺升运的二哥贺仲肃，就是由左宗棠举荐，任职浙江慈溪知县，还赠送梧桐树植于县衙，对贺仲肃殷殷期待。贺升运一度跟随二哥接受抚教，理应也在左宗棠的呵护关注中。他"三上公车"落第，大挑出任甘肃县令，正是左宗棠任陕甘总督，主持西北大局之时，不排除是左宗棠的召唤和斡旋，接纳成为自己的属下，将他送入仕途。两年后，贺升运的侄儿，也是贺熙龄之孙贺庆铨，亦来酒泉投靠左帅，也被左宗棠接纳，且以军功保举为同知。反之，许多左氏本家亲戚要投靠左宗棠入仕，都被左宗棠一口拒绝。这都表明，左宗棠对贺家子弟格外提携有加。

贺升运在西北任职时间最长的是宁朔知县。此县今属宁夏首府银川，黄河贯穿辖地，土地平坦肥沃，自古就有"塞上江南"美誉，此县知县是个肥缺。这个肥缺是否为左宗棠特意安排不得而知，但是贺升运在宁朔任上，因为当地种植鸦片失察，遭到左宗棠撤职倒是确凿无疑。

当时西北回乱初定，左宗棠着手全力恢复社会秩序和民生经济，可是民间却急功近利地刮起了种植鸦片的邪风，西北大地漫山遍野的罂粟花开。于是左宗棠又铁腕出手，全面禁种罂粟，处分了一大批对于禁种罂粟执行失职的地方官，贺升运也赫然在列——因失察县境栽种罂粟受到撤职处分。史料说，当时负责调查的官员知道了贺升运与左宗棠的特殊关系，又考虑到贺升运为官名声颇佳，想网开一面，通融过去，被左宗棠严词阻止，坚持上奏朝廷，给予撤职。左宗棠还在给副手刘典的信中，专门论及此事：

> 其在任最久之贺令、邵前署令应撤应参，所不待言，而荫庭固似难于着笔也。弟于四月三十日手批司详，已明白揭破，并抄咨阁下，计尘冰案。
>
> 贺少农与弟有世谊、年谊、姻谊，弟亦何能恝然？顾在官言官，伊在任已久，竟无觉察，于宁夏广种罂粟一事，始终无只字启告，则咎有应得，岂可以私废公？前此峻峰欲调以优缺，弟即以夏、朔同城，夏既伤撤，朔复请调，事体非宜，意欲俟查勘明白再议。（见《左宗棠全集》，下同）

这个故事被看作左宗棠不徇私情的典型案例广为传播，接下来的故事则是，受到撤职的贺升运也没有怨言，立即补过纠错，深入县境各地巡察，将所有的罂粟铲除殆尽。于是，令人回味的一幕又出现了，就在贺升运撤职四个月之后，左宗棠又上奏朝廷，请求将贺调任灵台县知县：

> 今灵台县知县一缺，该司等在于各项应补知县内逐加遴选，人地多不相宜。惟查有前莅宁朔县开缺留省酌量另补知县贺升运，年五十二岁，湖南善化县人，由附生应同治壬戌恩科补行咸丰己未恩科本省乡试，中式举人。辛未科会试大挑一等，经钦派王大臣验放，奏请以知县用，奉旨："依议。"钦此。签分甘肃，领照截留，回籍候取。嗣经奉文，饬即赴甘肃，于同治十一年七月初九日行抵奴才安定行营禀到缴照，试署宁朔县知县，十二年四月十三日到任，六月初八日奉文准署。因调简差，于光绪二年七月二十二日卸事，十月初八日回任。试署年满实授。复因失察县境栽种罂粟撤任，于光绪四年四月初八日卸事。嗣经查明，奏请开缺另补，奉准部复在案。该司等查该员贺升运年壮才明，办事勤奋，以之请补灵台县知县，实堪胜任，人地亦极相宜，且与变通章程相符。

贺升运被撤职四个月后，又被左宗棠举荐异地官复原职，固然可以理解为左宗棠赏罚分明、秉公办事，但是也可以理解为当时将贺升运撤职，是为了平衡其他被处分之官吏，以示公正，甚至可说有些作秀。究竟真相如何，后人只怕也很难说得清，不过从左宗棠奏折中对贺升运的褒奖评价看，他是竭力提携贺的。如果再看左宗棠涉及贺家关系的全面资料，就更有理由说，贺家子弟在西域得到了左宗棠的深切关照，这是贺家子弟要世代铭记的。

当然，贺升运也非庸碌之辈，在西域二十年，他曾任宁朔、中卫、灵台、山丹多地知县，均留下了颇佳的官声。左宗棠也认为，贺升运是个"守洁才明，实心任事"的好官，家乘中有《六世少农公墓志铭》，记载了他的西域人生：

　　山丹令贺君少农，讳升运，一字季和。其先浙之镇海人也。康熙朝有上俊公官湖南按察司狱，遂占籍为善化人。传六世生君。君父乡贤讳熙龄公，嘉庆甲戌进士，授编修，转御史，提学湖北，乞养主城南讲，杜门著书，恒以检束身心课其子，故君于立行作文之法渊源有自。咸丰丁巳，补博士弟子员，中同治壬戌乡榜，三上公车，以辛未大挑出为甘肃县令。除宁朔，署中衙，调灵台，寻移山丹，所至有循声。丙子，分校乡闱，不肯轻黜取所最赏陈生彬卷，主司遗之，诉不平。次科，竟冠其经，益信文章有价。其宰宁朔也，回逆适平，亲往劝垦，不一二年田课复额，坛庙毁者，捐廉修葺，以重祀典，百废次第举焉。严冬洹寒岁，给棉衣予贫困，所蓄药活人亦忘年纪。解任去邑，父老郊畿留，凫写城门志去，思知德泽入人深矣。山丹二载，治一如前，孔道供张，不取民以备。先是，城北建楼二层以培风化，坍圮久，谋重新，念费繁辄寝，君意在振兴文教，筹款倡修。士绅感戴，逮公工未竣而君已病革矣。邑人请祷："愿毋失我慈父母"，而数不可回，吁，可悲焉！……君赋质笃厚，和以寓介。有三兄，友爱肫挚，取分产代偿叔氏重逋，没齿不言，及叔氏伯氏前卒，仲氏亦远宦浙中，方冀白头归田共享林泉之乐，不意戊寅夏有归道山，得讣悲号废食者。累一有感触，恒见乎诗，性嗜酒，公暇间与寅好觞咏，垂二十年不援上以干进，修然一令身后亏累甚巨，大府悉其廉，交款设法弥补，私债则出衣物以偿，数不敌，而丹人佥曰："贺公德我，愿多估备抵。"君无嗣，以仲兄——升授云南晋宁[1]牧讳瑗之第四子分省补用知县汝定入继，……汝定以余习于君，请文其墓，嘻，回忆己丑秋初道出山丹，置酒衙斋，情犹历历，曾日月之几何，吾不复见吾友少农矣！

文字不长，贺升运的勤政清廉，书生意气已跃然纸上。撰铭者是贺升运在西域共事的好友，后来升任新疆巡抚的饶应祺。

饶应祺也是举人出身，与贺升运同年中举，故署名时谦称年愚弟。他是湖北恩施人，先入李鸿章幕，同治六年（1867）跟随左宗棠西征，屡建军功，在金积堡之战后升为知府，是左宗棠一手提携上来的干将，左宗棠称之"守绝一尘，才堪肆应"。他在西北历官四十年，为华夏西疆的稳定建有殊勋。可以想见，有左宗棠、饶应祺这样的人脉提携，贺升运的仕途可谓锦绣无虞。

然而，人脉归人脉，宿命归宿命。西域二十年宦游，贺升运"不援上以干进"，终生只是一个七品县令，而且是"修然一令身后亏累甚巨"的县令，以至于逝世后当卖衣物抵债，才葬回故乡——这都是个人的宿命。尤令人感动的是，当地百姓却表示"贺公德我，愿多估备抵"，等于是为贺升运募捐还债，这体现了民心的选择。贺家儿郎这样的西域故事，既令人酸楚，也令人敬重。

再说说贺庆铨的故事。

贺庆铨（1850—1895），派名师约，字子博，其祖为贺熙龄，其父贺仲瑀为贺熙龄三子，字叔慈，34岁早故，贺庆铨时年11岁。故家乘说："公幼而孤贫，事母及寡嫂，竭尽供养，家虽屡空，豁如也。"家乘中没有他的学历记载，只是说："清光绪初左文襄驻节酒泉，公弱冠往投，以军功保同知，衔知县。时经丧乱，世家子弟多戒从军，吾族以书生从戎边塞，实自公始。"这段记载称贺庆铨是书生从戎，想来应该有秀才的资历，而且显示，贺庆铨是从军营起步，凭着军功走上仕途。

1　清嘉庆二十五年（1820），为避宣宗名讳（旻宁）改"宁"为"甯"。

贺庆铨投靠左宗棠时，年25岁，跟随左宗棠在西域长达八年，在此期间，叔父贺升运也在甘肃任知县，贺庆铨则以军功保同知，衔知县，其中肯定有左宗棠的提携。家乘还记载，贺庆铨在左帅帐下为幕，与饶应祺为同僚，相交甚密，但是缺乏具体事迹的记载。根据左宗棠的事迹，可以推断，贺庆铨作为左的幕僚，当随左参加了平定阿古柏之乱，收复新疆的重大历史事件。遗憾的是，我们努力寻觅贺庆铨在这段历史中的足迹却一无所获。那么，不妨说一说这段大历史吧，以感受感受这位贺家儿郎在历史烟云中的呼吸。

左宗棠基本平定了陕甘回乱之后，清廷的江山并没有因此稳固，残留的回军白彦虎部西逃新疆腹地，与占据新疆大部分地区的阿古柏军事集团合流，继续反清。阿古柏号称"中亚屠夫"，本为中亚浩罕汗国将领，亡国后流窜新疆，以宗教的旗号聚集信徒，侵占大片新疆疆土，建立了所谓"哲德沙尔"汗国，背后则有沙俄、英国甚至土耳其帝国的支持，加之俄、英对清的侵略威胁和部分国土的吞并（如俄方已占据伊犁），就构成了中国西部边疆分裂以至于颠覆清政权的严重危机，与此同时，日本又在东南沿海发难，占领了台湾，中国面临海防与陆防的双重夹击。

于是，有限的国力如何应对外敌侵略威胁以维护国家安全，也就成为清国防的首要问题，海防与塞防的激烈论战因此爆发。以李鸿章为首的一派大臣主张对西北塞防采取妥协克制的姿态，集中国家财力优先发展海军，巩固海防，以左宗棠为首的一派大臣坚决反对放弃西北塞防，主张西征收复新疆。争论的结果是海防与塞防并重，由左宗棠负责收复新疆，由李鸿章负责发展海军。时至今日，学界还对当年的海防与塞防之争评价不一。许多学人认为，海防与塞防并重的国策貌似周全，实际削弱了清的国防能力，尤其是削弱了海防，导致后来的甲午海战惨败，清全面崩溃。这种认知暗示，要是当年清王朝形成了更正确的国防战略，面对列强侵略，未必会土崩瓦解。然而我们要反问，在当时有可能形成更圆满的国防战略吗？退一步说，清面对列强侵略的惨败，仅仅是海军无能吗？军舰不可以登陆，胜败之分最终还是取决于陆战。清军队最后拱手求和，还是因为在陆战中不堪一击，一败涂地。有资料说，甲午之战清方集结兵力达63万，日方集结兵力24万，战争中清伤亡4万人，日方伤亡2400余人，还有资料说，此战就海军军舰吨位和战力而言，清方还略占优势，结果却是清海军全军覆没。在陆战中，清方伤亡9570人，被俘近2000人，日方伤亡2614人；在海战中，清方伤亡1910人，日方伤亡300人。可见，制度性的腐朽才是清军事失败的根源，

从国防战略方面找原因，是舍本逐末。这也就意味着，清抵抗侵略的惨败是一种历史必然。如果认识到这种历史必然，相对于清海防的失败，左宗棠收复新疆的业绩，就可谓败势下的奇迹。

光绪元年（1875），左宗棠以湘军为主力，发动了收复新疆的战役。经过四年左右的鏖战，终于粉碎了阿古柏的军事政权，收复了除沙俄占据的伊犁以外的大部分新疆失地。清军团团围困了伊犁城，左宗棠还以抬棺出征的姿态表明不惜与沙俄决一死战，其实这是震慑沙俄的心理战，要是真的引发俄清之战，即使暂时收复伊犁，也未必不会得而复失。但是左宗棠的姿态确实起到了心理震慑效果，加之沙俄当时正以百万大军与土耳其帝国在巴尔干展开激战，根本无暇顾及在中国新疆的扩张，因此，清军便占据了局部军事优势，迫使沙俄接受了谈判。这也和清王朝自身国力的衰弱与心理畏惧有关，毕竟沙俄具有更强的军事实力，清王朝不敢撕破脸，导致沙俄报复，引发大规模的俄清战争。

此时，又一位湖湘子弟——曾国藩长子也是贺家女婿的曾纪泽走到了历史前台，作为外交大使，出使沙俄，与俄方展开了艰苦卓绝的外交谈判，终于修改了前此与沙俄草签的严重丧权辱国协议，达成了《中俄伊犁条约》（亦称《中俄伊犁改订条约》）。尽管这个条约依然烙印着弱国外交的屈辱，但却逼迫沙俄让步，成功收回了新疆边塞重镇伊犁等处领土。史家公认，这是当时清与列强外交斡旋中少有的胜利。清鹰派首领左宗棠的评价是："幸劼刚此行于时局大有裨益，中外倾心，差强人意也。"因此可以说，新疆的收复与稳定，是一武一文，即左宗棠和曾纪泽协心合力的结果。没有左宗棠收复新疆的军事胜利做坚强后盾，新疆的收复和稳定是难以想象的；同样，没有曾纪泽在谈判桌上软硬兼施的巧妙斡旋，新疆的收复和稳定也是充满变数、难以持久巩固的。

签订《中俄伊犁条约》后，曾纪泽声名鹊起，被誉为清外交第一能臣，随之被派遣为驻英、法、俄三国公使，出使欧洲。这是继郭嵩焘之后，中国第二位出洋使节，在中国外交史上，书写了和郭嵩焘各有千秋的外交勋业。细节不赘，值得一说的是，在当时闭关自守的中国，大多数国人都把走向世界视为畏途，以各种理由推诿躲避，堂堂清使团，居然严重缺员，一时间，曾纪泽陷入骑虎难下的窘迫境地。这时，家乘的记载中又冒出了贺庆铨。他挺身而出，主动报名要求随曾纪泽出使欧洲。家乘如是记载："嗣曾惠敏出使泰西，调派随员，人多畏重洋险远，辞不往，公独毅然请从。"

家乘记载同样没有细节，但是我们可以想象，贺庆铨作为左宗棠幕僚，参与了左宗棠收复新疆的事件，肯定也了解曾纪泽的外交业绩，作为姻亲，他要叫曾纪泽为堂姑父，并可能与曾纪泽发生过交集，他对这位堂姑父应深为敬佩，不排除曾纪泽向他发出过邀请。贺庆铨此时年方而立，正是建功立业的黄金之年，所以毅然报名，参加了曾纪泽的外交使团。

光绪八年（1882），贺庆铨登上了海轮，开始了另一种意义上的西域之旅。不言而喻，这是贺家儿郎一次极有意义的西域之行，遗憾的是，家乘中缺失细节的记载，我们只是在曾纪泽留下的日记和奏折中发现片段的记述。从曾纪泽日记看，贺庆铨是曾的秘书，负责曾的文案处理和财务总管以及交际安排，两人交往相当亲密。曾纪泽在给朝廷的奏折中，涉及贺庆铨有如下文字：

> 又同知衔陕西候补知县贺庆铨，经臣函调出洋。顷据上海文报局电称：该员即日自沪启程。应俟到差之日，再行咨呈总理衙门存案。该员文理优长，勾稽精审，以之派充随员，经理文案，兼司英国支应，总核三国使署汇款，必能胜任。

> …………

> 合无仰恳天恩，俯念员缺紧要，准以杨书霖充补驻俄三等参赞官，贺庆铨充补驻英随员……（见《拣员补参赞各缺疏》壬午七月二十七日）

> 伏查贺庆铨于本年九月十五日，左棠于本年九月初八日，程子箴于本年四月三十日，先后均届三年期满。前据该员等禀请销差，经臣批饬暂留差遣，俟接任大臣刘瑞芬行抵西洋，再定去留。臣查贺庆铨接物和平，办公勤敏，颇有识解，尤精勾稽……该员等在洋三年，均属异常出力，自应由臣按照吏部奏定章程，分别核奖，以昭激劝。（见《请奖续调期满人员疏》乙酉十月初六日）

以上奏折大致勾勒了贺庆铨在西洋三年的行状，并对他的表现给予褒奖，"以劳保升直牧加知府衔"，贺庆铨不辱使命，可谓近代中国最早的优秀外交人才之一。这显然也是贺家的光耀。

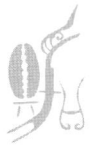

贺庆铨回国后，年方 36 岁，正是施展身手、一展怀抱的年纪，可是母亲梁夫人病重，他匆忙告假赶回湖南，侍奉母亲。就在告假归乡的岁月里，他成了郭嵩焘家的常客，在郭嵩焘的日记中，频频出现"贺子博造访"的记载。西洋三年，贺庆铨眼界大开，在当时封闭的中国，他属于少有的一批睁眼看世界的人，与中国首位驻外使节、洋务派先驱郭嵩焘交往密切也就毫不奇怪。此时，郭嵩焘已进入古稀之年，因为思想开放，推崇西方现代文明，受到守旧派的强烈诽谤和围攻，他依然不屈不挠，在湖南办时务学堂、禁烟公社，为中国走出封闭、拥抱世界顽强地努力。不用说，贺庆铨也就成为晚年郭嵩焘的思想知音。也许贺庆铨更年富力强，更富有浪漫主义的激情，他还掏出自己的积蓄，联络同道，兴办机器局，制造火轮，要开拓民间性质的湘江商业航运。在试验新机器的时候，贺庆铨亲自操作，还伤断了一根手指，可见热情之高。没想到这些举措遭到守旧派的强烈抵制，终于夭折。家乘中这样记载："母病假归，遂讲求机器制造诸事，因试新机误损一指，志仍不懈，并创构水机，倡议湘河通行轮舶。时风气未开动，生阻力，竟难如愿，然以今视昔，不得谓其无先见也。"

有趣的是，在谭继洵的文集中，我们也看到地方政府取缔贺庆铨制造火轮的记载。谭继洵是著名维新派烈士谭嗣同之父，当时任湖北巡抚，却是一个思想守旧、行为谨慎的官僚，他在致张百熙的信中如是说：

> 我省人痛恶洋人，上前年吴清帅到任，传闻有洋人同来，省中纷纷聚议，并不许中丞进城，若果有洋人到省，必滋事端。昨有商人制庆舲、吉舲两轮，往来湘鄂，装运货客，名为洞庭湖救生，其实来鄂揽货。查湘省非通商口岸，只准官轮行驶，若商轮武昌省城即不准停泊，上年有商人禀制轮渡江者，亦经驳斥……嗣总理衙门咨詹事志锐，请饬各省招商，试行小火轮，并候选道黎福昌等暨留陕补用直隶州贺庆铨禀请添置内湖小轮船，不装货客，专为救生济险，复经南抚院以地势、民情多窒碍，具折奏驳。是轮船之格于成议，未便试行，已可概见。（见《谭继洵集》）

史料显示，中国当时极度守旧，湖南尤最，号称"铁门之城"，是洋人最后进入的一个华夏省份，对西方现代文明的拒绝和围剿达到骇人听闻的地步。要知道，湖湘乃是魏源、郭嵩焘、曾纪泽这些现代文明先觉者以及曾国藩、左宗棠这些洋务派先驱重臣的故乡，这实在是充满讽刺意味。有学者这样描述：

由于湖南地处内陆，交通不便，与外界很少往来，所以鸦片战争 50 年来，湖南人民既未遭受外力的直接侵凌，也没有遇到西方文化的剧烈冲击，基本上还生活在自我封闭、相对恬静的状态中。加之湘军的显赫战功和卫道护圣的忠义形象，长期使湘人乐在其中，产生一种故步自封，舍我其谁的自大心理。故就乡土社会广大中下层绅士来说，仍然是守旧势力的天地。在中外人士的评论中，都是以民气强悍、士风守旧著称。1898 年《申报》评论维新前湖南时局时说："湘中向不与外人通，读书积古之儒，几至耻闻洋务，西人所谓守旧之党莫湘人若也。"自 19 世纪 60 年代以来，湖南士民与洋人的冲突就已层出不穷。地方官吏动辄借绅士之力以排外，"能言拒洋人者皆良民也"。于是各地经常出现"绅民大哗""聚众狂呼""投石以击之"的殴击洋人事件，以泄愤为快、为爱国，以拒洋人洋物入境为保乡土。甚至发展到毁机器、毁电线杆，辱骂洋务官僚和绅士的荒唐程度，使湖南成了一块拒绝播撒近代文明种子的冻土。（见罗宏、许顺富《湖南人底精神》）

不难想见，贺庆铨这样具有世界眼光的开明者，是很难一展抱负的。贺庆铨极度失望，只好再度走出湖湘。这也是所有湖湘英杰的宿命——只有走出湖湘，才能有所作为。可谓湖湘悖论。

家乘记载：

母丧服阕，又谋游宦新疆，为出关之计，人咸以万里风沙，不宜远涉相劝阻，公志益坚决。光绪癸巳秋成行，甲午夏抵乌垣……先是，新藩饶公应祺与公在文襄幕中，深相契洽，至是升署抚篆，方将以要职畀公，而遽捐馆舍，时乙未秋九月十八日也。壮志未伸，其命也夫！

这是家乘中关于贺庆铨最后的记载。我们得知，他这次出行是在光绪十九年（1893），此时，贺庆铨的叔父贺升运以及恩公左宗棠都已故世，新疆已经建省十年，贺庆铨当年的同僚密友饶应祺已经实授新疆布政使，正是饶应祺的邀请，召唤着贺庆铨满怀憧憬，顶着大漠风沙再赴西域。

于是，又一个悬问浮现：贺庆铨顶着大漠风沙，万里迢迢奔赴西域，是爱国襟怀激荡吗？如果出于美化先人的考虑，这当然是最好的说辞，就客观效果而言，这种说辞也不无真实性。然而，我们更愿意相信，是湖湘子弟挥之不去的经世抱负，尤其是作为世家子弟的功名之心构成了更为内在的动力，亦即我们更愿意相信，这是一种个人价值实现的冲动，启动了贺庆铨西域之行。中国文化传统强调家国天下，个人价值必须依附于对家国天下的殉献才能悄然实现。这就是中国文化的含蓄微妙处或说遮蔽之处。但是我们不能被遮蔽。对于不甘平庸、心高气傲的贺庆铨而言，他和保守的故乡格格不入，以至于遭到精神驱逐，而能够欣赏自己的知音贵人又在遥远的西域，所以，他必然地奔赴西域去追求个体生命的绽放，家国殉献不过是衍生效应，这就是更为可信的真相。

可惜，天意似乎也有自己的安排，经历了一年跋涉，贺庆铨颓然病倒在了西行途中。光绪二十一年（1895），一个秋叶满地的日子，贺庆铨病故于西行途中的一家驿站，享年45岁。

贺家儿郎的西域故事并没有结束。

就在贺庆铨病故于西域的这一年，他的堂兄贺师谦又带着自己的儿子贺家栋，踏上了西域之途，直奔伊犁，仿佛依然是冥冥天意，召唤着贺家儿郎去完成必须完成的使命……

西域的贺家儿郎（下）

　　清代，宁夏一度属于甘肃，为府级行政区，府衙设于银川。

　　此地西傍贺兰山，往东一马平川，黄河南北贯通而过，形成了肥沃的塞上平原。黄河多次改道，留下了诸多湿地湖泊，古有七十二连湖之说，故银川又称"塞上湖城"。由于水利条件比较理想，辖地内种植着西域少见的水稻，银川也享有"塞上江南"的美誉。

　　光绪十一年（1885），宁夏府衙迎来了一位新知府，叫黄自元，时年48岁。他是湖南安化龙塘人，同治七年（1868）的榜眼进士，以同治皇帝所赐"字圣"名满天下。随黄自元同时抵达宁夏的，还有一位精明强干的师爷，叫贺师谦，时年36岁，他是贺家第七代后裔。可以想见，一路大漠风尘奔波，来到银川，凝望苍凉中透着江南水乡韵致的银川沃野，这两位湖南宦游人该有意外惊喜，有道是：春风不度玉门关，却见银川小江南……

　　于是，又一位贺家子弟的西域故事发生了。

　　贺师谦（1849—1913），一名著谦，字逊之，号吉赍，其父贺仲琳，祖父贺桂龄。家乘记载，贺师谦的祖父贺桂龄在广东为官，其父母和小叔随行，他便诞生在广东。他自幼聪颖过人，做事稳重，六岁就和仅大他三岁的小叔一同受读于祖父贺桂龄。由于祖父"督课严"，小叔经常受到祖父责挞，伶俐的贺师谦就从中斡旋，每每使祖父怒气消解，尤其是祖母也特别喜欢他。后来祖父辞官回到湖南，他一直陪伴在祖父母身边，到十六岁结婚才开始独立门户。贺师谦的妻子是长沙尊阳显族郑家的一位才女，其祖父是前清襄阳知府郑敦允，父亲是郡庠生郑先械，姑妈是黄自元的母亲，因此贺师谦随妻子叫黄自元姑表哥。还有一层姻亲关系，黄的妹妹是贺家媳妇，嫁给了

331

贺师谦的堂兄贺师定。

贺师谦跟随黄自元来宁夏，固然有亲戚关系的提携允诺，更重要的却是，幕僚世家出身的贺师谦，此时已是享誉湖湘的幕师，可以凭借丰富的为幕经验，襄助首次外放西域为官的黄自元迅速打开局面，继而也拓展自己今后的人生。

贺师谦来宁夏时，祖父贺桂龄、父亲贺仲琳均已去世，作为家中的长子他已是家门的顶梁柱。他下面还有五个弟弟、七个妹妹，都靠他抚育——这是他结婚以来就要承担的责任。这就要说说他此前的湖湘生涯了。

家乘说，贺师谦也有金榜题名之梦，但是家中弟妹多，养家是第一要务，他便放弃了读书科举之路，继承祖业，"弃书读律，暇复研习算术遂兼刑名、钱谷之长，历馆华容、邵阳、武陵、辰州诸郡县各守令，咸相推重"。就在他辛勤奔波为幕养家期间，还发生了一件事。他的弟弟贺泰，虽然勤奋读书，考试成绩却不理想，便萌生了弃学之念。这可急坏了贺师谦，他弃学为幕养家，就是为了成全弟弟们读书登科，于是，为了鼓励弟弟，他又捡起了书本，带着弟弟读书，并一起参加了县试，居然名列前茅，只是进入下一轮考试发现主考官是自己为幕时的上司，为了避嫌，他又主动放弃了考试。他对弟弟说，我考试只是为了鼓励你，辍学多年，我尚能考出好成绩，你更没有理由气馁退学。弟弟果然重拾信心，通过了县试，后来获取了贡士的科名，得到了县丞的职位。

还有一件事也值得一说。贺师谦为幕要小心翼翼地侍奉主官，依附于人，还要参与司法案件的判断处理，这都令他纠结，尤其唯恐断案不明，伤害无辜，在他看来这是给子孙造孽的事。于是他又脱离幕府，一度经商。哪知商场水深如海，奸商如麻，他作为世家子弟，总有过不去的道德门槛，几年下来不仅没有发财，还把本钱赔光。家乘如是记载："鉴于依人之难，欲谋自立，遂试营商业，旋有武陵之行。不能兼顾，致耗其资，虽倾产变抵，而股友欠户，亏挪犹巨，概置不问。店伙某病殁，无以殓，仍为出资营葬。其待人之厚类如此。"诸此种种表明，贺师谦是一个敢担当，有主见，不拘泥，善应变但又有着操守底线之人。

就这样，他奔波于江湖二十年，支撑着家室，经济上可算小康，但就人生成就感而言，却并不得意。作为世家子弟，很难泯灭功名之心，这也就是他跟随表兄黄自元，不远万里赴西域的内在心结所在。尽管还是为幕，上司却是姻亲表兄，况且，黄自元有榜眼的显耀科名，为同治皇帝的母亲书写

《神道碑》，被赐称"字圣"，可谓名满天下，前程似锦。家乘说黄自元向贺师谦发出了邀请，又做了诱人承诺。再远溯黄自元的祖父黄德濂，又是贺师谦伯祖贺长龄的部下，贺黄两家有着三代世交以及姻亲之缘，贺师谦自然怦然心动。加之，此时湖湘子弟满天山的局面已经呈现，贺家儿郎中，也有堂伯贺升运和堂弟贺庆铨开辟了先路，贺师谦也就毅然告别家人上路了。

贺师谦选择了西域之行，多少也和左宗棠有关。

光绪十一年（1885），左宗棠在福建去世，西域进入了后左宗棠时代。但左宗棠留下的湘军人脉还在，统辖西北全境的陕甘总督谭钟麟、杨昌濬，新疆巡抚刘锦棠、布政使魏光焘，甘肃布政使谭继洵、按察使饶应祺等人都曾是左宗棠的部下，这种湖南人重权在握的西北官场背景，给黄自元和贺师谦的到来提供了很好的政治生态。而作为与左宗棠有着特殊关系的贺家子弟，似乎对西北更加有一种亲切感。后来的故事表明，贺师谦来到银川仅仅是他西域生涯的开始，十年后，他西行的足迹直达伊犁，进入了更正宗的西域大漠，不仅把自己的后半生献给了西域，还把自己的两个儿子也带到了西域。贺师谦父子写下的西域故事，在所有贺家子弟的西域故事中最具传奇性。

好了，我们还是从贺师谦的银川故事说起。

要说贺师谦的银川故事，当然就要说到黄自元。可是史料中关于黄自元的记载和评述，绝大部分是关于黄自元作为大书法家的成就，对于他在宁夏的政绩描述少得可怜。我们只是大略知道，他在宁夏任知府大约三年，颇有官声政绩，最为人称道的就是疏浚了黄河水利设施，促进了宁夏经济的发展。史料记载，黄自元来宁夏后，重修了汉坝、宋澄各涵洞，疏浚淤滞，灌田面积达1129顷。还有记载这样说黄自元：

> 一上任就刊刻先贤佳作等以及家传书籍上百种，令生员传阅观看。一改同治兵乱后文教废弛的局面，使宁夏人都知道趋向求学。另外，他亲自查勘，修明渠，浚暗洞，畅通水路。年复一年组织防洪，使上游免遭水淹之害。"在任三年，即以忧去，舆论惜之。"（见王鸿鹏等《中国历代榜眼》）

此外，我们就再也没见到对黄自元宁夏政绩的介绍了。不过，贺师谦的儿子贺家栋在回忆父亲时，倒是从父亲协助黄自元治理宁夏的角度提供了一些资讯："在宁夏时，因黄公初膺外任，重以姻亲，事无巨细，悉心匡助，河渠水利，全郡攸赖，年久工弛，黄公锐意修复，而估工筹费，府君擘画之力居多。其他兴革，府君固知无不言，黄公亦言无不听。人交称之。"贺家栋的回忆中，强调了黄自元的这些功业背后，父亲贺师谦的谋划运筹起了很大的作用。我们还查阅到黄自元在给甘肃布政使谭继洵的信中也表白说，他在宁夏当官事务并不繁忙，有许多闲暇来研习书法。这似乎也能佐证贺家栋的说法，贺师谦的确替他作了很多的分担，否则黄自元未必能那么清闲。

从贺家栋的回忆中，我们还得知，当时宁夏府，人都将黄自元和贺师谦的关系，比喻为骆秉章和左宗棠，意即贺师谦不仅精明强干，而且很强势，操纵了黄自元。这个说法如果仅就贺师谦匡助黄自元而论，似可成立。黄自元书生气很足，官场周旋并不擅长，在宁夏，他仅待了三年，就丁母忧回籍，此后基本退出了官场。甲午战争期间，他随湖南巡抚吴大澂出湘，为随军参赞，在山海关一带与日军鏖战，全军覆没，黄自元搭乘民船狼狈逃回了湖南。后来陈宝箴在湖南维新，他又积极响应，和王先谦一起兴办了实业，却并不成功。总体而言，黄自元一生中，经世功业并不显赫，是以书法大家青史留名。所以，说他为政对贺师谦言听计从是可信的。贺师谦有二十年师爷履历，替表兄支应政务得心应手，可是要说强势霸气，则远不如左宗棠，下面我们还会说到这一点。

黄自元回湘后，贺师谦并没有跟随离开宁夏。这是因为宁夏道员世振之又看中了他，请贺师谦留下来继续协助自己。贺家栋如是说："宁夏道世振之观察尤重府君为人。虽家事必就商而决故。黄公以忧去官，世公仍为府君下榻，馆宁八载，上下交和。"这说明，贺师谦确实有着过人的参赞能力。于是，他又被甘肃布政使沈梅荪所看重，聘为师爷。这沈梅荪是浙江湖州人，曾任湖南按察使，光绪十七年（1891）调任甘肃布政使，其八女婿就是《孽海花》的作者曾朴。可见，贺师谦在宁夏的岁月，由府幕到藩幕，顺风顺水步步高。也正是因此，他后来便从老家召来了自己的长子贺家栋、次子贺家梁协助自己。这同时也是培养儿子的一片苦心。贺家栋回忆说：

> 甘藩沈梅荪方伯闻府君名，函聘赴省。濒行，文武士绅争出郊欢送。昔之卧辙攀辕，为循吏传中所仅见者。府君乃以幕友遇

之，非侥幸致也。在藩幕时，家栋省亲至兰垣，府君谕曰："余佐刑幕二十余年，尝以案情出入，关系生命，惟恐一有不当，为子孙造孽。此席幸不理谳事，今而后庶几免矣。"推府君用心何其仁且厚哉！

从贺家栋的记载我们得知，贺师谦进入沈梅苏之幕，有一个约定，不再参与刑事案件的审理，因为怕办理错案，伤及无辜，给子女后代造孽。其实，这也是贺家诸多为幕先人的做派，除非万不得已，为幕决不承担刑名师爷的职责。这种对执法的敬畏之心，实在令人回味，那些倚仗权势欺凌百姓，任性执法的昏官酷吏绝对无法理解。于是，人间才有绵绵不尽的冤魂血泪。

不知不觉，贺师谦就在甘肃宁夏度过了十年，如果不是一件公务处理引起了言官的非议，他可能还会在甘肃待下去。贺家栋回忆说：

> 而孰知求全之毁，即由此而来，事竟有不可以常理测者。先是，合水县缺出，某令应轮补，因缺瘠，谋避免，求之方伯，转商府君，以补缺有定例，不可以私发公，且仕途壅滞断，断无遇缺反放弃不补之理，故仍遵例具稿，以某令请补。乃某令适因债逼自尽，言官撷拾风闻，遽以补缺有弊入告，虽经当道查覆无弊，府君势不得不行。时有引左文襄在湘抚幕中事譬解者，府君谢曰："余何敢比文襄，不过内省不疚，逆来顺受而已。"遂毅然作伊犁之游。

按贺家栋所记，此事大致是这样的：某位待补县令的官员，按例该补某县的官缺，却嫌该县太贫穷，不肯上任，因为该官员负债在身——估计就是借债捐官，觉得上任该县捞不到油水，没法还债，所以不想赴任。哪知贺师谦并不通融，秉公办理，要求该官员必须到任，该官员便绝望地自杀了。这件事传开来，引起御史捕风捉影的状告，大概是说贺师谦弄权草菅人命之类。经过调查，贺师谦并没有责任，可是有关贺师谦霸道弄权，好比左宗棠的说辞又传开了。不难想见，贺师谦感到芒刺在背。他要真是左宗棠的狂傲脾性，根本不会在乎，不过他却是为人稳重拘谨的贺师爷，不能不有所顾忌，甚至心灰意冷。

就在贺师谦百般纠结之时，他的人生转机也悄然而至，伊犁将军长庚向贺师谦发出了邀请，请他去伊犁将军府任师爷。

长庚（1843—1914），伊尔根觉罗氏，号少白，满洲正黄旗人。亦有说他是汉人血统，姓赵，北宋末年，先祖随徽、钦二帝被掳掠入金，被满族同化。其身世坎坷，太平天国之乱，全家在南京遭到灭门，他只身逃出，至甘肃山丹，后参加了清军，身经百战，屡建军功，在满族官僚中属于少有的能臣干将，而且性格豪爽。他对贺师谦说："我就是要一个左文襄来替我管家，在伊犁，你说了算。"可想而知，贺师谦闻此言，内心是暖洋洋的，况且，当时清朝实行军府制，伊犁将军一度是管辖新疆全境的最高军政长官，正一品，等于是新疆王。只是在新疆建省后，设立了巡抚，伊犁将军的地位开始下降，然而在军权上，伊犁将军依然有相当的独立性，新疆王的威风犹在。熟悉官场游戏套路的贺师谦明白，伊犁将军府虽然僻远，但人才稀缺，加之有长庚将军的器重，自己会有更大的作为，于是毅然决定奔赴伊犁。

家乘没有明确记载贺师谦是何时启动伊犁之行，有些记载反而模糊了解读，贺家栋的回忆如是说："黄敬与丈出守宁夏，邀府君往，继入甘肃藩幕，旋应伊犁长少白将军电召出关中。经先大母病促归，奔走冰天雪地中，备尝艰苦。时先大母病，屡濒于危而复安，犹得归侍半载，人咸以为孝感所致云。丧葬既毕，复游伊犁。"按字面解读，似乎贺师谦接到长庚之召后又接到母亲病危的消息，他又立即赶回湖南家乡给母亲送葬，然后再赴伊犁之行。查家谱，贺师谦母亲是光绪二十七年（1901）故世，那么贺师谦至少是光绪二十八年（1902）以后才能赴伊犁，可是贺家栋又说，父亲在伊犁待了十二年，因病告假回湘又四年于1913年故世，显然年数不能自圆。可见，为母奔丧是发生在去伊犁之后。按贺师谦在伊犁十二年的说法推断，他赴伊犁当在光绪二十三年（1897），这正是长庚任伊犁将军期间。

可以确定，贺师谦的伊犁之行，是带着长子贺家栋同行的。但是家谱记载，贺师谦的次子贺家梁也曾在伊犁将军府任文案，有从九品衔，却没有记载贺家梁是何时入伊犁的。于是就有两种推测，一是贺家梁和其兄贺家栋是同一时间跟随父亲进入伊犁，贺家栋在提及自己随父入伊犁时没有提及弟弟也随行，但是，要是弟弟随行而不提及似乎不太合情理。于是就有第二种推测：贺师谦在伊犁安定下来后，又招次子前来。贺家梁在伊犁没有久待，1904年，他就由湖南巡抚选拔，送日本留学，入东斌学校警监宪兵科就读。这是后话。

我们可以想象，贺师谦父子策马向伊犁走去，一路大漠风尘，不过旅途的艰辛和建功立业的憧憬相比又算得了什么？后来的事实表明，就对民族的贡献而言，贺师谦父子的这次伊犁之行，书写了贺家历史上最值得自豪的传奇篇章。

伊犁位于西天山之北的伊犁河谷，因伊犁河得名，号称"塞外江南"，是新疆少有的富庶之地。远古历史不说了，清乾隆年间平定准噶尔叛乱后，清朝实行军府管辖制，此地设伊犁将军府，治惠远城，统辖新疆全境。伊犁将军为全疆最高军政长官，伊犁成为全疆的军事和政治中心。1871 年至 1882 年，沙俄侵占了伊犁，新疆军事政治中心被迫转移，但沙俄又按照自己的意图发展商贸业，使伊犁成为新疆甚至西北的商贸中心。后来伊犁收复，随后新疆建省，由于伊犁距重新确立的中俄边境线太近，处于新疆腹地的迪化便成为省会而崛起，伊犁的权力中心地位逐渐削弱，不过因为地处边陲，加之曾经的中心地位，依然对新疆政局有着举足轻重的影响。长庚任将军后，颇有雄心抱负，投入不少财力物力，全力经营伊犁，包括营建惠远新城，以求伊犁的复兴。他慕名礼聘贺师谦担任自己的师爷，也是出于一展宏图的考虑。

不难想见，贺师谦要襄助长庚将军实现伊犁的复兴之梦，是要全力担当，呕心沥血的。其子贺家栋的回忆便是证明：

> 伊犁自光绪九年由俄收还后，历任动用军饷，数逾数千万，阅时十余载，久未奏销，屡经部议催驳，案牍山积，头绪纷繁。府君到伊，着手清理，勾稽造报，无间寒暑，始获次第完结。前后在伊十有二年。如兴办特古斯塔柳屯田，添设沿边卡伦，规复牧厂，安插内附哈萨克，清理中俄积案，创练新军，建造营房，开办讲武堂，组设皮毛公司，整顿茶务诸要政。主之者虽为将军，而一切奏牍图册章程皆出自府君之手。至地方汉满蒙回之事，待府君而决者，尤不可殚述。厥后家栋继参戎幕，兼权府篆，下无不达，上无不通，种族虽繁，咸能以诚相见。逮辛亥之役，犹得勉出维持，胥由府君平日感情固结有以使之然也。

贺家栋的回忆概括了贺师谦在伊犁十二年的业绩，时间跨度覆盖三任伊犁将军的任期，即长庚、马亮、广福。从业绩言，涉及十二年来伊犁政治、军事、外交、经济、教育、民生等最主要的社会成绩。结论是："主之者虽为将军，而一切奏牍图册章程皆出自府君之手。至地方汉满蒙回之事，待府君而决者，尤不可殚述。"按贺家栋的说法，其父贺师谦有点像诸葛亮，是伊犁行政事务的实际操盘手。这可能有些夸张，但是从贺师谦辅佐了三任伊犁将军以及受到的信赖看，称他是核心智囊人物并不离谱。这其中也包括贺家栋两兄弟的付出，可以说，贺师谦父子为晚清末年伊犁发展做出了不可磨灭的贡献。

伊犁将军府治所在地惠远新城的复建，可谓贺师谦父子伊犁业绩的一个缩影。惠远新城修复前后历 20 年，主要是长庚之后完成复建。城外有东西南北四营盘，直径 500 米，城内有四条大街，直通四门，城的中心有钟鼓楼一幢。四条大街依次密布旗人家属住宅和商人经商的 40 间大店，还有将军、都统、领队等 72 个衙门，以及火药、粮饷两大国库，居民主要是军人及家属，占居民人口三分之二。除驻军外，还有武备学堂、练兵营地，学生达 500 人，后来长庚还在伊犁组建了新军，更加强了伊犁作为军事重镇的实力。在军事建设的同时，几届将军也积极发展经济，招募各路商人进城展开贸易，并为商家专修了店铺，无代价地让商人们做生意，东街有十余间裁缝铺，北街有 7 个赌场，烟场则遍布全城各角落，长庚还设立了新疆茶务公司、皮毛公司、制革公司等官商合办商贸企业，促进了商贸繁荣，商人的厚利为新疆前茅。此外还从关内公费移民近万人，惠远城常住人口超过三万，达到了历史最多。在涉外事务方面，长庚又成功地从沙俄手中收回了巴尔鲁克山地，勘定了伊犁边陲界碑，设立卡伦哨所，接受了一批自愿归附的哈萨克边民，平定了伊犁义和团的暴乱，这都折射出伊犁社会建设的成效。

由于贺师谦父子全力辅佐三任伊犁将军，也深得三任伊犁将军的倚重和回馈。贺家栋记载说：

> 马明山、广介五两将军先后开府，倚任特专，长帅再任，礼遇益隆……长帅以帷幄贤劳府君独多，保升州牧，马帅欲以府君兼综营务，谓宜先示优崇，特为捐奖花翎三品衔，广帅亦因府君劳不言赏，复加捐二品封典以相酬。

这就涉及贺师谦面对名利的姿态了。

作为世家子弟，尤其是作为经世派领袖人物贺长龄的后裔，对于经世建功，应当说有着基因性的向往，贺师谦父子万里赴伊犁，从心理根源上说，就是建功立业的冲动使然。不过，贺师谦也有自己的矜持，贺家栋写道：

> 府君平日不慕虚荣，清季名器渐滥，人多夤缘附奖，府君虽

有时躬逢其会，或事经手办，亦不屑自谋。伊犁幕僚皆由职官委任，府君初至，独以布衣入幕之宾，家栋曾以纳粟请，府君曰："素贫贱，行乎贫贱，庸何伤？"久之因不欲独异于众，始辞关受委，并寄书迪化，谕家栋，谓："赡家力犹不给，只可酌捐虚衔。"家栋以任重职轻，仍多窒碍，乃划寄家欵，汇京报捐布理间。边防出力，例应得奖，府君避不列名。

这是说贺家栋想以捐官的方式，替父亲正名，以求名正言顺地展开工作，最初遭到了父亲拒绝，后来父亲勉强接受，依然适可而止。

清代的捐官制是历朝最泛滥的，这是朝廷弥补财政收入不足的一种方式。捐官制度以满足捐官者的虚荣为诱饵，开出价码，授以相应的官爵，大多数是有名无实的虚衔，少部分是实职，这对吏治的腐败无疑是一种怂恿和催化。可是形成了风气，再加上清政府的宣传，人们也见怪不惊，习以为常。清政府美其名曰是给科举落第的优秀人才开拓另一种晋升渠道，也是均贫富、推动国家经济发展的一种途径。而且保证，捐官者大都只是虚衔荣誉，不会影响实际行政，少部分实职，又有多种限制（一是都不得任吏部之官；二是不得任礼仪之官，以保证道德上的高贵；三是不得任学官，以免误人子弟；四是不得任知府以上的高官；所授实职都是边远艰苦的职位，需要真卖力真才干才能胜任）。这些国家说辞冠冕堂皇，实际施行却是吏治的灾难。"三年清知府，十万雪花银"之说就是由此而来。当时捐一个知县要4600两银子，而知县年薪只有45两银子，不贪何为？统计显示，捐官泛滥时，清朝百分之六十的官吏是捐官而来，捐生人数高达22万，虎视眈眈地等待着1300个县官缺位。捐官制的流行，一可见清政府的道德标榜往往是挂羊头卖狗肉，充满虚伪性；二可见在清政府导向下，往往颠倒黑白，以邪为正，形成社会风尚；三可见清政府到了公开卖官维持政权的地步，崩溃也就不足为奇了。

所以，贺师谦耻于捐官，也就不难理解。作为世家子弟，他有自己的傲慢，始终对异途的虚荣怀抱警惕，尽管不能完全脱俗而有所妥协，还是犹抱琵琶半遮面。后来，还是几位将军亲自出面，以保荐的方式给贺师谦请授了州牧，捐纳花翎三品衔和二品封典。这就是贺师谦面对荣誉的姿态，他并非不食人间烟火，但也有基本的操守底线。

再看看贺师谦对待利禄的姿态：

至于临财尤不苟得，藩幕三节，州县例有馈敬，府君必择其可受者乃受，非有交谊或缺分清苦者咸却之。挚友刘公尝谓府君曰："今之大幕，类多苞苴狼藉，如君之见利思义，取不伤廉，吾见亦罕。"故有托由刘公转致者，必先反之而后以告，盖深信府君之不可以利交也。出关过凉州，资斧将罄，武威令馈赆百金，府君以为非素契，坚辞再三，已返璧矣。既行，遣骑追及，投金于车而去，不得已乃留之，虽在穷途不肯轻受人惠如此。伊犁军营积习，幕僚于薪资外每多非分之求，府君暣然自守，始终不渝。当道亦不以众人相待，故事后酬报，往往所获较丰。两度南归，多有馈赠，府君必权衡重，或受或辞，期于彼此理得心安而后已，非义利之辨甚明，乌能若是？凤好施与人，有以缓急告者立应，有时不继，虽典质亦不吝。

这段记载如果只是简单地理解贺师谦如何廉洁仗义，还是肤浅了。其实最值得回味处在于贺师谦在利禄面前的选择——有些利禄他接受，有些利禄他拒绝。即所谓君子爱财，取之有道。

如果再联系当时的官场俸禄生态来看贺师谦在利禄面前的选择，就更有意思了。查史料，清代官僚的收入分俸（银）、禄（米）、养廉银三大部分，有研究者统计如下表：

表 2　清代官僚年收入概览

官职（品级）	年俸（两）	禄米（斛）	养廉银（两）	相当于人民币
总督（一品）	180	180	16000	290 万元
巡抚（二品）	155	155	13000	236 万元
按察使（三品）	130	130	6000	112 万元
道员（四品）	105	105	3700	70 万元
知府（五品）	80	80	2400	46 万元
知州（六品）	60	60	1250	25 万元
知县（七品）	45	45	1200	23 万元

　　从上表看，清代官僚收入与当代官员的正当收入相比，要优越一些，尤其是高官。但考虑到福利和公款消费则大体相当，特别是官僚雇请幕僚，属于私费开销，这是一笔不小的支出，要想完全满足幕僚的收入期望不太可能。于是幕僚的收入，除了幕主的酬金外，很大一部分来自各方面的小费，可谓一种官场潜规则。如何评价这种现象暂且不说，值得一说的是，这就考验为幕者的人格操守了，只要不是受贿枉法，来者不拒，多多益善是一种态度，有所受有所拒也是一种态度，两者都无可厚非。贺师谦属于后者，其原则就是，交情不到者的小费馈赠拒收。如上文所说，他回家经过凉州时，旅费告罄，武威令解囊相助，贺师谦再三婉谢而去，后来武威令派人追赶上来，将一包金子扔上马车，这才接受。这个细节也说明，贺师谦在西域官场是颇有人望的。也正是因为如此，他很受长庚、马亮、广福三任将军的器重，包括在对贺的经济酬劳方面，出手很是大方，贺师谦对于三位将军的经济回报，倒是坦然笑纳。大概他认为，自己的付出无愧于这些酬劳，或者认为，自己有能力回报三位将军吧。当然，遇到他人窘迫，他也解囊相助，"虽典质亦不吝"。西域岁月的历练，使他蜕去了传统书生的矫情，多了一份豪侠气度。

　　贺师谦是宣统初年（1909）告老还乡的，时年60岁，算起来在西域整整25年，伊犁12年是他西域岁月中最有成就感的时光。从权力而言，他可谓伊犁将军的文胆智囊、内当家，甚至实际操控着伊犁的财务和政务；从职位荣誉说，他历任伊犁将军府械销处总办，奏折文案处会办，保升知州，旋任将军文案处总办兼军械营务处总理，加捐花翎三品衔、二品封典，诰资政大夫，在五世以后的贺家子弟中，算是官品最显要的一位。其子贺家栋与贺家梁也一度任将军府文案，后来贺家栋升任知县及知府、贺家梁留学日本学政法，这都是后话，另文再表。

　　就在贺师谦回乡的前两年（1907）夏天，还发生了一件事。

　　这年夏天，新疆布政使王树枬陪同一位叫日野强的日本陆军少佐来到了伊犁，介绍说日野强是做探险考察，从东京出发，经北京、西安、兰州、哈密，越天山抵达伊犁，一路记载旅途风土民情。其实，日野强是在进行间谍情报收集。经历了中日甲午战争，一位日本军人出现在僻远的西域军事要塞，用心不难揣测。有些奇怪的是，伊犁将军长庚却设宴盛情接待了日野强，还召集当地名流要员作陪，大家即席赋诗唱和，其乐融融。

贺师谦的诗作如下：

> 乘槎客自日边来，萍水相逢笑语陪。
> 我亦风尘轻岁月，为怜行旅把樽开。
> 友邦盟约订咸和，肆业遨游海国多。
> 唯问中朝诸弟子，而今成就竟如何。
> 战场回首尚惊心，复越华疆几万程。
> 专阃更兼专对任，不惭戎马一书生。
> 目送归鸿客忆乡，人生相见感参商。
> 青油幕里无长物，南浦聊题诗一囊。

从诗句看，贺师谦并没有回避中日之间的甲午之战悲剧，却对战后的中日关系怀抱和解的期待，尤其是对日野强不远万里、历经艰辛的西域考察表示了敬意。作为成熟老练的官僚，他绝不会幼稚到看不出日野强西域考察的间谍性质，为何却友好相待呢？如果按照某些偏激爱国者的思维逻辑，这是认敌为友，卑躬屈膝的献媚行径，至少要义愤填膺地揭露日野强才算中华儿郎。可是理性分析历史语境，我们会有更冷静的认知。

明治维新以来，日本一批狂热的国家主义分子，一直在谋求以日本为领袖的"大东亚崛起"，广袤中国被他们视作实现理想的地域平台，从国家主权看，这就构成日本侵略中国的必然性。为了实现理想，大批狂热的日本国家主义者，尤以日本浪人为先驱，涌入中国，实地考察中国，搜集情报，为实现理想提供行动资料和依据。日方情报的一个重要结论是：清政府已经腐败不堪，必须谋求和中国的开明派和革命派力量联手，推翻清廷，实现"大东亚共荣"。这就是为什么日本成为孙中山等革命党人的基地以及大批主张变革图强的中国青年留学日本的历史背景。这表明，就推翻清廷、复兴中华的理想而言，中国革命派、开明派群体和日本国家主义者之间，并非不共戴天、你死我活，在推动社会文明进步的意义上，彼此在某种程度上甚至可谓是具有国际主义精神的同志。于是，日本间谍进入中国的使命之一，就是发现和联络中国的改革派志士。如日本浪人出身的间谍头目荒尾精在汉口开设乐善堂，组织大批间谍深入中国全境，足迹至荒僻的乡村，展开极为细密的民情考察，同时还肩负发现和联络"中国志士"的任务。意味深长的是，其"志士"标准并不是我们所想象的网罗中国的所谓"汉奸""人渣"，而是

"有志于拯救全人类，振兴东亚，改造清国恢复中华的君子"，以及具有权势的实力派人物，那些"品行不端，不讲诚信，爱财如命，见利忘义，见危图安，长相猥琐"之徒，凡有一条，则不在联络之列。可见，这和通俗意识形态宣传中，汉奸都是无耻下流之徒的说法大相径庭。

毫无疑问，近代中日国家关系中，日本对中国一直有侵略野心并犯有对华侵略的严重暴行，这是不可否认的历史事实。但另一方面，日本在谋划及实施侵略中国近80年的过程中，做了极为理性、周密、艰辛的思想文化准备以及实证调查准备，这恰恰值得我们深刻反思。特别是日本民族团结一心、坚韧不拔、勇于奉献的精神，更是值得借鉴学习。例如，荒尾精展开的中国调查，完全是自己提供和从民间募集经费，包括参与调查者的自愿服务，没有向政府和军方申请任何费用，支持他展开调查的陆军大将川上操六对他表示："国家的钱是用来买军舰和练兵的，中国调查你自己想办法解决经费。"有学者记载：

> 这场活动整整持续了三年，三年中，很多间谍因为路费用尽，在打工也无法维持生计后，最后沦为乞丐，很多间谍再没有回来，他们有的在饥寒交迫中死去，有的暴病身亡，有的在大山中被野兽吃掉，有的被土著包围杀死，还有的是在身份暴露后自杀，但他们的足迹遍布大江南北，长城内外，一直深入到清国最边远的山村部落，甚至连当时清国人都很少去的，被视为蛮荒之地的新疆和西藏都没有放过。（见黄治军《晚清最后十八年》）

面对这种团结奋进、不屈不挠的日本人，我们往往用"顽固不化"就轻易归纳，很少反思，要是中国人也普遍具有这种精神，何至于有"一盘散沙"的孙中山之叹？何至于付出几乎亡国的惨重代价？尤其对悲情历史局面形成的中国文化传统、国民性格、政治制度等负面因素，我们更缺乏深刻系统的反思。简单粗暴的道德审判，只能自我封闭，自我陶醉，绝不能自我图强。

再回到长庚接待日野强的具体历史语境。当时的国情，俄国人对中国的侵略，更加肆无忌惮，中国东北一度全部被俄军占领，1905年，日俄在中国东北大战，日军击败了俄军，多数中国人拍手称快，中日敌意得到很大程度的缓解。而伊犁也一度被俄国人侵占，后来经过外交谈判赎回，但俄国人依然贼心不死，清政府官员当然更仇恨俄国人。日本战略家敏锐地抓住了这一中国心态，又瞄准了与沙俄交界的新疆，特别是策动伊犁主政者对沙俄的对峙，其行动指南中明确指出，要联络伊犁主官长庚联合抗俄。因此，迫切而共同的国家利益，自然就使伊犁当局对日野强表现出合作姿态，日野强的伊犁之行也就蒙上了友谊面纱，甚至可以想象，这些舍家忘我戍边的清政府官僚，对不辞劳苦，几万里奔波而来的日本军人，亦怀有职业精神的敬意。这样理解贺师谦与日野强的欢聚，也许更具历史理性。

至于对日野强的间谍身份以及沿途收集的中方国情资料，也要看到日野强收集的情报形态类似于游记见闻，并没有直接具体的军事指向，比如其《伊犁纪行》就公开出版，片段如下：

> 呼图壁，居民约百户，置马队一旗。据称在其北方有一大苇湖，水草丛生，杂树葱郁，人迹罕至，为猛虎栖息地。

这样的记载，在当时的清政府官员看来，更多是地理学资料收集，很难构成现实的军事威胁，更难以想象日军会在某一天进入这片蛮荒之地，因而掉以轻心亦在情理中。解读历史，意识形态的判断是很容易的，困难的是设身处地，理智地研判。当时贺师谦对日本的友好态度，其实是出于爱国情怀。

非常遗憾，贺师谦留下的伊犁记录，实在是太少，只有贺家栋留在族谱中的一篇三千余字的小传，使我们知晓了他的西域存在，而刚刚走近他，就要匆匆收笔。贺家栋在家传最后，如是写道：

> 晚岁归里，处境较优，尤乐善不倦，贫寒戚族，多有资助，孤寡难以自存者，并酌分余财，代筹常年养赡。其无力求学者，则携归乡塾使从师读，学膳诸费皆身任之，敬之公老益穷困，迎与同居，待遇务从优厚。曰："余暮年止此一叔，且自幼相依长成，不忍见其失所也。"待诸叔婶不分厚薄，虽前后丰啬不同，终府君身一堂共处，未尝以财产自私。庚戌，湘垣闰荒，四乡惊扰，府君独力捐资于本乡开粜，境内以安。事前有虑府君力难为继，劝先筹派捐者，府君以救荒宜速，集信息恐缓不济急谢之，事后又有欲以地方存款为府君贴补者，府君因个人义举，不便以私累公，又婉却之。越岁歉收，复继续筹办，其极贫不能备值者，则随其人之小工薄技，俾各尽所能，而酬之以米，不另索

价，事未竣而疾作，身殁之后，备枲谷犹未尽，乡民咸沾实惠，至今犹称颂不忘，非徒博慈善虚名者，所可同年而语也，呜呼！如府君之立身行事，诚我子孙所当奉以为法者矣。

　　贺家儿郎的西域故事还在继续，不过主人公换成了贺师谦之子贺家栋。下面我们就说说贺家栋的故事。

贺家栋与伊犁起义（上）

宣统三年，农历辛亥年八月十九日，公元 1911 年 10 月 10 日，武昌反清起义爆发，史称武昌首义——起义日亦被定为中华民国国庆日。

宣统三年，农历辛亥年十一月十九日，公元 1912 年 1 月 7 日，伊犁反清起义爆发，掀开了新疆民国史的扉页，结果六分之一的大清疆域归属民国。

贺家栋是伊犁起义的主要领袖之一。

但是，种种缘故，这位贺家儿郎遭到了史学的严重遗忘。在相关伊犁起义的诸多记载中，可以看到贺家栋的名字闪烁其间，却浅尝辄止，面目不清，这种认知局面，不仅是贺家栋的人生尴尬，也涉及对伊犁起义认知的诸多史学迷茫。加之贺家栋对其人生中这段最为重要的勋业，令人意外地沉默以对，这就使历史面相更加扑朔迷离。于是，我们对贺家栋的钩沉复现，也就超越了家族情怀而上升到对历史的敬重，我们的书写也就伴随着对有关记载的考辨纠正，构成了一个个人生谜团的索解。

贺家栋（1868—1943），善化贺氏第八代儿郎，字伯隆，号巧生，晚号塞翁、严叟。其父贺师谦，祖父贺仲琳，曾祖贺桂龄，伯曾祖是号称"湘学二贺"的大儒贺长龄、贺熙龄。贺家栋是家中的次子，有个哥哥早殇，他便成了实际上的长子，下面还有三个弟弟和两个妹妹。对于自己的少年时代，他的回忆只提及了一句，由于父亲长年游幕在外，是母亲抚教他读书长大成人。

从法律关系言，贺家栋的母亲有三位，一位是他的生母郑夫人，一位是继母周夫人，还有一位是父亲的副室赵夫人。由于生母在他一岁时病故，贺家栋是在继母周夫人的抚教下长大的。于是，继母就成了他最温馨的少年记忆。不过，他对生母也留下了珍贵的记录：

姒郑太夫人讳业娴，字漱荃，性好洁，又自称莲如，亦号爱清主人，长沙前清翰林襄阳府知人祀多宦讳敦允公之孙女，郡庠生讳先械公之女也。世居尊阳，年八岁，发匪窜扰乡邨，父母均骂贼遇害。时大夫人随大母避乱山谷，贼退闻耗，一恸几绝。恐重伤大母，心强承欢侍。大母尤爱怜之。分课女红，故工刺绣，暇即与二三姊妹，肆力章句，遂能诗。

年十七来归府君，侍重闱先意承志，自姻以至臧获辈，靡不赞其贤，与府君相敬如宾。相最以正，五年如一日，因专妇职遂辍吟咏。初生兄家麎，四月而殇，因是尤郁致疾，继生家栋，虽稍宽慰，又以产后失调，体气愈弱，次岁妇省大母返即病笃，遂不起，殁之前二日，大母汪太夫人仙逝，太夫人不知也，弥留时犹言大母来视，呼人欸待故，从舅丙臣先生题太夫人诗集，有"促办琼糜供玉糈，空中仿佛见云旗"之句，即指此事，岂真如佛经所云，接引而去欤？太夫人生于前清道光二十八年戊申七月十四日未时，卒于同治八年己巳十月十四日戌时，时年仅二十有二。

从以上记述可知，贺家栋生母叫郑业娴，是来自尊阳郑氏的名门闺秀。说起尊阳郑氏，也是非常显赫的湖湘望族。清代以来，尊阳郑氏出了8位进士、22位举人，贡生、秀才更是数不胜数。至现代，也是人才荟萃、英杰辈出。杨开慧、夏明翰、张闻天、刘少奇这些赫赫有名的历史人物都是郑家的亲戚密友。而贺家与郑家则是世代姻亲。对于贺郑两家的姻亲故事，另文再说。在此要说的是贺家栋生母郑夫人，其父叫郑先械，是位秀才。其祖父郑敦允，是嘉庆进士，任过襄阳知府，卓有官声，且是贺熙龄的同学和亲家，关系很密切。郑敦允的次子，也是郑业娴的伯父郑先朴是颇有才华的湖湘诗人，娶了贺熙龄的次女。有趣的是，郑先朴的两个儿子，业崇和业徽，又分别娶了贺熙龄的两个孙女——等于娶了舅舅的女儿。郑先械是郑先朴之弟，又将长女嫁给了贺师谦，也就是贺家栋的生母，而贺家栋的原配夫人也是郑家女，岳父叫郑业扬。这么说是不是有点眼花缭乱？那就不说了，反正郑贺两家的姻亲关系极密切。

还是说郑业娴。贺家栋对生母着重写了三点：第一是母亲的贤淑。第二是母亲的多病短命，22岁就去世了，这年贺家栋才一岁。第三是母亲的才华。贺家栋在小传中写道，母亲"著有《亦雅斋诗草》，采入邑志《才女传》，府君编集遗稿，存 80 余首，广征题咏，付梓未果，兹敬录十章以存手泽"。

引录如下：

五月十五两大人讳日凄然有作

伤心寸草负春晖，拜跪灵前泪雨挥。
纵有苹繁供奉祭，何如菽水侍庭闱。
新诗一写一凄然，隐痛难将楮墨宣。
入载音容何处是，今宵人怅月团圆。

山居

森森古木齐，中有鸟栖宿。鸟栖时一鸣，飞起幽人喟。
幽人读未已，栖鸟鸣相逐。书声与鸟声，声声满林屋。

夜坐怀君善姊

炉烟宛转结相思，独对寒灯举玉卮。
迢递长江人意远，凄凉孤馆漏声迟。
前番已负看花约，此夕应裁忆我诗。
霜气侵阶帘半卷，离愁惟有月明知。

落花

春来花放竞翻红，春去花残小苑空。
若论花开与花落，由来多事是东风。

黄佩玉表妹归去述怀

记得归来日，重看月一规。晓妆花其剪，夜读简同披。
尚恨欢娱少，翻增离别思。明年好风景，还与话新诗。

寄怀君善姊

百里暌违奈若何，思君心绪逐湘波。
无端一陈凄凉雨，添得离愁又几多。
频剔银缸漏滴迟，深闺兀坐剧相思。

欲知别后愁多少，尽在红笺一幅诗。

寄怀芗昀嫂淑荃妹

别后匆匆一月余，家园景物竟何如。
绮窗春暖梅应放，紫陌风和柳乍舒。
雨话巴山曾剪烛，雁回湘浦竟无书。
暗中惟祝生花管，吟就新诗欲寄予。

书淑荃妹书后

思归偏是得归难，尺一书成寄远翰。
万种离愁且抛却，一言堂上劝加餐。

从这些诗作看，其母确实为才女。贺家栋的评价则是："虽多谶语哀音，具见真情至性，迄今低回往复，犹不禁凄然泪下也。"

生母去世时，贺家栋才一岁，于是继母翩然走来。继母周夫人也是名门闺秀，其父周辑珏，其伯父周辑瑞是道光二十五年（1845）进士，后任镇江知府，与曾国藩私交甚笃，也是贺桂龄的女婿，贺师谦该叫姑父，贺家栋该叫姑祖父——这又是一门亲上加亲的联姻。贺家栋如是写道：

> 妣周太夫人，字椒馨，善化讳辑珏公之女。胞伯辑瑞公以进士任京职，出守镇江。胞伯母即府君之长姑也。两家旧本姻亲，常相过从，故太夫人令仪令德早为戚邻交称。曾大母期许尤厚。郑太夫人既殁，曾大母欲府君重谐嘉耦，而家栋亦得贤母也，遂纳聘。
>
> 年二十三来归府君，事曾大母及大父大母，均能曲体意旨，将顺百端，而侍先大母之日尤最久，老益肫笃。先大母晚年多病，太夫人手调汤药晷刻不离，平时饮食起居，太夫人非躬亲不能安。先大母亦非太夫人在侧不乐也。事府君爱敬尽礼，白首如新。府君早岁幕游，岁一往返于家，太夫人随时体贴周至，务使归有如宾之乐，出无将母之忧。故府君柳往雪来，未尝以为苦，嗣以商业受损，移家乡居，是时恒产一空，太夫人主持，中馈米盐琐碎，无时不形拮据，或遇婚嫁丧葬，捭挡尤极竭蹶，太夫人

一身独任其艰，从无怨谪，且多方强自排遣，以解先大母与府君忧。

可见，贺家栋对生母完全没有记忆，只是凭传说和遗物构建生母的形象，而对继母周夫人，则是历历在目，情义深长。最深刻的记忆就是周夫人对家务的承担，对父亲的体贴，还有对包括自己在内的儿女们的精心呵护和谆谆教诲。尤其是贺家栋父子的西域 20 年，继母含辛茹苦守望家园。这份个人牺牲也意味着对其青春幸福的残忍剥夺。对此，贺家栋铭感在心，没齿不忘：

府君客西域，先后二十余年，家居时仅一载，坦然无内顾忧者，皆太夫人之助也。与诸姑叔娣相处，意无或忤，言无或违，有劳则先之，有乐则共之，虽少长不一，性情不同，离合久暂不定，而对于太夫人无不心悦而敬服者。非可强致也，至于瞻亲族，周贫乏，虽为府君素志而有时出典籍珥以应急需，则太夫人赞佐之力尤多。经理家政，内外井然，御下严而有恩，无敢欺亦无不乐为用者，待亲邻未尝稍慢，授餐除馆必躬必亲，乡居后与郑氏诸舅妗往还益密，情意欢洽，俨然有骨肉之亲，不知者且以为真出自通德之门也。待家栋恩勤备至，人咸谓视如己出，而自家栋终身孺慕所难忘者，思之实有过之无不及也。

家栋与诸弟在乡肄业，府君既不克常相督课，太夫人恒谆谆以勿坠书香相训勉，且时察其勤惰而徽戒之，待塾师敬礼周备，业有进辄殷殷挽留，故授课专而获益速，家栋与诸弟幸得稍自树立，皆太夫人有以成之也。

晚岁府君倦游归，虽家境稍裕，太夫人勤俭倍于往昔，尤乐乡居。府君弃养后，仲季两弟在省屡思迎养，未许。后以兵匪纷扰不得已迁避入省，终以会垣侈靡，虑难为继，无时不以承先保家相告诫，因是郁郁致疾，以民国九年庚申九月十一日午时终于省寓内寝。生于前清道光二十九年己酉八月二十日巳时，享寿七十有二。呜呼！如太夫人之佐我府君，贻幸福于后人者厚矣！后之人应如何忧勤惕励以期永承慈荫也哉！

家栋生甫数岁，即闻曾大母述府君幼时事甚悉，比长随侍府君较诸弟既久，知府君行事亦较详，何敢以不明自诬。惟府君弃养时，家栋远在西域，又值戎马仓皇，未克撰述行状，表扬先德，负疚至今，深惧日久就湮，益重知而不传之罪，兹因绩修家乘，谨撮举事迹之可传者，并捡录府君旧撰郑太夫人小传遗稿，追述周太夫人懿行、人所共知者编为合传，附载于谱，以志不忘。无如文笔太拙，欲求征实不免费辞，而于府君居幕、居乡、居家诸事仍未能尽其十之三四，至家栋历年亲承面命手书，关于砥行砺名，服官涉世之训言尤纪不胜纪，均从阙略，简陋之咎固无可辞，若稍涉虚诬则万不敢也。

请注意，贺家栋对母亲的这些记叙，是他晚年回乡后主持撰修《善化贺氏族谱》时留下的。作为族谱的主修者，他完全可以近水楼台先得月，将自己的人生事迹详细地留在家乘中。但是我们发现，他根本没有留下任何自传性的文字。这也许是信守不为生人作传的族谱撰修惯例，然而，在完全可以记载的个人履历的文字里，他的少年时代也是一片空白，连读书科考之类的基本交代也没有，我们只能在他回忆母亲的文字中看到这样一段话："家栋与诸弟在乡肄业，府君既不克常相督课，太夫人恒谆谆以勿坠书香相训勉，且时察其勤惰而儆戒之，待塾师敬礼周备，业有进辄殷殷挽留，故授课专而获益速，家栋与诸弟幸得稍自树立，皆太夫人有以成之也。"这就应该理解为贺家栋做人的低调了——他并不想张扬。

他还说，自己追随父亲在西域游宦长达20余年，所经历的种种风波坎坷，"纪不胜纪""均从阙略"不表，但是对继母的懿德却必须书表于文字。这不仅透露出他对继母的敬意，更透露出他心中的愧疚。他很可能觉得他们父子后来的西域功业是建立在对继母青春幸福的剥夺基础之上，这是一种"一将成名万骨枯"的慨叹和愧疚，也许他经历了伊犁起义的刀光剑影才领悟到这个道理。于是我们联想到贺家栋结束宦游人生时，年方44岁，正值年富力强，可是此后30年，他一直在湖南乡间，以乡绅的身份度过了波澜不惊的后半生。包括他归湘后闲居田园乡舍，闭口不谈金戈铁马的往事，望江流远去，闻蛙鸣鸟啼，俨然透射一种对生命的彻悟。

贺家栋的少年叙事，几乎没有自己的身影，突显的全是对母亲的讴歌，这不仅表明其少年时代与母亲的抚教不可分割，还表明贺家女性以牺牲自己成全了贺家儿郎的勋业，构成了贺家故事的特色乐章。在湖湘世家中，贺家以女杰林立独树一帜，也以对女性的尊重独树一帜。

我们再接着说贺家栋成年之后的人生。

族谱记载，贺家栋少年在乡间读书，获取了副贡生的科名，可算准举人资历，但是否按例入国子监就读未见记载。我们只知道他得副贡后，曾遵新海防例，捐县丞，赴江西候补用，这应该是光绪十年（1884）以后的事，彼时贺家栋不到 20 岁。

捐官走上仕途在清代十分盛行，但对读书人来说总有些羞耻，这意味着读书还欠火候，只能靠银子开路。有资料说，海防捐名义上是为振兴海军的民间集资，实际上都被挪用给慈禧太后修了颐和园，是清代吏治腐败的一大见证。不过这似乎和贺家栋没有什么关系，他可能还以为，这既支援了国防建设，也使自己得到了一个进入仕途的机会，两全其美。至于纳捐买官所涉及的道德尴尬，由于是政府倡导，便成了具有正能量的光彩之事——权力便是真理，自古亦然。只有腐儒才会计较捐官是一种道德羞耻，贺家栋并非腐儒，自然心安理得。不过说他完全心安理得也不尽然，比如，在他的少年履历中，对读书的交代几乎空白，一个很可能的心理原因就是，其成绩并不出类拔萃，所以就淡化处理，这也说明他心中还是疙疙瘩瘩的。

估计在江西候补遥遥无期，光绪二十年（1894），26 岁的贺家栋应父亲召唤，赴甘肃寻求出路。此时父亲正在甘肃布政使沈梅苏幕任师爷，颇得器重，给儿子谋个职位不成问题。贺家栋的西域之行当然也意味着背井离乡，离妻别子，这年，他的长子才 4 岁。可是为了家业的兴旺发达，更是为了建功立业，贺家栋还是启程了。

于是，贺家栋的西域人生就此掀开。

贺家栋到达甘肃后，立即卷入了震惊西北乃至全国的河湟事变。河湟事变亦称河湟起义，缘起是甘肃回民新教和老教之间因传教发生冲突，清政府处理纠纷时偏袒老教，打压新教，进一步激化了回民之间的矛盾，加上回民教派中有野心家煽动，蓄意扩大事态，利用清政府正忙于甲午之战，西北防务空虚，意图将冲突转向针对政府的回民造反，结果一场数十万回民参加的反清暴动便爆发了。政府大为震惊，不敢姑息，也强势出手，调动西北各路大军围剿，对回民不分新教老教一律镇压，双方展开了一年多的血战，官兵终于平定了动乱。贺氏家谱记载，贺家栋应征参加了政府军的平乱，因摧毁回民起义军的重要据点，在北大通营地十大回庄战役中立功，被保升知县。这是光绪二十二年（1896）的事，贺家栋 28 岁。

如果不是光绪二十三年（1897），贺师谦受到长庚将军的邀请，带着儿子去了伊犁，贺家栋很可能就在甘肃补缺一个知县。果真如此，他或许就会遇到因平定河湟之乱立功而升任河州知府的杨增新。又或许，他和杨有过照面，只是没有进一步交往。然而，十几年后，他与杨的密切交集却在新疆发生了。我们不妨想象，光绪二十三年的某一个日子，大概是秋天吧，西北高原落叶满地，西风肃杀，贺家栋父子骑着骏马，风尘仆仆地向华夏最西部的边塞伊犁进发，于是族谱中就留下了如下履历：

光绪二十三年 (1897)，随父进伊犁，历经伊犁将军充核销文案折奏委员。

光绪二十四年 (1898)，咨留新疆，候补伊犁，历年边防出力案内保俟补缺。后以直隶州知州在任候补。

光绪二十八年 (1902)，代理库尔喀喇乌苏抚民兼理事同知。

光绪二十九年 (1903)，交卸，旋充新疆抚署折奏文案委员。

光绪三十年 (1904)，奏补洛浦县知县，捐戴花翎。办理喀什噶尔中俄积案出力，保俟补直隶州。后以知府补用。

光绪三十一年 (1905) 五月，到洛浦县本任。

光绪三十二年 (1906)，调署于阗县。二月到任。三十三年（1907）十一月交卸。

光绪三十四年 (1908) 三月，回省，委充新疆省志编撰兼伊犁调查员，旋留伊犁充陆军参谋处帮办，报捐开缺，离任过班以知府仍留新疆候补。

宣统元年 (1909)，署伊犁府知府。

宣统二年 (1910)，经陆军部奏派兼伊犁陆军参谋处总办。

宣统三年 (1911)，升道员。是年冬伊犁军政分府成立，公推兼参谋、民政、财政等处处长。

民国元年 (1912)，充伊犁代表赴塔城协商新伊统一事宜。旋赴迪化会议善后诸事务，奉北京政府任命为新疆民政司长兼南疆宣抚使。因闻讣，丁父忧，电请辞职。

从履历看，贺家栋戎马宦游西北近 20 年，其中新疆岁月长达 16 年。很长一段时间，他是在父亲的指教和庇护下工作，父亲的成熟老到以及与三位伊犁将军的亲密关系，想必给贺家栋的成长以极大的支撑。在此期间，贺家栋除了执掌伊犁将军府文案之外，还曾任地方主官——两任知县、一任知府，都是实职，共七年，积累了全面主管地方的丰富行政经验。其间还兼任军事机构的帮办、总办，有着相当丰富的军事参谋经验。此外，他还参与过中俄外交纠纷的处理，获得升迁奖励，积累了宝贵的外交经验。从行政级别看，他在省、府、县三地均有任职经历，人脉绵广，是一位阅历丰富、熟悉新疆、根基深厚、精明干练、出类拔萃的能吏。于是我们就不难想象，这是他在伊犁起义前夕，被潜入伊犁的革命党人高度重视、全力争取加入同盟会，并推选为起义领袖的重要原因，也是他被敌对方的袁大化、杨增新等新疆政府主官视为主要对手的根本原因。

令人相当意外的是，常见的史料对贺家栋的这些生平资讯均无记载，不知其出生年月，甚至将籍贯误写成湖南宁乡。这些都说明学界对贺家栋所知甚浅，许多学人想当然地认为贺家栋乃没有什么根基的湖湘游士，从而掉以轻心，导致学界普遍对贺家栋在新疆的历史作为缺乏足够的关注，也缺乏到位的评估。造成这一结果的重要原因就是对贺家栋缺乏全面的认知。如果学界确知贺家栋的世家背景以及上述仕途经历，想必也就不会如此轻视和忽略。

对于贺家栋的关注，还要联系到贺家与左宗棠的关系看，才能看出更深的门道。晚清的西北，离开了左宗棠，只能是雾里看花。新疆官僚体系被打上了深深的左宗棠烙印，从首任巡抚刘锦棠开始，魏光焘、饶应祺、潘效苏先后为新疆巡抚，且都曾是左宗棠的部下，被左一手提拔上来。他们一直主政新疆到 1905 年。左宗棠一生用人甚为挑剔，唯有对贺家子弟提携有加。当时新疆的主政官员不仅深知左宗棠与贺家的深厚交情，也与贺家子弟有着各种交游，如经营新疆十余年的饶应祺就曾与贺家栋的堂祖父贺升运、堂叔父贺庆铨同僚佐左宗棠幕，交情甚笃。不难想见，这些左系新疆主官应该都对贺家栋父子怀抱提携姿态，对于贺家栋父子在伊犁的地位和话语权建构有着积极影响，这显然是我们评估贺家栋伊犁岁月的重要依据。然而学界言及贺家栋时，基本上没有注意这方面的背景。

顺着话题就涉及一个学界大都忽略的问题：自左宗棠收复新疆以来，湘军势力一直对新疆政局有着主导性的影响，至少，湘军包括湘人是影响新疆政局举足轻重的势力。这一点，也是我们考察贺家栋伊犁勋业不可忽略的依据。

尽管还缺乏严密的学术考辨，依然可以借助一些迹象来支撑我们的判断，如伊犁起义先声的迪化起义，首领就是湘籍军官刘先俊，学者崔保新在《新疆一九一二》一书中统计了迪化起义知名牺牲者共 83 人，其中 68 人为湘籍；

因起义失败遭到流放者 193 人，其中仅湖南宁乡籍人就达 48 人。可见湘人不仅是迪化起义的骨干力量，也是可以掀起新疆大震荡的政治力量。迪化起义失败后，引起了在疆湘人的普遍震怒，这是很快又激起伊犁起义的重要原因。此外，学界公认，新疆的辛亥革命，除了起义军人，哥老会是一支非常重要的社会力量，而哥老会正是由湘军蔓延开来的，湘人同样是哥老会的骨干力量甚至中流砥柱。有史料记载，贺家栋就是新疆哥老会的头目之一。

更重要的还有，无论是镇压新疆辛亥革命起义的末代巡抚袁大化还是继任省督杨增新，都明确意识到，两湖人士能左右新疆的政治局面，必须全力打压。如袁大化认定，伊犁起义，身为湖南人的"伊犁知府贺家栋为之谋主，报馆生冯超为之煽诱，已撤陆军协统杨缵绪为之爪牙"。（见张开枚《辛亥新疆伊犁乱事本末》）袁大化将贺家栋看作伊犁起义的第一领袖，判断未必精确，但是他对贺家栋高度重视，应该来自他对新疆政局各派势力的评估以及个人的政治敏感，而不是依据表象的舆论报道。根据当时的舆论，杨缵绪、冯特民是比贺家栋更为耀眼的前台政治明星。此外，袁大化的继任，善后伊犁起义局面的新疆都督杨增新也认为："新疆自光绪年间收复以后，官于斯、幕于斯、商于斯、充兵服役于斯者，两湖人最居多数。光绪三十年以后，陕甘人始渐渐西来。"他还针对贺家栋说："新疆各处，两湖人之范围极广。陕甘人虽多，而程度太低，终不能抵制两湖。如贺家栋辈，终在必用之列。"（见杨增新《补过斋文牍三编》）这是杨增新在 1912 年 7 月致袁世凯的信中所言。显然，杨增新也是立足于新疆各派政治势力的格局作出的判断，体现了一位成熟政治家的眼光。事实也表明，杨增新在与伊犁革命党人的和谈中，对贺家栋格外重视，将他视为真正的对手和可以沟通的对象。有学者认为，这是奸猾的杨增新抓住了贺家栋的软弱，对革命党人进行分化瓦解的阴谋。这一看法是低估了贺家栋的政治能量。其实，两位位高权重的新疆主官袁大化和杨增新把贺家栋视为主要对手，不是捏软柿子，而是抓到了关键对手。他们应该都意识到了，在新疆，湖南人具有左右政局的力量，这绝对不可小觑。而贺家栋身为湖南人，尤其是作为和左派官僚有着密切交往的世家子弟出身的官僚，才是他们的劲敌。

当然，考察贺家栋的伊犁勋业，不能仅仅因为他是湖南人以及他作为和左宗棠有着姻亲世交关系的世家子弟，就断言他在伊犁起义中具有主导或强人地位。事实上，他在伊犁起义中并非激进派的代表，在与政府方的和谈中反而显示出温和甚至妥协的态度。但是这并不表明，他对伊犁起义及后续

新疆政局无足轻重，恰恰相反，他的温和态度在很大程度上决定了新疆政局的走向。而他的这种表现要从他的身世经历中去寻找某些根源性的理解。对此，我们将在后文进行更细致的分析。

目前学界对于贺家栋在伊犁起义中的作用，大致有以下几种态度。

第一，基本忽视贺家栋的存在。如《新疆简史》之类由官方编著的史著均过场性地提及贺家栋。这种忽略也反映了学界对贺家栋的普遍态度，导致深度研究的著述也缺乏对贺家栋的史学观照。如学者崔保新30余万字的皇皇巨著《新疆一九一二》，全景记叙以伊犁起义为中心的新疆辛亥革命，史料收集丰富，涉及人物众多，阐述深入，但对贺家栋也只是过场式地提及。事后崔不无遗憾地说，当时我收集史料，有关贺家栋的资料既单薄，评价也不高，所以没有太关注。

第二，有保留地承认贺家栋的存在。其一，承认贺家栋作为伊犁革命党人和伊犁起义领导者的身份。其二，对贺家栋也给予一定篇幅的介绍记载，但明显少于其他领导人。其三，对贺家栋的肯定性评价十分谨慎，颂扬性的评价基本没有。比较强调他的旧政权官僚身份，认为他革命性不足，特别是对他在和谈中的表现多持批评态度，认为他缺乏斗争性，甚至被杨增新收买，出卖原则，沦为逃兵，有人生污点。如新疆史专家魏长洪教授的《辛亥革命在新疆》就是代表。

第三，比较重视贺家栋的存在。如上文提到的袁大化、杨增新等政治对手对贺家栋的评判。此外还有高兴的《塞上风云考》也表现出对贺的重视，认为他是解决新疆局面的关键人物之一。不过，这种重视并不意味着价值肯定，只是强调贺家栋的个人能量，而且，能认识到这一点的人很少。

不能不指出，研判伊犁起义领袖人物时，许多学人没有摆脱党派思维，大都简单地以政治身份或者政治激进性来权衡领袖人物的历史贡献。通俗地说，谁是更正宗的革命党，谁的革命党资历更长，谁在起义中对敌态度更激进，谁就更能赢得史学评价的高分。如杨缵绪和冯特民作为革命党人的资历比贺家栋更长、更正宗，是他们来到伊犁后争取贺家栋加入了同盟会，可谓贺家栋革命道路的引路人。在伊犁起义中，他们更多在前台行动，斗争主张也比贺家栋更激烈，尤其是冯特民最后还被杨增新处死。于是，许多学人出于政治正确的考虑或者出于意识形态的思维，很容易得出结论，认为是以杨缵绪、冯特民为首的革命党人主导着起义，因而是起义的核心领袖和首席英雄，至于贺家栋，不过是革命党出于策略需要推出的傀儡，充其量是贡献平平的同路人。还有学者认为，贺家栋拖了起义的后腿，当了逃兵，甚至出卖了起义。

这就涉及一个非常敏感且意味深长的问题，究竟该怎样评判历史人物的历史功过？就政治历史而言，是以政治主张的完美性或者理想性，还是以政治主张的现实可能性来权衡历史贡献呢？具体到伊犁起义的评判，我们是以党派身份或者党派主张的激进程度来打分，还是以对起义结局所起到的实际作用来打分？就起义中的作用而言，是以我们期盼起义达到的理想结局来打分，还是以现实可能达到的起义目标来打分？换言之，我们是以理想主义的革命理论教条，还是以现实主义的革命可能性来打分？

于是，对贺家栋的探讨就有了更富深度的意义。

贺家栋与伊犁起义（中）

　　新疆史研究专家魏长洪等编有《新疆辛亥革命时期人物传略》（后简称《传略》），列相关历史人物 29 人，前六位是冯特民、杨缵绪、李辅黄、郝可权、冯大树、李梦彪，第七位才是贺家栋。结合措辞褒贬看，文中对贺家栋的革命性以及他在伊犁起义中的作用评价并不太高。《传略》全文如下：

　　贺家栋（？—1943），字伯隆，湖南宁乡县人。父名贺耆谦，曾任伊犁将军署总文案。贺家栋随父到伊犁草拟文牍奏稿，遂娴熟官署文书。由于他才思敏捷，处事精干，深得上司器重。其父死后，继任伊犁将军署文案，掌管办事实权，升任伊犁知府。1910 年 7 月，帕勒塔私自致函贺家栋，欲以官势压价收购羊只，并请革去贝子德恩沁阿拉什爵位，事泄露，受清廷严厉申斥。次年调温宿府知府，志锐以清查历年公款亏耗，不准贺赴任。

　　贺家栋为新疆哥老会首领，冯特民到伊犁后，介绍贺参加同盟会。冯大树等人发起筹还国债，公推贺主管此事。伊犁辛亥起义，贺坐镇绥定城，稳住总兵周玉魁不出兵援助志锐。新伊大都督府成立后，贺任参谋部总长兼财政司总长，处理大都督府日常行政工作。塔城和谈，贺家栋为伊犁首席代表，主持会议。1912年 5 月 13 日，贺被临时大总统委任为伊犁道尹。和谈中由于贺的妥协，杨增新的意图全部达到，遭到冯特民等强硬派的反对，伊犁革命党内部矛盾加大。8 月 15 日，杨荐任贺为新疆民政司长兼充南疆宣抚使。贺到迪化后，对杨增新的施政方针也颇为不满，借母亲在原籍病故，不愿意接印。11 月 12 日，贺通电诬称冯特民、杨缵绪、李辅黄三人煽动南疆哗官运动，平日狂嫖滥赌，公开与革命党人分道扬镳。同年12月2日，大总统准予贺辞职，送贺旅费一万两。贺回到长沙，住在小西门旧宅，1943年病逝。

此《传略》尽管有错谬，如称贺为宁乡籍，其父去世后接任伊犁将军署文案，因母病重辞职归湘等说法都是误记，但还是收集了贺家栋在伊犁的一些重要信息，有助于我们的认知。从措辞中可以感受到，撰写者对贺家栋的革命性是不以为意的。这就涉及一个很有意思的问题：怎样看待贺家栋的革命性？

何谓革命？用毛泽东的话，就是暴动造反，推翻旧政权，由革命党人主持建立新政权并施行新的政治体制。就辛亥革命而言，最理想的革命实现局面就是，革命党人推翻大清政府，掌权执政，推行五族共和制。据此看来，贺家栋在组织上加入了同盟会，在行动上以革命领袖之一的身份发动了伊犁起义，与大清军队血肉相搏，在结果上与起义同志一起终结了新疆的清政权，使六分之一的大清疆土归属民国，而民国又以推行五族共和制为标榜。从所有的形式指标看，贺家栋属于革命党人无可厚非。联想到善化贺氏历代儿郎都是皇权的卫道士，可以说，贺家栋是贺家的第一个王朝叛徒。

估计《传略》的撰写者不会认可这个判断。其主要理由是：第一，贺家栋在塔城谈判中表现出了妥协性，致使非革命党人的旧官僚杨增新执掌了新疆都督的最高权位，这意味着革命党人并没有绝对控制新政权，从而给杨增新清除革命党人提供了方便。第二，贺家栋与资历更正宗、革命主张更激烈的革命党左派领袖冯特民等发生了分歧，以至于双方"分道扬镳"，贺退出了此后的革命斗争，沦为革命逃兵。所以，贺家栋的革命身份是可疑且应该受到相当谴责的。因此，贺家栋的历史贡献也相应地应该受到质疑。

这种判断维护了革命的原则性、斗争性和理想性，以最完美的革命诉求为标准来评判历史，并非没有理论逻辑的正确性。问题是，这种理想的革命局面和革命党人标本，是否能在辛亥革命的特定历史背景下实际实现？这就不好说了——似乎也没有学者发出这样的追问。所有史学家都不可回避的一个史实，正是当时革命党人一致推崇的最高领袖孙中山拱手将大总统的职位交给了非革命党的实力强人袁世凯，以求袁世凯合作，结束清王朝统治，承诺推行共和宪政。那么，我们又有什么理由苛责贺家栋呢？

359

马克思说过："什么东西你们认为是公道的和公平的，这与问题毫无关系。问题在于在一定的生产制度下什么东西是必要的和不可避免的。"（见《马克思恩格斯全集》第十六卷）马克思提出了另一种观照历史的思路：不能以理论上的完美只能以现实的可能来考察历史。据此，我们不妨反问，在当时的条件下，尤其是在伊犁革命党人的思想和行动素质条件下，有谁可以超越贺家栋，实现更理想的谈判结局吗？有谁的方案能保证实现比杨增新主政更好的新疆局面吗？恐怕没有哪个学者敢做出承诺。在当时的新疆，维护新疆统一不发生分裂，将新疆归属民国不被沙俄等列强侵吞，新疆的百姓不遭受权力斗争之战乱，就是最好也最现实的结局。贺家栋的努力，恰好实现了这种结局——按马克思的话，就是"必要的和不可避免的"结局。以为当时的新疆可能成为革命党人带领百姓当家做主，创建一个民主宪政的西域绿洲——这是幻想，未必是现实。或者另一种革命主张：革命党人应该动员民众，与杨增新等旧势力展开殊死决战，最后血沃西域，遍地雄魂，从而书写一部成全革命理想的壮史，才是生命的灿烂——这是自杀玩命，并非救世济民，这等于把革命视为一场行为艺术。

诚然，贺家栋诸多方面都不符合理想的革命党人形象。

首先，就信仰而言，他并没有自觉而系统的革命信仰。没有资料证明他有过求索真理、企图变革世道的表现。我们只能在他写堂叔贺庆铨的小传中，依稀发现他对有着维新思想的堂叔表达过敬意。从他的履历看，他加入同盟会并参加起义，极大程度上是被逼上了梁山。宣统三年（1911）上半年，他调任温宿知府，本来要离开伊犁，可是新任伊犁将军志锐的到来，"以清查历年公款亏耗，不准贺赴任"，对他百般刁难，甚至要惩办。志锐同时对兵权在握的杨缵绪也以同样的名义打压排挤，甚至于撤职。志锐的意图是清查革命党，加上贺此前和冯特民有交往，加入了同盟会，志锐自然要把贺家栋逼到绝境。而贺只有铤而走险才能柳暗花明，这是他走向革命最重要的原因。新疆资深文史专家汤永才确信："伊犁辛亥革命的导火索是官逼兵反"，就是针对此而言的。也就是说，贺家栋参加伊犁起义，包括伊犁起义的爆发，是具有很大偶然性的。其次，在伊犁起义的军事行动中，贺家栋没有公开露面，只是暗中策应，如"稳住总兵周玉魁不出兵援助志锐"，不排除他有保护自己的意图，这表明他有脚踏两条船的盘算，不是真正的革命党人的做派。起义胜利后，他公开露面，担任新政权的主要领导人，但也没有过多抛头露面，特别是流血事件和军事东征，他均未亲身参与。这既可以理解为他的理智，也可以理解为他的世故

圆滑。总之，从革命性而言，他肯定不够鲜明，更缺乏自觉。所以，说贺家栋不是一个合格的革命党人并不过分。

问题是，仅依据他不是合格的革命党人，就断言他在伊犁起义以及后来的新疆政局建构中贡献平平，甚至有负面作用，这是值得商榷的。我们甚至可以这样反问，贺家栋不是合格的革命党人又如何？也许，恰恰因为他的这种政治姿态，反而在历史进程中发挥了关键而重要的作用，这就是历史的吊诡。因为历史的逻辑不是"应该怎样"而是"只能怎样"。无数的历史经验证明，创造历史的既可能是君子，也可能不是君子，甚至是小人。仅仅依据思想和道德境界高低来评价历史人物的史学作用往往是不得要领的。

恩格斯说过："历史是这样创造的：最终的结果总是从许多单个的意志的相互冲突中产生出来的，而其中每一个意志，又是有许多特殊的生活条件，才成为它所成为的那样。这样就有无数相互交错的力量，有无数个力的平行四边形，而由此就产生一个总的结果，即历史事变。"（见《马克思恩格斯选集》第四卷）这就是著名的历史合力论。这就意味着，贺家栋不可能独立地创造历史，包括他本人都是在与各种历史人物和事件的纠缠中被创造的，然后又反作用于历史。

贺家栋走上起义之路，有两位人物的影响不可忽略，一位是冯特民，另一位是志锐，两人分别从不同方向挤压贺家栋，使他成为历史的贺家栋。

冯特民（1883—1913），原名冯超，湖北人，早年毕业于湖北自强学堂，受到革命思潮影响，因抨击时政避赴日本，在日本时加入同盟会，回国后为湖北同盟会负责人，受到当局通缉追捕，四处躲藏。1908年，有革命倾向的标统杨缵绪奉命率部赴伊犁，冯特民联络李辅黄、郝可权、冯大树等同盟会友人，加入杨部也来到伊犁。到伊犁后建立同盟会组织，被选为领导人，创办《伊犁白话报》，宣传革命，积极策动起义。贺家栋就是在冯特民的劝说引导下，秘密加入了同盟会。

有研究者说，贺家栋是被杨缵绪介绍加入同盟会的，还有人说杨缵绪是在日本留学时加入同盟会的，这是不可信的。同盟会1905年创立于日本，杨缵绪在1895年年初已回国，《传略》亦未提及他在伊犁起义前有革命活动，伊犁起义的当事人回忆中均未称杨缵绪在湖北期间已是革命党。来伊犁后，郝可权曾想刺杀志锐被杨制止。还有记载称，冯特民想发动起义，曾苦劝杨缵绪数日，杨都没有答应。种种迹象表明，杨缵绪与贺家栋一样，都是在形势逼迫下揭竿而起的。他们都同情革命，在冯特民的影响下加入了同盟会，又在个人安危受到威胁时走向了革命，这是更可信的历史真相。

综合伊犁起义的全过程看，冯特民在伊犁起义领导人中，是最具革命资质的，其革命理论准备较为坚实，革命信仰更为坚定，革命主张也更为激烈，组织上说，他可谓同盟会总部在新疆的特派员，属于领导核心。可以说，如果不是冯特民带领李辅黄、郝可权、冯大树等革命同志在伊犁宣传发动革命奠定的基础，以及以冯为首执意发动伊犁起义，是否会爆发伊犁起义都是疑问。所以魏长洪等学者认为冯特民"堪称资产阶级革命派左翼领袖"的评价是恰如其分的。

同时也要看到，冯特民来伊犁时年仅 25 岁，血气方刚，缺乏政治经验，尤其对新疆情况不熟悉，难免书生意气，拘泥于革命教条，往往理想主义地看问题，缺乏对大局大势的洞察力。在斗争策略上，他灵活性不够，加之性格急躁，有许多值得反思之处。例如，他草率地枪毙了伊犁将军志锐；怂恿哥老会掀起戕官事件；和谈协议达成后，对革命党人没有执掌新疆最高权力耿耿于怀，以一方独立姿态抗衡省府，实际制造了政体分裂。这都造成了革命党在社会舆论上的被动，给杨增新分化瓦解及血腥镇压革命党人提供了口实，还导致革命党内部的离心，最后导致了冯特民本人遇害身亡的悲剧。

话又归结到贺家栋。贺家栋与革命党的"分道扬镳"，主要就是和冯特民分道扬镳。显然，稳健的贺家栋难以接受冯特民的鲁莽偏执、一意孤行。至于贺家栋在报纸上说冯特民等人生活放荡，"平时狂嫖滥赌"，倒未见得是两人疏离的主要原因，更像是分裂后的气话。其实生活风流一些，在当时标榜浪漫自由的新派人士中并非了不得的污点，何况冯特民是血气青年，又在荒僻边地生活，放纵一点也无可厚非，包括贺家栋本人也未必是不近女色、洁身自好的圣人。《传略》可能出于维护革命党人道德形象的考虑，声称贺家栋是诬陷，未免过分敏感了。不过贺家栋此说倒提供了一个佐证，说明冯特民的性格确实比较任性不羁。贺家栋与他分手，也有性格原因。

再看志锐（1853—1912），满洲镶红旗人，陕甘总督裕泰之孙，四川绥定知府长敬之子。光绪六年（1880）进士，有文名，擅长诗词。如其词作《满江红》颇有辛词气象：

> 匹马寒烟，谁管待。远游狂客。须记取，黄沙荒徼，殊铭堪勒。万里边应吾辈守，十年闲让他人待。听胡笳，一曲壮哉行，

看时节。

> 伤时语，平戎策；收拾起，何须说。祇酒垆茶灶，聊藏鸠
> 拙。有梦难答琼岛树，无言独踏关山月。笑生平，百事不如人，
> 头将白。

词中可见志锐怀抱不凡，也可见他怀才不遇之怨。这些遭际，很大程度上与他是光绪皇帝的大舅哥有关。他的两个妹妹都是光绪皇帝的妃子，即瑾妃和珍妃。由于光绪和珍妃的尴尬命运，志锐的仕途也起落跌宕，饱含甜酸苦辣。因为支持光绪，他得罪了慈禧，一度被贬到伊犁6年，自号穷塞主。直到宣统二年（1910）升杭州将军，次年（1911）正月调任伊犁将军，加尚书衔，才算是有点咸鱼翻身气象，却已是帝国末年，志锐也近60岁。不过志锐从来自我感觉良好，坚信自己有大志高才，刚愎而狂傲，尤其是在风雨飘摇的帝国末年，更容易产生受命于危难之际，挽狂澜于既倒，舍我其谁的使命感。他在给堂弟志锜的信中说："奉旨出关，值危局非承平时比，我以身许国，不作生入玉门关想。"行至哈密，武昌起义消息传来，他又致家书："此次之变，恐不如广州、安徽之易平，满洲或无死所矣。"随从劝他暂停行旅，被他一口拒绝，赶至兰州，又与陕甘总督长庚谋划，万一清廷危急，当联络新疆、甘肃、蒙古为一气，拥宣统皇帝西迁，割据再图恢复。可以想见，志锐到任后，采取了一系列强硬鲁莽的倒行逆施举措。这既是他性格的刚愎自用使然，也是大清危亡的巨大压力使然。他是大清王朝的坚定维护者，也是伊犁起义要推翻的主要敌人。

志锐一到任上，立即霹雳出手，双管齐下。在军事上，他对杨缵绪从湖北带来的新军很不放心，全部解散，还将杨缵绪撤职，并追查杨缵绪亏欠军饷的责任，逼得杨缵绪和部下怨声载道。当事者万象春回忆："将军志锐，防范革命，乃将湖北来伊陆军官兵全部解散，亦不放饷，又不予准归里。遣散官兵，恨声沸腾，誓死一逞。盖志锐此举，实促成容易活动革命之良好机会矣。"在行政上，跋扈傲慢的志锐居然对前任将军广福下手，声称要审查他任内的费用亏空，不准广福离开伊犁去杭州赴任。对于贺家栋，志锐也是如法炮制，要清查贺家栋在任的亏空。本来贺家栋要调任温宿知府，也无法成行。想一想，这不是与伊犁上下实力派人物全面为敌吗？志锐办事之绝，到了不可理喻的地步，竟然下令设卡，阻拦遣散官兵自行归里，在严冬中脱去官兵的皮衣裤，任其冻毙。加之志锐又荒唐地敛财，强行推销他带来的毡

帽，仅值一二钱的毡帽，作价要一只羊，若逾期，要升到一头牛的价钱。这不是明火执仗地抢劫吗！不过细分析，志锐种种荒唐残忍之举，倒未必是天性寡毒，也未必是小人贪婪，他是被当时伊犁的巨大财政亏空逼疯了，以至于出此昏招，筹募经费，经营伊犁成为大清最后的栖身基地。其对大清的忠心，还有目空一切的狂妄便促成了他的种种荒唐和残暴。结果事与愿违，为渊驱鱼，激起众怒揭竿而起，反而成全了革命。

就贺家栋而言，志锐的打压是他参加伊犁起义最重要的原因，有点像林冲被逼上梁山。要是深入分析，还可以说，志锐的丧心病狂也使贺家栋明白，大清气数已尽，不值得再为之卖命。这显示了贺家栋非常理智的一面。有道是"识时务者为俊杰"，贺家栋就属于这样的俊杰。顺着话题再多说几句，大清一朝是满族人主政的江山，满汉矛盾贯穿大清始终。及至孙中山革命，"驱逐鞑虏，恢复中华"在大部分时间里都是发动民众的政治口号，这是有广泛社会心理基础的，包括大清的汉族官吏都有着内心深处的共鸣。1900年，八国联军侵华，汉族实力派官僚拒不执行勤王之命，形成"东南互保"的局面，任由慈禧太后狼狈逃离北京城，就是这种心态的明证。所以，汉族官僚对大清倾覆，并不痛心疾首。尽管贺家栋也是达官世家之后，由于族缘差异，他与志锐依然表现出不同的历史姿态。

还要说说贺家栋与志锐前任几位伊犁将军的关系。

贺家栋随父来伊犁后，与三届伊犁将军即长庚、马亮、广福结下了较深的友谊。前文已经说过，贺家栋父子来伊犁就是长庚将军的诚聘，故也可以说，长庚既是贺家栋父子的伯乐，也是恩主。到伊犁后，又先后有马亮、广福的提携，使贺家栋父子成为执掌伊犁政务的实权人物。贺家栋写道：

> 伊犁自光绪九年由俄收还后，历任动用军饷，数逾数千万，阅时十余载，久未奏销，屡经部议催驳，案牍山积，头绪纷繁。府君到伊，着手清理，勾稽造报，无间寒暑，始获次第完结。前后在伊十有二年。如兴办特古斯塔柳屯田，添设沿边卡伦，规复牧厂，安插内附哈萨克，清理中俄积案，创练新军，建造营房，开办讲武堂，组设皮毛公司，整顿茶务诸要政。主之者虽为将军，而一切奏牍图册章程皆出自府君之手。至地方汉满蒙回之事，待府君而决者，尤不可殚述。厥后家栋继参戎幕，兼权府

篆，下无不达，上无不通，种族虽繁，咸能以诚相见。逮辛亥之役，犹得勉出维持，胥由府君平日感情固结有以使之然也。

贺家栋还写了三届伊犁将军对他们父子的礼遇："马明山、广介五两将军先后开府，倚任特专。长帅再任，礼遇益隆。……长帅以帷幄贤劳府君独多，保升州牧，马帅欲以府君兼综营务，谓宜先示优崇，特为捐奖花翎三品衔，广帅亦因府君劳不言赏，复加捐二品封典以相酬。"

对于贺家栋父子与三届伊犁将军的深厚交情，学界没有特别关注，但都普遍承认贺家栋父子"深得上司器重""掌管办事实权""关系非同一般"，还有学者提出了"贺家栋是长庚的学生"之说（见洪涛《论伊犁临时政府》）。可见，贺家栋父子与三位伊犁将军的交情是一个被人忽略却很有价值的研究课题。其价值至少有三：其一，从民族关系来说，可以了解清代满汉官员之间怎样建立起互相信赖、互相合作的共事关系，从而推动边疆民族地区的建设；其二，就对贺家栋的解读来说，也可以了解到，由于他和三位伊犁将军的交情，决定了他在伊犁起义中的重要地位，可以说，他是左右逢源，手中可打之牌最多的人；其三，因为他受这三位伊犁将军的知遇，铭感在心，在伊犁起义中也就显示出温和派特点，坚持以和为上解决新疆事端。

在伊犁起义中，伊犁将军广福在革命党劝说下出任了伊犁临时政府的都督，名义上是革命党方面的最高领导人。这对起义的成功至关重要，否则起义的变数很大。具体说来，广福的作用是：第一，他出面制止了驻伊犁清政府军队对起义民军的顽强抵抗，并劝说清政府军队向民军投诚，避免了民军更大的牺牲，也使民众免受战火涂炭；第二，广福的加入，增强了临时政府的号召力，很多民众及虎视眈眈的沙俄势力因而接受了临时政府，大大减轻了革命党的压力，在接下来与省府方的交涉中更是增加了话语权。

广福是蒙古贵族后裔，行伍出身。"目不识丁，但对部下较为宽厚""常常端着旱烟袋，在惠远街头走来走去，脸上笑呵呵的，博得了个'和善将军'的称号"，这都是参加了伊犁起义的革命党人回忆录中对他的印象，普遍没有恶感。学者评价也不错：

> 杨缵绪选择广福任都督，也是选得恰当的。广福在伊犁待的
> 时间较长，1909 年前担任副都统职务，1909 年伊犁将军长庚调
> 任陕甘总督后，才提升为将军，1911 年秋调任杭州将军（但未上

任），伊犁将军一职由志锐接替。广福虽然是清朝边廷大员，但不是贪官污吏，虽是行伍出身，无文化和定见，但为人宽厚，颇得人心。当时的报纸《新报》也称赞他"忠厚老成""光明正大""最是实心实力赞助公益的人"。广福不仅为人较好，对革命也有贡献。1月7日夜，当革命军和清军新满营相持不下时，广福应杨缵绪之请，出面调停，使新满营放下武器归附革命军。担任都督后，又令厄鲁特蒙古营等归附革命。从而使伊犁革命迅速取得胜利。（见洪涛《论伊犁临时政府》）

对于广福在伊犁起义中的作用，学界应该不会有大分歧。无非是某些思想较"左"的学人觉得，抬出清政府将军做傀儡，显出革命党软弱，丢了革命党的脸，玷污了革命的崇高和纯洁，应该由清一色的革命党人主宰起义才扬眉吐气，才能保证革命的完美。我们不讨论这个问题，想讨论的是，学界大多认为，是杨缵绪力排众议，劝说广福加盟革命，而贺家栋对广福似乎毫无影响。这种看法是很值得商榷的。我们认为，广福加盟革命，贺家栋应该起了相当大的作用。尽管没有史料直接证明贺家栋也游说广福加入革命并且作用不小，但是，依然有许多史料可以间接地支持这种推测。

毫无疑问，广福和贺家栋的私交是远远超过他和杨缵绪的交往的。两人的友情在贺师谦在任时就开始了。广福没有文化，所有文件都由贺家栋捉刀，具体实施也是贺家栋，广福就是个甩手掌柜。广福突出的文教业绩是创立了兴文学校（两等学堂），选派伊犁学生赴俄留学。实际主管学校的总监就是贺家栋。贺家栋又聘任了伊犁本地贤人李溶为校长，李后来成为新疆省政府主席。

还有一件趣事。光绪三十三年（1907），新疆布政使王树枏陪同日本参谋部少佐日野强来伊犁考察，日野强的使命之一是游说清政府疆吏与沙俄抗衡，这也是符合大清利益的事。当时伊犁将军是长庚，设宴招待日野强，邀请伊犁名流参加，其中包括贺家栋父子和李溶等人。广福当时是副都统，也作陪。席间大家即兴赋诗。贺师谦的诗作我们已经看到了，下面只录王树枏、长庚、李溶，还有广福的诗：

> 走马天山下，相逢如故人。雪消金满谷，风度玉关春。
> 万里笙歌夜，千年战伐尘。月中看宝剑，照见胆囷轮。

（王树枏）

万里投荒守塞垣，卒瘏手口彻桑根。

欣逢海客从东至，借箸尤钦睦谊敦。

（长庚）

久仰东瀛日影红，伊江何幸识韩公。

安邦上策指挥里，阅世浮云变态中。

（李溶）

贯斗策槎振羽瀚，扶桑晓日射吟鞍。

鞭风塞月供诗思，气蹑昆仑宝剑寒。

（广福）

想一想，广福是个目不识丁的粗人，如何写得出这样的诗？如果我们想象是贺家栋捉刀，应该不算太离谱吧？后来长庚升陕甘总督，广福继任，贺师谦告老还乡，贺家栋成为广福的师爷，"军署事权集于一身"。广福对贺家栋的信任和依赖更是不言而喻。

也有不少历史当事人和学者注意到了广福和贺家栋的密交，认为伊犁起义中广福的表现是受到了贺家栋的操纵。如袁大化一口咬定："查广福庸愚，向以伊犁知府贺家栋为谋主，协统杨缵绪为爪牙，此次必为杨贺所愚，借广为名目，号召旗兵，免致相攻，方得专力东向，扰我治安。"袁大化还说："广福者本碌碌庸才，目不能识丁字，贺等利其孱懦，奉为都督，为号召蒙哈计，非心服也。"（见张开枚《辛亥新疆伊犁乱事本末》）伊犁兵备道潘震之子潘祖焕也在回忆录中说："贺家栋在广福任将军时，一切奏章及对外公文，都由他主持，权力颇大……广福接受新伊都督之任，多少受了贺家栋的影响。"（见汤永才《新疆辛亥革命史料选编》）学者高兴的《塞上风云考》也认为，杨增新真正的革命党对手是杨缵绪、贺家栋和广福，其他革命党人不过是些成不了大气候的亡命之徒，杨增新根本不在意。而杨增新重点争取的对象是贺家栋，一是因为贺家栋能够和他接轨，二是因为贺家栋能够影响广福。高兴这样揣摩杨增新的心态："好在贺家栋与广福之间关系非同一般，有贺家栋在伊，诸事也可以放心一些。"

诸此种种令人相信，贺家栋对广福的影响肯定不在杨缵绪之下，只是他更为老到低调、不事张扬，所以杨缵绪就成了前台明星。如果贺家栋劝说广福加盟革命的作用得到认可，那么他在起义中的权重就要大大增加了。

伊犁起义，革命党有两个主要政治对手——袁大化和杨增新。

先说末代新疆巡抚袁大化（1851—1935），安徽人，大贺家栋17岁，贫寒农家子弟出身，秀才学历。凭着他从一个农家出身的穷秀才，一步步爬到了封疆大吏的高位，就不可小觑其个人能力。从他留下来的遗文和相关史料看，他对抚疆也满怀憧憬抱负，不能说是一个贪官污吏或窝囊废。其悲剧在于，他是在大清王朝末世之年主政新疆，却执迷不悟，还想力挽狂澜，以血腥暴力阻遏历史车轮奔进，加上宣统退位让国，导致全国形势朝着共和派政治势力当政的结局逆转。这是他大势已去，成为替罪羊，黯然离疆的根本原因。而另一个重要原因是，他1910年才进入新疆，对新疆的熟悉程度和人脉显然不如贺家栋，因而从某种意义上说，袁大化与革命党较量的失败，是败于贺家栋对新疆局面更到位的把控。袁大化似乎也认识到了这一点，所以他坚定认为，贺家栋是伊犁起义的谋主。这就从政治对手的角度反证了贺家栋在伊犁起义中的重要作用。

还有杨增新（1864—1928），云南人。大贺家栋4岁，光绪十五年（1889）中进士后任甘肃中卫知县，后在河湟事变中因镇压回民有功，升河州知州。有趣的是，贺家栋此时也在甘肃，也在河湟事变中立了功。杨增新在甘肃任职多年，对西北情况非常熟悉，治理有方，一路提升，甚至一度有升任陕甘总督的机会，被人作梗而夭折。光绪三十三年（1907），他经新疆布政使王树枬推荐调入新疆，在阿克苏、迪化、巴里坤等地任道台，伊犁起义前夕任新疆提法使，是新疆最高司法行政长官。与贺家栋相比，杨增新无论在学历、资历、行政经验及才智能力方面，都要高出一筹。在迪化起义和伊犁起义中，杨增新因为没有掌握军队，没有领衔镇压起义，革命党人对他没有强烈敌视，因此在双方和谈中，更便于由他来充当政府方面推出的新疆主政者人选。因此，也就不难理解，贺家栋为何能接受杨增新为继任的民国新疆都督——这也正是贺家栋眼光过人之处。而杨增新也意识到了贺家栋的分量，他在致袁世凯的信中说，对贺家栋必须任用，才能平息新疆动乱。在伊犁起义的革命党人中，他对贺家栋最为客气，还接受贺家栋为布政使性质的民国首任新疆民政司长和南疆宣抚使，等于接受贺家栋作为自己将来共事的主要拍档。伊犁起义的革命党人中，贺家栋在民国所授职位是最高也是最有实权的，后来他辞官归里，得到慰问补贴一万块大洋，也是同类情况中最高的。这都说明，他当时在新疆是不可小觑、不可怠慢的政治人物。那么，贺家栋在伊犁起义中的作用，岂不是也要重新估量？

学界普遍认同，在伊犁起义及以后的政局发展中，革命党更主要的对手是杨增新，他是和革命党政治博弈中的最后胜利者。于是，怎样评价杨增新也是考察贺家栋历史功过的重要参照。说白了，如果对杨增新的历史作用是以肯定的评价为主，那么，对贺家栋向杨增新的妥协也应该给予肯定的评价。有趣的是，在魏长洪等编写的《传略》中，我们发现，对杨增新的评价并不算糟糕：

> 光绪三十三年，杨增新与陕甘总督升允不和，经王树枏推荐调任新疆陆军学堂总办、督练公所参议官。翌年九月八日，授阿克苏道尹。宣统三年五月，调任镇迪道兼按察使。
>
> 宣统三年十一月九日，杨增新协助袁大化镇压刘先俊领导的迪化起义。十九日伊犁起义，袁大化指挥围攻伊犁民军。杨增新招募回队五营，声称赴前敌助战。当袁鸿祐被刺杀后，民国元年五月十八日，杨增新继任新疆都督。为削平群雄势力，杨增新纵横捭阖，处置了伊犁民军，采取收买、驱赶、杀害多种办法，分化、瓦解革命党领导人，并镇压了哥老会与哈密农民起义。在民国四年元宵节宴会上，砍杀了反对帝制的夏鼎、李寅等人。为了维护其统治，民国十年威逼杨飞霞辞职，十三年枪决马福兴父子。
>
> 杨增新主政新疆17年，由都督、将军、巡按使、省长到督军。开垦荒地100多万亩。因时制宜地进行县政建设。在第一次世界大战时，安置了约30万逃入新疆的俄国哈萨克牧民。对俄国十月革命采取中立立场，与苏联红军配合解决了窜入新疆的数万白俄残余。民国九年，又与苏联政府商定缔结了通商条款，废除沙俄在新疆攫取的免税贸易的特权，双方平等地在新疆和苏联中亚互设五所领事馆。
>
> 民国十三年一月，杨增新创办新疆俄文法政专门学校，十四年，集资100万两，定购3000锭纺纱机和织布机30部，创立阜民纺织公司，又兴办制革、制糖、炼油等工业，均因资金不足，规模不大。
>
> 民国十七年五月，杨增新派刘文龙到南京活动。六月二十

日，新疆省政府改组，实行委员制，杨增新仍任省主席兼总司令。七月七日，新疆俄文法政专门学校第一班学生毕业宴会上，杨增新被刺身死。

可见，对于杨增新主政新疆的社会业绩方面，基本没有负面记载，也就是说，他没有祸害平民百姓的大劣迹。相反，杨增新主政新疆十七年，还赢得了相当的民众口碑。新疆资深文史专家汤永才说："杨增新统治新疆时期，中央150万两银子的协饷没有了，他能励精图治，与民休养生息，也能精兵简政，不给人民以负担。在我们征集史料过程中，各族老人对杨有好感，言必称'老将军如何如何'，杨增新不拉帮结派，从严治吏，在他统治的十七年中，新疆社会安定，生产力虽然不高，但大家能安居乐业，是新疆之福、中国之幸。"（见崔保新《新疆一九一二》）汤永才认为杨增新主政新疆十七年是"新疆之福、中国之幸"，未免有些夸大和溢美，但是在诸多史料和研究中，并没有发现杨增新明显将新疆拉向倒退、拉向黑暗，社会民生比以前恶化的证据。相反，大多数学者承认，杨增新主政期间，新疆社会有许多进步发展的成就。如中国边疆史研究的权威学者马大正说："杨增新统治时期的新疆，社会政治相对稳定，民族与宗教关系缓和，有'塞外桃源'之誉。从统一的多民族国家发展的大局来看，杨增新所起到的历史作用是十分重要的，值得认真研究。"（见段金生《调适与冲突：杨增新思想与治新实践研究》）综合学界诸多研究，对杨增新治疆的业绩，给予肯定是主流性的认知。

杨增新信奉黄老之道，在政治上采取偏安西域、"闭关自守""保境安民"的方略。对中央政府，他采取的是"认庙不认神"原则，不管任何人主政他都拥护，也不卷入各派军阀间的利益之争，所谓"纷争莫问中原事"，全力经营新疆。不可否认，杨增新全力经营新疆的动力来自个人的政治抱负和权力野心。于是，但凡有威胁到他对新疆统治的人或事件，必然采取各种手段，给予消灭和平息。对他的主要负面评价也就在于封杀革命宣传，铲除异己、平息动乱方面阴谋迭出，软硬兼施，心狠手辣。《传略》中提及他对《伊犁白话报》的取缔，对革命党人、哥老会和诸多政敌的消灭瓦解就是鲜活的例证。以革命立场观照杨增新，他就有了阴谋家和刽子手的恶名。

但是，政治斗争本身就是你死我活的博弈，算计和血腥从来都是常态剧情。在与杨增新的斗争中，由革命党人发动、主要由哥老会施行的戕官事件，同样毫不留情，不相伯仲。如伊犁将军志锐、新疆都督袁鸿祐及夫人、参将汤殿恒、知事张秉铎、阿克苏道尹陈正源、温宿知府王乃发、焉耆知府张铣及随员马鸿宾、库车知州毛英畏、轮台知事李华嵩、巴里坤县丞张在仁等，都不是在正常状态下被起义军杀害的，从道德上看，手段不敢恭维。一些学者却认为革命党杀官府之人天经地义，杨增新杀革命党是大逆不道。其同情革命党人的心情可以理解，作为理性的学术研究，就不够设身处地，不够客观公正了。理性地说，在你死我活的政治斗争中，敌对双方为了自保，以各种手段消灭对方，只要不过于残忍和凌辱，应该是可以理解的。认为正义方可以消灭非正义方，非正义方不应该消灭正义方，只是一厢情愿的价值观，在现实中，这是不可能发生的事。要是这个逻辑被世人接受，根本就不会出现你死我活的政治斗争。如毛泽东所说，在你死我活的政治斗争中还讲究"温良恭俭让"，是十分幼稚可笑的。毛泽东的这些话表明，他从不幻想革命党人造反不会遭到残酷镇压。

　　总之，对杨增新的评判，主要还是要看他主政后对新疆社会的文明进步、对老百姓的生活是否有正面效应。从学界评价看，对他肯定的声音还是主流。也许有人会辩驳，如果革命党主政，新疆会更美好。但这只是一个无法证实的推测，等于一张空头支票，作为学术研究是不能采信的。

　　于是我们又回到了贺家栋，按《传略》的判断，他在伊犁起义中最大的作为就是对杨增新妥协，在很大程度上促成了杨增新主政新疆，也就是说，他现实地促成了一段历史。或许因此，他有愧于革命党人——阻碍了革命党人实现主政的愿望，但是他维护了新疆的统一，还促成了新疆人民有着一段安居乐业、和平发展的岁月。尽管他只是维护者之一，尽管他的维护未必是出于革命的信仰和理智，甚至是出于个人的世故圆滑或者私心杂念，毕竟历史结果是值得肯定的，因此贺家栋也就应该获得相应的荣耀。

　　历史的经验一再表明，创造历史的人物是否伟大崇高并不重要，重要的是，恰当的人在恰当的时机做了恰当的事，历史就会因此而诞生。

贺家栋与伊犁起义（下）

贺家栋与伊犁起义（下）

　　毫无疑问，伊犁起义是贺家栋一生中最大的事件。在贺家儿郎的西域故事中也构成最华彩的篇章，他也因此成为中国近代史研究中不可忽略的人物。现在我们要完整地复现贺家栋在伊犁起义中所经历的故事，略带文学想象，但所有的想象均有史料依据，尤其是各方当事人的回忆录。

　　1912 年 1 月 7 日，一个风雪交加的冬夜，伊犁知府贺家栋在绥定府衙内踱着步，表面若无其事，内心却忐忑不安。他知道，十五里外的将军府驻地惠远城内，一场胜负难判的起义将要爆发。几天前，他参与了这场起义的谋划，凭借主政伊犁府县十余年的经验，和盘托出了自己的意见，得到了各与会者的认同。在意见中，他还给自己安排了一个角色，就是置身事外，稳坐府衙，待起义爆发，他将全力阻止驻防绥定的总兵周玉魁率镇标营增援惠远。按贺家栋的说法，只要周玉魁的兵不动，杨麻子拿下惠远城不成问题。

　　杨麻子就是这次起义的总指挥，新军协统杨缵绪，湖北人，留学日本户山陆军大学，1908 年被长庚聘请到伊犁，组建伊犁新军。其时杨的老乡、同盟会湖北负责人冯特民等十几个革命党人正被当局通缉，便跟着杨缵绪带来的八百新军一起来到伊犁。杨缵绪知道冯特民的身份和处境，也料到冯特民他们到了伊犁也不会消停，但还是接受了他们——因为他也同情革命。到伊犁后，冯特民等人果然又开展了活动。几番游说，把杨缵绪和贺家栋都拉入了同盟会。不久，武昌起义爆发，冯特民接到孙中山指令，就策划了这次伊犁起义。

　　本来，对于这场起义，杨缵绪与贺家栋都不积极，推说时机还不成熟。但经不起冯特民反复鼓动，更重要的是，两个月前新来了一位伊犁将军，贵族出身，叫志锐，还是光绪皇帝的大舅哥，其妹就是著名的珍妃。此人非常骄横跋扈，认为湖北人都有革命倾向，一上任就解散了新军，把杨缵绪的协统也撤了。同时还对前任伊犁将军广福下手，说他在任亏空太多，要清查。这一查把贺家栋也带进去了，因为贺家栋一直是广福的智囊，广福对贺言听计从。志锐把杨缵绪与贺家栋都逼到了绝路，两人一咬牙，就同意了起义。起义军也就有了一武一文两位实力大将。

对于贺家栋的起义方案，只有杨缵绪看得通透。他佩服贺家栋熟悉伊犁局面，考虑十分周全。他也明白，贺家栋坐镇府衙的安排是有私心的，万一起义失败，他可以死不认账，金蝉脱壳。但也不能说，贺家栋的安排不对，要阻止镇标营还非他这个知府莫属，所以杨缵绪也没说什么。这也看出贺家栋老到精明，总是将自己安排在可以进退自如的位置。不过，事到如今，贺家栋还是更期盼起义成功，他明白清朝大势已去，改朝换代是早晚的事，一旦起义成功，他就是改天换地的新疆元勋，是要青史留名的。当然，失败了也会留名，两种名声，他无疑更希望获得的是美名而不是骂名。所以他悠悠踱着步，心里还是在祝愿，但愿一切顺利，大功告成……

午夜十二时，起义按预定计划爆发了。

惠远城内，杨缵绪、冯特民等人率几路人马各自行动，枪声划破了冬夜的寂静，激战中起义军还动用了当时惠远城内最大的后膛大炮，炮弹剧烈的爆炸声传到了更靠近惠远城的镇标营驻地。总兵周玉魁果然被惊动了，气喘吁吁来找贺家栋，请示是否出兵察看。起义当事者韩希良留下这样的回忆："驻绥定镇总兵周玉魁，闻变欲率部出动，被知府贺家栋设计阻止，诡言'杨麻子（即杨缵绪）士兵闹饷，此间城镇为重，不宜轻出，天明再探不迟'，周乃未动。"

贺家栋轻松地阻止了周玉魁增援，起义军解除了重大威胁，成功占领了城南和城东的将军府，逼得伊犁将军志锐落荒而逃。但在攻打城北时，起义军遇到了武器精良的新满营的顽强抵抗，一时间战事胶着。于是在起义烈士方孝慈的小传中便出现了这样的记载，方孝慈驱马急驰金顶寺（伊宁）与贺家栋商议要事，来回奔驰 3 小时，90 里路，立下大功。记载没说商议何事，但可断定，贺家栋绝不是袖手旁观起义，而是在起义中运筹帷幄。有理由猜测，请出前任伊犁将军广福招安抵抗的清兵很可能就是贺家栋的主意。然后便有了杨缵绪力劝广福出面，平息新满营抵抗，并招抚各路清兵投诚的事。

杨缵绪当时的说辞是，志锐克扣军饷引起了哗变，请广将军出面调停。

本来广福和志锐就有梁子，志锐新任伊犁将军，要调查广福在任的亏空之事，广福满腔怨气，又碍于志锐有尚书衔，还是光绪皇帝的大舅子，只能忍气吞声。一听说志锐激起了兵变，广福终于忍不住了，冲到现场对老部下发布命令，立即停火，找志锐去理论。新满营的官兵一听广福发话了，都放下了武器。哪知广福也上当了，起义军迅速控制了局面，伊犁落入了革命党之手。

第二天清晨，战事停了，一面面崭新的五色旗插遍了惠远城，大清的黄龙旗被踩在了脚下。更令人兴奋的是，这天早上，躲在南大街一家药铺里的志锐被冯特民等人活捉，意欲押其游街。没想到志锐还嘴硬，嘟囔道："要杀就杀，这算怎么回事？"顿时激怒了冯特民，他掏出枪来就把志锐撂倒在大街上，手下又上来补了一刀。志锐可是尚书衔的一品大员，还是皇亲国戚，到任伊犁才五十几天就这样一命呜呼，倒在大街上，引来全城百姓的围观。

也就是在起义大功告成后，广福才得知真相，原来不是士兵闹饷哗变，而是改天换地的革命。憨直的广福严厉责问杨缵绪，你好大的胆子，敢骗本将军！杨缵绪扑通跪地，含泪请求广福效法黎元洪，支持起义，拥护共和，担任新伊政府的大都督。韩希良这样描述："广乃大悟，知上圈套，大哭不就。众跪地恳求，以至泪下，广不得已，勉为应允，以维大局。"韩希良没说跪地的众人中是否有贺家栋，但是起义军内最能影响广福的人就是贺家栋，可以相信，贺家栋也加入了劝说，才最后促成广福应允，同意出任起义军的大都督。

对于广福任新伊政府大都督，学者魏长洪提供了另一个版本的说法。大致情况是这样的：起义胜利后，革命党领导人召开了会议，杨缵绪在会议上提出了推举广福为都督的动议，遭到了冯特民和李辅黄的反对，争论十分激烈。杨分析了形势，伊犁西处中俄边境，沙俄虎视眈眈，东临省城，驻有袁大化和长庚的重兵，南靠西藏，是截断退路的天然险阻，东北则有蒙古王爷的兵马，要是他们联合夹击，伊犁内部放下武器的清兵也会再次作乱。只有广福这样的重量级人物出马，才能对内稳定军心，对外斡旋应对。再说，广福只是个傀儡，实权还在革命党手里。大多数人赞同了杨缵绪的分析，便通过了广福任大都督的提议。于是起义军软硬兼施，逼迫广福接了都督大印。魏长洪认为，这体现了革命党的软弱性，轻易地将革命领导权交出去了。也许魏长洪的主张是，宁为玉碎，不为瓦全，这才叫顶天立地的革命英雄汉。

按照魏长洪的版本，广福任都督是在革命党的会议之后，这就意味着未必是起义胜利的第二天（隔两三天也有可能）。在会议上，贺家栋也应该有態度，无疑，他肯定同意杨缵绪的提议，甚至这就是他的主意，只是转了个弯由杨缵绪出面提出。这也是贺家栋的智慧之处，他明白，以自己的旧官僚身份以及和广福的交情提出这个方案，可能会遭到更强烈的反对，包括怀疑他居心叵测。我们还可以进一步猜测贺家栋的心态，这时他已看出，年方弱冠的伊犁同盟会负责人冯特民是个非常情绪化也非常幼稚的青年，比如，那么轻率地就把志锐毙了，争论时，他口口声声说革命党打下的江山，怎么能拱手让给大清的将军当都督，那革命还有意义吗？这个报馆生，根本就不懂得什么是谋略，和他理论简直是对牛弹琴。幸亏自己没有出面，不然，后果难测……

好在大多数革命党人还有理智，知道伊犁依然处于险境，只有推出在伊犁经营多年，人缘广、口碑好的广福，才能稳住局面。于是，新政府领导人的名单出炉了：都督广福，参谋部总长贺家栋、副部长陈甲福，军务部总长杨缵绪、副部长徐建国，参事院院长冯大树、副院长王际昭，外交部总长冯特民、副部长成本朴，财政部部长贺家栋（兼）、副部长黄立中，民政部部长李金堂、副部长蒙库泰，前敌总指挥李辅黄。从这个名单看，如果广福是傀儡，就数贺家栋权力最大，要是他在伊犁起义中无足轻重，绝不会被委以如此重职。这也说明，他的能力得到了一致认可，只是他不愿意抛头露面，不愿意站在历史的追光灯下。

新政府在一片欢呼声中登台亮相。随之推出一系列举措，公布了"四赏八杀"条令，严厉惩办有公愤的恶霸劣吏，稳定社会秩序；大造革命舆论，鼓吹共和，收复人心；推行民族平等和睦政策，缓和民族矛盾，增进民族友谊；坚持平等外交政策，保护外商侨民合法权益，敦促沙俄等外邦严守中立；积极减免税赋，改善民生，鼓励生产行商，发展经济。伊犁出现了许多令人喜悦的新景象……

这些景象背后都藏着贺家栋的努力，只是，一切抛头露面的事他都尽量回避。不能简单地用谦虚低调来解释贺家栋的姿态，应该说是他的忧心忡忡所致。他有两大忧虑：作为世家子弟出身的旧官僚，他始终不能摆脱叛逆国家的内疚。走到这一步，实在是被志锐逼上了梁山，可是，他又难以承受乱臣贼子的历史定位。所以，他尽量避免抛头露面，以免史书上留下种种令他难堪的记载。此外，贺家栋还有一个更大的心结，就是革命政权如何存在下去。各方消息传来，巡抚袁大化已经和陕甘总督长庚取得密切联系，调集兵力，准备展开对伊犁的围剿，袁大化勒令伊犁政府方面放下武器；撤销伪政府的电报已经传来，迪化方面的陆军协统王佩兰已经率五个营的兵力开赴伊犁府界四棵树，后续的援兵也将陆续赶到。兵戎相见，不可避免，然而，有胜算吗？冯特民等人倒是信心满满，高喊着要东进迪化，统一全疆——这是笑话。只有杨缵绪比较理智，与贺家栋商议如何应对，提出的主张还像个行家所言。你说，此时此刻，贺家栋还有什么心思在伊犁街头显摆？

省会迪化一片人心惶惶。

来新疆不到两年的巡抚袁大化的确有些手忙脚乱。十来天前，他刚镇压了湘籍军官刘先俊发动的迪化起义，街头血迹未干，伊犁起义的消息又传来，口口声声说要为刘先俊讨还血债，这意味着他成了起义军的公敌，想躲闪也没有退路了。他只有破釜沉舟，再接再厉，剿灭伊犁起义军，才能既保住乌纱又报效朝廷。于是他先把王佩兰派到了前线，预防民军东进，同时频繁和上司长庚联系，争取援兵。在向长庚的报告中，他分析了伊犁的局面："查广福庸愚，向以伊犁知府贺家栋为谋主，协统杨缵绪为爪牙，此次必为杨贺所愚，借广为名目，号召旗兵，免致相攻，方得专力东向，扰我治安。"还说："广福者本碌碌庸才，目不能识丁字，贺等利其屠懦，奉为都督，为号召蒙哈计，非心服也。"可见，最困扰袁大化的对手主要是三个人：广福、贺家栋、杨缵绪。三个对手又以贺家栋为中心，这是袁大化两年来与贺家栋打交道后积累的经验之谈。至于冯特民之流，袁大化根本没放在眼里，认为他们不过是会耍嘴皮、敢玩命的亡命之徒而已，这些革命党徒扰乱治安可以，要坐江山门都没有，真正能颠覆袁大化统治地位取而代之的还是贺家栋之流。

袁大化确有政治家眼光，他不是简单地以革命性而是以实力来权衡对手，他明白不管是革命还是造反，最终成败并不取决于口号而取决于实力。贺家栋是宦游西域 20 年的"新疆通"，三任伊犁将军的智囊，父子两代经营伊犁，还有历任府县主官的行政经验，参与过军事、外交事务的谋划，在省、府、县都有为官履历，人脉遍布新疆，且是哥老会的头目，可谓官道、黑道通吃。加之为人稳重精明，爽朗健谈，很有号召力。袁大化坚信，贺家栋是他的首席劲敌。

不过，袁大化的分析还是有漏洞的。他在很大程度上忽略了贺家栋起义是被志锐逼上梁山，其实贺家栋内心十分纠结乃至摇摆不定。这种忽略使袁大化没有针对贺家栋采取攻心之策，而是简单地采取了剿灭之策，导致冲突激化，事态扩大，最后收拾不了局面，反而充当了替罪羊，黯然离开了新疆。这是后话。

袁大化还有一个漏洞，就是低估了冯特民等人的激进偏执带来的破坏力。具体言之，就是鼓动哥老会在南疆掀起戕官事件，导致阿克苏道尹陈正源等大批南疆政府官员惨遭杀戮，即将升任新疆都督的袁鸿祐亦在其列，新疆官场一片风声鹤唳。这也是袁大化后来难以收拾局面，黯然辞官的重要原因。

袁大化行动了。

他一面向伊犁方面发出了劝降通牒，一面调兵遣将，加大对伊犁的军事合围。其实这不过是先礼后兵的套路。与此同时，袁大化在省城内疯狂地搜捕屠杀革命党，且以两湖人士为重点。这既是断绝伊犁革命党的内应，又是给伊犁革命党以震慑。迪化城内又是血迹斑斑……

袁大化坚信，最后解决问题还是得靠武力。

有点出乎袁大化意料，伊犁方面不卑不亢，态度从容地发出了和平谈判的呼吁。1月11日，起义后的第四天，广福给袁大化来电，称伊犁方面只是效法内地拥护共和独立的大势，"为疆土人民计"，绝无个人野心，如袁大化接受共和，则自愿让贤于袁，双方合力建设共和，保新疆和平统一。几天后贺家栋又发称："栋与杨均主和谈，广帅亦愿保安地方，融化种族，惟固省城派队西进，前电至精河刘志玉兵营，无覆。又闻袁帅惨杀楚人，各界疑愤，妇孺皆然，不得不出兵东御。望公等速来伊犁会商一切，免再隔阂纷扰。"次日，贺家栋再通电表示："大局底定，即当洁身引退，他非敢望。"

显然，贺家栋的对策是以柔克刚，后发制人。一是抢占道义制高点，赢得民心同情；二是缓兵之计，避免过早交战，等待袁大化后院起火，自乱阵脚。说起后院起火，就要说一说哥老会掀起的南疆戕官事件了。

就新疆而言，哥老会是从湘军蔓延而出的，渗透社会各阶层的强大帮会势力，贺家栋也是新疆哥老会头目之一。哥老会有很强的隐蔽性和强烈的反清情绪，痴迷于偏激的秘密行动，破坏性很大。辛亥革命期间，哥老会成为革命党密切联络的盟友。但凡革命党有碍于公共舆论不方便实施的行动，往往委托哥老会实施，南疆戕官事件就是典型。史料记载，伊犁革命党正面与政府军冲突的同时，也发动了哥老会进入南疆，以一系列具有暗杀性质的戕官事件震慑当局，制造官场恐慌，自乱阵脚。事实也表明，戕官事件确实起到了很大震慑作用，陷袁大化于四面楚歌之境。

当事人杨逢春回忆，革命党方面主要由冯特民、杨缵绪负责联络哥老会，实施秘密行动。相关史料中没有贺家栋联络哥老会的记载，而且半年以后，贺家栋与冯特民、杨缵绪分道扬镳，也谴责说是冯、杨二人发动了戕官事件。但这并不表明贺家栋完全置身事外。当时贺家栋是起义军主要领导人，还是哥老会头目之一，发动哥老会，他怎么能脱得了干系？何况当时敌强我弱，发动哥老会配合，即使做出一些过火的事，遭世人诟病，也是为了生存必需的选择，凭贺家栋的通透，怎么会拒绝？只是他的主张可能相对温和，对执行中出现的偏激失控，他有些不满而已。事过境迁，把责任推得一干二净，未免有些文过饰非。

总之，贺家栋与袁大化博弈，花了大心思。他打出了组合拳：先甩出和谈牌，既赢得了舆论同情，又给起义军赢得了准备时间——他也明白武力较量是不可避免的。果然，1月下旬，革命党和官兵的军事较量终于开始了。

《新疆辛亥革命大事记》这样记载：

> 1月19日，袁大化派陆军协统王佩兰率步、骑、炮兵五营从迪化开赴前线，进驻乌苏以西的四棵树。
>
> 1月21日，新伊大都督府组织东进支队，以李辅黄为队长兼步兵团长，钱广汉为骑兵第二团长兼前卫指挥，率兵进行东征。
>
> 2月初，革命党人在五台、精河、乌苏一线连续作战，取得了一系列胜利。
>
> 2月20日，钱广汉、蔡乐善等人率三营骑兵暗中叛变投敌，诱骗李辅黄率民军陷入敌人包围圈，致使东进民军暂时失利。
>
> 2月22日，《新报》开始以汉、维文发行，它代替《伊犁白话报》，成为新伊大都督府的机关报。
>
> 2月23日夜，杨缵绪率领逃回的东征民军突袭驻沙泉子的袁大化军队，袁大化军队开始全线溃败，最后，民军与袁大化的军队在四棵树和乌苏之间形成对峙局面。

这场史家称为东征之役的厮杀历经一个多月，双方出动兵力共计一万余人，其间相互攻防，各有胜负，跌宕起伏，堪称惊心动魄的影视大剧，最后却形成对峙胶着的战局，这实在有些令人意外。按照各路官兵陆续投入围剿的态势看，起义军最后的失败，应该是意料之中，可是却形成了平局，之后又转向了和局，其中的转机是所有人都没有想到的，真可谓天意高难测呀！

1912 年 2 月 12 日，也就是伊犁革命党人还在与袁大化的官兵鏖战正酣之际，北京城里的宣统公告逊位，委托袁世凯组建共和立宪国体，接着，孙中山也宣告让临时大总统位于袁世凯——民国至此合法化。不用说，伊犁起义军也随之合法化。与此同时，旧政权系统也摇身一变，成了民国的国家机器。顿时，继续围剿伊犁起义军或者继续进攻政府军都失去了正义和正当的理由，双方成了一家人，都要听民国袁大总统的号令。

袁大化目瞪口呆，尽管他一度封锁宣统逊位的消息，心里却明白，他撑不了多久了。果然，他没撑多久，就被迫接受了民国的新任命，成为新疆都督，并受命与伊犁方面和谈。但他清楚，自己就是个留守都督，作为剿灭起义的急先锋，下场就是替罪羊。可以说，在与贺家栋的博弈中，袁大化败在了贺家栋手下。

贺家栋自然喜出望外，终于卸下了心中的包袱。双方交战的一个月来，他心事重重。他明白，伊犁民军虽然顽强，但缺乏军饷弹药和兵员补充，很难持久，敌方军队的补给却是源源不绝，最后的结局只能是失败，他的归宿只能是上断头台。所以，这一个月里，他表现得十分低调和平淡，静静地等待最后的审判。没想到，宣统逊位让事态一下子峰回路转，起义军合法化了，他不仅不会遭到审判，还会获得鲜花和掌声。至于冯特民他们的心态则更加惊喜，以为可以和平地坐江山了。贺家栋当然不会这么幼稚，他明白，下一步，真的要和谈了，军事博弈将会转为谈判桌上的博弈，革命党能否坐第一把交椅还很难说，至少在中央政府层面，就不是革命领袖孙中山而是前清大吏袁世凯做了大总统。

万里之外的京城，袁世凯一直在密切关注新疆局势的发展。他懂得，西域这片六分之一的疆土决不能乱，一乱，沙俄等群狼就会趁火打劫扑过来夺食，局面就不可收拾了，他袁某人就要成为千古罪人。所以他的思路是，不能扩大事态，冲突双方必须尽快达成和解，实现新疆的统一稳定。

于是，袁世凯电令长庚和袁大化，立即展开与伊犁方面的谈判，可以做一些妥协，但核心大权不能丢，务必迅速实现新疆的统一稳定。哪知近两个月下来，袁大化根本玩不转贺家栋一帮革命党，贺家栋他们虚虚实实，进进退退，大造舆论，争取民心，袁大化的招数都被一一化解，反落得声名狼藉。加上戕官事件，新疆官员人心惶惶，不少官员离职东逃，谈判毫无进展，局面愈加失控。袁世凯意识到，袁大化斤斤计较，小花招迭出，大方向模糊，靠这个家伙是不行了。就在此时，袁大化的请辞报告传来，袁世凯会意一笑，这个袁大化还算个明白人，要是再赖着不走，老袁我可就要让这位本家吃罚酒了。

袁世凯立即批准了袁大化的辞职，还接受了袁大化推荐的继任者——年过古稀的喀什道尹袁鸿祐。袁世凯此时根本不想细察继任者是否胜任，只要他没有和革命党结大梁子就行，反正是过渡，局面稳定后还要再洗牌的。

没想到，袁鸿祐虽没有对革命党大开杀戒，却对清政府忠心耿耿，宣统退位后，他一直封锁消息，与沙俄领事有关交涉的公文中依然沿用宣统年号，还给袁大化围剿革命党提供了 20 万两银子的经费。革命党早就盯上了他，在其上任前，哥老会果断出手，将他们两口子戕杀在府邸……

这时，一直深藏不露、面目模糊的新疆提法使杨增新翩然登场了。

杨增新是云南人，进士出身，在西北为官 20 余年，入新疆为官也有 5 年，是主管新疆司法的最高官员，时年 48 岁。他与袁大化共事，既不亲密也不疏远；镇压革命党，既有所行动，也不大打出手，这一切就决定了他是替代袁大化的最佳人选。于是，5 月 18 日，京城任命下来，杨增新继任了新疆都督。此后，就由杨增新代表政府方，与伊犁方面展开斡旋谈判，共同筹组新疆新政府。

杨增新显然比袁大化高明许多，特别是大局观很强，懂得轻重缓急，行动果决明快，一出马就锁定了两个主要对手：伊犁方面首席谈判代表贺家栋、镇守伊犁的军务部总长杨缵绪。文史作家高兴在《塞上风云考》中说：

> 伊犁问题能否顺利解决？新伊和谈能否成功？在新任新疆都督杨增新看来，杨、贺二人的态度甚为关键。
> 后来的实践说明，杨增新此点没有看错。
> 如能将贺、杨二人争取过来，使其不与省方感情相恶，不与自己为敌，诸事皆能采取合作态度，伊犁问题便有了解决的契机。此中的关键，是要把握住杨、贺二人的脉搏，能将二人所想所思把握得准确，方好对症施药。

按照高兴的说法，杨增新选定贺家栋与杨缵绪为突破口，认为一是两人都是被逼上梁山，无论思想情感上还是利益关联上，与传统体制有着更多牵连。二是两人都有相当的政治经验，比较理智，知道何者现实可为，何者理想不可为，不会执意于非分之想——这就有争取对话的基础。而两人中，又以贺家栋更熟悉新疆，更了解大势，也更少个人的权欲野心，为人也更爽快。杨缵绪则有着较强的权欲，为人也反复无常。所以，杨增新的主攻对象是贺家栋。后来的故事表明，杨增新果然成功了。在双方的谈判中，达成了杨增新能接受的底线协议。

说起谈判，当然又是智斗的精彩故事。

在伊犁北边中俄边境，一个商贸繁华、充满异域风情的小城镇塔城，双方展开了两个月的谈判。其间，唇枪舌剑，讨价还价，圈套迭出，陷阱重重，一会儿和气一团，一会儿又翻脸相向。塔城谈判会场之外，戍官的血案此起彼伏，构成了文谈武斗的双重交响，可谓一幕幕扣人心弦的影视剧场景……

在谈判中，杨增新始终没有露面，他本是迪化方面的首席谈判代表，却以处理南疆戍官案无法脱身为由回避在场。他说："南疆重案羁绊，致不果来。"这就是他的高明处：其一，暗示伊犁方，你们制造戍官事件，给谈判施加压力，实际是破坏谈判，我心知肚明，只是以大局为重，不予计较。其二，他通过手下转达谈判进展，回避了直接冲突，给自己留下很大回旋余地。不妨想象，光是这种姿态，就会使贺家栋心弦一动，暗暗佩服。所以，作为伊犁方首席谈判代表，贺家栋并没有坚持要杨增新在场，但在心中，贺杨二人已经开始了神交。

关于塔城谈判，学界最流行的说法是，谈判中，伊犁方坚持新疆分治，即伊犁方和迪化方各自有相对独立的管辖区；而迪化方则坚持新疆合治，即必须由统一的省级政府对全疆实施政令畅通的治理。此外，由谁来担任新疆最有权势的大都督，双方也各有人选，因而导致了和谈中的激烈冲突。还有一种说法是，双方代表在分治与合治的问题上并无分歧，因而也不会因此而产生冲突。学者吕一燃就持此说。他举出了贺家栋、杨缵绪、广福、冯特民在谈判前就主张合治的言论为证，推断说伊犁方代表也是主张合治新疆的。此外，吕一燃还说，双方谈判的首日，就一致同意杨增新任大都督，所以也不会有冲突。（见吕一燃《关于一九一二年"新伊塔城谈判"的几个问题》）两种说法相矛盾，怎么看？其实，还有第三种可能，可以融通这两种说法的矛盾，也更加符合实际情理。

毫无疑问，无论分治与合治，还是大都督的人选，背后都是权益分配问题。谈判之所以进行了两个月之久，就是围绕着领导权的掌控进行了纠缠博弈，要是在分治与合治的问题上一拍即合，谈判不会这么久。在当时的情况下，伊犁方占弱势，提出分治是维护自身权益的必然，这是屁股指挥脑袋的选择。所以，在谈判中伊犁方代表提出分治是可信的，反之则不合常理。至于杨、贺、冯等在谈判前提出合治主张，也不难解释：第一，是政治作秀，以示胸怀大局，没有私欲。第二，对自我处境评估有些膨胀，认为革命党有主政的实力和可能——合治会使革命党权力最大化。问题在于，一进入具体谈判，伊犁方便清醒了，革命党人不可能坐第一把交椅掌控全疆，于是就退而求其次，以分治来维护革命党的权益。况且谈判首日，双方就达成了杨增新任新疆都督的共识。于是，伊犁方代表放弃了冠冕堂皇的合治主张，诉求分治以维权更加可信。

理性而公允地说，合治更符合国家民族利益，尤其是在沙俄等列强企图分裂新疆的国际背景下，更要坚持新疆统一，行政合治甚为关键。坚持分治，无论在事理上还是舆论上都要丢分。所以，伊犁方代表还是同意了合治方案，这叫识时务。至于杨增新任大都督的问题，伊犁方代表也先天被动，因为杨增新是民国大总统袁世凯直接任命，想要推翻也欠缺合法性。总之，伊犁方代表一进入谈判就处于有苦难言的话语权弱势。

贺家栋肯定洞悉其中玄机，可是他并不沮丧。对他而言，只要坚持了五族共和国体，他的伊犁起义行径就将受到历史的正面评判，其内心的纠结就烟消云散，至于党派利益，必须服从于更大的民族利益，这是儒学融化在他骨子里的教化——私利服从公义。于是，他从容地走进了谈判，以资深师爷的职业素养展开了斡旋，尽力维护伊犁方面的权益，但是在杨增新任都督以及合治的问题上，他的确是妥协的。在他看来，新疆必须统一合治，才是国家民族大义所在，分治的新疆就是分裂的新疆，这是要承担历史骂名的。至于杨增新主政，一是杨增新有着总统任命的合法性，没有劣迹证据是不能无理推翻的。二是杨增新的确显示了大吏气象，在革命党群体中，包括贺家栋，无人能及。我们不得而知这些年来贺家栋是否与杨增新有私人交集，但是公务交往、耳闻目睹肯定是有的。以贺家栋的精明，他不会没有比较判断，特别是和谈以来，贺家栋对杨增新的魄力有切身感受，杨派出的代表只坚持两点：一是合治新疆，二是都督人选要尊重大总统的决定，其他的都好商量。还有一个细节，谈判期间正是哥老会戕官高潮，杨增新却没拿戕官事件给伊犁方代表施压，也没有全力剿灭哥老会，非常沉得住气，贺家栋心里暗暗佩服，主政新疆，还非杨增新莫属。可以说，杨增新从心理上把贺家栋征服了。

不难想象，两个月谈判中发生的种种波澜，相当一部分应该是贺家栋与他的同志之间的分歧。分治的主张、对杨增新的不满，应该都是李辅黄、冯大树以及从后方传来的意见，不排除贺家栋也敷衍性地拿到会场讨论，但是他明白，对方的拒绝更雄辩，加上自己这个资深师爷不发力，李辅黄、冯大树只能妥协。

学者的研究也印证了此猜测。魏长洪在李辅黄《传略》中说："李在谈判中坚持不让军政大权给杨增新的强硬立场，得到冯特民等人的支持。……李辅黄与冯特民始终与杨增新对抗，留在伊犁主持善后，保留原军政外交等编制机构。"不过要纠正一下，魏长洪说李辅黄谈判中坚决不同意杨增新当都督是不准确的。塔城谈判，贺家栋是伊犁方代表的核心，李辅黄和冯大树对贺家栋可谓崇拜。如袁世凯任杨增新为都督后，李、冯于 1912 年 5 月 18 日通电祝贺说："欲统一新伊政权，征之各界舆论，舍公与贺代表莫属。"可见，李辅黄即使有异议也会将就贺家栋，应该是冯特民后来影响了李辅黄。

不管怎样，随着谈判的进展，贺家栋开始与革命党左翼离心离德，与杨增新有了微妙的默契，这是事实。但这主要还不是品质问题，而是立场认识问题。就立场而言，贺家栋更多是民族主义者，这是他湖湘世家背景的传承。就认识而言，贺家栋的革命目标是共和宪政，只要达成了共和，他并不在意革命党是否拥有最高领导权，而是在意领导权是否掌握在胜任者手里，他认为杨增新就是胜任者。他毫不掩饰地公开对报界说："新督杨增新，各界共仰，主持西事，尤庆得人。"（见 1912 年 5 月 31 日《申报》）

1912 年 7 月 8 日，塔城和谈协议达成。十一条协议中，合治与杨增新主政新疆是冯特民等革命党人最遗憾乃至恼怒的条款，一度声称要退出协议，后来又以独立姿态拒不执行条款。杨增新则巧妙地把冯特民等人的不满引向了贺家栋，声称这是你们的谈判代表亲笔签订的条约，怎么能出尔反尔？不言而喻，贺家栋被推上前台，与冯特民等人的裂痕更大了。贺家栋也满肚子委屈，他认为自己尽了很大努力为革命党争取了不小的权益，除了最高军权以外，新疆的行政权、财政权、执行军权、外交权以及伊犁地区的全部主官都由革命党人执掌，此外，还有惩办镇压起义的主谋等条款。可以说，新疆由革命党人组阁，应该是谈判硕果颇丰，贺家栋不辱使命，哪知道却遭到同党诟病，甚至怀疑他居心叵测。他只能一声叹息。

客观地说，贺家栋也有书生气，他低估了军权的厉害，更低估了杨增新的权欲野心，以为杨的种种让步是胸怀宽广、宰相气度，没想到这是杨的韬晦权术。协议签订后，贺家栋又带人赴迪化，与杨增新协调合作细节。枪杆子在握的杨增新却开始了一系列排除异己的行动，他软硬兼施，狡诈阴狠，不让曹操。这正是贺家栋最不及杨增新之处——缺乏宁可我负天下人，不可天下人负我的枭雄之气。在杨增新的种种排斥下，革命党人举步维艰，贺家栋这才意识到遭到算计，但为时已晚，无力回天。冯特民等人自然埋怨重重，贺家栋两头受气，便萌生了退志——他不是一个权欲熏心的人，这是贺家血脉传承所决定的，从先祖贺长龄、贺熙龄、贺桂龄就奠定了这种家传基因，这也可以认为是贺家栋的通达之处。此时，其父病故的消息传来，他便借故递交了辞呈。杨增新自然大喜过望，贺家栋退场，他兵不血刃地除掉了一个劲敌，再说自己有今天，也搭帮贺家栋成全。于是，杨增新慷慨地掏出了一万两银子，体面地送客，同时还给贺家栋之父办了隆重的追悼会。贺家栋写道：

> 府君既殁，电讣至伊时，家栋已充协商新伊统一代表，在途各界犹开会追悼三日，远近奔赴，备极哀荣，亦可见去后之思入人者深矣！

1912年年底，一个大雪飘飞的日子，贺家栋带着丧父的悲哀和辞职的失落或者说轻快离开了新疆。渐行渐远，消失在漫天风雪之中……

我们该怎样评价贺家栋？

必须承认，他不是一个合格的革命党人，只是革命的同路人。许多学者都注意到了贺家栋的妥协，认为他对革命党的权益维护不够，甚至有和杨增新勾结之嫌。如魏长洪在《辛亥革命在新疆》等文中认为，革命党人冯特民、李辅黄等识破了和谈协议中了杨增新的圈套，因此拒不承认和谈协议，杨增新"终以官禄地位和金钱买通了伊犁谈判代表"。魏长洪更明确地说："贺家栋以旧官吏投身革命，他在伊犁革命党人中属于温和派，与杨增新手下的群僚皆为旧同僚，会谈时利弊相伴，也是杨增新刻意拉拢的重要人员，荐任他为民政司长，又不令他到任，遂又委任为南疆宣抚使、善后督办等官衔。……贺对杨增新又骂又帮忙，他帮杨将伊犁来迪化百十名先锋队员遣回内地，使杨减去心头之患。杨增新又于 12 月 8 日令财政司拨银一万两，作为贺返回原籍路费，其中的奥妙令人费解。"高兴在《塞上风云考》中也意味深长地写道："没有确切的材料来证实杨增新究竟是何时与贺家栋有了这种默契，但最终的事实说明，杨与贺之间是存在着这种默契的。"持类似怀疑的还有吕一燃，他认为贺家栋对杨增新的推崇实在有些过分。

这些说法都或隐或显地指出贺家栋与杨增新的关系暧昧，甚至出卖了革命党人的权益。应该承认，的确是贺家栋给杨增新主政新疆开了方便之门，对革命党的恶果就是遭到杨增新的严厉镇压。杨增新一上台，就多路出击，对哥老会，对杨缵绪、冯特民和李辅黄都赶尽杀绝。杨缵绪翻越雪山峡谷潜逃，冯特民和李辅黄的头颅被割下挂上城楼，革命党风流云散，杨增新自此主政新疆十七年，或多或少都与贺家栋相关联。

问题是，这是否意味着杨贺蓄意勾结呢？贺家栋辞职后，在离开新疆前夕，坦率地发表了他对新疆局面的看法，学者魏长洪是这样记载的：

> 11 月，贺家栋对记者说其辞职的原因有三种：一是杨增新治新的政策，全属敷衍门面，而且广招回队，将都督署四周围墙加高三尺，内驻回兵一千多人。回兵在外抢掠奸淫，概不过问。想成为终身世袭都督，将来同官一省，朝夕从公，如有冲突等事，徒伤感情。二是新疆官僚，湘人居大多数，如有淘汰惩处之事，会引起乡怨。三是冯特民、杨缵绪、李辅黄等人，平日滥嫖滥赌，本年南疆戕官重案，均系此三人布置。

按上述贺家栋的声明可见，他不想再蹚浑水，故毅然引退。贺家栋此说固然有标榜高洁之嫌，不无虚荣，但他明确与杨增新以及冯特民等革命党人分道扬镳还是可信的。可以说，他是要告别政治，而不仅仅是告别革命。魏长洪怀疑，这是贺家栋和杨增新演双簧，小骂大帮忙，亦可为一说。但即便如此，贺家栋无非是在革命党领导权上做了妥协，那么，为何不辨析一下，在当时的条件下，伊犁革命党有可能或者有能力担负起主政新疆的使命吗？如果没有，把主政新疆的最高权力交到胜任者手上，难道不是明智的吗？还可以进一步思考，在革命党利益与国家民族利益发生冲突时，我们该维护谁？学界普遍承认，杨增新主政新疆后，除了铲除政敌，还维护了新疆统一稳定，推动了新疆进步发展，在民众中享有不错的口碑，历史贡献显著。那么，贺家栋又何过之有？无疑，贺家栋给杨增新上位搭了梯子。革命党遭到杨增新的严厉镇压，确实值得痛心，但是，要是革命党执政，缺乏能力维护新疆统一稳定，引发内战甚至外战，导致新疆分裂，百姓涂炭，岂不是更无法向历史交代？

所以，贺家栋也许有愧于革命党，却无愧于国家和民族。说他是爱国的民族主义者，并做出了切实的历史贡献，想无大错。我们还要承认，贺家栋并不是一个合格的革命党人，他加入革命具有很大的偶然性，甚至可以说是历史的误会。如果用革命者的道德标准来衡量，他的为人难免受到诟病，比如他比较圆滑世故，精于计算，一事当前总把利益自保当作决策的重要准绳，从而使自己处于进退自如的境地，在政治斗争的激流漩涡中，他不是坚定不移地一往无前，而是审时度势，发现自己有被淹没之险就抽身而退，等等。一句话，他不是圣人，只是一个精明人。问题是，这又如何？从历史的结局看，伊犁起义的硝烟散去之后，六分之一的疆土依然完好无缺地保留在中华大地的版图上，边疆的黎民百姓没有因战乱而生灵涂炭，社会进步的足迹依然向前，这难道还不够吗？

至于贺家栋是圣人还是凡人乃至庸人，选择权在于他自己，只要他没有阻碍历史前进，贻害苍生黎民，他就不受历史的谴责，如果他推进了历史的前行，还应该受到点赞。革命不是万能的，历史是可以用各种途径来创造的。更重要的是，历史不是依照理论行进，相反，理论要依循历史来总结。历史行进的轨迹，又取决于所有当事人千姿百态的人格和意志，包括实力的纠缠博弈——历史本身是没有执念的。这就是贺家栋的启迪。

因此，贺家栋就构成了超出意识形态才能公正解读的一个史学人物。2019年，新疆大学一位史学研究生这样评价他："纵观贺家栋的一生，从早年捐官入仕到出任首位新疆民政司长，他经历了新旧时代的更替和外辱内乱的动荡，在伊犁辛亥革命爆发时，他没有站在革命的对立面而且对革命多有贡献，虽多出于自身利益的考量，但终属难能可贵。伊犁起义挫败了清廷西迁的图谋，加速了清王朝的覆灭，其中也有贺家栋的功劳。其对于革命的功绩应当给予肯定，特别是和谈期间，贺家栋以和平统一的理念处理伊、省双方的关系，争取了新疆的和平稳定，不图名利，这也是一种难能可贵的担当。"（见郭华林《辛亥革命伊犁起义中的贺家栋》，载《辛亥革命研究动态》2019年第四期）不能说这位青年作者的评价十分成熟，但较之许多前辈学者确乎有了明显突破。我们还在史料中发现，当年与贺家栋一起发动伊犁起义的革命党人、曾任民国陕西省省长的李梦彪，晚年还去长沙寻访战友贺家栋，留下了一首情谊深长的悼诗：

至长沙小西门访贺伯隆先生旧宅不得，闻已病殁，凄然兴感

十八年前此地游，春灯细雨话离愁。

小西门是州西路，不是羊昙也泪流。

诗中用了谢安外甥羊昙哭祭谢安之典，可见李梦彪对贺家栋推崇极高。这种感受当亲历历史血火才能滋生，纸上书生是很难体悟的。

贺延祜：新民学会的贺家女（上）

　　新民学会是中国现代史上著名的社团组织之一。它的诞生与辛亥革命之后民国推行宪政的大背景密切相关——结社和言论自由，是宪政的必然风景。但是仅此理解就会大大低估新民学会的历史地位。新民学会不可小觑的意义就在于它和以毛泽东为首的一批湖湘革命家密切关联，从而在很大程度上使中国现代史深深烙印着湖湘意志。

　　于是，贺延祜作为该组织的毛派女会员之一，便自然地引起了史学界的关注，也构成了善化贺氏家族故事的重点篇章，而她颠沛流离且富有传奇的一生更令人感慨命运的无常和诡秘……

　　贺延祜（1900—1979），善化贺氏第九代传人。高祖贺桂龄，曾祖贺仲琳，祖父贺师谦，父亲贺家梁。族谱记载，其父贺家梁早年随父亲贺师谦及兄长贺家栋宦游伊犁，任将军府文案，从九品官衔。1904年被湖南巡抚端方选拔，作为湖南第一代留学生，官费留学日本，就读东斌学校警监宪兵科。宣统元年（1909）以优等成绩毕业回国，又赴西北甘肃试用，考试成绩名列第一，任甘肃省模范监狱典狱官，捐花翎五品。民国元年（1912）回到湖南，历任湖南司法司监狱科主任，高等检察厅书记官，省会警察厅科长、书记官、督察长等职。这就意味着，在1904年以前，其父贺家梁当在伊犁任职，贺延祜的出生地就有两种可能：一是母亲也随父亲去了伊犁，她诞生在伊犁；二是父亲在1900年前后回过湖南，贺延祜便出生在湖南。贺延祜没有谈过她的出生地问题，只是回忆，其父早年在新疆做事，回家探亲会带来许多新疆特产，皮货居多，在内地销售，赚了不少钱，家里的日子过得很滋润。据此分析，贺延祜当生于湖南。

关注这些细节只是想说，贺延祜的家境还是相当优渥的，这也从联姻的角度体现出来。贺延祜之母黄夫人是安化黄正己次女，黄正己就是黄自元之弟、黄德濂之孙，可见其母也是富贵千金，这种家境不仅富贵，而且在文化上给贺延祜以良好的熏陶。贺延祜说，她小时候习字，曾在号称"字圣"的伯外公黄自元的真迹上直接描红。可见贺延祜儿时受到何等娇宠。

说起娇宠，肯定与其父贺家梁有关。贺延祜很长一段时间里都是家中唯一的孩子，她有个哥哥早殇，大概她进中学时，堂叔贺家灿将儿子益元过继给了她父亲，益元小贺延祜 7 岁，成了贺延祜的弟弟。后来母亲去世，父亲娶了继母杨夫人，又生了一个妹妹，这年父亲已经 52 岁，贺延祜已经 26 岁。想一想，贺延祜少年时代，应该是万千宠爱在一身。

这种宠爱在那个女性地位卑微的年代，无疑是非常珍贵的生命馈赠。这当然又和父亲作为湖南第一代留学生，在东洋攻读四年，经受了新知识、新思潮的洗礼有关。贺延祜说，其实父亲对她妹妹更加疼爱。她的妹妹叫贺益绥，小名叫多妹，应该是老来得女，很是意外，故戏称为多余的妹妹。可是父亲却把这个妹妹视如掌上明珠，连吃饭都要亲自喂，还经常教诲贺延祜，你妹妹刚出生，她恩妈就死了，你这个大姐就是她的恩妈，你要好好照顾妹妹呀！在此要交代一下，贺家梁的继室杨氏是其原配黄夫人的丫头，黄夫人去世前，嘱托丈夫要收杨氏为继室，于是贺家梁就再娶杨氏有了多妹。哪知杨氏命苦，生下女儿后，产褥感染，得了败血症死去，年仅 25 岁。后来，贺延祜果然成了妹妹的第二个恩妈，故事后面再说，在此要说的是，父亲对女儿贺延祜的宽爱，无形中释放了贺延祜的独立个性，促使她成长为那个年代少有的新知识女性。

贺延祜的人生之路上还有两个人不可忽略，一个是爷爷贺师谦，另一个是大伯贺家栋。她儿时听爷爷说过许多新疆的故事，还给她唱过新疆的歌谣、西北的花儿，令她对戎马边塞充满神往。13 岁那年，爷爷去世，大伯也辞去宣抚使的高官从新疆归来，她又接着听大伯说新疆的故事，大伯还送给她一本蔡文姬作的《胡笳十八拍》古琴谱，要她学习弹奏，可惜她缺乏音乐天赋，终身也没学会古琴，倒是记住了蔡文姬写下的苍凉歌词：

> 我生之初尚无为，我生之后汉祚衰。天不仁兮降乱离，地不仁兮使我逢此时。干戈日寻兮道路危，民卒流亡兮共哀悲。烟尘蔽野兮胡虏盛，志意乖兮节义亏。对殊俗兮非我宜，遭恶辱兮当

告谁。笳一会兮琴一拍，心愤怨兮无人知。

60年后的一个冬夜，已是白发苍苍的贺延祜，在湘西一所低矮农舍里的油灯下，动情地抚摸着一本《胡笳十八拍》，对她14岁的外甥罗宏说，她少年时背此歌词，泪如雨下，心里却十分向往那大漠孤烟的凄美意境。说罢，她又以深沉的语调，抑扬顿挫地背出蔡文姬的歌词。可以肯定，这是从少年时代一直伴随她终身的审美积淀和生命憧憬，也决定了其人生襟怀和格局，不仅和那个年代祥林嫂式的底层女性大相径庭，也和沉溺于风花雪月的知识女性大异其趣。

贺延祜是受新学教育成长起来的新女性。她入读的是湖南著名的周南女校，从小学部一路读上来。算起来，应该是1907年进入周南女校，几乎和周南女校同步成长。

周南女校是朱剑凡先生于1905年创办的一所湖南名校，号称近代中国先锋女性的摇篮。该校走出了杨开慧（革命家、毛泽东夫人）、向警予（革命家、蔡和森夫人）、蔡畅（革命家、李富春夫人）、劳君展（妇运领袖、许德珩夫人）、朱仲丽（革命家、王稼祥夫人）、秦厚修（马英九母亲）、廖静文（徐悲鸿夫人）、劳安（朱镕基夫人）、曹孟君（革命家、王昆仑夫人）、刘昂（革命家、钱之光夫人）、朱仲芷（革命家）、帅孟奇（革命家）、丁玲（著名作家）、熊婉乐（儿科专家）、肖先琼（水利工程专家）、赵如兰（音乐学家）、熊子萍（核物理专家）、周昭怡（书法家）、谭祥（谭延闿女、陈诚夫人）、童锡翰（赵恒惕夫人）……

学子如此多娇，周南名扬三湘四水。查阅贺氏族谱，可以发现，周南也是诸多贺家女的摇篮。不确切地说，贺家姑娘中至少有十人是周南学子，贺延祜算是其中的大姐。1918年，她从周南女校高中毕业，被聘为周南女校小学部的教员。熟悉周南校史就知道，这样的学历，便和蔡畅、向警予、陶斯咏、劳君展、魏璧、罗正璧等周南女杰成为同学校友，互相影响和激励，形成了周南的一道亮丽风景。1919年，她在号称"湘江才女"的好友陶斯咏介绍下，加入了新民学会，这年贺延祜19岁。

史料显示，新民学会的女会员共19人，以周南女校学生最多，为14人。在新民学会70多名会员中，她们以到会守时、参加会务活动积极而区别于男会员。新民学会活跃期间，五四运动正风起云涌，学会的活动也和五四运动发生了密切关联。大致有四个方面：一、创办文化书社，作为会员聚会与宣传新文化的平台。由毛泽东和陶斯咏发起倡导，周南女校会员积极响应，纷纷捐款资助文化书社。二、积极呼应五四运动，加入学联，游行罢课，劳君展任学联宣传部长，魏璧与贺延祜等都是代表。创办期刊《女界钟》，宣传妇女解放。三、响应留法勤工俭学运动，向警予、蔡畅、陶斯咏等成立周南女子勤工俭学会，并身体力行，后来向警予、蔡畅、熊季光、熊叔彬等均成行。四、卷入了当时湖南全社会驱逐张敬尧的运动。

一系列活动使新民学会不断成长，越来越增长了会员们干预中国未来政治走向的雄心抱负，尤其是学会的灵魂人物毛泽东。这时候，俄国十月革命的炮响已经传到了中国，共产国际的势力已经开始向中国蔓延，立志彻底改造中国的湖南青年毛润之也已经和中国最早期的共产主义信仰者秘密接触。

1921年元旦，瑞雪纷飞，长沙街头积雪达一尺多厚。留在长沙的近20位会员踏着厚厚的积雪，来到文化书社出席新年大会，讨论着学会的未来。毛泽东是这次会议的主持人，他要把新民学会带往一个新的方向。无疑，这也意味着一次洗牌，会有激烈的争论，也会有痛心的分手，但是毛泽东义无反顾。

会议召开了三天，讨论了诸多问题。最重要的是两大问题：第一，新民学会的目标是改良中国还是彻底地改造中国与世界；第二，走什么样的道路达成新民学会的目标。与会者展开了激烈的讨论，最后形成的决议是，"毛泽东、何叔衡、彭荫柏、陈子博、陈章甫、易礼容、熊瑾玎、陶斯咏、周世钊、钟楚生、陈启民、任培道、刘继庄、贺延祜、易克穗等15人均主张将'改造中国与世界'作为新民学会的共同目的"。在走什么道路的问题上，"毛泽东、何叔衡、彭荫柏、陈子博、易礼容、陈章甫、陶斯咏、钟楚生、陈启民、贺延祜、张果山、易克穗等12人公开表示赞成布尔什维克主义"。贺延祜还具体表态说，她主张"投身到劳动界去""推翻一切资本家和官僚"，可以想见，贺延祜是向自己的家族宣战，在女会员中她是态度最旗帜鲜明的一位。

新年大会之后，新民学会发生了分裂。其中最引人注目的变故是，毛泽东最好的朋友，也是新民学会的创始人之一萧子升，与毛泽东发生了严重的思想分歧，二人最终分道扬镳。但是相当多的会员跟随毛泽东参加了中国共产党，成为中共后来优秀的领导力量。如果简单地推理，贺延祜此后应该紧随毛泽东身后，成为中国第一代女性马克思主义者，加入中共，谱写一位女革命家的人生诗篇。蹊跷的是，不知何故，贺延祜后来的人生却并没有与毛泽东并轨前行，她在新民学会的宣言仅仅停留在字面，成为党史文献，供后人查阅。

历史往往拒绝推理，而有着更复杂的演进机制。

1921 年新年大会之后至大革命时期，贺延祜的人生轨迹是这样的：1921 年下半年，她到长沙协均补习学校学习，毕业后，于 1924 年 9 月考入长沙雅礼大学，这是一所由美国教会创办的大学，主要师资来源为耶鲁大学，学费昂贵，学生基本都是富家子弟。贺延祜入读半年后就卷入学潮，抗议学校不准学生参加社会活动，要求将《圣经》课改为"三民主义"课，结果贺延祜毅然退学。1925 年，她进入自治女校任教员。1926 年冬加入国民党，任国民党长沙市第七区党部组织委员。此期间，因为配合北伐，贺延祜惩罚了一位地主，惹出纠纷，被党部撤职。接着就是 1927 年 5 月 12 日马日事变爆发，国民党右翼展开清党，屠杀中共党员。贺延祜大为失望，拒绝重新登记，从此与国民党脱离关系，她的国民党党龄仅仅半年。

这段履历，今天许多人会看不明白，贺延祜为何不跟随毛泽东加入共产党，反而加入了国民党呢？走进历史深处就会明白，当时国民党不仅是中共的亲密盟友，且政治实力和社会号召力远远超过中共，就革命威望而言，国民党领袖孙中山更是远远超过中共中央总书记陈独秀，更不用说毛泽东了。况且，湖南的国民党组织是共产党一手创建，许多进步人士当时要求加入中共，都被中共劝说加入国民党，因此，说湖南的国民党组织是中共的外围组织并不过分。贺延祜是不是被中共劝说加入了国民党，没有史料证明，但我们知道，包括毛泽东在内的大批共产党人同时也是国民党党员，拿着国民党薪水，当着国民党官员，干着国民党安排的工作，国民革命军的嘹亮歌声传遍岭南湖湘：

> 打倒列强，打倒列强，除军阀，除军阀，努力国民革命，努力国民革命，齐奋斗！齐奋斗！工农兵学，工农兵学，大联合！大联合！……

歌声中不是飞扬着贺延祜的憧憬吗？"到广州去！"是全国革命青年的心灵呼声，直到马日事变，国民党右翼翻脸相向，同室操戈，共产党人血流成河，贺延祜才猛然惊醒……

其实，贺延祜的惊醒发生得更早。

有材料显示，在马日事变之前，"四一五"政变之后，贺延祜就来到血雨腥风的广州，因为蒋介石在上海发动了"四一二"政变，搅乱了贺延祜的心神，她便毅然奔赴革命的大本营广州一探究竟。也就是这次广州之行，发生了一件影响贺延祜以后人生的大事。

贺延祜抵达广州，"四一五"政变已经爆发，白色恐怖笼罩了整个羊城。国民党军警到处搜捕共产党人，城市街巷里不时传来枪声，中共人士全都转入地下。但是有着新民学会履历的贺延祜还是找到了中共的地下组织，倾诉了自己的困惑：这到底是怎么啦？中山先生说，革命尚未成功，同志仍须努力，怎么就兵戎相见呢？中共人士望着单纯的贺延祜，只有苦笑，对这个满身书香气的小姐，能解释得清楚吗？说不定，解释者自己也一头雾水。看着看着，贺延祜一身罗缎引起了对方的心动：贺小姐，你能帮我们个忙吗？

一个传奇故事就这样发生了。

次日，一身富家小姐装束的贺延祜来到广州河南的一所监狱，以未婚妻的身份探望了一位她根本就不认识的共产党囚犯欧阳继统。她按照中共人士的吩咐，说了一些自己也不知隐含了什么暗语的家常话，机警的欧阳继统心知肚明，一一作了回答，还真像那么回事。直到要离去时，欧阳继统突然放低了声音说：你等着我，我要能出去，一定来找你结婚。贺延祜一下子愣住了，这好像不是暗语，而是一种真情表白。看着这位一身血迹、面目模糊的"未婚夫"，也不知道他有多大年纪，长得怎么样，贺延祜却鬼使神差地点了点头。

关于欧阳继统的故事，我们下面再说，还是接着说贺延祜。她离开监狱，立即找到了中共人士，把欧阳继统说的话重复了一遍，她明白，话里隐藏着秘密的信息。办完此事，她又问，还要我做什么吗？中共人士回答：谢谢你，你回湖南去吧，这里太危险了。我们马上也要转移。

就这样，贺延祜又回到了湖南。后来，就发生了马日事变，发生了贺延祜拒绝登记，和国民党分道扬镳的事。贺延祜见欧阳继统这件事，不见于正史记载，是收集于欧阳继统和贺延祜后人的口述。其后人又是从欧阳继统和贺延祜口述中得知。确凿无疑的是，贺延祜和欧阳继统后来果然成了夫妻。那是他们第一次在监狱见面又分手的五年之后，欧阳继统从日本回国，贺延祜从南洋回国，他们在武汉举行了婚礼，这年欧阳继统 41 岁，贺延祜 32 岁。

有些疑问还要讨论一下。当时欧阳继统是中共要犯，被关在水牢里，贺延祜要探望他想必也不容易，于是有一个解释，说是欧阳继统的一位老乡好友、黄埔军校一期生郑洞国从中做了斡旋。史料记载，郑洞国此时参加了北伐，不在广东。此说法不可信。又有说法，贺延祜当时还没有脱离国民党，有国民党证件，可以用劝降名义见到欧阳继统。此说法有相当大的可信性，可贺延祜生前并没有提及这个细节，只说当时她以未婚妻的名义，办了手续，就见到了欧阳继统。还有一种说法，据欧阳继统的战友、中共特科的张沈川说："一九二八年六月，苏清卓（石门人，北大哲学系毕业）和我在南京计划设法营救欧阳继统出狱，苏去广州，经广东省政府教育厅长伍观琪设法保释出狱后，连夜经香港到日本去留学。"这个说法只能证明欧阳继统是怎么被营救出狱的，不能解释贺延祜是怎么得到批准见到欧阳继统的。也许，当时国民党的管理并不像我们想象的那么严格，贺延祜见欧阳继统也没有那么复杂。

贺延祜脱离了国民党，随后就收到了自治女校的辞退书，校方明确地告诉她，因她思想"左"倾不适宜在本校任教。校方还闪烁其词地告诉贺延祜，你要不是贺家小姐，你爹要不在警察厅当官，结局就大不一样了。

没有材料显示，贺延祜之父贺家梁在这个节骨眼儿上扮演了什么角色，确切的档案显示，1928年，贺延祜和周南女校毕业的堂妹贺益恩等姊妹一起去了南洋。这也是贺家的传统——儿郎赴东洋，姑娘下南洋。从常理看，这个去南洋的决定，贺延祜的父亲贺家梁肯定知道，那么就可以推测，贺家梁知道女儿的政治倾向，也深知女儿身处险境，便做出了送女儿下南洋的决定。我们不想再推测贺家梁的政治立场，例如他是否同情中共之类，至少他关心女儿安危是无疑的。档案上是这样说的："自治女校认为贺延祜思想'左'倾，不再聘请贺延祜当教员，贺延祜为避危，1928年随贺益恩逃之南洋群岛，在马路甲培德女校、麻坡化南女校等地任教四年。"

现在可以说说欧阳继统了。

欧阳继统（1893—1945），字绍业，湖南石门人。父亲欧阳德昭经商，家境殷实，欧阳继统少读私塾，显示出聪颖天赋，中学时就读于省城湘雅中学，也是湖湘名校。1921年，他28岁，考入北洋大学（今天津大学），学矿业。北洋大学是个英才辈出的学府，王宠惠、王正廷、陈立夫、张太雷、徐志摩、马寅初等都是著名的北洋校友。欧阳继统入学时，陈立夫还在读四年级，也学矿业，成为欧阳继统的师兄，两人多有交往。但与欧阳继统关系更密切的是其同班好友黄汲清。黄汲清后来成为中国地质学界的大师级人物，1948 年，当选为中央研究院院士，解放后，又当选为中国科学院院士。据黄汲清回忆，欧阳继统的成绩非常优秀，立志要做中国一流的地质学家，一口流利的外语，让黄汲清很是佩服。如果从逻辑推理，欧阳继统要是沿着自己的立志前行，成为中国科技界的顶尖人物并不是梦想空谈，问题是，理想的憧憬往往就是为破灭而存在的。

在欧阳继统的血管里，还流淌着叛逆者的血液，他特别关心政治，尤其是在风起云涌的五四运动后，欧阳继统成了激进的爱国青年，当时北洋学生请了梁启超来作报告，校方很不高兴，没想到学生们还要请李大钊来作报告，更令校方十分恼火，明令阻止，于是激进的学生就和校方发生了激烈冲突。黄汲清在《我的回忆》中详细记录了经过：

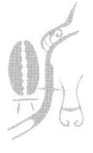

> 不禁还好，一禁，部分进步学生召开大会，当场推选四位代表，向校长冯熙运交涉。……冯熙运知道后，先发制人，当天就挂牌开除了四位代表，并向直隶省政府请求派警察来校维持秩序。好不厉害！我的好朋友欧阳继统一肚子闷气，竟一拳把开除的牌子打破！半小时后，他又被挂牌开除。另一方面警察公然排队入宿舍，搜捕这五位学生头头，气氛万分紧张。我当然站在他们一边。于是，一批血气方刚的学生，不下八九十人，随着蒋汪等一道出走，直奔天津城而去。我们到了法租界佛照楼，暂时住下，一面回校取行李，并号召更多的学生参加反冯队伍，一面成立临时学生会，推举了各方负责人，我参加了文书组。

> ……北洋学生约 100 来人，占据佛照楼，推举代表向直隶省长曹锟请愿，要求罢免校长冯熙运。另一方面散发传单并与报社联系，宣传我们的正义立场，国会议长吴景濂住日租界，我们派代表也向他呼吁，我曾是代表之一，亲眼看见吴大头坐在烟盆子边，吞云吐雾。他说，曹锟是他的学生，"好久没来见我了"。不得要领。

> 不得已，我们把学生队伍，约八九十人，拖到北京，直接向大总统请愿，罢免冯熙运。当时代理教育总长是郑鸿年。……从1923 年底闹起，直到 1924 年三月初，没有结果。三月某一天大批警察来到教育部大礼堂，口称，你们快回北洋，校长的事政府

一定有办法。就这样，两名警察揪住一名学生，把我们押上火车了。那时学生队伍只剩下40至50人，我在其中。

我们回到北洋，住了两天，才知道，冯熙运已去职，上级派了新校长来收拾残局。对我们说，只要你们写一悔过书，可以回到原班上课。新校长穿一套闪缎式西装，十分神气。后来一部分同学悔过回校了。我和杨观保、欧阳继统、吴季昌等人，认为无过可悔，坚决离校。

从黄汲清的回忆看，当时学校当局对新思潮很警惕，处理手段也比较严厉。可是学生们的火气也不小，居然闹到总统府去了。警察处理也没有大打出手，官方还是做了让步。不知是不是普遍现象，如果是的话，政府的法治意识还是能及格的。看来当年追求新思潮，风险好像也不大。

欧阳继统就这样离开了北洋，走向了广州。那个年代，中国的希望在南方，在广州。广州不仅是革命的大本营，也是新思潮的大本营。无数叛逆的新青年，潮水般地涌向广州。与欧阳继统同行的还有他的北洋同学王元辉和任觉五。这两位同学到了广州后，都进入了黄埔军校，欧阳继统却插班进了中山大学理科班，依然想圆自己的科学家之梦。有迹象显示，欧阳继统与他们两人一直保持同学的情分，但是在政治道路上，却有着不同的人生选择。

史料记载，1926年，欧阳继统在中大加入共产主义青年团，并当选中大总支委的负责人之一。推测，欧阳继统进入中山大学应更早些，当在1925年。当时正是国共合作蜜月期，在广州，国共两党都十分活跃，中山大学则是中共的活动基地。欧阳继统是知名的北洋学运领袖，受到中共关注自在情理之中，中大的中共学运领导人毕磊和欧阳继统又是老乡，两人一见如故成为好友也在情理中。于是，猜测欧阳继统在毕磊的发展下加入中共阵营也就不算武断。1926年9月底，欧阳继统又和老乡同学张沈川等在中大组建社会科学研究会，意在宣传马克思主义，随后张沈川在中共安排下去了武昌并秘密加入中共。这年底，社会科学研究会作为中大共青团的外围组织正式成立，毕磊、欧阳继统、何思源等9人为干事，毕磊为实际负责人，欧阳继统主持日常工作，会员有150余人，主要为中共党员和共青团员。不久又有共青团员许涤新作为骨干加入。

社会科学研究会成立后最引人关注的一个活动就是迎接左翼教授鲁迅来中大任教，聘请鲁迅来学会讲课，与鲁迅建立了密切的关系。当时鲁迅来中大，受到国民党右翼的排挤，心情并不舒畅，社会科学研究会给了鲁迅许多温暖，成为中共学运史上一段佳话。

半年之后，国共分裂。继上海"四一二"政变之后，广州发生了"四一五"政变，国民党右翼大肆搜捕中共分子，中大的毕磊、欧阳继统等300余人不幸被捕，毕磊、萧楚女等许多中共人士遇害。各种传闻中，欧阳继统也在牺牲之列。不过据张沈川回忆，欧阳继统被判了无期徒刑，次年经老乡张沈川、苏清卓等营救，被保释出狱，当晚经香港去日本留学。国民党当局发现欧阳继统失踪后，又进行搜捕，为时已晚。（详见张沈川《广州中山大学"社会科学研究会"始末》）按照张沈川的描述，营救欧阳继统应该是一个设计周密的计划，尤其是留学日本应该有人接应，张的回忆却没有提及，令人有些不解。

另有文史学者撰文说，欧阳继统被捕后，当时中大共青团派往黄埔军校读书的一位学生探监时发现了欧阳继统，马上与地下组织联系，采取保释将他营救出来，又多方设法将他安排到日本留学，就读的是帝国大学。但是我们发现，欧阳继统回国后，在家乡创办了九澧中学，据学校的档案记载，他就读的是明治大学冶金工程专业，这应该是可信的。于是我们又发现，1928年，与欧阳继统同来广州的北洋同学任觉五，也赴日本明治大学留学，那么，会不会是任觉五也参与了营救，带着欧阳继统去了日本呢？任觉五是黄埔军校四期生、林彪的同学，也参加了北伐。1928年被官派日本留学，回国后加入复兴社，后来升至少将，应该是国民党很器重的人。如果他参与营救，成功的把握是很大的。当然他和欧阳继统有党派矛盾，拘泥于意识形态思维，会认为任觉五不可能救欧阳继统，可是从同学友情来考虑则完全可能。那年头，乡情、友情、亲情冲破党派障碍的故事比比皆是，党派之间的阋墙并非不可逾越。意识形态逻辑只是诸多生命逻辑中的一种。不过张沈川作为共产党员，倒是可能有意识形态的顾忌，没有吐露出任觉五的存在。当然，这都是猜测，真相究竟如何，至今还是个谜。历史就和一个个谜团相伴而行。如果太较真，尤其是依据意识形态逻辑，我们也就无法谈论历史。

就这样，欧阳继统和中共脱离了联系，在日本待了四年，直到1932年淞沪抗战爆发，中华民族又到了危亡之际，他才回国。是正常毕业思乡回国，还是怀着报国之心回到了祖国，这又是一个谜。

蹊跷的是，就在同一年，贺延祜也从南洋回到了祖国。

这是偶然的巧合还是心有灵犀一点通呢？

贺延祜：新民学会的贺家女（下）

　　尽管找到了当年贺家姐妹南洋岁月里数张模糊的留影，却无法辨认哪位是贺延祜，似乎历史有意要遗忘这位贺家女。于是，贺延祜去了南洋为何没有结婚，为何又偏偏与欧阳继统同一年回国，回国后又怎样联系上了彼此，也成了一个无解的历史之谜。

　　按理说，他们牢中匆匆一面之交，然后各自匆忙奔逃，即使一见钟情，也不可能保持联系。奇怪的是，他们偏偏联系上了，而且彼此都在痴心地等待对方。以至于欧阳继统 40 岁，贺延祜 33 岁才喜结连理。这里又要插叙一个小故事，欧阳继统出狱后，改了一个名字，叫欧阳慕祜，他的亲戚都很奇怪，为什么叫这个名字呢？直到他和贺延祜结婚后，亲戚们问贺延祜，才解开谜团，原来就是倾慕贺延祜的意思——这一切也未免太文学化了吧？看来，只能归结天意要成全"一诺千金"这个成语。

　　档案记载，贺延祜"1932 年回国，1933 年与欧阳继统结婚后，由肖伯享介绍到汉口伏轮小学当教员，卢沟桥事变后，随夫回石门。1938 年 8 月任磨市中心学校教员，1941 年调湖南私立九澧中学任教职员，直至解放"。对于欧阳继统，是这样说的："归国后，开始在汉口慈石雄黄矿任经理，后在粤汉铁路国民党特别党部当干事。七七事变后，国民党节节败退，武汉告危，1938 年 8 月携眷属回石门。与林庆世、陈景芳、伍家成合股做生意，个人还开设了一所布庄，经商三年，1941 年下半年，欧阳继统和肖伯享、郑洞国、张沈川等创办了湖南私立九澧中学，任总务主任。1945 年 12 月因患足病去世，终年 52 岁。"

　　有人会感到意外，两位曾经热血的革命追求者，都脱离了革命，从此过上了商人和小职员的平庸生活，这是怎么回事呢？

不能说这样的疑问离谱，尤其是从把革命视为人生最高价值的观念看来，告别革命就意味着生命颓废。况且，贺延祜与欧阳继统的人生也确实显示出了起落的大转折，追问也在情理之中。可是在那个年代，这样的人生跌宕可谓比比皆是，并不神奇。如果再换一种视角来理解，也不能断然认为他们走向了平庸。不要忘了，当时最重要的问题，是抗日救国——实业救国、教育救国是每一个匹夫从职业出发的家国担当。再说国民党一直张扬抗日救国旗号，包括中共也在共同抗日的大旗下接受了国民党的改编，开始了第二次国共合作。其实，深入地走进历史，就不难发现，国共两党之间，并非如意识形态话语描绘的那么水火不相容，尤其是个人之间有着剪不断理还乱的交集，很难有泾渭分明的河界。还有可能，贺延祜和欧阳继统认为，和党派的权益得失相比，祖国和民族的利益更加神圣，便自以为是选择了新的生活。

要说贺延祜夫妇完全与中共断绝了来往也不对。其实，他们是以特殊的方式和中共保持着联系，这又涉及复杂的人际关系了。我们首先要注意肖伯享这个人，是他接待安置了从国外归来的欧阳继统夫妇，从主持两人的婚礼到介绍工作，都是他一手张罗，可见能量不小。那么，肖伯享是何许人也？

肖伯享（1897—1943）的名字叫肖忠贞，伯享是他的字。他和欧阳继统是石门老乡，富裕农家出身。以下我们称他为肖忠贞。1922年秋，他考入北京大学，在李大钊的影响下，组建了中山主义实践社，倡导国民革命，与北大同学邓文辉、李寿雍并称为"实践社三杰"。五卅运动爆发，他组织北京学生声援上海工人，1926年3月18日，又组织北京学生抗议"八国通牒"，并担任学生队队长。抗议中，军警开枪镇压，发生了"三一八"惨案，他积极抢救伤员、营救战友，名震一时。后来他参加了国民党，投入推翻北洋军阀的斗争中。1927年，蒋介石发动"四一二"政变，屠杀中共人士，肖忠贞挺身抗议，多方营救中共人士，并参加国民党改组派，积极反蒋。后来蒋介石与改组派妥协，肖忠贞当选中央候补监察委员，在国民党内享有一定的话语权。显然，肖忠贞在国民党阵营里是位对中共比较友好的人物，与国民党右翼反共顽固派是大不一样的。他利用自己的话语权，对欧阳继统援手相助，既有老乡情分，也有政治立场方面的同情。

再往下说，就更有意味了。

1938年，武汉沦陷，欧阳继统夫妇跟随肖忠贞回到了家乡石门，肖忠贞任湖南第三行署专员，署府是永顺，距石门不远，同属大湘西地区，加之肖忠贞人脉很广，与管辖石门的第二行署专员王育瑛是朋友，这就给庇护欧阳继统夫妇提供了优越条件。更令人惊喜的是，欧阳继统的中大同学，当年一起组建社会科学研究会的张沈川居然在石门邻县慈利县当教育局局长，况且张沈川是欧阳继统的营救人之一，重逢的激动欢乐不言而喻。那么，重逢后的张沈川又有什么故事呢？要说故事，可就大了去了。

张沈川（1900—1991），湖南慈利人，早年在长沙、北京读书，追求进步。1924年在青岛大学求学期间，张任青岛学联主席，因和同学罗荣桓一起组织学生运动被当局通缉，便南下广州，就读中山大学，继续其进步活动，与欧阳继统组建社会科学研究会就是一例。1927年年初，他进入北伐军总政治部工作，秘密加入中共。1928年，进入中共特科工作，直接领导是周恩来。在周恩来的指示下，学习无线电技术，成为中共第一位无线电报务员。他开展情报工作，培训无线电台人员，是中共无线电情报工作的创始人。1930年，张沈川被国民党抓捕，受到严刑拷打，他咬牙坚持，机智应对，没有暴露身份。1936年，在肖忠贞的保释下出狱，回到了家乡慈利，继续为中共进行秘密工作。由于友人王育瑛、肖忠贞的庇护，他出任了慈利县教育局局长、湖南第二区专署特派员等职，但是他一直受到复兴社特务的怀疑和监视。王育瑛和肖忠贞显然知道张沈川的底细，出于友情和对中共的同情，没有戳破，反而多方保护。欧阳继统也是明白人，又是张曾经的战友，自然也是心知肚明，甚至不排除又和张沈川接上了关系，继续为中共工作。至少可以肯定，欧阳继统与张沈川保持了亲密的友谊，以至于40多年后，张沈川还记得这位老友，积极地为他的正名平反而奔走。

再往下说，就要说到欧阳继统和肖忠贞、张沈川等友人创办九澧中学的事了，这可能是欧阳继统坎坷一生中造福乡梓后人最值得一提的事。

那是1940年，抗战进入艰苦的岁月，大批躲避战乱的人流涌入了战火未及的湘西山区，其中也包含大批失学的少年学子，肖忠贞就萌生了兴教办学的念头。用今天时髦的话说就是，再苦也不能苦孩子，再穷也不能穷教育。肖忠贞还联络了王育瑛和欧阳继统夫妇，得到全力赞同，而且欧阳继统夫妇本身就是优质的师资人选，办校的骨干。商议中张沈川也参与进来，自然也是全力赞同。不过这时张沈川已经被国民党右翼分子盯上了，他几次去长沙八路军办事处见徐特立，都受到跟踪，于是上级通知张沈川转移到重庆。到重庆后，他以老板的身份展开活动。肖忠贞筹办学校需要20万银圆的保证金才能注册备案，便来重庆筹措资金，张沈川想方设法，终于拿到了

20万银圆的支票。1941年10月,石门九澧中学诞生了。肖忠贞为首任校长,欧阳继统为总务主任,同时兼任外语教员,贺延祜也调入九澧中学,任语文教员。一时间,学校招收了大批失学少年和本地学生,由于王育瑛等地方实力人物鼎力支持,王育瑛甚至还亲自担任第二任校长,广纳优秀教师来校任职,并把石门老乡、抗日名将郑洞国将军也拉入了学校股东之列(郑洞国还出任了第三任校长),该校在湘西地区很有名气。1953后,九澧中学改名为湖南省石门第一中学,时至今日,成为湖南名列前茅的名校。

从九澧中学组建开始,欧阳继统夫妇便把全部心血投入九澧中学的教育事业。从九澧中学到石门第一中学的发展史上,都留下了欧阳继统夫妇的足迹。

从1931年的"九一八"事变至1945年日本投降,整整十四年,中国人是在抗日的狼烟烽火中度过的。贺延祜和丈夫于1932年回国,仿佛就是冲着狼烟烽火而来的。后来贺延祜对外甥罗宏说:"国家在受难,我们在国外也没脸过苟且的日子呀,不过那十多年,石门虽然也被日军占领过,但是时间不算长,也没有深入到乡下去,你外公和你妈妈也来石门避难,我们躲到了乡下,一家人还因战乱团聚了,倒是过得还蛮开心的。"

这就要说到贺延祜成为妹妹第二个恩妈的事了。

1938年,武汉沦陷后,长沙一片恐慌,正面抗战的国民党当局又想出了"焦土政策",要效法库图佐夫对付拿破仑,火烧莫斯科,将长沙城也焚毁,留给日本军队一片废墟,断绝日军的给养来源。这年的11月12日,长沙当局闻知日军逼近,乱了阵脚,仓促点燃了焚城的火焰,致使火势失控,蔓延全城。至14日大火熄灭,长沙城内的房屋基本全毁于大火,三万多居民直接葬身火海,以致两千年的古城地面文物荡然无存。这场惨案史称长沙文夕大火。

大火之后,幸存的长沙居民大批逃亡。贺延祜的父亲贺家梁当时已经64岁,退休乡居,幸免于大火,但也被火灾兵难的恐怖震慑,带着12岁的小女儿贺益绥裹挟于逃亡的人流中。贺家梁早年在西北游宦,染上了寒腿之病,晚年时腿脚更加不支,一瘸一拐地拉扯着小女儿向湘西奔逃,投靠定居石门的大女儿贺延祜。于是,一家人就有了八年石门的团聚。

据其妹贺益绥档案中的自传记载,她此时已从长沙周南女校小学毕业,来到石门后,在姐姐的安排下,就读石门的中学,完成了初中学业,后来九澧中学创立，又进入九澧中学完成了高中学业。贺益绥说："那八年里，大姐对我就像恩妈一样，无微不至，我无忧无虑地度过了八年时光。"晚年，贺益绥还对子女说，那个时候，世间一片狼烟烽火，石门也一度沦陷，但是她跟着姐姐躲到磨市乡下，过起了世外桃源般的生活，姐夫欧阳继统每个月可以拿到几百块钱薪水，还做点生意，一家人在乡下的日子可算富裕。更多的时间里，贺益绥便沉浸在姐夫和姐姐的藏书中，都是一些外国名著，如《茶花女》《汤姆叔叔的小屋》之类，许多还是外文版。后来贺益绥大学读的是外语学院，也和这段石门岁月打下的外语基础有关。姐姐、姐夫的藏书中，还有一些马克思主义的读物，贺益绥看不懂，也不感兴趣，不过感觉到姐姐和姐夫都很爱惜。藏书中还有一本《铁流》，她倒是很喜欢，还问姐姐，真有那么一支顽强的军队吗？姐姐含糊其词地说："这是小说，你不要钻牛角尖，不过现在全国都在抗战，我们的义勇军就是这样的军队。"那时候学校在发展三青团，有人找到贺益绥，动员她参加，她就征求姐姐的意见。姐姐脱口而出，女孩子不要去出那个风头，好好读书就是了。贺益绥很不解，姐姐很有爱国情怀，怎么不主张她加入爱国青年组织呢？但她还是听了姐姐的话，专心读书，没有加入任何政治组织。直到晚年，贺益绥才明白，饱经人生历练的姐姐是在暗中保护她。

贺益绥终身都有着小资情调，一首一首背诵婉约词，字也有家学渊源，写一手漂亮的蝇头小楷，憧憬成为一个作家。有些奇怪的是，她不太喜欢张爱玲，却很崇拜周南的大师姐丁玲。她的作文，经常在学校的墙报上刊出，老师的评语是"颇有丁玲女士之风也"。贺益绥也因此自鸣得意，晚年经常向儿女们提及老师的这句评语。我们没得见她当年的习作，但是从她温和得可以说有些懦弱的脾性看，她和泼辣外向、锋芒毕露的丁玲显然不同，老师的评语很可能仅仅是就文学才华而言，无关文学情调。不过贺延祜也曾对妹妹的长子罗宏说过："你妈妈极温和善良，身体瘦弱，还有肺病，多愁善感，像个林黛玉，没想到后来却参了军，看着你妈妈戴着军官帽的神气照片，我真有些意外。"贺延祜对妹妹的意外表明人是有很多面的，蕴含着各种可能性。比如1949年8月，湖南和平解放以后，父亲贺家梁看着开进长沙城的解放军，心怀忐忑地拿出一辈子积攒的3000块银圆，要自己的小女儿去南洋，哪知道文弱的贺益绥却拒绝了父亲的安排，毅然报名走进了革命大学，半年后一身戎装开赴广西，参加了剿匪大军。还有，在革命期间，她认识了号称"罗博士"的同学罗学碗，也是湖湘世家子弟，十三世族祖就是大名鼎

鼎的岳麓山长罗典，父亲罗正纬也是很有名望的湖湘名士，曾是毛泽东的老师，北洋政府的国会议员，谭延闿、冯玉祥的顾问。两位世家后代相遇，可能也聊到了祖上的交集，贺益绥的两位伯高祖贺长龄与贺熙龄都是罗典的高足，于是两人就更上一层楼，谈起了恋爱，还订了婚。这在当时是犯纪律的，为此，贺益绥作了不少检讨，几次讨论她加入共青团也没通过，可是她坚持不取消婚约。可见，贺延祜这个柔弱的小妹，有时候也并不像想象的那么柔弱。更值得一说的是，"文化大革命"期间，那些被认为是剥削阶级出身的群体，处于风声鹤唳的状态，活得如惊弓之鸟，断绝与亲戚间的往来是他们自我保护的普遍现象。贺益绥却依然保持着和姐姐的联系。此时姐姐已经退休，跟着儿媳妇住在乡下，因为曾加入过国民党等历史问题，也受到审查和冲击，村里对受管制的四类分子开会，贺延祜也是要列席的。贺延祜这样的处境，对妹妹无疑是有不利影响的，可是妹妹却没有顾忌，还经常接济姐姐。妹妹说，姐姐对她有养育之恩，这是不能忘的。这也说明，这个看似柔弱的妹妹并非那么柔弱。

因祸得福，在抗战烽火连天的岁月里，贺延祜收获了一段温馨的姐妹情，这是她们姐妹俩的共同财富。

由于资料缺失和当事人故世，许多事迹都难以知晓，比如说，这八年岁月里，贺延祜的父亲贺家梁也在石门，也应该有相应的故事，可是我们毫无收获。看来，想较完整地了解贺延祜的人生是不可能了。我们只能从后人的回忆中揣测当年的片段情状。据后人回忆，抗战那些年，贺延祜全力教学，欧阳继统在管理学校之余，还经营一些生意，他是学矿业的，石门的雄黄储量丰富，药用价值很高，欧阳继统便从事一些雄黄生意，经常去汉口。这其中是否别有玄机呢？从他自己曾经出生入死的中共背景，还有与张沈川等中共地下工作者的亲密关系看，不排除他继续为中共工作的可能。家人还回忆，欧阳继统夫妇当时有一个箱子，里面藏的都是红色书籍，他们怕引起麻烦，就藏在一个山洞里，每年两口子都要去山洞，把箱子里的书拿出来见太阳，晒一晒，怕霉烂。这个细节也说明，贺延祜夫妇和中共在思想上并没有完全断绝联系。欧阳继统是1945年去世的，当年水牢里的折磨给他留下了病根，全身寒湿，引起脚痛，经常发作，不堪忍受。1945年12月，他因病发住进了津市的一家医院，是一位美国医生给他治疗。就是这次治疗，使他病故在医院。一个月后，贺延祜收到了一封匿名信，署名是王老师。信中说，欧阳继统是被美国医生害死的。要果真是遇害而亡，肯定与政治有关。

是不是他在秘密地为中共工作，被国民党特务害了呢？这个谜，至今也没有解开。

丈夫去世那年，贺延祜 45 岁。她和丈夫没有儿女，是否和她结婚太晚有关，不得而知。关系密切的同事范老师便把自己的儿子托付给贺延祜抚养，贺延祜就和这个养子相依为命，走完了她后来的人生。

1949 年，换了人间。

毛泽东用浓重的湖南乡音向全世界宣告了新中国的诞生，乡音里洋溢着雄杰的豪气。昔日同志、今日领袖神采奕奕的英姿，在贺延祜的心海中会激起怎样的波澜？我们不得而知，只知道在她的档案中，没有新民学会的痕迹，只有她参加过国民党的记载——历史，总是选择性地记忆。

有迹象表明，当地政府部门应该知道贺延祜的早年履历。新中国成立后，蔡畅和中共统战部部长李维汉都向湖南方面打听过贺延祜的消息，并主动写信给贺延祜，建议她去长沙工作。蔡畅和李维汉都是当年新民学会的会员，贺延祜当然会意。老友们不忘旧情，想提携自己，她心中泛起暖意，但还是谢绝了。"无功不受禄"是古训，贺延祜不仅铭记古训，还有世家小姐的清高。于是，贺延祜继续留在石门当教师，在书声琅琅中赓续自己的人生。1955 年被评为甲等模范教师；1957 年被选为石门县人民委员会委员，成为石门教育界的名师；1963 年退休，时年 63 岁。应该说，新中国成立后的十几年里，她还是身心舒畅的，不排除那段新民学会的经历也在默默呵护她。

变化是从"文化大革命"之后开始的。那是一个有革命洁癖的年代，贺延祜参加过国民党，丈夫参加了中共又脱党，都是人生的污点，况且还是剥削阶级出身，便受到革命派的政治审查。加上她又跟着当乡村教师的儿子住在乡下，儿媳妇是农村姑娘，家庭出身富农，于是，生产队但凡要对受管制的四类分子训话，贺延祜都要列席参加，这无疑是对她的歧视和羞辱，不过贺延祜明白，要是申辩和反抗，情况就不是开会那么简单了。几十年人生的历练，当年激扬文字、挥斥方遒的世家小姐贺延祜，已经白发苍苍，弯腰驼背，不复当年的英姿和勇气，懂得了逆来顺受也是一种生存姿态。在那个年代，这种姿态或许是生存下去的最佳选择，只是贺延祜的逆来顺受中还透出一种高贵。

那年头，不断有外地人找上门来，向她调查一些历史人物和事件。不用说，她当年的友人中，许多都与重大历史事件相关联，包括声名显赫的中共要员，都要在"文革"的洗礼中重新接受甄别。贺延祜不卑不亢地接待了一批又一批外调者，就其所知一一作答。家人当然不在跟前，但在外屋也偶然听见外调者的声音传来："你不要为他打掩护，他现在是走资派！"只听贺延祜回答："我觉悟低，只能提供我知道的情况，怎么定性，还是听党的。"

1968年，是中国知识青年上山下乡的高峰之年，贺延祜妹妹的长子罗宏来到石门，他想效仿母亲当年投靠姐姐那样，投靠大姨，来石门插队落户务农。那年他才14岁，小学毕业，因父亲被关进"牛棚"审查而失学，按政策尚不够当知青的年龄。他应该等待水落石出的一天，却因对前途失望而决定提早当农民，想选一个有亲人依靠的地方。来到石门后，才发现大姨一家的尴尬处境。大姨无奈地对外甥说："我们家的情况没在信中给你妈妈说明白，你既然来了，也瞒不住了。这不是你能承受的日子，也不是你该过的日子，你住些日子，就回去吧。"住在石门的日子里，贺延祜对外甥片断化地叙说了一些自己的经历，也谈到了新民学会的话题。她说："你妈妈可能认为，我有这段经历，日子会比较好过，叫你来投靠我，她太单纯了。"外甥也明白投靠大姨没指望了，失望中突然有些抱怨地问："年姨，你当年为什么不跟着毛主席走下去呢？"贺延祜愣了很久才低声回答，年姨那个时候太年轻，太骄傲，认为路都要自己走，跟人走是没有出息的。这个回答很微妙，既可以理解为懊悔，也可以理解为傲气，并潜移默化地影响了外甥后来的人生。

贺延祜晚年患有严重的风湿病，去世前几年基本瘫在床上，她就在床上看报纸，还做笔记。家人还记得，贺延祜有一次久久凝视报纸上毛泽东和尼克松握手的照片，说了一句"润之也老了"。还有一次是毛泽东逝世，贺延祜也是久久凝视毛泽东的遗容，然后说了一句"他是创造了历史的人"。

1979年春节，石门下了大雪，还刮着凛冽的寒风。正月初四的清晨，世界一片银装素裹，雪停了，风也停了，太阳从贺延祜居住的那个农舍的小土坡后面升起来了。早起的孙儿看到了晴日，转身进屋，想扶起床榻上的祖母吃早饭，再出来晒晒太阳，走进低矮的卧房，却发现祖母已经安静地去世了。这时，不知从哪里飞来了一大群麻雀，叽叽喳喳地围绕着农舍久久啁啾……

贺延祜的故事还有后话。

20世纪80年代，中国进入了拨乱反正的历史进程，平反冤假错案成为一道社会风景。贺延祜夫妇的后人也向北京启程。"文化大革命"期间，欧阳继统因为脱党的历史受到"叛徒"之类的不公正评价，还被认定贪污了原九澧中学的资产，由政府没收了他的私人房产；贺延祜自然也因为自己参加过国民党以及和欧阳继统的关系，受到了不公正待遇。后人希望请当年的知情人给予证明，还历史以真相，还欧阳继统夫妇以清白，并给予公正评价。

辗转曲折，三位健在的知情人站了出来。他们分别是欧阳继统的同学，老共产党员，中共隐蔽战线的大功臣，曾任最高人民检察院检察长、国家安全部特约咨询委员等职的张沈川；欧阳继统的同学，老共产党员，著名经济学家，曾任中国社会科学院副院长的许涤新；欧阳继统的同乡好友，著名抗日将领，曾任民革中央副主席的郑洞国。"文化大革命"中，他们也有着感同身受的经历，但更多的是秉持着良知，分别写下了证明材料，终于引起了中央统战部的重视，下了批文给石门地方政府，给予妥善解决。欧阳继统被认定为给人民做出了贡献的进步知识分子，贺延祜恢复模范教师的名誉，被没收的房产物归原主。

郑洞国写的证明材料如下：

解放前，欧阳继统同志在石门九澧中学工作期间未听说有贪污行为。

此证

前九澧中学校长郑洞国（盖章）

八五年七月二十五日

许涤新写的证明材料如下：

欧阳继统同志是一九二六年—二七年间广州中山大学共产主义青年团总支的负责人之一，他分工负责宣传。为了争取群众，中大共青团建立社会科学研究会，该会由欧阳继统同志主持。那时我是共青团团员，又是这个社会科学研究会的骨干，同欧阳继统同志接触很多。他是一位积极工作的好同志。

特此证明

许涤新（盖章）

一九八五年七月十八日

张沈川在为欧阳继统夫妇平反的问题上奔走最为尽力，他给有关部门负责人写信如下：

俊武同志：

　　你好，寄上《广东青运史》第五期一本。其中刊有我写的《广州中山大学"社会科学研究会"始末》一文。如实地叙述了欧阳继统同志的革命事迹。请参阅指正，并建议：

　　(1) 请石门县委、团委考虑，根据许涤新同志的证明和《广东青运史》中记载的欧阳继统在中大共青团总支的革命事迹，追认欧阳继统为正式共青团员，建立档案，并通知其后代。

　　(2) 为欧阳继统立传。载入县志或县文史资料。

　　(3) 欧阳继统遗留下来的房屋，请按政策解决。

　　如何？盼告。

　　以上意见供参考。

　　祝好。

张沈川
一九八七年一月二十六日

往事如烟，但总有些往事像经历过烟熏火燎的石头一样留下来，构成历史。

贺益昭：中国第一位女邮工

　　终其一生准确地说，贺益昭应该是一位资深的教育工作者。但是她却以"中国第一位女邮工"为世人所知。这和媒体人热衷玩噱头的报道有关，也和世俗社会的猎奇心有关。从中国邮政史的发展而言，第一位女邮工的历史价值何在呢？似乎没有人探讨，说明人们其实只是在消费历史而已。所以，我们关注贺益昭，更应该关注的是她作为一位世家出身的大家闺秀，在新旧交替的时代风雨中，经历了怎样的心路历程。

　　贺益昭（1903—1998），善化贺氏第九代传人，属于贺桂龄支系。其祖父贺师谦为二品资政大夫，大伯父贺家栋是前清伊犁知府。她的父亲贺家楷，字季培，早年留学日本，就读日本宏文学院及明治大学商科。此外，二伯父贺家梁，堂叔父贺家耀、贺家焜，舅父，姨父，大哥贺益奎，都是日本留学生。她还有一个妹妹贺益恩，也是一位闻名湖湘的新女性。不难想见，贺益昭出生于相当富裕开明的书香门第。

　　资料显示，贺益昭之父贺家楷留日时，堂兄贺家璧的妻弟黄兴也在日本留学，与孙中山一起创立了同盟会，积极从事反清革命，许多留学东洋的贺家儿郎在黄兴的动员下参加了同盟会，贺家楷也在其列。也就是在日本，贺家楷结识了朱剑凡，即后来周南女校的创办人，也是一位著名的反清人士。朱回国后创办周南女校，目的之一就是培养叛逆大清的新女性。贺家可谓大清国的卫道士，贺家儿郎出国留学，都是朝廷精心选拔，官费留学，没想到到了日本却成了大清国的叛逆，卷入了辛亥革命。这个现象很值得探讨，按照阶级斗争理论，革命是被统治阶级不堪忍受统治阶级的剥夺和欺压从而爆发的。可是包括贺家儿郎在内的那么多留日学子，基本属于剥削阶级出身，和统治阶级可以说是一根藤上的瓜，否则根本不可能有留学机会。他们拿着朝廷的资助漂洋过海，接受新文化的洗礼，却不知感恩朝廷，反而成为叛逆的先锋，实在令人不可思议。更不可思议的是，发动民众推翻旧王朝的革命领袖和骨干，恰恰不是普通民众，而是这些旧王朝培养出的叛逆读书人。可见走向革命，还有许多我们未曾知晓的道理，不是简单的剥削压迫就能够酿生革命的。

据家谱记载，贺家楷生于 1880 年。民国元年（1912）任汉口湖南银行行长；次年调湖南国税厅任第三科长；民国十一年（1922）任北京教育部一等部员；民国十四年（1925）任保定地方审判厅书记官长；民国二十四年（1935）任官办湖南机械厂营销科长，该厂级别很高，厂长由湖南省公路局长兼任，业务是给政府提供各种机械产品，效益应该不错。家谱记载到此为止，往下就是后人的回忆：抗战胜利之后，贺家楷大约 65 岁，退休乡居。还有后人说，贺家楷在抗战期间就失业乡居，乡居后的贺家楷比较悠闲，不问世事，整天以读书为乐。总体看来，贺家楷这辈子日子过得比较殷实，却并不飞黄腾达，不能说失意，也不能说得意，其中必有缘故，由于缺乏史料，也只能说到这一步。

贺益昭就在这样一个富有的家庭里长大。她在自述中说，小时候，父亲常年在外奔波，她 10 岁以前，都在长沙东乡的乡间度过，母亲姓张，也是一位书香闺秀，教她读书识字，还要她背诵唐诗、宋词，养成了她对古文的爱好。1913 年她随家人迁到长沙城，当年考入周南女校附小，插班三年级。周南女校是湖南名校，一个乡下小女孩，一来就能直接插班三年级，令许多人都感到意外。贺益昭回忆说，由于母亲给她打好了底子，她并不觉得语文有多难，感到有些吃力的是家事课。那是针对女学生开的一门课，要学女红、烹饪等技术。贺益昭是个大小姐，从小不干家务，自然感到困难，但她还是选学了缝纫，一针一线地耐心学，考试时还拿到了比较好的成绩。她说，这门课不仅锻炼了她做家务活的能力，还养成了她的勤快，喜欢把家里收拾得干干净净。她后来活到了 95 岁高龄，想必也和爱做家务活很有些关系。

周南女校是当时湖南新女性的摇篮，湖南最优秀的新女性大都出自周南。尤其是新民学会中的女会员基本都是周南人，贺益昭的堂姐贺延祐便是新民学会的骨干会员。贺延祐于 1907 年就读周南，贺益昭入读周南小学时，堂姐已经读中学，高中毕业后留校教小学，又成为老师。贺延祐与著名的周南学子向警予、蔡畅、陶毅、劳君展等不仅是同学，还是新民学会的同志。贺益昭说，那时候，她很崇拜堂姐，也很崇拜堂姐的那些同志。堂姐的几位同学都成了她的老师，就更加亲密了，如陶毅毕业后留校成了管理女生的学监，蔡畅留校成了她们的体育老师，向警予则是学校推出的楷模，无人不知，无人不晓。贺益昭写道：

向警予烈士在周南毕业后，回到家乡溆浦办学，1919 年 5 月曾回到学校，并和蔡畅大姐一起在周南补习法语，为去法国勤工俭学作准备。她来校不久，学校就号召全校学生向她学习。朱二先生在周会上介绍了向警予的情况，说她为了寻求救国之道又来到长沙。介绍向警予在少年时期，学习刻苦，常以挽救中国为怀，以解除妇女苦难为志，对人温和，处事严肃，一丝不苟。还说向警予是妇女楷模，是我们学习的好榜样。我们的舍监陶毅老师也是向警予的好朋友，陶老师在寄宿生晚间训话时，也多次提到向警予，要我们学习她刻苦读书的精神……

我们的体育老师蔡畅大姐，于 1919 年春，曾教我们体育课，她朴素大方，步履轻快，既严肃，又活泼。她每在教课之前或休息时和我们谈话，她告诉我们，外国人嘲笑我们是“东亚病夫”，这不仅是因为中国又穷又弱，还因为中国人体质差。中国人要发奋图强，从小就要把身体锻炼好。她还说，女孩子要破除封建思想，不要穿紧身衣，妨碍正常发育。……我们在蔡大姐的精心训练和严格要求下，身体素质增强，技巧动作进步很快，上体育课时都精神抖擞，活泼认真，一扫过去那种懒懒散散，扭扭捏捏的旧习。（见《峥嵘岁月——周南九十年》之《回忆周南女校》，下同）

从这些记载中可以感受到，周南校风中洋溢着批判和担当精神，不是把学生培养成俯首帖耳的机器部件、精致的利己主义者，而是号召学子去创造一个新世界，做新世界的主人。在周南学子的周围，还有一大批辛勤耕耘的优秀园丁，贺益昭笔下还记载了许多周南名师的风采：

语文老师傅熊湘先生是湖南有名的文学家，他诲人不倦，还会用手指蘸墨写字。他经常勉励我们说：“你们要珍惜时光，刻苦学习，将来才能自立。"他很关心我们的成长，还用指书对联，送给全班的每一个同学，以示关怀和鞭策。送给我的一副是"风云激壮志，冰雪尽聪明"。我常常以此来砥砺自己。

杨遇夫老师也教了我们一个星期的语文。他家住南门，离学校较远，而当时的交通工具只有人力车。有一天早晨，大雨倾盆，我们想杨老师不能来上课了。谁知上课铃一响，杨老师就走进教室来了，他的棉袍已经湿透了半截，杨老师没有顾忌这些，拿起书就讲课。那堂课讲的是《漆室女传》，杨老师把那个平凡的古代妇女忧国忧民的心情，分析得十分精透，我们听了十分感动。我们为中国古代有这样一个平凡而爱国的妇女感到骄傲，也为我们有这样博学多才、认真负责的老师而感到自豪。这堂课深深地印在我们心中，至今不忘。

宫廷璋老师是北大毕业生，他教我们班国文课一年多，他最初教我们拼音，并且说明拼音的重要意义。……他还鼓励我们写白话文，写短篇小说。……后来他教我们读《史记》里的本纪、列传，介绍宋代女词人李清照的词给我们读，他还着重介绍了近代民主革命女烈士秋瑾的生平和她的诗。秋瑾可歌可泣的一生和她那慷慨激昂的壮烈诗篇，曾激起我们的爱国之情，我们曾经饱含热泪吟诵她的诗，恨不得马上投笔从戎，学她奔走天涯去寻求救国之道。

数学老师汤执盘先生、劳启祥先生也是令我们怀念的。汤老师教我们代数时，全班成绩不好，他很急，常常批评我们说，女孩子就是不肯动脑筋，依赖思想重。……他又感叹地对我们说："中国古代没有一个女数学家，你们不希望中国出个女数学家吗？"……

我们毕业那一年，由雅礼大学劳启祥先生来教我们的几何、三角。劳老师性格乐观开朗，讲课熟练，他画圆从不用圆规，只用一条白手巾作半径，右手拿着粉笔转一个圈，就画成了一个圆形。他很信任我们，考试时他写几个大字在黑板上，交代几句就走了。下课时，让教导处的老师来收卷子。我们望着黑板上写的"老实、可靠、忠诚、毋欺"八个大字，兢兢业业，一不交头接耳，二不翻书偷看，按时交卷。我们经过劳老师的严格训练，脑筋开窍了，加上劳老师的启发诱导，数学学得比较好了。

贺益昭提及的这些老师，都是一流的学者和教育家。资料显示，贺益昭就读周南的前后大约二十年间，徐特立、李肖聃、杨树达、黎锦晖、周世钊、宫廷璋、劳启祥、李士元、袁鹤皋、任邦柱等名师均曾执教于周南。今天，即使是中国顶级高校也很难凑齐这样的阵容，当年周南一个女中的师资就这般豪华，实在是周南学子之福。更重要的还是这些名师的教育思想，他们都鼓励学生放飞自我，指点江山，担当天下。也就是说，这些老师希望培养出的学子规划国家而不是被国家所规划，这就决定了学子们出息的大小。

贺益昭这届学生于1922年高中毕业。在此之前，除北京女子师范大学外，各大学均不招收女生，恰好这一年全国大学开放女禁，周南学子喜不自禁。除了贺益昭和另一位同学因病没有参加高考，所有的毕业生都考上了全国一流大学。这充分显示了周南作为中华女杰摇篮的实力。第二年，贺益昭考取了长沙艺芳女中大专班，又次年，考入了一流的金陵女子大学历史系。

金陵女子大学是由美国教会创办于1913年的中国第一所女子大学，自创办到1949年，共有999位毕业生，被称为999朵玫瑰。新中国成立后，收为国有，现为南京师范大学，该校在中国现代教育史上享有重要地位。贺益昭于1924年至1926年就读该校，正是该校一个重要发展阶段，肯定有许多具有史学价值的故事，遗憾史料缺失，难以知晓。我们只知道，贺益昭在此校就读三年后，又转学到湖南一所由教会创办的雅礼大学。一年后，在大革命的滚滚洪流中，雅礼大学停办，于是，贺益昭成了中国第一位女邮工的故事就发生了。

贺益昭在《我是中国第一个女邮工》的回忆录中写道：

1927年初，北伐革命军占领长沙，洋办的雅礼大学停办。我的同学朱仲芷，当时系湖南教育界知名人士，并与谢觉哉、柳直荀等均系"湖南人民收回中华邮政管理权委员会"9委员之一。由她介绍，我到长沙民众俱乐部从事社会工作。那时候，正值第一次国共合作，反帝反封建的浪潮汹涌澎湃，仲芷经常向我讲一些革命道理，并带我参加过几次群众集会。在她的启发下，我的眼界变得开阔了。我了解到，在中国共产党工人运动领袖郭亮领导下，湖南邮工掀起了改良邮政、收回邮政管理权的群众运动，将湖南邮务管理局洋邮务长法国人饶略（C.M.R.A.de Jaurias）赶下了台，并由中国政府自主任命了第一位中国籍邮务长施宗岳。施宗岳上任后，采取了一些改革措施。他采纳湖南邮务工会的意见，本着男女平等的原则，在招考拣信生（当时最低级职员，后改称邮务佐）时，不分性别，兼收女性。邮局开女禁，这在当时是件特别新鲜的事，大家议论纷纷。有的说，国民革命军进城赶跑了外国人，邮局归了中国人，才能招收女性，真不容易。有的说，邮工要搬沉重的邮包，而且抛头露面，妇女干不适宜。我伯父贺家梁则说，邮局是个金饭碗，可以去考。我堂姐贺延祜是新民学会会员，思想进步，支持我去考，说要为妇女争口气。仲芷更是积极鼓励我，说我有两个优点，一是爱国，二是总想为妇女争光。还说，邮局开女禁，在全国是首创，争当一个女邮工是很光荣的，因为这个权利来之不易，是经过湖南邮工长期斗争的结果。仲芷的话，在我思想上引起了共鸣。同时，我回忆起蔡畅大姐、向警予大姐在周南女中任教期间一再鼓励我们女同学要立志挽救国家危亡，解除妇女苦难的教诲，我就下定决心去闯禁。我改名贺勃，因为"勃"即蓬勃兴起之意，同时贺勃又是英文"hope"（希望）的谐音。我是满怀着妇女解放的希望去报考的。并以此作为走向社会、实现理想的开端。（见《湖南文史资料》第37辑，下同）

贺益昭这段回忆，使我们看到那个年代新女性的风采，充满激情和浪漫。"劳工神圣"是那个时代的价值观。工会和农会办得红红火火，意气风发，这也是国共合作的一道社会风景。所以女邮工的招考也就与救国图强、妇女解放的大主题相联系，有了史学价值和崇高意义，从更大的文化传统看，这也是以身许国的国家主义精神的传承。

在此还要说说贺益昭的同学密友朱仲芷。她比贺益昭小一岁，是周南创办者朱剑凡先生之女，不仅在周南与贺益昭是同班闺密，后来在金陵女大二人也是同学。在政治上，她比贺益昭要成熟，1926年就加入了共青团，同年经蔡畅介绍嫁给了后来的开国大将萧劲光。1927年加入共产党并随萧劲光留学苏联。回国后在中央苏区及延安从事中共的宣传教育工作。1940年因感情破裂与萧劲光离异，后改嫁晋察冀边区参议会副议长邢肇棠（新中国成立后为宁夏省政府主席）。朱在新中国成立后任宁夏妇联常委、第五届全国政协委员等职，是资深的中共女革命家。贺益昭与朱仲芷保持着终身友谊，朱仲芷每次回湖南，都要与贺益昭相聚，可以想见，在朱仲芷的影响下，少女时代的贺益昭也是相当进步的。中国现代史也表明，那些走向革命的先锋人物，大多是出身富家的青年读书人，极少有水深火热的劳苦大众。所以，如果不是朱仲芷1927年冬天去了苏联，贺益昭能否走向革命也未可知。

贺益昭继续写道：

> 考试分笔试和口试。笔试除了语文、英语之外，还考三民主义，默写总理遗嘱。1927年3月，湖南邮务管理局张榜，在近500名报考者中，由高分到低分录取前30名，我名列第二，第一名是男性。我的一位名叫萧坚的女同学列为第五。开始我想，有个女同事做伴该多好啊，可是邮局实际只录用了前两名。自此，我成为中国第一个女邮工，并在社会上引起轰动。一位朋友送给我一副对联，写道："一举便惊人，玉尺量才真国士；群雄皆失色，金榜题名女状元。"

1927年4月18日，贺益昭正式进入邮局，先后在挂号处、总务处等部门工作。同事们对她很友好，也很照顾，可见当时湖南的社会风气还是挺开明的。贺益昭还记得第一次领薪水的情形：

> 我第一次领到了工资，心情无比激动。21块银圆，拿在手上，沉甸甸的，它是一个妇女经济独立的见证！我将银圆整整齐齐摆在母亲面前，母亲的眼睛湿润了，喜悦之情是可以想见的。那时我父亲贺家楷在北方谋生。我伯父听说我领了工资，笑眯眯地对我说："你表叔当抄写，每月只赚得十七八元，你有21元就不少了，何况有光洋呢！"我心里乐滋滋的，心想，从此，我经济独立了，我为中国妇女争了气，那真是难忘的一天啊！

这种志得意满的日子仅仅过了一个月，甚至就在贺益昭进入邮局的前夕，中国形势的大逆转就发生了。蒋介石在上海策动了"四一二"血案，5

月 21 日，湖南又爆发了马日事变，国共兵戎相见，长沙一片血雨腥风。单纯的贺益昭一下子蒙了，这样的时局变化，显然超出了她的理解力，也超出了她的心理承受力。直到晚年，她还清晰地记得当年的场景，她战战兢兢，由堂姐贺延祜护送去邮局上班："一夜之间，天地变色。司门口高墙上挂着烈士的头，地面流着烈士的血。早晨，堂姐陪同我去邮局，整个长沙城冷冷清清的。邮局里，好像上面罩了一个大罩子，空气沉闷，使人喘不过气来。总务处也是一片冷清，我的心好像冰冻了似的，同事们也一下子变得冷漠了。我猛然感到孤独和恐惧，我想着仲芷和她的一家，不知凶吉如何，心里慌乱极了。"

估计贺益昭并不知道，她的闺密朱仲芷已经是中共党员，她当然也不知道，朱仲芷等中共党人已经转入地下，这年冬，朱仲芷和丈夫萧劲光秘密去了苏联。贺益昭肯定也不知道，她那参加过新民学会的堂姐贺延祜在马日事变之前，还偷偷去了一趟广州，寻找共产党打探消息——为何国共刀兵相见。在广州，还帮助中共营救了一位学运领袖人物欧阳继统。也就是在这次营救中，她的堂姐和欧阳继统产生了爱情。相比之下，贺益昭还是太单纯了，她只有满心的慌乱。

不久，一位叫屠家骅的新邮务长上任了。按贺益昭的叙述，此人的到来，使她的处境急转直下：

> "马日事变"之后不久，屠家骅接任邮务长。总务处的同事们背地里叫他"卖油郎"。开始我不懂，后来才知道这个称呼的由来，因屠家骅娶一颇具姿色的妓女为妾，邮人即引《今古奇观》中"卖油郎独占花魁"的故事以隐喻讥讽。同事们说屠家骅是崇洋复古的，是反对开放女禁的，男女兼收的那一榜就要作废了。

果然，贺益昭不再是人人羡慕的开邮政历史先河的人物，而成了屠家骅眼中的一块鸡肋，贺益昭的存在，就意味着中共领导的邮政工会成果犹在。所以屠家骅千方百计地排挤贺益昭。他给北京邮政总局的法国总办铁士兰汇报说，招收贺益昭是迫于邮政工会的压力。于是铁士兰下文说，湖南招收女邮工未得总局批准，应该作废。消息传来，贺益昭更加慌了，她在回忆录中写道："我是在那叱咤风云的日子里，带着女性的自豪感踏进邮局大门的，我不愿随随便便离开邮局。"于是，贺益昭的伯父贺家梁和堂姐贺延祜都帮着她想办法，托人斡旋，堂姐还要贺益昭打报告申辩。此时，她的伯父贺家梁还在湖南警察厅任职，有一些人脉，再加上贺家在湖南的影响力，相关申诉一直到了汉口国民政府交通部和湖南省建设厅，终于得到了批文：对于贺勃的处理要慎重行事，不得无端联系什么政治背景，不得无故解雇。屠家骅迫于各方压力，没有贸然处理，可是却不断地给贺益昭调换工作，就想等她出错，找到解雇的借口。还有一些不怀好意的人也趁机想捞油水。贺益昭的回忆录写道：

> 一日，邮局宣布，把我从总务处调到会计室。我对会计工作很生疏，心情有点紧张。不几天，会计长张征之找我谈话，表现出对我很关心的样子，说我聪明美貌，才华出众，他愿意资助我去读书，继续深造……在对会计室工作稍稍熟悉，心情稍稍安定时，我又被调到秘书处搞打字。因为专业英文知识差，工作很吃力。洋文秘书王昌炽，经常在我身边转，总想找岔子似的，我心里提防着，感到很不是滋味。

贺益昭的文字写得很含蓄，直白一点说，她确实长得很漂亮，自然成了一些心术不正男人的猎物，拐着弯子打鬼主意。她还在回忆录中写道，当时她上厕所都不敢去，只好不喝水，尽量不去厕所，下班回家再说。想一想，贺益昭一个弱女子，面对着一帮心怀鬼胎的男同事，能扛得了多久？

也就在此时，她父亲从北方回湘，带来了一个消息，说已经给她物色好了对象，男方也不陌生，是她的表哥，父亲要接女儿去北方结婚。他还知道女儿在邮局的工作很不顺心，便开导说，邮局系统是全国相通的，可以调去北方的邮政系统。贺益昭觉得这也是一条路，就向湖南邮局咨询是否可以调离，得到的回答很令她失望：我们可管不了那么多。父母又劝她，结婚后，可以凭借夫家在北方的人脉，再进入邮局系统。一番思想斗争后，她终于服从了父母的安排。1928年年底，贺益昭打了离职报告，依依不舍地离开了长沙。这年她25岁，任邮局职员不到两年。

此后，贺益昭再也没有回到邮政的岗位工作，而且那段女邮工的短暂人生经历带给她更多的是挫败感。但是中国邮政的历史依然记住了她：一个叫贺勃的长沙女子，是中国第一位女邮工。其实，这不过是史学书写的一种惯例，总要找到一些标志性的人物和事件来建构史学叙述。贺益昭就是这样一个人物——无论她贡献大小，也无论她本人是骄傲还是沮丧。

1928 年年底，贺益昭在北京结婚，开始了家庭主妇的人生，直至 1949 年，长达 21 年。这一段人生，与她此前充满时代朝气的新女性形象拉开了距离，形成了不无矛盾的对比。对于这一段人生经历，贺益昭十分简略地写道：

> 结婚之前，父母曾安慰我：到北京还可以找到工作的。谁知到了北京人地生疏，公公、婆婆、丈夫都不支持我搞工作，加之家务纷繁，未能如愿。抗日战争期间，我们家住天津，公公在天津英租界一个姓周的律师办事处分点工作借以糊口。1939 年初，我丈夫因工作需要调往内地，我们老弱妇幼，生活凄苦。1941 年，日本军队进入英租界，日子更难熬了。出门就看到日本兵，中小学生都要学日语，男学生一律要剃光头，老百姓只有粗粮吃，间常配点细粮，只能给老人吃。冬天没有煤烧，全家就坐在被窝里取暖。南北交通阻隔，我和南方亲人音讯断绝。我记起儿时母亲说的话："高丽亡了国，老百姓当了亡国奴，最怕你们大了当亡国奴……"我想：难道我们真的要当亡国奴了吗？
>
> 1945 年秋天，日本侵略军宣布无条件投降，我们全家老小兴高采烈地在天津欢庆胜利。两年后，我带着三个孩子回到长沙。

20 年风雨沧桑，中国人在此 20 年间经历了起伏跌宕、惊心动魄的政治事变，在贺益昭的记载中，除了对日本人占领天津的情景有所涉及外，全都不见踪迹。可以想见，这 20 年，她与沸腾的社会相隔绝，过的是相对封闭的家庭主妇生活，而且心情并不舒畅。想一想，贺益昭在少女时代，成为妇女解放的表率，过的是风风火火的日子，这种家庭主妇的日子，实在是非她所愿。但夫家的观念比较保守，加之贺益昭背井离乡的孤弱，她也只能接受这样的生活。其实贺益昭的夫家也是书香大家，其公公、丈夫、小姑等都是留学生，按理说，应该家风开明，却偏偏不希望儿媳出外工作，可见妇女解放之艰难。

在此就要说说贺益昭的夫家了。她的丈夫叫李家琛，1900 年出生于长沙一个书香世家。父亲李震彝，留学日本，攻读法律，回国后任北洋政府的法官，在当时颇有社会地位。李家琛于 1922 年由清华大学保送赴美国康奈尔大学攻读土木专业研究生，硕士毕业。这样的资历，回国后肯定是国家急需的人才，他曾任东北交通委员会技师、北平粤汉平绥铁路总工程师、湖南大学教授、中法工商大学教授、云南大学教授、滇北矿务局工程师兼工务课长，抗战胜利后又任行政总署善后救济委员会委员，授少将军衔。他是我国著名的土木建设专家，参与主持了多项知名建设工程，抗战时在滇缅战区主持修建了许多战略工事。尤其值得一提的是，1946 年，他作为当时的行政总署代表，与中共解放区代表谈判协商合作进行黄河故道复归工程，与中共有了密切的来往，受到了中共代表周恩来的关注。周恩来十分欣赏李家琛的才华，后来中共夺取全国政权取得胜利，周恩来动员李家琛留在大陆，为新中国建设服务，李家琛便毅然留在了大陆，在铁道部任职。

从李家琛的这些履历看，他是一个爱国且知名的高级知识分子，为中华民族做出了自己的贡献。按理说，贺益昭与李家琛的姻缘不仅门当户对，还有良好的思想和文化沟通基础，但是非常遗憾，由于丈夫长年在外奔波，夫妻分居，李家琛感情出轨，与另一女子同居。也许在当时一夫多妻的社会背景下，李家琛并不觉得这有多大问题，可他忽略了，贺益昭也是一位知识女性，20 年来，为了支持丈夫的事业，放弃了自己的理想，甘当家庭主妇，生育抚养了三个儿女，为家庭做出了很大牺牲。贺益昭作为世家女的自尊心受到了很大伤害，她毅然决定结束与丈夫的婚姻。1947 年年底，人到中年的贺益昭带着心灵的创痛和三个儿女，离开了公婆家，回到了故乡长沙。

贺益昭回到长沙后，决心开始自己的新生活。她的许多亲友都在长沙，尤其是教育界，亲友更多，如自己的妹妹贺益恩、同学朱超、闺密李淑一等，都是湖南教育界的名师，都可以帮助自己找到一份工作。贺益昭没想到的是，她任教于周南女校的妹妹贺益恩，还有朱超、周昭怡等友人，此时都在中共的影响下，与中共地下组织发生了密切的联系，为中共推翻国民党，夺取全国政权而工作。她妹妹贺益恩家就成了中共地下组织的秘密联络站，她们的侄儿贺善文此时已是中共地下组织成员，经常带着党的指示来姑妈贺益恩家接头。不知贺益昭是否也受到影响参与其中，但可以肯定的是，这么多亲友都走向了中共，不可能对贺益昭没有思想影响。国民党因统治的独裁和腐败，已经尽失民心，对改天换地的新中国的向往，已经是众望所归，加之亲友的影响，贺益昭也满怀憧憬地期盼着一个新时代的到来。她在回忆录中写道："1949 年 8 月 5 日，我和孩子们在长沙街头迎接中国人民解放军进城，我看见了毛主席、朱总司令的巨幅画像，看见了解放军威武的军容，听到了解放军雄壮的歌声和洪亮的口号声，尤其令人感慨的是——队伍中行进着不少英姿焕发的女兵。……我好像到了另一个世界。"

湖南和平解放以后，贺益昭受到同学朱超的邀请，进入母校担任了教员，朱超是朱剑凡的侄女，也是解放后周南女校的首任校长。贺益昭先后在周南任英语和语文教员，她把全部的心血投入教书育人的事业中去，周南学子亲切地称呼她为"贺妈妈"。贺益昭说，她最有意义的一段人生是近50岁才开始的。这段人生长达12年，直至1962年，她60岁退休。

也就是在1962年，贺益昭退休前夕，周南的老师长、已是国家领导人的徐特立和谢觉哉来周南视察，贺益昭作为徐特立的学生，也是周南最资深的在任教师，全程陪同老师，介绍情况。徐老和谢老频频提及当年往事，贺益昭一一作答，其乐融融。临别前，二老与全体师生合影，贺益昭谦虚地说："二位老师请坐中间，我们学生辈都站在你们身边。"徐老立即说："你现在是周南最老的老师，你也要坐，否则我们都站着照。"就这样，贺益昭只好坐在老师的身边，他们周围则簇拥着风华正茂的大批周南青年师生……

对于周南12年的教学生涯，贺益昭缺失回忆，校史也缺失记载。但可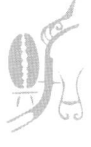以相信，这是她人生中心情最为舒畅的一段时光，这与湖南是和平解放，格外强调对于非中共的民主开明人士执行统战政策有关，也与中共湖南省委、长沙市委的主要领导人周小舟、周里、万达、曹瑛等人都是知识分子出身，长期从事统战工作，对知识分子的政策把握更加到位有关。以贺益昭姐妹为例，她们都与周小舟、周里、曹瑛等人有着相当好的私交，如周小舟就是贺益恩的婚姻介绍人，贺益恩去世后，老省委书记周里、万达等都以私人名义送来花圈。曹瑛则亲切地称贺益昭为"昭姐"，经常上门看望，赠送墨宝，关怀有加，1983年，贺益昭80岁生日，曹瑛揿笔录旧作以贺：

长沙忆，最忆是人民，朴实勤劳多智慧，国中开遍美芙蓉，朝日映葱茏。

录旧作一阕为昭姐八十晋一大寿纪念。

一九八三年冬曹瑛

在贺益昭家里，我们还看到她与朱仲芷、李淑一、周昭怡等社会名流的合影，李淑一、周昭怡等题赠的诗词墨宝。如李淑一的一幅诗词墨宝，涉及李淑一和柳直荀的情谊，很有史料文献的价值：

> 斑竹湘江正挺秀，留芳岭上白云飞。长桥柳色天涯绿，不见郎君驱马归。（长沙北门外留芳岭是我与直荀同志婚后同居较久的地方。一日，同与便河边乘凉，直荀见到蔚蓝天空，白云飞动，拍手叫好。"十分春色长桥柳"名句。解放初期，梦见直荀驱马归来，惊喜而悟，赋此志感。益昭同志哂正。）

李淑一于首都

诸此种种细节均表明，贺益昭的晚年交游甚广，受到了社会的尊重，是很有生命存在感的。还值得一提的是，她依然和夫家的亲戚保持着友好的来往，她的小姑，也是表妹叫李家斌，也是清华毕业生，学经济，嫁给了同班同学黄开禄，夫妻二人均是中国经济学大师陈岱孙的高足，亦为著名的经济学家，晚年旅居美国，回国讲学和探亲时，都要拜访贺益昭，均受到贺的热情接待。贺益昭豁达地说，人生相遇就是缘，没有亲缘，也有友缘，要看得开，人是活未来，不是活过去，千万不要自己和自己过不去。正是这种豁达的心境，她的晚年活得很开心，她写道：

> 我的晚年生活丰富多彩而富于情趣。我的两个儿子一个女儿，都是工程师，儿子在长沙，女儿在外地。这些年，我一直和当高级工程师的大儿子住在一起，家庭和睦。我身体还好，喜欢养花，能干些力所能及的家务事。我年轻时曾是文体活跃分子，如今仍不甘寂寞，83岁时，曾参加长沙市妇联组织的老年妇女文艺表演。我每天看报、听广播，最喜欢的是体育消息。此外，经常练书法，学英语。……欢声笑语在居室荡漾时，我常情不自禁地想，hope，hope，我当年的美好希望不是已成为美好的现实了吗！

也许，贺益昭最值得我们羡慕的还是她的豁达生命态度。她享年95岁，在贺家儿女中，应该是目前最长寿的一位。

仁者寿，乐者寿，也许就是其中的奥秘。

贺益恩校长

贺益恩在贺家姑娘中不仅属于新女性群体，还以教育家的身份享誉湖湘。由于湖南是和平解放的省份，解放前后的统战工作是治理湖南非常重要的抓手，加上解放后相当长一段时间里，湖南主政者大都是知识分子出身且有中共地下组织成员资历，因此对于知识分子政策执行比较到位，贺益恩就更加受到器重。她从教 40 余年，与长沙市一中的旷璧城校长、周南中学的周昭怡校长、长沙师范学校的姜国仁校长并称为湖湘四大明星女校长。然而，这并不意味着她的人生没有坎坷，只是意味着她的这种社会地位构成了她特殊的人生故事。

贺益恩（1911—1997），善化贺氏第九代传人，属于贺桂龄一支，贺长龄、贺熙龄是她的伯高祖，至于她父辈的家世，在其姐姐贺益昭的传记中已经介绍，故不赘言。总之，作为世家的富贵小姐，她自幼受到良好的教育，从小学到初中，就读于周南女校，高中就读于长郡中学，这些都是湖南的顶级名校。她成绩出类拔萃，多才多艺，气质超群，有校花之称。

大约 1928 年，她高中毕业，随着堂姐贺延祜去了南洋，同去的还有其他三位贺家姐妹，号称"五朵金花"。五朵金花中贺益恩最小，才 18 岁。贺家有一个传统，儿郎赴东洋，姑娘下南洋。不过这次五姐妹下南洋，还有一个特殊背景，那就是为首的堂姐贺延祜曾加入新民学会，1927 年，因为营救中共人士卷入政治漩涡，去南洋有避祸性质。贺益恩和其他姐妹可能并不知道堂姐的秘密，但贺益恩肯定知道堂姐是有亲共思想的。她说过，年姐不仅是她的大姐，也是她人生的老师，她读过的许多红色书籍，都是年姐推荐的，她后来走向革命，与年姐的影响有很大关系。

这次去南洋大约 4 年，贺益恩跟随堂姐在马六甲等地教书，这是她教育生涯的开始。后人回忆，她在南洋正是 18 岁的青春少女，亭亭玉立，靓丽活泼，特别喜欢体育运动。在南洋，羽毛球运动最为普及，且具有世界水平。贺益恩也挥拍参加了当地的羽毛球赛，还拿到了混合双打冠军，上了报纸，大出风头。在贺家五朵金花中，她可谓最鲜艳的一朵，南洋许多富家子弟向她表达了倾慕之情。可是贺益恩心无旁骛，因为堂姐贺延祜说，她们的根在祖国，花要开在祖国的土地上。

1932 年，淞沪抗战爆发，贺益恩又随堂姐回到祖国，她这时才知道堂姐的秘密。原来堂姐回国，是为了当年在广州营救过的一位中共学运领袖欧阳继统。那是大革命失败后，堂姐秘密去了一趟广州，想知道国共为何会刀兵相见，受中共人士的委托，堂姐以未婚妻的名义，去监狱里探望被捕的欧阳继统——实际是通风报信。监狱里匆匆一次见面，两人奇迹般地做出了婚姻的承诺。后来欧阳继统被人营救去了日本留学，淞沪抗战爆发，他又从日本归来，投入抗日救国的时代潮流中，堂姐便在武汉和欧阳继统结婚了。这年堂姐已经 33 岁，姐夫欧阳继统已经年过不惑。这样的爱情，诠释了忠贞和传奇，可以想见，也深深地震撼了 21 岁的贺益恩。

与堂姐分手后，贺益恩开始独立规划自己的人生。1935 年，她考入上海大夏大学的教育系就读。大夏大学号称"东方的哥伦比亚大学"，而美国哥伦比亚大学的教育学院是世界顶尖的学院，大夏大学享有"东方的哥伦比亚大学"的声誉，意味着教育学也是该校的品牌。这也表明，贺益恩已经下定决心以教育为自己的终身事业，所以选择了大夏大学。随着抗日战争的全面爆发，学校西迁，毕业后她并没有投入抗战的烽烟中，国家的危亡使她迫不及待地走上了教育救国的人生之路，积极宣传抗战，是她教育生涯中一道亮丽的风景线。她先后任教于南阳华侨学校、长沙湘雅战时临时学校、益阳信义学校、周南女中和行素中学。她操一口流利的英语，国文底蕴深厚，还能歌善舞，在体育场上更是英姿飒爽，很快就成了湖南教育界引人注目的明星教师。此期间，她结了婚，夫君叫丰裕瑛，是留美的医学博士。夫家是当时长沙最大的企业裕湘纱厂的大股东，可惜丰裕瑛年寿不永，在抗战期间病故。不知是不是夫君的亡故激起了贺益恩内心的波澜，她再次奔赴南洋，还在滇缅战区留下足迹，其间肯定有精彩的人生故事，遗憾的是，贺益恩生前基本不对后辈家人谈及她的这段生活，资料缺乏，我们难以细述她的这段人生经历，只能期盼未来有人能填补空白。

对于贺益恩的记载，是抗战胜利之后，社会进入了彻底推翻国民党政权的国共大决战，才逐渐多起来的。此时中共逐渐壮大，气势如虹，腐败的国民党政权走向崩溃，大批知识分子也向中共靠拢，中共地下组织非常活跃，渗透长沙的高校、中学乃至小学。而贺益恩的家，就是中共地下组织的秘密联络点之一。这又意味着贺益恩人生的一次重大选择，在政治上，她向中共靠拢了。

据有关记载，1949年年初，中共中央上海局派刘晴波夫妇潜入长沙主持长沙特别支部的工作，以加大策动湖南主政者程潜将军等人起义的工作力度。刘晴波夫妇到长沙后，来到了贺益恩的家——长沙特支的秘密联络点，又通过贺益恩的侄儿、中共地下组织成员贺善文与时任长沙特支书记陈克东取得了联系，进行工作交接。随后长沙特支由刘晴波任书记并展开活动，由具有中共与民盟双重身份的萧敏颂与妻子曹国智（民盟），利用潜入行素中学任教的条件，筹建了民盟湖南支部，积极开展对湖南当局上层人士的策反工作。行素中学即为民盟和中共的秘密活动据点。记载说，贺益恩当时亦为行素中学的教员，也积极参与了中共的有关活动。（详见长沙七中编《校园忆旧》之刘士明《解放战争时期湖南私立行素中学的地下革命活动》）

有趣的是，刘士明的记载中还说，当时中共长沙特支与周里领导的湖南地下组织工委属于两条线，互不发生组织关系，于是长沙特支的积极活动引起了中共湖南党工委的警觉，一度产生误会，相互"暗战"数月之久，几乎发生流血冲突。后经上级协调，才知道是大水冲了龙王庙，一家人不认识一家人，于是两股力量合流，共同展开工作。这也表明，贺益恩与中共地下组织的关系更为隐蔽，她与中共产生联系应该在1949年之前，究竟密切到什么程度，由于保密的缘故，至今还是一个谜。公开的资料显示，她的侄儿贺善文是广西大学农学院的高才生，抗战时期就投入抗日救亡学生运动，与中共方面联系密切，1948年年初正式加入中共，受上级派遣回到湖南从事地下工作。他回到湖南，以姑妈家的独立小院为秘密联络点，恐怕不仅是出于对姑妈的信赖和做思想工作的结果，还基于对姑妈更深的了解。贺善文曾说，金姑（贺益恩）冰雪聪明，优雅沉稳，办事干练，是少有的巾帼。再联系贺益恩与中共高层领导来往密切等现象细细琢磨，她与中共的关系，应该有更深的渊源。

还有一个细节要说明。按刘士明记载，1949年年初，贺益恩已在行素中学任教，这不准确。另有资料表明，此时她任教于周南女校。贺益恩的密友同学、时任周南女校校长的周昭怡在回忆录中明确记载，湖南和平起义前夕，社会很动荡，各个学校都发动了护校运动，在周南的护校活动中，贺益恩就是周昭怡的亲密助手。周昭怡这样写道："按照地下组织的通知组织护校保产工作，将校产及图书仪器全部清点造册。财务工作由我亲自抓，我和贺益恩、方继淑二老师及杨芷贞、谢洪福二工友深夜收藏光洋数千元，这是教工的工资、学生的膳食及行政费用。"（见周南校友会编《峥嵘岁月》之周昭怡《我在母校的学习和工作》）可见，贺益恩1949年是在周南任教，但由于行素中学也是中共地下组织活动的重点学校，她也参加了行素中学的地下组织活动，与萧敏颂、曹国智夫妇有着密切来往，结下了亲密友谊。

作为世家小姐的贺益恩，为什么会背叛自己赖以富贵优越的政权，冒着生命危险，选择最激进的革命之路，这是一个非常值得寻味的问题。大批富家子弟背叛自己的家庭，走上革命之路，在当时是一个非常普遍的现象。中共最后能夺取政权，与大批富家子弟奋起响应，导致统治阶级营垒分崩离析有着密切关系。以贺家而论，不仅贺益恩，还有她的侄儿、广西大学高才生贺善文、侄女、上海同济大学高才生贺善成，都有着很好的个人前途，却都卷入了推翻国民党政权的政治斗争。贺善文是在同学好友何康的影响下参加了中共地下组织，何康后来任职农业部部长；贺善成在同济大学卷入学生运动，被捕后被开除了学籍，她所在的中共支部书记是乔石。这样的故事，令人回味无穷。国民党的倒台，实在是因为人心尽失，众叛亲离。

1950年，贺益恩转入私立行素中学任英语教员，同年底，校长曹国智奉调省文教厅任职，由贺益恩接任校长，她的出任显然是组织安排，表明她在政治上深得新政权信赖，亦表明她在湖南教育界有了相当声望。这年，贺益恩进入了不惑之年，正是一个人最成熟的岁月。不久，私立行素中学和私立广雅中学合并，成为官办的长沙第七中学。贺益恩从20世纪50年代初至60年代末在此校任副校长、校长等主要领导职务，长达20年，至70年代末正式退休，共计30年，加上此前的教育履历，她在教育园地耕耘了40余年。

如果按惯性想象，贺益恩应该创造了桃李芬芳、英才辈出的教育勋业，不过有些意外，尽管同行、同事和学生对她报以普遍的敬重和给予高度评价，但以传统的人才指标来衡量，她主持下的教育成绩似乎并不令人特别兴奋。例如，以高考录取率来说，长沙第七中学最好的成绩是1960年，高考录取率排全省第三名（具体录取率不知），而新中国成立前的行素中学，最好成绩是 1945 年，高考录取率达到 100%，全部考入北大、清华、同济、复旦等名校，此后连续三届，平均录取率接近 90%，其中大部分学生考入全国名校。这样的成绩恐怕在新中国成立后很难被超越。当然这么比较也有许多不可比性，例如新中国成立后中学教育普及程度提高，学生基数增大，高考录取率必然下降。然而不可否定的是，由于时代变迁，教育理念发生了很大变化，高考录取率不再是衡量教育成效的核心指标，这向教育工作者提出了前所未有的挑战。我们对贺益恩的审视，必须进入具体的时代背景，才能感受到她的挑战与艰辛，以及她付出的心血和收获的回报。

贺益恩是个非常有个人魅力的知识女性，这应该是世家女身份给她留下的基因遗产。天生丽质、高贵典雅，这是所有人的一致评价。贺益恩的学生、著名画家左汉中在自己的回忆录中写道："校长贺益恩，出身名门闺秀，先生曾是省交际处（设湘江宾馆）处长，仪表、谈吐均具风范，在学生中威望很高。"（见左汉中《闲来偶得：我的漫画和漫话》）还有学生说，贺校长的高贵气质，同辈女性中无人能比，后辈女性中也难以企及。以文学才子著称，后来也成为七中名师的学生陶弘更是热情奔放地写道：

> 贺益恩校长岂止是慈爱而已？见过贺校长年轻风貌的必有另感：贺校长年轻时，端庄富丽，谈吐芳香，举止光彩，实为女队领袖。七中的女教师，校友的美好回忆又仅只是教师的师德和敬业？更加上女性的风度与仪容，也是不肯让人的。有贺延慧师的惊人艳丽，有盛兆琦师的典雅华贵，有邱玉钿师的端庄高雅，有张洒怡师的豪爽犀利，后期更有聂本立师的落落大方，宋佩琼师的闺秀家风，罗涵心师的贤淑惠慰，徐裕豪师的才貌双全。然而，女队的领袖却是非贺益恩校长而他人莫属的。（见长沙七中编《校园忆旧》，下同）

陶弘以反衬手法，烘云托月地写出贺益恩的女队领袖风采，似乎意犹未尽，又生动地记叙了贺益恩一次打羽毛球的细节：

> 那一日，羽毛球场上掌声雷动，欢声此起彼伏，贺校长在房中（当时校长室及住房也朴素至极，不过尔尔）远望之际，雅笑莞尔。

有人招邀：贺校长，来一个！

好个贺校长，毫不推辞，毫无难色，只见轻解罗裳，抛却丝绸对襟唐装上衣，大大方方地走上球场，含笑说，硬要打呀，好久冒玩哒。还是当年在新加坡，那是给咱中国人争过脸的！贺校长当年年届不惑，挥拍上场，威风不减，你来我往，许多健将败于拍下……

几乎所有人说起贺益恩，都对她的风度气质赞叹有加。不要小看了这一点，对于教育工作者来说，这也是先声夺人，赢得亲和力和感召力的优越资本。一位老七中人说，只要接近贺校长，立即就会进入她的气场，很愿意听她说话，很愿意照她的话去做。贺的学生左汉中说，贺校长每周会召集全校学生集合讲一次话。她讲话声音并不高，可是全体学生都凝神聆听，没有任何噪声，她讲什么不重要，大家就是想听她的声音。七中在贺校长主持期间，团结的气氛是最好的。

还要承认，贺益恩赢得人们敬重，除了风度修养，还和她的人脉中群英荟萃，都是德高望重的湖南名流有关，像周昭怡、曹国智、朱超、姜国仁、旷璧城、李淑一这些教育界名师，别人要三顾茅庐才能请得动，她一个电话就能邀请而来给学生们作报告。七中学子写了好文章，她推荐上报纸电台，也是一个电话的事。更使七中人骄傲的是，毛泽东、刘少奇等国家领导人来长沙，她也经常参与接待，陪毛泽东等国家领导人跳舞，甚至还有人不无夸张地说，她是毛泽东的舞蹈老师。至于湖南省的领导周小舟、周里、周惠、万达、曹瑛，直到华国锋、熊清泉等都与她有很好的私交。1955年，据说经过湖南省委书记周小舟的介绍，贺益恩与熊子烈结婚。熊子烈是一个富有传奇色彩的老共产党人，大学文化，曾任湖南省保安司令部军官，还当过税务局长。第一次国内革命战争期间，熊经中共特科刘道衡争取加入中共，在李克农主持的中共特科领导下，长期从事地下工作，主要负责对国民党上层人物的统战，新中国成立后任湖南省政府办公厅副主任兼省交际处处长、省博物馆馆长等职，是个很有文化底蕴和生活情调的老革命。丈夫的这种身份，也给贺益恩提供了许多接近国家领导人的机会。资料记载，熊子烈曾斥巨资资助中共地下组织活动，被包括李克农在内的中共领导人誉为支持革命的"大老板"，因此便顺称贺益恩为"老板娘"。后来毛泽东来湖南视察，见到贺益恩，也风趣地叫起"老板娘"，连说"久仰"，毛泽东还知道贺益恩是贺长龄的后人，称她是"名门闺秀"，对她的印象很好。刘少奇来湖南视察，有关部门也指定要贺益恩汇报基层教育方面的工作。不言而喻，这样的社会关系，给贺益恩提供了优越的条件，她可以给七中争取到一些特殊的政策关照。七中在她主持期间，在长沙很有知名度，这与贺益恩得天独厚的人缘很有关系。

如果要概括贺益恩的教育理念，"慈爱教育"可能最为确切。她的同事和学生也一致认同这种概括。后来"文化大革命"期间，她受到严厉批判，被戴上了一顶"资产阶级人道主义慈爱教育的忠实推行者"的帽子。慈爱教育无论在中国儒家教育思想中还是在西方教育思想中，都是一个历史悠久的理念。攻读教育学出身的贺益恩对此相当熟悉，她曾给当教师的堂妹贺益绥推荐过卢梭的《爱弥儿》、亚米契斯的《爱的教育》，可见她对卢梭、亚米契斯、裴斯泰洛齐等西方教育家的思想都有较深的研读，慈爱教育理念确实对她有很深的影响。不过，在贺益恩当校长的那个年代，慈爱教育或者说母爱教育，是作为资产阶级人道主义教育思想受到严厉批判的，著名教育家斯霞就因主张母爱教育遭到口诛笔伐。冰雪聪明的贺益恩当然不会鲁莽地去踏红线，况且她于1956年加入了中国共产党，更不会与党的教育方针唱反调。按照当时的意识形态，爱是有阶级性的，决不能对剥削阶级慈爱，对剥削阶级家庭出身的学子也要以改造为重点，促使他们脱胎换骨。熟悉贺益恩的人都说，她是个很有主见的人，不会随波逐流，但也是一个很宽和的人，不会锋芒毕露。所以，她不可能完全遵循慈爱教育的理念来教书育人，只能说，她依然是在钢丝上跳舞，小心翼翼地找到某种平衡，秉持着良知，将自己对学生的一片慈爱和国家推行的意识形态话语体系融为一体，在行动中默默地履行，从而构成了独特的教育风采。

贺益恩的侄女贺善意，也是她的学生，大学毕业后，也当了中学老师，她回忆说："当时我班上有几个学生很顽皮，我很恼火。姑妈就对我说，对于顽皮的学生绝不能嫌弃，还要格外关心，将来你就会明白，最有出息、对你最有感情的往往是顽皮的学生。不难体会到，姑妈的这些经验之谈，是她对学生付出一片赤诚之爱后的切身体会。姑妈还说过，你对学生付出了多少心血，学生就会给你多大的感情回报。能够得到学生的爱戴，是老师最幸福的事。姑妈的这些话，我终身铭记。"

贺益恩曾对同事说，一个及格的老师，标准就是记住每一个学生的名

字，能够脱口而出，让每一个学生都感到你没有忽略他们，你把学生装在了心中。作为校长，她可以记住全校绝大多数学生的名字。直到她 70 岁那年，一些当年的学生给她庆祝生日，几十年过去，白发苍苍的贺益恩还能喊出学生的名字，甚至还能喊出一些学生的小名，那些两鬓也斑白的学生一听到老校长喊出自己的名字，一股温暖立即涌上心头，眼泪刷刷地往下流……

文学气质浓厚的学生陶弘激动地写道：

　　七中的学生记得贺校长，不只是她的业绩，更因为她对学生那颗慈母般的心。经济困难的学生，由于她的关怀才能安心攻读，得以深造；调皮大王，在她的帮助下，洗心革面，奋发图强；成绩优秀，政治条件欠佳的学生，因她的举荐，顺利地通过政审关、考上高等学府。因此，大家都亲切地称她为"贺妈妈"。也正因为她用忠于人民的博大胸怀办校，因材施教，因人施教，每一个经此而走向社会的学生，无论去向如何，不管征途多么坎坷，都能回忆起她那一份慈爱。

　　是的，贺校长！您的慈爱叫每一个七中的学生难以忘怀。

　　高考前突然生病的学生，能忘记您的亲自陪送吗？18 岁就入了党的学生，能忘记您政治上的关怀吗？靠助学金成长的孤儿，能忘记您母爱的补偿吗？寒风中穿上学校发给的新棉衣的同学，能忘记这温暖的来源吗？在学校进餐的同学，能忘记您多次垫付的私款吗？遭受不公正待遇的学生，能忘记您的公正扶持吗？不，我们，您的学生永远不会忘记！

在贺益恩的学生中，李文晋恐怕是受惠最多的，不妨看看他的回忆：

　　第一天到学校报到，我交学费少了钱注不了册，正在掉泪。一个同学说贺校长喊我。我勾头缩脑怯生生地站在贺校长面前，抬头发现了她那双正在俯视我的眼睛——像星星那样明亮。

　　"你叫什么名字？"她的声音像山涧的泉水一样流淌下来，怪好听的。

　　"李文晋。"我不再掉泪。

　　她问："你交不起学费是不是家庭经济困难？"

我说："是的。我哥哥在省民政厅工作，全家八口人，靠他一个人的工资负担，一次交清学费有困难。"

她说："你安心读书好了，学费我替你垫付。"

我感激地抬头看看她，她的脸上挂满笑意，闪亮的眸子里透着慈爱的目光，这分明是妈妈凝望我的眼神。这束目光在我心灵深处留下了永久的记忆。

中学六年，贺校长对我的关怀无微不至。有次我们班演话剧，我是剧中的波兰船长。演出前，贺校长亲自给我化装梳头，把她自己的凡士林抹在我头上，梳成标准的西式头。她微笑说："这么一化装，你蛮英俊，蛮有派头，注意在台上莫紧张。"

五七年三月二十二日，刘少奇同志在湖南省委小会议室，与长沙市师生代表座谈。贺校长领着我提前一小时赶到，因此坐在最前排。当我站起来发言时，由于是第一次在党和国家领导人面前讲话，又是和刘少奇同志只隔一张办公桌对面讲，心情就格外激动，讲话像打机关枪似的。贺校长悄悄地扯我的衣角，要我慢点讲，莫性急。少奇同志也望着我笑笑说："你说慢一点！"没听清的地方，他还插进来问一问。这样一来，我就冷静多了。回到学校，开师生员工大会，贺校长要我传达会议精神，她补充。我怕传达不好，不敢担此重任。贺校长说："莫推辞，你是学生会主席，这是个锻炼的好机会，你一定会讲好的。"

贺校长的一言一语，一举一动，都包含了她对我的关怀信任。平素我向她汇报请示工作，她总是高高兴兴地听，耐心细致地指点，像缕缕春风，吹拂着幼苗，让我们茁壮成长。

高中毕业时，我梦中的理想学校是北京大学，结果录取在湖南师范学院。我哭了。贺校长知道后，亲临我家找我谈心，做我的思想工作。在她的耐心开导下，我抹了眼泪，会心地笑了。……在她循循善诱的教育下，我爱上师范专业。是她，用圣洁无私的爱，洗涤了我灵魂中的尘垢，引导我寻觅到一个真正的梦。

李文晋写下这些文字时，贺益恩已经故世，李文晋也是古稀之人，可是字里行间还透射出他对贺益恩母亲般的依恋，可见贺益恩对学生的感召力之深。

在长沙七中编写的校史资料中，像李文晋这样得到贺益恩经济和精神抚育成长的案例比比皆是。特别是对贫困学生的资助，几乎成了贺益恩的义务承担。侄女贺善意说，当时学校里有很多贫困生，因为贫困而萌生退学之意，姑妈一知道就要设法救助，结果往往是自己掏腰包。姑妈没有孩子，经济条件也比较好，所以也有救助的条件，但是从心灵深处看，还是她对学生有着慈母般的爱。所以许多学生深情地叫她"贺妈妈"。贺善意还说，姑妈在救助学生时，特别注意照顾被救助者的自尊心。她举了一个例子：

> 我班廖正其同学，家住北郊，家中经济困难，冬天上学还打赤脚，姑妈得知后就请他来家里擦窗户，还说自己不会做家务，擦不干净。廖正其很高兴地来了，擦完后姑妈又说，你擦得真干净，这样吧，你每月来两次，就算勤工俭学，我也不要找别人了。就这样，他干了一年多，经济情况有了改善。其实，姑妈家的窗户并不脏，姑父又是红军干部，组织还安排了清洁工，并不需要多此一举请学生的。很明显，姑妈既想解决学生的经济困难，又不想伤害学生的自尊心。

此案例表明，贺益恩对学生的爱很细腻，很平等，甚至很谦卑。特别是她小心翼翼地呵护学生的自尊心，并非所有施恩者都能做到——许多施恩者需要受施者感恩戴德，于是爱与被爱就成了一桩交易或投资。贺益恩的爱提供了一种爱的本真样式，即不求感恩的母亲之爱，学生叫她"贺妈妈"，的确实至名归。

妈妈的含义不仅意味着对学子的资助和培养，还意味冒着风险，挺身而出，给学子提供正义的呵护。也许，这才是贺益恩赢得同事和学子敬重更重要的原因。学生陶弘是七中的文学才子，便有切身的感受。

1962 年，陶弘高三毕业，因为家庭出身问题，未能被大学录取，他伤心又愤怒。贺益恩便劝说他，伢子呀，你要想开些，千万不能闹，你再复读一年，明年再考。学校一定会重视你的表现。陶弘对校长十分信赖，也感觉到校长话里有话，便压下了怒火。第二年他果然考上了湖南师院，虽然进了大学，但还不是他向往的学校，依然心有不甘。这时档案室的人员找到他，拿出了两份档案询问，你怎么有两份政审材料，去年是不予录取，今年是"可以录取一般院校"？陶弘一看，那份"可以录取一般院校"的材料是贺校长签的名，心里立即明白了一切，连忙说："前一份是去年的政审结论，现在我表现好，就同意我录取了。"陶弘没有再闹情绪，他心里明白，要不是贺校长，他根本上不了大学，再闹情绪只会连累贺校长。回忆往事，陶弘说："贺校长冒着风险，保护学生，数以百计，岂止我一人？不少校友谈及，至今唏嘘不已，潸然泪下。"

陶弘的同班同学曾志伟也有类似的经历。他的家庭出身也不好，心里很自卑，就想放弃考试参加工作。贺校长苦口婆心地安慰他说："你不要背家庭包袱，一定要相信组织，参加考试，实现自己的理想。"他听了贺校长的话，果然考上了大学，后来当了高级工程师。曾志伟说："我知道贺校长保护了我，永远不会忘记她的呵护！"

在贺益恩任七中校长期间，她不仅保护了数以百计受到政治歧视的学生，帮助他们圆了大学梦，还保护了许多同事。例如生物老师宋佩珍便是典型。不妨看看宋佩珍的女儿、湖南大学教授丁平一的回忆：

> 说起来我们丁家与贺家还是亲戚。我的太高祖叫丁善庆，是前清进士，著名的岳麓书院山长，其女儿就嫁给了贺长龄的儿子，后来我高祖丁骅的女儿又嫁给了贺长龄的孙子，丁贺两家三代姻亲。
>
> 我母亲宋佩珍1942年以优异的成绩毕业于湖南国师（现湖南师大），上世纪五十年代在七中任生物老师，成为贺校长的属下和同事，她业务突出，性格豪爽，深受学生爱戴，也深受贺校长器重，两人私交很好，是不是因为还有祖上有姻亲关系的缘故，就不得而知了。但是我的祖父丁鹏翥和贺校长的先生熊子烈是好朋友，有着相互救命的交情，贺校长应该是知道的。
>
> 我祖父是中国羽绒工业创始人，当年生意做得很大，官场交游也很广，便和熊子烈相识了。一次听说国民党当局怀疑熊子烈是中共地下组织成员，准备抓捕的消息，便秘密通报了熊子烈，于是熊子烈及时逃走了。解放后，搞工商业改造，说要抓一个资本家的典型杀鸡儆猴，我爷爷也被盯上了，熊子烈也及时地通报了我爷爷，说是有些人不懂政策，扩大打击面，要我爷爷出外避避风头，等落实政策后再回来，爷爷就去了北京女儿家。直到政策落实，熊子烈又通知我爷爷回湖南，政府给他安排了一个不用

上班的副厂长职务。这样一来，我母亲和贺校长私交很好。母亲是个心直口快的人，什么话都给贺校长说，老成的贺校长经常提醒她，你有些话，在我面前说说就算了，到外面说会被人误解抓辫子的。1957年"反右"运动，政府号召大鸣大放，我母亲响应号召，大概又说了一些不合时宜的话，果然被抓住了辫子，要定她为"右派"。这时贺校长站了出来，为母亲百般辩护，还向湖南高层领导反映。贺校长和湖南的领导很熟，说话还是有用的，就把我母亲保下来了。"反右"风头过去，我母亲还被调到湖南师范，成为体育理论教研室的骨干老师。是不是贺校长也帮了忙，就不知道了。反正我母亲经常在我面前说，要不是贺校长，她肯定被打成"右派"，这辈子就完了，绝不会有后来湖南师大知名教师的荣耀。母亲还告诉我，贺校长保护的人，绝不止她一个。后来"文化大革命"，这些就成了贺校长的罪证，她被剃了阴阳头，反复批斗，受了不少苦，但是她依然气质高雅地从容以对，有良知的老师，都在背后流泪……

我小时候在七中见过贺校长，只是痴迷于她的气质风采，心里想，这才是真正的美女，其实贺校长当时都快五十岁了。现在想来，真正的美，是要靠内在心地来支撑的。经历了人生的风风雨雨，我更意识到，贺校长的美丽，来自她人格的魅力。

（采访记录）

这些动人心扉的回忆，都没有指向贺益恩的教育业绩，例如培养了多少英才之类，而是指向了她的人格魅力。其实，众所周知，在贺益恩当校长的年代，指望她培养出多少声名显赫的英才是一种奢望，她的使命，只不过是学子们的健康成长。晚年贺益恩回顾自己的一生说："我只能竭尽全力完成自己的职守，能做的都做了，还是很不理想，却获得了同事和学生的敬重，既感到欣慰也感到惭愧——其实我有能力做得更好的。"她还说，她取得的那点虚荣也和当时湖南省的领导人有关。"他们大都是知识分子出身，其中许多人当过教员，懂得教育规律，为人正直，思想比较开放，对我又很信赖，我提出的意见，能听得进去，是他们对我网开一面，我才敢那么坚持呢。"贺益恩如是说。细细回味贺益恩这些话，令人百感交集，深深地感受到贺益恩人生步履的沉重和她的坚强。

不过，辩证地看，贺益恩对学生的艰难呵护，在客观上也促进了学生通过自强绽放人生的精彩。历史告诉我们，无论任何时代，人们都不会放弃自强的努力，只是谋事在人，成事在天而已。从长沙七中的校史资料看，七中学子在各条战线上都有优秀的人物涌现，也不乏全国知名的杰出学子，如邓起东（中国科学院院士）、吴光宗（北京航空航天大学知名教授）、杨栏挑（知名教授）、韩少功（著名作家）、张扬（著名作家）、左汉中（知名画家）、贺大田（知名画家）等，他们都是贺益恩在任校长期间的七中学子。贺益恩晚年谈起这些学子，都会露出欣慰的笑容说："他们给七中争光了，我也脸上有光，很感谢他们，他们的成长真不容易呀。"

贺益恩是"文化大革命"后期离开校长岗位的，这也是那个时代的必然，因为她被认为是刘少奇资产阶级教育路线的推行者，不再受到青睐。今天再讨论其中的是是非非，已经没有意义，我们只想说，她作为被边缘化的资深教育工作者，又在七中逗留了大约 10 年，时髦的说法是发挥余热，直到年近 70 岁，因为老迈而正式退休。

贺益恩退休后，国家的改革开放开始了。对于新时代的到来，贺益恩充满喜悦，她对后辈说：你们真赶上好时代了。改革开放之后，长期断绝来往的贺家姐妹以及好友弟子从四面八方、海内海外又聚起来了，大家都白发苍苍，唏嘘之余又笑声朗朗，一张张姐妹亲友欢聚的照片，记录下贺益恩晚年的时光。触景生情，贺益恩想起自己在职时的种种经历，感慨地说，这么相亲相爱、其乐融融多好，为什么硬要搞得人人自危，斗争不止，硬要将一帮人踏在脚下才心安理得呢？贺益恩之问，又似乎显现出她心地单纯的一面，对自己经历的人生充满困惑。但也不尽然，也可以理解为她心有余悸，欲言又止。对于她的内心世界，我们至今并不了然。都说她是个冰雪聪明的人，世事洞明。其侄女贺善意回忆，在"文革"中，姑妈受到了很大冲击，遭受了种种耻辱，一直跟姑妈长大的贺善意也受牵连，被称为"黑仔子"，她向姑妈哭诉委屈，姑妈却平静地说："你要接受历史考验，也要相信历史，你看黄河、长江不管拐了多少弯，最后还是东流入海。"这话简直像哲学家的口吻。细细琢磨，贺益恩之问，似乎指向了一种难以避免的人生姿态或者说人际关系。本来，所有的人来到人世都会寻找自己的存在感，正当的途径是不断超越自我、完善自我，同时也能宽容和欣赏他人。但这个途径太难了，于是就有一个捷径：通过践踏剥夺他人的存在感从而在比较中获得自己的存在感。

还是说贺益恩的幸福晚年。说起幸福，托尔斯泰有一句名言，幸福总是相似的，那就不多说了，谨以一首诗为证。此诗是她 76 岁生日时姐姐贺益昭有感所作，她的学妹密友、著名书法家周昭怡挥笔抄录：

群英大会会群英，代代耕耘代代人。
桃李成荫骄四化，满城车马满城春。
不辞劳苦不辞辛，赢得亲朋祝贺真。
盛会如斯重记起，生女当如贺益恩。

一九八七年七中校友为益恩妹七十六岁寿辰祝煅诗
以寿之姐益昭撰祝 学妹周昭怡书贺

1997 年 1 月 10 日，86 岁的贺益恩终于走完了园丁的一生，安详地离开了人世。她的亲朋学子近千人从全国各地，甚至海外赶来凭吊，中共湖南省委老书记周里、万达、熊清泉，原二炮副政委王尚等送来了花圈，老上司曹国智、黄道奇等亲临追悼会现场并致辞凭吊。94 岁的老姐贺益昭也来为妹妹送行，望着密密麻麻的悼唁人流，感慨地说了一句："公道自在人心呀。金妹终于可以瞑目而去了。"第二年，贺益昭也安详地离开了人世，两姐妹相亲相爱地会聚于天国，这正是贺益恩姐妹的心愿。

写这位贺家子弟一度困扰于资料短缺，手中仅有一本他遗留下的诗集《鸿飞吟草》，生平事迹基本空白。访问其家人也收获甚微，但其家人的一句话却激发了我的灵感。其子说："父亲一生平凡又平淡，只在诗歌世界里自言自语。我们实在说不出他有什么动人故事。"其实，这种平淡人生不也是一种生命姿态吗？尤其是作为世家子弟走向平淡的俗世生活更令人回味，况且《鸿飞吟草》还烙印着贺益洪的生平足迹和心底波澜。陈寅恪亦有"以诗证史"说，认为旧时诗者为诗，并非炫耀诗艺，成就文学史的声名，乃是记述人生行迹与生命启悟。这也就构成了我们按诗索骥的独特韵致。

贺益洪（1918—1997），字佑铭，笔名鸿飞。高祖父贺桂龄，曾祖父贺仲琳，祖父贺师颐，父亲贺家湛。作为善化贺氏第九代传人，贺益洪出生时，"五四"新潮风起云涌，贺家显赫湖湘的时代已经过去，但是书香门第的格局依然保持。其父贺家湛毕业于长沙铁路学校，在交通部门任职，表现优异，获得过八等嘉禾勋章。按照嘉禾勋章的颁发规定，贺家湛应该有科级以上的职位。其母余氏也是大家闺秀，贺益洪的舅舅余钧阳是湖湘教育界的名师，表哥黄曾甫毕业于湖南大学，曾任隐储女校校长，亦为湖南教育界名师，也是湖南知名的实业家，经营过烟厂、火柴厂、钱庄，还是知名的文史学家，犹以戏剧研究名世，与梅兰芳、田汉等有着密切交往。贺益洪本人毕业于湖湘名校省立第一师范学校。从这些家庭社会关系看，贺益洪当出身书香殷实之家，在优渥的教育环境中长大。

在中学时代，贺益洪就表现出浓厚的文青气质，对古典诗词十分喜爱。"十六七岁便开始吟咏七言、五言绝句，后经大舅父、长沙著名国文教师余钧阳先生和六舅外公黄老先生等前辈的指点，对诗词音韵常识有了初步理解。加之本人酷爱古典诗词，边读边学，诗作大有长进。"（见《鸿飞吟草》之"作者小传"）

贺益洪留下的最早诗作是在初中写就的。作为青葱少年，对青春的憧憬和对志向的标榜，构成其诗歌的重要内容：

春步（其一）

晚步雨余天，春郊景色妍。杏坞红溅雨，柳岸绿翻烟。
困顿怜慵蝶，翱翔羡纸鸢。男儿应立志，早着祖生鞭。

秋游（其一）

江水绿如染，枫林丹欲燃。泛舟湘水上，访菊野篱边。
觅句从长吉，狂吟笑米颠。放怀趁少壮，勿自待衰年。

这些律句，格律谨严，属对工稳，清丽秀朴中抒发少年志向，意气风发。可以想见，少年时代的贺益洪是个才子型的学生，还有些自命不凡。这样的学生往往会受到老师青睐，尤其是那些独立不羁的才子型学生，老师往往会和他们产生特别的友谊。果然，我们在《鸿飞吟草》中便发现贺益洪与一位邱姓老师以诗相交，惺惺相惜的故事，颇值得一说。

《鸿飞吟草》中有《夫子吟》（二首），贺益洪注释云："邱师讲学于城南书院十有余年矣。博通经史，雅擅词章，口才如曼倩之便给，气宇匹叔夜之猖狂，视孔孟为礼乐之囚徒，诋八家为文章之叛逆。时当轴正倡尊孔读经之议，余以门生谊重，深恐其贾祸，乃为文讽谏之。谅吾师不至于为忤也。"诗如下：

夫子吟（其一）

先生爱读老庄书，小杜风流绰有余。
谈来弥子颜先喜，读到庄生气便殊。
绿鬓梅伶夸颜曲，红颜南子毁同车。
比肩千古惟嵇阮，领袖文坛信可居。

夫子吟（其二）

南金东箭愧吾曹，桃李公门应自豪。

兀傲刘伶常闷闷，诙谐曼倩语滔滔。

疏狂绛帐长囚首，驰骋文坛旧破袍。

唐宋文章皆浅陋，才华还让老师门。

贺益洪的讽谏诗用了不少掌故，体现其文史功底已经超出一般少年。他以恭维老师暗讽老师过于狂妄，不合时宜，嬉笑间暗藏芒刺，却并不尖刻，体现了人情练达，少年老成。所以老师的反应是："竟不纳，批曰：怒之不可，笑之不成。吾其哭矣。"这也把贺益洪和老师坦诚直率相见，亦师亦友的亲密关系生动地显现出来。

后来这位特立独行的邱老师果然遭到了社会报复。由于过于狂放傲慢，与社会时流格格不入，尤其是对孔孟之学的不屑，受到了保守派的围攻打击，以至于学校当局要把他解聘。这下子又把贺益洪的敬师正义之情激发出来了，他挺身而出，动员同学一起四处奔走，竭力为老师辩护，迫使校方收回成命。哪知道性情高傲的邱老师却不屈服，愤然辞职而去。

贺益洪又作诗与老师依依惜别。他在诗序中这样写道："曲江有美患人指，高明逼神恶之句；工部有文章憎命达，魑魅喜人过之词；谦受益，满招损，信然信然。前曾以诗讽谏邱师，师竟不纳。批曰：怒之不可，笑之不成。吾其哭矣。今日果遭诬谤，嗤之为离经叛道，讥之为侮圣诲淫，舆论抨击，社会斥责，吹毛求疵，不遗余力。吾侪乘风马帐，立雪程门，谊重师生，情同骨肉，夙仰其文章道德皆一时之首选，实文坛之健将，书院之良师。故不惜为之奔走教厅，呼冤省府。校方无奈，只得乃聘先生执教。时当轴误解群意，坚促先生解职，先生愤世嫉俗，欲息影田园，闭门治学，吾辈坚留之不可。明日先生即泛归棹，洪等组饯之，于江干即席赋此四章，聊表愚忱。噫！从滋弱草莫被春晖，失此良师，城南不幸，诗成泪落，握别怆神，但愿追随左右，同醉烟霞，庶免客邸芸窗，徒劳梦想。"可见，贺益洪与邱师的交往，是其少年人生的重大事件，邱师不仅培养了少年贺益洪的文学情致，也启悟了他对人情冷暖的感知。四首送别诗如下：

一

高明神恶应心灰，鲠介从来不乞哀。

狂到世人皆欲杀，情钟吾辈独怜才。

叩阍空有尊师意，结社原为护楚材。

弱草频年沾花雨，讲坛何日可重开？

二

阮涂他日岂终穷，讲学谁能似我公？

绛帐早欣沾化雨，杏坛争欲沐春风。

文章久已成刍狗，尤物犹能起祸戎。

但得门生心已足，毋须喋喋诉苍穹。

三

从来鸿雀不同俦，墉屋伤心雀鼠偷。

旷达至今有阮籍，游戏何妨笑孔丘。

腹有诗书自豪放，心无名利可淹留。

休嗟偃蹇伤麟困，靖节犹能狎白鸥。

四

绣虎雕龙独步今，高歌白雪少知音。

狱成文字惊吾辈，鬼阚高明辱士林。

此日空惭号经笥，当年也自负书淫。

归来且著千秋叶，休赋颓唐梁父吟。

诗中，贺益洪不仅对邱师的才学横溢推崇备至，更对邱师特立独行、狂放不羁、愤世嫉俗的人格推崇备至，而对围攻老师的世俗小人表现出高度鄙视。他把邱师与竹林七贤相提并论，也折射出他对魏晋风度情有独钟。这多少与他世家子弟的教育背景有关联，憧憬脱俗超拔的人生，鄙弃俗流小人的猥琐和龌龊，是世家子弟常见的傲气。所以他拍案而起，大声疾呼，血气少年的形象跃然诗中。不难想象，他这一辈子也会与卑躬屈膝或者落井下石的社会生态格格不入。于是他走向诗歌的世界，寻觅生命的港湾，这也是他清高自守的一种解脱途径。

贺益洪少年起就遭遇山河破碎。

1931年，"九一八"事变，日寇的铁蹄践踏中华，贺益洪年方13岁，烽火狼烟、疮痍山河进入了他的眼帘，激发他深切的家国情怀：

荒原晚步

晚步寒塘岸，草深路欲迷。微光照秋水，衰柳拂长堤。

松老龙鳞动，风号鬼啸凄。一声悲角起，心已到辽西。

野望

花正浓时草正肥，闲来原上踏春辉。

度柳黄鹂声恰恰，掠波紫燕觳飞飞。

觞流曲水犹欢梦，笳吹边庭事已非。

欲挽狂澜建殊业，儒冠脱却换征衣。

抒怀

王猛猖狂扪虱谭，欲将诗句警贪婪。

胡骑已经侵塞北，妖姬仍在唱江南。

西郊水旱黔黎苦，东阁康梁歌舞酣。

懦夫但有平戎策，肉食诸君应自惭。

寄先志

羡君祖逖鞭先著，愧我终军未请缨。

一语寄君齐努力，英雄端合作长城。

贺益洪忧国忧民的情怀中透射出担当天下的强烈渴望。这是时代赋予他的生命姿态，也是文化滋养出的士子风采，其中应该还有湖湘子弟的情怀。近代以来，湖湘子弟的种种表现证明，他们的家国担当感尤为强烈，如杨度的名言："若道中华国果亡，除非湖南人尽死。"我们相信，怀着这种家国情怀，贺益洪应该有投笔从戎的冲动和行动，可是家乘中没有记载，也就不能胡乱决断。我们只知道，他中学毕业后，曾赴南京投考金陵大学，正好遇上日军攻打南京，首都沦陷，日军屠城，血流成河，他跟着溃败的中国军队和大批难民西逃，又回到家乡。不久，日军虎狼之师又杀奔长沙，惊慌失措的政府当局实行"焦土策略"，一把大火把长沙城烧成断垣残壁，十室九空。贺益洪只好跟着流亡的难民逃往西南，经亲戚介绍，投身西南公路部门任职，从此在云贵高原扎下根来，立业兴家，再也没有离开这片土地。

抗战时期，举国西迁，这是国耻性质的历史图景。在西迁的漫漫人流中，多位贺家儿女经历了颠沛流离的人生。比较而言，贺益洪还不算最潦倒的不幸者。据贺益洪自述，他是"毅然投身大后方西南公路建设事业"，这多少还带有报国意味。他的妻子晚年回忆说，丈夫去云贵，虽有颠沛流离之苦，却不是流亡性质，他是经长沙一位李姓亲戚介绍，到云贵公路局系统任职的。这位李姓亲戚是长沙著名药铺李四怡堂的股东之一，与政府交往甚密，就介绍贺益洪去政府管辖的云贵公路系统吃了官粮。湖南老人都知道，李四怡堂系李曙楼、李士青、李寿增、李景陶四兄弟合办的。这四兄弟还有银行和钱庄生意，是长沙的大富豪，开办药店一次就投资 10 万银圆，店员 80 余人，药店前店后坊，装修富丽堂皇，出售的药品质量上乘，经理人员都是行家里手，生意非常兴隆，开张一周即收入 4 万银圆，以后日均收入 1000 大洋，还聘有两位巡警维持秩序，可见与官府的关系非同一般。李家与贺家有多位姻亲之缘，如李曙楼的长女就是贺家媳妇，嫁贺益耕；李寿增的女儿也是贺家媳妇，嫁贺运衡。两位李家女算起来都是贺益洪的堂嫂，给他介绍一个工作不是什么难事。可以说，世家子弟的出身还是给了贺益洪许多呵护，使其个人遭际比贫家出身的流民要优越得多，而且带着"毅然投身大后方西南公路建设事业"的自豪感。

贺益洪在云南和贵州都留下足迹，但主要在贵州公路系统就职。中国历史上，地处云贵高原的贵州历来以闭塞落后著称，号称苦寒山国之地，也正因为如此，成为阻挡日军的地理屏障，也是沟通大后方的交通枢纽。抗战期间，贵州的政治、军事地位空前重要，政府当局投入了重金和大量人力经营贵州，尤其以公路建设为重点。学者有如下阐述：

> 抗战初期，上海、南京、广州、武汉等重镇相继失守，国民政府被迫迁都重庆，贵州成为陪都重庆南面的天然屏障，抗日大后方的交通枢纽，战略地位显得异常突出，省会贵阳处于几条公路干线的交会点，地理位置与欧洲的日内瓦十分相似，当时被称为"东方日内瓦"。1937 年至 1945 年，为适应战时运输军用物资和发展地方经济的需要，贵州的水、陆、空交通均得到不同程度

的发展，其中公路建设和公路运输成绩尤为显著。

抗日战争爆发前夕，以贵阳为中心的川黔、滇黔、湘黔、黔桂省际交通干线基本建成，但路况较差，管理混乱，且不能完全衔接畅通。战争爆发后，国民政府交通部西南公路运输管理局接管了这 4 条干线，使路况、保养和管理得到了改善。战时，贵州修建了 4 条主要战略公路及一批省道和县道。……抗战期间全省修建公路 1935.34 公里，1945 年全省公路总里程达 3621.84 公里，比战前增加一倍多。在公路建设发展基础上，公路运输呈现出前所未有的繁荣景象。（见刘国华《马头寨生态变迁研究》）

可见，贺益洪所在的公路运输系统，不仅掌握着交通便利，还调配着大量的物资，在战乱闭塞的大西南，应该是最有油水和特权的部门之一。加之他又是财会人员，在战火纷飞的年月，这是很值得普通人羡慕的职业，薪水待遇维持基本生计应该不愁。所以，全面抗战期间，贺益洪接济了不少因战乱流离失所的亲友。其间，他自己也成家立业，这都是要有经济条件做支撑的。他的妻子郭德瑜晚年在自己的回忆录中记载了她受恋人贺益洪之邀去西南的情景，从一个侧面可以反映出他们当时的生活境遇：

毕业后我回到邵阳竹篙塘家里，爹爹在邵阳国立十一中教数学。朋友介绍我到洞口小学教美术、劳作。一个学期后，在西南公路昆明办事处工作的佑哥（贺益洪）来信邀我去昆明。彷徨中的我辞去洞口小学的课，来到当时人们称作冒险家乐园的昆明。这里有为人称道的"翠堤春晓"翠湖，有闻名天下的大观楼长联，有"金马""碧鸡"辉映的护国路，还有灯火辉煌、洋货琳琅的南屏街。温馨繁华的景象使人忘却了这还是战火纷飞、生灵涂炭的中国。滇缅路开通以后，那车轮一响，黄金万两的怪胎，掩盖了战争创伤的真相，欢歌艳舞吞没了枪林弹雨中的悲凉。

最初我在那布满外来商品的南屏街找到一个收银员的工作，这工作令人厌恶，不适合我，不到一个月我就不干了，于是佑哥介绍我到汽车配件管理处去工作。坐在那令人窒息的办公室里，登记一件件并不熟悉，也不想熟悉的汽车配件。无聊至极。于是我萌发了到学校和孩子们一起生活的愿望。像我们这样有家庭负担的人，是不敢想继续升学的。为了谋生，我到远离都市的粹刚小学去工作。这所学校是为纪念空军烈士刘粹刚而开办的，设备很好。这里有天真活泼的孩子，没有都市的喧嚣，倒是个比较理想的工作。班里有个学生的家长，是昆明公共汽车公司的经理，他是个很热衷教育事业的人，想开办公共汽车子弟小学，很诚恳地邀我去他那里教书，为了摆脱某些人的纠缠，我答应去他那里，邀了几个同学一起去那里教书。不久，我和益洪在昆明结婚了，生活虽然拮据但是很愉快。

从这些回忆看出，郭德瑜来昆明后还可以几次挑选工作，且说结婚后生活"拮据"而"愉快"，显然，比起那些流离失所、饥寒交迫的难民，他们的生活要安稳许多，甚至有几分"奢侈"了。这当然也和郭德瑜本人也是世家小姐有关。要是普通贫寒人家的姑娘，只怕也没有资格和底气挑剔工作。

原来郭德瑜是湘阴豪门郭嵩焘家族的后代，其高祖父是郭嵩焘三弟郭仑焘，也是湖湘名儒。其父郭道谦（1894—1969），毕业于北京工业专修学堂机械系，以教书为业，为湖南名师。其母黄经佩，长沙人，也是世家闺秀，长沙著名的隐储女校就是黄家创办的。由于黄家和贺益洪母亲余氏的娘家有姻亲关系，算起来，贺益洪与郭德瑜是表兄妹。郭德瑜是家中长女，在北京出生，毕业于湖南第一师范学校，又可以算贺益洪的学妹。两人青梅竹马，加上表兄妹关系和世家背景，喜结良缘自在情理之中。贺益洪有诗云：

辛巳冬季初五日，鸿飞廿四生辰，会诸戚友于昆明曲园，
即席宣布与莹订婚，酒阑赋此二章

忆昔髫龄乍见时，云鬟醉靥最娇痴。
霜晨炉畔同烹雪，月夜庭前共赋诗。
三年忐忑千霄梦，万里关山两地思。
雁羽鸿翎托盟誓，良媒红叶不须疑。

相见犹疑在梦中，鸳栖燕语趣无穷。
蝉鬓蛾眉争黛绿，梨涡杏靥映霞红。
丽藻锦词夸绣虎，清谈诡辩诉雕龙。
我愧画眉京兆尹，不知描浅与描浓。

这是贺益洪诗中少有的"香艳柔情"之作，构成了他儿女情长的生活侧面。大概正是这种爱情的滋养，两位湖湘世家儿女在云贵高原兴家立业，和这片异乡土地厮守终身。

郭德瑜继续写道：

> 不久昆明办事处撤销了，我们千辛万苦地回到贵阳，因为没有火车也没有汽车班车，只能搭运货的便车。经过三天的颠颠簸簸，我当时还有孕在身，在车上不住地吐，快到贵阳时，还险些翻车。回贵阳后，我到西南公路子弟小学担任音乐老师。我教学生许多抗日时期流行的歌曲，如《游击队之歌》《大刀向鬼子们的头上砍去》《流亡三部曲》等。每逢局里召开大会便公开表演，获得不少好评。我也有了一定的精神安慰，不幸的是，回贵阳时由于我已怀孕，三天颠簸，临产时又无经验，第一个孩子夭折了。

> 当时黔南战事吃紧，大批难民向重庆逃难，家乡的亲友接二连三地来，我家成了临时的接待站。……后来独山失守，贵阳也动荡起来，西南公路局的头头们都卷走金银逃跑了，我们没有了工作，又无处可逃……

30 岁以前，贺益洪夫妇的生活虽有红袖添香的温馨场景，但总体而言，可以用动荡漂泊来形容。因此，离愁别恨、感时伤怀成为贺益洪诗歌中的主体意象。这有些类似杜甫，事实上，贺益洪也非常推崇杜甫："平生最爱少陵诗，宏丽沉雄绝妙词。轻浮岂是诗人旨，笑煞浮云轻薄儿。"所以，他写诗也有意无意地效法杜诗，将抒情与叙事、个人遭际与时代风云紧密联系起来，颇有"诗史"意味。他 20 岁时写的一首《自寿诗》可谓代表作：

> 长沙一少年，远谪戍穷边。红颜随逝水，素志逐浮烟。
> 影与梅俱瘦，愁逢酒更鲜。伤心惊蝶梦，涕泪拂哀弦。
> 阮愤何人惜，稽狂只自怜。词空夸谢草，赋愧比江莲。
> 名以钟情著，人因傲骨传。王郎歌斫地，石老恸呼天。
> 浅酌鳌矶畔，高吟鹫岭颠。寻幽谢公屐，觅句米家船。
> 策马入苗寨，浮舟谒圣泉。奇花香馥郁，异鸟舞翩跹。
> 序羡兰亭逸，情同坡老颠。干诚思定远，谋国忆青田。

凤慕终军组，时怀祖逖鞭。有心扶社稷，无术挽山川。
漫笑步兵哭，毋怀工部悁。江南征马壮，塞北战车连。
百粤金城固，三秦铁垒坚。不难歼寇骑，自可复幽燕。
炉暖开瑶帐，帘温醉别筵。堂前歌宛转，窗外月婵娟。
萍聚欣无极，星离思渺绵。且抛家国恨，莫为名利牵。
别绪销陈酿，离惊付锦笺。凤雏非末吏，太白本诗仙。
宣肘茅台酒，诗成自寿篇。

可以想见，在那个硝烟弥漫、山河破碎的岁月，诗歌构成了贺益洪的生活和心灵的镜照，是支撑他顽强生活下去的精神支柱。这一点，他的确很像杜甫。

应该承认，贺益洪是幸运的。他在而立之年走进了和平的年代，中华人民共和国的成立，使贺益洪与四亿中国人民一道开始了新生活。中国走出了战乱，推翻了腐败无能的国民党政权，新政权生机勃勃且以清廉赢得了民心，开启了新中国的建设。可以相信，贺益洪和妻子都是欢欣鼓舞的，但有些奇怪的是，在《鸿飞吟草》中，却没有发现对应的诗作吟诵。也许是那些吟诵带有上世纪五六十年代特有的政治激情，口号性太强，文学意味不够，并且那些政治口号性的作品涉及一连串的政治运动，比如"三反""五反""大跃进"、反右斗争、社教运动、"文化大革命"等，随着时代变迁，已经不合时宜，所以就没有收录。因此，只能通过采访后人了解贺益洪的生活概貌。

果然如我们所料，采访贺益洪的妻子郭德瑜时，她已是百岁老人，却还能清晰述说出当年他们迎来解放的情景：

那时候，我们真是感到天亮了。兴高采烈地迎接解放，上街迎接解放军，配合政府宣传有关政策，非常积极。因为新政府提出的那些主张都是人民当家做主，建设新国家，我们当然拥护。当时搞土改，受到打击的都是有相当财富的地主富农阶级，虽然我们也有大家族的背景，可是家道中落，到我们这一代，不过是靠薪水为生的小职员，不是打击对象。我们还有相当的文化，吃的是专业饭，新政府对我们这些人不说重用，至少还是尊重的。我们的亲戚主要都在城里，就算是资本家，比如李四怡堂的那些

有钱亲戚，也是团结对象，只是接受公私合营，人身的冲击并不
太大。我们也受到教育，剥削阶级是可耻的。我们有这个觉悟。
所以新中国成立，我们不仅能接受，还十分拥护。（采访记录）

正如郭德瑜所说，新中国成立后很长一段时间，贺益洪以踏实的工作态
度和专业的工作技能，受到组织的信赖，担任了安顺汽车运输公司的财务科
长。郭德瑜开始在贵州省文联工作，参与创办了知名的《山花》杂志，任编
辑，后来因为解决夫妻分居的问题，她支持丈夫工作，调到了安顺，在中学
当老师。夫妻俩都是单位的业务尖子，不仅在单位受人尊重，也经常参加社
会活动，成为地方名流。这种局面，一直到"文化大革命"期间才发生了大
变化。

据家人回忆，"文化大革命"一开始，各地区的矛头首先就指向"三家
村"，即所谓反动学术权威。安顺这样的小地方，当然找不出什么像样的反
动学术权威，于是，贺益洪夫妇这样家庭出身不好，又喜欢文艺，还有点小
名气的知识分子就成了替罪羊，遭到了单位大字报的猛烈批判，还被抄了
家。贺益洪夫妇百思不解，怎么回事？我们不仅对新社会衷心拥护，而且放
弃了许多个人利益追求，全家扎根于闭塞落后的山区小县，全力建设新贵
州，可谓献了青春献子孙，怎么还成了革命敌人，成了牛鬼蛇神？

好在"文革"的主要目的是整肃党内走资本主义道路的当权派，随着
运动的深入，各级当权的"走资派"陆续被揪出来，贺益洪夫妇反而被忽略
了，解除了审查，却敷衍了事，没有明确公正的政治结论。受到委屈的贺益
洪夫妇很不服气，要讨一个说法，也卷入了运动。不久就发生了武斗，两派
群众组织都打着革命口号，厮杀起来。最严重的时候，他们夫妻参加的群众
组织遭到了另一派群众组织的武装围困，生命受到严重威胁，以至于发生了
生死大逃亡的故事。具体细节就不说了，总之，直到"文革"结束，贺益洪
全家都在压抑的心情中度过。回顾起来，这对夫妇半个世纪的人生路都充满
了动荡感，安闲悠然、畅快舒展的日子少，忧心忡忡的日子多。直到改革开
放之后，全家人的生活才真正安定顺畅起来。

郭德瑜感慨地说："一是改革开放，国家不再折腾，不再搞政治挂帅，
不再以阶级斗争为纲，大家齐心搞建设，心情自然舒畅起来；二是我们也长
寿，老贺算活了 80 岁，我活到了百岁，儿女们都自强自立，所以我们的晚
年是幸福的。遗憾的是，我们最年富力强的岁月在一个接一个的折腾中被蹉

跎掉了，没有做出什么成就来。"

也许，郭德瑜的人生感慨最值得回味处也就在于她的遗憾。对于他们那一代人而言，个人的家庭美满还不是最重要的，发挥个人能力贡献社会才是他们最期盼的生命成就。令人叹息的是，他们那一代人大都没有充分实现这个理想。所以，贺益洪在 78 岁那年的《自寿诗》中如此写道：

> 历史长河水一瓢，春秋七八尚逍遥。
> 沉浮荣辱心常静，坎坷辛酸志未挠。
> 儿女情怀长忐忑，暑寒交替倍煎熬。
> 风云剧变何须测，名利赢来瞬眼消。

《鸿飞吟草》的序言这样说："先生晚年的生活缤纷多彩，因而作品的内容也就十分丰富。其中既有漫游祖国各地的吟咏，也有对安顺奇山异水瑰丽风光的题赞；既有诗友雅集的即兴之作，也有邮苑赏评的记趣之章；既有对改革开放成就的歌颂，也有对世俗时弊的指斥。"但是，要是从知人论世的角度进行评判，最能揭示贺益洪人生走向与心底意气的还是这首《自寿诗》。诗中流露出壮志未酬、碌碌无为的人生遗憾——这种遗憾属于宿命，我们只能接受。更值得注意的是，诗中还流露出一种面对宿命的从容淡定，这就显现出贺益洪的生命态度，从而使人联想到"穷则独善其身"的古训。

正如序言所说："平日多少次促膝畅谈，或纵论人生，或切磋文艺，先生作为长者的君子之风和作为诗人的赤子之情，往往令我们感佩不已。先生一生历尽坎坷和磨难，然而年轻时立下的鸿鹄之志终无改易。他不趋利、不媚俗，清静淡泊、固穷守节，处世有芝兰之心，历劫不移松竹之志。"可以说，"守道不渝"是贺益洪一生的写照。因此，他平凡的一生就有了非凡的魅力。

对于贺益洪的人生总结，《鸿飞吟草》的序言给予了很高的评价。序言作者是贺益洪的两位密友，一位叫钱理群，是中国当代知名学者；一位叫袁本良，是享誉贵州的高校教授。他们满怀深情为贺益洪的诗集作序，还涉及他们之间的一段人生故事。袁本良说："我们二人先后与益洪先生相识，交谊颇深。理群与益洪先生及其全家更有过一番共患难的经历，可谓生死之交。"

于是，思绪又闪回到"文革"武斗的岁月。那是一个月黑风高的夜晚，武斗的密集枪声在山城安顺的上空回荡。贺益洪夫妇和时任安顺卫校教师的钱理群在荒岭山路上逃亡。此时的钱理群才 30 多岁，一路相伴着年近半百的贺益洪夫妇，气喘吁吁地向数十里外的野战部队军营跑去，以躲避对立派群众组织的追杀。他们一路惊恐，一路相互激励，相互搀扶，跌跌撞撞，连鞋跑掉了也浑然不觉。也就是在这个恐怖的夜晚，他们建立了生死之交……

时至今日，钱理群还深情地回忆起那段患难与共的友谊，并对贺益洪夫妇的为人作了评点。按钱理群所说，他和贺益洪夫妇包括其全家可谓一见如故："我们相交于'文革'前夕，最初也不是什么文学兴趣相投，我们来往中很少谈文学，也没有多少严肃深入的思想交流，那时政治忌讳很多，大家都自觉回避敏感话题，怕惹飞来之祸。交流中都是些日常话题，可是不知为何，就是觉得彼此投缘，聊得兴意盎然。现在想来，大概与我们都是世家子弟的身世背景有关。当然，那个时候我根本不知道贺益洪夫妇是世家后裔，应该说，是言谈举止中的那种气质、那种文化教养的积淀在无形中感召彼此吧。"

钱理群继续说道："那个时候我们都很要求进步，很相信意识形态的宣传，在单位都是业务尖子，表面看，在单位也很受尊重，我们自己也很有成就感，我还申请过入党。现在回头看，其实对我们这种知识分子的使用是有政策规定的。那个时候贯彻阶级路线，已经把我们这些家庭出身不好的知识分子看成异己了。当时我们都很单纯，没有感觉到受歧视，直到'文化大革命'，我和贺益洪夫妇突然都被打成牛鬼蛇神，才感到震惊。我可能震惊小些，因为我父亲在台湾，我知道有家庭'污点'，受冲击还有点心理准备。贺益洪夫妇可谓猝不及防，他们很委屈地说，他们这么热爱新社会，党叫干啥就干啥，怎么成了牛鬼蛇神？现在反思一下，其实我们受到冲击并不奇怪，遭遇的坎坷是时代使然，不必过多抱怨和纠缠。不过应该反思的是，贺益洪夫妇，包括我在内，我认为都心地善良，为人正派，积极进取，富有奉献精神，热情参与社会建设，在业务上也堪称优秀的知识分子，像这样的知识分子对社会发展，按现在的话应该说是充满正能量的。但在诸多时代，由于各种原因，这个群体往往受到歧视打压或者冷落，通俗地说就是怀才不遇，这可说是这类知识分子尤其是人文知识分子群体的普遍宿命，比如贺益洪，他在旧社会也不得志，在新社会也有一段时间很压抑。这是具有历史必然性的吗？也许这类知识分子也有自己的不足，

比如有些清高，有些自负，不够谦逊，等等，但是仅仅因此而边缘化他们是否合适呢？是否有更好的沟通方式调动他们的才华，使他们施展自己的作为贡献于社会呢？这是值得我们思考的问题。"

钱理群的这些思考，的确值得我们共同求索。曲高和寡、怀才不遇，似乎是相当多的知识分子超越时代的普遍宿命，这是为何？这显然和我们的文化传统有关，值得深思。可以说，知识分子的命运很大程度上取决于社会主流理念。我们注意到，毛泽东对知识分子有一个著名论断，可谓"皮毛关系论"。大意是说知识分子并非一个独立的社会阶级，而是一个依附性很强的社会群体，他们像"毛"一样依附于"皮"而存在。所谓"皮之不存，毛将焉附"。于是，便有了资产阶级知识分子、无产阶级知识分子、小资产阶级知识分子等的分类，而不存在独立的知识分子阶级。于是，知识分子就成了没有独立家园的群体，漂泊和依附也就成了他们的宿命。应该承认，毛泽东的论断有其道理，从社会学或政治学的视角看，是能够得到实证支持的。然而，如果我们换一种视角观照，也许就会得出另一些结论。比如，认为他们类似医生，为疗救社会疾病而存在；他们类似设计师，为构思理想的社会蓝图而存在。这就意味着，知识分子是一种社会机能的存在，他们的存在也就获得了某种独立性。他们的使命是对美好的社会理想进行不倦的求索，是对种种社会弊端进行不倦的批判，是对某种伦理人格进行不倦的建构。毫无疑问，他们只是在精神上推动社会的演变，距离理想的实现还有距离。同样毫无疑问，他们的工作也需要实践来检验和校正，包括否定，但是社会的发展，需要这种精神求索的机能支撑，难道不是吗？如果我们能这样观照知识分子，社会发展是不是有了更多的和谐动力呢？

我们向往，在未来的岁月，贺益洪们不仅能"穷则独善其身"，更能"达则兼济天下"，使他们的点滴才华真正助益社会的进步。

贺定华的故事

贺家总是出奇女子，贺定华就是其中的一位。

贺定华是善化贺氏第十代传人，她的后人认定她是贺椿龄这一支的嫡传子孙，并不确切。只能说，她在法律上属于贺椿龄之后，从血缘上说，她是贺桂龄的嫡传后代。族谱显示，贺椿龄的亲生儿子25岁时去世，没有留下后人，是八弟贺桂龄将次子贺仲光过继，才传下贺椿龄这一脉的香火。此外还要申明，我们写贺定华的故事，主要依据她儿女提供的素材，特表感谢。

1900年，贺定华出生了。自先祖贺仲光以下，五代单传，到贺定华这一代依然是单传。她只有一个哥哥，叫贺善从，字体元。女孩子中长大的只有她和妹妹贺澧江。按照贺定华女儿姚蜀平描述，由于家道败落，母亲成了一个上不了学的农家姑娘。这好像不太确切。不说远了，就说贺定华的曾祖父贺师濂，就捐纳享有五品衔，例授奉直大夫，夫人是道光年间进士黄廷瓒之女。无论是捐官还是婚配，没有殷实的家财是不可想象的。祖父贺家璧，学历是秀才，讨了同乡秀才黄炳昆的二女黄杏生，即后来赫赫有名的民国元勋黄兴的二姐。当时黄家家境殷实，想必也不会找一个家境太败落的女婿。到了父亲贺益恒，曾就读于明德学堂，去没去日本留学不知道，据说跟着舅舅黄兴一起参加了辛亥革命，可见也是一个风云人物，只是短命，1915年病故，享年38岁。随着辛亥革命的成功，黄兴大显——他小二姐13岁，是二姐一手带大的，视姐如母，便给二姐买地置房，二姐坐着轿子选房选地，许多乡亲围观，十分风光。可以想见，风光自然惠及贺家，就凭黄兴的关照，贺定华也不至于沦为一般的农家姑娘，世家小姐的地位还是有的，顶多朴素一点罢了。所谓家道败落，是相对昔日的贺家而言。贺家家风开明，其他房的姑娘都上了学，贺定华受教育也应该不成问题。姚蜀平对于母亲上不了学是这样描述的：

> 母亲在家是长女，上有兄长，下有三个妹妹。六岁时患小儿麻痹，成为跛足，在家从不被疼爱。受教育只有哥哥的份，为了日后好求功名利禄。可是母亲求知欲极强，哥哥上课时，她常躲在帷幕后面跟着私塾老师学，也不断询问来家的客人不认识的字，就凭这种精神，她竟然学到不少古文，还写得一手好字。（见姚蜀平《儿女祭》，下同）

这样的描写把贺定华写成了一个受家庭歧视的灰姑娘，似乎也不太全面。另有资料显示，贺定华在家里还是很活泼开朗的，比如黄兴来看望她祖母，别的孩子都有些拘谨，她却大方走上去，要舅爷爷给她取个好名字。于是黄兴就把她原来的名字"蕴华"改成了"定华"，鼓励她有安定中华的志向。她还在舅爷爷的鼓励下放了脚，这都说明，她不仅个性开朗独立，家庭对她也是很宽容宠爱的。

贺定华是个有主见的姑娘。20岁那年，她听说上海纱厂招工，还可以提供夜校读书，就带着自己13岁的妹妹去了上海，当了挡车工。这也要说明一下，当时正值五四运动时期，蔡元培提出了"劳工神圣"的口号，得到社会广泛响应，所以当纺织女工并不卑贱，反而是很开放的举动。就贺定华的个人动机而言，闯世界的追求恐怕是主要因素，至少并不全是经济所迫。

到上海后，她这个小姐挡车工显得笨手笨脚，老板就将她辞退了。她并不气馁，又投考了半工半读的美术学校，但进去没多久又主动离开了。显然，她来上海的目的还是想进一个好学校读书。于是，她又选择了教会办的清心女中。这是上海最著名的女中，学费昂贵，贺定华便信了基督教，获得了免学费的待遇，但还要每月付5元伙食费。这时舅奶奶徐宗汉出手了，每月资助她5元钱。贺定华在清心女中学习十分认真，尤其是英文课特别突出，一口纯正的英语连修女老师也为之惊讶。后来，贺定华又转学回到湖南福湘女中完成了中学学业。这时，她已经26岁，虽然大多数贺家姑娘在这个年龄已经大学毕业，可是在那个年代，像她这样文化程度的女性也并不多见。

> 母亲从福湘女中毕业后，在当时也算得上一个小知识分子

了，尤其是在妇女中，一些女校争相聘请母亲去教书。她第一份工作就是教书。当她第一次拿到三十元大洋的薪水时，内心的激动终生难忘。……贺家自母亲的祖父起，三代男人没有任过公职，加上祖父和父亲都早逝，自己的母亲强撑着这个破落大家庭，早已心力交瘁。母亲刚工作不久，就把我们的外婆接到身边，并培养两个妹妹上学读书，成了家中唯一挣钱养家的人。

贺定华在长沙当教师的日子不长。1930 年，舅奶奶徐宗汉从南京来信，说她主持的贫儿教养院需要老师，请贺定华去南京助一臂之力。徐宗汉可是中国妇女运动的领袖人物，出身广东富豪之家，辛亥革命中更是著名的女杰，又是民国元勋黄兴的夫人，社会威望极高，社会活动能力极强，这都是一个政治家的优越条件。可是有点意外，徐宗汉对政治权力似乎兴趣不大，倒是对慈善事业情有独钟，南京贫儿教养院就是她一手创办的。在民国，很多革命元勋、政治威权人物，都不贪恋官场权力而热衷于慈善，如徐宗汉及其姐徐慕兰、北洋政府前总理熊希龄等均是。这是一个很令人回味的民国社会现象，可惜深入的研究似乎不多，无非是标榜一下慈善家的爱心，有哪些慈善成果之类，其实，不爱权力爱慈善的人生选择和思想动因更有启迪性。

说远了，还是说回贺定华。她接到了舅奶奶的信，就开始了南京之行：

> 母亲因为要到南京贫儿教养院教书而离开这里，上百个学生依依不舍地哭着挽留她，说是她使她们开窍、启蒙，使她们生活变了。走时更是依依不舍，十里相送，场面十分动人，母亲几十年后每当提起都唏嘘不已。……母亲到那里主要教小学，鉴于当时英语老师稀缺，学校请母亲教初中英文。母亲纯正的发音和流利的口语，获得师生们好评。母亲曾得意地回忆："那时可真是大出风头。"

南京之行给贺定华的人生带来了一次关键改变。她又一次走出了湖湘，走进了舅奶奶的事业之中，视野和襟怀都有了大扩展。

1931 年 9 月 18 日，日军发动了"九一八"事变，东北沦陷。中华民族群情激愤，声讨日军的侵略罪行。上海妇女界于 10 月 4 日下午召开了抗日救国大会，300 多个社会团体、1 万余人出席，"通电全国女界，一致对日经济绝交；组织女界义勇军及看护队"，"大会主席团成员为潘唐冠玉、林克聪、杨郑慧琛、王孝英、陆慧民、贺定华、舒惠桢 7 人"。（见韩贺南等《中国妇女与抗日战争》）这些史料记载表明，贺定华已经进入中国妇女运动活跃人物的行列。比如，和她并列为主席团成员的潘唐冠玉，是《申报》董事长潘公展的夫人、著名画家；杨郑慧琛是著名会计师、著名大律师郑毓秀的妹妹；王孝英是国民党中央执行委员、民国第一位女县长；陆慧民也是著名的律师；舒惠桢则是著名的教育家。贺定华与她们为伍，社会地位可想而知。不用说，这与舅奶奶徐宗汉的教育提携有关，也和她自己独立自强、追求上进、不断进步有关。另据后人回忆，当时贺定华的妹妹贺澹江一家也在南京，在经济上得到贺定华不少关照，这说明，贺定华的经济收入不错。后人还回忆，贺定华有着非凡的演讲能力，尤其是在大庭广众之下，她毫不怯场，可以滔滔不绝讲几个小时，感召力很强。总之，进入南京后的贺定华，已崭露头角成为引人注目的女界公众人物之一。

于是，一位英俊的青年军官开始深情地关注她。这位青年军官是安徽人，叫姚剑鸣，黄埔军校第五期毕业生，在部队任军需官。他比贺定华还小两岁，为人很内向，不善言辞，却痴情地爱上了并不太漂亮的贺定华。而这时的贺定华已年过 30 岁，由于信了基督教，像许多修女嬷嬷一样，抱定了独身的念头。按理说，这是一段不可能花好月圆的邂逅，可是，由于我们至今不得而知的种种内情，贺定华还是穿上了婚纱，跟着身穿燕尾服的姚剑鸣走到了神父面前，接受亲友的祝福。女儿姚蜀平的记载中说，婚礼是在北平的六国饭店举行的，她没有说来宾的姓名，只说"简单而隆重"。但是我们猜想，舅奶奶徐宗汉应该会出席，而徐宗汉要是出席，名流荟萃也是不奇怪的。因此有理由相信，这时的贺定华，已经进入民国的名媛圈子，参与过诸多民国女界的重大事件，只是因为史料缺失或爬梳不够，其史学面影显得有些若隐若现。

姚蜀平关于母亲的叙事一下子跳到了卢沟桥事变之后，展开了一幅母亲大逃亡的画卷，背景则是在日寇铁蹄碾压之下平民的流离失所：

> 一九三七年，全面抗战爆发不久，母亲生下了第四个孩子，全家住在安徽一座小城镇。日本人频频轰炸，平静的小镇也不平静了。直到远处传来隆隆炮声，母亲才带着四个孩子逃离小镇。全家只带了一床蓝颜色的被子。晚上，一床被子盖在四个孩子身

上，霜打下来，蓝被变白了；早上太阳一晒，又变黑了；白天，它又恢复了蓝色。一床被子，一天三色。有一次，军队士兵要抢走这床被子，母亲苦苦哀求，后来看在四个孩子面上，好容易才保了下来。

逃难时，哥哥只有五岁，他和大姐被放在一副箩筐两头，雇人挑着。二姐是叔叔背着走，可怜途中鞋也掉了，一双小脚在寒冬腊月里冻得后来整整三个月没有暖过来。三姐是母亲自己抱着走，刚过百日就逃难，母亲给她取名"难民"。姨父说这个名字不雅，按谐音改为"南平"。

母亲带着四个孩子逃到九江城长江边，看见一个被抛弃的孩子独自坐在江边号哭，更把自己的孩子紧紧搂住。逃难的人流早已把轮船占满，眼看敌人逼近，一家人却上不了船。万分焦急时分，母亲竟在江边遇到了一群贫儿教养院的学生，他们惊讶老师是怎样带着四个孩子在难民洪流里挨到长江边的，他们认定贺先生和孩子们一定得搭这班船走。他们从码头捡起逃难的人扔下的整匹红布，两个学生爬上轮船，从上面扔下一端红布，岸上的学生把布捆在孩子的腰上，船上的学生再将孩子一个个提上去。贺先生怎么办？学生找来一条小船，靠在船边，又不知从哪里弄来一个梯子，母亲战战兢兢、艰难地从梯子上爬到摇摇晃晃的轮船上，要不是四个年幼的孩子已经在船上，母亲是绝没有勇气用这种方式上船的。

姚蜀平继续写道，"船到了一个港口，总算遇到了父亲"，于是夫妻俩同行。又因敌机轰炸，抱着大姐的父亲和母亲失散了，整整一夜，夫妻俩互相寻找，嗓子都喊哑了，终于奇迹般地相遇，彼此唏嘘。不久，父亲又因公随部队离开，母亲只能孤身带着四个儿女继续西逃：

待全家到达武汉时，已经山穷水尽，身无分文。在武汉又无亲无友，母亲带着几个孩子坐在码头上，不知这双脚该往哪里走。当时同行的还有一位母亲在贫儿教养院的同事，叫廖明华。她望着这群疲惫不堪的孩子，陡然站起，对母亲喊道："坐在这里等死啊！我到街上走走，也许会碰到个熟人。"母亲觉得真是无稽之谈，却也随她去。

天下就有这般的巧事。我姨妈当时刚从北平逃到武汉，住在一家旅馆里。姨妈天天早起就看报。这天早上，她从报上知道母亲住的地方已经被日寇占领，逃难的人流频频被炸。她把报纸一扔，伤心地喊道："我姐姐一定给炸死了，给炸死了……"说着神经质地向窗口走去，边走边说："让我看看，也许我姐姐已经来了。"她打开窗户，茫然地从四层楼向下望去。大街上是熙熙攘攘的人流。突然，她看见了一个熟悉的面孔，她不敢相信自己的眼睛，仔细望着，竟放声大叫："廖明华——"

全家和廖明华被接到了旅馆，真是天无绝人之路，母亲又一次转危为安。经过一番休整，母亲带着孩子们回到长沙老家，当时舅舅一家尚在那里，总算有个落脚之地。没想到日寇进攻如此之快，长沙也不是久留之地。母亲又带着全家向四川逃去。一家人又一次登上了一条小民船……

之后，就是贺定华带着儿女们在大西部漂泊生活，她还是以教书为生，丈夫也随军队撤到西部，与妻子聚少离多，贺定华在此期间又生下了小女儿姚蜀平。全家不再奔波于逃难的途中，却要战战兢兢地逃避日军的空袭。躲空袭成了全家生活的常态，母亲高度警觉地护卫着自己幼小的儿女们，以至于早生华发。在姚蜀平的记述下，我们看到了一个含辛茹苦、不屈不挠的贺家女性形象：

有段时间父亲失业了，全家靠当小学教员的母亲很难维持生活。母亲决定铤而走险，到上海跑生意。这种生意，其实就是一种长途贩运：在上海买了货，再乘火车到内地或南方去贩卖。可怜母亲是个跛足，又已年过四十，还是个只当过教书先生的妇女。可是，为了一家人的生活，竟然也去做这种营生。最艰难时，火车拥挤，根本挤不进车厢，她竟随着别人爬上火车顶。当她顶着冷风，怀着恐惧，坐在摇摇晃晃的火车顶上时，想的是五个孩子。尤其当火车过山洞时，在那蒸汽火车时代，车厢都要放下窗户的，可是在火车顶上的人，却被黑烟熏得死去活来，出山洞时，个个变成了"黑人"。啊！世上还有比她更伟大和坚强的母亲吗？

显然，母亲在儿女的心中，无比伟大，也确实充满着生命的坚韧。值得一提的是，在那个大逃难的漫漫人流中，还有几位贺家女性也在其中，只是她们彼此未通消息而已。也许，在那些贺家儿女逃难的故事中，贺定华遭遇的个人磨难是最突出的。但是姚蜀平笔下的母亲似乎有些调性失准——太接近一个乡野农妇了，事实上，她还不属于最苦难的民众群体，这与姚蜀平忽略某些交代有关。她忘了交代，自己父亲的部队也随母亲一起撤向大西南，且父亲的身份是一位军需官，这显然可以给母亲提供一些底层难民无法获得的庇护。她还忘了交代，她的姨父黎锦熙，是当时民国政府国宝级的文化人，姨父给母亲的庇护，也绝非底层难民所能奢望。她还忘了交代，母亲作为贫儿教养院的教师以及和徐宗汉的关系，都是能改善其处境的资本。诸此种种都意味着，贺定华尚且如此，那么，更底层民众的苦难就可想而知了。在那场民族大劫难中，无论穷人还是富人，都会不同程度地承受着耻辱和磨难，家国破碎，每一个子民都几无例外地走向背井离乡、漂泊流浪的漫漫长途……

1945 年秋，抗战终于胜利。全民族载歌载舞，庆祝安居乐业的时代来临。贺定华一家又迁回了富庶的江南，贺先生又出现在贫儿教养院的讲堂。只是舅奶奶徐宗汉已于 1944 年病故，不能再给贺定华提供庇护了。随后，国共之间的大决战拉开了，故事的主角就转向了贺定华的丈夫姚剑鸣。

这时，姚剑鸣已是国民党黄维兵团 110 师的师部军需主任。该师师长廖运周是黄埔军校第五期毕业生，安徽人，也是姚剑鸣的同学和老乡。廖运周还有一个更重要的身份：中共地下组织成员。1948 年 11 月，廖运周在淮海战役中发动了 110 师的战场起义，给中共全歼黄维兵团立下奇勋。那么姚剑鸣又是一个什么角色？可以想象，作为军需主任，是部队的财神爷，廖运周对他应该是很倚重的，加之又是同学和老乡，姚剑鸣与廖运周应该有不错的私交。不过，姚剑鸣并没有跟随廖运周起义，而是扮演了一个特殊角色：

父亲黄埔五期毕业，曾在国民党军队里当师军需主任。他所在的部队在淮海战役起义，身在后方的父亲和在前线的师长廖运周保持密切联系。廖师长是潜伏在敌营多年的共产党人，他深深了解父亲的忠实和可靠，竟将起义前线给留守后方党组织的重要密电，直接打给父亲，让他传递这些公开出来是要杀头的资讯；并让父亲将该师的大量军用物资，转移给下一个要起义的张轸部队；还要转移所有在后方的起义人员家属。父亲那时是没有任何责任和约束的，因为国民党已经把这个起义了的部队番号撤销了。他可以把电报上交邀功，按照廖运周后来说："起码会升少将，可能中将。"他也可以私吞大量要他转移的物资，那时整师的钱财都在父亲手中；银行、钱庄、仓库只认父亲的签字，金条是整箱整箱的。可是父亲没有那么做。他忠实地按照师长的嘱托，冒险一一完成了几乎不可能完成的任务。正因为他做了这么多他并没有义务一定要做，而别人又不可能做的工作，解放后，他被按照起义人员对待。

姚蜀平的上述文字有点含混。需要补充解释一下。廖运周的110师是在淮海战役中利用黄维命令该师作为突围先锋师的机会进行战场起义的。廖的起义，不仅削弱了黄维的突围力量，还严重动摇了黄维的军心，导致黄维产生了种种猜忌，打乱了军事部署，给中共全歼黄维兵团创造了重要条件。但是廖运周并没有带走110师全部人马，姚剑鸣就是留守部队中的一员，并没有随廖运周直接起义。于是廖运周就给姚剑鸣布置了许多任务，希望他把110师留下的军事物资转交给尚在国民党部队的张轸将军。张轸是110师的前任师长，廖运周的老上司，时任66军军长，也在秘密酝酿起义。廖运周知道内情，故要姚剑鸣将物资转交张轸，以助张轸起义。显然，姚剑鸣是明白其中乾坤的，他要是将廖运周的密电交给当局，必然立大功升官，张轸必有灭顶之灾。但是姚剑鸣还是冒着风险，秘密执行了已经起义的廖运周布置的任务。半年后，张轸率两万余人在武汉起义，姚剑鸣做出了重要贡献。所以解放后，姚剑鸣也被视为起义人员。

姚蜀平倾向于从父亲的忠实本分性格来解读父亲：

父亲一生胆小怕事，窝窝囊囊。他的性格和母亲截然相反：慢性子，不爱说话。……父亲常年做军需，总在和钱财打交道，是发财的好位置和好机会。但是他从来不克扣军饷，不挪用公款，不假公肥私。军饷被克扣在那时是家常便饭，按时拿到军饷的士兵叫他"圣人"。……可是他只会凭良心做事，多少年下来，一直是两袖清风，家里从来只靠他的薪金过日子，他很以此满足。

不过，姚剑鸣似乎并不像女儿说的那么窝囊懦弱。比如说，执行廖运周的指令干的那些事，属于"通共"，是要掉脑袋的，他居然也干了。而且"通共"的事，他干的绝不止这一桩。1932年，在南京，姚剑鸣和妻子一起冒着生命危险，藏匿过中共地下组织的地委书记，还帮着转移这位书记的夫人。姚剑鸣穿着宪兵司令部的军装，把身怀六甲的地委书记夫人及其妹妹送到下关码头，安全脱险，贺定华还卖了结婚戒指，给她们筹集路费。她们回到湖南老家后，那位地委书记却被捕了，姚剑鸣又给湖南发去电报："南京有传染病，请预防。"这是一封很缺乏地下工作经验的暗语电报，要是被识破，他也会倒霉。但是却提醒了已经逃至湖南的地委书记亲属及时转移。此外，姚剑鸣将当年黄埔军校政治部主任周恩来的讲话资料一直藏匿，解放后交给了中共，还救助过许多中共友人，甚至将他们安插到了国民党军队里……

从姚剑鸣夫妻如此胆大，营救中共友人的表现看，姚剑鸣绝不是女儿说的那么怯弱无能，而是很有正义感和担当勇气，甚至可以理解为在思想信仰上是与中共有着共鸣的。当然，话也不能说过头，姚剑鸣夫妇对中共人士的营救，更多是基于友情道义，这是儒学文化的悠久传承，构成了人情中国的种种表现，人情大于政治站位就是其中最突出的表现之一。如果从国共的历史渊源看，也有许多令人回味之处。可以说，国共两党在建党之初并不是两个泾渭分明、势不两立的政治集团，从政治主张上，他们都自诩为孙中山的继承人，人际关系更是剪不断，理还乱，蜜月期的亲密合作就更不用说了，即使后来分道扬镳，刀兵相见，国民党集团中同情中共的人士依然大量存在，关云长让华容道的故事屡见不鲜。这又涉及两党的党风、党纪建设的成效了。相比之下，国民党远远逊色于中共。国民党内部派系林立，从来就没有统一过，从党员的纯粹度和忠诚度而言，可谓藏污纳垢，这必然瓦解了国民党的凝聚力和战斗力，加之权力的腐败，导致民心尽失，丧失了合法性认同。而中共，除了出色的信仰建设、组织建设、军事建设，又以极富感召力的意识形态宣传，成功争取了民心，尤其是成功争取了富有理性的知识分子和民主人士的政治认同，使中共的国家政治设计获得了广泛拥护而具有了取代国民党的执政合法性。姚剑鸣夫妇也正是在这种背景下，放弃了他们曾经依附的旧政权。可以说，他们是识时务者。姚蜀平含蓄地说："1949 年，母亲已经买了全家南下广州的火车票，可是听信了她的一位老友的劝告，留了下来。母亲对这件事从来没有后悔过，尽管她在这里度过了一生中最后的艰难岁月。"

1949 年之后的岁月，构成了贺定华最后的人生阶段。

她的大致履历是这样的：20 世纪 50 年代初，在上海一家干部子弟保育院担任总务工作，1952 年，"三反"运动展开，她被当成有贪污行为的"大老虎"遭到批斗。所谓"大老虎"当然是无稽之谈，问题是她的世家小姐出身和旧职员经历，很符合新政权之敌的意识形态想象，所以她自然地蒙受了冤屈。蒙受委屈的贺定华也有脾气，一气之下便辞去了公职。这种脾气不能说没有小姐气，但也和她有退路不无关系，要是她手中没有生存之牌或者社会的宽松度没有缝隙，她也不敢这么任性。她辞职之后便去了妹夫黎锦熙主持的中国大辞典编纂处，给妹夫当私人秘书，抄抄写写，剪剪贴贴。这至少说明，那时的黎锦熙还能给姨姐一片屋檐。贺定华闲暇时间就忙家务，教育自己的孩子，倒也舒心。

> 她的主要心思还是在几个读书的孩子身上。母亲什么家务都不让我做，连每周衣服都是周末拿回家来母亲洗。母亲在身边的那几年确实是我书念得最好的时期。周末，几姐妹都从学校回来，我们最爱一起唱歌。母亲在厨房忙着，不时回来听一听，再回去做菜，心中洋溢着母性的快乐。

贺定华很喜欢音乐，她当年在教会中学学过钢琴，尽管自己弹得不怎么样，却很喜欢听别人弹钢琴，她鼓励自己的儿女都学钢琴，说这是一种高雅的文化修养。贺定华会吹箫，《苏武牧羊》吹得如泣如诉，感人泪下。她还会楚吟，就是用古老的湘方言吟唱那些古诗词和古文，例如《楚辞》《出师表》。姚蜀平还记着母亲抑扬顿挫地诵读诸葛亮凭吊周瑜："呜呼公瑾，不幸夭亡！修短故天，人岂不伤……"这都显示贺定华作为世家小姐的家学传承。

姚蜀平说，其实她更庆幸的是，由于母亲在 1952 年就辞职了，所以在 1957 年的"反右"运动中平安地度过，"不然，像她这样最爱直言不讳，秉直上书的人，非'右派'莫属"。之后，又有三年困难时期，母亲虽然过得很艰难，体重由 140 斤减到 90 斤，还要省下粮票，供在外地上学的儿女，但是儿女们都以名牌大学毕业的成绩告慰母亲，母亲还是很开心的。说起儿女们，贺定华确实值得自豪，长子姚监复毕业于哈尔滨工业大学，次女姚一平毕业于南京航空学院，三女姚山平毕业于列宁格勒电工学院，四女姚南平毕业于北京航空学院，五女姚蜀平毕业于中国科技大学，这显然是一个教育奇迹。说是奇迹，不仅是因为儿女们出类拔萃，也因为有着特殊的运气，在大学录取贯彻阶级路线的政策背景下，贺定华的儿女全部进入名校，实在是运气不错。还值得一说的是，此期间，贺定华不再为妹夫黎锦熙工作，而是和在武汉工作的丈夫团聚，随着丈夫的退休，夫妻俩一起回到北京。

> "文革"前几年，是母亲最愉快的时期。她独自在家听相声，会放声大笑得前仰后合。她喜欢晚饭时自酌自饮，一杯玫瑰酒或青梅酒；饭后点上一支烟，还得意地说："饭后一支烟，赛过活神仙。"

女儿还发现，身为家庭妇女的母亲很关心时事，对毛泽东特别崇拜。每年十一国庆，毛泽东都要登上天安门，贺定华每到这一天，都要守在公用电视机前欣赏毛泽东的风采，并对邻居说："这是我们湖南出的伟人呀。"

贺定华的人生定格在了"文化大革命"时期。

当时，贺定华的长子姚监复已经在农机院任工程师，也遭到了冲击批斗。同时，红卫兵在批斗中打死人的现象也出现了。姚监复预估到这场运动蔓延开来，可能全家都难以幸免，要父亲带着母亲回武汉父亲原单位避风头，因为原单位更了解父亲曾在国民党军队的表现，他是有立功表现的起义人员，会按政策宽大对待，若在北京面对狂热而无知的红卫兵则命运未卜了。当时姚剑鸣夫妇住在大女儿家，给大女儿带孩子。一番商议，姚剑鸣终于很不情愿地同意和妻子回武汉，可想而知，全家人的心情都很沉重，贺定华还冒出一句话："我到时候是会自己解决自己的。"

令人感到困惑的是，既然决定离开北京，就该说走就走，可是姚家还打算举行一个告别仪式，把在外地工作的二女儿叫到北京，给父母送别，就在等待儿女聚齐的期盼中，悲剧发生了。

这一天，先是姚剑鸣要到自己在北京的住所拿一些日用品和换洗衣服，可是一去就被当地的居委会和红卫兵扣下了。消息传来，贺定华坐不住了，坚持要去看一看，这一看，就再也没有回来。于是，在空军研究所工作的三女儿感觉不妙，穿着军装又赶去了解情况，虽然没见到母亲，却得知母亲也被扣下遭到了批斗。一家人的心都悬起来了，却又无可奈何，只能等造反派方面的发落。几天后，姚蜀平终于得到了母亲的消息：

> 在一次斗争会上，忽然广播里叫我的名字，通知我马上回家。我预感发生了什么，匆匆向家赶去。……我匆匆来到父母住的二楼，扑入眼帘的是走廊的人群，紧紧围在筒子楼父母住房的门外，个个伸着脖子向屋里张望。一个身穿旧军装、左臂戴着红卫兵袖章的中学生，坐在我家门口的一张凳子上。他看上去只有十三四岁。验明我的身份后，他允许我进入自己家门，满不在乎地说："你们挑吧，还有什么要拿的，可以拿走。"

> 我进屋一看，心像刹那间被扔进了冰窖，全身都缩紧了。啊！这是什么景象啊！没有一样立着的家具，没有一样完好的东西，没有一张没有撕裂的纸片和照片，没有一件没有打碎的器物！从三姐由苏联带回的艺术壁毯到床上的被褥，从书刊到衣物，从父母银行存折到母亲珍藏几十年的翡翠戒指，统统被抄走了。十五平方米的地面上，满地覆盖着那些被撕裂、被打碎、被砸坏的东西。……我的大姐和哥哥已先来了，他们蹲在地上翻着，捡着。……片刻，三姐也来了。……四个人忍着悲痛，在门外几十双眼睛下继续翻着，看着。这时，又来了一个女红卫兵，她也只有十三四岁，长得十分秀气。我迷惘了，我无论如何也无法把如此清秀的面孔，同如此千疮百孔的十五平方米联系起来……

> 坐着的红卫兵开口了："你们母亲死了，在第六人民医院，你们去人处理一下。你们父亲在后院，尽快让他滚回农村老家去。"我最担心的事终于发生了，被证实了，我的泪水一下子充满了眼眶，但是我知道，现在不是哭的时候，不！决不能哭，哭会带来大祸。

死者贺定华的儿女，最大的不过 35 岁，最小的大概 28 岁，都没有哭，只是长子问了一句："我母亲是怎么死的？我们要去派出所销户口。"得到的回答依然漫不经心:"高血压。"也许,那年头所有的人都进入了梦游之境,所有的灵魂都已出窍,在空中冷漠地浮游飘荡……

当晚,儿女们把浑身是伤的父亲接回家,给父亲上药疗伤,父亲却对伤痛毫无感觉,只是一个劲儿地问:"你姆妈怎么样了?"孩子们支吾着,只说不知道,谁也不说实情,反而劝父亲先离开北京再说。父亲不再问了,沉默了很久说了一句话:"我们做再多的好事还是不行呀。"

第二天,大姐亲自送父亲回武汉,大哥要回单位接受批斗,三姐是军人,也要避嫌,二姐不熟悉北京情况,回了东北,只有小妹去处理母亲的后事。这样的安排当然有用意——最大限度地使活下来的人少受牵连:

> 我战战兢兢地来到医院,心惊胆战地找到停尸房。管事的老头儿恶声恶气地问我:"怎么死的?"我小心翼翼地答道:"高血压。"……两个工人用担架把母亲从停尸房抬了出来,我屏住气,快步在一旁跟着,急切而悲伤地张望着担架上的母亲,心却要哭出血来了。只见母亲身穿一身破旧的香云纱衣裤,那是陪伴了她几十年、黑色早已洗成黄色、膝盖处还打着补丁的旧衣裤。她赤着脚,手臂和两脚裸露出的地方是明显的伤痕。头发更是被剪得不成样子,有的地方齐发根没了,有的地方留下几绺长发,却让血迹黏在一起。而她的头,却是偏向一边。……当我向下望去时,母亲的面孔竟然就在我眼皮底下,离我不到二尺。啊!我清楚地看见了,她的脖颈上有一道长长的刀痕,她是被砍死的!我还看清了那一头剪乱的白发,那满身的伤痕……

再往下的文字就是女儿火山般地爆发了……

可是没有必要引述了。半个世纪已经过去,今天我们回眸凝望,所有的鲜血都已凝结成模糊的疤痕,远远望去,感受到的是整个民族的沉重呻吟……

所以,还是冷静地往下说。

再往下,就是被遣送回原籍的父亲上吊自杀了。对于父亲的自杀,姚蜀平的讲述中还有许多细节,但是也无须引述了。对于伤痕的回忆,也许适可而止更具历史的理性。值得一说的是,按女儿对父亲的性格分析,父亲的自杀应该是出于懦弱,可是我们却认为,父亲是想去天国或者地狱陪伴自己的妻子。

这就是贺定华的故事。

在所有的贺家女中，她以一生漂泊、死于非命诠释着历史的某种存在姿态。放在民族史的长河中，她也仅仅是一朵浪花。既然是一朵浪花，似乎也就微不足道。但是作为家族史的书写，善化贺氏的后裔却应该记住这位家族的可怜女儿。其实还有许多非贺姓的人也记住了她，不仅有她的那些姚姓儿女，还有王蒙、袁鹰、从维熙、邵燕祥……

诸此种种，似乎也在显示贺定华生命的意义。

1986年，贺定华夫妇终于获得平反，退赔抄家物资折款400元，长子姚监复调中共中央农村政策研究室、国务院农村发展研究中心任研究员，参与国家改革开放顶层决策的调研制定；次女姚一平仍在北京航空大学任教授；三女姚山平调铁道科学研究院电子所任高级工程师；四女姚南平调浙江教育学院任副教授；五女姚蜀平调中国科学院政策研究室工作，后应聘为美国几所大学的客座教授和哈佛大学访问学者。儿女的出息无疑是时代的进步，可以告慰贺定华的在天之灵。

不过还有一个小遗憾，至今我们仍不知贺定华故世的确切时间，只知道她死于1966年的8月，那是一个红卫兵战歌震撼云霄的夏天。

奇女子贺澹江（上）

　　贺澹江（1907—1983），曾用名贺衡，应该是贺家女中最有知名度的一位女性。这和她是著名语言学家黎锦熙的夫人以及国画大师齐白石的弟子密切相关，也和她个性特立独行，人生中屡有出格之举，从而区别于大多数温婉克制的贺家女相关。对于她的评价可谓见仁见智，但她就是她，其所作所为，都遵循自己的心意选择，从而活出了她想要的自己，这才是最重要的。

　　贺澹江是贺定华的胞妹，比姐姐小 7 岁，所以我们可以省略她的家世背景交代，直接聚焦她的人生轨迹。我们所见关于贺澹江生平最早的信息是1920 年，她 13 岁，跟随姐姐去上海厚生纱厂当了童工。这条信息给人的印象是，她和姐姐处境相当贫苦，和世家小姐的身份大相径庭，更和民国元勋黄兴的外甥孙女的身份很不协调。很难想象，当时她们的家境会败落到姐妹俩当纺纱女工，妹妹贺澹江甚至要当童工谋生的地步。其实，这种印象与长期以来关于旧社会的偏颇宣传有关，细读史料，我们的认识会有所改变。

　　从大背景而言，五四运动期间，蔡元培等倡导"劳工神圣"，得到社会广泛响应，工人的社会地位有了很大的改观。就是在这种社会背景下，1920年，上海厚生纱厂专门针对湖南进行了一次招工，一个堂皇的理由是为湖南培养纺织技工人才，将来振兴中国纺织业。而且是与当时湖南有名的职业学校——长沙自治女校合作，主要从女校的学生中招聘。贺家姐妹就是在这次招聘中去了上海。这就意味着：第一，这次招聘有职业培训性质；第二，贺家姐妹应该是长沙自治女校的学生。有些意外的是，厚生纱厂这次在湖南招工还引发了轩然大波，报界记者谴责招工待遇太苛刻，是对湖南人以及劳工的一次盘剥，连陈独秀也卷入风波，发表了调查报告，以《资本论》的逻辑，分析资本家是在剥削工人的剩余价值。厚生纱厂老板穆藕初十分狼狈，委屈地辩解，自己的初心是为了发展民族工业，以实业救国，至于待遇太低是成本核算不得不如此，云云。可见，当时社会宣传"劳工神圣"很有成效，工人的地位尤其是产业工人的地位，并不像我们想象的那么低贱。于是，我们对贺澹江的童工经历就和夏衍对包身工的描写有不同感受。此外还值得说明，此时两姐妹的父亲和舅爷爷黄兴都已去世，家境确实出现了很大滑坡。黄兴去世前给自己的姐姐，也就是贺澹江的祖母寄了最后一笔钱，共100块光洋，附信说，他这些年为革命奔走，没有钱财积蓄，这笔钱还是借贷而来。革命元勋如黄兴，其实也很清廉，至于说国民党人成了窃国贼人集团，那是饱尝了权力滋味以后的事。

贺澹江跟随姐姐在上海大约4年，她在上海是否确实进纱厂当了童工，也是一个可疑的问题。1924年，她又跟随姐姐回到长沙，就读女子师范学校。此时正是国共合作的蜜月期，靠近广东的湖南，国共两党的活动十分踊跃，贺澹江深受革命之风熏陶。青春与革命一旦相遇，便是罗曼蒂克的故事。1926年，北伐军开进了长沙城，贺澹江举着小旗，跳跃在欢迎的人流中。随后，便发生了与一位北伐军军官的美女英雄之恋。这位军官是湖南平江人，叫钟健魂，黄埔军校三期生，共青团员，时年23岁，他被派往长郡中学发动青年学生参加革命，两人便邂逅了。贺澹江毫不遮掩地这样自述：

> 北伐军攻占了长沙，长郡中学里，忽然来了一位军事教员。他组织了一个政治军事学习班，我们女子师范一些学生也去参加听课了。学习班的这位教官年轻、英俊、潇洒，风度翩翩；尤其在他宣传革命道理时，声音是那么雄浑有力，像男中音在唱着一首情感醇厚的歌。我被他吸引住了。……不久我们就漫步在校园的梧桐树下。小鸟在枝头唧唧喳喳不停地说情话，我俩树下窃窃私语，只怕太阳落山。就在当年秋季北伐军攻打武昌前，我们成婚了……（见钟鸿《风雨半枝莲》，下同）

贺澹江的闪婚在今天看也属前卫。这年，她19岁。顺便说一下，此时另一位贺家姑娘贺益恩也在长郡中学就读，比贺澹江小4岁，论辈分则是她的堂姑妈。贺益恩也向往革命，却没有贺澹江这么奔放。不难想见，贺澹江的婚姻应该在校园里成为新闻。从时代脉搏而言，可见当时新青年的价值向往和自主姿态；从贺澹江的个性而言，可见她特立独行，感情优先的特质。在矜持的贺家女中，贺澹江无疑是非常另类的一位。

小两口还没有过完蜜月，贺澹江就送丈夫上战场，他们是怎么缠绵离别，不见记载，我们只知钟健魂跟着叶挺的铁军向武昌开拔，10天后攻占武昌，他被调入武昌农讲所任军事教员，成为毛泽东的属下和同事，和毛泽东一家有了密切往来。随后就是蒋介石发动"四一二"政变，国共两党刀兵相见，钟健魂就在一片血雨腥风中转入中共，成为正式党员，并参加了南昌起义。他所在的第四军77团在九江与薛岳的部队发生了激战，寡不敌众被击溃，他潜逃回到了长沙。贺澹江目瞪口呆地听丈夫说完惊心动魄的故事，百思不解：国共两党不是兄弟吗？怎么说翻脸就翻脸，还打得血流成河？丈夫是如何对妻子解释的，我们依然不得而知，只知道几天后丈夫接到中共命令，潜入安源，发动矿工准备秋收起义。

钟健魂在秋收起义中是营长，带着由安源矿工组成的特务营，打萍乡未果，打进了醴陵，后来打浏阳走了麦城，全营覆没，他又只身逃出，潜回了长沙，找到贺澹江躲藏下来。一片白色恐怖的长沙，军警到处搜捕共产党人，贺澹江窝藏逃亡的共产党丈夫，是否有恐惧，或者懊悔自己孟浪，绑了一个大雷在身上，我们不得而知，但是仅凭她依然窝藏丈夫，哪怕提心吊胆，也算得上奇女子。尤其是后来丈夫去找组织，被国民党抓捕，关进了大牢，她还设法去营救，更可谓有勇有谋的巾帼了。

钟健魂去找组织不幸被捕，尽管审讯被拷打，但他死不承认自己是共产党，国民党当局没有铁证，却依然把他关进了死牢。因为当时国民党的口号是"宁可错杀三千，不可放过一个"。钟健魂知道自己死到临头，更加全力自救。一天，他透过铁窗看见牢外院子里有一个熟悉的国民党军官走过，此人叫吴仲孚，曾是长郡中学的学生，也是贺澹江的同学。一年多以前，钟健魂到长郡中学发动学生参加北伐，秘密把他发展成了中共党员。没想到吴仲孚现在成了国民党军官，他心头一喜，计上心来。他立即掏出还藏在身上的一个银圆，请狱卒帮忙给自己老婆送一封信，要老婆给自己送换洗衣服来。于是，提心吊胆的贺澹江就在丈夫断绝音讯十几天后得知了丈夫的消息。

> 谁知过了十几天，一个陌生男人给我送来一张纸条，上面写着："衡：速找中服内衣一件换洗。魂"，是他的亲笔字，他还活着，他还活着！真让我喜出望外。可是为什么要特别说找"中

服"？……送信人走后，我细细琢磨纸条的含意。"中服""速找中服"。啊！是谐音，是要我"速找仲孚"，仲孚姓吴，是健魂在长郡中学政治班的学生，也是我的同学。在听了钟的课后，吴加入了共产党，他们师生情谊笃厚，难道吴仲孚有办法救他？黄昏后，我用热毛巾抚平了红肿的双眼，略收拾整齐，买了盒点心，就去吴家求吴救钟。

果然吴仲孚设法救健魂出了狱，并协助健魂带着我连夜逃出长沙。

贺澹江营救丈夫的过程显示出她确实聪明过人——并非所有人都能领悟暗语含意；也显示出，她在风险中还是相当冷静坚强的；而且从政治觉悟看，也有可圈点之处，称她是位奇女子，并不夸张。回味开来，这个过程也显示出，国民党自身的漏洞百孔千疮。例如，钟健魂被关入死牢，还能藏匿银圆在身，还能贿赂看守去通风报信。那封暗语信，只说要一件内衣换洗，明显有漏洞，居然都没有穿帮。只能说，国民党的政治管控能力确实是一塌糊涂，其最终失败，也就不奇怪了。

贺澹江和丈夫逃出长沙后，就去了南京。此时舅奶奶徐宗汉就在南京。某种意义上，作为黄兴夫人的徐宗汉肯定可以为外甥孙女贺澹江提供庇护。不过史料并没有提供他们夫妻投靠徐宗汉的直接证明，只是说他们去投靠了在贫儿教养院任教的姐姐贺定华。其实这也可以视为他们借助徐宗汉的社会地位，间接地受到了庇护。

钟健魂回忆，投靠妻姐贺定华的这段日子，他通过北伐时期结识的社会关系，一边谋职就业，养家糊口，一边在暗中寻找中共地下组织。先是经贺定华介绍，在南京禁烟委员会当科员，不久被上司怀疑有共党嫌疑而被辞退，他又先后找到老上司谭延闿、鲁涤平、张发奎等人，都被安排了工作职位，他甚至还当过一段时间县长，但总是遭到特务机构的怀疑，不断遭到解职。想必特务机构根据他在北伐期间的表现，判定他应是共产党，又拿不到铁证，加上保荐他的人物又都是国民党大佬，不敢贸然下手，只好采用解职的办法对待。不言而喻，在此期间，他要找到转入地下的共产党也不容易，便只能过着漂泊的生活。当然，从理论上说，他真要找到中共还有一条路，就是去中共的红色根据地，大概又顾及家庭下不了决心。此时他已经有了一个女儿，也许，妻子也没有勇气跟随他去过漂泊的日子。说来说去，这就是人的复杂性，不是所有人都能义无反顾、毫无牵挂地遵循信仰前行。因此，仅用信仰的逻辑来裁判人生，往往不得要领。

于是，夫妻俩便陷入了一段寄人篱下、看人脸色又要忍气吞声的日子。这种日子无疑充满寂寞和郁闷。在寂寞郁闷中，丈夫就迷上了麻将赌局，对于浪漫好强的妻子而言，心目中的三国赤壁周郎灰飞烟灭，当然难以忍受，也就成了怨妇。北伐洪涛中的一对革命璧人，就走进了鲁迅所写的《伤逝》故事中，家庭战争此起彼伏，以至于贺澹江在第二个女儿临盆前绝望地选择了自杀。70年后，他们的女儿钟鸿撰写了文学性很强的自传《风雨半枝莲》，就以这次自杀事件作为开篇。钟鸿细腻地描写了父亲送母亲到医院抢救，却身无分文，只好拿出欧米茄手表抵押的狼狈，还写了母亲被抢救过来后的心态：

> 贺衡躺在产床上，气犹未消，又强忍着生理上的疼痛，昨天的事和遥远的往事断断续续涌上心头。这倒好，多少转移了她产前的阵痛感觉。
>
> 昨天，对，就是昨天晚上，当我挺着大肚子忙了一天家务，到九点多钟，已经精疲力尽，可是在牌桌上泡了一天的健魂还不收场，反而喊道："贺衡！快拿点钱来。"我一边应道："啊！"一边暗自思忖："又输光了！唉！"挺着大肚子，艰难地弯腰翻抽屉。一看，剩下的钱还不够明天买菜呢，这日子怎么过呀？可他还在高声地催促。我勃然怒道："好吧，这日子不过啦！"抓起抽屉里仅有的一块大洋和几个铜板扔给了他。随后我走进里屋关上了房门，躺在床上怎么也平静不下来，取出床头柜抽屉里的安眠药小瓶，它似乎对我说："都咽下去，都咽下去，什么烦恼都不会有了。"打开药瓶盖一看，还有半瓶，鬼使神差地我就将它全部倒进了嘴里，拿起半杯水咕隆咕隆吞入肚内。以后的事，我就不知道了。

贺澹江还是被抢救过来了，钟鸿就是母亲被抢救过来之后来到人间的孩子。她从小就在父母的冷战中长大，直到5岁时父母分道扬镳。她在自传中写了父母离异对自己的伤害，也表示了对父母的理解，她的理解是，父母是性格很不同的人。母亲过于好强，不够温柔，父亲也不够专一，在外面有了别的女人。这固然不失为一种理解，可是从性格根源上说，恐怕还在于这夫妻俩都是对自己有很高期许的人，他们都耐不住寂寞，都不甘平庸，都需要掌声滋润自己的生命之花。于是在寂寞沉沦的日子里，就会滋长怨气，互相折磨。

1936 年夏天，贺澹江和丈夫的婚姻走到了尽头。那时她在长沙教育厅任职，丈夫在上海铁路上做事，她带着两个女儿去上海探亲，却被丈夫安排到一家旅馆里下榻，就在旅馆里，丈夫向妻子摊牌，提出了离婚。

> 看着爸妈一言不发，我也不敢出声，沉默，火山爆发前的沉默。还是急性子妈妈忍不住了："健魂，为什么约我们到旅馆来谈，我们的家呢？"爸爸说："没有了。"妈妈说："还没离婚，你就把家撤了，做得真厉害！你为什么提出离婚？"爸爸说："贺衡，我们俩性格合不来。"妈妈嚷道："你这个没良心的，这么多年我为你担惊受怕，救你出死牢，生养两个女儿，你就这么一句话打发了？"爸爸说："恩是恩，生活是生活。"妈妈又说："难道就不能挽回了？"爸爸说："我需要性格温柔，对我体贴的。从长远来说我和你一起生活不合适，我已经遇到合适的，三个人怎能并存？"只见妈妈嘴角往下撇，双泪流出，双肩抽动，妈妈哽咽地说："健魂，你好无情！"

在场的两个女儿一见这场面，也朦胧地意识到问题严重了，都哭闹起来。这时贺澹江却抹去了眼泪："哼，三个人不能并存，你们两个正等着过甜蜜生活呢，我也不会为你去死，离就离吧！"贺澹江爽快地在离婚书上签了字，拉着两个哭泣的女儿离开了旅馆。可以想见，贺澹江绝不会接受秦香莲的命运，她似乎更具有杜十娘的刚烈。当然，她的刚烈并不表现在投江殉情，那是旧式烈妇的做派——以死要挟的道德审判，贺澹江体现了另一种姿态——此地不留姐，自有留姐处。这就是"五四"新女性的做派了。

就这样，贺澹江带着两个女儿回到了长沙。为什么两个女儿都跟了她，一个都没有留给丈夫？这是她和丈夫协商的结果。因为当时丈夫和另一个女人已经同居，而且女方也怀孕了，丈夫没有能力再负担了。如果贺澹江要报复丈夫的负心，她是可以塞给对方一个女儿的，但这样一来，女儿就成了子弹，这不是母亲的作为，更不是贺澹江的做派，尽管贺澹江的丈夫和女儿都觉得，贺澹江个性比较强，在温柔方面始终有些缺乏女人味，但是在对女儿的担当方面，她还是无愧于母亲的称谓的。

母女三个回到长沙后，贺澹江的工作职位又丢了。这是那个年代的生活常态，贺澹江也习惯了，她带着女儿就回到了长沙乡下，不谙世事的女儿们跟着母亲踏上了乡间小路，所有的烦恼都消散了：

> 一踏上乡间小路，就由汽车换上了人推的独轮车。包着铁皮的木轮碾着凹凸不平的黄土小路，发出咿咿呀呀的声音。随着这首古老的歌，摇摇摆摆地坐在行李上的我，放目田野的风光——笔直青翠的竹林，梗直、强硬而又永远充满自信地迎风挺立。这已是 1936 年夏末了……
>
> 登上十几层石头台阶，走入一个无围墙的大院。院子的北边，是所大院宅，朝南的大黑门，门上油漆着金色的大字对联。……进入宅门，转过屏风，就是头一进院落，后面还有两进。每栋房屋都有中堂、东西屋。三进院子后有猪圈、仓库等。母亲的哥哥、嫂嫂和两个外甥，本来就住这里。母亲的姐姐贺定华一家也回老家来了。
>
> 在这个大院落里住着母亲兄妹三家人，十来个孩子，好热闹啊！

可见，即使已经败落了的世家，在乡间还有三进大院落，维持粗茶淡饭的日子还是不愁的。大概如此，贺澹江才有底气离婚。几天过后，她把孩子留在乡下，离家去了省城，说是去找工作，一去就是半年。也就是在这半年里，其人生一件转折性的大事就发生了。

钟鸿在自传《风雨半枝莲》中写道：

> 约半年时光，终于把妈妈盼回来了，好高兴啊！可是与妈妈一块回来的还有一个伯伯，妈妈和伯伯住一屋，我不能像以前那样依偎在妈妈怀里睡了，一种陌生的感觉油然而生。妈妈也不向我说明原因，表弟表妹们悄悄地跟我说："那是你后爸爸。"

贺澹江这位新丈夫就是著名的语言学家黎锦熙。两人年龄相差 17 岁，这在当时也不稀奇，稀奇的是，贺澹江离婚后不到半年又产生新的恋情且进入婚姻，而且对方是闻名全国的学者，还有发妻黄夫人在北平。贺澹江这次闪婚肯定要震惊整个学界，使她成为新闻性甚至绯闻性的女人，我们不妨想象，远在上海的前夫以及贺氏族人包括黎锦熙的家人得知消息，应该是目瞪口呆的。

按理说，对于贺澹江和黎锦熙的这次闪婚，最难以接受的应该是黎锦熙的家人。第一，事情发生毫无征兆，1936 年夏天，黎锦熙来长沙，有两件事：一是想在长沙为北师大南迁选址——这是抗战的形势日益严峻所迫；二是应湖南教育界邀请，在长沙举办国学讲习班。这两件事都和婚姻毫无关系。第二，黎锦熙与贺澹江结婚并没有通知北平和湘潭的家人，特别是结发妻子黄夫人毫不知情，这种先斩后奏的婚姻，很不利于家人认可。令人有些意外的是，在贺澹江的运筹下，他们的婚姻并没有引起过大风波，顺利地得到各方面的认同。

黎锦熙的侄儿黎白在长篇传记小说《湘潭黎氏》中很细致地记叙了这次婚姻，大致的过程如下：

贺澹江来到长沙后得知了黎锦熙来湖南举办国学讲习班的消息，就报名参加了考试，她报考时是否动了接近黎锦熙的心思，不得而知，我们只知道，黎锦熙在改考卷时立即被贺澹江考卷上清秀的字迹与流畅的文笔所吸引，尤其是贺澹江有意以文白交织的语体行文，显示了文言和白话的双修造诣，令黎锦熙暗暗称奇。一看名字，考生叫贺澹江，年龄 29 岁，对于推广国语运动，这是一个成熟的年龄。第二天，贺澹江以笔试第一名的成绩面试。贺澹江一出场，立即就以端庄大方、优雅有礼的气质获得了黎锦熙的好感。黎锦熙问完例行的问题，又超出题外，与贺澹江聊起来。贺澹江似乎也感觉到了黎锦熙对她的好感，便有意无意地涉及贺黎两家先人的交情："先生不认得我，但先生一定熟悉我的先辈，先祖辈耦庚和先生祖辈简堂就是莫逆之交，两家共过患难，还结为姻亲呢！我从小就听长辈无数次说起我们两家的亲密关系呢！"黎锦熙一听，立即激动起来："啊，你是长沙贺家后人？真是巧合，我们两家先辈是几代通家之好呢！"

于是，黎锦熙和贺澹江的关系一下子亲近起来。贺澹江痴迷地看着黎锦熙，她不仅为黎的学问和名气所打动，还发现年近半百的黎锦熙并不显老态古板，还是一位颇有潇洒风度的中年人，不禁心起波澜。而黎锦熙也被贺澹江打动了心扉，同样夜不能寐。再往下，就是教学中两人的接触了，黎锦熙更多地了解了贺澹江的身世，包括失败的婚姻，产生了很深的同情。贺澹江成绩优异，言谈优雅，善解人意，在班上不知不觉地成了黎锦熙的助手，又使黎锦熙减轻了不少负担。作为女人，贺澹江既有少妇的成熟，又有少女的奔放，尤其是热辣辣的眼神令黎锦熙既心动又心慌。他不禁联想发妻黄夫人，虽然夫妻相敬如宾，和睦相处 30 年，可那是自小就定下的娃娃亲，发妻是母亲的嫡亲侄女，算年龄该叫表姐，两人似乎只有姐弟之情。而这位贺小姐，名门闺秀出身和聪明伶俐就不说了，更重要的是洋溢着"五四"新女性的生命活力，黎锦熙越接触越觉得激发了自己并没有尽情释放的青春光热。随着一天天过去，黎锦熙发现自己很难割舍这位女学生了。直到有一天，贺澹江竟然和黎锦熙谈起鲁迅和许广平的故事，直接逼问，听说先生和鲁迅先生颇有交情，不知先生可有鲁迅先生的勇气？

黎锦熙终于被贺澹江征服了。他不由自主地跟着贺澹江回到羊凤塘的乡下，在贺澹江哥哥的主持下，举行了婚礼。此时，黎家还毫不知情。也许，这是谦谦君子黎锦熙一生中做得最孟浪甚至可谓荒唐的一件事。可是对于贺澹江，这只是她遵循自己的个性所做的又一件我行我素的事，至于世人怎么看，她毫不在意……

这就是贺澹江。

那么，我们该怎么看？尽管贺澹江并不在意世人的看法，作为史学性质的记叙，除了记叙，还应该有所启悟才对，不是吗？

首先，有必要解释一下黎贺两家的交集关系。黎白笔下说，贺澹江以贺家先人耦庚（贺长龄）与黎家先人简堂（黎培敬）的关系，一下子拉近了她和黎锦熙的关系，这是有谬解的。史料显示，贺长龄与黎培敬是不可能成为莫逆之交的。从年龄看，黎培敬要小贺长龄 41 岁，绝对是两代人，黎培敬中举那年（即 1849）才 23 岁，彼时贺长龄已经去世，此前贺长龄又在云贵为官 10 年，很难与黎培敬有交集。后来黎培敬中进士，升任贵州布政使，在贵州亲身感受了贺长龄的治黔业绩，心生敬佩，于光绪五年（1879）上书为贺长龄翻案，此时贺长龄已经去世 30 年。再后来，黎培敬的孙子黎丹娶了贺长龄的重孙女，黎培敬也已去世。再说，黎培敬在湘潭黎氏中属于尊周一脉，黎锦熙属于绪周一脉，族缘关系相当远了。诸此种种意味着，说贺长龄与黎培敬在生前有着莫逆之交，有点想当然，从治学角度看就欠严谨了。正确的解读是，黎培敬很敬佩贺长龄的为人，作为晚辈乡人，挺身而出为贺长龄翻案，他的后人也敬佩贺家，故而结下了姻亲。这样一来，说黎锦熙与贺澹江以祖先有莫逆之交的友谊而结缘的细节就不真实，因而是不可信的。如果说贺澹江对祖上的关系不清楚，犯了知识错误，这也情有可原，但是以黎锦熙的学问，他不可能犯这样的知识错误。要是黎锦熙也相信贺长龄与黎培敬是莫逆之交，那可就要丢脸了。

其次，贺澹江这次婚姻的过程，应该说多少有设计意味。从黎白在《湘潭黎氏》一书的叙述看，作者认为贺黎联姻是一次两情相悦的意外缘分，并无微词，由于黎白是黎锦熙的侄儿，也可以看成是黎家人的态度。但是从书中叙述的贺澹江的表现，再结合其他方面的情况，不能排除贺澹江是有所设计的。她明知黎锦熙是公众人物，家里还有妻室，依然比较主动，包括主动和黎锦熙摊牌，鼓励黎锦熙效法鲁迅来一场师生恋，不能只是理解为贺澹江率性而为，至少她是经过一番掂量后才有这些主动表现的。再说，此时贺澹江刚刚与前夫离婚，情绪应该比较低沉，这么快就进入下一段热恋，从人之常情看，也很反常。相反，如果我们认为正是因为失败的婚姻，她想尽快走出窘境，向前夫和世人证明自己，争个脸面，那么，她向黎锦熙射出丘比特之箭，就顺理成章了。再联想贺澹江与黎锦熙结合之后，她并不要求丈夫与发妻黄夫人离婚，也不要求黎家亲友称她为贺夫人，只是称"贺先生"就足矣，甚至不要求住进黎家大院，只要求给她安排一处同城居所就可以了。贺澹江的这些态度，一方面体现了她的开放豁达，另一方面也体现了她的周密考虑，她的考虑是，尽最大可能化解可能引起的风波，只要能和黎锦熙在一起就行。当然，贺澹江这次婚姻即使有设计性又如何？再设身处地想一想，跟着前夫，东躲西藏，漂泊天涯，甚至出生入死，经历了那么多人生磨难，却遭遇前夫离异的贺澹江，痛定思痛，期盼以婚姻改变命运，而黎锦熙也真心地接纳她，实在也是人之常情，无须苛责。

奇女子贺澹江（下）

丑媳妇总要见公婆。

贺澹江与黎锦熙结合后，第一件事就是要去湘潭见公婆。那时黎锦熙的父母都住在靠近长沙的湘潭乡下，婚事已经先斩，再不后奏，黎锦熙再开放也没有这个胆子。贺澹江也明白这个道理，虽然心有忐忑，可是也并不太慌张。想必她也做了功课，她明白公公黎松庵是饱读诗书的老秀才，性情开朗，淡泊功名，与齐白石、王仲言等湘潭名士创立罗山诗社，寄情山水，潇洒乡间，是个思想十分开明的乡绅，应该不会太为难自己。倒是婆婆黄庚恐怕会反对，因为黎锦熙的发妻是婆婆的侄女，不过婆婆是书香大户的闺秀，也是明白人。现在生米已成熟饭，硬要棒打鸳鸯，大家都会受伤，何况自己也是名门闺秀，还不要名分，说白了，就是黎锦熙纳了一房侧室，只要不动摇黄夫人的地位，婆婆最终也是会妥协的。想来想去，贺澹江和黎锦熙断定，回去后肯定会受到老人数落，这是难以避免的，夫妻俩便相互鼓励，不管怎么数落，都要沉住气。

就在他们夫妻俩准备回湘潭的前一天，北平传来了电报，要黎锦熙火速回京商议要事，夫妻俩不觉暗暗松了一口气，这下可以借口公务紧急暂时不去老家了。他们立即登上了北行的列车。

就在火车上，又一次奇遇发生了。

原来黎锦熙父亲的老朋友、大画家齐白石也在包厢里，他们意外地相遇了。一番寒暄之后，齐白石注意到穿着大红缎子衣裳的贺澹江，似乎感觉到了什么，摆出长辈架势，直言不讳地问："她是你家什么人？怎么我不认识？"

贺澹江有些尴尬地站起来，礼貌地向齐白石鞠了一躬，抬眼直望黎锦

熙。黎锦熙也有些尴尬，满脸堆笑答道："她是您的新侄儿媳，叫贺澹江，长沙贺家后人，您老知道，贺家和黎家是世交……"

齐白石顿时明白了一切，脸色一沉，没有吭声。

黎锦熙连忙解释："我们回北平就去见鹤寿，鹤寿不会为难澹江的。"

黎锦熙说的鹤寿，就是原配夫人黄鹤寿。只见齐白石的脸色有些缓和了，他听出来了，黎锦熙不会弃旧迎新，这就好，不就是纳妾嘛，这没什么大不了。于是齐白石又有些同情地看着贺澹江，毕竟是名门闺秀，也不容易呀。他便对贺澹江说："不要称什么伯父了，就叫我老大哥吧。"贺澹江一看齐白石拐弯了，连忙说："那可不行，伯父，您老人家的大名我还是孩子的时候就听说了。"齐白石一听心里很舒服，却连连摇头："莫叫伯父，我虽然比劭西父亲大四岁，可是一直视松庵为兄，我现在这点本事，都是得益于松庵点化呢！"

黎锦熙一听，眼前一亮："不称伯父也行，就称老师吧，澹江喜欢画画，造诣也有一定火候，要是得名师指点，会更上一层楼的。"黎锦熙又扭头对贺澹江直眨眼睛："澹江，拜白石先生为师，这是你的福气呀，还不快拜老师！"

贺澹江又惊又喜："好呀，可是我没准备拜师礼，怎么拜呢！"

齐白石呵呵笑起来："冒得礼冒关系，我怎么敢收黎家人的拜师礼，这样吧，你三拜九叩就行了！"

齐白石的话还没说完，贺澹江已经跪下去了。齐白石连忙拉起了贺澹江："使不得，使不得，开个玩笑嘛，这火车摇摇晃晃，磕破了新娘子的娇容，我可担待不起，你们贺家老祖宗也要收拾我的！"

就在一片笑声中，贺澹江成了齐白石的女弟子。

从在火车上拜师齐白石的这个故事中不难发现，不仅贺澹江能屈能伸，善于看菜吃饭，讨人欢心，黎锦熙也非常精明机警，绝不是迂腐之辈。可以说，是他们夫妻俩联手说服了齐白石。不仅仅是让贺澹江瞬间成了白石老人的女弟子，接下来，齐白石又成了他们夫妇的和事佬，去做黎锦熙发妻黄鹤寿的工作，劝说黄夫人接受既成事实。

齐白石的社会名望不用说了，只说他与黎锦熙的父亲，是有兄弟情分的密友，在罗山诗社里吟诗作画，猜拳喝酒，玩得很疯。齐白石在黎家儿女面前，更有长辈之尊，是可以开口骂人的。黎锦熙夫妇都明白，齐白石的态度，在很大程度上可以决定社会能否接受他们这次孟浪姻缘，齐白石自然也是劝说黄鹤寿的最佳人选。火车上，贺澹江的谦卑表现，一下子就软化了齐白石，博得了老头子的好感，所以齐白石也乐意充当说客。

黄鹤寿一听齐白石说明来意，顿时目瞪口呆，眼泪如泉流下脸颊。她没想到，夫妻相敬如宾30年，居然会发生这样的事。这不仅是自己的耻辱，也是黄家的耻辱。她祖父黄远积，字仲容，同治年间的举人，官任刑部主事，因为与黎家是世交，把女儿黄庚嫁给了黎松庵，黄庚是黄鹤寿的姑妈，后来又成了黄鹤寿的婆婆。黄鹤寿的父亲叫黄笃质，国子监生，弃官不做，经商成了不小的老板。伯伯黄笃瓒，是曹州知府加三品衔。可见，黄鹤寿也是大家闺秀，说出去，脸面往哪搁？但是齐白石面带同情，叹了一口气，说出了一番道理，大意是，你成为黎锦熙夫人，是从小定的娃娃亲，亲情多于恋情，作为书香闺秀，你也算得上才女，性格也贤淑敦厚，30年来在黎家上下有贤妻良母的口碑。问题是，比起新妇贺澹江，一是你相貌平平，加之岁月不饶人，看起来倒像丈夫的小妈，贺澹江则比你年轻20岁，不说是天生丽质，也可说是风韵夺人；二是你的才学都是旧学根底，与贺澹江的新学造诣难以抗衡，你丈夫是语言学家，还是中国文字改革的领袖，属于新派学人，当然更需要贺澹江这样的红颜知己做助手，你是帮不了丈夫的，何不成人之美呢？何况，贺澹江并不想喧宾夺主，第一不要什么正室名分，也不要人们叫她贺夫人，只叫"贺先生"便可；第二在家庭生活中，也不必挤在一个屋檐下，抬头不见低头见，而是在北平安排另一个宅院过日子。人家也是名门闺秀，有这样的肚量，够意思了，你要是咽不下这口气，闹起来也会伤丈夫的心，对你也会感情疏远，岂不是自讨苦吃吗？再说了，不就是纳一个侧室吗？这世上纳侧室的男人可以说是千千万万……

如此如此，这般这般，在齐白石的劝说下，黄夫人终于想开了。她抹干了眼泪，答应了与贺澹江见面，见面后黄夫人果然觉得贺澹江谦卑有礼，对自己一口一个黄夫人地叫，心情便慢慢释然了。据后人说，黄夫人一直与贺澹江保持着友好往来，黎家人都与贺澹江关系不错。贺澹江知进退，会做人，可见一斑。

婚姻风波过后，贺澹江和黎锦熙自然又去拜谢齐白石，而且贺澹江正式三拜九叩，行了拜师礼，名正言顺地成为白石老人的女弟子。明白人都知道，就凭齐白石女弟子的身份，贺澹江一步就跨进了民国一流的文化圈，可谓丑小鸭变成了白天鹅。黎锦熙欣慰地赋诗，记载了这件贺澹江和他的人生大事：

刚成地久天长约，便上风驰电掣车。

车中画叟盈头雪，海上瀛台夹路花。

初游胜地频呼酒，旋拜名师只奉茶。

　　黎锦熙经历了与贺澹江的姻缘历险，似乎很兴奋，甚至可以认为，他虽是新文化运动的弄潮儿，由于种种原因，在男女情事方面还是比较保守的，个人情感的追求，一直没有得到相应释放，与贺澹江邂逅实际是一次补课。所以，年近半百的黎夫子，居然写下了一首带着香艳意味的情诗："君从北地巡南服，为广钞胥试翰文。文白锦迥三道策，中西合璧一佳人。芙蓉丰媚卷金发，杨柳纤腰衬玉臂。一声愿上燕都去，摒挡双雏向前路。汉皋环佩解芬芳，鄂渚方舟欣际遇。但愿称名免小妻，不望当门为大妇。婧娥粗识汉宫仪……"诗句不禁使人联想起白居易《长恨歌》里唐明皇对杨贵妃的溺爱场景。

　　还有一个赫赫有名的文化人也十分关注黎贺的这段姻缘，写下了诗篇以贺，此人就是章士钊。诗如下：

长沙二贺迥非凡，文津通流耸道咸。

不见家风沾丏远，澹江犹自漾轻帆。

文肃当年乐左官，只缘黎贺两家欢。

百年季子还无恙，好洗儒生几点酸。

　　章士钊此诗，将黎锦熙与贺澹江的姻缘上升到黎贺两家世姻传统的赓续，未免有些溢美，用典也未必严谨，但是赞美认同的态度是肯定的。这也与他的家族与贺家有通家世谊有关。章士钊堂伯章恪之女，还有堂兄、晚清著名画家章寿彝之女，都是贺家媳妇；章士钊留学日本时，与贺澹江许多留学日本的家族长辈，也有同学之谊甚至密交。此外，贺澹江的舅爷爷黄兴，也是章士钊之友。章贺两家的关系不比黎贺两家浅，所以章士钊写诗祝贺，自在情理之中。更重要的是，以章士钊的社会声望为贺澹江站台，很大程度上引导了社会舆论。

　　总之，贺澹江在这场可能演化为绯闻的婚变事件中显示了不俗的应变力，赢得了世人认同，决定性地改变了自己的命运，成为人生的大赢家。

1937 年初夏，钟鸿姐妹已经离开母亲快一年了。

她们跟随姨妈贺定华从长沙乡下去了安徽姨父的故乡，这里的风景比长沙更美，在姨妈的精心照料下，她们暂时忘却了因母亲离家带来的恐惧和悲伤。但就在此时，母亲突然出现在女儿们面前，说要接她们去北平。钟鸿回忆说："原来我以为母亲也像父亲一样，抛弃了我们，非常绝望，后来才明白，母亲是不会抛弃她的女儿们的，她是用自己的方式，努力给我们营造成长的条件。"钟鸿还举了母亲的一首词来印证："金陵三度风兼雨，游踪万里来和去，清泪洒车茵，牢愁似水纹。乌江辞上柳，忍舍双雏否？奋翅拨云间，将雏北地来。"钟鸿暗示，母亲的第二次婚姻，就是想为女儿们营造良好的成长环境。

贺澹江带着女儿们来到北平，住进了一所王府改建的院落，贺澹江与黎锦熙的工作单位叫中国大词典编纂处，这是一所国家级文化工程的工作机构，黎锦熙是这个机构的主任，办公地点在中南海，黎锦熙的办公室在怀仁堂。这种办公地点的设置，据说是北洋政府时期的决定，在总统府周边建立国家文化中枢机构，后来民国政府迁都南京，中南海就由文化机构独领风骚。当时黎锦熙的同事钱玄同、赵元任、刘半农、林语堂等都是顶级名流学者，贺澹江作为黎锦熙的助手，也算得上与鸿儒共事，想一想，这是什么感觉？黎锦熙还在国立北平师范大学任教务长兼中文系主任，门下弟子英才荟萃，个个见到贺澹江，都毕恭毕敬地喊师母或者贺先生，想一想，这是什么感觉？业余时间她就去齐府请教书画之道，与李苦禅、娄师白、王雪涛、梅兰芳以及后来的李可染、陈大羽、许麟庐等称兄道妹，想一想，这又是什么感觉？不言而喻，她的社会身份和地位与此前有了天壤之别，这都和她的第二次婚姻密切相关。

尽管升华了身份和地位，日本人打来的时候，一样要逃难。国家败落，国民就是这个命。区别仅仅是，荷包里有银子，可以坐舟车，逃得快一点。卢沟桥事变以后，北平成为关内最早沦陷的大都会，贺澹江一家也开始了逃亡的日子，她和丈夫分为两路，丈夫由学校安排，乘飞机直抵西安，她带着两个女儿坐火车经天津乘海轮去青岛，再坐火车去武汉，就在武汉，她和同样逃难的姐姐贺定华一家奇迹般地相遇了，便一起回到长沙。到了长沙，贺澹江放下女儿，交给姐姐照顾，再去西安与丈夫相聚。后来，姐姐贺定华又带着一大家子，奔赴四川、西安与妹妹团聚，两家人就在西南、西北一带度过了抗战流亡的岁月。其间的颠沛流离，甜酸苦辣，不言而喻，也不必细说。值得一说的是，就在中华民族同仇敌忾的时候，贺澹江却惊讶地从广播中得知，前夫在南京汪精卫政府当上了警备司令部警卫三师的中将师长。这可不是一般的汉奸，而是高级汉奸呀。

贺澹江顿时傻了，她实在无法想象，这位自己曾狂恋的北伐军官，热血忠勇的共产党人，怎么会摇身一变，堕落到大汉奸的地步？难道是他与自己离异后，混得更加潦倒，饥不择食，走上了这条万人唾骂的道路？想到此，贺澹江不觉心中闪出些许同情，甚至心痛，不管他走得如何绝情，毕竟一日夫妻百日恩啊！当然，贺澹江闻知前夫当汉奸后的微妙心态，我们是根据她后来对前夫的种种表现所做的推测，并无史料证据，可是有理由相信，这种推测并不离谱，且听我们把故事说下去。

我们的一个理由就是，贺澹江居然安排自己的大女儿去南京见父亲。按照政治正确的逻辑，这无异于要把女儿送入汉奸的怀抱，接受汉奸的抚育，结果会怎样，可想而知。要是贺澹江完全没有夫妻情，要是完全对前夫充满民族义愤，是断不会有此举动的。尽管小女儿钟鸿解释说，去南京见父亲，是她姐姐首先提出的，妈妈考虑之后同意了，便委托一位经常跑沦陷区做买卖的友人把姐姐带去了南京。钟鸿还解释说，姐姐去南京见父亲，是要大义灭亲，或者游说父亲抗日。这样的解释，显然说服力不够。哪位母亲会做出决定，让一个14岁的孩子去狼窝虎穴大义灭亲？或者游说一个大汉奸父亲改邪归正？更符合情理的解释是，山河沦陷，生灵涂炭，贺澹江不忍心女儿跟着自己受磨难，想给女儿换个安定优越的生长环境，前夫虽然是汉奸，毕竟虎毒不食子。警卫三师是汪伪政权的王牌军，全部日式装备，战斗力最强，可见钟健魂很受器重。女儿在父亲的庇护下，优裕生活是有保证的。或许贺澹江还想，要是大女儿被父亲接纳，生活得不错，再把小女儿也送过去。当然，这种想法从政治正确的逻辑看，是不光彩的，可是从母亲的逻辑看，却基于天性。

还值得一说的是，据黎白《湘潭黎氏》中记述，贺澹江在与黎锦熙恋爱时，声称自己的丈夫是因为参加了共产党，被国民党杀害了，黎锦熙听了，很是同情。如果真是如此，那么她对黎锦熙也没有说实话。她为什么要撒谎？可以理解为女人常见的小心计，比如为了博得黎锦熙的同情，或者使黎锦熙觉得她情丝已断，更加放心地接纳她。说到此问题又来了，贺澹江要把大女儿送往南京，她总得对黎锦熙做个解释吧？可是我们没发现有关史料涉及这个问题，只能猜测几种可能：一是黎白所说不确切。和黎锦熙恋爱时贺澹江说了实话——自己和丈夫离异了，于是，就根本不存在隐瞒的问题了。二是贺澹江与黎锦熙结婚后，说出了实话。这也不构成什么问题。三是直到这时候，贺澹江才对黎锦熙吐露前夫并没有牺牲的实情。这就有些麻烦。黎锦熙心里肯定不高兴。到底情况怎么样，不得而知，只能存疑。

我们接着往下说。贺澹江的大女儿顺利地去到父亲身边，果然得到父亲很好的呵护，而且后来的故事居然出现了皆大欢喜的结局，原来贺澹江的前夫是诈投汪伪政权，其实还在秘密寻找中共，同时也想积蓄资本，为以后找到中共准备见面礼。毕竟脱党多年，仅凭忠心的表白，是很难取信的。经过种种曲折，他终于成功和中共地下组织取得联系，并取得了信任。1945 年 8 月，就在日本投降的前夕，他拉着队伍起义，加入了新四军。这样一来，贺澹江送女儿去南京投靠父亲，就不再是一个政治污点或者道德尴尬。

有关史料还说，贺澹江的大女儿来到南京后，曾义正词严地责问父亲为什么要当汉奸，还要父亲改邪归正、投身抗日，父亲却含糊以对，女儿便暗中观察父亲，觉得父亲的种种表现不像汉奸，反而像为地下组织工作，慢慢和父亲的关系便缓和了。这样的说法，可备一说。父亲带着警卫三师的三千人起义，加入新四军后，改名钟皿浪，恢复了中共党籍，担任了新四军独立第一军军长，随后又任了一段时期新四军华中野战军第七纵队副司令，与司令员粟裕一起，与国民党军英勇作战，取得了七战七捷的胜利。贺澹江的大女儿也在父亲的影响下，在解放区上学，参加了革命。

1945 年，经历了 14 年艰苦抗战的中华民族，终于赢来了世界反法西斯战争的胜利，苏联向中国东北出兵，打击日军，美国向日本本土出兵，在广岛、长崎投下了原子弹，日本天皇于 8 月 15 日宣告无条件投降。

贺澹江一家在一片胜利的欢庆中回到北平，这时国共两党的和平建国谈判在重庆举行，签订了合作建国的《双十协定》，和平、民主、团结、富强的中国未来隐约在望。然而，中共的巨大影响力给蒋介石带来了强烈的危机感，不到一年，蒋介石政府便撕毁了《双十协定》，决定以武力的强大优势消灭中共，国共双方又掀开了决定中国命运的大决战。最终，在这场军事实力相当悬殊的大决战中，拥有强大军事优势的蒋介石军队居然不堪一击，土崩瓦解，不到三年，八百万军队消耗殆尽，狼狈地逃往台湾，中共夺取了全国政权。

中共的胜利，原因诸多，重要原因之一就是，中共赢得了大多数知识分子的认同。以贺澹江一家为例，历来不问政治、信守君子不党原则的黎锦熙，明确地反对内战，与许德珩、李公朴、严济慈等组建了九三学社，并积极支持学运。北师大学运"八九血案"发生后，他毅然和学生一起，参加了游行抗议，由于他和许多著名学者的态度，国民党当局不得不释放了许多被捕学生。在国民党撤往台湾前夕，作为民国政府选定的 16 位国宝级文化人之一，他也在国民党重点保护撤往台湾的人选之列，但是他毅然拒绝。贺澹江记载了当时的情况：

> 师大的教务长黄金鳌几次来我家通知我们乘飞机去南京再去台湾，都被黎锦熙拒绝。12 月 26 日，形势愈加紧张，黄金鳌"街上命"又亲来我家敦促。说这是"最后的机会"，当晚派汽车来接。黎锦熙断然拒绝。我和他当着黄的面，把"撤退"的通知函撕掉。黄一看知道"无可理喻"，只得夹着皮包跑掉了。待他出去，锦熙缓慢而坚定地说："我嘛！我要在这里等一位唐宗宋祖都稍逊风骚的伟人呢！"（见贺澹江《忆黎锦熙先生》）

钟鸿也记载了这件事。多了一些细节，说是黎锦熙接过"撤退"通知，笑问贺澹江："你看怎么办？"贺澹江说："我才不跟蒋介石去当高等难民呢。"当着教务长的面，贺澹江撕毁了那张通知单。黎锦熙无奈地对教务长摊开双手，教务长只好起身说："黎老，那我先走了。"教务长走后，贺澹江说："让他去吧，我要在北平等着解放区的亲人呢！"贺澹江指的亲人，就是在解放区参加了革命的大女儿。黎锦熙则说了上面那句话："我要在这里等一位唐宗宋祖都稍逊风骚的伟人呢！"

母女的记叙大同小异。说明这时贺澹江和黎锦熙的立场都转向了中共。不过黎锦熙说的"我要在这里等一位唐宗宋祖都稍逊风骚的伟人呢！"是否为原话，似乎可以商榷，听这话总感觉黎锦熙不够矜持，不像他的做派。黎锦熙固然对毛泽东十分敬佩，但毛泽东毕竟是他的学生，一直是毛泽东仰敬黎锦熙，黎锦熙为人又十分沉稳，这句话总觉得不像黎锦熙的口吻，很可能是贺澹江的文学虚构。

在此不妨说说黎锦熙与毛泽东的师生关系。在毛泽东的众多老师中，师生情分最浓厚、毛泽东最敬重的，除了他的岳父杨昌济，恐怕就数黎锦熙了。黎是毛泽东读第四师范和第一师范的历史老师，对毛泽东十分器重，评价甚高也指教甚多，在私人往来中，只大毛泽东三岁的黎锦熙也不摆师道尊严的架子，以兄弟之称与毛相交。这对青年毛泽东的激励是很重要的，所以毛泽东也终身敬重黎锦熙，说"生平不见良师友，得吾兄恨晚，甚愿日日趋前请教""弟自得阁下，如婴儿之得慈母"。毛泽东投入革命以后，两人来往基本断了，但黎锦熙一直关注毛的动向，并精心保存着毛泽东给他的来信。1938 年，国共合作时期，毛泽东主动从延安给黎锦熙寄来自己的《论持久战》，黎锦熙也回赠《建设的大众语文学》，可见师生情分依然浓厚。由于这份师生情，毛泽东带着浩荡大军一进北平，就登门造访黎锦熙，邀请他参加开国大典，至于此后的亲密交集，众所周知，不必细说了。可以说，正因为黎锦熙与毛泽东的这种特殊情分，不过问政治的黎锦熙一直对中共有好感，加之国民党太不争气，日趋腐败，黎锦熙也就选择了留在大陆，而贺澹江自然夫唱妇随。

有趣的是，不仅黎锦熙夫妇的立场转向了中共，他们在北师大读书的女儿钟鸿更激进，加入了中共地下组织，成为学运积极分子。贺澹江先是担心阻拦，后来也支持女儿的行动。钟鸿在《风雨半枝莲》中写道：

> 我的妈妈在我的鼓动下还真正转变了。妈妈不但不再拦阻我参加游行，还允许我将家中的白面粉一袋一袋地用自行车驮到学校，支援地下组织换活动经费；还同意我将地下支部委员带到家中开会。当时中南海除了国民党华北行辕的南大门有军警站岗，西门北门是开放的，因为里面只有几个一般单位。当时我的家在西门内，自然就显得很安全了。谁会想到编大词典的静谧的办公室后面、国民党所尊重的学者黎锦熙的家，会成为中共地下组织的会议室呢？

国民党的确无法想象，他们优待有加、敬重有加的如黎锦熙等高级知识分子，居然会离心离德，心向中共，这可真是太失败了。从某种意义上也说明，钟鸿这样的革命青年，革命风险比起常人来说，也要小很多。包括黎锦熙、贺澹江倒向中共，国民党也只是无奈地叹息一声。

新中国成立后，黎锦熙担任了北师大教授、系主任、校务委员会主席，以及中国文字改革委员会委员、常务理事会副主席，汉字整理委员会主任，中国大辞典编纂处总主任，中国科学院学部委员，全国政协第一、二、五届委员，全国人大第一、二届代表等职务。"文革"之初，他虽然作为反动学术权威受到冲击，但立即就被毛泽东发话制止，在神州大地，旧知识分子如同惊弓之鸟的日子里，他得以安度晚年。不用说，妻子贺澹江也跟随丈夫搭了顺风车，不过她的姐姐贺定华却没有这福分，惨死于红卫兵的批斗，贺澹江的女儿钟鸿，则在 1957 年被打成了"右派"，也是满身伤痕。相比之下，黎锦熙夫妇确实是幸运有加。

细细琢磨，不可忽略黎锦熙淡泊功名、自甘寂寞、疏远政治的人生姿态。他的生平职务中全部都是荣誉性或技术性的职务。其实国家多次想给他委以重要领导职务，他都以身体不佳婉言拒绝，从而构成了黎锦熙独特而睿智的人生。所谓睿智，就是懂得进退，不做欲望的奴隶。再看贺澹江，似乎也接受了黎锦熙的人生做派，她为了改变命运，果断把握机遇，不计较名分得失，成为黎夫人后，她要是继续攀行，作为黎锦熙的助手和齐白石的弟子，至少在妇女界会更加风光，可是她甘当绿叶扶红花，终身都是丈夫的资料员和保姆，其人生可谓虚荣大于实绩，无论是学术还是艺术，她都没有特别显赫的成就，世人对她的功业评价并不太高。或许，这就是她的选择，能够在虚荣中获得自己以及家人的安适就足矣，这也叫作睿智。

1978 年，黎锦熙病故，享年 88 岁。贺澹江为丈夫送了终，迁出了原来部长待遇的旧居，住进了国家安排的另一处院落。又生活了 5 年，她也走到了生命的尽头。这时前夫钟皿浪突然出现在她床前，两位满头白发的冤家默默地凝望着。后来钟皿浪拍拍前妻的脸说："好好休息，我以后再来看你。"贺澹江虚弱地说："要看，就现在多看几眼。"钟皿浪没再说话。站在一旁的女儿钟鸿明白这是亲生父母的最后诀别，泪如雨下……

1983 年 4 月 25 日母亲去世，我在母亲的遗物中，看到一张画在信笺上的画：一枝桃花含苞待放，纯真、羞怯而妩媚。无意中顺手翻过来，看到一首诗："忆昔携手下金陵，不问前途凶与吉。几经沧桑几经秋，几多恩爱几多愁。今君挈女独归去，何日魂还共度秋。健题 1936 年。"

"健"，这不是父亲钟健魂的"健"吗？ 1936 年我 5 岁，是他们离婚的时候。而母亲的桃花是 1929 年画的，正是母亲与父亲初婚不久送给父亲的。啊！我才明白了当时他们为什么一边离婚，一边抱头痛哭，他们的感情是深沉的，然而母亲脾气暴躁，经常吵嘴，使父亲痛苦，久而久之，移情别恋，无可奈何。人生啊！各种原因都可能造成夫妻离异。

如今父亲102岁了，他把他自存的一些材料交给了我，其中有个信封，上面写着"恩人的材料，保存好"。我抽出一看，一张是1927年救他出死牢的吴仲孚叔叔在全国解放后写给父亲的回信，告知吴及其家中情况。一张则是母亲写的寻找吴仲孚营救父亲的经过。父亲并未忘记大革命时期，母亲把他从死牢救出的恩典，所以他一直惦记着妈妈，也才会离别30余年后还来看望病危的妈妈。

钟鸿的这段记载，给贺澹江的人生画了一个圆满句号。

贺家耀家脉姻亲略考

之所以作贺家耀家脉姻亲考，基于两个原因。其一，贺家耀这一脉贺家儿女串联出了一个非常显赫的族缘姻亲群体，其中不乏值得史学关注的人物和事件。其二，由于史料残缺及爬梳困难，很难形成完整的叙事。所以，只能以家脉姻亲考的方式，构成某种家族及姻亲关系图略，有话则长，无话则短，给有心人提供某种提示或导引，以便展开深入研究。

贺家耀（1873—1929），一名际昌，字兆熊，号润生。属于善化贺氏第八代传人，贺桂龄一脉。祖父贺仲琳，为贺桂龄次子，例捐同知衔，以长子贺师谦得二品封典，诰资政大夫。父亲贺师泰为贺仲琳次子，贡生，例报捐县丞，例授修职郎。祖母章氏，为同乡章恪公之女。这就和长沙章氏家族开始了姻亲关系，该家族在民国时期的著名人物就是章士钊——章恪的族侄。

大约1904年，贺家耀官费留学日本入读日本法政大学速成科修法律。1907年毕业，同学中有宋教仁、居正、沈钧儒、汤化龙等人，都是史册留名的风云人物。没发现贺家耀在日本加入同盟会的记录，但后来护国运动中，居正组建中华革命军东北军讨袁，任总司令，贺家耀任军法处长。据此估计，贺家耀应该在日本也加入了同盟会，应是辛亥革命的元老级人物。贺家耀在日本盘桓八年，除了就读法政大学，还就读过宏文学院日语专修科、明治大学法律系。他去日本时，已经31岁，家中留下了妻子章漱梅，岳父是贺家耀的舅舅，晚清知名画家章寿彝。也就是说，贺家耀娶的是自己的舅表妹。家谱对贺家耀留学归国后的履历这样记载：

民国元年,任湖南财政学校教员。二年二月,任益阳地方检察厅检察长。三年五月卸任赴京。四年八月，经甄拔司法人员委员会甄拔合格，奉司法部派赴山东地方审判厅以推事实习，经山东高审厅调充济南地审厅实习，代理济南地审厅民刑庭推事。六年一月，调充山东高审厅候补推事，五月奉部令署济南地审厅推事，六月调赴高审厅临时厅办理推事事务，八月兼办济南地审厅敌国人民诉讼案件。七年六月，司法部呈请命署理济南地审厅推事，仍留高等厅办事。九年一月，司法部奖给二等金质獬豸章。十一年十二月，奉令赴青岛帮同接受法院事宜并代理推事。十二年，奉部令留青岛地审厅办事，十二月，调署青岛地审厅推事。十三年一月，调署本厅分庭推事，十七年六月，请假回籍。

可见，贺家耀在民国主要在司法界任职，是北洋时期的知名法官。他的事迹对于研究民国的司法史肯定有启迪。还有资料显示，民国四年（1915），袁世凯称帝，孙中山组建中华革命党讨袁，发动护国战争，居正受命在山东组建中华革命军东北军，部队规模 13000 余人，居正任总司令，许崇智任参谋长，陈中孚任副官处长，贺家耀（曾用名贺际昌）任军法处长。东北军与袁军在山东展开激战，是讨袁后期的主要军事力量，其中还包括日本人的介入。不过东北军也是昙花一现，因袁世凯病故，黎元洪继任大总统，取消帝制，恢复约法，东北军解散。这是民国史上的重大事件，贺家耀是重要的当事人之一。从他的履历看，也是北洋时期的政治风云人物，可是有关他的记载很少，可能与他 1929 年就病故有关，也可能有关记载还沉睡在尘封的档案中，希望有心人能做一些开掘，也许会有惊喜发现。

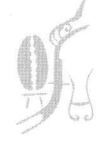

贺家耀的原配章夫人也是有故事的人，可惜资料很少，在其孙辈后人模糊的记忆中，她喜欢音乐绘画，心灵手巧，还会剪纸、制作皮影等。她在熊希龄创办的香山慈幼院任过教员，后来其儿子结婚，还请熊希龄做证婚人。总之在那个年代，她应该是不多见的知识女性。贺家耀回国前，章夫人膝下已经有两女一子，贺延祖、贺启兰[1]、贺益兴。她曾带着儿女来到北京投靠一位做官的弟弟，好像官还不小，是亲弟还是堂弟不清楚。贺家耀回国后曾想接她去山东住，但她以孩子已在北京上学，不能耽误为由，没有去山东，贺

1　又作启南。

家耀就娶了刘夫人。有限的资料显示，章夫人的父亲章寿彝是清末民初的知名书画家。"章寿彝，字伯和，湖南善化人。精镌碑版，书宗郑板桥，画学白阳（陈道复）。篆刻亦师板桥。少游日本习艺事，能以木制纺织机器。"在左宗棠的遗文中，对章寿彝有记载，主要记载他的书画事，评价很高，他曾在西北替左宗棠书写农书刻印推广，是左的幕僚。李鸿章书信中也提到过他，说他在日本犯下了案子，很丢中国人的脸："章寿彝案，作何了结？风雅扫地，亦中国人士之耻也。"（见李鸿章《复出使日本国大臣黎》）究竟是怎么回事，详情不知。这是光绪十五年（1889）的事。总之，贺家耀岳父章寿彝也是一个充满传奇故事的人物。

据族谱，贺家耀有二子三女，长子贺益兴，章夫人出，次子贺益舜，刘夫人出，长女贺延祉、次女贺启兰，章夫人出，三女贺益珍，刘夫人出。

我们先说说贺益兴这一家。

贺益兴（1900—1944），字继唐，号六章。北京国立农业专科学校毕业，1922 年赴日本早稻田大学学农艺，1924 年回国，入北京农业大学农艺系研究科就读，1925 年肄业留校任助教，后为本校农场技师。从专业看，贺益兴是位农学家，在他之后，贺家子弟中还有几位农学家，贺益兴应该是第一代人。另据他大女儿贺宝善记载，他在 20 世纪 30 年代任山东济南农事试验场的场长，家住场内的一栋小洋楼，楼外种有花草植物，他经常带着女儿事农艺，生活过得优裕而富有田园之乐。1937 年，卢沟桥事变之前，贺宝善到北平外公家探亲，因为卢沟桥事变突起，战火阻隔，在外公家待了整整 12 年。贺益兴是公务人员，接南京政府指令南迁，就把大女儿留在了北平，带着家小先是迁到长沙，后来又迁到桂林，任农场场长，桂林沦陷后又迁回长沙。1944 年，贺益兴病故于家乡，享年 44 岁，可谓英年早逝。不用说，他的专业才华和抱负，也因战乱和早逝未能充分施展，这是很遗憾的事。

再说说贺益兴的妻子。他的妻子叫齐长，是河北高阳齐家齐如山长女。说起高阳齐氏，那可是一篇大文章，我们只能简单说说齐如山一家的情况。齐如山（1875—1962），名宗康，字如山，祖父和父亲都是前清进士，祖父是大学士阮元的弟子，父亲是大学士、军机大臣李鸿藻和翁同龢的门生，后来又为李鸿藻家塾先生，成为李鸿藻之子李石曾的恩师，所以齐家和李家关系极为亲密。齐如山有三兄弟，一直没有分家，大哥齐竺山（宗祜）是前清举人，后成为大商人，开办了大和恒面粉厂等诸多企业，是齐家掌家人。三弟齐寿山（宗颐）同文馆毕业赴德国留学，回国后受蔡元培之聘，任蔡元培秘书，供职教育部，和鲁迅是密友。齐如山是老二，同文馆毕业，主修德语、法语，后游学欧洲，特别专注于戏剧，是位学贯中西的学者。后来与李石曾、张静江、吴稚晖等共同兴办俭学会，成为留德、留法勤工俭学运动的主持人之一。大批中共领袖人物就是在勤工俭学运动中脱颖而出的。还有一件趣事，当年汪精卫要刺杀摄政王载沣，就把齐如山家作为据点，在齐家的南苑农场试验炸弹。当然，齐如山最著名的事迹，就是与梅兰芳的友谊佳话，在这段佳话中，他扮演了梅兰芳的师友角色，以自己学贯中西的戏剧造诣，帮助梅兰芳由戏剧名伶向戏剧艺术大师升华，推动了号称国剧的京剧走向世界，他自己也成为著名的戏曲理论家和民俗学家，著作等身，具体故事，众所周知，就不赘言。此外，齐如山还是一位出色的文化活动家，与文化界名流的交往极为广泛，齐家成了民国文化名流聚会的大客厅，高朋满座，盛友如云，诸多重大文化事件，都与齐家或多或少有关联。因此，贺益兴与齐家的联姻，对于贺家，也可视为一个值得重视的家族文化事件，贺益兴在偶然之间，给善化贺氏家族的文化生命注入了新的血液，使之赓续和新生。

齐家的儿女们，也是龙凤荟萃。如齐焌，留德生，蒋介石的德文翻译，民国驻德武官。齐熙，留德博士，著名船舶学家。齐熨，留德博士，著名工程师。齐㷭，中法大学毕业，民国时期在资源委员会就职，其妻黄媛姗为大学教师、作家。齐香，法国里昂大学毕业，清华、北大教授，法国文学专家，其夫为著名法国文学专家罗大冈。齐缀，北平大学女子文理学院音乐系毕业，钢琴家，其夫为著名钢铁专家杨树棠，曾任资渝钢铁厂主任、国民政府24兵工厂工程师。齐同，台湾大学毕业，教师，其夫为著名科学家李崇道（李政道之兄）……想想看，辐射开去，是一个多么壮观的文化圈。

贺益兴的妻子齐长（1905—1986）是齐如山的长女，毕业于孔德学校，这是为纪念法国哲学家孔德而创立的名校，学校中西合璧，名师荟萃，许多北大知名教授来此兼职授课，蔡元培、李大钊、沈尹默、钱玄同、周作人、马幼渔、徐悲鸿等均在其列，而且这些名师的子女也就读该校，该校又有北大附属中学之称。齐长最喜欢的是美术，毕业后她想考中法大学美术系，可是因为生源太少，没有开班，理想未能实现，家里就给她请了齐白石、徐悲鸿等名师来家辅导。总之，齐长受到了良好的教育。令她终身遗憾的是，22岁结婚后就投入相夫教女的家务中，一直没有谋职，虽然她对家务并不擅长也不热心，但毕竟丈夫早逝，膝下有 6 个女儿要养育，只能做家庭主妇。后人回忆说，齐长多次想出外谋职，都被家人劝说住。但是齐长并没有放弃美术爱好，后来父亲研究京剧，涉及京剧脸谱的课题，齐长发挥自己的特长，替父亲完成了不少脸谱的绘制工作，如今收藏界著名的文物藏品《齐如山京剧脸谱》中许多脸谱画就是她的手笔。这也说明，出嫁的齐长和娘家的关系一直是非常密切的（有关资料显示，是齐家替女儿承担了很大一部分养育孩子的经济支出）。所以，贺益兴的女儿们都把外公外婆看成祖父祖母，对贺家的情感反而不如齐家亲。比如大女儿贺宝善，从 9 岁到齐家，整整 12 年，一直到大学毕业。她后来定居香港，丈夫是香港太古集团的董事姚刚，是个大企业家，贺宝善自然成为香港名媛，她喜欢文史书画，书斋就叫"思齐阁"，蕴含思念齐家的寓意。她后来写了一本回忆录性质的随笔集《思齐阁忆旧》，由三联书店出版，颇为畅销。书中说的基本都是与齐家有关联的名人轶事，贺家的历史故事只有一篇，内容也比较单薄。可见贺益兴这脉贺家人和齐家已经融为一体了，对贺家的了解远不如对齐家的了解深。

再往下说，就到贺益兴的儿女辈了。贺益兴有一个儿子早夭，只有 6 个女儿长大成人。人称贺家 6 朵金花，也是故事多多，要是谈开来，又是洋洋洒洒的大文章了，只做个简要介绍。

大女儿贺宝善，燕京大学音乐系毕业，擅长书画，喜爱文史，为著名书画家顾青瑶、冯康侯弟子。丈夫姚刚，燕京大学经济系毕业，留学英国，任香港太古集团董事，是知名的企业家。

二女儿贺嘉善，中央民族学院毕业，师从费孝通、潘光旦等名师，毕业后在中国社科院语言所从事少数民族语言研究，著有《仡佬语简志》，是仡佬语研究专家。丈夫陈平出身豪门，其祖父陈树屏是前清进士，外公张静江是辛亥革命元老，母亲张芸英是张静江的三女儿，以拒绝宋子文求婚，下嫁有留美背景的电影导演陈寿荫而名扬天下，后来夫妻离异，陈平跟随母亲长大。他爱好广泛，入读清华大学数学系又转哲学系，是金岳霖的学生，毕业后却因为爱好音乐，从事音乐出版工作，曾任人民音乐出版社副总编。

三女儿贺济善，天津师范大学生物系毕业，中学教师。丈夫王天琇为印尼归侨，与贺济善为大学同学，后在一所教师进修学校任校长。

四女儿贺亚善，天津大学化工系毕业，河北工业大学副教授。丈夫李佐邦，与贺亚善为大学同学，后留学日本，为河北工业大学化工学院教授，曾任系主任。

五女儿贺湘善，首都师范大学化学系毕业，留校任教，教授。丈夫万迪基，为贺湘善同学，也是世家子弟。他的祖父万绳栻是张勋的心腹谋臣，参与张勋复辟的核心策划，还因擅长书画，受到溥仪器重，溥仪将妹妹嫁给了万绳栻之子万嘉熙。于是，万迪基就有了皇族血统，算起来，他是摄政王载沣的外孙，宣统皇帝溥仪的外甥。不过万迪基是在红旗下长大，自强自立开拓了另一种人生，成为著名科教电影编导，作品《生命与蛋白质——人工合成胰岛素》获电影金鸡奖，并任北京科教电影制片厂厂长兼总编，在中国电影业很有威望。

六女儿贺粤善，自幼多病，受母亲安排，就读北京卫生学校，毕业后调入中国农业大学动物医学院任实验师。丈夫杨苏声毕业于中国农业大学，后留校任教，赴美留学，后为农大微生物学院教授，曾任系主任。

从以上简介看，贺益兴的女儿及配偶都是知识分子并各有建树，而且姻亲关系也串联起多个文化豪门，显示出世家后裔之间的文化凝聚力，这说明，门当户对作为社会群体的聚合机制，不仅是基于经济利益的整合，也有着内在的文化亲和力，很难简单地因为社会制度或意识形态的改变而衰退。

再说回贺家耀，他还有两个女儿：贺延祉与贺启兰，也就是贺益兴的两位姐姐，在贺家益字辈女性中非常突出，在民国女界颇有地位，也值得一谈。

我们先说贺家耀的大女儿贺延祉（1894—1974）。

据有关资料，贺延祉9岁在家启蒙识字读书。12岁时在离家30多里路的隐储女校就读。史料显示，隐储女校是湖南最早的女校，贺延祉是第一批学生，同学中还有后来的著名教育家黄国厚，据说还有杨开慧的母亲——她比一般学生年龄都大，其实杨开慧也是该校的学生。这说明贺延祉自小受到开明的教育熏陶。

1909年后，她又就读了京师女子师范学堂，该校也是著名的女子大学，1923年后，鲁迅在该校任教，刘和珍、许广平均是该校学生，不过贺延祉是最早一批学生，无缘成为鲁迅的学生。

贺延祉毕业后在京师第一蒙养园教过一年多小学。她还想出国留学，但因为费用负担不起未能如愿。19岁那年她结婚了。此时，母亲章夫人也来北京两年了，在蒙养园当职员，12岁的弟弟贺益兴也跟着母亲来京上学。只有妹妹贺启兰还在长沙读书。贺延祉婚后的履历大概是：1920年，随丈夫去了英国一段时间，后又随丈夫回国，在上海待过一段时间，丈夫黄子美是一位银行家，也是一位文化活动家，在民国的文化界也算是一个活跃人物。以下做一个简要介绍。

黄子美（1890—1957），出身于浙江嘉兴一户书香之家，早年在上海南洋工学读书，后入江南高中两等商业学堂，毕业后曾在杭州教书，1912年经老师谈丹崖介绍入职北京中国银行金库局任科长，谈丹崖任局长。谈是民国大银行家，黄子美有谈丹崖提携，也成为知名的银行家，并为他在文化界的交游奠定了经济基础。这当然也和黄子美浓厚的文化兴趣有关，从他后来的表现看，他似乎并不是非常称职的银行家，倒是一位非常热心的文化活动家。资料显示，他喜欢诗画，水平似乎也不低，1920年，画作还参加了全国美展，自然就结识了许多风雅文人。他的二哥也喜欢画，是个董其昌迷，看来有家学传统。他二哥叫黄子通，是章太炎先生的弟子，鲁迅先生的师弟，曾就读于长沙明德学堂，毕业于上海交通大学机电系，后留学英国和加拿大时改学了经济和哲学，回国后在明德学堂、湖南大学、武汉大学、北京大学等高校任教授，是我国著名的哲学家，白寿彝、高名凯、罗根泽等均为其门生。诸此种种，意味着黄子美的社交圈里，文化人云集，给他开展文化活动提供了优越的条件，他的银行家身份更为其提供了从事文化活动的经济实力，他不仅资助并主事新月社，还是《晨报》的老板，和高阳齐如山家族也有着密切交往。

说起民国著名文学社团新月社的创办和发展，就离不开黄子美的身影。对此徐志摩深有感触地说：

> 新月社的俱乐部，多谢黄子美先生的能干与劳力，居然有了着落。房子不错，布置不坏，厨子合适，什么都好，就是一件事为难——经费。开办费是徐申如先生（我的父亲）与黄子美先生垫在那里的。……黄先生替我们大家当差，做总管事，社里大小的事情哪一样能免得了烦他。他不问我们要酬劳已是我们的便宜，再要他每月自掏腰包贴钱，实在太说不过去了。所以怪不得他最初听说我要到欧洲去，他真的眼睛都瞪红了。他说你这不是成心拆台，我非给你拼命不可！（见徐志摩《给新月》）

和新月社有关的一件文化大事就是1924年的泰戈尔首次访华，这是可以写进现代中国文化史的大事件。由梁启超、徐志摩、胡适发起，中国一流的文化人大都参与其中，而新月派文化人则是接待泰戈尔的主流群体。在这次活动中，黄子美承担送往迎来的协调事务，他的社会活动能力得到了极大发挥，为这次活动的成功立下汗马功劳，且使徐志摩和林徽因在活动中成为万众瞩目的明星，也进一步把徐志摩苦恋林徽因的故事新闻化和传奇化。有趣的是，由于黄子美和徐志摩关系密切，他还深度地介入了徐志摩的婚变，即在泰戈尔访华前两年，徐志摩苦恋林徽因时，他受徐志摩之托，劝说张幼仪和徐志摩离异。这本是一件得罪人又惹是非的事，他却当仁不让，结果张幼仪与徐志摩离异，果然惹出了不小的是非，可见他不是一个城府很深的人，甚至可以说有些幼稚，确切地说，他应该是个性情中人。

1930年，中国文化史上又发生了一件大事。齐如山等人策划组织了京剧大师梅兰芳的访美演出，非常成功，使中国的国剧走向了世界。黄子美的身影又出现在梅兰芳一行的队伍中，这大概是因为他有国外工作经验，社会交际能力较强，和梅兰芳的密友如冯耿光、徐志摩又是好友，所以被冯、徐推荐进入了梅兰芳访美团队。历史照片中，他在梅兰芳访美团队合影中位置比较突出，研究者都认为他是重要成员，有说他在团队中管理财务出纳事务，也有说他是发言人。具体负责什么工作，发挥了哪些作用，还有待深入研究。总之，黄子美在民国的文化圈中是个很活跃也有特殊地位的人物。他扮演了文化赞助人的角色，其赞助的文化项目或活动都是经典案例。可见，黄子美很值得学界关注，可惜八卦资讯不少，深入研究不多。

我们再回到贺延祉。不难想见，作为黄子美的太太，过得自然也是体面风光的名媛生活。具体细节就不说了，值得一说的是，大约20世纪20年代末，黄子美所工作的银行倒闭，遭遇失业，1931年年初，贺延祉带着孩子们离开上海回到北京，经妹夫凌宴池介绍进入新华银行工作。到1947年，她被劝说退职又成家庭妇女了。这时，她含辛茹苦抚养的四个儿女，都长大成人，开始供养母亲了。但是好强的贺延祉还是尽力减轻儿女的负担，坚持独立生活。她以家庭妇女的身份在新中国成立后生活了25年，于1974年去世，享年80岁。

对于贺延祉，人们还注意到，她靠薪金和勤俭持家，把子女都送入了大学，这是她一生最自豪的事。顺着话题就要说一说令贺延祉非常自豪的儿女了。她的四个儿女：黄宣（女）、黄燕、黄宛、黄昆，都是名校毕业的高才生，其中又以黄宛和黄昆两兄弟最为知名。

黄宛生于 1918 年，少年苦读，成绩优异，1935 年考入清华大学化学系，第二年转入生物系，之后又考入燕京大学医预系，1938 年收到协和医学院的录取通知书，1943 年从协和毕业，在该院林可胜教授的推荐下，获得美国医药会的奖学金，得以到美国进修学习。他 1947 年赴美，先后在纽约罗彻斯特大学心肺功能研究室、芝加哥迈可瑞斯研究所心脏系做研究工作。1950 年回国报效祖国，是最早回国的留学人员之一，回国后成为新中国心血管内科的开拓者、中国著名的心脏内科专家、解放军总医院专家组成员。黄宛教授在心脏内科学方面有许多开创性贡献，培养了一大批心脏内科方面的医学人才，还因为医术精湛，成为中央领导人的保健医疗专家，并受国家委派为友好国家的领导人担负过保健或治疗工作，受到好评，满载荣誉而归。2010 年，91 岁的黄宛去世，受到隆重追悼。

黄昆生于 1919 年，只比哥哥黄宛小一岁。他 1937 年考入燕京大学物理系，本科期间就发表了高质量的学术论文，毕业后在西南联大当助教，同时攻读物理学研究生，是吴大猷的弟子，与本科师弟杨振宁关系密切。据杨振宁回忆，在西南联大期间，他最难忘的时光就是和黄昆度过的。杨振宁说："我一生中最重要的一年，不是在美国做研究，而是当时和黄昆同住一舍的时光。"他们在宿舍争论学术问题，互相启发。"正是这些争论，使我找到了科研的感觉。"（见《固体物理学的一代宗师——黄昆》）1944 年，黄昆考取第八届"庚子赔款"的留英公费生，次年赴英国布里斯托大学深造，成为世界著名物理学家、诺贝尔奖获得者莫特的博士生，就读期间提出了"黄漫散射"。1947 年，黄昆又到爱丁堡大学，成为物理大师、诺贝尔奖获得者玻恩的助手，与玻恩合著的《晶格动力学理论》成为风靡物理学界半个多世纪的教科书。玻恩曾给爱因斯坦写信赞美黄昆道："书稿内容现在已经完全超越了我的理论，我能懂得年轻的黄昆以我们两人的名义所写的东西，就很高兴了。"（见科学时报《低调的大师——记物理学家黄昆院士》）这也是中国学者少有的荣誉。由于和玻恩的师生与合作关系，黄昆成为世界物理学界的新星，爱因斯坦等物理学大师，均知晓中国有个才华出众的青年物理学家黄昆。黄昆的学术贡献有"黄漫散射""黄方程""黄—朱模型"等多项，均是世界水平。1952 年，黄昆和哥哥黄宛一样，回归祖国效力，还带回了他的英国籍夫人李爱扶。黄昆对夫人说："你跟我回中国就要学中国话，穿中国服装，适应中国习俗。"夫人一一答应，还改名叫李爱扶，加入了中国国籍。这段跨国婚姻显然又是一段爱情佳话，亦可见黄昆的一颗中国心。黄昆回国后成为中国固体和半导体物理学的主要奠基者之一，1955 年，36 岁的黄昆被聘为中国科学院数理学部委员（相当于后来的中科院院士）。2002 年，他又获得国家最高科学技术奖。无可讳言，黄昆和哥哥黄宛一样，在"文革"时受到了很大冲击，其才学的发挥受到很大影响，有人为此遗憾，认为他要是在国外继续科研事业，会有更大成就。而黄昆并不后悔自己的选择，他认为自己这辈子最大的贡献就是为祖国培养了一大批科学人才。

贺延祉有这样的儿女，实在是作为母亲的福气。

下面该说说贺启兰了。

贺启兰（1897—1956）是贺家耀的次女，贺延祉的妹妹，贺益兴的二姐。家乘中关于她的记载很少，我们只知她 1912 年考入长沙师范学校，1915 年毕业来北京，和母亲章夫人一起在第二蒙养园教过小学。其丈夫凌宴池，是民国知名的银行家。贺启兰以凌夫人名世，过着优渥的名媛生活。1935 年，她丈夫凌宴池调职到汉口的大陆银行，全家随同前往。1937 年凌宴池辞职，迁居上海。贺启兰身体不好，患肺病多年，一生中似乎没有谋业，据说是因为有肺病的缘故。她 1956 年病故，享年 59 岁。此外，我们还知道，他们夫妇育有两子一女，长子凌宁、次子凌容、小女凌宣。凌宁和杨振宁是西南联大的同学好友，后留学美国，在学术上很有建树。凌容是上海华东化工学院的知名教授，2013 年病逝。凌宣也留学美国，在美国加州圣巴巴拉大学任职教授。从家乘中，我们对贺启兰一家的了解大致如此。

不过爬梳家乘之外的资料却有不少有趣的收获。我们得知，贺启兰擅长字画，尤其是书法得到很多名家推崇。比如齐白石对她的字就赞不绝口。在《齐白石全集》中，可见白石先生"题凌宴池夫人小楷书"二首：

> 字小行行古所无，眼花相看误乌丝。
> 三千匹绢三千字，说与夫人价要知。
>
> 堪笑前人学写经，只今博得俗书名。
> 老夫亦种芭蕉树，专听秋天夜雨声。

白石老人的称道中带着玩笑，可见与凌宴池夫妇的关系密切。而民国大书家谭延闿先生的评价则是很认真的。在《谭延闿日记》中有如是记载：

（1922 年）八月十六日曾熙题《贺启南女士楷书九歌》："启南女士小真书精品。古人称作小字，以笔法腕力不轻放过也。今观女士此书风骨遒腴，近代不多观也。壬戌立秋后八日，大风除酷热，熙以为题此笺。复识数语，时年六十二。"谭延闿题曰："世人侧媚为吴兴，实不尔也。此书以衡山之俊逸兼华庭之遒韵，真能嗣法吴兴者。谭延闿敬观。"

这段日记表明，贺启兰的小楷得到了两位大书家的很高赞誉。谭延闿是湖南人自不必说，这曾熙也是湖南人，光绪年间进士，海派书画的领军人物，与李瑞清并称"南曾北李"，与吴昌硕、李瑞清、黄宾虹并称为"海上四妖"。他对贺启兰的小楷如此推崇，殊为难得。有了这几位湖南大家的推崇，贺启兰被更多的名家关注就不奇怪了。比如顾颉刚的日记便有这样的记载：

凌宴池，名凤霄，江苏海门人，其夫人名贺启兰，长沙人，皆能书画。宴池画山水花卉，夫人画仕女。夫人作小楷至工，今世所罕睹。

林鹏侠女士只身调查西北，由兰州至青海，中原女子至青海者第一人也。凌宴池夫人贺启兰小楷精绝，兼能绘事，亦于今见过。一日得见二才女，何其幸也。

如此看来，贺启兰并非一味地依靠丈夫，而是有独特的文化魅力，与丈夫有共同的情趣，切磋琢磨，所以凌宴池对贺启兰的学书路径亦有更多体会：

启南喜作小楷，其学书路径由吴兴上溯佑军，参以虞体，无意中颇似率更。此册写以八载，由白门移往燕京第二年所作也。时初由赵而王，将变未变，本系寻常字课。偶置案头上，友师曾见而称赏，装成辗转传观，题识殆满，颇多溢美之词。

凌宴池认为，贺启兰学赵孟頫（吴兴）起步，转学王羲之，参学虞世南，无意之间，暗合欧阳询（率更）。看来，贺启兰的确是造诣不浅。此外，我们还发现，贺启兰的五伯高祖长龄公有几页小楷信札传世，也是极漂亮的小楷，功力似不在贺启兰之下，故猜测，贺启兰学书是否也有长龄公的影响呢？联想到贺启兰的远祖贺知章，亦是与张旭齐名的书法大家，是否也有遗传基因呢？还看到一个资料，说陈师曾英年早逝，留下许多诗文，门人整理出版，本想请贺启兰抄录后再付印，可惜贺启兰患病，力不能支，只能题写封面。诸此种种均显示，贺启兰确为一代才女，夫妻俩书画璧联，相得益彰，在民国书画界是一道风景。

说到此，有必要介绍一下贺启兰的丈夫凌宴池了。

凌宴池（1892—1965），本名凌霄凤（也有说凤霄），宴池是他的字，由于世人都叫其字，反而如今鲜有人知其本名。他祖籍江苏镇江，清代咸同年间为逃避太平天国之乱，祖父举家迁至海门。其父凌见之是当地一位饱读诗书的富贵乡绅。凌宴池受过良好教育，入读江南高中两等商业学堂，是中国最早的商业科班生，后又留学日本。在江南高中两等商业学堂就读时，著名历史学家、文化大师柳诒徵先生执教商业史，熏陶了凌宴池对文史的浓郁兴趣，他也和柳师结下亦师亦友的终身交谊。凌宴池后来就业银行界，成为民国著名的银行家，并广交名流雅士，吟诗作画，酷爱收藏，又以诗人、画家和收藏家名世，尤其收藏堪称一代大家。

凌宴池成为收藏大家当然和其银行家身份有关——有足够支撑收藏的财力，但更和他广泛的文化界交游以及自身的文化积淀有关，与常见的土豪收藏迥异。特别值得一提的是，1914年，他留学日本时结识了书画大师陈师曾，结为密友，回国后，与陈师曾、汤定之、姚华（茫父）结成"四宜社"，假北平中山公园四宜轩作画雅聚，成为当时北平书画界的一道风景，其文化积淀可见一斑。陈师曾、汤定之、姚华都是民国画坛的顶级大师，相比之下，肯定凌宴池较弱，说是跟着几位大师朋友玩也不为过，但要是太弱，人家也未必会与之结交，至少不会以结社的方式带凌宴池玩。遗憾的是，凌宴池的丹青作品传世的实在太少，不过专业辞典介绍说，凌宴池"能诗善画"，几个版本的美术史都将他列为民国画家，史料还有他们夫妻频频举办画展的记录，想来水准称家还是无愧的。正是这种文化底蕴，凌宴池的收藏便有大家气象，去网上搜一搜，凌宴池夕熏楼的藏品散失民间很多，品质极高，十分火俏，可为佐证，足见收藏不仅是拼财力和运气，也要拼学养和眼力。

那么凌宴池的诗才又如何？这又扯出与他私交甚笃的诗友吴宓了。吴宓在中国现代学界系宗师级人物，其在美国哈佛大学留学时，便与汤用彤、陈寅恪并称为"哈佛三杰"。1925 年，清华大学国学研究院成立，吴宓为主任，延聘梁启超、王国维、陈寅恪、赵元任四大导师，至今传为学界佳话，其门生中则出了钱锺书、季羡林、徐中舒、高亨等一代文史巨匠，在学派上，他是著名的学衡派领袖之一，享有国学大师声誉。吴宓还以诗人著称，其诗评在诗界也是权威声音。在《吴宓诗话》中，便有对凌宴池的专章点评。吴宓说："予先读宴池诗而后为友，彼此深喜其作诗主张，方法之结合。然宴池诗'以新材料入旧格律'，不特情境真切，且词藻典雅，每字每句皆有出处，其功力远非予所及。"可见评价很高，而且两人因诗歌主张相投而结为密友。凌宴池的诗歌主张，吴宓也有涉及：

> 某次宴池来函有云："诗无他秘诀，只有将真情、真境深入浅出地做去。说事、说理直来直往，只有言情是用曲线，因情本模糊恍惚。譬诸儿女言爱，口中说破，其味反短。不过教人循曲线求之，一觉其字字不落空。诗重情感，而不重理智。理智太透彻，便没有诗。故诗家莫不是痴人，至少要带几分痴的成分，因痴即真之表现。油头滑脑之人，只能作浅语；利欲熏心之人，只能作假语，可以欺世，而不能为识者道。不过用字、用句，全仗工夫。有组织之浅语假语，尚不失为诗，无组织之真话，则去诗甚远。"此函可与《宴池诗录甲集自序》并读，以其互相发明也。

吴宓继续写道：

> 宴池未刊之诗，予最爱其《甲戌重九独登北海白塔，并坐揽翠轩》二首：
> "侧帽步层登，兴为良辰骛。塔自秀孤耸，人更爽环顾。俯览九重小，莫辨千街户。郁郁万绿丛，斜阳摄丹垩。伊谁嘤淡墨，进向遥岑吐。败荷敛无迹，澄波犹飞鹭。打桨艇子来，命俦侬所慕。揽兹象外幽，弥惬闲中趣。廿年三度登，足健欣犹故。频逢六合昏，未昧寸心素。啸咏答重阳，及今无风雨。""小轩茗椀冷，坐对西山久。长疏竹叶杯，未为黄花寿。秋风来无端，吹我成老丑。碧海磨青铜，白云幻苍狗。空象斩澄鲜，身心

究谁有？今日争骛新，明日纷成旧。旧者人易忘，新亦谁不朽？独此渺予情，淡月透高柳。"故都风景之美，为东西万国之人所共称。予多年目中所见、心中所感者，宴池此诗能代写出。宴池以诗人而兼画家，两艺并高，故其诗善于描绘景物，技术精工，所成者真切美富，可比英国前拉飞叶派之罗色蒂（Dante Gabriel Rosstti）。

吴宓是个厚道君子，和凌宴池又是密友，加上两人都有浓郁的古典主义文化情怀，他对凌宴池的诗评有所溢美是不奇怪的，但凌宴池的这两首旧体诗质朴、真诚、工整，颇有陶诗意趣，十分耐读，的确不失为佳作。在《吴宓日记》中，他和凌宴池谈文论诗的记载有多处，其中写于 1953 年 4 月 13 日的日记中还记载了武汉大学著名教授刘永济特意转来一首凌宴池给刘永济的诗：

今夕得济四月五日夜大函，抄示凌宴池近诗一首。

寄弘度东湖经岁未通问

一别湖山十五年，青灯绛帐想依然。

有言怕说堪知世，无辱能力独得天。

光入疏棂黄卷里，心驰短棹败鸥边。

洞箫吹风谁能解，料卜东吴水上船。

末韵济不能解，宓亦不解。宴池函又云："有人传说雨憎新婚，谅确。如通问，请以此函及诗与观。好知弟近况。驰思亦到巫峡之西也。"

吴宓的字里行间，透出他们三人之间的深交。刘永济是吴宓的清华同学，学衡派大家，湖南人，其祖父刘长佑是岳麓书院学子，湘军统帅，曾任直隶总督。刘曾任教于湖南著名教育家胡元倓先生创办于 1903 年的长沙明德学堂，而凌宴池夫妇正是明德学堂的校董。可见，刘与凌的交情也是非同一般，他们之间的深交如果没有厚实的文化积淀与共鸣，是难以想象的。

1965 年，凌宴池病逝，享年 73 岁。吴宓在日记中亦有记载，"为之怆然"。消息是凌宴池另一位友人瞿宣颖先生信告吴宓的。瞿宣颖也是湖南人，其父就是晚清军机大臣瞿鸿禨。瞿宣颖早年在北洋政府任国务院秘书、国史编纂处处长、湖北省政府秘书长等职，后任教于清华大学等多所名校，也是一代文史大家，瞿宣颖信中还附有一首深情的挽诗：

宴池凌君挽诗
瞿宣颖蜕园

槐堂座客九星离，披佛霜髯系梦思。
酒次疑为临别语，悲来偏及送春时。
怀铅定稿沧波隔，驻屐攀樱雨泪滋。
从此便应行迹扫，夕熏长歌款门谁。

诸此种种均表明，在中国现代至少在民国时期文化群体里，凌宴池是个不可忽视却又被忽视了的人物。顾颉刚在 1932 年 6 月 19 日的日记中记载了著名学者陆侃如夫妇做东请客，出席的宾客有：胡适之、马幼渔、钱玄同、刘半农、刘叔铭、徐旭生、郭绍虞、劳君展、凌宴池、冯芝生、台静农等。赫然全是当时文化名流，亦有力佐证凌宴池的文化人身份。有心人还会发现，凌宴池的交际圈中，湖南籍学人名流占了相当比重。

有些遗憾的是，贺启兰夫妇的字画传世很少，网上查询，可见几帧扇面题咏，格局不大。我们还得见一方同古堂刻制的铜墨盒，刻制工艺十分精美，格外引人注目，盒面的梅枝竹叶画稿就是凌宴池手笔，题款"允妹惠存宴池画兰题"就是贺启兰的手笔。追究开去，又涉及凌宴池夫妇与著名的"合肥张家四小姐"的关系。原来，这方墨盒是凌宴池夫妇送给合肥四姐妹中二小姐张允和的礼物，说起来，是个很有意思的故事。

这就要从凌宴池的妹妹凌海霞说起了。她可以说是个传奇女子。和众多富家小姐一样，她很小就接受启蒙教育，却不能开口说话，被视为哑巴。9岁的一天，她躲在阁楼看书，看到动情处，突然大声诵读出来。家人又惊又喜，但她自己却吓坏了，几年才逐渐适应有声的世界，不难想见，肯定有心灵创伤。16岁那年，她被送去学校读书，两年完成了小学学业。随后又在兄长的资助下读了六年师范，毕业于上海启明女校。经兄长凌宴池介绍，到苏州乐益女中任舍监，即寄宿学生的生活总管。这乐益女中就是四姐妹之父张冀牖倾其家产所创办的。可见，凌宴池介绍妹妹去乐益女中，应该和张冀牖有交情。也就是在任舍监期间，凌海霞走进了四姐妹的生活，"见她们灵巧活泼，深觉可爱"。尤其对张家大女儿，小自己15岁的元和最喜爱。元和身体弱，还患了肺病，凌海霞"日夜料理她的汤药"，给失去亲生母亲又和继母关系不睦的元和母亲般的温暖。当时凌海霞32岁，没出嫁，是个老姑娘，索性就认了元和为干妹妹，要不然，只怕会认元和为干女儿。有趣的是，凌海霞认元和为干妹，并没有和元和商量，显得有点霸道。元和居然也接受了，一口一个干姐地叫起来，如此一来，连带着元和的妹妹允和也跟着姐姐叫起来。大概因为张家四姐妹中，元和与允和的关系最亲密。顺便说一句，这时四妹充和过继给上海的二祖母，并不在苏州。张家四姐妹，实际在苏州的只有三姐妹。凌海霞不仅认了元和作干妹妹，还要元和认凌宴池夫妇为干兄嫂，元和也答应了，想来元和对凌海霞有很深的依恋。后人评价说，凌海霞与元和是亦姐亦母的关系，应该是靠谱的。元和在自传中，也说起过这段缘分，她生活中许多抉择，都与凌家兄妹的安排有关。

也许最大的抉择就是婚事。元和端庄秀丽，琴棋书画俱佳，尤其昆曲的造诣颇高，后来成为著名的昆曲清唱大师，在大夏大学读书时，被誉为"大夏皇后"，求婚者络绎不绝，但都要过干姐凌海霞这道门槛。凌海霞要是看不上，门都没有。有人说，因为凌海霞的干预，耽误了元和不少青春光阴，不无根据。元和从苏州乐益女中毕业后入读上海大夏大学，凌海霞又去了大夏大学任女生指导，对于那些追求元和的痴情男多有阻拦，结果元和30岁还未嫁。但元和后来还是如愿以偿地嫁给了昆曲名家顾传玠，在当时，这是下嫁。凌海霞也接受了。可见凌海霞干预是出于爱之心切，当她明白元和觅得真爱，还是能放手的。不过后来又发生了凌海霞强行收养张元和长女的事，还把元和的女儿改姓凌。世人议论凌海霞霸道，不近情理，顾传玠也愤愤不平。但是张元和居然并不反感，顾传玠的母亲也说，女孩子总会嫁出去，成为人家的人，不要太计较。仔细想想也不奇怪，一是凌海霞终身未婚，需要心灵寄托，元和很理解，也想成全干姐；二是凌海霞兄妹确实对张家姐妹呵护有加，张元和有报恩之心，也对干姐干哥有深深的情感依赖。

资料显示，凌宴池夫妇不仅对张家四姐妹呵护有加，还涉及四姐妹的家庭。元和的三妹兆和，嫁给著名的文学家沈从文，后来沈从文到北京谋发展，得到凌宴池夫妇的慷慨接济。张兆和还在信中责备沈从文，不要太依赖于凌宴池夫妇的接济。（见《沈从文家书》）总之，凌宴池兄妹包括贺启兰，深深地介入到张家姐妹的生命中。其实凌海霞与贺启兰也是名媛，于是就可以解读为名媛之间的交往故事，从而构成民国名媛生态的一种写照。再回到铜墨盒，1930年，凌宴池夫妇以亲笔书画为稿，在同古堂定制了三方铜墨盒，分别赠送给凌海霞、张元和与张允和，显示出兄嫂对妹妹们的深切关爱。这一年，张家四姐妹中的元和与允和就读于上海大夏大学，三妹兆和就读于上海的中国公学，遭到沈从文的情书轰炸。四妹充和的二祖母去世，她又回到了苏州的父亲身边。

众所周知，合肥张家四姐妹是民国著名的名媛，此外还有林徽因，也是民国名媛圈中的大红媛。紧紧围绕林徽因的，则是新月派的文人群体。新月派主帅徐志摩爱恋林徽因的人间四月天故事，流传至今百年不衰。而一旦说起林徽因和新月派文人，又要涉及凌宴池夫妇了。因为新月派的主要投资人和操盘人黄子美，正是贺启兰的姐夫，也是凌宴池的连襟。不难想见，他们夫妇肯定也和新月派文人有着密切交往。凌宴池在徐志摩遇难后作了一首诗《挽志摩》，从诗意和自注看，我们的猜测是不错的，其诗云：

> 雷峰昔记拥青葱（志摩曾出雷峰塔诗嘱写其意，余嘲其塔上长青葱，答以我会画草，不会画葱。但其诗自是隽永新奇，不能以小疵掩之），噩包惊传惨劫中。松树当年曾挂月（新月社在松树胡同），琼楼高处本愁风。海棠花底晨笛横，红藕香闲两系蓬。会散意岐还一恸，总怜才调少人同。山楼灯暗装神鬼（志摩曾携张慰慈夫妇来宿畅风楼，夜半装鬼吓人），禁苑松高看麋鹿。事未忘情痴镂骨，诗原呕血相通眉。冰霜不返过墙蝶，风雨难防毁屋鸥。存者危城胡可乐，阴森天气雪来时。

种种迹象表明，凌宴池夫妇包括黄子美，在民国文化圈中属于有着超然身份或说是跨界的文化人，如凌宴池和黄子美，他们的职业都是银行家，介入文化属于副业，就文化成就而言，他们不属于旗帜性的文化宗师大家，也缺乏独树一帜的标志性文化作品，他们的文化态度具有相当的娱乐性，没有那么多自觉而神圣的文化担当感，但他们出身文化世家，受过良好教育，文化底蕴和造诣均有相当水准，与民国诸多文化大家私交很深，因而也深度地参与到文化的历史进程中，这也是一个值得关注的文化现象。往大了说，就是文化和经济的依存与渗透关系；往小了说，他们参与的文化圈，往往有大

量的名媛在场，是民国一道独特的文化风景。这道风景的形成，与西洋文明风气进入中国有关，体现了妇女解放的时代特色。在民国，妇女解放不可能是全社会性的，广大的祥林嫂们或造反的柯湘们是不可能成为名媛的，于是就在社会上层的富人或文化人圈子内形成了名媛现象。其阶级局限和文化开化的意义复杂地交织，且随着社会的进步逐渐退化，从而构成民国文化现象研究的独特课题之一，值得小心翼翼地探讨。

行文至此，还有必要简要说说贺家耀的副室刘夫人所出的女儿贺益珍和儿子贺益舜。由于资料缺乏，我们对贺益舜的了解较少，倒是刘夫人的女儿贺益珍和同父异母的兄姐来往很多，对大妈章夫人的印象也不错。她说，父亲贺家耀去世时，她和弟弟才两三岁，完全没有印象了。印象比较深的是抗日战争期间，章夫人带着家人在长沙居住，接济他们姐弟长大，送他们读书，她最喜欢听章夫人吹箫，幽怨绵长，很是动人心弦。抗战时，十几岁的贺益珍也向西南逃难，受尽了颠沛流离之苦。可见，国破和家亡是密切关联的，即使是富家儿女也不能幸免。据贺益珍说，是大嫂齐长介绍她逃往重庆，找大嫂的妹妹齐缀。齐缀的丈夫杨树棠是著名的钢铁专家，很有社会地位，就给她介绍了工作，使她熬过了兵荒马乱的岁月，所以贺益珍也算是沾了齐家的光。解放后，贺益珍在广州铁路局工作，建立了自己幸福的家庭，一直与贺益兴的后代密切来往，被尊称为"珍姑"。

考证贺家耀的家脉姻亲关系，最深刻的感受就是令人眼花缭乱的联姻关系，而且联姻的对象都是豪门大族。就贺家当时的政治权势看，风光已经不再，齐如山家族正是家门显赫之时，仅看门第，齐家未必会有联姻的冲动，况且出嫁的齐长是齐如山的长女。其实更重要的是，当事人的贺家儿女本身的优秀，这才是吸引亲家一方联姻的根本原因。于是又有启迪：世家尽管衰落，文化气韵依然在，至少要在后代儿女身上延续很长时间，这种文化气韵显然和世家的家风传承密切关联，说是一种文化基因也无不可。仅凭感知经验就会发现，仅就教育而论，世家儿女的教育素养往往明显高于寻常人家儿女，这和世家富裕的物质条件有关，也和家族的文化传承有关，从而构成了世家的独特魅力以及生命力。因此，世家之间的联姻，主要还不是势利眼地仅看门第，更在意的是文化韵致，是一种文化之间的共鸣。所以应该把世家看作一种独特的文化形态存在。这就意味着，世家联姻，表面看是门第在左右，实质看是因文化的共鸣而发生，门第只是某种文化气质的产生条件之一，而不能构成联姻的本质。如果当事人不优秀，门第未必能左右联姻，将世家联姻看作一种文化呼应与整合现象会更有深度。

农学家贺善文（上）

贺家子弟中有三位农学家。一位是第九代传人贺益兴，北京国立农业专科学校毕业，1922 年留学日本早稻田大学学农艺，1924 年回国，入北京农业大学农艺系研究科就读，1925 年肄业留校任助教，后为本校农场技师，1944 年病故。他是一位壮志未酬的农学家。另外两位是第十代传人贺善文和贺善安，他们是堂兄弟关系。就专业成就而论，后两位贺家子弟更为突出。

贺善文是中国著名的果树学专家、柑橘专家，湖南农科院的创办人之一，湖南农学界的领军人物。贺善安是中国著名的植物学家和园艺学家，国际植物园协会主席，中国植物园界的领军人物。就人生道路而言，贺善文26 岁时投身革命，成为中共地下组织成员，是贺家子弟中最早的共产党人。这意味着，贺善文的故事有更多的人生坎坷，也更富多元的文化意蕴。

贺善文（1923—1992）在贺家子弟中属于贺桂龄一脉。祖父贺家楷，日本宏文学院及明治大学商科毕业，曾任汉口湖南银行行长、湖南国税厅第三科长、北京教育部一等部员、保定地方审判厅书记官长等职。父亲贺益奎为家中长子，生于 1901 年，湖南明德中学毕业后就读于上海商科大学，毕业后留学日本继续深造，入早稻田大学学经济，回国后在天津银行任襄理。按道理，贺善文不仅是世家子弟还是富贵少爷，应该沿着富贵少爷的人生路前行。然而，他从中学时代就开始了颠沛流离的独立人生。

原来，他的家庭虽富有却并不和睦，父亲对婚姻并不满意，常对母亲施以家暴，据说还有外遇，这使得贺善文和妹妹善成从小就对父亲缺乏亲切感。他读中学时，全面抗日战争爆发，贺善文本来就对父亲缺乏感情，因此直觉地认为，父亲是日本留学生，日语非常好，又在沦陷于日本人的天津银

503

行任襄理，肯定是为日本人效力的汉奸商人，他感到非常羞辱。不久长沙也陷入战火，父亲来信要他去天津读书，贺善文毅然拒绝，独自去了澳门，投靠在海关工作的叔叔贺益耕，从此开始了他独立的流亡生活。

由于历史原因，整个抗战期间，澳门是唯一没有遭到日军战火的城市。但是澳门华人抗日救亡的热情非常高涨，作为中学生的贺善文，也热血沸腾地投入到民众的救亡宣传活动中。那个时候的中国青年，无论西东，爱国救亡的热情是高度共鸣的。在抗日救亡的宣传活动中，贺善文学会了当时几乎全部的救亡歌曲。他的女儿贺红回忆说："我父亲的音乐细胞并不发达，可是非常喜欢唱歌，一出口就是救亡歌曲。后来他在广西大学还组织了合唱团，上街宣传抗日。他的这些习惯爱好，就是在宣传抗日中养成的。那个时候的青年学生，忧国忧民的情结是非常浓厚的。为了爱国救亡，他凭着我爷爷是日本留学生，在日本占领区做事，就坚定地和我爷爷划清界限，不贪图富家少爷的生活，一个人选择了流亡的生活道路，尽管偏激但也很值得我敬佩。现在的年轻人讲究精致地利己，很少有人傻到为了价值观放弃富贵，选择贫穷而富有激情的生活。"

贺善文是从澳门去读的广西大学。据他的女儿贺红说，贺善文的成绩非常优秀，去澳门读中学时，考上了澳门最好的中学，但是他的叔叔负担不起昂贵的学费，他只好选择了一般的学校。但他很不满足，中学还没毕业，就要考大学。他不想再给叔叔增加经济压力，就选择了去内地读大学。

当时中国没有被日军占领的土地主要在大西南，陪都重庆就在那里。17岁的贺善文告别了叔叔，背着简单的行囊上路了，步行向大西南出发。这也不奇怪，在那个烽火连天的年代，通往大西南的各条道路，无论是水路还是陆路，一群群、一队队的难民络绎不绝……

贺善文去广西是投靠自己的堂叔贺益兴的。贺益兴在20世纪30年代，任山东农事试验场的场长，1937年卢沟桥事变之前，接南京政府指令南迁到了桂林。贺善文来到桂林后，受到堂叔的影响，对园艺产生了浓厚的兴趣。其实他从小就喜欢植物学，在堂叔的指导下报考了广西大学园艺系。当时广西大学的农学专业在全国名列前茅，其植物研究所所长就是著名植物学家陈焕镛，还有著名的园林学家程世抚、植物学家周百嘉等，都是贺善文的授业老师。

在广西大学，贺善文认识了人生中具有导师性质的同学挚友何康。

那是在 1941 年抗日战争最艰苦的年代，在广西柳州沙塘广西大学农学院，我们同班同房度过三年。我读农艺系，贺公读园艺系，虽不同系，但同住一个大房间。一班同学不多，我们都爱读书，喜欢唱歌，写壁报，参加课外活动，同有所好，彼此很谈得来，那时吃的是糙米饭和"无缝钢管"（可能指蕨菜），住的是十几二十多人的大统仓上下铺，点的是桐油灯，晚上自习完毕鼻孔都是黑的。我印象最深的是善文那种乐观精神，整天笑眯眯，时常用很重的湖南口音开句把子玩笑。他非常用功，记笔记一个一个的方形字，十分认真，从不潦草，办事也挺负责、细致，同学们都叫他"贺夫子""贺公"。他特别喜欢植物学，将霍福曼、罗宾斯著的原本植物学教课书从头到尾都通读完了。那时只有图书馆有几盏汽灯，每天晚上同学们早早抱上笔记本在楼梯上排队等着抢占汽灯下的好位子和参考书，我们总是排在前面，相互照顾。到大学二年级，因当时经费困难，教师少，教我们植物学的周百嘉老师挑选善文和我当了一年助教，帮周老师带一年级同学的植物学实验课，有时还帮助辅导读原文课本有困难的同学。

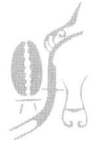

这是贺善文的同窗挚友，曾任农业部部长的何康在《忆贺公》中的深情回忆。从中可见，当年贺善文与何康相识的时候，两人都是18岁的青葱少年，且都是班上的高才生。贺善文曾对女儿贺红说："我接近中共走上革命道路，就是受同学何康的影响，因为他的确很优秀，否则我未必会走上这条路。"这是很有意味的，说明那个时候的中共党人，很大程度上是以人格魅力感召青年学生靠拢中共的。说到此，不妨说一说何康。

何康（1923—2021），福建人，父亲何遂是辛亥革命元老，曾任民国国民军空军司令，黄埔军校代校长，是国民党方面很有声望的将军。但他一直持反蒋立场，与桂系军阀李宗仁、白崇禧交密，后来结识了周恩来、叶剑英等中共人士，成为中共的亲密友人。他支持自己的四个儿子加入中共，并利用自己在国民党中的高官地位协助中共完成了很多重要任务。何康在父亲的支持下，于1939年加入中共，成为地下工作者，直接受董必武领导，年仅16岁时，就在重庆的南开中学任地下组织党支部书记。何康最传奇的谍战业绩是追随父亲策反国民党中将吴石将军秘密加入中共，成为吴石将军与中共组织之间的单线联络员。吴石将军的代号为"密使一号"，给中共输送了许多重大情报；1949年后，吴石将军在台湾任国防部参谋次长，是中共打入台湾国民党方面最高级别的间谍；1950 年，因叛徒出卖被捕，英勇就义；1975 年，被国家追认为烈士；1994 年，吴石将军夫妇的遗骨归葬北京香山，国家举行了肃穆的仪式，主持人是何康。新中国成立后，何康主要的工作岗位都在农业系统，如林业部特种林业（橡胶）司司长、农业部热带作物司司长、华南热带作物科学研究院院长、广东农垦总局副局长、农业部部长兼国家计委副主任、中国科协副主席等。何康是中共高级领导人中少有的专家型官员，农学家一直是他引人注目的身份，中国农业的发展和科技进步，何康功不可没。1993 年，他获得世界粮食奖，这是国际上表彰农业领域杰出人物的最高荣誉，何康为中国获此荣誉的第一人。如果对照贺善文的人生经历，他与何康极其相似，都是以专家身份作为人生的最亮点，仕途官位都是以优异的专业成就为支撑。也就是说，当官是专业优秀的附带结果，在人生的骄傲中微不足道。

1941 年，皖南事变爆发，国民党当局掀起第二次反共高潮。当时何康之父何遂受李宗仁之邀来广西任顾问，在中共的统战工作下，李宗仁对中共比较友好，对中共的限制比较宽松。何康受董必武之命跟随父亲转移到广西，但董必武命令何康，不要和广西地下组织发生联系，只能参加合法的抗日救亡运动，不能暴露中共的身份。所以何康对贺善文的政治影响主要还是抗日救亡，这完全能激发贺善文的共鸣。由于关系密切，何康也流露出一些中共立场，主要是抨击国民党当局的腐败低能，对共产党同室操戈，也讲述了延安清正与浪漫的风景，贺善文对此并不感到惊讶。那时的大气候还是国共合作，中共在广西设有办事处，是可以公开活动的，只是被军统特务秘密监视而已。贺善文对国民党当局的腐败深恶痛绝，对延安的风景则信赖何康的描述，心向往之。这主要是因为何康品学兼优，贺善文对他有情感上的亲近感和信赖感。

此期间，广西大学的进步学生组建了剧社与合唱团，何康与贺善文都是骨干成员，农场场长马保之和夫人兰乾碧担任指导，邀请了著名小提琴家马思聪为小提琴伴奏，马思聪夫人慕理女士为钢琴伴奏，演出水平不亚于专业剧团。他们走出校园宣传抗日救亡，成为沙塘镇的一道亮丽风景线：

> 当年，物资匮乏，生活艰苦，但沙塘的文艺活动却十分活跃。农学院与农事试验场等经常举行晚会。西农剧社演出《流寇队长》《长夜行》等剧目，西农合唱团演唱《黄河大合唱》《大

刀进行曲》等抗战歌曲。思乡、杀敌、救国、支前的歌声激发群众的爱国热情。……义演、义赛的收入全部捐献给抗战。1941—1943年春节，广西大学农学院与农事试验场等单位同当地农民联欢，举办先进农具陈列品展览和农产品、家畜家禽比赛。沙塘、柳城、宜山的农民都赶来参加农展会。广西大学农学院学生分别带引农民参观并做讲解，把先进技术传授给农友，推广科技成果。潜伏在西农的中共地下组织成员何康、郑大兴、唐最培等，积极发动当地群众、青年学生开展抗日救亡运动。……（见沈培光、兰生葵《桐油灯下的西农学子》）

有趣的是，贺善文的文艺细胞并不发达，参加文艺演出却十分积极，有些同学劝他不要担任主角，这伤了他的自尊心。索性，他自己创办了一个合唱团——农声合唱团，亲自担任指挥，居然也很受欢迎，他的组织能力也因此显现出来。何康看在眼里，很想发展这位挚友加入中共，但上级对他的要求是尽量隐蔽，所以何康也就克制了自己。

贺善文就读广西大学期间，还发生了一件事。他的妹妹贺善成从长沙来到广西投奔自己。这时，堂叔贺益兴一家迁回了湖南，只有贺善文在广西。妹妹比他小4岁，当年大概16岁，正在读中学。她和哥哥通信，被哥哥描绘的激情生活深深吸引，心头一热，就来了广西。妹妹是哥哥的忠实粉丝，对哥哥很是崇拜，可是没想到，来到广西后，哥哥却没有能力负担妹妹继续上学读书，懂事的妹妹也不想拖累哥哥，又另打主意要去重庆闯天下。贺善文就当掉了自己的棉被，给妹妹凑了点路费，拜托几位毕业的校友，带着妹妹一起去重庆。妹妹就跟着几个青年大哥哥步行上路了。一路上，大哥哥们对这个小妹妹倒是很照顾，但是照顾中又别有意味，贺善成就巧妙地周旋，既要多个心眼，又不能伤别人的自尊心，毕竟她还要依赖大哥哥们的照顾。可见，16岁的贺善成是很有主见也很机灵的。

这个故事是贺善文的女儿贺红说的，其中有许多谜团，比如，贺善成为什么不在长沙读书，而要孤身跑到广西来，仅仅是为了投靠哥哥开始浪漫的抗日救亡生活吗？那么，为什么又不在哥哥身边待下去，还要孤身去重庆呢？对此，贺红也无法解答，只说："反正姑姑生前就跟我说了这些，我想，这应该体现姑姑那一代人的个性，非常独立、非常坚强、非常具有浪漫理想吧。后来我姑姑到了重庆，居然考上了同济大学机电系，这可是一般男生都考不上的大学和专业呀！据说全班就两个女生，你说我姑姑厉不厉害？更厉害的是，我姑姑在同济还参加了地下组织，支部书记就是乔石。她还是学生党员中的小头目呢！"

的确，那个时代的青年，似乎格外优秀。就拿广西大学农学院的学子说吧，当时全院学生才 152 名，后来大多数成了中国著名的农学家。如何康担任了农业部部长，李崇道（李政道之兄）担任了台湾农复会主任委员、台湾当局的农业部部长，黄成达担任了香港农牧渔业署署长，刘祖洞是中国人类医学遗传学领域的创始人之一，程绪珂是中国著名的园林专家，贺善文是中国园艺学会的副理事长、国际柑橘学会执委，罗达新是广西农科院副院长，兰乾福是中国兽医寄生虫学界的知名教授……

何康晚年回到广西大学农学院，参观校史，看着当年简陋的校舍照片和同学们的合影，感慨地说，那个时候那么简陋的条件，大家都在桐油灯下学习，还要躲日本飞机的轰炸，还要宣传抗日救亡，却培养出了那么多的农学人才，为什么现在很难有那样的教育成果呢？何康的感慨，很像钱学森之问。

档案显示，1945 年，贺善文毕业于广西大学，又去重庆读了中央政治大学。这所大学据说是政府当局为选派一批优秀学生去美国留学办的培训班，因为种种原因，后来留学并未成行。但是在何康的记忆中，贺善文是借读金陵大学（即国立中央大学，今南京大学）：

> 贺公借读金陵大学毕业后，正值抗日战争胜利前。一时找不到工作，和一些同学寄住在我办的小农场里，大家一块种菜养猪，过得挺愉快。他还参加了 1945 年 10 月我的婚礼，与新婚夫妇一起表演节目。（见何康《忆贺公》）

从何康的记载看，两人的友情不是一般的亲密。何康的夫人叫缪希霞，其父缪秋杰与何康的父亲何遂是密友。缪秋杰时任国民党政府盐务局局长，也是心向中共的国民党高官，其女儿缪希霞也是中共地下组织成员。缪秋杰与何遂还合办了一个瑞明公司，是为中共采购物资的机构，何康是经理，缪希霞是财务主任。从这些情况看，当时国民党内部已经被中共严重渗透，失败也就毫不奇怪。此时贺善文是否已经了解何康的政治背景，我们不得而知，可以推测，这么亲密的交往，贺善文对何康的情况应该是心知肚明的。

更重要的是，几年来，在两人共同投入的抗日救亡活动中，贺善文已经了解并认同了中共的信仰。

不久，何康与贺善文的老师程世抚从上海来信，要贺善文去上海协助他工作。程世抚是中国著名的园林专家、城市规划专家，中国主要大城市的改造发展规划都是他领衔或参与设计的，可谓中国现代城市之父。他留学美国康奈尔大学获风景建筑及观赏园艺硕士学位，从广西大学离任后，出任上海工务局园场管理处处长、总技师。其女儿程绪珂是贺善文在广西大学农学院的同学。1947—1948年，贺善文出任了上海工务局园场管理处助理技师。

1947年，何康被中共派往上海，对知识分子开展统战工作。此时，中共已经在为夺取全国政权做人才储备了。"1947年后，我到上海工作，与贺公共同参与组织建立中农社，这成为我党团结农业科技人员的外围组织。"中农社全称中国农业科学社，由著名园艺学家程世抚担任名誉社长，其女儿程绪珂任社长，此时程绪珂也是中共地下组织成员。程绪珂、王壁、贺善文、唐敦静、陶家祥、张学元等十几人为理事，何康虽是主要发起人之一，为了隐蔽，只做会员。该会发展的会员大都是农业科技领域的进步青年知识分子，其核心成员则是中共地下组织成员，贺善文也就是在此时加入了中共，介绍人是程绪珂和王壁。

贺善文也与就读于同济大学的妹妹贺善成在上海相逢了。这时兄妹俩都是中共地下组织成员，却不能暴露各自的政治身份，只是心领神会地为着共同的目标而奋斗。资料显示，乔石在主持同济大学学生运动时，建立了12个外围学生社团组织，每个小组都由党员负责，贺善成是土块社的负责人，根据形势需要，配合中共展开各种学生运动。当时的运动主题是"反饥饿、反内战、反迫害"，斗争的重要形式是演讲宣传、游行示威，贺善成义无反顾地投入到各种游行宣传活动中。《同济大学志》有如下记载：

> 5月27日上午，同济第六宣传队韩格兰、范郁芬、贺善成等13人，在队长吴虹的率领下，举着三角队旗出发，宣传队先在一路电车上，从四川北路到静安寺之间往返宣传，又在静安寺附近热闹地区向那天正在静安寺庙会的人群进行宣传和劝募，一辆警备车开来，驱散了人群，劫夺了宣传队的红旗和募捐箱，把13名同学全部抓上警备车，警察把韩格兰单独用小汽车送到警察总局。……这一天同济被捕学生共36人。

　　贺善成等学生被捕后，郭沫若、沈雁冰、周建人等社会知名人士对当局抓捕学生表示谴责，呼吁释放学生，37位同济大学教授也联名发表抗议，社会各界纷纷声援，国民党当局被迫将贺善成等学生释放。但是校方还是给贺善成等同学处罚，贺善成的处罚是记两次大过，留校察看。据贺善成说，她的成绩非常优秀，老师们都为她说情，才没有被开除。

　　贺善成和同学们对于学校的处罚根本不在意，他们还集体合影，纪念这次被捕，在照片后面写下"庆祝被捕出狱，我们要为真理而继续斗争"的字样。但是远在长沙的家人看到报纸上登出了贺善成因参加学生运动受到留校察看的处分，又惊又怒，写信来责骂贺善成，她却一阵朗笑置之。在贺善成这些青年学生的心目中，革命是盛大的节日。她依然故我地投入到各种学生运动的狂欢中，晚年她还给侄女贺红介绍经验说，游行示威的时候，第一排其实最安全，警察的马队冲向游行队伍的时候，第一排的人立即就会倒下，滚到路边去，警察拿警棍打人都是打后几排的人，抓人也是抓后排的人。

　　贺善成终生都对革命抱有浪漫情怀。新中国成立后，她主动报名，和一批青年学生去东北建设新中国的工业基地，据说还是学生队长，可以想见她一路风尘的兴奋神色。后来，她又被调回冶金部工作，给部领导当秘书，但她还是怀念沸腾的建设工地，要求再回东北，还和领导说，她不想在机关养尊处优，要到第一线去当一个战士。诸此种种表现，说明她还是不够成熟，总是生活在激情中。她的侄女贺红回忆说："我的姑姑一辈子都充满激情，喜欢沸腾的运动场面，不够沉稳理智，思想也比较'左'，斗争性太强，不太适应和平年代规范化的生活。"大概也是这个原因，她从20世纪50年代初就是处级干部，直到离休，依然还是处级。

　　浪漫和激情构成火红的年代，这是青年人最为神往的年代。就在妹妹奋不顾身闹革命的同时，哥哥贺善文所在的中农社也迅猛发展，一年多时间，会员达到700余人，还在南京、北平、台湾、福建、武汉、杭州等地设了分社，各种活动十分活跃。因此也就受到国民党特务机关的关注，中共上级立即意识到危险，通知中农社收缩活动，骨干分子隐蔽转移，贺善文也在转移人员之列。

　　此时已是1948年秋，中国革命形势发生了很大变化，胜利的天平开始向中共倾斜，三大战役拉开了序幕，中共已经在制定夺取全国政权的时间表了。湖南地下省委向中共中央报告，主政湖南的程潜将军与蒋介石有种种矛盾，策反程潜不无可能。湖南地下组织的报告引起中央的高度重视，中央下达了加强对程潜将军统战工作的指示，同时周恩来也调集隐蔽战线的工作者，充实湖南地下组织的力量。受命转移的贺善文就在这样的背景下回到老家湖南，也可以说，他属于中共上海局派往湖南的特工。

贺善文回到湖南的首要任务是找一个工作，将自己安全隐蔽下来。

姑妈贺益恩进入了他的视野。在贺善文的心中，姑妈是个冰雪聪明、知晓天下大势的明白人。她尤善人际交往，在长沙虽是教师，却在社会各界都有关系，托姑妈找个工作，是安全的最佳保障。果然，姑妈略作思考就把侄儿推荐去了长沙市长岭第一育幼院的附属农场当了主任，这个职位既专业对口又不张扬，非常适合隐蔽。姑妈还把自己在城里的一套带院子的房子借给侄儿暂住，这套房子是姑妈故去的丈夫丰裕瑛的资产，丰家是长沙裕湘纱厂的老板。这处房产十分阔气，带着墙院，非常适合秘密活动，后来就成了地下组织成员的活动据点之一。贺善文回忆说，他当时没有透露自己的政治身份，姑妈也没有盘问这些年他在外面的经历，但是正因为姑妈没有盘问，他感觉他与姑妈是心有灵犀的。这意味着姑妈也看到了大势所趋，做出了自己的时代选择。

贺善文安顿下来的第二件事就是去找组织接头。他按照地址找到接头地点后大吃一惊，那里居然是长沙市警察局！他那时还是个新党员，斗争经验很不够，很难想象这是"灯下黑"，也没有料到中共当时的渗透已经到了这种地步。出于自我安全的考虑，他在警察局门口盘桓了好几天，就是不敢进去。直到最后，他抱定了被捕的思想准备，一咬牙进去，在二楼的住户里找到接头人。接头人告诉贺善文，中共中央上海局将要派人来加强湖南的统战工作，要贺善文负责接待。

于是，曾任中共中央上海局长沙支部书记的刘晴波，在自己的回忆录里，记载了他和贺善文接头和开展工作的情况：

> 回想到 1949 年 1 月，我被中共中央上海局派遣到长沙，来接替陈克东同志的工作，担任上海局长沙特支书记。在香港时与陈克东同志约定，我到长沙后与贺善文同志接头，然后会晤陈克东同志。当时的接头地点，是在军路侧一个小院子里（善文同志的姑母贺益恩同志家里），这样便找到了陈克东同志……
>
> 同年他在长沙市长岭第一育幼院当教师，主持农场工作，并

介绍陆方到该院当教师，在第一育幼院里发展了中共党员和新民主主义青年社社员。于是，这里便成了我们特支一个小小的据点。

不久，长沙特支建立工运、学运、文教、机关团体、统战、军事策反等工作组，陆方和善文担任文教组正、副组长。他在小学教师方面和农业科技界开展工作，尤其是在湖南农业改进所联系团结许多科技人员，在反迁移、反破坏等工作中取得了突出成绩。

刘晴波这些记载十分概括，当时地下工作的风险性和复杂性没有体现出来。其实刘晴波与贺善文一起住在贺家姑妈的小院落里，经常举行秘密会议，这都是会引起特务注意从而引起风险的事，尤其是要策反程潜和陈明仁两位将军，更是要步步为营，稍有闪失后果不堪设想。此外，上海局长沙特支是中央直接委派下来的，与湖南省地下组织系统互相没有横向联系，又要进行同样的工作，搞不好就会发生冲突，增加工作的复杂性。事实上，两个地下组织也确实发生了误会，双方一度互相监视，进行了几个月的暗战，差点冲突起来。其中一件事是这样的，上海局长沙特支瞄准了一个目标，觉得可以策反过来推进工作，于是就开始了策反，哪知对方却是湖南省地下组织成员，湖南省地下组织以为是敌特冒充中共地下组织进行试探，立即向上级汇报，于是双方就斗起了心机，直到要采取激烈行动向更高级别的上级汇报时，被及时阻止，两个系统的地下组织才彼此沟通，合作共事。这样的误会，还发生在贺善文身上，比如他请求姑妈为自己的女同志陆方介绍一个工作，姑妈还以为陆方是贺善文的恋人，直到解放才知道陆方是刘晴波的爱人，而且是有新四军资历的干部，后来陆方出任了湖南省教育厅厅长。这些小故事都说明，当时做地下工作，要胆大心细，善于应对各种情况，否则，小小的应对不当，就会有杀身之祸。贺善文后来对女儿说，做地下工作给他最大的锻炼就是处变不惊，有自控能力。在"文化大革命"的动乱中，贺善文也受到冲击，却并没有产生情绪上的大波动、大悲观，显示了强大的心理承受力，很大程度上得益于他做地下工作时的历练。

按时髦的话说，贺善文战斗在黎明前的黑暗中。如果联系他的家世背景，他的战斗又是对家庭的叛逆，这种心理的复杂性更值得关注。不妨说一个小故事，随着解放军的节节胜利，国民党政权的崩塌已成定局，贺善文的父亲亦感到了危机来临。他的儿子贺善文、女儿贺善成一直和他关系冷淡，形同陌路，儿子和女儿的种种行迹，他都看在眼里，也极度恼怒，但是出于亲情，他也只能是恼怒而已。随着政局发展，他清醒地意识到，叛逆的儿女们肯定会胜利，作为资本家的自己要在未来安全地生存下去，还得看儿女的态度。

一天，他叫儿子贺善文跟自己上街。在繁华的街市上，他不时地指点一些商铺或楼宇，告诉儿子，那家商铺自己有股份，那栋楼宇自己是房东。儿子默默无言地听着，并不接腔。他终于忍不住了，盯着儿子问："你是不是共产党？你要是，我就留在这里。"儿子明白了父亲的心思，冷淡地说："我不是共产党，就算是也不会保护你。"父亲长叹一声，后来去了台湾。

1949 年 8 月 5 日，湖南宣告和平解放，解放军浩浩荡荡地开进长沙城，贺善文带领着花木园艺公会同仁用松枝和石榴叶编织了一条绿色的彩龙迎接解放军进城，在充满欢呼声的街道上翩翩起舞，格外引人注目。

湖南和平解放，地下工作者功莫大焉。这也意味着，为湖南和平解放做出了贡献的贺善文将前程似锦。当时，他才 26 岁，成为负责湖南省科技工作者各项工作的中共代表，一时间，湖南科技界从专家教授名流到普通科技工作者都知道了贺善文的名字。大家都十分吃惊，这么年轻的小伙子，对科学技术居然很在行，而且还熟练地掌握英语和日语两门外语，看来共产党还真是有人才呀。应该承认，就政治资历而言，贺善文作为协调领导湖南全省科技界的中共负责人还是有些稚嫩的，但是就专业素质而言，在当时中共的干部里，他还是出类拔萃的人才，上级给他安排的角色，是很恰当的。

可见，贺善文是很受新政权器重的。解放初，全国第一次自然科学工作者代表大会，他就是长沙区的负责人，如果以此为起点走上仕途，贺家子弟中再出高官未必是空穴来风。事实上，组织上也有安排他出任长沙市政府秘书长的考虑，并且征求了贺善文的意见。没想到他却说："我喜欢农业科技，我想去农改所工作，做一个科技工作者。"组织上有些为难地说："农业科技战线基层领导的岗位级别都很低，也都安排好了。你要求去的农改所也有领导了，你下去只能专业对口当个园艺组组长，这不是太委屈你吗？"贺善文却淡然一笑说："我就是学园艺的，专业对口就很好嘛！"他的妻子回忆说：

> 善文曾告诉我，他从科代调出时组织上征求意见，问他是否去长沙市政府当秘书长或是在农业厅任科长，他却要求去农改所。组织上告诉他农改所不缺人，去了只能当园艺组组长，他同意了。就这样到了农科院的前身农改所。后来农改所改为省农业

试验总场，他任场长，亲自动手划土地迁移农民建场，等等，都在第一线工作。随后试验场改成农科所，调来了新领导，他被调去园艺系当主任，他又高高兴兴地去了。他就是喜欢园艺，对当官没有兴趣。

事过境迁，回眸历史，我们不能简单地依据当事人的说法观照过往。贺善文选择专业化的岗位，固然有专业情怀在内，但从体制特点看，即使是技术岗位，也是纳入行政管理的，通俗地说，也是一种仕途官道。不过贺善文有着专业情怀，并不把当官待遇放在第一位，只要能搞专业，其他的都不太在意。

这大概就是书生本色。贺善文对专业的热爱构成其人生最根本的支撑，这是毋庸置疑的。这也启迪我们，人生中，什么东西如浮云，什么东西最宝贵。

农学家贺善文（下）

综合贺善文的一生，革命生涯并不是主色调，他是以农学家的身份被世人铭记的。他为建国后湖南农业科技事业的发展做出了重大贡献，尤其是湖南的园艺事业，他可谓是开拓者。从职位上说，他是主管全省园艺生产的科研负责人，人们公认，他在一片空白的现实条件下，开辟了可称为"贺善文时代"的湖南园艺事业。湖南园艺学会在纪念贺善文七十周年诞辰的纪念文章中，总结了他对湖南园艺事业的突出贡献。

第一，建设了湖南农业科技研究的大本营。1951年，他来到当时湖南最高农业科研机构的农改所（农科院的前身），主持了第一次扩场，将该所的科研实验基地拓展到90亩地的面积，后来又第二次扩场，达到4000亩地面积，其间的艰难难以细说，尤其是第二次扩场，给后来农科院的发展奠定了坚实的基本建设基础。

第二，在全省拓展园艺场的创办，为园艺技术的全省推广奠定了基础。1951—1952年，在他的直接操作下，分别创办了衡东草示园艺场和溆浦园艺场，这两个园艺场的技术骨干都由农改所选派，成为全省园艺的基层推广站，继而推动全省各地区园艺场的建立，形成了全省农业园艺技术机构的科学布局，所以有人称他为"湖南园艺场之父"。他结合国家农业发展的有关精神，确定了"推广果树良种，以品质取胜"以及"果树上山，不与粮食争地"两个方针，后成为湖南园艺事业发展的两大原则。

第三，以科研成果为拉动，确定湖南园艺的产业特色和科研特色。他率先垂范，成为科研的领军人物，他的科研方针针对湖南的实际课题，要求科研成果解决湖南园艺发展的实际问题，形成了以品种优良的柑橘为特色的湖南园艺产业布局。在科研成果上，柑橘研究也成为湖南园艺科技人员的强项，贺善文的科研成果甚至达到了国际先进水平。

贺善文在湖南农业科技领域耕耘了 40 余年，可以说奉献了自己的一生，他是湖南农科院的奠基人之一、湖南农业科技界的领军人物之一，在全国农学界也是出类拔萃的专家。但是他在行政职务上，基本上都是副职，只在 1983—1986 年间担任了湖南农科院党委书记兼院长。这是很值得回味的现象，这既表明，从体制思维看，对于专家型的人才往往只能作为技术人才使用；在行政方面，还是要由政治挂帅的官员来把控。从贺善文个人看，他也安于专家的身份，对于政治仕途，他并无非分之想。他的亲人和同事回忆都说，贺善文这辈子应该是行政管理和技术管理，还有个人的科研，并行不悖。也许因为他长期不是一把手，在政治管理权方面从来都是比较低调的，他对官场的那一套，并不热衷，主要的精力都在业务方面。所以"文革"期间，他受到批判的一个罪状就是技术挂帅，走白专道路。对此，贺善文在公开场合自然是低头接受，不做任何辩驳，但是在私下则对亲人说，科学是个实事求是的事业，不掌握科学奥秘而靠政治激情和政治运动是根本无法推动的，什么"人有多大胆，地有多大产"，属于夸大其词。再说他这样的知识分子要有自知之明，要学会夹着尾巴做人，忘乎所以出政治风头，只会自己吃苦头。如此看来，贺善文是个非常明白的人，他有自己的独立思考，不会轻易随波逐流，比他的妹妹贺善成要理智沉稳很多。

据贺善文的女儿贺红说，姑姑一辈子都在革命激情中生活，尤其是对党的号召总是不假思索地积极响应。"文革"时，她又积极响应毛主席的号召，投身到运动中，在冶金部参与了揪斗走资派，还劝哥哥好好学习中央文件、学习马列，将当时中央号召学习的《法兰西内战》《哥达纲领批判》等推荐给哥哥看，还要喜欢文艺的侄女贺红通读浩然的小说，说要当文学家就要走红色文学家浩然的道路。贺红兴致勃勃地买来了浩然的全部作品，却遭到父亲一顿训："你不要听你姑姑的，浩然的路根本就不是什么文学正路。"贺红很奇怪地反问父亲："那当着姑姑的面，你怎么不说这些话？"贺善文沉默了。直到贺红长大了，她才体会到，父亲很爱自己的妹妹，不想和妹妹发生冲突，也知道那个时候要是冲突起来，不仅解决不了问题，还会自讨苦吃。贺红感慨地说："我父亲确实是个明白人，他懂得政治，也很理智，也许面对极左思潮，他还不够勇敢，但是他心有主见，不会随波逐流。"

这是要随着时代前进和履历丰富才能体会到的。

贺红还说了一件事。1957 年，中共发动了整风运动，号召党外人士和

知识分子给党提意见，运动如火如荼。农改所的一把手是一位老革命干部，把担任副职的贺善文叫去谈话，问贺善文："你是不是觉得我是土八路，没有文化，外行在领导内行？"没等贺善文回答，他又说："我告诉你，你要有这个想法放在心里，千万别放炮，你要是放炮，我可救不了你！"贺善文心领神会，在整风运动中没有说一句出格的话。后来开始"反右"，大批知识分子被打成了"右派"，贺善文安全地逃过一劫。事后，他很感激这位老革命领导。他说："在这样的领导手下干事，我必须拼命干出成绩来，要是还觉得委屈，就真有点小人了。"

这样的故事，既苦涩又令人回味无穷，其实贺善文未必是天生的豁达，也未必天生就痴迷专业，甚至可以说他未必没有过怀才不遇的怨气，是种种的生活际遇塑造了他如此这般的性格和人生。

贺善文赢得人们尊敬的重要原因是他在专业上造诣很深，自己能拿得出过硬的科研成果。在贺善文之后继任湖南农科院院长的段德牒总结性地写道：

> 贺善文同志为园艺事业呕心沥血，奋斗一生，在学术上不仅有很深的造诣，也有很高的建树。早在五十年代初，他主持柑橘品种改良，使温州蜜橘在我省有很大的发展；他积极倡导果树上山，有效地解决了橘粮争地的问题，为开发利用我省丘陵红壤做出了重大贡献。五六十年代，他对全省柑橘生产进行全面调查，并组织开展全省柑橘品种资源的调查研究，着手编写了《湖南柑橘志》。在此基础上，还筛选出一些诸如冰糖橙、大红甜橙、浦市甜橙等品种。结合品种调查，他对砧木也做了调查，提出要充分利用野生柑橘资源作为砧木，并对以枳壳为砧木作出了论述，几十年来，以枳壳为砧木的栽培技术广泛应用于生产。七十年代，他继续组织对湖南野生柑橘资源进行种类、地理分布及垂直分布方面的调查，并坚持进行柑橘植物学分类研究、生化遗传分析研究、资源的地理分布研究以及考古研究，等等，从而在这一领域取得了国内外公认的突出成绩。1974年，他最先提出马王堆汉墓出土文物中的柑橘种子是香橙种子的见解，得到果树分类学界的高度赞赏。1979年，他撰文《柑橘野生种质起源中心的研究》

发表在《中国园艺学报》上，首次提出我国南岭山脉是宽皮柑橘类的起源中心之一，这一研究成果，引起了国内外学术界的强烈反响，并得到国内外专家的高度评价。八十年代，由他主持的"宽皮柑橘类野生种质资源的研究"被列为国家自然科学基金课题，在此期间，发现了两个宽皮柑橘类野生新种，具有很高的学术研究价值。这项研究成果的水平在国际上处于领先地位。贺善文同志是湖南园艺学会理事长、中国园艺学会副理事长，连续担任第五、第六、第七届国际柑橘学会执行委员职务。这对于团结省内外园艺界同仁加强国际合作与交流发挥了极其重要的作用。

这都是贺善文学术成就的体现。也正因为其造诣深厚，他不仅在国内外高层次专家中赢得了声誉，也给基层的农技人员树立了榜样，并成为他们的良师益友，培养了大批湖南园艺界人才。据他的亲人回忆，湖南省各地区的农技骨干在工作中碰到了难题或者有机会来长沙，都会登门拜访请教，即使在"文革"期间，贺善文受到冲击时也没有中断。他的妻子回忆了这样一件事：

> 大约是1968年春季，湘西自治州陈震同志带队来院参观果园，悄悄问我："善文在哪里？我想找他谈谈。"大概是想和善文商量湘西发展果树的问题。由于当时善文所处的逆境，我不得不拒绝说："别谈了，若让人知道，对你对他都不利。"陈震同志只好遗憾地走了。之后我把这事告诉了善文，他说："谈谈有何妨？他肯定是遇到难题了。我可能会对他有帮助。就是被批斗，也没什么大不了，反正是虱子多了不痒。"

陈震当时是湘西自治州农业局负责农业技术的业务干部，后来成为高级农技师，从20世纪50年代起就与贺善文有密切来往，因为贺善文对闭塞落后的湘西地区推广农技十分关心，为湘西的园艺场建设、改良果树品种、发展果树产业化等方面提供了很多指导和帮助，包括对陈震进行技术指导，鼓励他安心在湘西做出成绩来。陈震是把贺善文当作恩师来看待的。陈震说，湘西的园艺事业发展，贺善文同志是出了大力的，尤其是湘西的椪柑发展，今天全州几万亩椪柑的产业规模，对于湘西脱贫致富起了重要作用，湘西人"无不感激贺公在理论上、技术上的支持与帮助"。

　　像陈震这样的农业技术干部与贺善文从工作关系变成师生朋友关系的案例举不胜举，他们除了业务交流还有思想交流。农技干部的工作都比较辛苦，待遇也不高，出成果的时间比较漫长，不少人都不太安心本职工作，认为没有出息。贺善文总是开导他们要安心扎根专业，沉下心做出成绩来。他还拿自己举例说："你们不要嫌弃专业，要在专业中享受快乐。我在'文化大革命'中受到冲击时，就是因为对专业的热爱，使我忘却了许多烦恼，也为后来的成果奠定了基础。"

　　说起来，这又有一些有趣的小故事。

　　"文革"期间，贺善文被打成反动学术权威，造反派要他参加农场的劳动，贺善文就利用劳动提高自己的基本功，剪枝的时候，他就认真练习剪枝技巧；挖土的时候，他就进行土质分析，了解植物的根系分布特点；打农药的时候，他就留心灭虫的效果……看押他的造反派看他这么认真，也看出了门道，原来他还在钻研园艺技术，就安排他去种水稻，贺善文又在水稻田里琢磨起来。造反派一看不行，干脆安排他去挖防空洞。没想到，贺善文又琢磨起防空洞怎么挖更有效率，他临时学起了测量，提出了多方向对挖的方案，从不同的方向同时开挖，在地下实现地道的相互贯通，大大提高了挖防空洞的效率。造反派哭笑不得地感叹：真不知道他是怎么想的，把惩罚变成了乐趣。

　　女儿贺红说，父亲并不是一个不食人间烟火的人，他也有苦闷和烦恼，但是他能够克制自己，善于排遣苦闷和烦恼，不使自己被苦难压倒，这才是父亲令人佩服的地方。贺红说，父亲还有一个特点，在没有作为的条件下，就独善其身，一旦到了有作为的时候，他就会兼济天下，尽量发挥自己的作用。贺红回忆说：

　　　　记得1973年，邓小平同志重新主持中央工作时，父亲艰难地复职，任园艺所副所长，他大胆地抓科研干实事，毫不理会种种干扰和逆流。记得有一次吃饭时，我们与妈妈一起劝他小心谨慎为好，他有些生气地将筷子一搁说："没权我没办法，有了权就要做自己认为正确的事，树叶掉到头上都怕砸脑袋还行？大家都怕担责任，国家怎么能进步？邓小平又出来主持工作，说明了极左的一套还是行不通嘛！"面对那种风起云涌的群众运动几乎年年有的形势，他的胆略真是令我们肃然起敬。

贺红还说，尽管后来邓小平再度被打倒，父亲又受到冲击，但是他并不太悲观，也许他心里已经有了底，推行极左的那一套不会太长久了。贺红说："我感觉父亲也一直在思考，他越来越有自信。后来打倒了'四人帮'，父亲果然又出山，提任了湖南农科院的副院长，不久升任党委书记兼院长，全面主持农科院的工作。那时父亲已经60岁了。父亲感慨地说：'现在国家走向正轨了，我也到退休年龄了，看来我只能是个过渡院长，百废待兴，抓紧时间干吧！希望晚年的生命能够燃烧，给将来的大发展奠定一个比较好的基础。'"

贺善文确实是个明白人，他知道国家和自己经历种种曲折坎坷，终于进入了一个大发展的新时代，他在这个新时代里只能是一个奠基人。这是一种喜悦和遗憾交织的心绪，也是贺善文这代知识分子的历史命运。

贺善文的晚年可谓晚霞灿烂，主要是走进了改革开放的科学春天，还有一点也很重要，他的同学、挚友何康担任了农业部部长，他对贺善文的抱负和能力非常了解，于公于私都会给予有力的支持。何康每次到湖南来，湖南省的有关领导都要把贺善文叫去作陪，这对湖南农业的发展推动是不言而喻的。所以，贺善文如虎添翼，无论是湖南农科院的工作，还是湖南园艺学会的工作，以及农业科研方面的工作都进入了高速发展的快车道，他与何康的友谊也在新时代得到了进一步升华。何康也专门来到贺善文家里做客，老同学聊起家常格外亲切。何康如是写道：

> 1947年后，我到上海工作，与贺公共同参与组织建立中农社，这成为我党团结农业科技人员的外围组织。后因工作任务不同，我们接触渐少。解放后，又分在不同岗位，一直到1978年我到北京农业部工作后才再次见面，有较多接触。贺公神情依然谈笑风生，但学术上已经造诣很深，每谈起他培养的冰糖橙就眉飞色舞。我们还回忆在沙塘读书时如何比背拉丁学名，非常难记的薄壁细胞和厚壁细胞的英文名词，深感做学问要打好基础，有刻苦下笨功夫的必要。（见何康《忆贺公》）

贺红还回忆说，何康来家做客，还与父亲一起唱抗战歌曲，仿佛回到了青年时代。父亲感慨地说，虽然豪情依旧，但精力在衰退，他这样的年龄要在科研上登顶是很困难的，只能把希望寄托在学生身上，期盼弟子们能青出于蓝而胜于蓝。贺善文的弟子张凤琪回忆说：

六年中，每逢佳节，贺老师总要把我和师弟几个叫到他家一起欢聚。1983年春节期间，所里柑橘抗寒防冻实验正在进行，贺老师嘱我去实习，春节期间基本上是在他家度过的。起初，院里无住房，我们住招待所。为了让我有一个安静的学习环境，也经常让我吃住在他家。不论是生病还是生活上的其他困难，贺老师和成师母都处处给予亲切的关怀和照顾。……在论文撰写过程中，贺老师一遍一遍地审阅，鼓励我冲破原有观念，提出自己的见解，并总是以商榷的口吻提出修改意见。实验和论文的完成，自始至终都在贺老师的指导下进行，但论文发表时，他却不愿署上自己的名字。

弟子刘连森也回忆：

在攻读学位及以后的一年半时间里，我的每份论证报告和论文都必请他审阅。每次稿子送去后，他都极为认真地审查。……往往会得到他毫不客气的一大堆意见和重写的建议。并且，第二稿，甚至第三稿也常有同样的"命运"。有几次，我因不能忍受这种"苛刻"的指导而流露出烦躁情绪。甚至有次在他家里听取审稿意见后，竟有点不以为然地对他说："人家的导师根本就没有这么严格。"他听后便立即去书房，将山西果树所朱文勇所长的一份申请国家自然科学基金的论证报告拿给我看，并严厉地说："不严格？不严格就会被淘汰！你看看这上面专家签的意见和自然科学基金结项报告那些严格的审查程序，你就清楚了。"想起来也真怪，尽管每次听完审稿意见我都很难接受，但事隔两三天后却又觉得他实在高明，并为他老人家那严中见真情的指导所感动。

在贺善文的弟子里，李文斌是专业成就十分突出的一位，他后来留学巴西获得博士学位，成为知名柑橘病害防治专家，被美国农业部聘为动植物检疫局终身研究员、植物资源及生物技术研究室首席科学家。他深情地回忆恩师临终前的情景：

1991 年元月，当时他已病危，几乎不能进食，体质十分虚弱，难以下床活动。在这种情况下，他还坚持要我帮他从图书馆借来有关柑橘考古的资料阅读。那时，我真不想让他过度操劳，但又师命难违，还是给他借来他需要的书刊。元月 20 日，贺师在病危的身体状况下，硬是要师母打电话请我去他所在的医院讨论有关柑橘古代资源研究的问题。他因身体过度虚弱，只能讲讲停停、停停再讲，约交谈个把小时，这就是贺师最后给我的一次传教。从我国先秦时期柑橘资源谈到现代柑橘资源，从资源的起源演化谈到品种的分类，从国内的学术观点谈到国际研究新趋势。贺师这种生命不息、进取不止的科研精神，将永远激励着我们在继承和发展他开创的湖南园艺事业的道路上努力奋斗。

这些回忆都显示出，在贺善文的价值追求中科学是第一位的，这也是大多数爱国知识分子秉承的"科学救国"之梦。可惜的是，他们那一代知识分子，人生注定坎坷艰辛，多少阻碍着他对科学的全力探究。实际上，直到改革开放之后，他才完全地放飞自我，拥抱他的至爱，这样的时光仅仅十余年，壮志难酬也就不奇怪了。说到此，不妨再说一个小故事。改革开放后，大陆和台湾的民间往来也开放了，有亲友从台湾带回贺善文父亲的消息，说其父已在台湾去世，留下了一笔可观的遗产，他可以赴台湾继承。这时贺善文的女儿正想去美国留学，很需要资金，女儿就劝父亲去台湾继承爷爷的遗产。可是贺善文断然拒绝，他对女儿说，你们有本事就拿奖学金，父亲的遗产我一分钱都不会接受。这样的态度很决断也很复杂，有对政治信仰的坚守，也有文人的清高，要是深究，也包含对当年和父亲断绝关系的反思，可谓百感交集。但是，俱往矣，贺善文不可能再改变什么，要是去继承遗产他会感觉人格的自责。说白了，贺善文不愿意否定自己走过的人生之路，即使这条路充满了诸多苦涩。如果这么理解，贺善文晚年对科学研究的极度痴迷，就有了更丰富的意涵。从某种程度上说，他是想用对科学的追求证明自己的人生价值选择，也回避人生中的某些尴尬。

贺家子弟中，有三位农学家，呈现出不同的命运。第一位是留学日本的贺益兴，即贺善文的堂叔，贺善文也是受堂叔的影响走上了农学家之路的。可是贺益兴英年早逝，享年仅 44 岁，在农学成就方面谈不上突出。后来他的大女儿贺宝善在父亲的母校——中国农业大学设立了一个"贺益兴奖学金"，算是替父亲完成了科学报国发展中国农业的心愿。贺善文继往开来，对中国农业的发展尤其是园艺事业的开拓，做出了比较突出的贡献，但也因为人生的坎坷，留下了壮志未能尽酬的遗憾。相比之下，贺善文的堂弟贺善安，也许在农学上的才华得到了充分的释放。

贺善安生于 1932 年，属于贺长龄一脉，但在血缘上则属于贺桂龄一脉，与贺善文是一脉的堂兄弟。他于新中国成立初考入浙江农业大学园艺系，1954 年毕业，时年 22 岁。这意味着，他是在红旗下成长的一代青年人，这种身份使他在很大程度上规避了社会变革带来的家庭出身尴尬，也使他能够比较顺利地成长为红旗一代，随着改革开放的社会进步，他的专业追求也就能够更好地释放。从以下简历可见，他是贺家三位农学家中，成就最高的子弟：

　　贺善安，中国科学院南京植物园研究员，南京农业大学博士生导师，中共党员。现任国际植物园协会主席、IUCN 物种保护委员会植物保护分会委员、中国科学院植物园科学技术指导委员会委员、江苏省中国科学院植物研究所名誉所长、南京中山植物园名誉主任。曾任该研究所和植物园所长和主任。《植物资源与环境学报》主编、江苏省植物迁地保护重点实验室主任、中国科学院土壤研究所红壤生态开放实验室学术委员、IUCN-WWF 植物顾问组顾问。第六、第七届全国人大代表。第六、第八届江苏省人大代表，第六届中共江苏省委候补委员，中外合作江苏琵琶园艺公司（今江苏琵琶生杰环境建设有限公司）董事长。

　　贺善安从事经济植物的引种驯化和植物物种保护生物学研究 50 余年。建立了我国第一个植物迁地保护省级重点实验室。1988年，在南京举办国际植物园学术讨论会，是在我国和亚洲首次举办，对我国植物园走向世界起了重要作用。他是我国和国际植物园界的带头科学家。在保护生物学方面提出了"致危生境"的理论，在植物引种驯化方面提出了"生境因子分析法""引种效应"和药用植物的"逆境栽培"等理论，在广泛研究经济植物的基础上，对我国南方蓝浆果的发展做出了开拓性的贡献。在考察了国内外 300 多个主要植物园，总结了世界植物园发展历史和经验的基础上，面对世界植物园发展潮流，敏锐地提出了我国植物园发展要采取"保护与利用"并举的战略思想。与同事合著了第一部世界植物园学术专著《植物园学》，把植物园的研究提升到一个学科的水平，是国际首创，对植物园学的形成具有奠基意义。代表性的著述还有《中国珍稀植物》《蓝浆果与蔓越橘》《油橄榄驯化育种》《植物园记录计算机管理系统》等。他在国内外发表论文200 余篇，曾获国家科技进步二等奖、林业部科技一等奖。

从以上履历看，贺善安已经进入当代中国农学家的顶级阵营。比较而言，贺家三位农学家子弟展示出了芝麻开花节节高的气象。这固然是贺家的骄傲，也是贺善安本人努力的结果，但不可忽略的还有，贺善安的斐然业绩主要是在改革开放以后获得的，体现了社会进步对贺家子弟的成全。

善化贺氏与尊阳郑氏

在湖湘文化的学界叙事中，尊阳郑氏族人作为整体很少被提及，在湖湘文化世家的官方归纳中，尊阳郑氏也缺席，为何一个相当显要的湖湘家族遭到史学严重忽略？这是一个有趣的问题。不过本文无意讨论这个话题，我们关心的是，善化贺氏与尊阳郑氏之间的交往持续近两百年，至少有七代姻亲交集。在贺氏的姻亲对象中，尊阳郑氏是最稳定、最持久的族群，仿佛两家建立了联姻的永久协议，这其中究竟有哪些故事和启迪呢？

明隆庆六年（1572），穆宗驾崩，神宗即位，宣布次年为万历元年。想必与这种改朝换代并无太大关系，只是出于"树挪死，人挪活"的生存信念，一位叫郑楚泽的农民带着全家从平江一路乞讨，落籍尊阳（今长沙金井镇），掀开了长沙尊阳郑氏族史的扉页。至六世仁轩公，跟着师父学医，慢慢置了田产，家中逐渐殷实起来，儿孙们开始读书，这是郑氏族中发家的第一人。至嘉庆十三年（1808），第九代传人郑世俊高中进士，后官至思恩知府，开了郑氏科举高中进士的先河。此后近百年，尊阳郑氏共出了8位进士、20位举人、有各种功名者400余人，对于一个民国时期总人口不过2000人的家族而言，这是令人吃惊的荣耀。

郑世俊中进士这年，另一位长沙人贺长龄与其同榜也高中进士。据说，他们还是岳麓书院同学，同为罗典弟子。前一年，贺长龄兄弟乡试中举人，与郑世俊的堂侄郑敦铨是同榜，彼此也是岳麓同学，同为罗典弟子。6年后的嘉庆十九年（1814），贺熙龄中进士，同榜中进士的郑敦允也是郑世俊的堂侄，彼此还是岳麓同学，同为罗典弟子。从学缘看，贺家子弟与郑家子弟构成了很亲密的关系。也许正是这种同学之谊发展开去，就有了联姻冲动，于是贺熙龄的次女嫁给了郑敦允的次子郑先朴，贺熙龄与郑敦允成了亲家，这是贺郑联姻的开始。

郑敦允（1792—1832），字芝泉，中进士后，官至湖北襄阳知府、武昌知府，在郑家虽不算第一高官，但官声可谓第一人，从而进入了名宦祠。他赢得民心，主要在三个方面：一是惩治劣吏，二是铲除盗匪，三是改善民生。当时襄阳有劣吏和讼棍勾结，利用权力制造冤案，敛财害人。郑敦允审案十分警觉，一旦发现猫腻，严惩不贷。其传记说："襄俗质朴少讼，外来游民潜匿，教唆各县衙役棍徒相交结，为民患。敦允密访严缉，廉得其状，尽法惩之。"用今天的话说，就是防止权力腐败，将权力关在笼子里。铲除盗匪也是他的一大政绩。其传记云："又善捕盗。襄郡界豫省，匪徒乘间出没，莠民句引为害，敦允实行保甲连坐之法，并请币生息充捕费，逻者四出，获盗百余名，分别惩治不贷。"而他最得民心的举措，是兴修水利，改善民生。襄阳依傍汉水，水患严重，威胁民生，郑敦允到任后了解情况，发现历任主官也曾想修堤防治水患，可是经费一直难筹。他便多方筹集经费，实地查看，决定将土堤改为石堤，更加坚固，同时动员民众义务劳动。历时两年，终于修筑了樊城石堤。竣工后，他调任武昌，哪知次年襄阳发了一场百年未遇的大水，将刚修好的石堤冲垮近半。他得知后，十分内疚，坚决请求回任襄阳，不修好大堤，决不离任。得知郑知府又回到襄阳主持大堤修复，当地百姓成群结队，步行 300 里前去迎接，场面十分壮观。郑敦允回任后，又多方筹集经费，亲自到工地指挥百姓再修大堤，却因积劳成疾，病倒在工地，不久病故于襄阳知府任上，时年 40 岁。襄阳百姓一片哭声，大家化悲痛为力量，终于完成了大堤的修复，并将此堤命名为"郑公堤"，还在汉江之畔建立了郑公祠，刻下"民不能忘"字样的石匾，永世怀念他。

郑敦允在湖北任职期间，贺熙龄被调任湖北学政，两位老友有了把酒倾谈的机会。我们在贺熙龄的诗作中发现了一首《访郑芝泉同年不遇，作此柬之》，诗如下：

> 邻火相望巷一条，如何相见转寥寥。
> 应门童仆才三尺，堆案琴书集六朝。
> 赠我笔图看落落，送君诗句怅迢迢。
> 天边雁影分飞去，各有乡愁酒不消。

此诗显示出两人的亲密友谊自不必说。值得关注的是，此诗如果是记载湖北任上贺熙龄访问郑敦允不遇，那么也见郑敦允公务繁忙，因为他身兼武昌和襄阳两地知府，两地奔波并不奇怪。甚至可以猜测，此时他就是去了襄阳。不过此诗也可能是回忆他们在老家时的交往。据说，他们两家在湖南老家居住得很近，好像是两个村庄的交界处，可能就是"邻火相望巷一条"的光景。

贺熙龄还有诗作更深入地写到两家的交情以及朋友间切磋学问的坚执：

郑芝泉移居

前携酒一瓶，后载书一篑。载过三尺街，移居对门屋。
对门问为谁，云是君阿叔。阿叔良不痴，蔼蔼复粥粥。
诗书敦夙好，岂不厚骨肉。秋风吹庭树，北地早寒融。
万里获同袍，乡心慰幽独。昔居邻咫尺，思君转历鹿。
相思必有诗，日夕走僮仆。新居复密迩，过从定不速。
床头酒可倾，奇书共君读。得失理互陈，相戒疑毋蓄。
各怀千载心，讨论苦不足。把烛送君归，书声远相续。

有这样的知音交情，贺熙龄与郑敦允结为亲家也就顺理成章。贺熙龄的次女嫁给了郑敦允的次子郑先朴，为贺郑两家第一代联姻，此后两家延续了七代姻亲关系，郑氏一方基本上是郑敦允这一脉的后人。有关姻亲事迹记载最多的，还是郑先朴夫妇的事迹。郑氏族谱对郑先朴有这样的介绍：

> 幼濡染家学，为人忱深有器局，自经史大义以及百家所称述要，莫不穷原竟委，务悉其所以然。性嗜饮，每醉后侃侃而谈天下事，激昂悲壮，忠义愤发。以诸生佚于邑庠，屡试不得志。咸丰六年丙辰五月，发匪由湖北窜江西，道出长沙，肆意掠乡村，公以骂贼死。年三十有七。

记载中提及郑先朴的死难，这是贺郑两家的重大事件。贺氏族谱亦有记载，不过时间写得有些含糊，只说是咸丰四年（1854）之后，太平军一部流窜至湖南长沙一带，贺熙龄家被洗劫一空，亲家郑家亦遭洗劫，郑先朴和弟弟郑先械夫妇三人均死于此难。我们再看有关郑先械夫妇死难的记载：

公讳先械，芝泉公三子。好读书，凡古名人书画珍如拱璧。经史之暇，留意花卉，栏砌间茸茸如也。庚戌岁，以府试第一补弟子员。……咸丰初闻粤寇披猖，连陷名城，愤甚。常慷慨悲歌，甚至痛哭流涕。人皆以狂目之。丙辰五月，贼窜其乡，家人促避去，不肯。贼至门，连以食器击之，毙一人，伤数人，贼麇至，遂大骂不屈死。配周夫人，性贞静恭，操作不事铅华。姑汪夫人尝称其勤俭，以为后来法。贼至时，以夫故，不忍行，见夫遇害，抱尸大哭，竟以身殉。

从文中看，郑氏兄弟是主动殉节，其实他们本可以一跑求生。家乘还说，太平军来到郑家，本是慕名而来，目的是劝说郑家兄弟出山为太平军效力，哪知道郑家兄弟正统观念太重，不屑于与乱臣贼子为伍，主动求死以殉名节。对此我们只能苦笑，叹息兄弟二人太迂腐，不效力太平军也不至于要去死吧，其实他们殉献的也是一个腐败王朝。

那么，郑先朴的贺夫人又如何呢？家乘也有贺夫人的传记，如下：

夫人贺氏，翰林院编修掌四川道监察御史乡贤公熙龄女。生长名门，夙娴礼教，来归九惺公，屏华饰，崇俭素，齐眉举案，雅有孟光之风。事姑汪夫人先意承志，最能得其欢心。公抗心希古，不事生产，夫人综理出入，丰约适宜，祭祀之供，宾客之奉，无阙于礼。暇则督课女红，虽夜深纺绩犹不缀也。

咸丰丙辰，公以骂贼遇害，夫人誓以身殉，汪夫人泣谓曰："汝从夫死，义也，虽然其如此，呱呱者何耶？予羸老矣，可独肩重任乎？且适重死者之伤也！"夫人饮茶茹蘖，勉承姑命，教养诸孤，心力交瘁，而疾遂从此伏矣。不数年而疾大渐。女业婧、业娽叩祷神前，额尽肿，业娽更刲臂和药以进，卒不起。时癸亥七月二十三日也。年四十有四。

夫人性仁慈，有以匮乏告者，必量力为资助，于戚获辈未尝加以疾言厉色。而课子独严，有过失则扑责之不贷。故诸子咸循循于礼法，一志向学，多游黉序，登圣贤书，列名仕版者。孙沅入词垣，官学政，盖夫人之诒谋远矣。以子贵，封一品夫人。

可见，贺夫人本要随夫殉节，被婆婆苦劝作罢，担负起了支撑门户的主妇之责，她最大的业绩就是抚育儿女成才。族谱记载，贺夫人生有四子：业敦、业崇、业敬、业徽。业敦为庠生，以军功保荐遇缺题奏道署，二品顶戴，诰荣禄大夫，著有《独笑斋诗草》《金石考略》；业崇为增生，以军功保荐知县，升用直隶州加四品衔等职，诰中宪大夫，著有《石塘渔唱集》；业敬为优廪生，拔贡举人，以教习发四川知县加同知衔，著有《九溪诗文集》《许氏说文校正》；业徽为廪生，保举五品衔，生用知县，诰奉直大夫。贺夫人还生有三女：长适安化训导黄雨田之子，即同治年间榜眼、宁夏知府、大书家黄自元；次适攸县靖州教谕余世荣之子，郡庠生，分省补用盐大使授功；三适安化清按察使衔四川即补道陶桃子陶煌，廪生，选授华容县教谕，都是名门书香子弟。顺带说一下，贺家和安化显族龙塘黄家（黄德濂家族）以及小庵陶家（陶澍家族）本来就有姻亲关系，通过嫁给郑家的贺夫人，又从郑家族脉与黄陶两家接续了姻亲，贺、郑、黄、陶四家的姻亲关系就更加密切了。恐怕贺夫人最欣慰的是孙子郑沅（业敦子）于光绪年间高中探花，创造了郑家最高的科举功名。这不仅是郑家的荣耀，也是贺家的荣耀，因为这脉郑家儿女都是贺夫人一手调教出来的。

特别有趣的是，在贺夫人的安排下，促成了贺家与郑家的密集联姻，如贺夫人的次子郑业崇娶了贺仲瑗的女儿，就是贺夫人的侄女；四子郑业徽娶了贺仲瑀的女儿，也是贺夫人的侄女，后来业徽的原配早逝，继娶了贺仲琳的女儿，是贺夫人的堂侄女。还有郑先械的儿子郑业扬，将女儿嫁给了贺夫人的堂侄孙贺家栋，都是贺夫人一手安排。初步统计，贺郑两家联姻名单如下：

贺熙龄女适郑先朴。

贺仲瑗女适郑业崇。

贺仲瑀女适郑业徽。

贺仲琳女适郑业徽（继）。

贺仲璈女适郑光润。

贺师谦配郑先械女。

贺师均配郑先葆女。

贺师约配郑先棠女。

贺师约女适郑家莘。

贺师谷女适郑家廉。

贺家多配郑业徽女。

贺家栋配郑业扬女。

贺家垣女适郑家璋。

贺师晋女适郑家毅。

贺家琪女适郑祖荫。

查两家族谱，以上联姻关系，在贺家主要是贺熙龄与贺桂龄两脉族人，在郑家主要是郑敦允兄弟一脉族人。这都与贺夫人在郑家的主妇地位有着直接或间接关系，似乎她有意要将贺郑两家融为一体。

尊阳郑氏八进士分别是：世字辈的郑世俊，敦字辈的郑敦允、郑敦亮、郑敦谨，先字辈的郑绰先，业字辈的郑业骏，家字辈的郑沆（郑家炋）、郑家溉。在清代取得最高官职者则是郑敦谨，他曾任工部、兵部、刑部尚书，深度介入了晚清的政治事件，尤其是号称"晚清四大奇案"之一的刺马案，受到学界重点关注。

郑敦谨（1803—1885），字叔厚，号筱山，是郑敦允的堂弟。道光十四年（1834）中举人，次年中进士。家传记载其仕途如下：

由庶吉士改授刑部主事，荐升郎中，在部十四年，折狱明，慎察能。授山东登州知府擢河南南汝光道，以捕获匪首下部优叙，超署河南布政使，授广东布政使。时粤匪阑入鄂境，汴鄂联防，有旨命公仍留署任，住信阳。旋调河南布政使。皖贼北犯豫垣，数惊。巡抚陆应毂赴防南阳，守御倚公为重，支危定难，汴民讴思至今。以欠解甘肃协饷内调授太常寺少卿。简山东乡试正考官提督山东学政。升太常寺卿。授山西、陕西、直隶布政使，擢河东道总督，授湖北巡抚。时发捻各股分逼楚境，蕲、罗、麻、孝一时俱警。公巩防固围，规划井然，楚境特以无恐。转户部、刑部、礼部侍郎，充会试总裁，升都察院左都御史。时捻匪俶扰山西，大吏疏防，致贼从于吉州抢渡，公查办得实，自巡抚以下，降革有差，即署山西巡抚。寻授工部尚书。调兵部、刑部尚书，充顺天乡试主考官。以两江总督马新贻案，会审江宁，奏结后屡疏乞休，得谕允，遂以同治十年辛未七月开缺回籍。计公自通籍后由郡守荐登开府入长部务，皆当世所称显宦。顾素性淡泊，未尝取官中钱自润，归里后，闭门欲扫，意象翛然，捐遗田数百石以赡族中孤嫠而自奉不逾寒素，每赴里中文酒之会，角巾潇洒，摒绝驺从，望之如老诸生，优游林下，凡十四载。以光绪十一年乙酉六月卒于里第。遗疏入照尚书例赐恤，予谥恪慎。

郑敦谨为官 36 年，可谓顺风顺水，历任工部、兵部、刑部尚书，是湘籍官僚中少有的高官，但是他似乎和湘军系统的官僚始终保持着距离，在湖南官僚中显得有些异类，这大概与他的京官身份有关，更和他主要担任政法督察的职官身份有关——不能和老乡湖南人太亲密。所以，调查两江总督马新贻遇刺案，慈禧太后才派他作为钦差主审。在主审刺马案后，郑敦谨结束了他的朝官生涯。

刺马案号称"晚清四大奇案"之一，此案之谜至今未解。民间有各种版本的传说，将此案演绎成一个江湖恩怨故事，说两江总督马新贻当年初入仕途，与太平军搏杀被俘，在拘押期间策反了几位太平军勇士，结拜为兄弟，帮助他越狱回到官兵阵营，他带着几位结拜兄弟加入官兵围剿太平军，建立了功勋，马新贻官拜两江总督，却忘记了兄弟情分，还霸占了结拜兄弟的妻子，于是引来了杀身之祸，当年的结拜兄弟之一张汶祥在光天化日之下刺杀了马新贻，一时间震惊朝野。但不少史学家认为，此案是一场精心策划的政治谋杀，背后的主使者是湘军主帅曾国藩，其实质是湘军势力和朝廷的一次政治博弈。

原来，以湘军为主力的官军平复太平天国之乱后，如何安置虎狼之师的湘军成为朝廷最大的心病，如果不抑制湘军，一旦湘军出现兵乱，大清的江山将遭到严重威胁。曾国藩也看出了朝廷的忧虑，主动裁撤大批湘军以解除朝廷的猜忌。可是朝廷还是不放心，便把曾国藩从两江总督调任直隶总督，接任曾国藩的新任两江总督就是马新贻。从表面上看，这是朝廷更加重用曾国藩，实际上是使曾国藩脱离自己的根据地，将他置于朝廷的直接监控之下。此外，朝廷还有一个心思，传说湘军攻破南京之后，对南京进行了一次大洗劫，将太平天国积累的巨额财富全数吞噬，作为湘军裁撤归湘的补偿。曾国藩当然决不承认此事。因此马新贻的上任肩负着一个秘密使命，就是暗中调查湘军洗劫南京之事，一旦坐实，等于捏住了曾国藩的一个把柄，怎么处置功高盖主的曾国藩，就完全看皇家的心情了。在这样的情势下，曾国藩也克制不住了。裁撤湘军，他已经表明了野心全无的心迹，可是朝廷还是不依不饶，曾国藩也要挣扎一番，便策划了张汶祥刺杀马新贻案，敲山震虎，向朝廷传递信息，自己也绝不是任人捏的软柿子。

同治九年（1870）七月二十六日，张汶祥在光天化日之下刺杀了阅兵回府的两江总督马新贻，事后张汶祥没有潜逃，从容就擒，震惊了朝野，然而调查却谜团重重，不得要领。主政的慈禧太后意识到这绝不是偶然发生的私人恩怨，其中原因可能与马新贻的秘密使命有关，慈禧太后反复掂量，亦感到不能欺人太甚，要是真把曾国藩逼上梁山，他召唤旧部，揭竿而起，朝廷还未必能斗得过湘军。于是，彻查刺马案就不了了之了，结论是张汶祥与马新贻有私人恩怨，最终以厚葬马新贻、凌迟处死张汶祥收场。慈禧太后和曾国藩都各退一步，维护了大清国的安定。

以上解读当然也没有直接铁证，故称为历史谜案，但是不少史家认同这种解读。史家们罗列了种种旁证，比如马新贻上任两江总督时自己就有预感，叮嘱家人，自己如有不测，千万不能大闹，临死前还叮嘱家人要忍气吞声。还有说，朝廷先是派江宁将军魁玉、漕运总督张之万彻查此案，两人都百般推辞，敷衍了事，于是慈禧太后又点将曾国藩亲自参与调查，并再次委任曾国藩为两江总督，临行前还给破案定了调子，与此同时，慈禧太后还派了刑部尚书郑敦谨为钦差大臣主审此案，显然也是监督考验曾国藩。还有说，曾国藩去到南京审案，并不积极主动，坐等了两个月，直到朝廷的钦差大臣郑敦谨到场才一同开审，开审中曾国藩冷眼观察各路地方官员的姿态，实际是暗中威慑云云。说来说去，所有的怀疑都指向曾国藩。

于是，郑敦谨的表现就成为刺马案真相的关键坐标。对此，各类文史揭秘文章可谓汗牛充栋，所叙的细节跌宕起伏，有兴趣的不妨找来一读。我们只说世人的主要结论，那就是郑敦谨在主审刺马案时，已经洞察了其中玄机，却没有深挖揭露，同样敷衍了事。他审案时间长达八个月，最后无奈地接受了曾国藩的建议："这案子，还是照初审的意见办吧。"这个初审结论就是："汶祥为洪秀全余党，其戕新贻，别无主谋者。"其实从凶手张汶祥视死如归的姿态看，他在刺杀前就抱定了赴死之心，绝不会口吐真相，怎么审也不会牵连到曾国藩和湘军。郑敦谨当然也明白其中道理，知道自己即使审下去也拿不到铁证，结果只能将张汶祥以极为残酷的手段凌迟处决，同时请求朝廷厚葬追封马新贻。不用说，这样的结局也是慈禧太后默认的，作为一次政治交易，曾国藩及其湘军部下免去了朝廷的杀身责问，大清皇室也免去了一次狗急跳墙的叛乱危机。

但是郑敦谨却蒙受了奇耻大辱，他"铁面无私"的一世英名遭到了玷污，成为政治权斗中一枚任人摆弄的棋子。据说曾国藩也看出了郑敦谨的屈辱心境，贿以银两安抚，遭到郑敦谨的拒绝。郑敦谨更决绝的举动则是毅然辞官归乡，而且称病不回朝廷复命就直接归里，这可是蔑视皇权的大不敬之罪，要掉脑袋的，但他依然义无反顾。据说后来还是曾国藩替他圆场，托了恭亲王斡旋，才未追究他的失礼之罪。可见曾国藩还是敬重郑敦谨的为人，但为了在权斗中自保，他只能让郑敦谨受委屈了。

郑敦谨回乡后，悠闲地度过了 14 年光阴，活到 82 岁去世，这说明他因病辞官的理由全是搪塞之辞。对于辞官归里的真正原因，郑敦谨对朋友的解释只有八个字：外惭清议，内疚神明。回乡后，他嘱托后代，不可入朝为官，以医隐自保。后来郑家后人行医者甚多，和郑敦谨的嘱咐密切相关。在郑敦谨的家传中，对于刺马案，也是一笔带过，没有任何评论。诸此种种，都显示出这个案件的神秘以及它对郑敦谨心灵的深刻刺激。说来说去，还是郑敦谨书生气太重，他还是没有看透政治是难以摆脱肮脏的。

还要补充一句，刺马案的真相究竟如何？是否果真是曾国藩的主谋？至今也没有铁证。看来，对于历史真相的叙述要都指望建立在铁证基础之上，也是一种书生气的奢望。

查《尊阳郑氏族谱》，立有家传的族人达 142 人之多，都是享有名望的乡绅士子。就取得科举功名和走上仕途宦游的族人数量而言，这个家族在湖湘家族中是少有的显族，可是就世人的关注度而言，该家族却遭到了严重的忽略。细考之可以发现，在近代湖湘乃至近代中国的诸多大事件中，其实都有郑氏族人在场，只是他们的在场显得有些被动，或缺乏主动的政治担当，因此也就淹没在历史的洪流中了。例如郑敦谨，他如果在刺马案中能够不妥协地坚执，是能够左右历史走向的，至少会唱一出惊天动地的政治大戏，然而他却退缩了，成了一段历史的盲肠。再细考还发现，在这些家传记载的郑氏族人中，擅岐黄医术者几近半数，故尊阳郑氏又可谓郎中世家。联想郑敦谨的遗嘱，郑氏后代当不以官耀而以医隐，与这种家族职业特点肯定大有关系。那么，是否可以理解，郑氏族人对于社会担当，有着独到理解呢？例如，他们并不认为政治担当是济世惠民的最佳途径，甚至可能陷世人于血光之灾，从而推崇实实在在的悬壶济世、治病救人，即使不被历史关注也心安理得？

但是我们依然看到，郑氏族人虽然不图政治功名的显赫，但在需要表明政治立场的历史关头，他们也并不掩饰自己的价值取向。例如，郑先朴和郑先械兄弟面对太平军的殉难；高中探花的郑沅一度为民国大总统袁世凯的秘书官，当袁世凯复辟称帝时，他以追随袁世凯为耻，毅然辞职，流落江湖，卖字为生；郑氏家族最后一个翰林郑家溉，在抗日战争中，拒绝出任日伪政权的维持会长，死于追杀他的日军枪下。此外，还有辛亥革命元勋、死后被追封为陆军上将的郑先声等，都体现出郑氏族人在政治风云中的明确站位。

特别值得关注的是，郑氏族人中还有一批共产党人，如刘彬，原名郑家献，曾任刘少奇秘书，解放后任冶金工业部副部长；刘英，原名郑家惠，张闻天的夫人，曾任全国政协常委、中纪委委员；郑家奕，杨开慧的密友，革命烈士；郑瑛，廖志高的夫人，曾任四川省妇联主席；郑家钧（又作家均），著名烈士夏明翰的夫人。这都是郑氏家族的红色儿女。这些郑氏儿女承载的故事，如果从家族视角来开掘，肯定会有别具一格的启悟。遗憾的是，我们对郑氏个别族人的故事可能有所知晓，但是作为家族的故事，基本没有涉及。

又回到贺氏与郑氏的联姻，绵延七代人，长达上百年，可以想见两家人有着精神上的默契，可是这种精神默契究竟在哪里，我们还很难说得清。作为两大湖湘世家，他们的联姻对于湖湘社会是否又产生了某种影响，这更是引人兴趣的话题。我们掌握的资料还十分有限，但是我们相信，这种联姻背后蕴藏的逻辑和故事，不仅属于两个家族，还属于湖湘社会。

顺着善化贺氏和尊阳郑氏联姻的话题蔓延开来，我们发现，善化贺氏的联姻关系相当壮观，其中较著名的望族有：安化陶氏，即陶澍家族；善化劳氏，即劳崇光家族；固始吴氏，即吴其濬家族；湘乡曾氏，即曾国藩家族；湘阴左氏，即左宗棠家族；宁乡唐氏，亦为善化唐氏，即唐鉴家族；尊阳郑氏，即郑敦允家族；善化周氏，即周辑瑞家族；益阳胡氏，即胡林翼家族；溆浦舒氏，即舒梦龄家族；湘潭罗氏，即罗典家族；道州何氏，即何凌汉家族；安化龙塘黄氏，即黄德濂家族；湘潭黎氏，即黎培敬和湘潭八黎家族；长沙黄氏，即黄兴家族；长沙张氏，即张百熙家族；清泉丁氏，亦为长沙丁氏，即丁善庆家族。

对于贺家与丁善庆家族的联姻，家乘中还有些资料，在此介绍一下。

丁善庆（1790—1869），字伊辅，祖籍衡阳清泉（今衡南），但出生成长于长沙。幼孤，随母去北京在外祖父刘权之抚教下成人。刘权之为体仁阁大学士，是清代第一位湖南宰相，位高权重，一门三代均为进士。刘家当然也是湖湘名门，至于其外孙丁善庆家，也是书香世家，只是父亲早逝，丁善庆随母亲去了京城。丁善庆于道光三年（1823）中进士，历为翰林、编修、侍讲学士，三品衔。至道光二十六年（1846），以母老为由，辞官归湘奉养，时年56岁。随后被聘为岳麓书院山长，主持岳麓书院22年，教业斐然，曾国荃、刘长佑即为他的弟子。贺长龄的长子贺诒令娶丁善庆长女，后代又有贺长龄孙贺师绳娶丁善庆孙女。

丁善庆的女儿入贺门后，由于贤惠能干，成了贺家的当家主妇。贺家族谱中还专门为她立了小传，特录如下：

六世节母丁宜人纪略

咸丰丁巳，补行壬子乙卯科副贡，议叙内阁中书讳诒令，公配丁宜人，清泉三品乡衔翰林院侍讲学士讳善庆之长女也。年十九于归，事舅姑维谨，未岁尚书公薨，侍陈太夫人起居，温恭柔顺，动有礼法，不欲以家务琐事扰中翰公。于是中翰公得专于学。讵天不假之以年，遽赍志以殁，悲夫！其时宜人年甫三十，遗孤二人，女三人，上奉姑嫜，下抚弱息，以养以教，卒能以一身任之于瘅？其贤也！其难也！宜人春秋今七十有四，于光绪九年终。经湖南巡抚卞中丞汇题请旌得旨建坊如例，十年四月二十九日准善化县备文知照家属，钦遵在案。以高年而荷国恩，已足偿其茹荼之苦矣。然而数十年中，事多拂逆变故，叠乘同治甲戌春遭陈太夫人丧，旋第三女年已及笄复殇去，而陶氏女及两子妇吴氏、李氏又先后相继卒，尤所难堪者，长子克绳（师绳）以四川军功叙保知州归部铨选，方冀继起有人，不意于光绪乙酉秋竟至一病不起，天胡厄之甚哉！乃苦其节者报必厚，啬其遇者泽愈隆，仲子觐光，孙家傅以次，人泮云程发，韧鹊起蝉，联容有艾乎？况孙曾林立绕膝承欢，人称羡之，而不知皆其难焉者有以致之也。女二，均适名门。同治戊辰进士补用知府、湖南桂阳直隶州知州、广西临桂王必名；邑庠生、兵部郎中、安化陶宸翼，其婿也。宜人素勤俭无世家骄矜气，虽年逾七秩而针黹缝纫至老不倦，步履无异平时，精神本福泽之源，永享大年又可于此卜之矣！

还要说明一下，贺长龄的子脉凋零，其子贺诒令其实是他小弟贺桂龄的儿子，过继给他传承香火。可是贺诒令也年寿不永，28岁就病故了，所以是靠丁善庆的女儿支撑起了他这一脉贺家。不仅是管理家务的问题，还有装点门楣的问题。怎么装点？就要动用娘家的资源了。所以她把娘家侄女，也就是弟弟的女儿嫁给了自己的儿子贺师绳，其对婆家贺氏的维护可见一斑。贺长龄这一脉的后人，要是没有丁宜人的支撑，很可能难以为继。这也证明与强势家族联姻的益处。

无可讳言，如果从家族的政治势力看，自贺长龄一代之后，贺家的显赫度呈下降趋势，但是从家族联姻的情况看，这种显族之间的联姻并没有明显衰落迹象，而且随着贺氏后人走出湖湘，还出现了与外省大家族联姻的情况。比如贺家耀一支就非常典型。该支儿女不仅与长沙的章士钊家族、河北高阳的齐如山家族、浙江南浔的张静江家族，甚至与皇室的溥仪家族等都出现了联姻，而且后世的贺家儿女和亲戚中文化大家代不乏人。这就意味着，世家大族的魅力不仅仅是政治权力的显赫与财富的丰裕，也不仅仅是为了政治、经济方面扩张家族权益，其文化内涵可能是更重要的家族资源。世家之间的联姻，在很大程度上是一种文化的认同和融合。由于文化修养、文化趣味、文化价值观接近，这种家族文化气质并不会随着家道衰落而灰飞烟灭，它有着更久远的生命力。仅以教育而论，世家子女就比平民家庭子女有着明显的优越条件，就学业的优异而言，这种优势似乎更为明显。于是，这种文化优势便在家族之间的联姻上建立了沟通的鹊桥，顽强地维持着世家之间的文化同盟。而这种文化同盟，无疑是一种文化存在形态，也作为堡垒和营地推动着文化的演进。

我们还发现，联姻是考验人们真正文化价值观的试金石。你用什么样的文化标准选择联姻对象，你的真实文化价值系统就是什么。这是以家族的前途为赌注的，因而是不敢作假的。世家以联姻方式证明着自己的文化价值系统，也证明着世家文化形态的存在和力量。就湖南而言，清代以来湖湘社会的种种变革，催生了湖湘世家群体的勃兴，由此形成了湖湘世家文化，继而在很大程度上书写了湖湘的百年辉煌，离开湖湘世家及其文化来谈论湖湘社会的百年辉煌，是不得要领的。就中国而言，忽略世家及其文化来谈论中国的社会进程，也会出现史学观照的缺位。因此，呼吁在学术研究中加强对世家文化的研究，甚至建立专门的研究部类，就并非唐突之论了。

众所周知，湖南人的中国地位和中国业绩是自嘉道年间，随着经世派群体的崛起而肇始的，至民国大约已有 150 年，成全了湖湘的历史辉煌。精细地辨析，这种湖湘辉煌并不能代表全体，特别是底层湖南民众的文化愿景。比如在与湘军厮杀的太平军阵营中，湖南人同样是骨干力量，这就表明，湖湘意志是分裂的。我们今天谈论"中兴将相，什九湖湘"的湖湘辉煌，其实是湖湘士大夫和绅士集团的辉煌，从世家角度看，也就是湖湘世家的辉煌。而世家之间的联姻，则是黏合起世家集团不可或缺的组织肌理。从宗法社会的体制而论，这也是一种以联姻方式完成的建构。因此判断世家的联姻属于体制文化的重要表现是不过分的。

再看传统中国社会，是以血缘为纽带建构起来的宗法社会，这已经是一种社会学常识，即使不进行学理观照也可以凭借直观的感受认同这种判断。同样，姻亲关系作为宗法社会建构的基本支撑，也不难得到公认。就任何家族本身的繁衍传承而言，必须首先建立姻亲关系才有可能。就家族的发展壮大而言，姻亲关系则意味着家族之间的利益整合与互惠，主要是经济利益、政治利益、文化利益的放大和升华，这都是不言而喻的认知。再进一步，我们还可以发现，这种联姻必然会形成超越单一家族的家族群间的经济、政治、文化共同体，从而影响到社会历史的演进——文化大家族间的联姻尤其如此。

后记：史学写作漫谈

陈＝陈实，罗＝罗宏

陈：我一直关注你的写作，觉得你跨界写作的特点比较突出。你的专业是文艺理论，在高校一直教授文艺理论，在广东算知名评论家，也写小说，也写影视剧本，都有突出成绩，获了不少奖，可谓跨界写作的多面手。近年来又接连推出三部史学著述：《湖南人底精神：湖湘精英与近代中国》《湖湘世家：鼓磉洲罗氏》《先人的湖湘：善化贺氏》，又是一次跨界，业界反应不错，我也认为很成功。兴意盎然地读完你这几部史学著述，感觉有很强的文学叙事性，但又不失史学著作史料考证的严谨，分析议论也比较精辟到位，总之义理、考据、辞章的关系处理得比较好。这就引起我的好奇，你似乎没有多少跨界障碍，抽象思维和形象思维之间、虚构思维和非虚构思维之间的切换衔接都比较自如，这其中应该有凌驾于不同写作要求之上的通用思维方法在调控你的写作，多次和你交流，发现你对史学写作形成了某种写作方法论，所以想和你讨论一下。

罗：谢谢关注，我是有一些写作心得，是否形成了系统的方法论还不敢说，但愿通过和你讨论也使我受到启发，有助于自己更自觉地进一步写作，要是产生更广泛的分享效果就更好。

一、史学写作的价值诉求

陈：我觉得史学写作首先面临写作的价值诉求问题。我注意到，你的史学写作是围绕你的父系家族罗家和母系家族贺家的家族史展开的。这很容易使人联想到你是出于光宗耀祖的诉求而写作的——通过写作既宣扬先祖，也可以分享荣耀。

罗：我走进史学写作是因为偶然在父母去世后留下的遗物中发现了一些家族史料，这激起了我的兴趣，然后进一步挖掘，发现了更多的史料才萌发写作冲动。我承认，我对先人们怀抱敬意，要是我写的对象不是家族先人，未必会花六年左右时间，自己掏腰包，泡在故纸堆里辛勤爬梳，还走遍大半个中国寻访调研。我觉得这就叫难以抗拒的血浓于水的家族情怀，但仅仅是因为这种家族情怀，尤其是通过记述先人的事迹获得存在感，我也不会写作。我觉得后人靠先人的荣耀去获得存在感很没出息，后人应该在先人的声誉中获得激励启迪而不是荫护。

陈：你的意思是，写先人并非为了歌颂先人，表达一下敬意，更不是为了分享先人的荣耀，而是为后人提供继续前行的经验和启迪，这样写作才有价值。

罗：是的。按马克思的说法，死人的复活是为了今天的斗争。按我的说法，我是骑着先人的马奔向未来之路。史学写作最重要的理由就是史学价值，也就是对后人具有启迪意义。要是我写的罗、贺两大家族缺乏史学价值，我不会出于光宗耀祖的虚荣而写作。我写罗家和贺家看重的是三点：第一，罗、贺两个家族在湖南近代史上有着重要地位，其家族人物深度地参与影响了湖湘社会乃至中国近代社会的演变，不能说没有这两大家族湖湘社会就不会发展了，但一定是以另一种模样发展。第二，这两大家族以师生和姻亲关系形成的社会关系网几乎联结了近代大部分精英人物和文化世家，且勾连到诸多重大历史事件，写这两大家族意味着从一个独特的视角写湖湘社会乃至中国近代社会。第三，这两大家族是很好的标本，诠释了传统中国社会家国结构的特点，我们可以看到家族与国家是怎样具体关联的，尤其是世家大族与国家关联的复杂肌理。所以这个题材具有史学和社会学甚至政治学的多重价值。

陈：这就涉及史学写作中素材和题材的重要性了。从你的写作看，你掌握的罗家与贺家的史料学界很少关注，加之你的材料许多来自家乘资料，具有独家垄断性，别的学者没办法和你比。你就很占便宜，写出来可谓别开生面。

罗：的确如此。我作为一个非专业的史学写作者，敢于问津史学写作，很大程度也依仗我的素材优势。但我想强调，这只是巧合的个案——我掌握的素材碰巧既有史学价值又有独特性，这是可遇而不可求的。仅仅是素材的独特性还不能构成史学写作的理由。仅就独特性而言，每个人都有家族或者家史，都是独特的，但未必全都有史学探讨的价值。

陈：是的。每个人都活在历史中，却未必每个人都能成为历史人物。也不是说位高权重就必然是历史人物，关键是你是否影响了历史。比如你写曾国藩的大秘罗萱，从官职上看不过是个候补知府，但是他参与了湘军重大决策的制定，负责主帅号令文书的草拟，曾国藩视其为左右手，他还在九江曾国藩遇险时和李元度一起冒死救出了曾国藩，可以说罗萱的命运是和曾国藩联系在一起的，夸张一点说，没有罗萱可能就没有曾国藩，而没有曾国藩，湘军的历史就要改写。还有毛泽东的第一任秘书罗哲，跟着毛泽东策划秋收起义，负责对外联络工作，要是罗哲革命意志不坚定，比如叛变，毛泽东就有生命危险，随之中国革命的历史可能就要改写。这样的人物影响到历史的走向，才能算历史人物进入史学的书写。

罗：此外我还想强调，素材和史实是史学价值的事实基础，忽视这一点是偏颇的。写史不能编造史实，只能依托客观存在的史实，但是自在的史实不能自动显示其价值，如何发现素材和史实中的历史价值还是要靠作者。比如贺家和罗家在湖湘存在了几百年，他们的所作所为作为史实，在我之前可谓世人有目共睹，比我更了解的也大有人在。可是世人为什么熟视无睹呢？为什么这两个家族的素材被我发现，被我抓住了呢？

陈：你这个强调很重要。这表明，史学写作首先要判断自己所写的对象是否有史学价值。这种史学价值存在于史实或者说存在于所写的素材之中。但如何发现其史学价值，又考验着作者的见识和眼光。否则，有价值的素材或史实摆在你面前，你也没有感觉。素材还是在沉睡。也就是说，素材的价值需要被作者唤醒。

罗：你用"唤醒"这个词很生动，我还有个词——照亮。我认为素材和史实是被作者"照亮"的。我在《湖湘世家：鼓磉洲罗氏》的自序中写了这样一段话："我关注这个家族的许多人物绵延地行进在由明代至民国 500 余年的历史途中，奇迹般地踏着历史的大部分节点，并且身体力行参与了历史塑造，比如江西填湖广的移民大潮，比如明末的湖湘抗清血杀，比如南明王朝的最后覆灭，比如岳麓书院的清代辉煌，比如经世派精英集团的形成，比如湘军的崛起，比如平定太平天国的鏖战，比如鸦片战争，比如洋务运动，比如抗法战争，比如回乱平定和新疆收复，比如湖南宪政运动和留学运动，比如义和团运动和庚子国难，甚至后来的五四运动、农民运动、秋收起义、抗日战争、重庆谈判、解放战争，等等，这个家族的人物及姻亲友人们都在其间享有一席之地。我肯定知道三湘四水有着更显赫的世家望族，但是这个家族持续显望 500 年之久，其族人经历了这么多重大历史事件，是否也很普遍，见识不够的我还真不知道。反正我被这个家族与历史的复杂纠缠所震撼，这个家族为何能在湖湘大地持续显望 500 年？其族人参与了那么多历史事件，扮演了怎样的角色？发挥了怎样的作用？他们为什么那么踊跃地投入到诸多历史漩涡中成为弄潮儿？其实在他们同时代更多的人选择了观潮，是什么力量吸引着他们奋不顾身？他们如此这般的人生姿态，又给今人怎样的启悟？这些问题激发我萌生了求索和书写的强烈冲动。"这段话就体现了我在消化家族素材过程中的思想活动。经过这个活动，素材被照亮了，我才产生了写作冲动，否则我不会投入写作。

陈：这个过程就显示了你的见识和眼力，一个个孤立的人物和事件就有了内在的联系和意义，你就发现了别人没有发现的史实含义，史实也因此得到了价值升华，体现出其独特性。从某种意义上可以说，素材的独特性是被你创造出来的。

罗：是的。我认为史实只是历史价值的物质基础，它本身是没有意义的。比如原始人第一次使用火，只是某个人类先祖偶然灵机一动，完成了一次生存活动而已，无所谓伟大或渺小。但是火的人类使用，在人类发展史上是惊天动地的大事件，是人类文明进程的里程碑，这个意义和价值是被史学家发现的。可以这么说，历史的价值，就是作者对史实的价值发现。这种发现可以使素材具有独特性，使平凡变成非凡，因而具有创造性，作者的价值也就显现了。其实任何写作最终都是在写作者自己。写鲁迅也好，写毛泽东也好，都是在展示作者的历史观照。作者的水平和境界有多高，作品价值就有多高。《史记》为什么是史学经典？主要不在于《史记》记载了你所不知道的史实，也不在于司马迁写了多少历史大人物。仅就史实而论，许多史学工作者的史实挖掘成果不比司马迁逊色，甚至还纠正了司马迁的谬误，至于写历史名人的作者就更多，他们为什么成不了司马迁？就在于他们没有司马迁的格局。《史记》之所以成为史学经典主要是因为作者司马迁的史学修养、史学见地、史学气度以及表达功力。《史记》写了多少历史风云人物，可是司马迁从来没有对哪个人物顶礼膜拜，他是站着而不是跪着和那些风云人物对话，甚至以俯视的姿态进行对话。整个《史记》看下来，我看最牛气的人物就是作者司马迁。所以我认为，一部作品的价值不在于写了什么，而在于

怎么写的。以为写显赫的名人或者祖先，自己就能顺带升值，就能获得存在感，这是自欺欺人，你要是境界修养上不去，只会自取其辱。

陈：我大致明白你的史学写作价值观了。第一，你认为史学写作不是简单地写过去的事，也不是仅仅为了歌颂古人，还不能一味地以素材的独特性为价值标准，而应该写有史学价值亦即对后人生活有启迪、有意义的事。第二，你认为史学价值的判断，比如素材的价值判断，对素材的选择和组合，还有表达包括独特性等都取决于作者的判断力和驾驭力，总之取决于作者的素养——这样就对作者提出了很高的要求。

二、史学写作的知识准备

陈：史学写作还有一个前提性的问题，就是知识准备和怎样获取。一般认为，史学写作要有相当的专业积淀，但是你这方面的专业积累显然是不坚实的，就专业教育背景看，你的史学基础知识甚至还比不上史学专业的本科生。你也说过，一度对自己的史学基本功底缺乏自信，刚开始写作时，连清代有几任皇帝都搞不清楚。查阅文言史料，足有两年都离不开字典，但是从你完成的著述看，已达到了相当的专业高度。这当然和你的毅力和虚心求教等有关，但我相信更重要的是你有一些独特的方法，比较好地解决了知识基础不坚实的问题。

罗：这的确是我在写作中要解决的一个困难。史学写作必须建立在既有经验或知识的基础之上。比如写曾国藩，至少你需要了解曾国藩所处的清代大背景，特别是太平天国起义的历史背景和常识吧，否则你根本理解不了曾国藩。一般说来，我们的既有知识越丰厚，对有关史学现象的把握也就越有底气，相应的史学写作质量也越有保证——这是必须承认的。但对我而言，既缺乏丰厚的史学知识根底，又要执意完成某些史学写作课题，我不可能去读一个史学本科或研究生再来做课题，怎么办？出路只能是恶补最必要的知识，即在做课题的过程中边学边写。说具体一点，我进入史学写作主要是想写我的父系家族鼓磉洲罗氏和母系家族善化贺氏的家族史，这两个家族主要显赫于清代，在湖湘近代史上影响很大，因此，我最需要把握的知识背景就是清代，特别是清代湖湘历史。为此我重点补修了清史尤其是湖湘史，颇有心得。于是邀请史学博士许顺富教授和我一起完成了《湖南人底精神：湖湘精英与近代中国》，这本书就是我进修的成果，在此基础上，我进一步写罗家和贺家的历史就胸有成竹了，我知道罗家与贺家在湖湘近代史乃至中国近代史上的地位了，看材料也知道轻重了，这样看材料的速度就大大加快了。

陈：于是你的独到经验就出来了。你认为史学写作的知识准备要和特定的写作课题相联系，认为只需要具备有限的必要知识就可以进行——这就把作者大大解放了。尽管理论上说，作者的知识积累越丰厚越好，但丰厚是相对的，到底达到什么程度才叫丰厚？是难以把握的。况且庄子说："吾生也有涯，而知也无涯，以有涯随无涯，殆已。"要等到知识积累到学富五车的地步再做课题是迂腐的，也不现实。那么你认为知识准备的底线标准是什么？

罗：我认为知识积累到你足以对某些现象进行有效的思考和判断就可以展开课题了。就像汽车加油，只要油箱满了汽车可以行驶就行了，不必带着油桶，更没有必要带着油库跑，没油了再去加。比如我写家族史，只需要对清代历史主要是湖湘历史有个基本把握就可以动手了。写的过程中还可以继续拓展知识。用王阳明的话说，这就叫"知行合一"，在行动中增加"知"、丰富"知"。我认为"知"是为"行"服务的，不能因为积累"知"而耽误了"行"。我还相信，能以最少的知识积淀完成某一个课题是作者能力和效率的体现。总之，我主张对知识做减法，不妨叫"知识节约论"或者"有效知识论"。

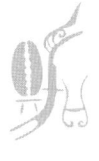

陈：这样一来，你的观点又提升了。不仅是针对史学写作，而是升格为对知识的观照，成为你的知识论，成为你对"知"与"行"关系的看法了。我还发现，你的选材很讨巧，比如你写罗家与贺家的历史，学界很少关注，基本没有相关知识积淀，再大的学者在你面前也是相对无知的，你就具有了知识的相对优势，你的选材可谓四两拨千斤。

罗：的确如此。如果要我写曾国藩家族或者左宗棠家族就没有这种优势，因为对曾、左的研究太多，知识积累也很丰厚，我要想超越就要花很大力气进行知识积累才行。我在写家族人物的时候，还有一个心得。我根据家族人物的履历去看相关的历史资料，看他们和哪些重大历史事件及哪些历史人物相关联，比如贺长龄与永昌回变密切关联，贺熙龄与左宗棠密切关联，贺家栋与伊犁起义密切关联，我就针对性地去查资料。这样我的知识积累更精简也更有效。因为历史人物的价值是和重大事件、重要历史人物相交集产生的，并非他生平中所有的行迹都有历史价值。

陈：你这个心得不仅涉及怎么获取知识的窍门，还涉及怎么把握历史人物。你关注家族人物和重大事件的关联，很有见地。历史人物之所以为历史人物，就在于他和重大事件及其他的历史人物相关联。这也是你的写作特点，你是透过人物写事件、写历史人物群像，所以格局比较宏大，可读性比较强。由于你写的历史事件又有你的家族先人参与其中，就比较独特，有别开生面之感。

三、史学写作和历史真相

陈：你特别强调史学写作要有史学价值，一般认为，史学写作的价值就在于揭示历史真相。你怎么看？

罗：我觉得这个问题比较复杂。什么叫历史真相？按康德的说法，作为自在之物而存在历史真相，亦即脱离人的认知而存在的真相是不可知的。我们能看到的历史真相，都是在人类认知视野里经过人类的阐释而呈现的史实。由于人的认知参与，就不可避免地带着人的认知判断。就像苏东坡说，横看成岭侧成峰，庐山是岭还是峰，取决于观察者的视角，你的视角是横看就是岭，你的视角是侧看就是峰。再如屈原投江自杀，从物理学的角度看，就是一个人结束生命的状态，但是从伦理学的角度看，就是舍生取义的道德行为。

陈：你认为历史真相由于人的认知视角差异，包括价值观差异等会出现多样化的特点，很难形成一个公认的唯一的判定。比如屈原投江自杀，你要同情屈原就会说是舍生取义，但从敌对角度看，你可能会说他是精神崩溃，性格懦弱。这种认知差异产生的不确定性不难理解。但是屈原投江自杀而亡这个基本真相总归是唯一的判定吧？

罗：不见得。我觉得严格说来，屈原投江自杀这个历史真相也只是后人一致承认的真相而已。屈原是投江自杀而亡还是溺水而亡，史家并没有拿出确凿的证据。我这么说不是抬杠，而是想说，史学写作依据的史料很多是不能确定的传闻，即使是历史记载也可以作假，也会有欺骗性。况且，史料的散佚是非常普遍的，无论中外，史学写作都是在史料严重缺失的背景下进行的。因此，即使是史学经典，也有作者的想象和推理成分。比如司马迁写霸王别姬，说虞姬是自杀的，就是司马迁根据传闻或者是根据自己的想象完成的。还有他写鸿门宴的经过，人物坐在哪个位置，他们彼此如何对话，显然也是想象的。这都说明，史学写作要完全复原历史真相是不可能的。声称史学写作要提供历史真相，只不过是一个理想愿望，给读者一种心理安慰而已。准确地说，史学写作只能保证真诚性，亦即作者严格依据史料说话，展开合情合理的推测，不刻意欺骗读者，至于作者相信史料而被欺骗，那就是无可奈何的事。

陈：这使我想起亚里士多德的话，他说，真相就是相信。他似乎对人类可以把握自在的客观真相没有信心，所以强调，人类对真相的阐述只要能被大家相信就可以视为真相了。这也就是你说的真诚性吧。

罗：是的。我认为只能如此。因为"真相"本身是不能表白自己的，只能靠人的认知去把握。而人的认知又是有限定性的。比如坐井观天者，看到的天就是井口那么大，他怎么可能认知到井口之外还有更广阔的天呢？所以庄子说"井蛙不可语海，夏虫不可语冰"。把这个比喻放大一下，今天的人类普遍认为，天或者说宇宙是无穷广阔的，好像我们的认知扩大了许多，但是否就是真相呢？其实还是受到人类认知的限定。

陈：你的意思是，宇宙是不是"无穷"，应该宇宙说了算，而不是人说了算。而宇宙又无法说话。所以，宇宙是否"无穷"，依然是不可知的，只是我们人类相信宇宙是无穷的而已，而这种相信是建立在我们的认知能力无法更加超越的基础之上，换言之，也就是建立在人类认知的限定基础之上。

罗：我感到人类认知局限之一就是语言表达局限。外在于人的认知之外的客观事物是无限丰富属性的存在。比如鲁迅，既是文学家，也是教育家，还有父亲、丈夫等身份，他的人生活动是带着他的全部属性展开的，他是一个立体的生灵。可是我们用语言来叙述鲁迅，只能就他某一方面的属性展开叙述，比如，我们通常都是把鲁迅作为文学家来叙述的，这就把鲁迅抽象化、单一化了，这种抽象化、单一化的鲁迅，和以他的全部属性在社会生活中的存在形态相比肯定是有距离的，也就是说，我们用语言不可能描述鲁迅实际存在于社会生活中的丰富性。所以，维特根斯坦才说，语言的边界就是世界的边界。比如我们写鲁迅，只能描述鲁迅某一方面的真相，而不是全部真相。或者说是相对真相而不是绝对真相。也正是基于此，我觉得宣称史学写作要提供历史真相的说法不够严谨。第一是写作者很难办到，第二是这样一来也扼杀了史学写作。史学写作之所以生生不息，就在于前人写作者没有完全提供历史真相，甚至存在谬误。传统史学写作中作者扮演的是历史告密者的角色，充其量就是个信息传递者而已，严苛到不见材料不能说话的地步，很憋气也很猥琐，实际上，史学写作者也未必能保证自己传递的信息是可靠的。

陈：看来你很不相信史学写作能够提供历史真相。

罗：我并不反对史学写作者怀抱真诚去探求历史真相。只是反对探求者自以为是地认为，这种历史真相的探求会形成对历史的唯一正确的解释。比如，许多史家秉承阶级斗争史观，把社会历史的演进看成是被压迫阶级和压迫阶级之间的斗争史，而且，被压迫阶级总是正向社会力量，压迫阶级总是负向社会力量，结果千史一面，万著一腔，历史就成为史学观的诠释，写史者无非是进行理论填空。其实，这只是一种观察视角得出的历史演进真相解读而已，可是坚持阶级斗争史观的史家却认为这是对历史真相唯一正确的解读，谁要是有不同的解释就要受到声讨。这种态度既不利于探求历史真相，也扼杀了历史写作的生机。

陈：那么你觉得史学写作应该表现什么呢？

罗：我主张历史写作应该是一种历史观照。作者以真诚的态度根据史料来谈自己的看法，对历史提供多角度的丰富的解读就够了。作者可以在百家争鸣中赢得读者信赖，但不要指望定一尊，不要给历史立法。这种历史观照大约包括：第一，对史料进行考证鉴别，以确定其可信度；第二，对历史进程进行总结，揭示其规律性；第三，对历史事件和人物进行评价；第四，从不同的视角对历史进行解读，呈现历史演进姿态的多元性和丰富性。此外，在表达上也应该更多元化。传统的史学表达追求所谓严谨，表达非常枯燥而沉闷，我也不以为然。

陈：我发现你主张史学写作向非虚构写作靠拢，强调写作者对历史的建构性。一直以来，史学写作者总想完成一种对历史的唯一正确的解释，事实上又做不到，于是就陷入一种迷思，写作条规森严，忌讳很多，尤其是强调对史料和权威的依赖，没有史料不敢说话，也不敢冒犯权威，史学写作无非是堆史料、堆权威的说法，结果史学写作就成为各类写作中最拘谨的写作，作者也消失了。而按你的说法，作者就大大解放了，对史料和权威的迷信大大降低，只要持之有据，言之成理就行。作者可以充分发挥自己的主观能动性，展示自己的思想和才华，对历史进行多元化的建构性的解读。历史的面相也就多姿多彩，给人的启迪也多样化了，包括可读性也提升了。对作者而言，也就能够展示出彼此的优劣高下了。

罗：是的。所以我说任何写作最终都是展现作者的价值，写作的优劣都是作者决定的。我有个体会，写史好比作曲。史实就是一个个音符，作者就像作曲家，把史实的音符编成旋律。所有的作曲家都是编七个音符，但旋律却无穷变化，曲子好不好听，能否感人，是否具有独创性不取决于音符，而取决于作曲家的构思，作曲家的伟大和平庸也因此区别。有一种写作观认为，写作是有套路的，只要掌握这些套路，任何人都可以写作，甚至给机器输入套路程序，机器也可以写作。我很怀疑这种写作观，因为这种写作观是建立在过去经验基础上的，没有创造和超越，写出来的作品都是过去经验的产物。而作者存在的意义就在于他会超越，会创造，会不断升值。因此写作是由能够不断升值的作者决定的，作者的思想和写作水平的优劣决定了作品的优劣，包括独创性。

四、史学写作的个性追求

陈：我读你的史学著述还有一个感觉，就是个性比较突出。从文体上看，不像我们熟悉的那些比较刻板的史著，没有学究气、夫子气，观点也好，构思也好，文笔也好，都很放得开，不拘一格。你是否有意在进行个性化写作的突破？

罗：我觉得首先是和我们前面讨论的史学写作观念有关。我不期望自己去揭示唯一正确的史学真相，只是想表达自己的历史观照，也就没有那么多沉重的负担，对史料和权威就没有那么多的畏惧感。我觉得史料也好，权威也好，都是他者从特定视角看到的历史，可为一家之言，但非一尊之言，我根据自己掌握的史料，认真地分析思考，产生了不同的认知，按照心愿表达出来是很自然的事。比如对魏源，学界都说他是大思想家，可是我从史料中发现，他的代表作比如《皇朝经世文编》《海国图志》都是在贺长龄或林则徐的思想定位并提供原始资料下的委托创作，他一生当了近十位主官的幕僚，令人称道的作为都是在幕僚岗位上取得的，到他自己当知州独当一面时，反而业绩平平，于是我就判定他的思想原创性不强，独当一面的行动能力平平。还有对左宗棠、曾国藩等人，我都有一些和时论不同的看法，这些结论很可能会被指为妄断，要是迷信史料和权威是不敢说的，可是我觉得言之有据，也就放言无忌。

陈：我还觉得你的写作不呆板，文学性比较强，不仅文笔讲究，还注重场景叙事、事件叙事，历史的现场感很强。不少地方还有跳跃式的蒙太奇叙事，总之，很有可读性。

罗：这可能和我写作时的心态有关。我写作时，眼前就会浮现一幅幅画面，一个个历史场景。比如贺家儿郎去西北，我眼前就会浮现出西北大漠的苍凉景象，浮现出他们风尘仆仆的身影，我手写我心，自然就写出来了。我觉得这么写是有历史根据的，那个时候骑着马去西域，迢迢万里，就应该是风尘仆仆，不是吗？总之我没有刻意地去文学化。也许传统史学写作认为，我不应该合理地想象，必须严格依据史料，写某人因某事于某日出发于某日到达某地，行程多少里就足矣。我不在意这些规范，我认为规范是为写作服务的，而不是写作为规范服务。我写作追求的是把我的感悟充分表达出来，而不是去成全某种写作规范。

陈：这就体现了你的写作个性，也和你同时是文学写作者有关，你有形象思维的本能，写作中自然就流露出来了。我还注意到，你的著述中也有大量的史料引证，这会影响叙述的流畅性，特别是文言文的史料，会造成读者阅读的阻断。你要是把这些史料转换成自己的直接叙述会更流畅，更有可读性。

罗：这也是有原因的。我写的许多家族故事涉及许多别的重要历史人物和重大历史事件，很多说法和前人的说法不一样，比如贺熙龄和左宗棠的密切师生关系，左宗棠对恩师贺熙龄的高度敬重，以及贺熙龄对左宗棠的人生影响，要是没有史料依据，读者特别是有文史阅读积累的读者可能会认为我信口开河，为先人涂脂抹粉，甚至认为我想攀附左宗棠。所以必须用史料证明我说的故事是有依据的。此外，我也想通过引证，给有文史兴趣的读者和同行提供一些资料。可以说，我写的罗家和贺家，引用的相关史料是目前最全的，如果有人感兴趣进一步研究，我的著述是一部很好的参考书。所以，牺牲一些可读性也是值得的。

陈：你可谓用心良苦，也叫有所为有所不为。更重要的是，你还是比较在意写作的可信度，你不是在虚构历史，你要拿材料证明你是言之有据。

罗：我毕竟是在写非虚构的历史，不是写虚构的文学作品，取信于读者是前提性的要求。于是就要用史料说话，这个史学写作原则还是不能突破的。

陈：我还发现，你很关注历史事件的介绍，写你的家族人物总是往历史事件里带。即使家族人物和某些历史事件的联系并不密切，你也这么处理。比如你写贺家第一代先祖贺宏声来湖南当了监狱长，便扯到了曾静大案，可是史料显示，贺宏声只是在曾静大案发生时来湖南当司狱，并没有处理曾静案的记载。你这样写是出于什么考虑？

罗：这涉及我的历史观。我认为历史演进就是一系列事件推动的，把握了历史事件就能很好地感受和理解历史。历史人物也是在历史事件中产生作用才有历史价值。因此我在写家族史的时候，很注重家族人物和重大历史事件的关联。一旦从史料中发现家族人物在场就特别兴奋，总在设想我的家族先人在这个事件中的言行举止。比如贺宏声来湖南上任，正好发生了曾静大案，我就想，他作为监狱长至少参与了收押曾静，于是就把曾静大案写出来了。在此要强调一下，我写作的主要兴趣并不在我的家族人物身上，而在于和他们多少有关联的历史事件身上。家族人物只不过是把我带入某个事件的向导而已。

陈：我明白了，看你的写作感到格局很大，历史风云扑面而来，一般的家族史很少有这种感觉，原来你是醉翁之意不在酒。一般家族史主要关注家族人物本身的言行，你更关注家族人物遭遇的历史事件。而且有意识地把家族故事往重大事件上引导。于是你另外一个写作特点就比较好理解了。你喜欢议论，喜欢分析和评点人物。比如，你从嘉庆和道光对贺长龄的任用中分析评判嘉庆和道光的气度和作为，你还从贺长龄与魏源的关系中分析魏源缺乏思想原创性，从曾国藩与贺家联姻的故事中，看到曾国藩的道德包袱非常沉重，以至于曾国藩有时显得很虚伪，等等。这是你的史学写作的一个重要特点。

罗：传统史学写作强调述而不作，主张写史的重点是呈现史实，以材料说话，议论不宜过多。我觉得这不是一种必须遵循的史学写作规范，是不是发表议论要因人而异。就我而言，发表对历史的感悟是我写作的重要动机所在，不发议论我不痛快，写作热情也受到影响，我不想委屈自己。当然，发议论要尽可能精辟，能给人以启迪，否则发一些平庸之论读者也会感到失望，这是我要注意的。

陈：这都说明，你写作的兴趣点在于对一些重大的历史现象展开评判。你不仅关注某些历史现象是怎么样呈现的，更关注其成因以及对后人有哪些启示。我感觉你的议论还是有思想深度的，不觉得平庸。你毕竟有理论功底，知道哪些议论有思想深度，哪些议论是平庸之见。你也别太在意什么写作规范，规范是为人服务的，你应该有你的写作个性，坚持你的写作诉求。反正我认为你的史学写作是有质量的，如果考虑你是跨界写史，更要刮目相看。

罗：谢谢你的鼓励。

陈：先别致谢，我最后想和你讨论一下，史学写作的私人诉求与公共分享关系问题。从你的几部史著来看，个人诉求非常明显。你放弃了许多商业写作的机会，花六年时间，自费调研，跨界写史，抵制住了许多诱惑，克服了许多困难，就是想把你的父系和母系家族的故事呈现出来，换了别人未必有这种激情和毅力。

罗：不错。我跨界写史有很强烈的家族情怀。但我也说过，仅仅是家族情怀我未必会克服这么多困难，包括付出经济代价投入写作。主要还是我写的内容有公共分享的价值，出版社也是因此才出我的书。如果写作完全是满足个人诉求，缺乏公共分享价值，那是日记，没有必要出书。

陈：这正是我想和你讨论的——怎么把个人诉求和公共诉求统一起来。龚曙光给你作序也说，你想把私史写成公史，把野史写成正史。这就意味着，如果个人诉求缺乏公共分享的价值，作品质量也是有限的。你把家族史作为典型案例，和中国的宗法制度、中国社会的家国结构相联系，此外，你还把湖湘世家的联姻形成的亲戚集团，与湖南英杰群体的近代史贡献联系起来，这样一来，读者就通过你的家族，看到了更有社会意义的历史现象，也更深入地了解历史的演进规律，启迪也就丰富许多。也正因为此，你的家史就成了公史，成为正史。你的著述就有了公共分享价值，有了传播价值。我还注意到，你写作中的许多个性化追求，比如你的表达很有文学性，比较注重场景叙事、事件叙事，把读者带入具体的历史情境中，历史的直观感和质感很强；还有，你特别关注重大历史事件，使你的写作格局比较大，等等，其实都是在加强写作的公共分享效果。你要是仅仅写你家族那点事，和大众读者的关系就远了，公共分享效果就弱了。现在社会上有一个家族文化建构热，建宗祠、修族谱、写家族史，等等，但是大多数成果都有局限性，就是局限在一家一族的孤芳自赏，缺乏社会分享性，所以当事人做得很艰难很辛苦，社会成就感很不够。你的家族史写作提供了一种启迪，如何把小家和大国统一起来，如何把家族生活和历史生活统一起来，使家族文化的成果有更大的社会价值，作者也因为自己的作品有较大的社会价值从而获得自我价值的实现。

罗：你看得很仔细，分析得也很到位。史学写作的最终价值实现还是取决于公共分享价值的实现，作者的价值实现也在于此。可以说，包括史学写作在内的一切写作，公共分享的效果大小是硬道理。